KB052282

# 헌법개론

## [제 14 판]

서울대학교 제26대 총장

법학
박사 성 낙 인 저

法 文 社

# Introduction to the Constitutional Law

Fourteenth Edition

## SUNG Nak-In

the 26th President
Seoul National University

2024
Bobmun Sa
Paju Bookcity, Korea

# 제14판 서 문

『헌법개론』은 법학전공 관련 학과(사회교육과, 경찰법학과, 인재법학과, 경찰학과 등) 학생들을 위한 이론서이다. 또한 『헌법개론』은 고위공직시험(행정, 입법, 외무)뿐만 아니라 각종 공무원시험(일반행정, 경찰) 준비에도 유용한 교재이다. 더 나아가 『헌법개론』은 법학도뿐만 아니라 민주시민을 위한 안내서이다.

제14판에서도 쉽게 설명하고, 책의 분량도 적절하게 조절하였다. 그간 헌법재판소 판례를 통하여 확인된 흐름을 충실히 반영하고 국내외의 최근 법률 동향과 지난 1년간 제·개정된 법률을 충실하게 반영하였다: 공직선거법, 정부조직법, 국회법, 법원조직법, 지방자치법, '지방교육자치에 관한 법률', 정치자금법, 국적법, '개인정보 보호법' 등. 기본권에서는 기본권의 주체, 낙태, 행복추구권, 언론의 자유, 직업의 자유, 재산권 등에서도 내용을 보충하였다. 특히 직업의 자유 및 재산권 관련 판례들에서 나타난 문제점과 흐름을 설명하고 있다.

2022년 정권교체 이후 한국사회에 보수와 진보의 갈등이 심화되어왔다. 그런데 2024년 4월 10일 실시된 제22대 국회의원총선거에서 더불어민주당과 조국혁신당을 비롯한 범야권이 의회의 절대다수를 차지하였다. 이는 저자가 대통령과 의회다수파의 관계에 관하여 여섯 가지로 나누어 설명하고 있는데 ⑥은 여전히 가설로 남겨두었다(제2편 정치제도론 제1장 정치제도의 일반이론 제5항 한국헌법의 정부형태와 이원정부제(반대통령제)). 즉 대통령 재임 중 특정 야당이 의회의 과반수를 확보하는 경우이다. 그런데 지난 총선거에 따라 더불어민주당이 단독으로 과반수를 확보한 ⑥ 사례가 등장한 것이다. 이에 따라 1987년 헌법 체제는 그야말로 소용돌이(vortex)에 빠져들고 있다. 대통령권력은 의회권력에 휘둘리는 양상이다. 의회를 장악한 더불어민주당은 관례적으로 배분하던 국회의 핵심보직을 일방적으로 장악하였을 뿐만 아니라, 전가의 보도처럼 특검과 탄핵을 강행하려한다. 대통령은 법률안재의요구권(법률안거부권)으로 대응하지만 역부족인 상황이다. 이와 관련하여 제14판에서는 최근 논쟁적인 법률안거부권과 대통령의 형사상 특권에 관하여 새로운 논의를 추가하였다. 87년 헌법 체제에서 지속되어온 여대야소 상황에서 여전히 구각을 벗어나지 못하고 있던 권위주의적·제왕적·인격화된 권력을 행사하던 대통령에 대하여 치명타를 가하고 있다. 대통령권력과 의회권력은 서로 상대방을 악마화한다. 코로나 이후 산적한 민생대책은 뒷전이다. 이제 프랑스식 동거정부(gouvernment de la cohabitation)가 현실적으로 어렵다면 미국식 분점정부(divided government)에 적응하는 헌정운용을 할 수밖에 없다.

헌법개정 논의도 계속된다. 차제에 헌법이 헌법현실에 능동적으로 대응할 수 있도록 헌법개정절차에서 필수적 국민투표는 폐지하여 국회에서 개헌을 할 수 있도록 개헌절차의 연성화 논의도 필요한 때이다. 독일과 프랑스는 의회에서 개헌을 할 수 있다. 이에 따라 독일은 1990년 통일 후 31차례에 걸친 개헌으로 국민통합을 이루었다. 프랑스는 대통령임기·동거정부 등 정치적 현안이 제기될 때마다 의회에서 개헌으로 이를 현실화하였다.

한국헌법학회는 권건보 회장에 이어 지성우 회장이 취임하였다. 한국공법학회는 조소영 회장에 이어 김재광 회장이 취임하였다. 해마다 개최되는 한국공법학자대회와 한국헌법학자대회는 이제 연례행사로 자리 잡았다. 신진학자들의 눈부신 활약으로 한국공법학과 한국헌법학이 더욱 도약하기를 기대한다. 헌법재판소에서 실무계와 학계가 함께하는 논의의 장인 헌법실무연구회 200회에 즈음하여 기조발제를 하게 되어 창립 부회장을 역임한 저자로서는 감회가 새롭다.

『헌법개론』에서 부족한 논의를 보충하기 위하여서는 저자의 『헌법학』 제24판(2024), 『헌법학 논집』(2018), 『판례헌법』 제4판(2014), 『대한민국헌법사』(2012), 『헌법소송론』 제2판(2021), 『헌법연습』(2000), 『헌법과 국가정체성』(2019), 『헌법과 생활법치』(2017)를 참조하시길 바란다.

서울대학교에서 정치외교학부의 『헌법』과 학부 교양과목으로 개설된 『민주시민과 헌법』과 『민주시민과 기본적 인권』은 법학전문대학원의 이효원·이우영·전종익·전상현·조동은 교수께서 강의하신다. 『헌법개론』으로 강의하시는 전국의 교수님들과 백석예술대학교 성민경 교수의 교정과 조언, 애독자 여러분들의 성원에 감사드린다. 법문사의 김용석 차장, 권혁기 차장, 유진걸 과장, 김성주 과장, 손현오 과장, 이선미 님에게도 감사드린다.

2024년 7월 17일

서울대학교 관악 연구실에서

저자 성낙인(成樂寅) 씀

# 제13판 서 문

독자들의 성원에 힘입어 제13판을 간행한다. 『헌법개론』은 법학전문대학원 시대에 학부에서의 법학교육에 적합한 교재로 개발되어, 법학전공 관련 학과(예컨대 사회교육과, 경찰법학과, 인재법학과 등)에서 학생들의 소중한 이론서로서 자리잡고 있다. 『헌법개론』은 고위공직시험(행정, 입법, 외무 사무관)뿐만 아니라 각종 공무원시험(일반행정, 경찰) 준비에도 유용한 교재이다. 『헌법개론』은 법학도뿐만 아니라 비법학도 및 민주시민을 위한 안내서이다.

제13판에서도 기존의 집필 원칙을 고수하고 있다. 첫째, 법학입문에 해당하는 『헌법개론』은 독자들의 가독성을 최대한 배려한다. 이에 따라 표현도 쉽게 하고 편집도 여유를 주고 있다. 둘째, 책의 분량도 개론서답게 600면을 넘기지 않지만, 내실을 다진다. 셋째, 독자들이 '살아있는 헌법'에 관심을 가질 수 있도록 국내외의 최근 법률과 판례 동향을 충실히 반영하고 있다.

제13판에서도 지난 1년간 제ㆍ개정된 법률을 충실하게 반영하였다: 공직선거법, 정부조직법, 국회법, 법원조직법, 지방자치법, 지방교육자치에 관한 법률, '각급법원의 설치와 관할구역에 관한 법률', 청원법, 개인정보 보호법, '근로자참여 및 협력증진에 관한 법률', '배타적 경제수역에서의 외국인어업 등에 대한 주권적 권리의 행사에 관한 법률'(경제수역어업주권법) 등.

최신 판례들도 충실히 반영하였다. 헌법재판소와 대법원의 남녀평등을 강화한 일련의 판례가 돋보인다. 자녀가 모의 성과 본을 따를 수 있고, 여성의 종중원 인정에서 더 나아가 딸을 제사주재인으로 인정한다. 공직선거에서 선거운동의 자유를 강화하고 집회 및 시위 장소를 확대한 위헌 또는 헌법불합치 결정을 여러 차례 내렸다.

2022년 정권교체 이후 한국사회에 보수와 진보의 갈등이 심화되고 있다. 자유민주주의의 또 다른 모국인 미국에서도 보수와 진보의 갈등이 날로 심화된다. 특히 연방대법원의 보수적 판결이 정치사회적 갈등과 긴장을 야기한다. 작년의 낙태금지 판결에 이어 적극적 평등실현조치(affirmative action) 제도의 모국인 미국에서 대학입시에서 이를 적용한 하버드 대학의 조치에 대하여 위헌판결을 내렸다(2023.6.29.). 더 나아가 바이든 대통령의 저소득층 학자금 대출 탕감정책과 성소수자 차별 금지에 대하여도 위헌 판결을 내렸다(2023.6.30.). 박애의 혁명정신을 구현한다는 프랑스에서는 '마그레브' 이민자에 대한 경찰권의 남용으로 폭동 상황에 직면한다. 국가사회의 통합과 연대는 사회적 약자와 소수자 보호로부터 비롯된다는 명제를 잊어서는 아니 된다.

금년에 한국헌법학회는 권건보 아주대 로스쿨 원장이 회장으로 취임하였다. 한국공법학회는 부산대 로스쿨의 조소영 교수가 취임하였다. 후배 제자 헌법학자들의 눈부신 발전과 성장에 경의를 표한다. 해마다 개최되는 한국공법학자대회와 한국헌법학자대회는 이제 연례 행사로 자리 잡았다. 신진학자들의 눈부신 활약으로 한국공법학과 한국헌법학이 더욱 도약하기를 기대한다.

『헌법개론』에서 부족한 논의를 보충하기 위하여서는 저자의 『헌법학』 제23판(2023), 『헌법학 논집』(2018), 『판례헌법』 제4판(2014), 『대한민국헌법사』(2012), 『헌법소송론』 제2판(2021), 『헌법연습』(2000), 『헌법과 국가정체성』(2019), 『헌법과 생활법치』(2017)를 참조하시길 바란다.

中國에서 저자의 『**헌법학**』을 기초로 한 『韓國憲法學』 번역서 출간이 그쪽 사정으로 지체된 상황에서 작년에는 『**헌법개론**』 제11판을 기초로 한 『韓國憲法學槪論』(2022)이 저자의 대학원 제자인 蔡永浩(延邊大)·朴大憲(遼寧大) 교수의 번역으로 출간되었다. 두 교수님의 노고를 치하하고, 학문적 대성을 기원한다.

서울대학교에서 정치외교학부의 『헌법』과 학부 교양과목으로 개설된 『민주시민과 헌법』과 『민주시민과 기본적 인권』은 법학전문대학원의 이효원·이우영·전종익·전상현·조동은 교수께서 강의하신다. 『헌법개론』으로 강의하시는 전국의 교수님들과 백석예술대학교 성민경 교수의 조언, 애독자 여러분들의 성원에 감사드린다. 복더위에 수고하신 법문사의 김용석 차장, 권혁기 차장, 유진걸 과장, 김성주 과장, 손현오 과장, 이선미 님에게도 감사드린다.

2023년 7월 17일
서울대학교 관악 연구실에서
저자 성낙인(成樂寅) 씀

# 제12판 서 문

독자들의 성원에 힘입어 제12판을 간행한다. 『헌법개론』이 법과대학 학생뿐만 아니라 법학전공 관련 학과(예컨대 경찰법학과, 인재법학과 등)에서 학생들의 소중한 이론서로서 자리 잡고 있다. 제12판에서는 위헌심사형 헌법소원에 관하여 상세히 설명하고 있다. 그간 다소 설명이 미흡하였던 헌법재판소와 대법원 주요 판례를 충실히 설명하였다. 특히 25년 만에 헌법재판소가 대법원 판결을 취소하였다. 즉, '법원의 재판' 가운데 '법률에 대한 위헌결정의 기속력에 반하는 재판' 부분은 헌법에 위반된다고 결정하였다(헌재 2022.6.30. 2014헌마760등). 더 나아가 재심에서 헌법재판소의 한정위헌결정을 받아들이지 아니한 대법원 판결을 취소하였다(헌재 2022.7.21. 2013헌마242. 등 2건).

『헌법개론』은 법학도뿐만 아니라 비법학도 및 민주시민을 위한 안내서이다. 또한 법학전문대학원 시대에 학부에서의 법학교육에 적합한 교재로 개발되었다. 서울대학교에서 정치외교학부의 『헌법』과 학부 교양과목으로 개설된 『민주시민과 헌법』과 『민주시민과 기본적 인권』은 법학전문대학원의 이효원·이우영·전종익·전상현·조동은 교수께서 강의하신다. 『헌법개론』은 고위공직시험뿐만 아니라 각종 공무원시험 준비에도 유용한 교재이다.

2022년 3월 9일에 실시된 제20대 대통령선거에서 국민의힘 윤석열 후보가 더불어민주당 이재명 후보에 신승하였다. 1987년 헌법 체제에서 지난 세 번의 정권교체는 10년 주기였으나 이번에는 5년으로 단축되었다. 급변한 민심의 반영이다. 더구나 새 대통령은 전 정부의 검찰총장에서 야당의 대선후보로 극적인 변신에 성공하였다. 한국 정치의 혼돈상황이 드러난다. 국회는 여소야대 상황이라 새 정부의 대선 공약사항인 정부조직 개편은 미완성이다. 6월 1일 지방선거를 앞두고 개정된 공직선거법은 기초의원선거구를 중대선거구로 변경하였다. 이는 풀뿌리민주주의에 비추어 바람직한지 의문이다.

지난 1년간 많은 법률이 제·개정되었다. 소위 '검수완박'에 따라 검찰청법과 형사소송법이 개정되었다. 이제 검찰이 직접 수사할 수 있는 범죄는 6대 범죄에서 경제·부패 사범 2가지로 축소되었다. 또한 지방자치법, 국회법, 정부조직법도 개정되었다. 지방자치법은 2020년에 전면 개정되어 2022년부터 시행한다. 공직선거법과 주민투표법의 개정으로 선거권 연령이 19세에서 18세로, 정당법도 개정되어 정당가입 연령이 16세로 하향 조정되었다. 정치자금법, 주민투표법, '지방자치분권 및 지방행정체제개편에 관한 특별법', '강원특별자치도 설치 등에 관한 특별법', '고용상 연령차별금지 및 고령자고용촉진에 관한 법률', '근로자참여 및 협력증진에 관한 법률'(근로자 이사 선임방법 명시), 헌법재판소법, 감사원법, '경찰관직무집행법', 군사법원법, '공무원의 노동조합 설립 및 운영 등에 관한 법률', '공무원직장협의회의 설립·운영에 관한 법률', '교원의 노동조합 설립 및 운영 등에 관한 법률', '감염병의 예방 및 관리에 관한 법률' 등 많은 법률이 제정되거나 개정되었다. '공군 20전투비행단 이예람 중사 사망 사건 관련 군 내 성폭력 및 2차 피해 등의 진상규명을 위한 특별검사 임명 등에 관한 법률'은 새로 제정된 특검법이다. 이 사건으로 군인권에 대한 경각심을 다시 확인한다.

코로나-19로 상징되는 전대미문의 팬데믹(Pandemic) 시대는 끝이 보이지 아니한다. 우크라이나 전쟁과 겹쳐서 경제위기가 세계인의 가슴을 짓누른다. 어려운 상황에서도 헌법학 관련 학회의 활동은 왕성하게 전개된다. 한국헌법학회는 이상경 회장에 이어 권건보 아주대 로스쿨 원장이 차기 회장으로 취임하였다. 후배 제자 학자들의 눈부신 발전과 성장에 경의를 표한다. 한국언론법학회(이승선 회장)는 6인 『언론법학자의 생애와 사상』(정독, 2021)을 출간하여 저자를 격려해 주어서 감사드린다(허진성, "동당 성낙인 교수의 언론법 사상").

『헌법개론』보다 더 심도 있는 이해를 위하여 저자의 『헌법학』 제22판(2022), 『헌법학 논집』(2018), 『판례헌법』 제4판(2014), 『대한민국헌법사』(2012), 『헌법소송론』 제2판(2021), 『헌법연습』(2000), 『헌법과 국가정체성』(박영사, 2019), 『헌법과 생활법치』(2017)를 참조하시길 바란다.

언제나 한결같이 『헌법개론』으로 강의하시는 전국의 교수님들과 독자들에게 감사드린다. 백석예술대학교의 성민경 교수는 강의하면서 보충하여야 할 부분을 세밀하게 지적하여 주었다. 수고하신 법문사의 김용석 차장, 권혁기 차장, 유진걸 과장, 김성주 과장, 손현오 과장, 이선미 님에게도 감사드린다.

2022년 7월 17일

서울대학교 관악 연구실에서

저자 성낙인(成樂寅) 씀

# 제11판 서 문

　제11판에 이른『헌법학입문』을 이제『헌법개론』으로 제호를 변경한다. 그동안 성원하여주신 애독자 여러분에게 감사드린다.『헌법개론』으로 제호를 변경한 이유는 다음과 같다. 첫째,『헌법학입문』이 그간 열 차례 개정과정을 거치면서 독자들의 이해를 위하여 상당한 분량을 증면하였다. 이에 따라 입문서라 하기보다는 오히려 그 양과 질에서 헌법학일반이론서라 하여도 손색이 없다. 둘째, 법학전문대학원(로스쿨) 제도가 시행되면서 상당수 법과대학이 전문법학과정이라기보다는 실용법학 교육으로 전환되었다. 이들 법학과 및 법학전공 관련 학과(예컨대 경찰법학과, 인재법학과 등)에서의 헌법강의는 대부분 한 학기에 그치고 있지만, 그래도 상당한 수준으로 헌법학의 습득이 필요하기 때문에『헌법개론』으로 수학할 수 있도록 배려하였다.『헌법개론』으로 제호를 변경하면서 그간 입문서로서 설명이 부족하던 부분과 관련 판례를 대폭 수정하고 추가하였다. 무엇보다 독자들이 쉽게 헌법을 이해할 수 있도록 최대한 노력하였다. 다만, 학부 법과대학과 로스쿨에서는 여전히 헌법일반이론 강의가 두 학기에 걸쳐서 일 년 동안 진행되기 때문에 저자의『헌법학』으로 수학하길 바란다. 셋째,『헌법개론』수준의 저서는 외국에서도 '입문서'라 표현하지 아니한다. 예컨대 中國 延邊大學에 재직 중인 蔡永浩 교수와 遼寧大學에 재직 중인 朴大憲 교수가 저자의『헌법학입문』을 중국어로 번역하면서 제호를『憲法槪論』으로 출간한다. 저자의『헌법학』이 중국국가번역과제로 선정되어 번역이 완료되었지만 여러 가지 사정으로 햇빛을 보지 못하고 있는 상황에서 제자들이『憲法槪論』번역서를 출간할 수 있게 되어 매우 기쁘게 생각한다. 蔡永浩 교수는 법학연구소장의 중책으로 바쁜 일정에도 불구하고 귀한 시간을 할애하였다. 2020년에는 코로나 사태로 대면 강의가 어려운 상황에서 遼寧大學 法大 學長님 참여하에 朴大憲 교수의 학생들에게 비대면 줌(인터넷) 강의도 할 수 있었다.

　『헌법개론』은 법학도뿐만 아니라 비법학도 및 민주시민을 위한 안내서이다. 헌법은 고위공직시험뿐만 아니라 각종 공무원시험에 필수과목으로 채택되었다. 늦었지만 매우 다행스럽다. 법학전문대학원 시대에 학부 법학교육의 공백을 메우려면 학부에 헌법 강의가 요망된다. 『헌법개론』은 이와 같은 수요에 적합한 교재로 개발되었다. 서울대학교에서 정치외교학부의 『헌법』과 학부 교양과목으로 개설된 『민주시민과 헌법』과 『민주시민과 기본적 인권』은 법학전문대학원의 이효원·이우영·전종익·전상현·조동은 교수께서 강의하신다.

지난 1년간 많은 법률이 제·개정되었다. 지방자치법과 형사소송법은 전면 개정되고, 국회법과 정부조직법도 개정되었다. 전면 개정된 지방자치법은 2020년에 개정되어 2022년부터 시행한다. 그런데 2022년에 시행될 개정법률이 시행되기도 전에 2019년에 개정된 법률이 2021년에 다시 개정되는 비정상적인 상태가 벌어진다. 정치자금법, 공직선거법, 감사원법, 근로기준법, '집회 및 시위에 관한 법률', 인사청문회법, 법원조직법, 헌법재판소법, 군사법원법, 형법, 검찰청법, 검사징계법, 교육공무원법, '공무원직장협의회의 설립·운영에 관한 법률', 통신비밀보호법, '개인정보 보호법', '정보통신망 이용촉진 및 정보보호 등에 관한 법률', '전자장치 부착 등에 관한 법률', '감염병의 예방 및 관리에 관한 법률', '형의 집행 및 수용자의 처우에 관한 법률', 교육기본법, '교원의 노동조합 설립 및 운영 등에 관한 법률', 유아교육법, 초·중등교육법, 고등교육법, '노동조합 및 노동관계 조정법', '공무원직장협의회의 설립·운영에 관한 법률' 등 많은 법률이 제정되거나 개정되었다. 개정된 법률 중에는 헌법재판소의 위헌결정이나 헌법불합치결정을 반영한 내용도 다수 있다. '고위공직자범죄수사처 설치 및 운영에 관한 법률'의 개정은 법규범을 희화화한다. 그런데 법률 개정에는 작위적인 측면이 너무 많다. 예를 들면 '당해'를 '해당'으로, 또는 '자'를 '사람'으로 바꾸기 위하여 개별 법률마다 개정하는데 이 경우 아예 모든 법률에서 이를 일괄적으로 처리하면 될 문제이다. 법률의 개정작업이 의원들의 입법발안 숫자의 제물이 되고 있다.

헌법재판소도 설치 30년을 넘어서면서 이제 안정을 찾아간다. 위헌성을 안고 있던 다수의 법률들이 헌법재판소의 심판으로 정리되었다는 증명일 수도 있다. 그런데 헌법재판소의 위헌결정으로 해산된 통합진보당 소속 지방의회의원들에 대하여 헌법재판소의 결정 취지를 참고하여 중앙선거관리위원회는 지역구지방의회의원은 그 지위를 유지하나, 비례대표지방의회의원은 의원직을 상실한다고 결정하였다. 하지만 대법원은 비례대표지방의회의원도 의원직을 상실하지 아니한다고 판시하여 논란을 촉발시킨다. 하루 빨리 관련 법률이 개정되어야 한다. 판결의 내용뿐만 아니라 판결문도 손질이 필요하다. 특히 대법원과 하급법원의 판결문에는 한 문장에 '것'이 일곱 차례 나오기도 한다. 더 쉽고 가독성이 있도록 변화가 필요하다. 헌법재판연구원도 이제 창립 10주년을 맞이한다. 그간 헌법학자들 (허영·김문현·전광석·석인선·박종보)께서 연구원장으로서 활동하면서 헌법재 판에 있어서 이론과 실무의 가교 역할을 성공적으로 수행하여 왔다. 저자도 여러 차례에 걸쳐서 헌법재판연구원에서 발제와 기조발제를 할 수 있었다.

인공지능(AI, Artificial Intelligence) 시대의 전개와 코로나-19(COVID-19)로 상 징되는 전대미문의 팬데믹(Pandemic) 시대에 온 지구촌이 혼돈상태에 빠져들었 다. 이에 따라 고전적인 국가의 조직과 역할 및 기본권보장에는 새로운 변용이 불가피하다. 2001년 9·11테러 이후 개인정보 관련 법제의 전반적인 변화를 초래 한 그 이상의 변화가 요구된다. 이제 지난 2세기 이상에 걸쳐 정립된 입헌주의 헌 법학이론의 가치와 체계도 근본적인 재발견과 재해석이 불가피하다. 여기에 더하 여 민주화 이후 오히려 더 깊어만 가는 정치권을 비롯하여 경제·사회에 걸쳐서 국가 전반에서 야기되는 혼란과 혼돈상태를 극복하고자 하는 공법학자들의 노력 도 더욱 빛을 발한다. 그간 필자는 4년간 서울대 총장직의 수행과 그 이후에 팬데 믹 등으로 학회와 제대로 된 활동을 할 수 없어 매우 유감스럽게 생각한다. 하지 만 한국공법학회(송기춘·김중권·이헌환·김유환·김대환·이원우·김종철 회장)와 한국헌법학회(박종보·정극원·송석윤·고문현·문재완·김일환·임지봉 회장)를 중 심으로 의욕적인 학술활동이 계속된다.

『헌법개론』보다 더 심도 있는 이해를 위하여 저자의 『헌법학』 제21판(2021)뿐 만 아니라, 『헌법학논집』(2018), 『판례헌법』 제4판(2014), 『대한민국헌법사』(2012), 『헌법소송론』 제2판(2021), 『헌법연습』(2000), 『헌법과 국가정체성』(박영사, 2019) 등을 참조하여 주기 바란다. 『헌법과 생활법치』(2017)를 통하여 헌법이 국민에게 더 친근할 수 있기를 바란다.

무엇보다도 그간 『헌법학입문』으로 강의하신 전국의 교수님들께 무한한 감사 의 말씀을 드리면서 제호가 바뀐 『헌법개론』도 계속해서 사랑해주시길 바란다. 특히 가천대학교 박진우 교수님, 감사연구원 김태열 박사는 강의하면서 보충하여 야 할 부분을 많이 지적하여 주셨다. 법문사의 장지훈 부장, 김용석 과장, 권혁기 대리, 유진걸 대리, 김성주 대리, 이선미 님에게도 감사드린다.

2021년 7월 17일
서울대학교 연구실에서
저자 성낙인(成樂寅) 씀

# 제10판 서 문

『헌법학입문』이 어느덧 제10판에 이른다. 그동안 성원하여주신 애독자 여러분에게 감사드린다. 제10판을 맞이하여 그간 입문서로서 설명이 부족하던 부분을 대폭 수정하여 가필하였다. 무엇보다 독자들이 쉽게 헌법을 이해할 수 있도록 최대한 배려하였다.

『헌법학입문』은 법학도뿐만 아니라 비법학도 및 민주시민을 위한 안내서이다. 헌법은 고위공직시험뿐만 아니라 각종 공무원시험에 필수과목으로 채택되었다. 늦었지만 매우 다행스럽다. 법학전문대학원 시대에 학부 법학교육의 공백을 메우려면 학부에 헌법 강의가 요망된다. 금년부터 서울대학교 사회과학대학 정치외교학부에서도 헌법 강좌가 개설되었다. 『헌법학입문』은 이와 같은 수요에 적합한 교재로 개발되었다. 정치외교학부의 『헌법』과 학부 교양과목으로 개설된 『민주시민과 헌법』과 『민주시민과 기본적 인권』은 서울대학교 법학전문대학원의 이효원·이우영·전종익·전상현·조동은 교수께서 강의하신다.

제10판에서는 정치사회적 쟁점들과 그에 따른 법령내용을 충실하게 반영하였다. 제1편 헌법총론에서는 자유민주주의·공직선거법(준연동형 비례대표제, 선거권 연령 18세로 하향 등)·정당(정치자금)·문화국가원리·국제법존중주의, 제2편 정치제도론에서는 국회(국회의 구성)·고위공직자범죄수사처·헌법소원심판, 제3편 기본권론에서는 양심의 자유(병역법과 대체복무법)·언론출판의 자유(인터넷 본인확인제, 가짜뉴스)·사생활비밀과 자유(잊혀질 권리, 소위 데이터 3법), 통신의 자유(통신비밀보호법), 청원권(청원법) 등에서 보완과 수정을 가하였다.

예년과 같이 지난 1년간 제정 또는 개정된 법률과 새 판례를 2020년 5월 말까지 반영하였다. 정치자금법, 공직선거법, 국회법, 청원법, '고위공직자범죄수사처 설치 및 운영에 관한 법률', 법원조직법, 군사법원법, 형사소송법(검경수사권 조정 및 헌법재판소 판례 반영), 검찰청법, 병역법, '대체역의 편입 및 복무 등에 관한 법률', '형의 집행 및 수용자의 처우에 관한 법률', '신문 등의 진흥에 관한 법률', 교육공무원법, '공무원직장협의회의 설립·운영에 관한 법률', '개인정보 보호법'(가명정보, '개인정보 보호위원회' 등 신설), '정보통신망 이용촉진 및 정보보호 등에 관한 법률'(정보보호 '개인정보 보호법으로 이관), '위치정보의 보호 및 이용 등에 관한 법률', '신용정보의 이용 및 보호에 관한 법률', '디엔에이신원확인정보의 이용 및 보호에 관한 법률', 통신비밀보호법(긴급통신제한 조치 등), '국가유공자 등 예우 및 지원에 관한 법률', '보훈보상대상자 지원에 관한 법률' 등 수많은 법률이 제정되거나 개정되어 이를 충실히 반영하였다. 개정된 법률 중에는 헌법재판소의 위헌결정이나 헌법불합치결정을 반영한 내용도 다수 있다. '대한민국과 일본국 간의 재산 및 청구권에 관한 문제의 해결과 경제협력에 관한 협정' 각하결정, '재건축초과이익 환수에 관한 법률' 합헌결정, 대법원(전원합의체)의 백년전쟁 판결 (7:6) 등이 대표적인 판례들이다. 하지만 '집회 및 시위에 관한 법률' 등 헌법불합치결정 기한이 도과되었음에도 불구하고 개정이 이루어지지 아니한 부분들은 국회입법권의 해태로 비난받아 마땅하다.

제20대 국회를 마무리 지으면서 하루에 200건 가까이 본회의를 통과하는 그야말로 법률의 제정과 개정의 홍수를 이루었다. 제대로 된 논의를 거친 입법권 행사는 아직도 요원하다. 이제 제21대 국회가 개원되었다. 여당인 더불어민주당의 압승에 따라 여야 간의 대치가 첨예하다. 세기적 변화의 시대에 민의의 전당인 국회가 정치인들의 정략이 아니라 국리민복을 위한 상생의 국회로 거듭 태어나야 한다.

남북정상회담, 미북정상회담을 통하여 새로운 대화의 시대를 열어가던 남북관계도 북쪽의 남북연락사무소 폭파로 매우 어려운 상황을 맞이한다. 통일을 향한 국민적 염원이 또 다시 물거품이 되어가는 건 아닌지 걱정스럽다. 한국전쟁 70년에 즈음하여 이 땅에서 동족상잔의 비극이 반복되어서는 아니 된다. 한반도에 평화와 화해의 장이 펼쳐져서 통일의 길로 연결되길 갈구한다.

인류세계를 강타한 코로나바이러스의 창궐에 따른 팬데믹(Pandemic) 현상은 인간의 삶에 대한 근본적인 변화를 초래한다. 스위스 세계경제포럼에서 클라우스 슈밥(Klaus Schwab) 회장이 제4차 산업혁명을 주창하였지만 그 실체가 제대로 손에 잡히지 아니하였다. 그런데 뜻밖에도 전염병의 창궐에 따라 그 실체를 드러낸다. 2018년 다보스포럼에서 처음으로 개설한 '세계대학 총장 세션'에 참여하여 격변하는 세계에 새로운 세대 새로운 진전을 논하던 모습이 지금도 선하다. 전세계적으로 대학을 비롯한 학교는 문을 닫고 인터넷 강의가 진행된다. 교육현장도 급변한다. 2017년 버클리대학에서 개최된 세계대학총장회의에 참석하였다가 20년간 예일대학 총장(1993-2013)을 역임한 리차드 레빈(Richard Levin)이 실리

콘밸리에 인터넷강의회사(Cousera)를 이끄는 현장을 방문한 기억이 새롭다. 이제 직장인들도 사무실 근무보다 재택근무가 일상화된다. 대면(컨택트) 시대에서 비대면(언택트) 시대로 전환된다. 그럴수록 사회적 동물인 인간의 삶이 개별화와 고립화의 길을 간다. 감염병의 창궐로 인간이 미처 예상하지 못하던 변화된 사회상이 급속도로 연출된다. 언제 또 다시 익숙하던 과거의 일상으로 돌아갈 수 있을지 아무도 예측하기 어렵다. 이러다가 코로나19가 지속되면서 비정상이 정상으로 변하는 게 아닌지 걱정스럽다.

『헌법학입문』보다 더 심도 있는 이해를 위하여 저자의 『헌법학』 제20판(2020)뿐만 아니라, 『판례헌법』 제4판(2014), 『대한민국헌법사』(2012), 『헌법소송론』(2012), 『헌법연습』(2000) 등을 참조하여 주기 바란다. 『헌법과 생활법치』(2017)를 통하여 헌법이 국민에게 더 친근할 수 있기를 바란다. 한편 서울대학교 법학연구소에서 정년퇴임 교수님들을 위하여 법학연구총서(medulla iurisprudentiae)를 간행하는 데 제1호로 저자의 『헌법과 국가정체성』(박영사. 2019)이 출간되었다. 금년에는 퇴임 교수 네 분의 저서가 출간되어 연구총서로 자리매김한다. 『헌법학입문』은 조만간 제자 두 분의 노고로 중국어로 출간될 예정이다. 중국 연변대학 법대 법학연구소장인 蔡永浩 교수, 요녕대학 법대의 朴大憲 교수가 번역작업을 맡아 주셨다. 중국 국가번역과제로 채택된 『헌법학』은 번역이 완료되었지만 복잡한 한중관계로 안타깝게도 출간이 지체되고 있다.

무엇보다도 그간 『헌법학입문』으로 강의하신 전국의 교수님들께 무한한 감사의 말씀을 드린다. 특히 서울시립대 김영천 명예교수님, 가천대학교 박진우 교수님, 감사연구원 김태열 박사는 강의하면서 보충하여야 할 부분을 많이 지적하여 주셨다. 대륙아주의 윤형석 변호사도 수고가 많았다. 법문사의 장지훈 부장, 김용석 과장, 권혁기 대리, 유진걸 님, 이선미 님에게도 감사드린다.

2020년 7월 10일
서울대학교 연구실에서
저자 성낙인(成樂寅) 씀

# 제 9 판 서 문

애독자님들의 성원에 힘입어 『헌법학입문』이 어느덧 제9판에 이른다. 40년에 이르는 헌법학교수와 공직을 마무리하고 오랜만에 여유가 생겨 **『헌법학입문』**을 전면적으로 재조명할 시간을 가졌다. 그간 입문서로서 설명이 아쉬웠던 부분을 대폭 수정하여 가필하였다. 무엇보다 독자들이 쉽게 헌법을 이해할 수 있도록 최대한 배려하였다. 전편에 걸쳐서 수정과 보완작업이 진행됨에 따라 종전보다 약 20면이 추가된 제9판은 사실상 전면 개정판이라 할 수 있다.

2019년은 3·1운동 백주년이자 대한민국임시정부 수립 백주년이다. 1948년 수립된 대한민국의 법통은 대한민국 임시정부로부터 비롯됨을 헌법전문에서 명시하고 있다. 자주독립국가를 향한 한민족의 염원이 발원한 3·1운동으로부터 주권재민의 공화국을 선포한 대한민국임시정부는 오늘을 살아가는 민주공화국의 유산이자 법통이다. 이제 대한민국임시정부 수립 백주년을 맞이하면서 미래를 향한 대한민국을 향하여 나아가야 한다. 소모적인 건국절 논쟁으로부터도 벗어나야 한다. 선조들의 위대한 유업을 삼일절 노래와 더불어 재음미하고자 한다.

기미년 삼월일일 정오
터지자 밀물 같은 대한 독립 만세
태극기 곳곳마다 삼천만이 하나로
이 날은 우리의 의요 생명이요 교훈이다
한강은 다시 흐르고 백두산 높았다
선열하 이 나라를 보소서
동포야 이 날을 길이 빛내자

『헌법학입문』은 법학도뿐만 아니라 비법학도 및 민주시민을 위한 안내서이다. 헌법을 통한 민주시민교육의 중요성을 감안하여 행정고시나 외무고시 같은 고위공직자 시험뿐만 아니라 각종 공무원시험에도 헌법이 필수과목으로 채택된 것은 늦었지만 매우 다행스럽다. 내년부터는 경찰공무원 시험에도 헌법이 필수과목으로 채택되었다. 특히 법학전문대학원 시대에 학부 법학교육의 공백을 메우려면

서울대학교처럼 비법학도를 위하여 학부과정에서 교양과목으로 『민주시민과 헌법』과 『민주시민과 기본적 인권』 같은 강좌가 개설되어야 한다. 『헌법학입문』은 이와 같은 수요에 적합한 교재로 개발되었다. 『민주시민과 헌법』과 『민주시민과 기본적 인권』은 서울대학교 법학전문대학원의 이효원·이우영·전종익·전상현 교수께서 강의한다.

예년과 같이 지난 1년간 개정된 법률과 새 판례를 2019년 5월 말까지 반영하였다. 국회법, 공직선거법, 정치자금법, 법원조직법, '각급 법원의 설치와 관할구역에 관한 법률'과 낙태죄 헌법불합치 결정 등에 관한 판례도 충실하게 반영하였다.

『헌법학입문』보다 더 심도 있는 이해를 위하여 저자의 『헌법학』 제19판(2019)뿐만 아니라, 『판례헌법』 제4판(2014), 『대한민국헌법사』(2012), 『헌법소송론』(2012), 『헌법연습』(2000) 등을 참조하여 주기 바란다. 『헌법과 생활법치』(2017)를 통하여 헌법이 국민에게 더 친근할 수 있기를 바란다.

한편 서울대학교 법학연구소에서는 교수님들이 퇴임하실 때 『법학』지 특별호로 그간의 노고를 치하하여 왔다. 앞으로는 이를 개별 교수님들의 핵심연구업적을 중심으로 단행본을 간행하기로 하였다. 저자의 『헌법과 국가정체성』(박영사, 2019)이 서울대학교 법학연구소 총서(medulla iurisprudentiae) 제1호로 출간되는 과분한 영광을 누렸다. 이 자리를 빌려서 그간 각별히 배려하여 주신 장승화 법학전문대학원장님, 김도균·정긍식 법학연구소장님께 깊은 감사를 드린다.

무엇보다도 그간 『헌법학입문』으로 강의하신 전국의 교수님들께 무한한 감사의 말씀을 드린다. 특히 서울시립대 김영천 교수님, 가천대학교의 박진우 교수님, 상명대학교의 김용훈 교수님, 헌법재판연구원 한동훈 박사님, 대전대 허진성 교수님과 김태열 박사는 강의하면서 보충하여야 할 부분을 많이 지적하여 주셨다. 박사과정의 윤형석 변호사도 교정에 수고가 많았다. 법문사의 장지훈 부장, 김용석 과장, 권혁기 대리, 유진걸 님, 이선미 님에게도 감사드린다.

2019년 6월 10일
서울대학교 연구실에서
저자 성낙인(成樂寅) 씀

# 제8판 서 문

2018년은 1948년에 제정된 대한민국헌법 70주년이다. 1948년 7월 17일 제정된 헌법에 근거하여 8월 15일에는 대한민국 정부가 수립되었다. 1948년에 제정된 헌법은 1919년에 수립된 대한민국임시정부(大韓民國臨時政府)의 법통(法統)을 이어받았음을 분명히 한다. 제헌헌법은 5천년 역사에서 최초로 모든 국민의 보통·평등·직접·비밀선거로 실시된 1948년 5월 10일 제헌의회 의원선거로부터 비롯된다. 비록 분단된 남쪽에서만 실시된 선거이긴 하지만 민주주의의 고향이라는 영국에서 1928년 보통선거를 실시한 지 불과 20년 후라는 점에서 그 역사적 의의를 평가하지 아니할 수 없다. 더 나아가 대한민국의 법적 토대를 마련한 7월 17일 제헌절은 1949년 10월에 제정된 '국경일에 관한 법률'에 따라 1950년부터 법정공휴일이 되었다. 그런데 2008년부터 법정공휴일에서도 제외되어 있을 뿐만 아니라 70주년의 그 역사적 의의를 평가하거나 자축하는 행사도 마련되지 못하고 있다는 점에서 안타깝기 그지없다. 법정공휴일이 아니니 제헌절 노래(정인보 작사, 박태준 작곡)조차 잊어버린다.

1. 비 구름 바람 거느리고
   인간을 도우셨다는 우리 옛적
   삼백 예순 남은 일이 하늘 뜻 그대로였다
   삼천 만 한결같이 지킬 언약 이루니
   옛 길에 새 걸음으로 발 맞추리라
   이 날은 대한민국 억만 년의 터다
   대한민국 억만 년의 터
2. 손씻고 고이 받들어서
   대계의 별들같이 궤도로만
   사사없는 빛난 그 위 앞날은 복뿐이로다
   바닷물 높다더냐? 이제부터 쉬거라
   여기서 저 소리 나니 평화오리라
   이 날은 대한민국 억만 년의 터다
   대한민국 억만 년의 터

1948년에 제정된 대한민국헌법은 1987년에 이르기까지 아홉 차례의 개정이라는 잔혹한 시련을 거쳤다. 하지만 1987년 헌법은 이제 30년을 훌쩍 넘어서서 헌법의 안정을 구가한다. 마침 문재인 대통령은 정부 헌법개정안을 제시하였지만 국회에서 제대로 된 논의조차 되지 못한 채 역사의 창고로 들어가 버렸다. 헌법개정은 정부와 국회의 여야가 합의하지 아니하는 한 불가능하다는 점은 국회 특별의결정족수 3분의 2가 이를 증명한다. 그럼에도 불구하고 정부와 여야가 제대로 된 논의의 장도 마련하지 못하였다는 점에서 오늘날 대한민국의 헌정 상황을 단적으로 보여준다.

한반도를 둘러싼 정치지형이 예사롭지 아니하다. 분단의 현장인 판문점에서 역사적인 4·27 남북정상회담에 이어, 싱가포르에서 6·12 북미정상회담까지 개최되면서 제2차 세계대전 이후 분단된 마지막 현장인 한반도에 평화와 화해의 분위기가 조성된다. 이런 분위기는 6·13 지방선거에서 집권 더불어민주당의 압승과 자유한국당의 궤멸로 귀결되었다.

격동의 국제정세 속에 국내적인 혼란과 위기가 대두될수록 성숙한 민주시민은 선의지(善意志)에 입각하여 이기적인 자아를 통제하면서 공동선(共同善, common good)을 구현할 수 있는 인격체로서의 소명을 다하여야 한다. 민주시민은 생활 속에서 법과 원칙을 존중(生活法治)하는 가운데 우리 사회를 "선(善)한 사람들의 공동체"로 거듭 태어나게 하여야 한다.

『헌법학입문』은 법학도뿐만 아니라 비법학도 및 민주시민을 위한 안내서이다. 법학전문대학원 시대에 학부 법학교육의 공백을 메우려면 서울대학교처럼 비법학도를 위하여 『민주시민과 헌법』 같은 강좌가 개설되어야 한다. 『헌법학입문』은 이에 적합한 교재로 개발되었다. 『민주시민과 헌법』은 서울대학교 법학전문대학원의 이효원·이우영·전종익·전상현 교수께서 강의한다.

제8판에서는 7월 현재 개정된 법률과 판례를 반영하였다. 특히 새로 제·개정된 국회미래연구원법·공직선거법·국회법·'국정감사 및 조사에 관한 법률'·소위 '드루킹특검법'·'국회에서의 증언·감정 등에 관한 법률'·법원조직법·헌법재판소법을 비롯하여, 양심적 병역거부·통신비밀보호법·'집회 및 시위에 관한 법률'에 대한 헌법재판소의 판례에 이르기까지 필요한 내용을 반영하였다. 신세대 독자들을 위하여 가독성(可讀性)을 최대한 배려하였다. 새로 권장하는 한글 표기법을 충실히 반영하고 꼭 필요한 한자는 옆으로 부기하였다.

『헌법학입문』보다 더 심도 있는 이해를 위하여는 저자의 『헌법학』 제18판

(2018)뿐만 아니라,『판례헌법』제4판(2014),『대한민국헌법사』(2012),『헌법소송론』(2012),『헌법연습』(2000) 등을 참조하여 주기 바란다. 또한 저자는 법조인과 법학도뿐 아니라 민주시민들이 생활규범으로서의 헌법과 두루 친숙할 수 있도록『만화판례헌법(1) 정치제도와 헌법』(법률저널, 2012),『만화판례헌법(2) 헌법과 기본권』(법률저널, 2013)을 출간하였다. 또한 그간 발표한 칼럼을 중심으로『우리 헌법읽기』(법률저널)와『국민을 위한 사법개혁과 법학교육』(법률저널)을 출간하였다.『헌법과 생활법치』를 통하여 헌법이 국민에게 더 친근할 수 있기를 바란다.

40년에 이르는 헌법학자의 여정에서『프랑스 제5공화국헌법상 각료제도』(1988, 파리, 불어판),『프랑스헌법학』(1995),『언론정보법』(1998),『선거법론』(1998) 등 다수의 단행본을 출간한 바 있다. 금년에는 저자가 발표한 학문적 성과를 나름대로 집대성하여 82편에 이르는 저자의 논문을『헌법학 논집』(2018)으로 출간하였다. 또한 뜻을 같이 하는 선배·동료법학자들이 함께한『국가와 헌법』Ⅰ(헌법총론·정치제도론)·Ⅱ(기본권론)(2018)을 출간하였다. 117편에 이르는 주옥 같은 논문을 제출하여 주신 분들에게 이 자리를 빌려서 깊은 감사의 말씀을 드린다. 척박한 한국적 법학문화에서도 굳건하게 법학계를 지켜온 은사이신 김철수 교수님을 비롯하여 선배·동료 법학자들에게 거듭 감사의 말씀을 올린다.

제8판 교정에도 김태열 박사가 수고하였다. 법문사의 장지훈 부장, 김용석 과장, 권혁기 대리, 유진걸 님, 이선미 님에게도 감사드린다.『헌법학입문』이 더욱 세련된 모습으로 발전되어 민주시민의 필독서로 자리 잡기를 기대한다.

2018년 7월 17일 제헌절 70주년에

서울대학교 총장실에서

저자 성낙인(成樂寅) 씀

# 제 7 판 서 문

대한민국(大韓民國) 헌법 제1조

제1항 "대한민국은 민주공화국(民主共和國)이다."

제2항 "대한민국의 주권(主權)은 국민(國民)에게 있고, 모든 권력은 국민으로부터 나온다."

헌법은 나라를 세우면서 국민들이 합의한 최고의 문서이다. 그 헌법은 대한민국이 주권재민(主權在民)의 민주공화국임을 천명한다. 민주공화국, 만백성이 주인이 되는 공화국이 바로 민주공화국이다. 공화국은 사사로움을 떨쳐버리고 모든 공적인 것(res publica)을 대변하는 국가이다. 그 공화국은 자유, 평등, 정의, 박애를 구현하여야 한다. 하지만 그 공화국은 어느 날 갑자기 주어지지 아니한다. 그 공화국은 피비린내 나는 투쟁과 숙청의 결과물이기도 하다. '짐이 곧 국가' (L'État, c'est moi)이던 절대군주 시대의 구체제(ancien régime)를 폐기시키고 새로운 국가를 창설하는 과정에서 공화국은 군주제를 대체하는 새로운 명제로 등장하였다. 즉 공화국은 군주제의 파괴로부터 비롯되었다. 어제의 군주는 프랑스 혁명과정에서처럼 단두대(기요틴, guillotine)의 이슬로 사라졌다. 공화국은 구체제를 타파하고 새로운 질서를 알리는 서곡이다. 공화국의 신비스러운 여정이 어느 순간에 이르면 혁명으로 분출된다. 혁명은 창조적 파괴를 위한 미래의 전달자 (porteur d'avenir)이다.

1960년 4월 청년학도들의 외침은 혁명이란 무엇인지를 단적으로 보여주었다. 2016년 대한민국에는 촛불이 들불처럼 퍼져나갔다. 촛불은 삼천리 방방곡곡에 펼쳐지는 온 국민의 간절한 기도 의식이다. 오직 만백성이 주인되는 민주공화국을 향한 기도다. 민주공화국의 이상과 이념이 짓밟히고 있다는 신음소리다. 1960년 경무대를 향한 청년학도들의 외침은 총부리에 스러져갔다. 2016년 청와대를 향한 시민들의 함성은 천지를 진동하였다. 그것은 민주공화국을 향한 평화의 메시지이다. 하지만 성난 시민들도 이제 노여움을 풀어야 한다. 그런데 청와대와 정치권은 시민들의 노여움을 풀기에는 역부족이다. 분노가 또 다른 분노만 재생산하여서는 미래가 없다. 제2차 세계대전 이후 분단된 국가 중에서 유일하게 남북으로 차단된 한반도는 남쪽의 대한민국과 북쪽의 조선민주주의인민공화국이 대치하는 이념의 현장이다. 그나마 산업화와 민주화를 성공적으로 정착하는 과정에서 남남갈등은 더욱 심화된다. 경제적으로 빈부의 양극화에 이어 정치적으로까지 촛불과 태극기로 양분된다. 이제 분열과 갈등을 뛰어넘는 통합과 화합의 시대를 열어야 한다. 촛불을 들고 태극기를 흔드는 국민통합의 장을 펼쳐야 한다.

19세기 서세동점(西勢東占)의 와중에서 조선왕조는 풍전등화(風前燈火) 그야말로 바람 앞의 촛불처럼 위태롭기 그지없었다. 새로운 시대에 새로운 기운을 불어넣기 위하여 시도된 갑오경장(甲午更張)과 같은 개혁정치도 모두 무위로 끝나고 결국 국권상실을 막지 못하였다. 급기야 쓰러져가는 왕조를 부여안고 스스로 대한제국(大韓帝國)을 칭하였지만 그것은 허울뿐인 제국에 불과하였다. 국권의 상실은 곧 5백년 사직(社稷)을 이끌어온 조선왕조의 멸망으로 귀결되었다. 왕조의 붕괴, 그것은 5천년 역사의 새로운 시작이라 아니할 수 없다.

1945년 광복과 더불어 1948에 제정된 제헌헌법은 1919년에 수립된 대한민국임시정부(大韓民國臨時政府)의 법통(法統)을 이어받은 민주공화국을 다시 한 번 천명한다. 하지만 1948년에 수립한 민주공화국은 상처뿐인 허울 좋은 공화국으로 전락함으로써 민주공화국의 본질에 충실하지 못한 비운의 공화국으로 연명하여 왔다. 1948년 제헌헌법이래 1987년 헌법은 아홉 번째 개정헌법이다. 39년 동안에 10개의 헌법이 명멸해 갔다. 헌법의 불안정이 계속되는 '헌법의 왈츠시대'를 거치는 동안, 헌정은 파탄으로 물들어 갔다. 대한민국에서 민주주의가 꽃피우길 바라는 것은 쓰레기통에서 장미꽃이 피길 바라는 것이나 다름없다는 외교관의 폭언에도 우리는 쓰린 가슴을 부여안고 이를 감내하여야 했다.

그런데 1987년 헌법 이래 대한민국에도 민주주의의 가능성을 분명하게 보여준다. 1987년 이후 30년 동안 헌법의 안정시대를 구가한다. 두 번의 평화적 정권교체(two turn-over)를 넘어서서 세 번의 평화적 정권교체는 외형적 민주주의의 정착을 알리는 신호와도 같다. 그 사이 우여곡절을 겪긴 하였어도 국민소득 3만불의 세계 10대 경제교역국가로 자리매김하면서 이제 대한민국은 인류역사에서 가장 압축적으로 산업화와 민주화를 성공시킨 모범국가로 자리 잡아 간다.

하지만 21세기 대명천지에 펼쳐지는 광장민주주의 현상은 아직도 주권재민이 제대로 실천되지 못함을 단적으로 보여준다. 4년 또는 5년마다 이어지는 주권자의 선택이 그 기간을 감내할 정도에 이르지 못하고 있음을 단적으로 보여준다.

어쩌면 한국적 민주주의의 한계이자 동시에 한국민주주의의 미래를 밝혀줄 등불 같은 현상인지도 모를 일이다. 국민의 대의를 제대로 반영하지 못하고 위정자와 민심의 괴리현상이 지속되는 한 광장민주주의는 필연코 새로운 질서의 창출을 요구받게 된다. 민심을 제대로 읽지 못하는 위정자에 대한 환멸이 결국은 구질서 의 퇴장을 명령한다.

광장의 분노는 최고권력을 향한다. 독점적 권력이 밀실에서 작동되는 순간 부 패의 사슬로부터 벗어나기 어렵다. 권력의 속성은 나누어 가지기가 결코 쉽지 아 니하다. 몽테스키외가 '법의 정신'에서 설파한, 권력을 가진 자는 항상 그 권력을 독점하고 남용하려 한다는 명제는 여전히 타당하다. 권력의 남용을 차단하기 위 해서는 제도적인 보완이 불가피하다. 권력의 균형추를 상실한 대통령 중심의 체 제는 그 한계를 여실히 드러낸다. 권력도 이제 '나눔의 미학'을 구현할 때가 되었 다. 소통과 화합 더 나아가 협치는 나눔을 통한 균형(均衡)을 모색하는 유일한 길 이다. 그 길만이 상실된 균형을 회복시키고 복원시킬 수 있다.

혁명의 시대가 끝나고 평화의 시대가 열려감에 따른 민주시민의 역할과 기능 은 생활 속의 법치주의를 실천하는 데 있다. 민주화 과정에서 부수적으로 자행된 불법과 비리는 민주화라는 이름으로 정당화되었다. 하지만 이제 한국적 민주주의 도 외형적 안정을 이루어간다. 더 이상 구호에만 의존할 것이 아니라 법과 제도 를 충실히 이행하는 가운데 법질서의 안정을 확립해 나가야 한다. 우리의 생활 속에 자리 잡고 있는 법에 대한 불신, 더 나아가서 법은 가진 자의 도구에 불과하 다는 선입견으로부터 벗어나서 새로운 법적 평화의 시대를 열어가야 한다. 그렇 지 아니하고서는 더 이상 외견적 민주주의의 틀을 벗어날 수 없기 때문이다. 민 주주의는 법과 원칙을 존중하는 절차적 법치주의 즉 적법절차(due process of law)부터 준수하면서 그 내용의 실질 즉 실질적 법치주의로 나아가야 한다. 그래 야만 더불어 함께하는 가운데 공동체적 가치를 서로 존중하면서 법적 실존주의 (existentialisme juridique)를 구현하는 사회를 이루어 나갈 수 있다. 실존의 세계를 외면한 주의나 주장은 공리공론에 불과할 뿐이다.

살아있는 주권자는 스스로 자기통제가 가능하여야 한다. 권리만 주장하고 공 동체 구성원으로서의 책무를 다하지 아니하는 곳에 그 공동체는 제 기능을 발휘 하지 못하는 악순환을 되풀이하게 된다. 민주시민의 덕목은 스스로 선의지(善意 志)에 충만하여 이기적인 자아를 통제하면서 공동선(共同善, common good)을 구 현할 수 있는 인격체로서의 소명을 다하는 데 있다. 민주적 공동체에서 주권자인 시민은 능동적 주체로서 주인의식을 더욱 공고히 하여야 한다. 하지만 우리 사회에는 아직도 정치·경제적 시민의식은 넘쳐나지만 정작 민주적 시민의식은 아직도 요원하다는 비판을 면하기 어렵다. 정치공동체에 대한 성숙한 비판의식이 민주시민으로서의 행위양태로서 생활 속에 정착하지 못하고 있다. 자신의 경제적 이익을 위해서는 온갖 수단방법을 가리지 아니하면서도 정작 공동체적 가치를 구현하기 위한 배려는 아직도 취약하기 그지없다. 경제적 양극화는 마침내 사회 전체의 균열로 나아가게 되고 그것은 결과적으로 공동체 전체의 통합에 대한 도전과 균열로 이어진다. 이 시점에서 민주시민이 가져야 할 최고의 덕목은 자신에게 주어진 현실을 제대로 인식하고 그에 기초하여 공동체 구성원으로서의 역할과 기능에 충실히 하는 것이다. 그것은 현실을 부정하는 데에서 출발하는 것이 아니라 현실에 터 잡은 시민의식의 함양에 있다. 민주시민은 생활 속에서 법과 원칙을 존중하는 사회를 실현해야 한다. 그 길은 바로 우리 사회를 "선(善)한 사람들의 공동체"로 거듭 태어나게 한다.

저자는 민주시민으로서 준수하여야 할 기본적 덕목을 기리면서 이를 생활 속에서 구현하여야 한다는 취지에서 '생활법치'(生活法治)를 강조하여 왔다. 저자의 '생활법치론'은 법무부 법교육위원회 초대 위원장으로부터 시작하여 한국법교육학회를 창설하여 초대 회장으로 재임하면서 그 뜻을 분명히 하여 왔다. 특히 제8대 경찰위원회 위원장으로서 경찰의 역할과 기능을 제고하기 위해서 '생활법치'를 화두로 제시하여 경찰작용의 민주적 토대를 강화하는 데 기여한 바 있다(이상의 내용은 이미 지난 2월에 간행된 『헌법학』 제17판과 새로 간행된 『헌법과 생활법치』(한국연구재단, 세창출판사)의 서문을 재생(再生)한 것이다. 『헌법과 생활법치』는 2014년 10월 '인문학석학강좌' 『민주시민의 생활법치』 강의안을 수정하여 새롭게 간행되었다. 서울대 총장 재임 중이라 3년이 지나서야 뒤늦게 출간하게 되었다).

2017년 7월 17일 제헌절을 보내며

서울대학교 총장실에서

저자 성낙인(成樂寅) 씀

# 서 문

법과대학에서 헌법학을 강의한 지 벌써 30년을 훌쩍 넘어섰다. 세월이 정말 빨리 흘러간 것 같다. 그간 저자는 국내외에서 저서와 논문을 통해서 한국헌법학자로서의 새로운 지평을 열어가려 애써왔다. 돌이켜보면 이 모든 일들이 학자로서의 열정이 식지 않았기에 가능하였으리라고 본다. 세월의 흐름을 멈출 수는 없듯이 저자도 이제 이순(耳順)에 이르렀다. 청년학자시절에는 원로 은사님들을 보필하는 과정에서 학문의 길, 학자의 길, 교수의 삶을 먼발치서 배우고 또 스스로 터득하려 애써 보기도 했다. 어느덧 후학들과 제자들이 저자를 바라보는 상황으로 역전되어버렸다.

그간 저자는 프랑스에서 간행된 『프랑스 제5공화국헌법상 각료제도』(프랑스어판, 1988)를 비롯해서 국내외에서 다수의 저서와 논문을 발표하여 왔다. 특히 『프랑스헌법학』(1995), 『선거법론』(1998), 『언론정보법』(1998)을 비롯한 여러 권의 단행본을 간행하기도 하였고, 『한국헌법연습』(1998), 『헌법연습』(2000) 같은 이론판례 사례연습교재와 『판례헌법』 제2판(2009) 같은 판례교재를 간행하기도 하였다. 2001년에는 헌법학의 일반이론서인 『헌법학』 초판을 간행한 이래 이제 『헌법학』은 제11판에 이르고 있다. 또한 학술논문도 200편을 넘고 있고, 고시계와 같은 수험지에도 200편 이상의 논설을 발표하기도 했다. 뿐만 아니라 법학자로서 후학들과 더불어 의욕적으로 펼쳐 온 대내외적인 활동도 삶의 소중한 양식이었다. 서울대 법대 학장(2004-2006), 한국공법학회 회장(2006-2007)을 역임하였고, 지금도 한국법학교수회 회장과 한국법교육학회 회장을 맡고 있다.

저자는 또한 교육과 연구에만 의탁하지 않고 실사구시(實事求是)의 자세로 헌법학자로서 실천적 사회참여 활동을 계속하여 왔다. 특히 1988년에 헌법재판소가 개소하면서 헌법학자에 대한 사회적 수요는 더욱 고조되었다. 국가의 존재이유(raison d'être)와 직결되는 헌법학이 갖는 특성에 따라 입법부·행정부·사법부의 국가 모든 영역에서 위원·자문위원·위원장으로서 참여하여 저자의 학문적 소신을 밝힐 수 있는 소중한 기회를 갖기도 하였다. 여러 언론매체를 통한 학자로서의 소신을 펼쳐 보일 수 있었던 것도 저자에겐 커다란 행복이었다. 특히

『동아일보』에 2년에 걸쳐서 '성낙인의 법과 사회' 칼럼을 격주로 게재하기도 하였다. 지금도 『매일경제신문』의 객원논설위원으로서 소론을 펼칠 수 있는 소중한 기회를 갖고 있다. 그 많은 세월 동안에 걸쳐서 저자의 학문적 소론을 펼치는 과정에서 그래도 학자로서 갖는 시대정신이 훼절되지 아니하였던 점도 저자로서는 축복이라 아니할 수 없다. 이는 권위주의의 질곡을 넘어서서 민주화 이후에 헌법학자로서 살아온 행복이 아닐 수 없다.

평소 저자는 법과대학 또는 법학전문대학원에서 법학 또는 헌법학을 전공하는 학생들뿐만 아니라 법학의 인접 사회과학을 전공하는 학생들도 두루 학습할 수 있는 교재의 필요성을 절감하여 왔다. 헌법학이 갖는 대중 교육적 특성과 민주화 이후에 국민의 생활전범으로 자리 잡고 있는 헌법의 특성에 비추어 본다면 대학인들은 물론이고 국민들이 두루 헌법과 헌법이론을 접할 수 있는 기회를 가질 수 있어야 한다. 이에 저자는 난삽한 헌법학이론보다는 친근한 헌법이라는 목표를 가지고 법학도에서부터 널리 일반 교양인에 이르기까지 두루 학습할 수 있는 표준적 교재의 필요성을 절감하여 오던 터에 이제 『헌법학입문』을 통하여 헌법의 기초를 다질 수 있는 기회를 제공하고자 한다. 하지만 능력보다는 의욕과잉이 아닌지 걱정이 앞선다. 헌법학이 요구하는 지적 욕구를 충족시켜야 할 뿐 아니라 헌법이 갖는 대중적 성격에 부응하는 국민적 교양서의 특성도 살려야 하기 때문이다. 『헌법학입문』에서는 헌법학의 기초이론에 터 잡아 한국헌법전의 필수적 이해에 중점을 두고 있다. 따라서 보다 전문적이고 세밀한 논점에 대한 이해를 위해서는 저자의 자매서로서 법문사에서 간행된 『헌법학』 제11판(2011), 『판례헌법』 제2판(2009), 『헌법연습』(2000)을 참조해 주기 바란다.

어려운 출판 환경에도 불구하고 흔쾌히 출간에 응해 주신 법문사 배효선 사장님, 김영훈 부장님, 김용석 과장님, 전영완님 그리고 전산작업을 담당한 광암문화사 관계자에게도 감사드린다.

2011년 8월 15일 광복절 아침에
서울대 법대 연구실에서
저자 성낙인(成樂寅) 씀

# 차 례

## 제 1 편   헌법총론

### 제 1 장   헌법과 헌법학

# 제 3 장  국가의 본질과 국가형태 (43~58)

# 제 4 장  대한민국헌법의 구조와 기본원리 (59~149)

## 제 2 편　헌법과 정치제도

### 제 1 장　정치제도의 일반이론 (153～175)

# 제 3 장  정     부

# 제 4 장 법   원 (310~339)

# 제 5 장   헌법재판소

## 제 3 편   헌법과 기본권

## 제 1 장   기본권 일반이론                                   (393~436)

# 제 7 장  청구권적 기본권 (578~602)

# 제 8 장   국민의 기본의무 (603~605)

제 **1** 편

# 헌법총론

# 제**1**장

# 헌법과 헌법학

## 제1절 권력과 자유의 조화의 기술로서의 헌법

### Ⅰ 헌법과 헌법학

#### 1. 의    의

(ⅰ) 헌법 또는 헌법학(Constitutional Law, Droit constitutionnel, Verfassungs-recht)은 다른 실정법(학)과 마찬가지로, 한국이나 동양의 전통적인 법규범·법질서에서 유래하기보다는, 서양의 법질서·법체계를 이어받았다(繼受). 근대한국에서 헌법개념은 장정章程, 국제國制, 국헌國憲 등으로 표현되기도 하였다. 고유한 의미에서의 헌법(학)은 "국가의 조직과 구성에 관한 기본원리를 정립한 법"이다. 즉, 헌법은 국가에서 작동되고 있는 모든 법규범 중에서 최고법이고 기본법(근본법)이다.

(ⅱ) 1787년에 제정된 미국헌법과 1789년 프랑스 혁명기에 천명한 '인간과 시민의 권리선언'으로부터 비롯된 일련의 입헌주의 문서는, 주권재민主權在民에 기초한 근대입헌주의 헌법의 풀뿌리 역할을 다져왔다. 이제 헌법은 단순히 국가의 조직과 구성에 관한 기본법을 뛰어넘어, 주권자인 국민의 자유와 권리 보장을 위한 권리장전으로 자리매김한다. 이에 따라 근대입헌주의의 정립 이래 헌법은 "국민주권주의에 기초하여 국가의 조직과 구성을 설계하고, 국민의 자유와 권리를 보장하는 최고의 기본법"으로 정의할 수 있다.

#### 2. 권력의 학문으로서의 헌법학

(ⅰ) 국가에 현존하는 모든 제도의 유지·관리는, 정치권력을 통하여 국가 안

에서 구현된다. 그 국가에서 구현되는 (정치)권력은 헌법학연구의 기본적인 출발점이기도 하다. 바로 그러한 의미에서 헌법학은 권력의 학문이다.

(ⅱ) 국가의 조직과 구성에 관한 정치제도(통치기구)를 연구하는 학문으로서의 헌법학은 어느 시대 어느 나라에서나 존재하여왔다. 근대입헌주의 이전의 군주주권 시대에 국민은 군주의 충실한 신민臣民에 불과하였다. 권력을 향유하는 사람의 말이 곧 법이 되는 절대군주시대에, 국민의 자유와 권리는 제대로 보장될 수 없었다. 군주주권의 폐해를 통감한 몽테스키외는 '법의 정신'에서 "권력을 가진 사람은 항시 그 권력을 남용하려 한다"라고 하여, 합리적인 권력 통제의 필요성을 강조하였다. 이에 따라 18세기 말 미국과 프랑스에서 근대시민혁명 이후에, "권력과 권력이 서로 차단하고 제어"할 수 있는 권력분립의 원리를 헌법규범으로 정립하였다. 1789년 프랑스 혁명기에 천명된 '인간과 시민의 권리선언'(La déclaration des droits de l'homme et du citoyen)에서는 "권리의 보장이 확보되지 아니하고 권력의 분립이 규정되지 아니한 모든 사회는 헌법을 가진다고 할 수 없다"(제16조)라고 천명함으로써, 권력분립의 원리가 입헌주의 헌법의 핵심적인 요소임을 분명히 한다. 이제 모든 국민주권국가에서는 권력분립의 원리가 헌법상 권력제도의 기본원리로 작동한다. 즉 권력분립은 국가업무의 원활한 수행과 국민의 기본권 존중이라는 목표를 합리적으로 이룩할 수 있는 정치적 기술이며, '정치적 지혜'이다.

(ⅲ) 권력의 학문으로서의 헌법학은 같은 권력의 학문인 정치학과 밀접하게 연계된다. 사실 19세기 말 학문으로서의 헌법학이 정립되던 초기단계에서는 (일반)국가학(théorie générale de l'État, Allgemeine Staatslehre)이라고 하여, 정치학과 헌법학이 미분화된 상태에 있었다. 그러나 규범과학인 헌법학은 20세기 초반에 이르러 차츰 사실과학인 정치학과 분리되어, 오늘날과 같은 이론적·체계적 기초를 정립하였다. 그런데 권력의 기술로서의 헌법학연구에 있어서 그 권력의 실존적 상황을 외면한다면, 그것은 자칫 공리공론에 빠질 우려가 있다. 그러한 우려를 불식시키기 위하여 헌법학은 사실과학인 국가학·정치학·행정학·사회학 등 사회과학과의 폭넓은 대화와 교류를 통하여 국가사회에서 실천적인 종합과학으로 정립되어야 한다. 그 과정에서 헌법규범은 헌법현실과의 지속적인 연계를 형성함으로써 헌법규범의 현실적합성을 검증받아야 한다. 즉 헌법규범론적인 논의와 더불어 헌정실제에 관한 논의와 연구도 인접 사회과학과 더불어 진행되어야 한다. 그리하여 헌법학이 살아있는 법학으로서의 생명력을 구현할 수 있다.

### 3. 자유의 학문으로서의 헌법학

(ⅰ) 오늘날 학문으로서의 헌법학은, 근대입헌주의 이래 정립되어 온 국민주권주의 원리에 입각한 헌법과 헌법학을 의미한다. 근대입헌주의는 곧 군주주권에서 국민주권으로서의 전환을 의미한다. 이에 따라 주권자인 국민의 자유와 권리가 확보되지 아니한 헌법이란 상정할 수 없다.

(ⅱ) 1789년 프랑스 인권선언에서는 "모든 정치적 결합의 목적은 인간의 자연적이며 박탈할 수 없는 권리의 보장에 있다. 그 권리란 자유, 재산, 안전 및 압제에 대한 저항이다"(제2조). 그 자유의 주체는 인간 개개인이지만, 그 인간은 바로 사회와 국가의 구성원이기도 하다. 여기에 인간의 권리와 시민의 권리라는 두 가지 측면이 동시에 제기된다. 그러나 그 자유의 근원은 어디까지나 인간의 천부인권적인 자유에 기초하기 때문에, 인간의 권리가 확보된 후에 비로소 시민의 권리도 보장될 수 있다. 이에 따라 권력의 학문으로서의 헌법학에서, 인간의 권리는 권력에 대한 소극적·방어적·항의적 성격의 자유일 수밖에 없었다.

(ⅲ) 근대입헌주의의 국민주권주의에 입각한 인간의 자유는 최대한의 보장과 더불어 국가로부터의 자유를 의미하였다. 그러나 근대입헌주의의 항의적·소극적인 자유 의지는, 이제 국가의 적극적 개입을 통하여 실질적 자유의 확보라는 새로운 이데올로기의 정립으로 나아간다. 그것은 국가로부터 방임된 자유가 아니라, 국가의 틀 안에서 보호받는 자유를 의미한다. 이에 따라 국민의 자유와 권리를 실질적으로 보장하기 위하여 새로이 사회적 기본권의 정립이 요구된다. 국가의 기능과 역할 또한 근대적 소극국가·야경국가에서 현대적 적극국가·급부국가·사회국가·사회복지국가로 전환되면서, 국민의 실질적 자유와 권리의 보장을 위한 사회적 기본권이 확대·강화된다.

### 4. 권력과 자유의 조화의 기술로서의 헌법학

(ⅰ) 국가의 근본법 내지 기본법으로서의 헌법개념인 고유한 의미의 헌법으로부터, 국민주권주의와 국민의 자유와 권리의 보장원리에 기초한 근대입헌주의 헌법으로의 전환은, 헌법학의 권력權力의 학문으로서의 특징과 자유自由의 학문으로서의 특징을 극명하게 보여준다. 주권자인 국민의 자유와 권리가 살아 숨 쉬는 곳에, 권력은 권력자를 위한 권력이 아니라 국민을 위한 권력으로 자리 잡을 수 있다. 여기에 헌법학연구에 있어서 주권자인 국민의 자유와 권리보장이 강조되는 이유가 있다. 그러나 헌법학연구가 자유와 권리·인권 등의 개념에만 집착할 경

우에, 그것은 자칫 사변적·철학적·담론적 수준에서의 논의에 그칠 가능성을 배제할 수 없다. 바로 여기에 실천과학으로서의 성격을 적극적으로 작동함으로써, 헌법학은 권력과 자유의 상호 융합과 조화 속에서 국가법질서의 근간을 다지는 학문으로서 정립될 수 있다.

(ⅱ) 결국, 근대입헌주의 이래 헌법 혹은 헌법학이라 함은 국민주권주의에 기초하여 국민의 자유와 권리가 보장되는 헌법과 헌법학을 의미한다. 이에 따라 권력의 학문으로서의 헌법학은 곧 권력의 민주화를 위한 학문을 의미한다. 그리하여 앙드레 오류의 표현대로 헌법은 "권력과 자유의 조화의 기술"로서의 성격을 분명히 드러낸다(André Hauriou, *Droit constitutionnel et institutions politiques*, Montchrestien, 1985, p. 29).

## Ⅱ 외국의 입헌주의헌법이론과 대한민국헌법

### 1. 근대 입헌주의 헌법이론의 수용과 현대적 변용

(ⅰ) 근대입헌주의에 기초한 헌법학일반이론과 한국헌법학이론 사이에 본질적 차이가 있을 수 없다. 오늘날 세계 각국 헌법교과서에 제시된 이론의 기본모형은 19세기 말에서 20세기 초에 정립되었다. 현대헌법학의 큰 산맥을 이루는 프랑스 헌법학과 독일 헌법학도 바로 이 시기에 태동하였다.

(ⅱ) 현대 헌법학이론은 그 이전에 활동한 사상가들의 저술과 기념비적 헌법체제에 기초한다. 고대 그리스의 아리스토텔레스의 '정치학'이나 플라톤의 '국가론'을 비롯하여, 그 이후에 전개된 마키아벨리의 '군주론', 보댕·알투지우스·홉스의 주권이론, 그로티우스의 자연법론, 로크의 권력분립론 등은 미국 독립혁명과 프랑스 혁명기에 개화한 시에예스의 헌법제정권력이론·몽테스키외의 권력분립이론 및 루소의 주권론과 사회계약론의 사상적 뿌리이다. 이들의 이론은 근대 입헌주의헌법의 모태라 할 수 있는 미국헌법(1787년)과 프랑스 제1공화국헌법(1792년)으로 구체화되었다.

(ⅲ) 20세기 후반 이래 정보사회의 급속한 전개는, 헌법학의 이해와 실천에 있어서, 그 누구도 예측하지 못한 혁명적 변화를 초래한다. 21세기 전자민주주의의 전개에 따라, 전통적인 대의민주주의도 새로운 도전에 직면한다. 인공지능(AI, Artificial Intelligence) 시대의 전개와 더불어 고전적인 국가의 조직과 역할 및 기본권보장에는 새로운 변용이 불가피하다. 이에 따라 지난 2세기 이상에 걸쳐 정

립된 헌법학이론의 가치와 체계도 근본적인 재발견과 재해석이 불가피하다.

## 2. 대한민국헌법의 이해

(ⅰ) 헌법학의 이해에는 그 사상적 뿌리인 근대자연법론에 기초하면서, 동시에 법실증주의의 이론과 제도를 동시에 포섭할 수 있는 지혜가 필요하다. 한국헌법의 이해에는 근대입헌주의 헌법의 보편적 가치인 근대자연법론의 사상적 세계에 기초하면서도, 한국에서의 실존적 법규범과 법현실을 인식하고 이에 순응할 줄 아는 법적 실존주의existentialisme juridique에 깊이 천착할 수 있어야 한다. 그렇게 함으로써 동시대에 정립하고자 하는 법이념과 법적 안정성의 상호 조화로운 발전을 통하여, 헌법학의 이해와 실천에 균형이론balance theory이 터 잡을 수 있다.

(ⅱ) 국가의 기본법(근본법)이자 최고법인 헌법이 국가 안에서 구현되고 국민과 호흡을 함께할 때 비로소 헌법은 "국민의 생활헌장生活憲章"으로 자리매김하게 된다. 바로 그때 국민주권주의에 기초한 민주법치국가는 국민의 삶 속에 자리 잡는 생활법치生活法治의 장을 열어갈 수 있다.

# 제2절   헌법의 개념 정의와 분류

## I   헌법의 개념 정의

### 1. 헌법의 발전과정에 따른 헌법의 개념 정의

#### (1) 고유한 의미의 헌법

고유한 의미의 헌법 또는 본래적 의미의 헌법이란 국가의 조직과 구성에 관한 기본법을 말한다. 고유한 의미의 헌법은 근대입헌주의近代立憲主義를 전제로 하지 아니한 헌법개념이므로, 국가가 있는 곳에서는 그 어떠한 체제에서도 조직과 구성에 관한 기본적인 사항이 규범의 형태로 존재한다.

#### (2) 근대입헌주의적 의미의 헌법

근대입헌주의 헌법은 1776년 미국의 독립혁명과 1789년 프랑스의 시민혁명 이후에 제정된, 근대자연법론에 기초한 일련의 헌법을 지칭한다.

근대입헌주의적 의미의 헌법은 그 내용에 있어서 ① 주권자인 국민이 제정한 국민주권주의國民主權主義 헌법, ② 주권자의 자유와 권리가 확보되는 기본권보장基本權保障의 장전으로서의 헌법, ③ 대의민주주의代議民主主義 원리의 현실적 구현을 위하여 권력의 견제와 균형을 위한 권력분립權力分立의 원리를 채택한 권력통제규범으로서의 헌법, 그 형식에 있어서는 ① 성문헌법과 ② 헌법개정을 어렵게 규정한 경성헌법硬性憲法의 원리를 채택한다.

#### (3) 현대 사회복지주의적 의미의 헌법

(ⅰ) 현대 사회복지주의적 의미의 헌법은 근대입헌주의적 의미의 헌법이 가진 내용과 형식적 특성을 유지하면서, 국민주권주의·기본권보장·권력통제를 실질화한 헌법을 말한다. 제1차 세계대전 이후 제정된 바이마르공화국헌법이 그 효시를 이룬다.

(ⅱ) 현대 사회복지주의적 의미의 헌법은 ① 국민주권주의를 실질화하기 위하여 대의민주주의에 직접민주주의적 요소를 가미하고, ② 사회복지국가원리에 입각하여 기본권을 실질적으로 보장하기 위하여, 사회적 기본권과 사회적 시장경제질서를 채택함으로써 사회정의(경제민주화)의 실현을 도모한다. 더 나아가서 현대헌법은 ③ 헌법규범의 실질적 효력을 담보하기 위하여 위헌법률심사를 담당하는 헌법재판제도를 도입한다.

## 2. 실질적 의미의 헌법과 형식적 의미의 헌법

### (1) 실질적 의미의 헌법

실질적 의미의 헌법이란 헌법의 성문·불문 여부를 묻지 아니하고 법규범의 유형에 관계없이, 그 실질적 내용이 헌법적 가치를 가진 규범의 총체를 의미한다. 이에 따라 성문헌법이 없더라도 실질적 의미의 헌법은 존재한다. 또한 성문헌법에 존재하지 아니한 사항도 실질적 의미의 헌법의 내용이 될 수 있다.

### (2) 형식적 의미의 헌법

형식적 의미의 헌법은 성문헌법전에 명시된 규범만을 지칭하는바, 특별한 기관에 의하여 제정되고 특별한 절차를 통하여서만 개정될 수 있다.

### (3) 실질적 의미의 헌법과 형식적 의미의 헌법의 조화

실질적 의미의 헌법개념은 학술적學術的 강의를 위한 강학상講學上 개념이지만, 형식적 의미의 헌법개념은 주어진 성문헌법을 기준으로 하는 법적 개념이다. 이에 따라 형식적 의미의 헌법과 실질적 의미의 헌법은 서로 일치하지 아니하며 그 사이에 괴리가 발생할 수 있다. ① 실질적 헌법 사항인지 여부는 시대에 따라 가변적이다. ② 입법기술상 모든 내용을 헌법에 담을 수가 없다. 국가권력작용과 기본권보장 등에 관한 기본적 사항은 대부분 공유하지만, 형식적 의미의 헌법 즉 성문헌법전에는 실질적 의미의 헌법개념에 포섭될 수 있는 선거·의회·정당 등에 관한 사항이 상당부분 제외되어 있다. ③ 실질적 헌법에 해당되는 사항이라도 쉽게 개정될 필요가 있는 경우에는 헌법전에 규정하지 아니한다. ④ 헌법적 가치를 가진 사항은 아니지만 정책적으로 헌법전에 규정하기도 한다(예컨대, 1999년 개정 전의 스위스 헌법 제25조 추가조항의 가축도살방법에 관한 규정, 미국 수정헌법 제18조와 제21조의 알코올음료에 관한 규정 등).

## Ⅱ 헌법의 분류

### 1. 헌법의 존재형식에 따른 분류: 성문헌법과 관습헌법(불문헌법)

#### (1) 성문헌법

성문헌법이란 성문의 헌법전을 지칭한다. 오늘날 대부분의 헌법은 성문헌법일 뿐만 아니라, 헌법개정을 위한 특별한 기관이나 절차가 마련된 경성헌법이다.

## (2) 관습헌법

### A. 의 의

관습헌법慣習憲法이란 국가 안에서 용인되는 헌법적 가치를 가진 관습적 규범의 총체를 말한다. 하지만, 헌정실제는 규범적 효력이 없고 단순한 현실적 사실에 불과하므로 관습헌법과 구별된다.

영국 등과 같이 성문헌법이 존재하지 아니한 불문헌법국가에서는 관습헌법에 입각하여 헌정질서가 유지된다. 즉, 영국에는 성문헌법은 없지만, 관습헌법에 기초한 실질적 의미의 헌법은 있다.

### B. 관습헌법의 인정 여부

성문헌법 속에 헌법사항을 구체적으로 모두 규정하기는 불가능할 뿐만 아니라, 성문헌법에서 헌법적 가치를 가진 사항이 누락되거나 모자랄 수도 있으므로, 관습헌법의 필요성과 규범력을 인정하여야 한다.

관습헌법 논의는 '신행정수도의 건설을 위한 특별조치법' 사건으로 촉발되었다. 논의의 핵심은 수도가 서울이라는 사실이 관습헌법인가의 여부이다.

헌법재판소는 수도가 서울이라는 점은 관습헌법이므로 법률로써 수도를 이전할 수 없으며 헌법에서 명시한 제130조의 헌법개정 국민투표권을 침해하는 위헌법률이라고 판시한다. 반대의견은 관습헌법의 효력은 성문헌법의 보완적 효력을 가질 뿐이며, 관습헌법의 개정은 헌법개정사항이 아니라고 보았다(8:1)( 헌재 2004.10.21. 2004헌마554등. 신행정수도 / 의건설을위한특별조치법 위헌확인(위헌) ).

위 위헌결정에 따라 수도이전 대신 제시된 행정중심복합도시 건설과 관련하여, 7인의 재판관은 "국민에게 특정의 국가정책에 관하여 국민투표에 회부할 것을 요구할 권리가 인정된다고 할 수도 없다"라고 하여 각하의견을 제시하였다. 다만, 6인의 재판관은 기존 헌법재판소 결정에 따라 수도가 서울이라는 점은 관습헌법에 속한다고 본, 반면에 3인의 재판관은 관습헌법을 부인한다. 한편, 2인의 재판관은 신행정수도는 결과적으로 수도를 분할함에도 불구하고, 국민적 합의나 동의 절차를 생략하고 있기 때문에 위헌이라는 의견을 제시한다( 헌재 2005.11.24. 2005헌마579등. 신행정수도 후속대책을 위한 연기 · / 공주지역 행정중심복합도시 건설을 위한 특별법 위헌확인(각하) ). 이 법률에 대하여는 수도분할이라는 비판론을 반영한 개정안이 2010년에 국회에 제출되었으나 부결되었다.

생각건대 헌법재판소가 수도가 서울이라는 점을 관습헌법으로 보았다면, 수도분할을 의미하는 위 특별법도 또한 위헌이라고 판시하였어야 마땅하다.

### C. 관습헌법의 성립요건

(ⅰ) 관습헌법도 관습법의 일종이므로 관습법의 성립에서 요구되는 일반적 성립요건이 충족되어야 한다. ① 기본적 헌법사항에 관하여 어떠한 관행慣行 내지 관례慣例가 존재하고, ② 그 관행은 국민이 그 존재를 인식하고 사라지지 아니할 관행이라고 인정할 만큼 충분한 기간 동안 반복 내지 계속되어야 하며(반복 · 계속

성), ③ 관행은 지속성을 가져야 하며 그 중간에 반대되는 관행이 이루어져서는 아니 되고(항상성), ④ 관행은 여러 가지 해석이 가능할 정도로 모호하여서는 아니 되고 명확한 내용을 가져야 한다(명료성). ⑤ 이러한 관행이 헌법관습으로서 국민들의 승인 내지 확신 또는 폭넓은 컨센서스를 얻어 국민이 강제력을 가진다고 믿고 있어야 한다(국민적 합의)( 헌재 2004.10.21. 2004헌마554등 ).

(ii) 하지만, 관습헌법은 성문의 규범이 아니기 때문에 국가기관의 인정은 요구되지 아니한다.

D. 관습헌법사항

(i) 관습헌법이 성립하기 위하여서는 헌법에 규율되어 그 효력이 법률보다 우위를 가져야 할 만큼 헌법적으로 중요한 기본적 사항이어야 한다.

(ii) 국호(대한민국), 국어(한국어), 수도(서울) 외에도 국기(태극기), 국가(애국가), 국시國是 등도 관습헌법에 포섭할 수 있다. 이들 국가정체성에 관한 사항은 외국헌법(예컨대, 프랑스헌법)의 예와 같이 헌법에 이를 명시할 필요가 있다.

E. 관습헌법의 효력

관습헌법도 헌법규범이기 때문에 원칙적으로 성문헌법과 같은 효력을 가진다. 하지만, 관습헌법은 그 효력에 있어 한계를 가진다.

(i) 관습은 결코 성문헌법전에 규정된 내용을 바꿀 수는 없다.

(ii) 관습은 성문헌법이 침묵을 지키는 경우에 일정한 조건에 따라 성문헌법을 보충할 수 있다. 특히 헌법규정이 명확하지 아니할 경우에는 이에 대한 평석을 가할 수 있다.

F. 관습헌법의 변경

관습헌법이 성립되기 위하여서는 관행의 존재, 반복·계속성, 명료성, 항상성, 국민적 합의와 같은 요건이 충족되어야 한다. 따라서 이를테면 관행의 연속이 단절 또는 변경되거나, 국민의 법적 확신이 변경되는 경우, 관습헌법은 다른 내용으로 변경될 수 있다.

2. 헌법의 존재론적 분류: 규범적 헌법·명목적 헌법·가식적 헌법

(i) 규범적 헌법은 헌법규범과 헌법현실이 대체로 일치하는 헌법이다. 이는 맞춤복처럼 사람의 몸에 잘 어울리는 옷과 같다(예컨대, 영국, 미국, 프랑스, 독일 등의 헌법).

(ii) 명목적 헌법은 헌법규범은 이상적으로 정립되어 있지만 헌법현실과 대체로

일치하지 아니하는 헌법을 말한다. 이는 기성복처럼 사람의 몸에 잘 어울리지 아니하는 옷과 같다(예컨대, 라틴 아메리카 등 제3세계국가의 헌법).

(ⅲ) 가식적 헌법이란 대외적인 과시용으로 제정된 헌법이기 때문에 본질적으로 헌법현실에 적용될 수 없는 헌법을 말한다. 이는 사람이 입고 다니기 위한 옷이 아니라 가장무도회용 복장에 불과하다(예컨대, 공산주의국가와 독재국가의 헌법).

### 3. 그 밖의 분류

또한 헌법은 ① 헌법제정의 주체에 따라 군주가 제정하는 흠정欽定헌법·군주와 국민이 합의하여 제정하는 군민君民협약헌법·국민이 주권자로서 제정하는 민정民定헌법, ② 헌법의 독창성 유무에 따라 독창적 헌법과 모방적 헌법, ③ 헌법개정절차의 난이難易에 따라 경성헌법硬性憲法과 연성헌법軟性憲法, ④ 국가형태에 따라 단일국가헌법과 연방국가헌법, ⑤ 국가체제에 따라 사회주의헌법과 자본주의헌법, ⑥ 국가권력의 행사방식에 따라 입헌주의헌법과 전제주의헌법으로 분류할 수 있다.

## Ⅲ   대한민국헌법의 개념 정의와 분류

한국헌법은 근대입헌주의적 의미의 헌법에 기초하여 현대 사회복지주의적 의미의 헌법을 수용하는 헌법이고, 성문헌법·민정헌법·모방적 헌법·단일국가헌법·강한 경성헌법·(수정)자본주의헌법·입헌주의헌법이다. 그러나 명목적 헌법에서 규범적 헌법으로 발전과정에 있는 헌법이라고 평가할 수 있다.

# 제 3 절   헌법의 특성

## Ⅰ   의   의

헌법의 특성으로는 사실적 특성과 규범적 특성으로 나누어 볼 수 있다. 헌법의 사실적 특성은 헌법전의 제정·개정에 이르기까지의 특성에 중점을 둔다. 하지만, 헌법의 규범적 특성은 주어진 헌법(전)이 가진 특성에 중점을 둔다. 그러나 헌법의 사실적 특성과 규범적 특성은 일의적 구획 자체가 명확하지 아니하다.

한편, 헌법의 특성과 별도로 헌법의 정치적 기능으로 국가구성적 기능·국민적 합의기능·공동체의 안정과 평화유지기능·국민통합기능·정치과정합리화기능을 설명하기도 한다. 하지만, 이 또한 사실상 헌법의 특성과 중첩된다.

## Ⅱ   헌법의 사실적 특성

### 1. 헌법의 정치성·개방성

헌법의 제정·개정은 이를 주도하는 실존적實存的 정치세력의 정치력에 좌우될 수밖에 없다. 즉, 헌법은 정치적 타협이나 결단의 소산이다.

또한 국가의 기본법인 헌법에 모든 내용을 담을 수 없기 때문에, 헌법 스스로 헌법규범과 헌법현실을 동시에 아우를 수 있는 현실적 공간을 마련하여 준다. 여기에 헌법의 개방적 성격이 자리매김한다.

### 2. 헌법의 이념성·역사성·가치성

헌법은 동시대 이념의 반영물이다. 동시대의 지배적 이데올로기에 따라 특정 국가에서 추구하는 시대정신이 헌법에 구현된다. 이에 따라 개별국가의 헌법은 가치중립적이 아니라 가치지향적일 수밖에 없다.

한반도의 북쪽에는 공산주의이념에 기초한 인민민주주의공화국이 수립되었다. 반면에, 대한민국에서는 수정자본주의의 틀을 유지한 민주공화국이 탄생하였다. 이에 따라 민주주의의 적에 대한 관용의 한계를 의미하는, 공산주의에 적대적인 이데올로기가 자리 잡고 있다.

## Ⅲ 헌법의 규범적 특성

### 1. 국법질서체계에서 최고규범으로서의 헌법

(ⅰ) 헌법은 주권자인 국민의 합의에 기초한 국가의 조직과 구성 및 국민의 자유와 권리보장을 위한 최고의 규범체계이자 권리장전이다. 즉, 헌법은 국민적 합의에 의하여 제정된 국민생활에 있어서 최고의 도덕규범이며 정치생활의 가치규범으로서, 정치와 사회질서의 지침을 제공하기 때문에, 민주사회에서는 헌법규범을 준수하고 그 권위를 보존하여 주어야 한다. 따라서 "국가의 법질서는 헌법을 최고법규로 하여 그 가치질서에 의하여 지배되는 통일체를 형성"하며, 그러한 통일체 안에서 상위규범은 하위규범의 효력의 근거가 되는 동시에 해석의 근거가 된다(헌재 1989.7.21, 89헌마38, 상속세법 제32조의2 제1항의 위헌여부에 관한 헌법소원(한정합헌)).

(ⅱ) 비록 한국헌법에 헌법의 최고규범성을 명시적으로 규정한 조항은 없지만, 경성헌법성(제128조·제130조) · 대통령의 헌법존중의무와 헌법준수선서(제66조·제69조) · 위헌법률심사제(제107조 제1항·제111조 제1항) · 위헌명령심사제(제107조 제2항) 등은 헌법이 국법질서에서 최고의 규범임을 사실상 천명하고 있다.

### 2. 자유(기본권)의 장전으로서의 헌법

주권자인 국민의 자유와 권리(기본권)가 확보되지 아니한 헌법은 자유의 장전으로서의 헌법의 포기나 다름없다. 이에 근대입헌주의헌법은 국민의 자유와 권리를 명시적으로 보장한다. 한국헌법도 헌법전문 및 제2장 "국민의 권리와 의무"에서 대한국민의 자유와 권리를 보장한다. 특히 헌법 제10조 후문에서는 "국가는 개인이 가지는 불가침의 기본적 인권을 확인하고 이를 보장할 의무를 진다"라고 하여 국가의 기본권보장의무를 규정한다. 또한 헌법소원제도(제111조 제1항)는 권력통제와 권리보장을 위한 장전으로서의 성격을 더욱 분명히 한다.

### 3. 정치제도를 설계하는 권력의 체계로서의 헌법

(ⅰ) 국가권력의 기본틀은 헌법에서 조직되고(조직규범성), 그 조직은 상호 견제와 균형을 이루어야 하며(권력통제규범성), 헌법에서 부여된 권력 즉 헌법의 수권授權에 따라 정치제도의 구체적인 모습이 드러난다(수권규범성).

(ⅱ) 헌법의 수권授權에 따라 "입법권은 국회에 속한다"(제3장 국회·제40조). "행정권은

대통령을 수반으로 하는 정부에 속한다"(<sup>제4장 제1절 대통령.</sup><sub>제66조 제4항</sub>). 헌법에 명시된 정부의 제도로서는 대통령·국무총리와 국무위원·국무회의·행정각부·감사원 등이 있다. "사법권은 법관으로 구성된 법원에 속한다"(<sup>제5장 제101</sup><sub>조 제1항</sub>). "법원은 최고법원인 대법원과 각급법원으로 조직된다"(<sup>제2</sup><sub>항</sub>). 제6장은 헌법재판소, 제7장은 선거관리, 제8장은 지방자치에 관하여 규정한다. 또한 입법·행정·사법이 각기 견제와 균형을 이룰 수 있도록 협력 및 견제(통제)장치를 헌법에 명시한다.

### 4. 헌법보장을 위한 규범으로서의 헌법

(ⅰ) 헌법은 헌법제정권자에 의한 헌법제정권력의 발동을 통하여 제정된다. 민정헌법은 주권자인 국민의 주권적 의사의 표현이다. 헌법은 전문에서 '대한국민'大韓國民이 헌법을 제정하였음을 분명히 한다. 또한 헌법은 국민투표를 통하여서만 개정될 수 있다(강한 경성헌법). 주권적 합의를 통한 헌법의 제정과 개정, 실정헌법규범을 준거로 한 위헌법률심사제는, 최고규범으로서의 헌법의 실효성을 보장한다.

(ⅱ) 그러나 법령 등 하위규범들과는 달리 헌법은 그 실효성을 확보하거나 그 내용을 직접 강제할 수 있는 강제집행제도가 없으므로, 헌법의 자기보장규범성과 관련하여 문제가 제기된다.

### 5. 통일된 가치체계로서의 헌법

헌법은 전문前文 및 각 개별조항 사이에 서로 관련성이 없는 단순한 결합이 아니라, 서로 밀접한 관련성을 가지고 하나의 통일된 가치체계를 이룬다. 그러므로 헌법규범의 특성인 기본권보장규범성·권력제한규범성·수권적 조직규범성·헌법보장을 위한 헌법규범성은 각기 별개로 논의되어서는 아니 되고, 전체적·통일적인 가치체계이다(<sup>헌재 1995.12.28. 95헌바3, 국가배상법</sup><sub>제2조 제1항 등 위헌소원(합헌,각하)</sub>).

# 제 4 절  헌법학과 헌법해석

## I  의    의

(ⅰ) 법학으로서의 헌법학은 법학의 한 분과이긴 하지만, 국가의 최고법이며 기본법인 헌법을 연구대상으로 하는 학문으로서 법학의 다른 분과와는 차별성을 가진다. 이에 헌법학 연구의 방법과 내용이 다양하게 전개된다. 그 헌법학을 이해하고 적용하는 헌법의 해석 또한 헌법의 특성을 적극적으로 반영하여야 한다.

(ⅱ) 헌법해석학이란 성문헌법규범을 논리적·체계적으로 해석하여 헌법규범의 원리·원칙을 연구하는 법해석학의 한 분야이다.

## II  헌법의 특성에 기초한 헌법해석

### 1. 헌법의 특성과 헌법해석의 연계성

헌법의 사실적 특성과 규범적 특성에 따라, 헌법해석도 규범적 관점뿐만 아니라, 정치성·합목적성을 동시에 고려하여야 한다.

### 2. 헌법해석의 기본원리

헌법의 해석은 헌법의 특성을 반영하여 규범 사이에 체계조화적인 해석의 원칙을 지켜나가야 한다. 즉, 헌법의 정치성·개방성·이념성·역사성·가치성 등의 특성이 충분히 고려되어야 한다. 또한 권력과 자유의 조화의 기술이라는 헌법의 특성에 따라, 권력의 수권·통제와 기본권보장의 원리가 서로 조화되어야 한다.

### 3. 헌법해석의 주체

(ⅰ) 헌법해석은 해석의 주체에 따라 유권해석과 학리해석으로 구별될 수 있다. 유권有權해석은 국가기관이 행하는 해석이기 때문에 일정한 구속력을 가진다. 학리學理해석은 헌법의 원리를 문리적·논리적으로 밝히기 위하여 헌법학자를 중심으로 사인私人(개인)이 하는 해석이다.

(ⅱ) 헌법해석은 유권해석 특히 헌법재판소의 해석과 학자들의 학리해석이 통일적으로 귀일되는 방향으로 정립되어야 한다.

## Ⅲ 전통적인 헌법해석의 방법

전통적인 법해석 방법으로는 사비니von Savigny의 4단계 해석방법론인 ① 문법적 해석, ② 논리적 해석, ③ 역사적 해석, ④ 체계적 해석이 있다. 그 후에 이를 보완한 7단계 해석방법론으로서 ① 어학적 해석, ② 논리적 해석, ③ 체계적 해석, ④ 역사적·제도사적 해석, ⑤ 비교법학적 해석, ⑥ 입법자의 주관적 해석, ⑦ 목적론적 해석이 있다.

(ⅰ) 문리文理해석(문법적 해석·어학적 해석)은 실정헌법규범에 대하여 어학적·문법적 방법을 통하여, 헌법의 의미내용을 명확히 하는 해석방법이다.

(ⅱ) 주관적·역사적 해석은 헌법제정권자의 주관적 의사를 파악하여, 이를 탐구하는 해석방법이다.

(ⅲ) 객관적·체계적 해석은 헌법제정권자의 주관적 의사보다는, 헌법조문에 객관적으로 표현된 내용을 법체계 전체의 통일적 원리에 따라 사물의 본질·조리條理에 입각하여, 객관적·유기적·체계적으로 탐구하는 해석방법이다.

(ⅳ) 목적론적 해석은 헌법제정의 목적이나 헌법에 내재하는 가치를 추구하는 해석방법이다.

생각건대 헌법해석의 출발점은 헌법조문의 의미내용을 명확히 하는 데 있다(문리해석). 하지만, 문리해석에만 집착하면 자칫 헌법의 통일성을 해칠 수 있기 때문에, 객관적·체계적 해석이 뒷받침되어야 한다. 헌법의 해석은 궁극적으로 동시대의 헌법이 지향하는 권력과 자유의 조화라는 이념과 가치에 입각하여, 목적론적 해석을 하여야 한다.

## Ⅳ 헌법해석의 한계

헌법의 해석은 성문헌법의 문의적文意的 한계를 뛰어넘어서는 아니 된다. 이에 따라 불문헌법의 해석에 있어서 성문헌법은 그 한계로 작용한다. 나아가서 헌법해석에 의한 헌법의 변천은 허용되지만, 헌법해석에 의한 헌법의 침훼나 헌법의 개정은 허용되지 아니한다.

## Ⅴ 합헌적 법률해석

### 1. 의 의

#### (1) 합헌적 법률해석을 통한 헌법해석

( i ) 합헌적 법률해석(법률의 합헌적 해석 또는 헌법합치적 해석)이란 어떤 법률이 한 가지 해석방법에 의하면 헌법에 위배되는 것처럼 보이더라도 다른 해석방법에 의하면 헌법에 합치되는 것으로 볼 수 있을 때, 즉 "어떤 법률에 대한 여러 갈래의 해석이 가능할 때에는", 이를 위헌으로 해석하지 아니하고, 합헌으로 해석하여야 한다는, 사법소극주의적인 법률의 해석기술이다(헌재 1989.7.14. 88헌가5등, 사회 보호법 제5조의 위헌심판(합헌)).

( ii ) 합헌적 법률해석은 근본적으로 **법률해석의 문제**(체계적 해석방법의 한 형태)로부터 출발한 논의이므로, 헌법해석과는 구별되어야 한다. 하지만, 법률을 합헌성과 연관하여 해석하고, 그 합헌성판단은 결국 헌법해석을 통하여 이루어진다는 점에서, 헌법해석과도 밀접한 관련성을 가진다.

#### (2) 합헌적 법률해석과 규범통제의 관계

합헌적 법률해석은 규범통제과정에서 판례로써 정립된 이론이다. 합헌적 법률해석과 규범통제(위헌법률심사제)는 표리관계에 있다. 합헌적 법률해석과 규범통제는 다 같이 헌법의 최고규범성을 전제로 하지만, 합헌적 법률해석에서 헌법은 법률의 '해석기준'이 되지만, 규범통제에서 헌법은 법률의 '심사기준'이 된다.

### 2. 이론적 근거

( i ) 국가의 최고법인 헌법규범과 그 헌법질서 아래 형성된 일련의 법질서가 통일적 법체계를 형성하여야 하기 때문에, 모든 법규범은 헌법과 합치하여야 한다.

( ii ) 국민적 정당성을 가진 입법부가 그 고유의 권한으로 정립한 법률에 대하여는, 권력분립의 원리에 입각하여 가급적 입법권을 존중하여야 한다.

( iii ) 국민의 대표기관인 입법부에서 정립된 **법률**은 일단 유효성이 추정되며, 그 추정적 효력을 통하여 민주적 법치국가에서의 법적 안정성을 확보할 수 있다.

( iv ) 그런데, 조약은 일단 체결되면 국가 사이의 신뢰보호 문제가 발생한다. 조약에 대한 위헌결정은 국가 간 분쟁을 촉발할 수 있으므로 신중하게 하여야 한다.

### 3. 합헌적 법률해석의 전형: 한정限定합헌해석

( i ) 헌법재판소의 위헌법률심판은 원칙적으로 합헌 또는 위헌으로 결정하여

야 한다. 하지만, 예외적으로 합헌과 위헌의 중간에 존재하는 변형결정을 내릴 수 있다. 합헌적 법률해석의 의의와 이론적 근거에 비추어 보면, 헌법재판소의 변형결정은 모두 합헌적 법률해석의 의미를 일부 수용한다. 합헌적 법률해석의 전형은 "… 로 해석하는 한 헌법에 위배되지 아니한다"라는 주문형태의 한정합헌결정이다. 다른 한편 "… 로 해석하는 한 헌법에 위배된다"라는 주문형태는 한정위헌결정이다.

（ⅱ）헌법재판소는 한정합헌결정은 한정위헌결정과 "서로 표리관계"에 있을 뿐이며 실제로는 차이가 없다고 판시한다(헌재 1997.12.24. 96헌마172등, 헌법재판소법 제68조 제1항 위헌확인 등(한정위헌,인용(취소))). 합헌적인 한정축소해석은 위헌적인 해석가능성과 그에 따른 법적용의 소극적 배제이고, 한정적인 위헌선언은 적용범위의 축소에 의하여 위헌적인 법적용 영역과 그에 상응하는 해석가능성을 적극적으로 배제한다는 뜻에서 차이가 있을 뿐이고, 본질적으로는 다 같은 부분위헌결정으로 본다. 따라서 한정위헌결정도 합헌적 법률해석의 한 형태라 할 수 있다.

### 4. 합헌적 법률해석의 한계

（ⅰ）문리해석의 한계　합헌적 법률해석을 하더라도, 해당 법조문의 어의語義와 완전히 다른 의미로 변질되어서는 아니 된다(헌재 1989.7.14. 88헌가5등, 사회보호법 제5조의 위헌심판(합헌)). 특히 법조문이 다의적 해석가능성을 넘어 추상적이고 광범위하여 애매모호할 경우에는 합헌적 법률해석이 허용되지 아니한다(헌재 89헌가8, 국가보안법 제7조'제1항,제5항'위헌심판제청(한정합헌), 반대의견 중). 또한 법률의 해석은 유효한 법률조항을 전제로 하므로 실효失效된 법률조항에 대한 합헌적 법률해석은 허용되지 아니한다(헌재 2009헌바123등, 구 조세감면규제법 부칙 제23조위헌소원(한정위헌)).

（ⅱ）목적론적(법목적적) 해석의 한계　합헌적 법률해석을 하더라도, 해당 법률의 입법목적과 완전히 다른 해석을 하여서는 아니 된다.

（ⅲ）헌법수용적 한계　합헌적 법률해석을 하더라도, 헌법규범의 의미와 내용을 뛰어넘는 해석을 하여서는 아니 된다.

### 5. 합헌적 법률해석의 기속력: 변형결정의 기속력

모든 국가기관은 헌법재판소의 결정을 따라야 한다. 즉, "법률의 위헌결정은 법원과 그 밖의 국가기관 및 지방자치단체를 기속한다"(헌재법 제47조 제1항). 이에 따라 합헌적 법률해석에 근거한 변형變形결정도 헌법이 정한 위헌법률심판의 한 유형이므로 그 기속력羈束力을 인정하여야 한다(제2편 제5장 제2절 Ⅲ. 7. (6) 변형결정 참조).

# 제 2 장

# 헌법의 제정·개정과 헌법의 변천·보장

## 제1절  헌법의 제정과 개정

일반법규범에 대한 헌법의 최고성·우월성은 필연적으로 헌법의 제정 및 개정의 특수성을 요구한다. 헌법의 최고규범성을 담보하기 위하여서는, 헌법이 급작스럽게 제정된다든가 또는 제도의 안정성을 해칠 정도로 지나치게 자주 개정되어서도 아니 된다. 그러므로 헌법의 제정과 개정은 일반 법률과는 달리 충분한 숙고과정을 거쳐야 한다.

## 제1항  헌법의 제정

### I  의  의

헌법의 제정制定이란 헌법제정권자(시원적 제헌권자)가 헌법제정권력(시원적 제헌권)을 행사하여, 국가의 기본적 법규범인 새 헌법을 창조하는 행위이다.

### II  시원적 제헌권(헌법제정권력)

#### 1. 시원적 제헌권의 본질

(ⅰ) 시원적 제헌권始原的 制憲權이란 정치권력의 귀속과 행사에 관한 근본규범을 정립하는 권력이다. 즉, 국가의 새로운 헌법규범을 정립하는 권력이다.

(ⅱ) 1789년 프랑스혁명 당시에 국민주권주의를 창출하는 과정에서, 시에예스

Sieyès가 '제3신분이란 무엇인가?'에서 시원적 제헌권이론을 정립하였다. 20세기에 이르러 독일의 슈미트Carl Schmitt는 헌법제정권력에 의하여 정치적 통일체의 종류와 형태에 관한 근본결단으로 헌법이 제정된다고 보았다.

(ⅲ) 시원적 제헌권은 새로운 법이념에 기초하여 국가의 새로운 법질서를 창출하는(창조성) 제1차적이고 시원적始原的인 권력이며(시원성), 기존의 어떠한 법질서로부터도 구속되지 아니하고 스스로 행하는(자율성) 권력이라는 점에서 제도화된 제헌권(헌법개정권력)과 구별된다. 또한 시원적 제헌권은 헌법에 제도화된 틀 안에서 행사되는 입법권·행정권·사법권 등과 같은 국가권력의 포괄적 기초가 되기 때문에 통일적이고 분할될 수 없는(통일성, 불가분성) 권력이며, 국민주권주의에 기초한 근대입헌주의 헌법의 탄생과 직결되므로 주권자는 시원적 제헌권을 항구적으로 향유한다(항구성). 이에 따라 주권자도 이를 양도할 수 없을 뿐만 아니라(불가양성) 다른 기관에 위임할 수도 없다(위임 불가성).

## 2. 시원적 제헌권의 실현과 혁명

시원적 제헌권의 발동은 구질서를 새로운 질서로 대체하기 때문에, 필연적으로 혁명적일 수밖에 없다. 혁명이란 새로운 질서의 창출을 의미한다. 새로운 질서의 유효성은 사실을 법으로 전환시킨 성공한 혁명의 효과가 아니라, 법이념의 변화로부터 비롯된다. 새로운 법이념의 구현으로 기존의 정치·사회적 조직은 폐지되고, 새로운 법체제로 대체된다.

## 3. 실정헌법질서에서 적법성과 정당성

적법성適法性과 정당성正當性은 본질적으로 서로 다른 범주에 속하는 개념이다. 적법성이란 실정헌법질서에 연계되는 구속적 효과를 지칭하며, 이를 어기면 제재를 가하는 공권력에 의하여 보장된다. 정당성은 권력에 연계된 자격이며, 그 권력이 추구하는 준거기준과 이데올로기는 다수의 국민이 결집하는 대상이다.

## 4. 시원적 제헌권의 한계

시원적 제헌권이 국민적 정당성에 기초한 법이념의 구현으로 이해될 때, 비로소 민주적 이데올로기로서의 가치를 가진다. 바로 그런 점에서 시원적 제헌권은 민주적 이데올로기에 기초한 법이념을 부인하여서는 아니 되는 한계에 봉착한다.

### 5. 구별 개념

헌법개정권력은 제도화된 제헌권의 성격을 가지므로, 주권( →헌법제정권력) → 헌법개정권력의 단계가 성립된다. 입법권은 헌법의 수권授權에 따라 행사되므로 헌법제정권력과 헌법개정권력의 하위개념이다. 통치권은 헌법에서 수권되기 때문에 헌법에 종속되지만, 그렇다고 하더라도 헌법개정권력과의 관계를 상하 개념으로 보기는 어렵다.

## Ⅲ 헌법제정의 과정과 시기

### 1. 국가의 탄생

새로 국가가 탄생하면 국가의 기본법인 헌법의 제정이 필요하다. 특히 제2차 세계대전 이후 식민지국가들이 독립하면서 새 헌법을 제정하였다.

헌법은 다른 국가에 대하여 한 국가의 존재를 나타내는 징표이다. 그러므로 헌법은 한 국가의 동일성을 확인하는 신분증과 같다.

### 2. 기존 국가에서의 체제변화

국가적 위기에 직면하여 헌법적 정당성에 대한 의구심이 야기되고, 어느 시점에 이르면 그러한 상태를 더 이상 지속시키기보다는, 오히려 기존의 헌법을 대체할 새 헌법을 창출하여, 새로운 정치·사회적 질서를 구축할 필요성이 제기된다. 흔히 민주화 과정에서 시민혁명 이후 새 헌법이 제정된다.

## Ⅳ 헌법제정권자

헌정실제에서 누가 헌법제정권자이냐 하는 문제는, 해당 헌정체제의 기능과 관련되는바, 이론적으로 세 개의 기본적 상황이 가능하다.

( i ) 특정 개인이 시원적 제헌권을 독점적으로 향유하면서 헌법을 제정하는 상황을 들 수 있다. 이러한 전제적인 방법은 모든 권위주의체제의 특징이다.

( ii ) 의회가 헌법제정을 하는 경우도 있다. 이는 시원적 헌법제정권자인 국민이 헌법제정권의 행사를 대표자에게 위임하게 된다.

( iii ) 헌법제정국민투표를 통하여 국민이 직접 시원적 헌법제정권을 행사할 수도 있다.

## Ⅴ  대한민국헌법의 제정

### 1. 1948년 헌법의 제정

1948년 제헌헌법의 전문에서는 "우리들 대한국민은 … 우리들의 정당 또 자유로히 선거된 대표로서 구성된 국회에서 … 이 헌법을 제정한다"라고 하여, 대한국민이 한국헌법의 제헌권자이며, 국민의 대표기관인 국회에서 헌법을 제정하였음을 분명히 한다. 당시의 시대적 상황에서는 헌법제정국민투표의 실시가 매우 어려웠기 때문에, 국회가 헌법제정의회(제헌의회)를 겸하였다.

### 2. 제2공화국 이후의 헌법제정과 헌법개정

(ⅰ) 현행헌법은 그 전문에서 "우리 대한국민은 … 1948년 7월 12일에 제정되고 8차에 걸쳐 개정된 헌법을 이제 국회의 의결을 거쳐 국민투표에 의하여 개정한다"라고 규정한다. 즉, 헌법전문의 문언적 표현에 의하면, 대한민국헌법은 1948년에 제정된 이래 헌법의 개정만 있었고 헌법의 제정은 없었다.

(ⅱ) 그러나 제3·제4·제5공화국헌법은 헌법에 규정된 헌법개정절차에 의하지 아니하였기 때문에, 제도화된 제헌권의 행사라고 단정할 수 없다. 제2·제6공화국헌법까지 포함하여 이들 헌법은 형식적으로는 헌법개정의 형태를 취하였지만, 기존 헌법질서의 전면적인 개편을 위하여 헌법제정권력자인 국민(헌법 제1조제2항 전단의 주권자)의 개입에 의하여 이루어진 전면적인 헌법의 변경이라는 점에서, 실질적으로는 헌법제정으로 보아도 무방하다.

## Ⅵ  결    어

(ⅰ) 새로운 국가체제의 정립을 위한 헌법의 제정은, 오늘날 세계 각국에서 국가체제의 안정과 더불어 그 빈도가 줄어간다.

(ⅱ) 한반도 통일시대에 독일과 같은 흡수통일이 아닌 합의통일의 과정을 밟는 한, 국가체제의 새로운 설정 등을 위하여 새 헌법의 제정이 불가피하다.

# 제 2 항  헌법의 개정

## Ⅰ 의    의

헌법개정憲法改正이란 헌법이 스스로 정한 개정절차에 따라 기존 헌법의 동일성同一性을 유지하면서, 헌법의 조문이나 문구를 의식적으로 수정 · 삭제 · 증보(추가)함으로써 헌법전의 내용을 바꾸는 작용이다.

## Ⅱ 제도화된 제헌권(헌법개정권력)

제도화된 제헌권(헌법개정권력)은 부차적 혹은 파생적 제헌권과 동의어로 사용되는데, 이는 성문헌법을 개정하기 위하여 헌법 그 자체에서 정하여진 권한이다. 제도화된 제헌권은 ① 헌법이 국가가 처한 현실적 변화에 적응하여야 하되, ② 지나치게 자주 개정되지 아니하도록 제도적 안정장치를 갖추고, ③ 불법적인 헌법의 파괴나 폐제廢除를 방지하기 위하여 필요하다.

## Ⅲ 헌법개정의 유형(방식과 절차)

### 1. 연성헌법과 경성헌법

연성헌법軟性憲法이란 헌법개정을 쉽게 할 수 있는 헌법이다. 경성헌법硬性憲法은 그 개정에 있어서 일반법률의 제정 · 개정절차보다 더 어렵게 만든 헌법이다.

### 2. 헌법개정의 발안권자

헌법개정의 발안권자는 나라마다 다소 상이하다. 오늘날에는 민주적 방식에 입각하여 정부 · 의회 또는 국민이 발안권자가 된다.

### 3. 헌법개정의 절차

헌법개정절차는 헌법개정의 남용으로부터 헌법을 보호하여야 하는 측면과 특수한 국가적 상황에서 불가피한 헌법개정이 저지되지 아니하여야 한다는 측면이 동시에 고려되어야 한다.

## Ⅳ 헌법개정의 한계

### 1. 헌법이론적 한계

（ⅰ) 시원적 제헌권과 제도화된 제헌권의 본질적 차이를 인정하지 아니하는 법실증주의는 헌법개정의 한계를 부인한다.

（ⅱ) 하지만, 주어진 헌법의 본질을 왜곡하는 헌법의 개정은, 이미 헌법의 개정이라 할 수 없기 때문에 헌법개정의 한계를 인정하여야 한다. 즉, 헌법개정은 제도화된 제헌권의 행사라는 점에서, 시원적 제헌권자만이 행사할 수 있는 영역에까지 미칠 수는 없다.

### 2. 실정헌법적 한계

（ⅰ) 헌법에서 명시한 헌법개정금지 조항은 제도화된 제헌권의 발동으로는 개정이 불가능하기 때문에 헌법개정의 한계가 될 수밖에 없다.

（ⅱ) 외국헌법에서는 공화국 등 국가형태의 변경·군주제 폐지·영토침해 등은 헌법개정의 대상이 되지 아니한다고 규정하기도 한다. 우리나라에서도 1954년 제2차 개정헌법에서는 "제1조(민주공화국), 제2조(국민주권주의)와 제7조의 2(주권의 제약 또는 영토의 변경을 가져올 국가안위에 관한 중대사항)의 규정은 개폐할 수 없다"($^{제98조}_{제6항}$)라고 규정한 바 있다. 현행헌법에는 헌법개정의 대상을 제한하는 명시적 규정은 없지만 이론적으로 일정한 한계를 인정한다.

### 3. 헌법개정의 한계를 일탈한 헌법개정의 효력

시원적 제헌권(헌법제정권력)의 발동이 아니라, 제도화된 제헌권(헌법개정권력)의 발동을 통하여 헌법의 제정으로 오인될 수 있는 헌법의 개정은, 헌법을 수호하려는 국민의 저항권에 직면할 수도 있다.

## Ⅴ 대한민국헌법의 개정

### 1. 헌법개정절차($^{헌법}_{제10장}$)

（ⅰ) 헌법개정제안권자는 국회재적의원 과반수 또는 대통령(국무회의의 필수적 심의사항)이다($^{제128조}_{제1항}$). "제안된 헌법개정안은 대통령이 20일 이상의 기간 이를 공고하여야 한다"($^{제129}_{조}$).

(ⅱ) "국회는 헌법개정안이 공고된 날로부터 60일 이내에 의결하여야 하며, 국회의 의결은 재적의원 3분의 2 이상의 찬성을 얻어야 한다"(제130조제1항).

현행헌법이 30년 이상 지속되는 가운데 개헌 논의도 활성화된다. 특히 문재인 대통령은 헌법이 정한 절차에 따라 개헌안을 발의하여 2018년 3월 26일 국회에 제출하였다(국회 의안번호 12670). 이 개헌안은 2018년 5월 24일 국회 본회의에 상정되어 표결에 부쳐졌지만, 의결정족수 미달로 '투표 불성립'이 선언되었다. 헌법이 명시한 "60일 이내에 의결하여야 하며"라는 규정에 비추어 본다면, 국회는 표결에 부쳤어야 한다.

(ⅲ) "헌법개정안은 국회가 의결한 후 30일 이내에 국민투표에 붙여 국회의원선거권자과반수의 투표와 투표자 과반수의 찬성을 얻어야 한다"(제2항). 그런데 헌법이 헌법현실에 능동적으로 대응할 수 있도록 헌법개정절차에서 필수적 국민투표는 폐지하여 국회에서 개헌을 할 수 있도록 하여야 한다(개헌절차의 연성화).

(ⅳ) "헌법개정안이 제2항의 찬성을 얻은 때에는 헌법개정은 확정되며, 대통령은 즉시 이를 공포하여야 한다"(제3항).

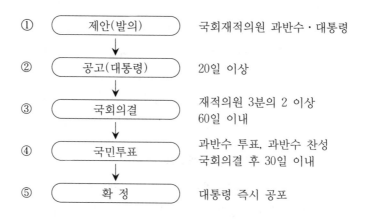

2. 대통령의 국민투표부의권(제72조)을 통한 헌법개정의 가능성

(ⅰ) 대통령이 국민투표에 부의하는 "외교·국방·통일 기타 국가안위에 관한 중요정책"에 헌법개정안이 포함될 수 있는지가 문제된다.

(ⅱ) 생각건대 헌법 제72조의 국민투표조항을 원용한 헌법개정은 ① 경성헌법의 원리에 심각한 도전을 야기하고, ② 대의제에 입각한 헌법질서에 위배되고, ③ 공고절차의 생략으로 국민의 알 권리가 침해되고, ④ 헌법개정을 위한 별도의 특별절차를 침해하며, ⑤ 국회의 심의·표결권을 침해하여 권한분쟁의 가능성이 야

기되는 등의 이유로 위헌이라고 보아야 한다.

### 3. 헌법개정의 한계

(ⅰ) 현행헌법에는 헌법개정의 한계에 관한 명시적인 규정은 없다. 하지만, 헌법이론에서는 헌법개정의 한계를 인정한다. 헌법내재적 한계로는 헌법전문과 제1조의 민주공화국·국민주권주의, 제4조의 평화통일주의, 제5조의 국제평화주의, 제8조의 복수정당제도의 보장, 제10조의 기본권보장, 제119조의 사회적 시장경제, 제10장의 경성헌법원리 등이 있다.

(ⅱ) 그런데, "대통령의 임기연장 또는 중임변경을 위한 헌법개정은 그 헌법개정 제안 당시의 대통령에 대하여는 효력이 없다"($\binom{제128조}{제2항}$)라는 규정에 대하여 헌법개정의 한계조항이라는 견해도 있다. 하지만, 이는 헌법개정의 한계조항이 아니라 대통령 단임을 통한 권력의 민주화를 도모하려는 주권적 의사의 표현이다. 이 조항은 헌법개정 제안 당시의 대통령에 대하여만 효력이 배제되는, 헌법개정의 효력에 관한 소급적용제한(적용대상 제한 또는 한계) 규정일 뿐이다.

### 4. 헌법개정의 한계를 일탈한 헌법개정의 효력

(ⅰ) 헌법개정의 한계를 일탈한 헌법개정은 법적으로 무효이다.

(ⅱ) 한계를 뛰어넘는 헌법개정이 강행된다면, 헌법개정의 효력에 관한 논쟁의 소용돌이에 휘말리게 된다. 헌법개정의 한계를 뛰어넘는 헌법개정에 대하여는, ① 탄핵소추, ② 권한쟁의, ③ 헌법소원, ④ 국민투표무효소송, ⑤ 저항권 등의 헌법보장수단을 통한 법적·사실적 대응이 가능하다.

# Ⅵ 결 어

자유민주국가에서도 끊임없이 헌법개정 내지 헌법개혁이 논의된다. 미국에서는 대통령선거제도, 일본에서는 평화헌법조항에 대한 개정논의가 계속된다. 헌법은 최고규범으로서 헌법의 안정성을 유지함으로써 헌법국가의 기틀을 마련하고, 사회계약문서로서의 헌법이 그 사회의 변화에 적극적으로 순응한다는, 두 가지 측면이 조화를 이루면서 국민적 합의를 도출하여야 한다. 현행헌법도 세계화·정보화·지방화 시대에 능동적으로 대응하는 생활헌장生活憲章으로서, 민주법치국가를 여는 민주시민의 생활법치生活法治를 위한 장전으로 새롭게 자리매김하여야 한다.

# 제 2 절 헌법의 변천과 헌법의 보장

## 제 1 항 헌법의 변천

## Ⅰ 의 의

### 1. 헌법변천의 개념

헌법의 변천變遷이란 헌법이 예정한 헌법개정절차와 방법에 의하지 아니하고 헌법규범을 달리 적용함으로써, 헌법의 의미와 내용에 실질적인 변화를 초래하는 현상을 말한다.

### 2. 헌법개정·헌법해석과의 관계

(ⅰ) 헌법변천은 헌법에 명시적으로 규정된 절차에 따라 특정 조항을 의식적으로 수정·삭제·추가하는 헌법개정과는 구별된다.

(ⅱ) 헌법해석은 헌법규정의 문언에서 표현된 의미와 한계 안에서 이루어지나, 헌법변천은 현재 시행되고 있는 헌법의 특정한 규정에 대하여 규범력이 없다는 판단을 내림과 동시에, 별도로 새로운 내용의 규범적 효력을 인정하게 된다. 따라서 이는 헌법개정과 차원을 달리한다.

## Ⅱ 헌법변천의 유형·성립요건·한계

### 1. 헌법변천의 유형

헌법변천의 유형은, ① 헌법해석에 의한 변천, ② 정치적 필요에 의한 변천, ③ 오래 계속된 관행에 의한 변천, ④ 국가권력의 불행사에 의한 변천, ⑤ 헌법의 흠결을 보충하고 보완하기 위한 변천이 있다.

### 2. 헌법변천의 성립요건

(ⅰ) 물적 요소　헌법변천은 장기간에 걸쳐 평온하게 반복·계속된 사실관계가, 유권해석기관에 의하여, 불변·명료하게 확립되어 있어야 한다.

( ii ) 심리적 요소　제정헌법의 규범력이 상실되고, 사실에 대한 규범으로서의 가치를 인정하는 법적 확신 내지 국민적 합의가 존재하여야 한다.

### 3. 헌법변천의 한계

헌법변천은 ① 헌법개정의 한계 안에서만 가능하며, ② 또한 헌법을 최대한 존중하는 방향으로 이루어져야 한다.

## Ⅲ　헌법변천의 구체적 사례

( i ) 1952년 헌법과 1954년 헌법에서 참의원제도를 두었으나, 실제로 참의원이 구성되지 아니하였다. 또한 제3공화국헌법 이래 헌법에 지방자치에 관한 규정을 두었으나 1991년까지 실시되지 아니하였다.

( ii ) 위와 같은 사례를 헌법의 변천이라고 보는 견해도 있지만, 이는 헌법의 변천이 아니라 헌법위반상태로 보아야 한다.

## Ⅳ　헌법변천에 대한 평가

헌법의 변천은 사회변화에 헌법이 적응하기 위하여 헌법의 의미를 보완하는 정도의 수준에서만 인정되어야 한다.

## Ⅴ　헌법의 폐기 · 폐지 · 침훼 · 정지

### 1. 헌법의 폐기

헌법의 폐기廢棄 또는 파기破棄는 기존의 성문헌법을 폐기하고 새로운 헌법제정권력에 의한 헌법의 제정이다. 1789년 프랑스혁명 이후에 제정된 프랑스 제1공화국헌법, 1917년 러시아혁명 이후에 제정된 소비에트 헌법, 제1차 세계대전 이후에 제정된 독일의 1919년 바이마르공화국헌법 등은 헌법의 폐기 이후에 새로이 제정된 헌법이다.

### 2. 헌법의 폐지

헌법의 폐지廢止 또는 헌법의 대체代替는 기존의 성문헌법을 폐기하고 새 헌법을 제정한다는 점에서는 헌법의 폐기와 동일하지만, 헌법제정권력의 변화를 수반하지 아니한다는 점에서 헌법의 폐기와 구별된다. 프랑스에서 위기에 처한 제4공화국을 마감하고, 새로운 헌정체제를 정립한 1958년 제5공화국헌법의 제정이 이에 해당된다.

### 3. 헌법의 침훼

( i ) 헌법의 침훼侵毁 또는 헌법의 침해·헌법의 파훼破毁는 헌법의 일부조항을 배제 혹은 정지함이 없이, 헌법을 침범하는 공권력작용이다. 헌법의 침훼를 헌법이 인정하는 경우와 헌법이 부인하는 경우가 있다.

( ii ) 헌법이 인정하는 헌법의 침훼는 헌법의 국가긴급권이다. 예컨대, 바이마르헌법 제48조 제2항의 대통령의 비상조치와 한국헌법에서 대통령의 비상계엄선포($\frac{제}{77조}$)에 따라 헌법의 개별조항을 침훼할 수 있다.

### 4. 헌법의 정지

( i ) 헌법의 정지停止는 헌법의 특정 조항에 대한 효력을 일시적으로 상실하게 하는 공권력작용이다.

( ii ) 헌법이 인정하는 헌법의 정지의 예로는, 일본 메이지明治헌법 제31조(본장本章에 게재된 조규條規는 전시 또는 국가사변의 경우에 천황대권의 시행을 방해하지 아니한다)를 들 수 있는데, 여기에서는 헌법 자체에서 일정한 상황적 요건(전시나 국가사변)에 따라 헌법의 정지를 인정한다. 헌법이 인정하지 아니하는 헌법의 정지를 허용하여서는 아니 된다.

# 제 2 항  헌법의 보장(보호)

## Ⅰ  의    의

헌법의 보장 또는 헌법의 보호(수호)라 함은 ① 좁은 의미로는 헌법규범의 실효성實效性 확보를 말하고, ② 넓은 의미로는 국가의 존립 그 자체를 보장하는 국가의 보장(보호)까지 포함하는 개념이다. 일반적으로 헌법의 보장은 국가의 존립의 보장과 반드시 구별되는 개념은 아니기 때문에, 헌법의 보장과 국가의 보장은 서로 융합된 개념으로 사용되기도 한다.

## Ⅱ  헌법의 보장의 내용

헌법의 보장과 관련된 논의는 각기 그 지향점을 어떻게 보느냐에 따라, 상향식 헌법보장·하향식 헌법보장, 평상시 헌법보장·비상시 헌법보장 등이 제기된다. 생각건대 헌법의 보장에 관한 논의는 헌법의 정치적 성격에 기초한 정치적 보장과 사법심사를 통한 사법적 보장으로 나누어 살펴보는 견해가 바람직하다.

(ⅰ) 정치적 헌법보장으로서는 권력분립제도를 통한 권력의 견제와 균형(제40조·제66조·제101조), 국무총리·국무위원해임건의제도(제63조), 공무원의 정치적 중립성보장(제7조제2항), 군의 정치적 중립성(제5조제2항), 헌법개정국민투표제도(제130조제2항), 국가긴급권제도(제76조·제77조), 국정감사·조사제도(제61조제1항) 등이 있다.

(ⅱ) 선언적 헌법보장으로서는 헌법준수의무선서제도(제66조 제2항·제69조), 경성헌법제도(제10장 헌법개정) 등이 있다.

(ⅲ) 초헌법적 보장으로는 저항권이 있다. 저항권은 헌법에 명시적으로 규정된 권리가 아니기 때문에, 조직되지 아니한 헌법보장이라고 한다.

(ⅳ) 사법적 헌법보장으로는 위헌법령심사제도(제107조제2항), 국가의 기본질서를 문란하게 한 자 즉 국헌문란자 처벌제도(형법·국가보안법) 등이 있다. 헌법재판소에 의한 헌법보장으로는 탄핵제도·위헌정당해산제도·위헌법률심사제도·헌법소원제도·권한쟁의심판제도(제111조) 등이 있다.

## Ⅲ 헌법의 수호자

### 1. 슈미트와 켈젠의 논쟁

(ⅰ) 헌법의 보장을 위한 헌법의 수호자가 누구인가에 관하여는, 1931년 카알 슈미트Carl Schmitt와 한스 켈젠Hans Kelsen의 논쟁이 있다.

(ⅱ) 슈미트는 이원정부제적인 바이마르 헌법체제에서 국회와 법원은 헌법수호자의 역할을 다할 수 없기 때문에, 헌법수호자의 역할은 국민이 선출한 **중립적 권력**인 대통령이 담당하여야 한다고 하였다.

(ⅲ) 반면에, 켈젠은 대통령·의회뿐만 아니라, 헌법재판소의 헌법수호기능을 강조하였다.

### 2. 검    토

(ⅰ) 헌법기관인 대통령·의회·헌법재판소를 포함한 사법부의 헌법수호역할과 이들 기관의 구성원인 공무원의 헌법수호의무를 소홀히 할 수 없다. 특히 대통령은 국가원수로서 헌법질서를 파괴하려는 적으로부터 헌법을 수호하기 위하여, 국가긴급권을 행사할 수 있다는 점에서 헌법수호자로서의 역할이 강조된다.

(ⅱ) 그러나 헌법기관이 헌법수호의무를 다하지 못할 때에는, 주권자인 국민의 헌법수호자로서의 역할에 의지할 수밖에 없다. 여기에 최후·최종적인 헌법수호자로서의 국민의 저항권이 도출된다.

## Ⅳ 저 항 권

### 1. 의    의

(ⅰ) 저항권은 불법적인 국가권력의 행사에 대하여 저항하는 권리이다. 이는 입헌주의적 헌법질서를 침해하거나 파괴하려는 국가기관이나 공권력 담당자에 대하여, 주권자인 국민이 **헌법질서를 유지·회복**하기 위하여, 최후의 무기로서 행사할 수 있는 헌법보장수단이다.

(ⅱ) 저항권이론은 서양의 기독교사상에서 신의 뜻神意에 어긋나는 지배에 대한 피치자의 저항을 인정하는 폭군방벌론暴君放伐論과, 동양에서는 맹자의 역성혁명론易姓革命論으로부터, 그 기원은 찾는다. 또한 게르만 관습법도 치자治者가 민회

民會의 뜻에 어긋나는 지배를 할 때 저항을 인정한다. 근대사회에서 저항권은 알투지우스·로크·루소·시에예스 등에 의하여 사회계약론과 근대자연법론을 통하여 정립되었다. 저항권사상은 그 동안 부침을 거듭하다가, 제2차 세계대전의 참화를 겪으면서 새로운 부활을 맞이한다.

### 2. 구별개념

#### (1) 저항권과 혁명 그리고 쿠데타

( i ) 저항권抵抗權과 혁명은 국민적 정당성에 기초한다는 점에서 동일하지만, 혁명의 목적이 새로운 헌법질서의 창출에 있다면, 저항권의 목적은 기존 헌법질서의 수호에 있다. '미래의 전달자'로서의 혁명은 새로운 질서를 구축하기 위하여, 기존 질서를 파괴하며 그 과정에서 폭력적 방법이 동원되기도 한다.

( ii ) 한편, 혁명革命은 국민적 정당성에 기초한다는 점에서, 소수의 특수집단을 중심으로 헌정체제의 변화를 유발하고 국민적 정당성을 상실한 채 자행되는 쿠데타Coup d'État나 항명사태와는 구별되어야 한다. 이에 헌법재판소는 1979년 12·12 및 1980년 5·18에 자행된 성공한 쿠데타의 처벌이 정의와 형평의 관념에 부합한다고 판시한다(헌재 1996.2.16. 96헌가2등, 5·18민주화운동등에관한특별법 제2조 위헌제청 등(합헌); 헌재 2002.10.31. 2000헌바76, 5·18민주화운동등에관한특별법 제4조 제1항 위헌소원(각하)).

#### (2) 저항권과 시민불복종

##### A. 시민불복종의 의의

시민불복종市民不服從civil disobedience이란 전체 법질서의 정당성은 긍정하면서도, 자신의 양심에 비추어 정의롭지 못하다고 판단한 개별 법령이나 정책을 비폭력적인 방법을 통하여, 의도적으로 위반하는 정치적 항의행위를 말한다.[1]

##### B. 저항권과 시민불복종의 구별

( i ) 시민불복종은 저항권이나 혁명과 같이 헌법질서가 파괴되는 상황에서도 발동될 수 있지만, 단순히 정부의 정책이나 입법에 대하여도 행사할 수 있다.

( ii ) 저항권이나 혁명권의 행사는 실정법질서를 부정하는 폭력적 방법도 정당

---

1. 혁명, 저항권, 시민불복종 비교

|  | 혁명 | 저항권 | 시민불복종 |
|---|---|---|---|
| 행사목적 | 기존질서 해체<br>미래의 전달자 | 민주법치국가의<br>입헌주의 수호 | 정의로운 개별<br>정책·입법 확립 |
| 보충성 | 무관 | 필요 | 불요 |
| 행사방법 | 폭력 불가피 | 폭력 허용 | 비폭력적 |
| 국가형벌권 | 행사 불가 | 위법성조각사유 | 형사처벌 최대한<br>관용 요망 |

화될 수 있다. 하지만, 시민불복종은 비폭력적 방법으로 행사되어야 한다.

(ⅲ) 저항권의 행사에는 다른 구제방법으로 달성될 수 없는 최후의 수단이라는 보충성의 원리가 적용된다. 하지만, 시민불복종의 행사에는 **보충성의 원리**가 불필요하다.

### C. 시민불복종운동의 사례

시민불복종은 1906년 남아프리카에서 시작된 이래, 1930년대에 인도의 국민적 지도자 간디Mahatma Gandhi의 시민불복종운동과 1950년대 이후 미국의 킹Martin Luther King 목사를 중심으로 한 민권운동이 시민불복종운동의 대표적 사례이다.

### (3) 저항권과 국가긴급권

국가긴급권은 국가의 자구행위自救行爲라는 점에서, 주권자인 국민이 행사하는 최후의 헌법질서보호수단인 저항권과 구별된다.

## 3. 저항권의 인정 여부

( ⅰ ) 입헌주의의 적敵에 대하여 입헌주의를 수호하기 위한 최종·최후의 수단인 저항권의 인정 여부는, 헌법의 명문규정 여부에 따라 좌우될 문제는 아니다. 각국의 헌법이나 권리장전에서는 저항권을 실정법적으로 인정하기도 한다. 1215년 영국의 마그나 카르타(대헌장)는 중세적 저항권 규정의 효시라 할 수 있다. 마침내 근대시민혁명을 통하여 인권선언에서 저항권이 명문화되었다. 1776년 미국의 독립선언, 1789년 프랑스의 인권선언($^{제2}_{조}$) 등이 대표적이다. 독일 연방헌법재판소는 공산당(KPD)판결에서 저항권을 인정한 바 있다($\binom{BVerfGE}{5, 85}$)(이 판결에서 저항권 개념은 인정하였지만, 공산당의 저항권 행사 주장은 배척하였다). 1968년 제17차 독일기본법 개정에서는 제20조 제4항을 추가하여 저항권을 헌법에서 명시적으로 인정한다.

( ⅱ ) 생각건대 입헌적 헌법질서수호를 위한 국민의 최종·최후의 무기로서 저항권을 인정하여야 한다. 즉, 저항권은 ① 헌법 제10조와 제37조 제1항에서 인간의 존엄성과 기본권의 전국가성을 선언하고 있으며, 재판규범성을 가진 헌법전문에서 저항권의 표현이라 할 수 있는 3·1운동과 "불의에 항거한 4·19민주이념을 계승하고"라고 규정하고 있으므로, 현행헌법은 간접적으로 저항권을 인정하고 있다. ② 또한 입헌적 질서가 독재권력에 의하여 유린되는 상황에서, 헌법수호의 최종적 책무를 지는 주권자의 당연한 권리로 보아야 한다는 견해가 지배적이다.

## 4. 저항권의 법적 성격

저항권은 국가에서 규정하는 실정법상의 권리가 아니라 자연법 원리에 따라 국가의 성립 이전부터 존재하는 전국가적 권리前國家的 權利이다. 또한 저항권은 헌법보호수단이면서 동시에 기본권의 성격을 가진다(이중적 성격).

## 5. 저항권의 주체

저항권의 주체는 원칙적으로 모든 국민 개개인이지만, 단체와 정당 등도 주체가 될 수 있다. 그러나 국가기관이나 지방자치단체와 같은 공법인은, 국민의 자유와 권리보장을 위한 수범자受範者이므로 저항권의 주체가 될 수 없다.

## 6. 저항권의 행사

(ⅰ) 저항권의 행사요건은 다음과 같다. ① 국가권력의 행사가 민주적 기본질서를 중대하게 침해하고 헌법의 존재 자체를 부인하여야 한다. ② 국가권력행사의 불법이 객관적으로 명백하여야 한다. ③ 저항권의 행사가 법의 유지 또는 회복을 위하여 남겨진 최후의 수단이어야 한다(보충성).

(ⅱ) 정당한 저항권 행사는 겉으로 보기에는 범죄의 구성요건해당성이 있어 보이는 경우라 하더라도, 형법에서 규정하는 정당행위(형법제20조)로서 공무집행방해죄 등 여타 범죄의 위법성조각사유가 된다.

## 7. 저항권의 행사의 목적과 방법의 한계

(ⅰ) 저항권의 행사에는 인간존엄을 이념으로 하는 헌법의 민주적 기본질서를 유지·수호하기 위한 목적이 있어야 한다.

(ⅱ) 저항권 행사의 방법은 객관적으로 명백히 존재하는 불법적인 권력행사에 대하여, 원칙적으로 평화적이고 비폭력적인 방법으로 행사되어야 한다. 따라서 사전적·과잉행사는 금지된다. 다만, 불가피한 경우에 한하여 매우 제한적으로 폭력적인 방법이 동원될 수도 있다.

# 제3절 대한민국헌법사

## I 제헌헌법 이전

( i ) 1894년 12월 12일에 제정된 홍범洪範14조는 자주독립에 기초하여 국정의 민주적 개혁을 천명한 개혁정치의 기본강령적 성격을 가진다. 1899년 8월 17일에 제정된 대한제국 국제大韓帝國 國制는 최초의 성문헌법으로 평가된다.

( ii ) 1919년 3월 1일의 기미독립운동을 기점으로 상해에 대한민국임시정부를 수립하였다. 임시정부는 1919년 4월 11일에 대한민국임시헌장憲章을 제정하고, 9월 11일에는 대한민국임시헌법을 제정하였다.

## II 제헌헌법의 탄생

### 1. 대한민국의 법적 기초로서의 헌법

1948년 2월 27일 유엔소총회에서 가능한 범위 내에서의 총선거 실시를 결의함에 따라, 미군정은 5월 10일 국회의원총선거를 실시하였다. 총선거에서 선출된 198명의 국회의원으로 5월 30일에는 제헌국회가 구성되었다. 1948년 6월 3일에는 헌법기초위원회를 구성하였다. 헌법초안은 7월 12일 국회를 통과하여 1948년 7월 17일 국회의장이 서명·공포함으로써 당일로 시행되었다.

### 2. 권력구조의 이원적 성격

( i ) 국회는 임기 4년인 198명의 직선의원으로 구성된 단원제이다. 집행부의 수반이자 국가원수인 대통령과 부통령은 국회에서 간접선거방식으로 선출되며, 4년 임기에 1차에 한하여 중임할 수 있다. 옥상옥으로 국무원을 둔다. 국무원은 의장인 대통령과 부의장인 국무총리 및 국무위원으로 구성되는 합의제 의결기관이다. 대통령의 유고가 발생할 때 제1순위 권한대행자인 부통령은 국무원의 구성원이 아니다. 국무총리는 대통령이 임명하되 국회의 승인을 얻어야 한다. 또한 국회의 원총선거 후에는 반드시 국무총리임명에 대한 승인을 얻어야 한다(제69조 제1항). 이와 같이 제헌헌법의 권력구조는 대통령제라기보다는 오히려 **절충형** 정부형태로서 이원정부제에 가깝다.

( ii ) 그 밖에도 헌법위원회가 위헌법률심사권을, 탄핵재판소가 탄핵심판권을 가진다. 기본권에 대한 법률유보조항을 두며, 특히 기본권에서는 기업의 이익을 근로자에게 배분하는 근로자의 이익분배균점권利益分配均霑權을 규정한다. 경제질서는 사회화·국유화의 경향이 강하다.

## Ⅲ 이승만정부의 집권도구로 전락한 헌법(제1공화국)

### 1. 헌법에 명시된 절차를 위배한 제1차 대통령직선제 헌법개정

( i ) 1952년 7월 4일 정부측의 대통령직선제 개헌안과 야당측의 국무원불신임 개헌안이 절충된 소위 '발췌개헌안'拔萃改憲案은, 비상계엄령이 선포된 가운데 기립투표로 통과되었다. 이 헌법안은 헌법에 명시된 헌법개정절차의 하나인 공고절차를 생략하였기 때문에, 절차적 정의의 원리에 위배되는 위헌적인 헌법개정이다.

( ii ) 제1차 개정헌법은 양원제 국회, 국회의 국무원불신임제, 대통령이 국무위원을 임명할 때 국무총리의 제청권 등을 규정한다. 하지만, 참의원선거는 실시되지 아니하였다.

### 2. 의결정족수를 위반한 제2차 헌법개정

( i ) 현직 대통령에 한하여 중임제한을 배제하는 개헌안(부칙 제3호 제4항: "이 헌법공포당시의 대통령에 대하여는 제55조제1항 단서의 제한을 적용되지 아니한다")은, 1954년 11월 27일 민의원에서 재적 203명 중 찬성 135표로 헌법개정에 필요한 의결정족수인 재적의원 3분의 2 이상의 찬성에 1표가 부족하여 부결이 선포되었다. 그런데 황당무계한 '4사5입이론'四捨五入理論을 주장하여, 그다음 날 자유당 의원만 참석한 가운데 가결을 선포하였다.

( ii ) 제2차 헌법개정은 헌법이 정한 의결정족수를 위배하여 원천적으로 무효이다. 또한 초대 대통령에 한하여 중임제한을 폐지한 위헌적 내용을 담고 있다. 국무총리제도를 폐지하였지만, 민의원은 국무위원에 대한 불신임결의권을 가진다. 그 밖에도 대통령궐위 시 부통령의 지위승계, 군법회의의 헌법적 근거를 규정하였다. 특히 헌법개정 금지 사항(민주공화국, 국민주권, 주권제한 및 영토변경의 국민투표)을 명시하며, 최초로 중대사항에 대한 국민투표 조항을 신설하였다.

( iii ) 국가경제의 발전에 따라 경제질서는 자유시장경제로 전환되었다.

# Ⅳ 민주의 꿈을 실현하지 못한 장면정부(제2공화국)

## 1. 3 · 15부정선거와 이승만정부의 비극적 종말

자유당의 의도대로 1960년 3월 15일 선거에서 이승만 · 이기붕 후보가 각기 정 · 부통령에 당선되었으나, 1960년 4월 19일에 학생들이 총궐기하였다. 4월 24일에 이기붕 부통령의 사퇴에 이어 4월 26일에는 이승만 대통령이 하야함에 따라, 5월 2일에 허정 과도정부가 수립되었다.

## 2. 4월혁명에 따른 권력의 민주화를 위한 제3차 의원내각제 개헌

( ⅰ ) 1960년 6월 15일에는 여야합의에 의한 헌법개정이 단행되었다. 이 헌법은 형식적으로는 헌법개정절차를 밟았지만, 그 실질에 있어서는 헌법제정이나 마찬가지이다. 바로 그런 이유로 제2공화국헌법이라고 명명한다.

( ⅱ ) 제2공화국헌법의 권력구조는 고전적 의원내각제원리에 입각하면서 국회는 양원제를 채택한다. 위헌법률심판 · 탄핵심판을 위한 헌법재판소의 설치, 대법원장과 대법관의 선거제를 채택하여 권력의 민주적 정당성 확보를 위한 기틀을 마련하였다. 그 밖에도 중앙선거관리위원회의 헌법기관화, 경찰의 중립성, 지방자치단체장의 직선제 등을 규정한다.

## 3. 기본권의 자연권적 성격 정립

기본권에 대한 법률유보조항을 폐지하고, 기본권의 본질적 내용 침해금지 조항을 도입함으로써, 기본권의 자연권적 성격을 보장한다. 이는 그동안 억압받던 국민의 자유와 권리의 보장을 헌법에서 강화하는 조치이다.

## 4. 제4차 헌법개정과 민주당 장면정부의 한계

( ⅰ ) 1960년 7월 28일 국회가 자진해산하고 7월 29일에는 민의원과 참의원선거가 실시되었다. 8월 2일에는 국회양원합동회의에서 윤보선을 대통령으로 선출하고, 8월 19일에는 장면을 국무총리로 인준하여 제2공화국정부가 수립되었다.

( ⅱ ) 4월 혁명 정신을 계승한다고 자처하는 학생들은 반민주행위자처벌을 위한 특별법의 제정을 요구하였다. 10월 11일에 학생들이 국회의사당을 점거하는 사태를 야기하자, 11월 29일에는 헌법부칙에 반민주행위자처벌을 위한 소급입법의 근거를 마련하는 제4차 헌법개정안이 국회를 통과하였다. 이에 따라 부정선거관련

자처벌법, 반민주행위자공민권제한법, 부정축재특별처리법, 특별재판소및특별검찰부조직법 등 소급입법이 제정되었다.

(ⅲ) 분출하는 국민적 욕구를 충족시키기에도 역부족이었던 민주당정부는 신파·구파의 정파적 갈등까지 겹쳐, 위기관리능력의 한계를 드러냈다.

## Ⅴ 군사정권의 장식품으로 전락한 헌법

### 1. 5·16과 박정희정부(제3공화국)

(ⅰ) 1961년 5월 16일 박정희 장군을 비롯한 일단의 무장군인들이 쿠데타를 감행하였다. 6월 6일에는 국가재건비상조치법을 제정함으로써 입헌적 질서는 파괴되었다. 국가권력은 국가재건최고회의에 집중된 일종의 과도기적인 회의체정부이었다. 국회는 해산되고, 제2공화국헌법은 비상조치법에 위배되지 아니하는 범위 내에서만 효력을 가지게 됨으로써 헌법파괴 상태가 지속되었다.

(ⅱ) 민정이양을 위하여 국가재건비상조치법을 개정하는 방식으로 새 헌법을 성안하였다. 1962년 12월 6일 최고회의의 의결을 거친 헌법개정안은 12월 17일 국민투표로 확정되었다(최초의 국민투표 개헌). 제5차 개정헌법은 헌법파괴 상황에서 채택되었으므로, 실질적인 헌법의 제정으로 보아 제3공화국헌법이라 한다.

(ⅲ) 제3공화국헌법은 권력구조에서 대통령중심제적인 구조를 취한다. 그러나 국무총리제도와 국무총리·국무위원해임건의제도를 두어 의원내각제적 요소도 내포한다. 대통령은 4년 중임제, 국회는 단원제이다. 특히 무소속출마 금지와 당적변경시 국회의원 자격을 상실하게 하는 극단적 정당국가제도를 도입하고, 국회의원선거법에서 정당명부식 비례대표제를 최초로 도입하였다. 위헌법률심판권은 대법원에 부여하고, 탄핵은 탄핵심판위원회가 관장한다. 헌법개정에 대한 필수적 국민투표조항을 최초로 도입하였다.

(ⅳ) 기본권에서는 '인간의 존엄과 가치' 조항을 신설하였다. 더 나아가 직업의 자유를 보장하고, 사회권에서는 '인간다운 생활을 할 권리'와 '교육을 받을 권리'를 규정한다.

(ⅴ) 4년 중임에 성공한 박정희 대통령은 1969년 10월 17일에 대통령의 3선재임을 허용하는 제6차 헌법개정(소위 3선개헌)을 단행하였다.

## 2. 10월유신(제4공화국)

( i ) 1971년에는 '국가보위에관한특별조치법'을 제정하고, 1972년 10월 17일에는 10월유신을 단행하였다. 국회는 해산되고 비상국무회의가 국회의 권한을 대신하는 헌정중단사태가 초래되었다. 1972년 11월 21일에는 유권자 91.9퍼센트의 투표에 투표자 91.5퍼센트 찬성으로 유신헌법이 확정되었다(제7차 헌법개정).

( ii ) 임기 6년의 대통령은 통일주체국민회의 대의원에 의한 간접선거로 선출됨으로써, 박정희 대통령의 종신집권이 가능하게 되었다. 국회의 3분의 1은 대통령이 일괄 추천하여 통일주체국민회의에서 선출하는 유신정우회 의원으로 구성됨으로써, 대통령이 행정부뿐만 아니라 입법부까지도 직접 장악할 수 있게 되었다. 사실 유신헌법은 "의회주의의 합리화" 내지 "오를레앙형 의원내각제"라는 미명 아래, 권위적인 대통령권력의 인격화를 제도화함으로써 현대판 집행부 권력독점체제의 전형을 보여준다. 대통령의 긴급조치권, 대통령중임제한 삭제, 국회의 회기 단축과 국정감사 폐지, 대법원장을 비롯한 모든 법관의 대통령임명 등이 그것이다. 또한 헌법위원회가 신설되어 위헌법률심사권·위헌정당해산심판권·탄핵심판권을 가졌지만, 단 한 차례도 권한을 행사한 바 없는 유명무실한 기관이었다.

( iii ) 그 밖에도 기본권제한의 사유로서 국가안전보장이 추가되고 자유와 권리의 본질적 내용을 침해할 수 없다는 조항이 삭제되는 등 기본권의 후퇴를 가져왔다.

( iv ) 1979년 제1야당의 총재가 국회에서 제명당하는 등 파행적인 권력운용은 국민적 저항을 받게 되었다. 10월 26일에는 김재규 중앙정보부장이 쏜 총탄에 의하여 대통령이 시해弑害됨으로써, 박정희 정부는 비극적 종말을 맞이하였다.

## 3. 12·12와 전두환정부(제5공화국)

( i ) 대통령유고에 따라 최규하 국무총리가 대통령에 취임하고 전국에 비상계엄령이 선포되었다. 그러나 12월 12일에 전두환 국군보안사령관을 중심으로 한 일단의 군인들이 군사쿠데타를 감행하였다. 1980년 "서울의 봄"은 5월 18일 광주에서의 무력진압으로 피로 물들고 말았다. 국회는 해산되고 정당활동은 금지되었으며, 국가보위입법회의가 국회의 기능을 대신하는 헌정중단사태 속에서, 쿠데타세력의 주도로 1980년 10월 22일에 제8차 헌법개정이 확정되었다.

( ii ) 제5공화국헌법은 유신헌법에 대한 비난으로부터 벗어나기 위하여 국민의 자유와 권리보장조항을 강화하였다. 기본적 인권의 자연권성을 강조하고, 행복추구권·형사피고인의 무죄추정·연좌제폐지·사생활의 비밀과 자유의 불가침·

근로자의 적정임금보장·환경권 등을 신설하였다. 그러나 7년 단임의 대통령선거는 선거인단에 의한 간접선거방식을 고수하였다.

## Ⅵ 여야합의에 의한 문민헌법의 탄생(제6공화국)

( i ) 여야합의에 의한 8인 정치회담에서 기존의 헌법 개정절차에 따라 만들어진 전면적인 헌법개정이다. 대통령직선제 중심의 개정안은 1987년 10월 27일 국민투표에서 확정되었다(제9차 헌법개정). 이 헌법은 국민의 요구에 따라 권위주의시대를 마감하는 헌법을 만들었다는 점에서, 제6공화국헌법이라 할 수 있다.

( ii ) 새 헌법에는 헌법재판소제도를 도입하고, 군軍의 정치적 중립 규정을 신설하였다. 기본권에서는 신체의 자유에서 적법절차와 미란다 조항을 신설하고, 사회권을 강화하여 최저임금보장·쾌적한 주거생활 등을 규정한다.

( iii ) 1988년 2월 24일에 7년 임기의 전두환 대통령이 물러나고, 1988년 2월 25일에는 5년 단임의 노태우 대통령이 취임함으로써, 비록 동일정당 안에서 집권자 교체이긴 하지만, 헌정사에서 최초로 평화적 정부교체가 이루어졌다.

( iv ) 1993년에 취임한 김영삼 대통령은 '문민정부'임을 자임하면서, 과거 군사정부·권위주의정부와의 차별성을 부각시키고, 기득권세력을 공격하는 등 일련의 사정과 개혁을 통하여 국민적 호응을 얻었다. 그러나 임기 말에 발생한 일련의 재정 스캔들과 더불어 미증유의 IMF체제를 맞이하였다.

( v ) 1997년 12월 18일에 실시된 제15대 대통령선거에서는 새정치국민회의 김대중후보가 당선됨으로써, 헌정사에서 최초로 여야 사이에 대통령직의 수평적 정권교체가 이루어졌다. '국민의 정부'를 자임한 김대중정부는 IMF위기를 극복하고, 햇볕정책을 통하여 남북정상회담을 개최하였다. 하지만, 임기 말에 터진 부패스캔들이 발목을 잡았다.

( vi ) 2002년 12월 19일에 당선된 노무현 대통령의 '참여정부'는 많은 개혁 방안을 제시하였다. 하지만, 국민적 여망을 제대로 반영하지 못함에 따라 국정운영 과정에서 갈등이 심화되었다.

( vii ) 2007년 12월 19일에 당선된 이명박 정부의 출범으로 제2의 평화적 정권교체two turn-over가 구현되었다. 이명박 정부는 그 이전의 정부처럼 특별한 정부 명칭을 부여하지 아니하고, 단순히 '이명박 정부'로 부르기로 하였다.

( viii ) 2012년 12월 19일에 실시된 제18대 대통령선거에서는 새누리당의 박근혜

후보가 민주통합당의 문재인 후보를 누르고 당선되었다. 최초의 여성대통령으로서 경제민주화와 깨끗한 정치를 공약으로 내걸었다. 하지만, 임기 말에 터진 비선의혹국정농단秘線疑惑國政壟斷 사건으로, 헌정사에서 처음으로 탄핵심판 인용결정으로 파면된 대통령이라는 불명예를 안고 퇴임하였다(헌재 2017.3.10. 2016헌나1, 대통령(박근혜)탄핵(인용(파면))).

(ix) 2017년 5월 9일에는 현행헌법에서 처음으로 실시된 대통령 유고에 따른 선거에서, 더불어민주당의 문재인 후보가 당선되었다. 문재인 대통령은 적폐청산과 협치를 강조하였다. 특히 남북정상회담, 미북정상회담을 통하여 한반도의 평화를 위한 새로운 이정표를 구축하였다. 하지만, 북쪽의 도발은 계속된다.

(x) 2022년 3월 9일 실시된 제20대 대통령선거에서 문재인 정부 검찰총장 출신인 국민의힘 윤석열 후보가 여당의 이재명 후보를 0.73% 표 차이로 누르고 당선되었다. 이는 87년 체제에서 네 번째 평화적 정권교체이다. 하지만, 윤석열 정부는 여소야대 상황에서 의회와의 협치가 최대의 관건이다. 더구나 2024년 4월 10일 실시한 제22대 국회의원총선거에서 국민의힘이 패배하고 더불어민주당을 비롯한 조국혁신당이 압도적으로 승리함으로써 87년 체제에서 사상 처음으로 대통령 재임 중 출현한 압도적 여소야대로 새로운 정치적 시험대에 오르고 있다.

## Ⅶ 한국헌법사에서 공화국의 순차(서수)

### 1. 실질적 헌정중단과 헌법의 전면개정

한국헌법사에서 공화국은 헌법사적 혼란 속에서 새로운 순차 매김을 강요당하여왔다. 1960년 4·19의 완성된 혁명 여부, 1961년 5·16쿠데타로 비롯된 공화국헌법의 일시중단과 1962년 새 공화국헌법 시행, 1972년 이른바 유신정변, 12·12와 5·18쿠데타에 이은 1980년 헌법, 1987년 6월항쟁 및 그에 따른 헌법의 전면적 변혁을 어떻게 새기느냐에 따라 공화국의 순차 매김이 달라질 수 있다.

### 2. 헌법제정권력의 개입을 통한 국민적 정당성의 확보

공화국의 숫자 매김은 일의적으로 정의할 수 없는 어려움이 있다. 하지만, 헌법제정권력의 발동으로 실질적 헌법제정에 이른 헌법사적 변화에 따른 공화국의 숫자 매김도 의의를 찾을 수 있다. 바로 그런 점에서 공화국의 숫자 매김은 과거의 부정이 아니라 미래를 향한 논의이어야 한다.

# 제 3 장

# 국가의 본질과 국가형태

## 제1절 국가로서의 대한민국

### Ⅰ 의 의

일반국가학에서 논의되어야 할 사항으로는 ① 국가의 본질을 규명하는 국가본
질론, ② 국가의 생성과 변화를 추적하는 국가변천론, ③ 다양한 국가관을 연구하
는 국가사상론, ④ 국가의 조직과 구성에 관한 국가형태론 등이 있다.

### Ⅱ 국가의 개념

국가의 개념은 다의적이지만 일반적으로 국가란 "일정한 지역을 지배하는 최
고권력에 의하여 결합된 사람의 집단"이라고 정의한다. 국가에는 국가를 구성하
는 자연인 전체로서의 국민, 일정한 지역을 포괄적으로 지배하는 영토, 이를 통할
하는 통치조직과 통치권이 있어야 한다. 국가는 강력한 법을 매개수단으로 하여 강
제력을 발휘할 수 있다는 점에서, 다른 많은 사회조직과 구별되는 법적 사회이며
동시에 전형적인 정치적 사회이다.

### Ⅲ 국가의 성립과 본질

#### 1. 국가의 성립기원에 관한 이론

( i ) 국가의 성립기원으로는 ① 신의 뜻에 따라 성립되었다는 신의설神意說, ②
실력에 의한 정복을 통하여 지배·복종관계가 형성되었다는 실력설, ③ 가족으로

부터 씨족을 거쳐 부족에서 근대국가로 정립되었다는 가족설, ④ 경제적 지배계급이 피지배계급을 착취하기 위한 수단으로 형성되었다는 계급국가설 등이 있다.

(ⅱ) 근대시민사회의 형성과 더불어 국가의 성립기원으로 사회계약설이 널리 수용되고 있다. 사회계약설에 의하면 국가는 인민의 동의에 의한 사회계약으로 성립되었다고 본다. 홉스의 사회계약설에 의하면 자연상태는 "만인의 만인에 대한 투쟁상태"이므로, 사회계약은 평화유지를 위하여 국가에 주권을 양도하는 복종계약이 된다. 이 복종계약을 통하여 사회의 평화가 유지될 수 있으므로, 복종계약은 양도하거나 취소할 수 없을 뿐만 아니라 저항할 수도 없다고 한다.

(ⅲ) 로크의 사회계약설에 의하면 자연상태는 비록 평화적이긴 하지만, 사회적 갈등이 야기될 경우에 이를 해결하기 위한 수단으로써 권리를 대표에게 위임하는 위임계약·신탁계약이 필요하다. 국가가 이 사회계약에 따라 위임된 권력을 남용할 경우에 사회계약 참여자인 국민은 이를 파기할 수 있을 뿐만 아니라 저항할 수 있다. 그런 점에서 홉스의 복종계약설보다는 훨씬 진전된 사회계약이론이다.

(ⅳ) 루소의 사회계약설에서는 평화롭고 조직되지 아니한 자연상태를 유지하기 위하여, 전체 인민의 자유의사에 의한 합의를 통하여 국가를 창설한다고 본다. 국가권력의 원천은 바로 인민 그 자신에 기초하며, 인민 사이에 체결된 계약이 바로 국가구성을 위한 사회계약이다. 인민의 총의인 일반의사는 공통의 이익을 추구하기 때문에 오류를 범할 수도 없다는 점에서, 개인이 자기의 이익만을 추구하는 특수의사나 특수의사의 단순한 총계에 불과한 전체의사와는 구별된다.

## 2. 국가의 본질

(ⅰ) 국가의 본질에 관한 일원적—元的 국가론은 하나의 관점에 기초하여 국가를 파악한다. ① 사회학적 국가론은 개개인의 관계나 활동이 있어야 사회나 국가가 성립된다고 본다. 따라서 국가란 단체적 통일체나 유기체가 아니라고 본다. ② 경제학적 국가론은 국가란 일정한 생산관계의 유지를 목적으로 하는 지배조직이라고 한다. 이는 공산주의자들의 국가관이다. ③ 법학적 국가론은 국가란 법규범체계인 법질서 그 자체라고 하여 법과 국가의 동일론에 기초한다. 법실증주의자인 켈젠의 이론이다. ④ 국가유기체설은 국가란 국민을 구성요소로 하지만, 독립된 의사를 가진 단체라고 한다. 따라서 단순한 국민 개개인의 총화와는 구별된다.

(ⅱ) 이원적=元的 국가론은 국가를 두 가지 관점에서 파악한다. 엘리네크는 사회학적·법학적 국가개념을 동원한다. 사회학적 국가개념에서는 국가란 원시적 통

치권을 가진 정주定住하는 인간의 단체적 통일체로 본다. 법학적 국가개념에서는 국가란 원시적 통치권을 가진 정주하는 국민의 사단社團으로 본다. 이는 국가주권설 및 국가법인설로 연계된다.

(ⅲ) 다원적多元的 국가론은 국가란 전체사회가 아닌 부분사회라고 본다. 여기서 국가란 치안유지를 유일한 목적으로 한다.

## Ⅳ 국가의 구성요소

### 1. 의    의

전통적인 국가 3요소론에 의하면 국가의 존립에는 국민, 일정한 영토, 최고국가권력으로서의 주권이 필수적으로 요구된다.

### 2. 국    민

(ⅰ) 국민은 국가의 항구적 소속원으로서 영토 안에서 국가의 통치권이 미치는 인적 범위를 말한다. 민주국가에서 국민은 국가의 주권자이다.

(ⅱ) 국민은 혈통血統을 중심으로 한 개념인 민족과 구별된다. 국민은 한 가지 목적을 가진 정치적 공동체로서 결합되고, 국내법에 따라 그 지위가 부여되는 법적 개념이다. 반면에 민족은 언어·종교·풍속·관습 등 문화적 요소와 내부적 동질성이라는 감정적 요소에 의하여 결부된 사회학적 개념이다.

#### (1) 국적의 취득

국민이 되는 자격이 국적國籍이다. 헌법 제2조 제1항에서 "대한민국의 국민이 되는 요건은 법률로 정한다"라고 규정한다. 이에 따라 제정된 국적법은 원칙적으로 단일국적주의를 채택한다. 즉, "대한민국 국적을 취득한 외국인으로서 외국 국적을 가지고 있는 자는 대한민국의 국적을 취득한 날로부터 1년 내에 그 외국 국적을 포기하여야 한다"(제10조제1항). 다만, 국제적 흐름과 국익에 부합할 수 있도록 복수국적을 제한적으로 허용한다.

##### A. 선천적 취득

(ⅰ) 선천적先天的 취득은 출생이란 사실로 국적을 취득하는 것이다. 선천적 국적취득에 관한 입법례로는 속지주의屬地主義와 속인주의屬人主義가 있다. 속인주의(혈통주의)는 부모의 국적에 의하여 출생자의 국적을 결정한다. 유럽 각국과 일본이나 단일민족국가에서 주로 채택한다. 속지주의(출생지주의)는 어떤 국가의 영토

안에서 출생한 자에 대하여는 부모의 국적을 묻지 아니하고, 출생한 국가의 국적을 부여한다. 영국·미국·남미 각국 등 복수민족국가에서 주로 채택한다.

(ⅱ) 우리나라는 원칙적으로 속인주의를 채택하면서, 국적불명이나 무국적·기아 등 예외적인 경우에 속지주의를 병용한다(국적법제2조). 또한 국적법은 부계혈통주의에 대한 헌법재판소의 헌법불합치결정(헌재 2000.8.31. 97헌가12, 국적법 제2조 제1항제1호 위헌제청(헌법불합치,잠정적용,각하))에 따라, 모계혈통주의도 함께 도입함으로써 부모양계혈통주의父母兩系血統主義를 채택한다.

B. 후천적 취득

후천적後天的 취득이란 출생 이후에 다른 나라의 국적을 취득하는 것을 말한다. 그 사유로는 혼인·인지認知·귀화歸化 등을 들 수 있다. 일반귀화는 대한민국에서 영주할 수 있는 체류자격을 가지고 5년 이상 대한민국에 주소를 가지는 것 등의 요건을 갖추었을 때 법무부장관의 허가를 얻어야 한다(국적법제5조). 간이귀화는 3년 이상 대한민국에 주소를 가지는 것 등의 요건을 갖추었을 때 법무부장관의 허가를 얻어야 한다(제6조). 특별귀화는 대한민국에 특별한 공로가 있는 사람 등에 대하여 법무부장관이 대통령의 승인을 얻어서 한다(제7조).

(2) 국적의 상실과 회복

(ⅰ) 국적법은 국적을 상실하는 경우(국적법제15조)를 열거한다. 국적을 상실한 자는 법무부장관에게 국적상실의 신고를 하여야 한다(제16조). 국적을 상실한 자도 법무부장관의 허가를 받아 국적을 다시 회복할 수 있다(제9조).

(ⅱ) 대한민국 남자와 결혼하여 국적을 취득한 여자는 이혼하더라도, 한국 국적을 상실하지 아니한다(대판 1976.4.23.73마1051). 외국의 영주권을 취득한 경우에도 한국 국적을 상실하지 아니한다(대판 1981.10.13.80다1235).

(3) 복수국적의 원칙적 금지·예외적 허용

현행 국적법은 원칙적으로 단일국적주의를 채택하고, 제한적으로 복수국적을 허용한다. 다만, 병역의무면탈을 목적으로 한 이중국적자의 국적이탈은 원칙적으로 허용되지 아니한다(헌재 2020.9.24. 2016헌마889, 국적법 제12조 제2항 본문 등 위헌확인(헌법불합치(잠정적용),기각)). 개정 국적법에서는 주된 생활의 근거가 외국에 있는 복수국적자에게 적용되는 예외적인 국적 이탈의 허가 절차를 신설함으로써 위헌성을 제거하였다(제14조의2).

"참정권과 입국의 자유에 대한 외국인의 기본권주체성이 인정되지 않고, 외국인이 대한민국 국적을 취득하면서 자신의 외국 국적을 포기한다 하더라도 이로 인하여 재산권 행사가 직접 제한되지 않으며, 외국인이 복수국적을 누릴 자유가 우리 헌법상 행복추구권에 의하여 보호되는 기본권이라고 보기 어려우므로, 외국인의 기본권주체성 내지 기본권침해가능성을 인정할 수 없다"(<sup></sup>헌재 2014.6.26, 2011헌마502, 국적법 제10조 제1항 등 위헌확인(기각,각하)).

 "병역에 관한 헌법 및 병역법조항, 이중국적자의 국적선택제도에 관한 국적법조항 등을 전체적으로 조감(鳥瞰)하여 보면 위 국적법조항은 이중국적자라 하더라도 대한민국 국민인 이상 병역의무를 이행하여야 한다는 것을 대전제로 하고서, 국적선택제도를 통한 병역의무 면탈을 차단하려는 데에 그 입법취지가 있다"(<sup></sup>헌재 2004.8.26, 2002헌바13, 국적법 제12조 제1항 단서 위헌소원(합헌)).

### (4) 재외국민의 보호

(ⅰ) "국가는 법률이 정하는 바에 의하여 재외국민을 보호할 의무를 진다"(제2조 제2항). 이에 따라 '재외동포의 출입국과 법적 지위에 관한 법률'이 제정되었다. 재외국민在外國民이라 함은 외국에 있는 모든 국민을 말한다. 재외국민의 현황을 파악하기 위하여 재외국민등록제를 시행한다. 외국에서 영주권을 취득한 사람(영주권자)은 해당 국가에 비자 없이 자유롭게 입출국을 할 수 있지만 해당 국가의 국적을 취득하지 아니한 사람이므로 대한민국 국민이다. 반면에 시민권을 취득한 사람(시민권자)은 해당 국가의 국적을 취득한 사람이므로 국적을 상실한다(대판 1981.10.13. 80다2435). 다른 한편, 재외동포에는 외국에 거주하는 대한민국 국민 또는 국민이었던 자 또는 그 자녀를 포괄한다(재외동포(시민권자) ≧ 재외국민(영주권자)).

 1948년 "정부수립이전이주동포를 재외동포법의 적용대상에서 제외하는 것은 합리적 이유없이 정부수립이전이주동포를 차별하는 자의적인 입법이어서 헌법 제11조의 평등원칙에 위배"된다고 판시한 바 있다(<sup></sup>헌재 2001.11.29, 99헌마494, 재외동포의출입국과법적지위에관한법률 제2조 제2호 위헌확인(헌법불합치,잠정적용)).

(ⅱ) 이민을 한 재외국민도 국적법에 의하여 국적을 상실하지 아니하는 한, 국민으로서 기본권을 향유한다. 재외국민에 대한 투표권제한과 부재자투표를 실시하지 아니한 규정은 위헌(<sup></sup>헌재 2007.6.28, 2005헌마772, 공직선거법 제38조 등 위헌확인(헌법불합치,잠정적용); 헌재 2007.6.28, 2004헌마644등, 공직선거법 제15조 제2항 등 위헌확인(헌법불합치,잠정적용))이라는 헌법재판소의 결정에 따라 투표권이 부여된다.

### (5) 북한국적주민

(ⅰ) 북한국적주민北韓國籍住民의 법적 지위는 헌법의 영토조항 해석론과 직결되는 사항이기도 하다(제1편 제4장 제3절 제4관 제2항 Ⅲ. 참조). 헌법상 북한지역은 대한민국의 영토에 속하므로(제3조), 북한국적의 주민은 대한민국의 국적을 취득·유지함에 있어서 아무런 영향이 없다. 정부와 법원의 판례는 북한주민을 대한민국 국민으로 본다. '북한이탈주민의 보호 및 정착지원에 관한 법률'에서 "북한이탈주민이란 군사분계선 이북지역(북한)에 주소·직계가족·배우자·직장 등을 두고 있는 사람으로서 북한을 벗어난 후 외국의 국적을 취득하지 아니한 사람을 말한다"(제2조 제1호).

"조선인을 부친으로 하여 출생한 자는 남조선과도정부법률 제44호 국적에관한조례의 규정에 따라 조선국적을 취득하였다가 제헌헌법의 공포와 동시에 대한민국 국적을 취득하였다. ⋯ 북한지역은 우리 대한민국의 영토에 속하므로 북한국적의 주민은 대한민국의 국적을 취득·유지함에 아무런 영향이 없다"( 대판 1996.11.12. 96누1221, 강제퇴거명령무효확인 등 ).

"우리 헌법이 "대한민국의 영토는 한반도와 그 부속도서로 한다"는 영토조항( 제3 조 )을 두고 있는 이상 대한민국의 헌법은 북한지역을 포함한 한반도 전체에 그 효력이 미치고 따라서 북한지역은 당연히 대한민국의 영토가 되므로, 북한을 법 소정의 '외국'으로, 북한의 주민 또는 법인 등을 '비거주자'로 바로 인정하기는 어렵지만, 개별 법률의 적용 내지 준용에 있어서는 남북한의 특수관계적 성격을 고려하여 북한지역을 외국에 준하는 지역으로, 북한주민 등을 외국인에 준하는 지위에 있는 자로 규정할 수 있다"( 대판 2004.11.12. 2004도4044 참조 )
( 헌재 2005.6.30. 2003헌바114, 구 외국환거래법 제27조 제1항 제8호 등 위헌소원(합헌) ).

(ⅱ) 남북교류의 확대와 북한이탈주민의 국내입국 증가로 인하여 남북 이산가족 사이에 가족관계 및 상속 등 관련 분쟁이 빈발함에도 민법은 장기간 분단된 현실을 반영하지 못한다. 이에 남북 주민 사이의 가족관계와 상속·유증 등에 관하여 분단의 특수성을 반영하여 민법 등에 대한 특례를 규정함으로써, 남한주민과 북한주민 사이의 가족관계와 상속·유증 등에 관한 법률관계의 안정을 도모하기 위하여 '남북 주민 사이의 가족관계와 상속 등에 관한 특례법'이 제정되었다.

### 3. 영 역

#### (1) 의 의

영역領域은 일반적으로 넓은 의미의 영토와 동의어로 사용된다. 영역이란 국가의 영토고권이 배타적으로 행사되는 공간을 의미한다. 영역이란 좁은 의미의 영토와 영해·영공을 포괄하는 개념이다.

#### (2) 영역의 범위

(ⅰ) 영역 중 협의의 영토는 한반도와 그 부속도서이다( 제3 조 ). 따라서 헌법에서 북한지역은 당연히 대한민국의 영토로 인정된다.

"국민의 개별적 기본권이 아니라 할지라도 기본권보장의 실질화를 위하여서는, 영토조항만을 근거로 하여 독자적으로는 헌법소원을 청구할 수 없다 할지라도, 모든 국가권능의 정당성의 근원인 국민의 기본권침해에 대한 권리구제를 위하여 그 전제조건으로서 영토에 관한 권리를, 이를테면 영토권이라 구성하여, 이를 헌법소원의 대상인 기본권의 하나로 간주"할 수 있다( 헌재 2001.3.21. 99헌마139등, 대한민국과일본 국간의어업에관한협정비준 등 위헌확인(각하) ).

(ⅱ) 영해는 그 나라의 주권이 미치는 해역으로서 그 범위는 나라마다 다르다. 우리나라는 '영해 및 접속수역법'에 따라 12해리를 영해로 한다. 접속수역은 기선

으로부터 측정하여 그 외측 24해리의 선까지에 이르는 수역에서 대한민국의 영해를 제외한 수역으로 하고($^{법 제3}_{조의2}$), 관세·출입국관리·위생에 관한 법규위반행위를 단속할 수 있다. 또한 '대륙붕에 관한 제네바조약'이 체결되어 연안국은 연안으로부터 수심 200미터까지의 해저구역인 대륙붕에서 어업이나 지하자원을 개발할 수 있으며, 지배권으로서의 관리권이 인정된다. '배타적 경제수역 및 대륙붕에 관한 법률'에서는 '해양법에 관한 국제연합 협약'에 따라 배타적 경제수역經濟水域의 범위를 '영해 및 접속수역법' 제2조에 따른 기선基線으로부터 그 바깥쪽 200해리의 선까지에 이르는 수역 중 대한민국의 영해를 제외한 수역으로 정한다($^{배타적 경제수역}_{법 제1조, 제2조}$). 배타적 경제수역에서는 천연자원탐사나 인공섬의 설치가 가능하다. 그러나 인공섬의 설치에 대하여는 인위적인 영토 확장이라는 비판이 제기된다. 한편 '배타적 경제수역에서의 외국인어업 등에 대한 주권적 권리의 행사에 관한 법률'(경제수역어업주권법)이 제정되었다.

(ⅲ) 영공은 영토와 영해의 상공으로서, 그 범위는 일반적으로 지배가능한 상공에 한정한다.

(ⅳ) 영역은 변경될 수도 있다. 영토변경의 사유로는 무주지선점無主地先占·자연적 영토형성이나 해중침몰 등의 자연적 변경도 있으나 그 예가 드물며, 국가 사이의 조약에 의한 영토의 병합·매매·교환·할양 등이 일반적이다.

## 4. 주    권

(ⅰ) 주권主權, sovereignty이란 국가의 의사를 결정하는 최고의 권력이며, 모든 국가권력의 원천이다. 주권은 대내적으로는 최고의 권력이며, 대외적으로는 독립된 권력이다. 헌법 제1조 제2항에서는 "대한민국의 주권은 국민에게 있고, 모든 권력은 국민으로부터 나온다"라고 규정한다.

(ⅱ) 주권으로부터 헌법제정권력이 도출되기 때문에, 주권은 헌법제정권력보다 상위의 개념이다. 국가권력은 주권자가 제정한 헌법의 수권에 따라 부여된 구체적이고 현실적인 권력이다. 따라서 주권은 현실적 통치를 위하여 구체적으로 부여된 개별적 국가권력인 통치권과 구별된다.

(ⅲ) 통치권은 그 내용에 따라 영토고권·대인고권·권한고권(자주적 조직권)으로 나누어지고, 그 발동형태에 따라 입법권·집행권·사법권으로 분류되기도 한다($^{제1편 제4장 제3절}_{국민주권주의 참조}$).

# 제 2 절  대한민국의 국가형태

## I  의    의

국가형태란 국가의 전체적 성격을 나타내는 전반적인 조직과 구성에 관한 유형이다. 국가형태로부터 권력분립의 유형에 따른 정부형태가 구현된다.

## II  헌법학 일반이론으로서의 국가형태론

### 1. 고전적 이론

( i ) 국가형태론의 전개에서 사회현상에 대한 고려는 건전한(좋은) 국가와 타락한(나쁜) 국가를 구별하는 중요한 도구가 된다. 국가형태의 유형은 다음과 같은 세 가지 요소에 의하여 정립된다: ① 치자治者의 수에 따른 형식적 요소, ② 목적하는 바에 따른 실질적 요소(플라톤의 경우 법과 관습의 존중, 아리스토텔레스의 경우 일반이익의 추구), ③ 사회적 계층과 부의 재분배에 따른 실질적 요소(아리스토텔레스). 이 세 가지 요소는 경험적·체계적·가치평가적 분석을 동시에 고려한다.

( ii ) 플라톤Platon의 국가론은 ① 법과 관습에 의하여 지배되는 세 개의 국가형태(군주제·귀족제·절제된 민주제)와, ② 원칙을 일탈한(변질된) 세 개의 국가형태(폭군제·과두제·극단적 민주제)로 구분된다.

( iii ) 아리스토텔레스Aristoteles는 150개의 그리스 도시국가를 비교연구한 후에, 건전한 형태에서 일반이익의 추구와 타락한 형태에서 특정집단의 특수이익의 추구에 따라 국가형태를, ① 1인에 의한 지배는 군주제·폭군제暴君制로, ② 소수에 의한 지배는 귀족제·과두제寡頭制로, ③ 다중多衆에 의한 지배는 민주제·폭민제暴民制로 유형화한다. 아리스토텔레스의 국가형태론은 로크의 시민정부이론, 몽테스키외의 법의 정신, 루소의 사회계약론 등에서 그 기본원리가 재음미된다.

### 2. 근대적 이론

( i ) 옐리네크Jellinek는 국가의사가 헌법에서 한 사람의 의사에 의하여 구성되는가 아니면 여러 사람의 의사에 의하여 구성되는가에 따라, '국가의사의 구성방법'이라는 단일한 분류기준에 입각하여 국가형태를 군주국과 공화국으로 구분한

다. 즉, 대의제도·정부조직·권력행사방법 등에 따라 ① 군주국은 세습군주국·선거군주국, 전제군주국·제한군주국(귀족군주국·입헌군주국·의회주의적 군주국)으로 나누고, ② 공화국은 귀족공화국·민주공화국으로 분류한다.

(ⅱ) 렘Rhem은 ① 국가권력의 담당자에 따라 국가형태(군주국·귀족국·계급국·민주국)를 분류하고, ② 국가권력의 최고행사자에 따라 정부형태(민주정·공화정, 간접민주정·직접민주정, 연방제·단일제, 입헌정·비입헌정)를 분류한다.

## 3. 현대적 이론

(ⅰ) 전통적으로 한국에서의 국가형태론은, 주권의 소재(주권자가 누구냐)에 따른 국체國體와 국가권력(통치권)의 행사방법에 따른 정체政體의 구별론이 전개되어왔다. 이 이론에 의할 경우에 주권이 군주에게 있으면 군주국, 주권이 국민에게 있으면 공화국이다. 하지만, 오늘날 군주제도를 두고 있는 나라는 있지만, 군주주권국가는 사실상 사라졌다는 점에서 국체론은 그 의미를 상실한다.

(ⅱ) 또한 국가권력의 행사방법에 따라 전제정체와 입헌정체로 구분할 수 있으나, 오늘날 국가권력의 행사방법이 전제적인 전제정체를 표방하는 국가는 없으며, 모두 입헌정체를 표방한다는 점에서 정체론도 한계가 있다.

(ⅲ) 한편, 뷔르도Burdeau에 의하면 국가형태 내지 국가권력의 형태는 그 구조·목적·행사방식에 따라 각기 달리 볼 수 있다고 한다. 즉, ① 국가권력의 구조에 따라 단일국가와 연방국가로, ② 국가권력의 발동양태에 따라 자유민주국가와 권위주의국가로, ③ 국가권력의 행사방식에 따라 대통령제·의원내각제·반대통령제(이원정부제)·회의정체 등으로 각기 나누어 본다.

(ⅳ) 생각건대 국가형태(헌정체제)에 관한 논의는 현대적인 국가권력의 작동양태에 따라 자유민주주의 모델과 권위주의 모델로의 분류가 바람직하다. 한편, 권위주의 모델과는 별도로 전체주의 모델을 제시하는 학자들도 있다. 하지만, 전체주의도 민주주의에 대칭되는 또 다른 형태의 극단적인 권위주의 모델이므로 이를 권위주의의 한 유형으로 포괄하여 분류하고자 한다.

## 4. 국가형태와 정부형태의 종합적 유형화

국가형태가 보다 거시적인 한 국가의 헌정체제 전반을 의미한다면, 정부형태란 국가형태보다는 좁은 의미로서 주어진 헌정체제에서 권력분립원리의 실천방식이다. 그러므로 국가형태와 정부형태의 유기적 이해가 요망된다.

| Ⅰ. (다원적) 자유민주주의 모델 | | |
|---|---|---|
| 1. 의원내각제(의회제) | | |
| | 일원적 의원내각제 | 영국, 독일, 이탈리아 |
| | 이원적 의원내각제 | 프랑스 제5공화국의 헌정실제 (동거정부) |
| 2. 대통령제 | | |
| | 진정대통령제 | 미국 |
| | 대통령주의제 | 프랑스 제5공화국의 헌정실제 (드골정부) |
| 3. 혼합정체(반대통령제) | | 프랑스 제5공화국, 바이마르공화국, 핀란드 |
| 4. 회의정체 | | 스위스 |
| Ⅱ. 권위주의 모델 | | |
| 1. 마르크스적인 사회주의체제 | | 구소련 |
| 2. 파시스트체제 | | 독일의 히틀러, 이탈리아의 무솔리니 체제 |
| 3. 개발도상국의 체제 | | 신대통령제적인 제3세계 국가 체제 |

## Ⅲ 단일국가·연방국가·국가연합

### 1. 의 의

(ⅰ) 국가형태에 관한 고전적인 구별론에 의하면 국가권력 내부의 구조에 따라 단일국가와 연방국가로 구분한다. 하지만, 오늘날 국가의 결속력과 통합력이 강화되면서 연방국가는 단일국가화하고, 지방자치의 활성화를 통하여 단일국가는 연방국가화하므로, 연방국가와 단일국가의 구별론은 새로운 도전에 직면한다.

(ⅱ) 한편, 국제법적 공동체 구성이 촉진되면서 유럽연합EU과 같은 국가연합도 출현한다. 개별국가의 존재를 전제로 하면서 회원국가들이 하나의 통일체로 나아가는 과정에서 국가연합이 성립된다. 그런데, 미국의 경우 초기에 국가 사이의 연합공동체에서 연방국가로 결속된 점에 비추어 본다면, 연방국가와 국가연합을 완전히 별개의 국가형태로 단정할 수는 없다.

### 2. 단일국가에서의 지방자치와 연방국가

#### (1) 의 의

단일국가란 국가의 구성이 단일적이고 통일적인 국가를 말한다. 일반적으로 단일국가는 권력이 중앙에 집중된다. 연방국가에서 지방支邦, State, Land, Canton의 법적 성격은 그것이 주권국가인가의 여부에 따라서 그 개념정의도 달라진다.

(2) 지방자치의 헌법적 본질

(ⅰ) 지방자치제도는 ① 단일국가에서 지나친 권력집중으로 인하여 야기되는 폐해를 시정함으로써 권력분산과 권력분립의 목적을 달성하고, ② 지방과 중앙의 균형있는 발전을 도모하고, ③ 풀뿌리민주주의를 구현함으로써 국민주권주의를 실질화하고 민주주의의 내실을 다지려는 제도이다.

(ⅱ) 지방자치단체는 국민의 일부인 주민을, 영토의 일부인 지역을, 주권으로부터 연유된 자치권을 부여받는다. 지방자치단체가 독자적이고 고유한 지방의 업무를 수행할 수 있도록 지방자치단체에 법인격을 부여한다. 하지만, 그것은 어디까지나 국가에 종속적인 단체이다.

(3) 연방국가의 헌법적 본질

(ⅰ) 연방국가의 본질로서 연방과 지방 중에서 어느 쪽이 진정한 주권국가이냐에 따라서 ① 지분국支分國(支邦國)만이 주권을 가지며 연방은 하등의 국가적 성질을 가지지 아니한다는 학설, ② 주권은 연방 및 지분국에 총유總有적으로 귀속한다는 학설, ③ 연방만이 주권을 가지고 지분국은 주권을 가지지 아니하나 참다운 국가라는 학설, ④ 연방만이 참다운 국가이며 지분국은 넓은 자치권을 가진 일종의 자치단체에 불과하기 때문에 주권을 가지지 아니한다는 학설, ⑤ 연방국가뿐만 아니라 지분국도 주권을 가지지만, 외교권 등은 연방헌법을 제정하여 연방정부에 위탁하고 있을 뿐이므로, 대내적으로 자주조직권을 가진 일종의 주권국가라는 학설 등이 있다.

(ⅱ) 이 문제는 연방국가의 역사적 성격과 그 출현배경을 도외시하고 일의적으로 단정할 수는 없다. 예컨대 미국의 독립은 새 국가의 창설을 의미하지만, 이는 단일한 국가의 모습을 현실적으로 갖추지 못한 국가연합적 성격을 부인할 수 없다. 통일된 국가로서 미합중국의 건설은 바로 이미 국가의 모습을 가지고 있던 지방국支邦國의 통일을 의미한다.

(ⅲ) 전통적인 주권이론에 따라서 주권은 단일적이고 불가분적이라고 한다면, 연방국가와 지분국 사이에 주권의 공유나 분할의 문제가 필연적으로 제기된다. 이는 동일한 국가 안에서 주권국가의 병존을 의미한다. 그렇다고 연방만이 주권국가이고 지분국은 비주권국가라고 한다면, 전통적인 국가의 개념이나 국가의 요소에 중대한 혼란을 초래한다. 여기에 전통적인 국가이론에 충실한 연방국가와 지분국의 구별론과 지분국의 주권국인지 여부의 문제는 한계에 봉착한다.

(4) 지방자치와 연방국가에서의 지방국(支邦國)

(ⅰ) 오늘날 전통적으로 중앙집권적인 단일국가에서도 국민주권을 실질화하기 위하여 지방자치가 강화된다. 다른 한편, 연방국가는 급속하게 단일국가적 양상을 보인다. 과학기술의 발전과 정보전달 체계의 혁신적인 변화에 따라 이제 지역 사이의 거리는 시간적 · 공간적으로 사실상 극복된 상태이다. 나아가서 전 세계 국가 사이의 블록권 현상과 국가 사이의 경쟁이 치열하게 전개되면서, 더 이상 지방국 사이의 갈등으로 인하여 국가적 문제가 뒷전에 밀릴 수 없게 되었다. 여기에 고전적인 연방과 지방국 사이의 관계는, 단일국가에서의 지방자치단체와 본질적 차이를 발견하기 어려운 한계상황에까지 이른다.

(ⅱ) 그렇지만 독자적인 헌법을 제정하고, 이에 기초하여 입법부 · 행정부 · 사법부라는 국가와 동일한 모습의 권력구조를 가지고, 독자적인 법률을 제정하는, 지방국은 법적으로 결코 지방자치단체와 동일시하여서는 아니 된다.

(ⅲ) 단일국가에서는 헌법이념의 구현을 위한 지방자치관계법에서 정부와 지방자치단체 사이의 관계가 비교적 명확하게 구획된다. 그러나 연방국가에서 권한의 배분이나 권한의 다툼, 즉 권한쟁의가 제기될 경우에 연방과 지방 · 지방과 지방 사이의 복잡한 문제는 최고의 규범인 연방헌법에서 획정하는 수밖에 없다. 국가에 따라서는 이러한 문제를 연방의 일방적 의사가 아닌 연방의 구성원인 지방支邦의 의사를 충분히 반영하기 위하여 연방형 양원제를 도입하기도 하며, 연방헌법 개정에 있어서도 지방의 동의를 요구하기도 한다.

3. 연방국가와 국가연합

(1) 국가연합의 의의

국가연합은 주권국가 사이의 연합, 즉 복수의 주권국가 사이에 맺어진 국제조약에 근거하여 성립된 국가들의 연합체(조약공동체)이다. 이는 주권국가들 사이에 맺어진 국제협정에 기초하여 설립된 국제기구와는 구별된다. 예컨대, 1787년 독립 이전의 미국, 1958년에 성립한 아랍국가연합, 1992년 구소련의 해체 이후 새로 발족한 독립국가연합Commonwealth of Independent States, CIS, 영연방공동체 Commonwealth of Nations, 유럽연합European Union, EU도 국가연합의 한 형태이다.

(2) 연방국가와 국가연합의 차이

(ⅰ) 연방국가는 주권국가이지만, 국가연합은 진정한 의미의 국가가 아니다.

(ⅱ) 연방국가는 연방헌법에 근거한 영속적 결합체이지만, 국가연합은 구성국

54 제1편 헌법총론

가 사이의 조약에 근거한 잠정적이고 한시적 성격을 가진 결합체이다.

(ⅲ) 연방국가는 **국제법적인 주체**라는 점에서 지분국과 구별될 뿐만 아니라, 국가연합이 조약에 따른 특수하고 한정적인 부분을 제외하고는 국제법적인 주체가 될 수 없다는 점과도 구별된다.

(ⅳ) 연방국가의 **통치권**은 연방 자체 안에서 연방과 지방에 분할되지만, 국가연합에서 통치권은 원칙적으로 개별국가가 보유한다.

(ⅴ) 연방국가는 연방이 **국제법적 책임**을 다하지만, 국가연합은 원칙적으로 국제법적 책임을 지지 아니한다.

(ⅵ) 연방국가에서 **병력**은 연방에 속하지만, 국가연합에서 병력은 구성국가가 보유한다.

(ⅶ) 연방국가는 통일헌법·양원제의회·연방최고법원 등이, 국가연합은 연합조약·복수헌법·연합의회 등이 그 제도적 특징이다.[1]

## 4. 소    결

(ⅰ) 오늘날 단일국가의 연방국가화와 연방국가의 단일국가화 현상을 초래하고 있어, 단일국가와 연방국가를 획일적으로 구별하는 데에는 어려움이 있다. 또한 국제법적 조약공동체인 국가연합도 장기적으로는 연방국가로 목표를 설정한다. 초기에는 경제공동체에 불과하였던 유럽연합이 '마스트리히트조약'을 통하여 국가연합적 성격을 드러내고, 유럽연합헌법의 제정이 논의된다. 그러나 영국의 유럽연합 탈퇴Brexit로 유럽통합은 위기를 맞이한다.

(ⅱ) 북쪽이 주장하는 연방제는 법적으로 국가연합에 가깝다. 대한민국의 통일정책에서도 국가연합의 단계를 거쳐 궁극적으로 통일헌법의 제정을 통한 통일국가의 건설을 지향한다. 그런데, 2000년 6월 15일 평양 남북정상회담에서 남측의 연합제안과 북측의 낮은 단계의 연방제안의 공통점을 합의하였다.

---

1. 연방국가와 국가연합의 차이

|  | 연방국가 | 국가연합 |
|---|---|---|
| 국제법 주체 | 국제법 주체(지방은 국제법 주체 아님) | 국제법 주체 아님 |
| 국가의 성격<br>결합의 근거 | 연방헌법에 근거한 진정한 국가(영속적 결합체) | 조약에 근거하며 진정한 국가 아님(잠정적·한시적 결합체) |
| 통치권 | 연방과 지방에 분할 | 개별구성국가만 향유 |
| 국제법상 책임 | 연방이 책임 | 국제법상 책임 없음 |
| 병력의 보유 | 연방국가만 보유(지방은 없음) | 구성국만 보유 |

## Ⅳ 국가형태로서의 공화국의 현대적 변용

### 1. 공화국 개념정립의 어려움

군주제도가 존재하지 아니하는 소극적인 의미로서의 공화국을 뛰어넘는 공화국의 적극적 개념이 모색되고 있다. 적극적 의미의 공화국은 국민의 자유와 권리의 확고한 보장뿐만 아니라 그 어떠한 권위주의 형태의 헌정체제를 배격한다.

### 2. 새로운 양상으로서의 공화적 군주제

프랑스의 뒤베르제Duverger는 '공화적 군주국'이라는 새로운 형태의 국가형태를 체계화하여, 공화적 군주국을 "경제적으로 가장 발달하고 또한 가장 오랜 민주주의의 역사를 가진 국가에서 공화국이 취하는 현대적 형태"로 본다. 예컨대, 영국은 군주제도를 둔 의원내각제이지만 수상의 강력한 지위와 권한에 빗대어 공화적 군주로 본다. 다른 한편, 미국 대통령은 전통적인 국가원수 이상으로 강력한 지위에 있다는 점을 강조하여 선출된 군주로 본다(Maurice Duverger, *La monarchie républi-caine*, Edition R. Laffont, 1974, pp. 12-16).

## Ⅴ 대한민국의 국가형태

### 1. 의　　의

헌법 제1조 제1항에서는 "대한민국은 민주공화국이다"라고 규정한다. 이에 민주공화국의 헌법적 의미와 그 규범성이 논의되어왔다.

### 2. 국가형태로서의 민주공화국

(ⅰ) 헌법학계에서는 '민주공화국'의 의미에 대하여 고전적인 국가형태론에 준거하여 이론을 제시하여왔다. ① 제1설은 민주는 정체, 공화국은 국체의 규정으로, ② 제2설은 민주는 민주정체를, 공화국은 공화정체로 이해하여 민주공화국을 정체에 관한 규정으로 본다. 이 학설은 제1조 제2항의 주권재민원리가 국체로 규정되어 있다고 본다. ③ 제3설은 민주공화국 그 자체를 국체로 이해한다. ④ Input · Output 모델설은 국체와 정체의 구별을 전제로 한 논의는 무의미하며, 현행헌법에서의 국가형태는 대의민주제를 기본으로 하는 제도적 모델에 가깝지만, 권위주의적 모델의 색채도 띠고 있다고 한다.

(ii) 생각건대 민주공화국의 의미는 곧 민주주의원리를 천명함과 동시에 공화국을 의미한다. 그러므로 '민주공화국' 그 자체를 국가형태에 관한 규정으로 이해하여야 한다. 여기서 민주공화국은 군주제를 부정하고, 국민주권주의원리에 따라 권위주의 및 전체주의를 배격한다.

### 3. 민주공화국의 규범성

(i) 민주공화국의 규범적 가치를 어떻게 평가하느냐에 따라 그 헌법적 의의가 달라질 수 있다. 그것은 헌법개정의 한계와도 직접적으로 연계된다.

(ii) 헌법개정의 한계와 관련하여 국내 헌법학계의 통설은 한계긍정설이다. 즉, 헌법이 동일성을 유지하는 가운데 그 내용을 보완·삭제하는 데 그치면 헌법개정이다. 하지만, 헌법개정을 통하여 헌법의 핵을 이루는 내용을 개정하게 되면 이는 실질적인 헌법제정이므로, 바람직한 헌법개정이 아니다.

(iii) 헌법의 핵에 해당되는 내용이 바로 헌법 제1조의 민주공화국과 국민주권주의라는 점에 이론의 여지가 없다. 특히 프랑스 제4공화국헌법($^{제89조}_{제5항}$), 프랑스 제5공화국헌법($^{제98조}_{제5항}$), 이탈리아 헌법($^{제139}_{조}$), 한국의 제2차 개정헌법(1954년)($^{제98조}_{제6항}$)에서는 공화국 국가형태가 헌법개정의 대상이 될 수 없음을 명시하고 있다.

(iv) 현행헌법에서 공화국은 헌법의 핵이라 할 수 있으므로 헌법개정의 대상이 되지 아니한다. 그러므로 공화국 국가형태를 군주국(군주제도국가)으로의 변경은 헌법제정권자의 시원적 제헌권의 발동을 통하여서만 가능하다. 따라서 헌법개정을 통하여 헌법 제1조의 민주공화국을 (입헌)군주국으로 변경할 수는 없다.

### 4. 민주공화국의 내용

(i) 민주공화국으로서의 대한민국은 국민주권주의에 입각한다. 헌법 제1조 제2항에서는 "대한민국의 주권은 국민에게 있고, 모든 권력은 국민으로부터 나온다"라고 하여 국민주권주의를 분명히 한다.

(ii) 국민주권주의원리에 따라 대의민주주의를 채택하며(간접민주정), 여기에 국민투표제를 가미함으로써(직접민주정) 순수대표가 아닌 반대표半代表의 원리에 입각한다.

(iii) 민주공화국에서 추구하는 민주주의는 자유민주주의를 의미한다. 민주주의의 적에 대한 방어적 민주주의를 구현하기 위하여 헌법 제8조 제4항에서는 위헌정당해산제도를 규정한다.

(ⅳ) 오늘날 대의민주주의는 정당국가 경향으로 나아간다. 헌법 제8조에서도 정당을 적극적으로 보호하고 육성한다.

(ⅴ) 자유민주주의가 지향하는 자유와 평등은 현대적인 사회복지국가원리에 따라 국가생활에서 적극적이고 실질적으로 구현되어야 한다. 이와 같은 논리는 헌법전문, 제10조(인간의 존엄과 가치 및 행복추구권), 제34조(인간다운 생활을 할 권리) 등에서 구현된다.

(ⅵ) 국가권력 구조로서의 국가형태는 연방국가가 아닌 단일국가이다.

# Ⅵ 결  어

(ⅰ) 헌법에서 국가형태를 논의하면서 헌법총론에서는 헌법학 일반이론의 차원에서 국가형태와 정부형태를 종합적·체계적으로 이해하여야 한다. 특히 정부형태는 자유민주주의원리에 충실한 모델에 한정하여 집중적인 논의가 이루어져야 한다. 더 나아가 정부조직에 관한 연구도 동시에 진행되어야 한다.

(ⅱ) 국가형태론에 관한 고전적인 국체·정체 분류론은 국민주권국가의 보편화에 따라 한계를 가진다. 이제 군주제도를 두고 있는 나라를 제외하고는 공화국원리를 천명하고 있고, 나라에 따라서는 헌법에 명시적으로 공화국 국가형태는 헌법개정의 대상이 되지 아니한다고 규정하기에 이르렀다.

(ⅲ) 고전적인 단일국가·연방국가·국가연합에 따른 국가형태 논의는 오늘날 상당한 변용을 겪는다. 단일국가에서 지방자치의 완결에 따른 연방국가화, 세계화에 따른 연방국가의 단일국가화는 그 전형적인 예이다. 다른 한편, 국가연합은 다양한 형태로 전개된다. 영연방·독립국가연합CIS은 비록 국가연합의 형태를 취하지만, 그 본질적 성격을 달리한다. 또한 유럽연합도 앞으로 어떠한 국가연합의 형태를 취할지 주목의 대상이다. 통일국가의 국가형태와 관련하여서도, 북측이 주장하는 연방제는 Confederation이라는 점에서 국가연합적 성격을 가지기 때문에, 연방제로 직접 연계시키기에는 어려운 문제점도 있다.

# 제**4**장

# 대한민국헌법의 구조와 기본원리

## 제1절 대한민국헌법의 법원과 구조

### Ⅰ 법 원

#### 1. 성문법원

대한민국헌법의 제1차적 성문법원成文法源은 헌법전이다. 제2차적 성문법원은 헌법부속법령이다. 헌법부속법령은 국가권력의 조직에 관한 법령과 기본권 관련 법령이 있다. 제3차적 성문법원은 국제관계법인 조약·국제법규이다.

#### 2. 불문법원

대한민국헌법의 불문법원不文法源으로는 자연법·관습법·판례법 등이 있다. 성문헌법을 보충하는 관습법과 더불어 헌법재판제도가 활성화되면서 불문법원으로서 판례법이 확고하게 자리 잡는다(제1편 제1장 제2절 Ⅱ 참조).

### Ⅱ 구 조

대한민국헌법은 전문, 본문 130조(제1장 ─ 제10장), 부칙 6조로 구성된다. 본문은 제1장 총강(제1조 ─ 제9조), 제2장 국민의 권리와 의무(제10조 ─ 제39조), 제3장 국회(제40조 ─ 제65조), 제4장 정부(제66조 ─ 제100조), 제5장 법원(제101조─ 제110조), 제6장 헌법재판소(제111조 ─ 제113조), 제7장 선거관리(제114조 ─ 제116조), 제8장 지방자치(제117조 ─ 제118조), 제9장 경제(제119조 ─ 제127조), 제10장 헌법개정(제128조 ─ 제130조)의 순서로 규정된다.

# 제2절 헌법전문을 통한 헌법의 기본원리의 천명

## Ⅰ 의 의

일반 법규범은 전문前文을 두지 아니하지만, 유독 헌법은 전문을 따로 둔다. 헌법전문은 헌법의 본문 앞에 위치한 문장 또는 조문을 지칭한다. 헌법전문에서는 해당 헌법의 성립유래와 기본원리를 천명한다.

## Ⅱ 헌법전문의 내용

### 1. 헌법의 성립유래와 국민주권주의

헌법전문은 "유구한 역사와 전통에 빛나는 우리 대한국민大韓國民은 … 1948년 7월 12일에 제정되고 8차에 걸쳐 개정된 헌법을 이제 국회의 의결을 거쳐 국민투표에 의하여 개정한다"라고 규정한다. 헌법전문은 대한민국헌법의 성립과 제정 및 개정의 역사를 밝혀준다. 또한 헌법의 제정과 개정의 주체가 대한국민임을 밝힘으로써 국민주권주의원리와 헌법제정권자로서의 국민을 천명한다.

### 2. 대한민국임시정부의 법통계승

"우리 대한국민은 3 · 1운동으로 건립된 대한민국임시정부의 법통을 … 계승하고"라고 규정한다. 3 · 1독립운동 이후 탄생한 대한민국은 비록 임시정부라는 한계를 안고 있음에도 불구하고, 1948년에 수립된 대한민국의 정통성이 바로 3 · 1운동 및 대한민국임시정부에 있음을 의미한다. 하지만, 적법성과 정통성은 구별되어야 한다. 비록 헌법전문에서 대한민국임시정부의 법통法統계승을 규정하지만, 이는 어디까지나 **정통성의 계승**을 의미하며 실정헌법질서에서 적법성의 계승으로 보기는 어렵다.

"대한민국이 '3 · 1운동으로 건립된 대한민국임시정부의 **법통**을 계승'한다고 선언한 헌법 전문의 의미는, 오늘날의 대한민국이 일제에 항거한 독립운동가의 공헌과 희생을 바탕으로 이룩된 것이라는 점 및 나아가 현행 헌법은 일본제국주의의 식민통치를 배격하고 우리 민족의 자주독립을 추구한 대한민국임시정부의 **정신**을 헌법의 근간으로 하고 있다는 점을 뜻한다"( 헌재 2011.3.31, 2008헌바141, 2009헌바14등, 친일반민족행위자 재산의 국가귀속에 관한 특별법 제2조 등 위헌소원 등(합헌) ).

우리 헌법 전문에서 "3 · 1운동으로 건립된 대한민국임시정부의 법통"의 계승을 천명
하고 있는바, 비록 우리 헌법이 제정되기 전의 일이라 할지라도 국가가 국민의 안전과 생명
을 보호하여야 할 가장 기본적인 의무를 수행하지 못한 일제강점기에 일본군위안부로 강제
동원되어 인간의 존엄과 가치가 말살된 상태에서 장기간 비극적인 삶을 영위하였던 피
해자들의 훼손된 인간의 존엄과 가치를 회복시켜야 할 의무는 대한민국임시정부의 법통
을 계승한 지금의 정부가 국민에 대하여 부담하는 가장 근본적인 보호의무에 속한다고 할
것이다(헌재 2011.8.30. 2006헌마788. 대한민국과 일본국 간의 재산 및 청구권에
관한 문제의 해결과 경제협력에 관한 협정 제3조 부작위 위헌확인(위헌확인)).

## 3. 인민민주주의를 배척하는 자유민주주의

"불의에 항거한 4 · 19민주이념을 계승하고," "자율과 조화를 바탕으로 자유민
주적 기본질서를 더욱 확고히 하여"라고 규정함으로써 자유민주주의를 기본이념
으로 한다. 그것은 조선민주주의인민공화국과 대칭되는 이념이다.

## 4. 민족적 민주주의에 입각한 조국의 평화통일

"조국의 민주개혁과 평화적 통일의 사명에 입각하여," "정의 · 인도와 동포애
로써 민족의 단결을 공고히 하고, 모든 사회적 폐습을 타파하며"라고 하여, 민족
의 동포애를 통한 조국의 민주개혁과 평화통일을 천명한다. 한국헌법이 지향하는
민족주의는 폐쇄적인 종족적 민족주의가 아니라 시민적 민족주의이어야 한다. 더
나아가 다문화사회의 진입에 따라 한국적 민족주의는 새로운 재조명이 필요하다.

## 5. 국민의 자유와 권리의 보장

"정치 · 경제 · 사회 · 문화의 모든 영역에 있어서 각인의 기회를 균등히 하고,
능력을 최고도로 발휘하게 하며, 자유와 권리에 따르는 책임과 의무를 완수하게
하여, 안으로는 국민생활의 균등한 향상을 기하고, … 우리들과 우리들의 자손의
안전과 자유와 행복을 영원히 확보할 것을 다짐"함으로써, 국민의 자유와 권리의
보장과 권리에 따른 의무를 명시하여 민주시민의 좌표를 분명히 한다.

## 6. 인류공영에 기초한 국제평화주의

"밖으로는 항구적인 세계평화와 인류공영人類共榮에 이바지함으로써"라고 하
여, 인류공영을 위하여 국제평화를 기원한다.

# Ⅲ 헌법전문의 규범성

## 1. 의 의

헌법전문의 규범성에 관하여 이를 인정하는 견해와 부인하는 견해, 인정할 경우에도 재판규범성을 인정하는 견해와 부인하는 견해로 나누어진다.

## 2. 헌법전문의 법적 성격

(ⅰ) 효력부인설에 의하면, 헌법전문은 헌법제정의 역사적 설명에 불과하거나 헌법제정의 유래·목적 또는 헌법제정에 따른 국민 의사의 단순한 선언에 불과하다고 본다. 이는 19세기 독일공법학자, 영미헌법학자 및 미국 연방대법원의 견해이기도 하다(*Jacobson v. Com. of Mass.* 197 U.S. 11(1905)).

(ⅱ) 효력인정설에 의하면, 헌법전문은 헌법제정권력의 소재를 밝힘으로써, 국민의 전체적 결단인 헌법의 본질적 부분을 포함하고 있으므로 규범적 효력을 가진다고 본다. 오늘날 독일·프랑스·일본 및 한국에서 다수설·판례의 입장이다.

(ⅲ) 미국의 헌법전문은 매우 짧고 간략할 뿐만 아니라 특별한 내용을 담고 있지 아니한다. 그런데, 한국헌법 전문은 비교적 상세한 내용을 담고 있을 뿐만 아니라, 특히 기본권을 포괄적으로 규정하고 있으므로, 헌법전문의 규범성을 긍정하는 효력인정설이 타당하다. 효력인정설의 입장에서도 헌법전문의 재판규범성 인정에 관하여는 견해가 대립한다. 헌법재판소는 설립 초기부터 헌법전문의 재판규범성을 인정하는 데 주저함이 없다(헌재 1989.1.25. 88헌가7, 소송촉진등에관한특례법 제6조의 위헌심판(위헌)).

## 3. 헌법전문의 규범적 효력 인정범위

### (1) 헌법전문의 규범적 효력 인정

헌법전문은 ① 국가의 **최고규범**으로서, ② 모든 **법령해석의 기준**이 될 뿐만 아니라, 입법의 지침으로서 기능하며, ③ 재판에서도 준거규범準據規範이 된다. ④ 헌법전문을 관류하는 기본원리는 헌법개정의 대상이 되지 아니한다. 그러나 헌법전문이 규범적 효력을 가진다고 하더라도, 헌법전문에 담고 있는 모든 내용이 구체적이고 현실적으로 규범적 효력을 가진다고 보기는 어렵다.

### (2) 헌법전문의 규범적 효력의 구체적 범위

(ⅰ) 헌법재판소는 판례집 제1권에 실린 첫 결정 이후 수많은 결정에서 헌법전문을 참조 조문으로 적시한다. 그러나 헌법전문에 있는 자구의 정확한 의미가 헌

법본문과 동일한 규범적 효력을 가진다고 보기에는 어려움이 있다. 프랑스에서도 헌법전문의 규범적 성격을 인정하여 1789년 인권선언과 1946년 헌법전문의 법규 범성을 인정하지만, 인권과 국민주권에 직접적인 관련성이 없거나 모순되는 내용 은 그 헌법적 가치를 인정하지 아니한다.

(ii) 한편, 헌법전문에는 헌법제정 당시의 헌법 탄생과 관련된 역사적인 상황 을 반영한 선언적 성격도 동시에 담고 있다. 비록 헌법전문이 실정규범으로서 실 질적 효력을 가진다고 하더라도, 예컨대 대한민국임시정부의 초대 대통령을 대한 민국의 초대 대통령으로 보아야 한다는 주장은 헌법전문의 규범적 의미에 대한 오해로 볼 수밖에 없다. 그러므로 1948년 헌법은 새로운 국가의 창설에 따른 제 헌헌법 내지 건국헌법으로 이해하여야 한다.

# 제3절  대한민국헌법의 기본원리

(ⅰ) 헌법의 기본원리는 헌법의 이념적 기초인 동시에 헌법을 지배하는 지도원리이다. 대한민국의 주권을 가진 우리 국민들은 헌법을 제정하면서 국민적 합의로 대한민국의 정치적 존재형태와 기본적 가치질서에 관한 이념적 기초로서 헌법의 기본원리를 설정하였다. 이러한 헌법의 기본원리는 국가기관 및 국민이 준수하여야 할 최고의 가치규범이고, 헌법의 각 조항을 비롯한 모든 법령의 해석기준이며, 입법권의 범위와 한계 그리고 국가정책결정의 방향을 제시한다.

(ⅱ) 대한민국헌법의 기본원리는 국민주권주의로부터 그 이념적·법적 기초를 찾아야 한다. 국민주권주의는 헌법이 지향하고 있는 정치·경제·사회·문화의 모든 영역에 있어서 널리 관통하는 기본이념이다.

(ⅲ) 국민주권주의로부터 비롯되는 정치적 이념은 자유민주주의이다. 무릇 헌법이 가진 정치적 설계의 측면을 무시할 수 없다면, 헌법의 기본질서도 바로 정치적 설계로서의 자유민주주의로부터 비롯된다. 자유민주주의는 헌법의 총강·기본권·정치제도론을 관류하는 기본원리이다.

(ⅳ) 대한민국헌법은 제헌헌법 이래 근대입헌주의 헌법의 기본원리에 현대복지국가원리를 동시에 수용한다. 경제·사회·문화의 기본원리에는 근대입헌주의 헌법의 기본원리인 자유국가·소극국가·야경국가 원리를 수용하면서도, 20세기의 적극극가·급부국가·복지국가·사회국가·사회복지국가 이념이 특별히 강조되어 있다. 독립된 장으로 설정된 "제9장 경제"가 그 단적인 예이다.

(ⅴ) 나아가서 우리 헌법은 지구촌 시대에 고립적인 자세가 아니라 세계적 헌법질서를 널리 수용하는 국제평화주의에 기초한다. 그 국제평화주의는 평화통일주의의 초석이 된다.

제1관  이념적·법적 기초 :  국민주권주의
제2관  정치적 기본원리 :  자유민주주의
제3관  경제·사회·문화의 기본원리 :  사회복지국가
제4관  국제질서의 기본원리 :  국제평화주의

# 제 1 관  이념적 · 법적 기초 : 국민주권주의

## Ⅰ  의    의

(ⅰ) 주권론主權論은 주인으로서의 권력이란 무엇인가에 관한 논의이다. 주권이론은 첫째 주권의 본질에 관한 문제, 둘째 국제법적 주권국가의 문제, 셋째 국가 안에서 주권의 소재에 관한 문제, 넷째 근대입헌주의 이래 군주주권에서 국민주권으로 이행하는 과정에서 전개된 국민주권과 인민주권에 관한 논쟁으로 이어진다.

(ⅱ) 절대군주시대에 가톨릭신학으로부터 탄생된 주권개념은 프랑스혁명을 거치면서 다시금 국민주권과 인민주권이라는 서로 다른 두 개의 주권이론으로 나타났다. 이념적 · 사상적 뿌리를 달리하는 두 개의 이데올로기적 대립은 혁명이라는 특수한 시대적 상황과 연계되어 더욱 격화되었다. 특히 국가권력에 대한 국민참여의 법적 기초로서의 주권론에 관한 논의는, 프랑스 정치헌법학이론으로부터 비롯되어 오늘날까지 프랑스 정치헌법학에서 일반화된 고전적 이론이다.

## Ⅱ  주권의 본질과 특성

(ⅰ) 주권은 국가의사를 최종적으로 결정하는 국가 안에서 최고의 권력이다. 헌법제정을 위한 시원적 제헌권(헌법제정권력)은 바로 이 주권적 의사에 기초하여 발동된다. 그런 의미에서 주권은 시원적 제헌권과 동일시된다. 하지만, 좀 더 엄격하게 본다면 주권으로부터 시원적 제헌권이 비롯된다. 이에 따라 주권의 본질은 시원적 제헌권의 본질과 서로 조응照應한다.

(ⅱ) 주권은 국가 안에서 최고의 독립적이며 시원적인 권력이다(최고성 · 독립성 · 시원성). 주권은 기존의 어떠한 법질서로부터도 구속되지 아니하고 스스로 행하는(자율성) 권력이며, 헌법에 제도화된 틀 속에서 행사되는 모든 국가권력의 포괄적 기초가 되기 때문에 통일적이고 분할될 수 없는(통일성 · 불가분성) 권력이다. 또한 주권의 주체인 국민도 주권을 양도하거나 위임할 수 없으며(불가양성 · 위임불가성), 항구적으로 향유(항구성)한다.

# Ⅲ 국가의 주권

고전적 이론에 의하면 국가가 주권을 가진다. 여기서 주권의 의미는 국제적 측면과 국가 내적 측면을 동시에 가진다. 국제사회에서 개개 국가는 주권국가로서 국제사회의 일원이며, 이러한 의미에서 지칭하는 주권은 **국가주권**이다. 하지만, 헌법학에서 주된 논의의 대상은 국가 내 주권의 문제이다.

## 1. 정치적 개념으로서의 국가주권

국가주권國家主權의 개념은 1576년에 장 보댕J. Bodin이 '공화국론'에서 주권과 절대적 독립 사이의 균형을 정립한 데에서 비롯되었다. 그의 국가주권론에 의하면, 국가는 모든 형태의 종속으로부터 벗어나야 한다.

## 2. 법적 개념으로서의 국가 내 주권

( ⅰ ) 법적 개념으로서의 국가 내 주권이란, 흔히 **통치권**으로 인식되기도 한다. 그러나 통치권과 주권은 구별되어야 한다. 주권은 한 국가에 있어서 최고의 권력이다. 하지만, 통치권은 주권으로부터 비롯된 권력에 불과하다.

( ⅱ ) 사실 국가 내 주권이론은 주권-독립이라는 국가주권이론과 역사적으로 동일한 연원에 기초한다. 거대한 봉건제후에 대항하여, 국왕은 국가주권이론에 기초한 국가적 특권을 점차 장악하게 된다. 국가주권이론은 근대입헌주의의 전개에 따라 국민주권으로 대체되었다.

( ⅲ ) 오늘날 모든 국가권력의 원천인 주권의 개념적 징표는, 국가의사를 결정하는 시원적이고 자율적인 최고의 독립적 권력이다. 또한 주권은 분할되거나 양도될 수 없는 항구적 권력이다. 바로 이 주권적 의사에 기초하여 시원적 제헌권이 발동된다.

# Ⅳ 국민주권과 인민주권

## 1. 의    의

( ⅰ ) 영국에서는 그 정치체제의 특징을 정당화하기 위하여 주권론을 제기할 필요가 없었다. 하지만, 프랑스에서는 혁명 이후 국민주권국가의 새 헌법학이론을 정립하는 과정에서 주권이론의 논리적 체계화가 가장 중요한 과제였다.

(ⅱ) 주권이론의 출발점은 한 국가 안에서 주권적 권력, 즉 명령과 강제를 할 수 있는 힘이 누구에게 있는가 하는 의문에 대한 해답을 제시하는 데 있었다. 18세기 말에 이르기까지 주권은 군주주권으로 이해되었다. 즉, 왕권신수설王權神授說에 의하면 왕은 신으로부터 권력을 부여받았으므로 주권은 왕에게 있다.

(ⅲ) 왕권신수설에 기초한 군주주권이론은 18세기 근대자연법론·사회계약론·계몽사상에 의하여 배척·부인되기에 이른다. 이제 주권은 사회계약이라는 행위에 의하여서만 탄생될 수 있으며, 또한 주권은 반드시 시원적 사회계약의 서명자(참가자), 즉 국민Nation을 형성하는 개개인에게 귀속된다고 보았다.

(ⅳ) 인민Peuple주권론은 루소Rousseau가 '사회계약론'에서 정립한 이론으로서, 사회의 각 구성원은 각기 각자의 몫을 가진다고 본다. 국민Nation주권론은 몽테스키외Montesquieu의 '법의 정신'에서 비롯되어, 시에예스Sieyès가 '제3신분이란 무엇인가?'에서 정립한 이론으로서, 주권은 국민이라는 하나의 법인체에 부여한다는 이론이다. 서로 다른 두 개의 이론은 1791년 헌법과 1793년 헌법에서 각기 구현된 바 있다.

(ⅴ) 국민주권과 인민주권이라는 이원적 대립과 논리적 갈등, 즉 몽테스키외나 시에예스의 논리전개와 루소의 논리전개 사이의 갈등은 근본적으로 온건혁명파와 과격혁명파 사이에 사용된 하나의 도구적 개념이었다.[1]

## 2. 국민Nation주권이론

국민주권이론에 의하면 ① 주권의 주체는 하나의 통일체로서의 전체국민이다. ② 전체국민이 선출한 대표자가 국정을 책임지는 대의제원리가 도출된다. ③ 그런데, 대표자를 선출하는 선거인은 교양과 재산을 가진 자에게만 부여되는 제한선

---

1. 국민주권과 인민주권의 비교

|  | Nation(국민) 주권 | Peuple(인민) 주권 |
|---|---|---|
| 이론정립 | 시에예스(제3계급이란 무엇인가?), 몽테스키외(법의 정신) | 루소(사회계약론) |
| 국민개념 | 국민은 이념적·추상적 통일체 | 국민은 현실적·구체적 유권적 시민의 총합 |
| 통치방식 | 대의제 | 직접민주제 |
| 대표지위 | 무기속위임(자유위임) | 기속위임 |
| 권력분립 | 원칙 | 불요 |
| 선거방식 | 제한선거 | 보통선거 |
| 선거권 | 의무 | 권리 |

거제를 채택한다. ④ 국민의 권리가 아니라 **책무로서의 선거**를 통하여 당선된 대표자는, 이제 단순히 선거구민의 대표가 아니라 전체 국민을 대표하는 기속위임금지(자유위임)의 법리에 따른다. ⑤ 자유위임의 문제점을 극복하기 위하여 통치방식은 다극화된 권력분립원리에 입각할 수밖에 없다.

### 3. 인민Peuple주권이론

인민주권이론에 의하면 ① 주권의 주체는 **구체적인 개개인의 총합**이다. ② 따라서 현실적·구체적인 주권자인 Peuple 자신이 직접 통치하는 **직접민주제**를 이상으로 한다. ③ 주권자인 Peuple의 투표권 행사는 어떠한 제한도 불가능하므로 **보통선거**를 채택한다. ④ 비록 Peuple을 대신하여 대표가 선출되었다고 하더라도, 그 대표자는 항시 Peuple의 지시·통제를 받는 기속위임의 법리를 채택한다. ⑤ 국민의 직접적인 지시·통제를 받는 체제에서, 권력분립은 반드시 채택하여야 하는 필수적 원리가 아니다.

### 4. Nation주권과 Peuple주권의 이론대립과 그 융합

(ⅰ) 오늘날 대의민주주의와 기속위임금지(자유위임)의 법리가 정착되고, 권력분립원리는 입헌주의의 당연한 요구라는 점에서, 그것은 Nation주권론의 승리를 의미한다. 그러나 보통선거의 일반화와 대의제의 병폐를 보완하려는 직접민주제의 도입을 통한 반半(準)대표원리의 헌법 규범화는, Peuple주권론에 공간을 확보하여 준다. 그것은 곧 수세기에 걸친 Nation-Peuple주권론의 논리가 이제 하나의 **융합되고 통합된 타협적 헌법체제로 정착**되었음을 의미한다.

(ⅱ) 바로 그런 점에서 현행 프랑스 헌법 제3조 제1항의 "국민주권souveraineté nationale은 인민Peuple에 속하며, 그 인민은 대표자Représentant 국민투표Référendum를 통하여 이를 행사한다"라는 표현은, 단일문장에서 국민주권과 인민주권의 원리를 동시에 포섭한 헌법규범으로 평가할 수 있다. 즉, 주권의 보유자인 인민은 그 주권을 국민주권론에 기초한 대의민주주의원리에 입각하여 대표자를 통하거나, 또는 인민주권론에 기초한 직접민주주의원리에 입각한 국민투표를 통하여 행사한다. 이는 곧 국민주권론과 인민주권론이 융합된 반半대표론의 헌법적 구현을 의미한다.

# Ⅴ 한국헌법에서 국민주권주의의 구현

## 1. 대한민국헌법의 법적 기초로서의 국민주권주의

(ⅰ) 헌법 제1조 제1항에서는 "대한'民'국은 '民主'공화국이다." 제2항에서는 "대한민국의 주권은 국민에게 있고, 모든 권력은 국민으로부터 나온다"라고 규정한다. 그것은 곧 대한국민이 헌법을 제정하였다는 헌법제정권자로서의 국민을 천명한 헌법전문과 동일한 맥락에서 이해된다. 여기서 지칭하는 국민은 전체국민이며, 주권보유자로서의 국민이다.

(ⅱ) 국민주권주의에 따라 그 하위개념으로서 주권의 현실적 행사자는 바로 선거인 내지 유권자이다. 그 선거인은 선거법의 자격과 요건을 갖춘 일정한 국민에 한정된다. 주권(보유)자로서의 국민은 주권행사자로서 국민투표권($^{제72조, \ 제130}_{조 \ 제2항}$)과 대표자선거권자로서 대통령선거권($^{제67}_{조}$) · 국회의원선거권($^{제41}_{조}$)을 가진다.

## 2. 자유와 권리보장을 통한 국민주권의 실질화

(ⅰ) 국민주권주의의 주체인 국민의 자유와 권리가 실질적으로 보장되지 아니하는 한, 그 국민주권론은 허구에 그치고 만다. 헌법 제2장 국민의 권리와 의무는 국민주권주의의 실질화를 위한 헌법적 의지의 표현이다. 인간의 존엄에 기초한 기본권의 실현이 그것이다.

(ⅱ) 헌법에서 개인으로서의 국민은 기본권향유자로서의 국민과 의무주체로서의 국민으로 나누어 볼 수 있다. 기본권주체로서의 국민은 개개 국민을 의미한다. 의무주체로서의 국민도 국가구성원으로서의 국민의 지위에서 비롯된다.

## 3. 간접민주제(대의제)와 직접민주제의 조화: 반¥대표민주주의

주권적 의사의 현실적 구현을 위하여 주권자인 국민은 주권을 직접 행사하여야 한다(직접민주주의). 하지만, 현실적으로 이를 직접 행사할 수 없기 때문에 정치적 기술로써 대표자를 통하여 행사한다(간접민주주의). 대표자는 보통 · 평등 · 직접 · 비밀 · 자유선거를 통하여 선출된다. 한국헌법은 대의민주주의(간접민주주의)를 채택하지만, 동시에 직접민주주의적인 국민투표제도($^{제72조, \ 제130조}_{제2항}$)도 도입한다.

## 4. 대의제의 병폐를 시정하기 위한 권력분립주의

(ⅰ) 대의제원리는 자칫 대표자의 전횡으로 이어져 결과적으로 국민주권주의

를 말살할 가능성이 있다. 여기에 대의민주제를 적극적으로 지탱할 수 있는 정치적 기술로서 권력분립주의가 필수적으로 등장한다.

(ii) 종래 권력분립이론은 수평적 권력분립에 중점을 둔 입법·행정·사법의 견제와 균형에 맞추어져 있었다. 그러나 오늘날 권력분립이론에서는 여·야 사이의 실질적 권력분립을 위한 의회의 견제기능 강화와 더불어, 아래로부터 민주주의를 정착하기 위한 수직적 권력분립으로서 지방자치제의 보장 등이 강조된다.

### 5. 대의제의 실질화를 위한 복수정당제複數政黨制의 보장

근대입헌주의국가에서 민주주의는 간접민주주의, 즉 대의제에 기초한다. 하지만, 직접민주주의적인 사상적 세계에서 배척될 수밖에 없는 정당제도는, 이제 대의제의 실질적 구현을 위하여 불가피한 제도로 인식된다. 특히 다원적 민주주의의 이상을 구현하기 위하여 복수정당제도가 보장되어야 한다(제8조).

### 6. 국민 전체에 봉사하는 직업공무원제職業公務員制의 보장

헌법상 공무원제도는 국민주권주의를 구현하기 위한 제도적 장치이다: "공무원은 국민 전체에 대한 봉사자이며, 국민에 대하여 책임을 진다"(제7조).

# 제 2 관  정치적 기본원리: 자유민주주의

## Ⅰ  의의: 민주주의의 이상적 모델로서의 자유민주주의

### 1. 국민주권주의에 기초한 민주주의

(ⅰ) 절대군주시대의 종언을 고하고 정립된 근대입헌주의의 이념적 기초는 국민주권주의이다. 국민주권은 곧 국민이 주인이 되는 민주주의로 귀결된다. 바로 그런 점에서 자유민주주의는 민주주의로부터 비롯된다. 민주주의의 개념정의에 대하여는 그간 많은 논의가 전개되어왔다. 민주주의를 문언에 따라 정의하면 민民, 즉 국민이 주인主人인 주의主義 내지 이념(이데올로기)이다.

(ⅱ) 오늘날 민주주의의 개념적 징표로서 가장 많은 구성원들이 정치적으로 자유롭고 평등하게 참여하는 권력체제로는 미국의 링컨A. Lincoln 대통령이 게티스버그 연설에서 적시한 "국민의, 국민에 의한, 국민을 위한 정부"the government of the people, by the people, for the people, 치자와 피치자의 자동성自同性. identification 원리를 보장하는 헌정체제 등이 원용된다.

### 2. 자유민주주의: 민주주의와 자유주의의 결합

(ⅰ) 민주주의라는 용례 및 민주주의를 구현하는 헌정체제 중에서도 그 현실적 양태는 매우 다양하게 작동한다. 진정한 민주주의체제란 무엇인가에 대한 논의가 계속되는 가운데, 오늘날 일반화되어 있는 민주주의란 자유민주주의liberal democracy 또는 다원적 민주주의pluralist democracy를 의미한다.

(ⅱ) 18세기 말 미국과 프랑스에서의 시민혁명 이후 성공적으로 정착한 근대 입헌주의 이래 국민주권주의의 현실적 구현은 국민의 안전과 자유의 확보로부터 비롯된다는 사고에 따라, 자유주의가 지배적인 이념으로 정립되었다. 즉, 자유주의란 국가권력으로부터의 자유를 통하여, 주권자인 국민의 안전과 자유를 옹호하고 존중하는 헌법원리 내지 정치원리이다.

(ⅲ) 이에 따라 국민주권주의에 기초한 민주주의와 자유주의가 결합한 자유민주주의는 근대입헌주의 이래 헌법원리 내지 정치원리로 정립되었다. 이제 자유민주주의는 권위주의 시절에 횡행하던 군주주권·전제주의·전체주의에 대응한 반대 명제anti-these로 정립되었다.

## Ⅱ 인민민주주의를 배척하는 정치적 다원주의

( i ) 정치적 다원주의를 구현하는 자유민주주의에서는 모든 국민이 치자를 자유롭게 선택할 수 있어야 한다. 즉, 주권자인 선거인들에게 다양한 선택가능성이 보장되어야 한다.

( ii ) 오늘날 지배적 헌정체제인 자유민주주의체제는 비록 그것이 완결적이라고 볼 수는 없다고 하더라도, 적어도 이 시점까지 인류가 실천하고 있는 체제로서는, 가장 국민의 자유와 안전 그리고 행복을 보장하는 체제라 할 수 있다.

( iii ) 인민민주주의에 대한 자유민주주의의 우월성은, 특정한 이데올로기에 치우치지 아니하고, 모든 이데올로기를 체제 속으로 수용하는 데 있다. 자유민주주의는 공산주의나 공산당까지도 허용하는 다원성을 통하여 구현된다. 다만, 대한민국은 분단국가의 특수상황에 따라 인민민주주의(공산주의, 공산당)를 배척한다.

## Ⅲ 정치적 자유주의와 평화적 정권교체

( i ) 정치적 자유주의로서의 자유민주주의는 개인이나 집단이 자유롭게 자신의 의사를 표명할 수 있는 이념이나 주의를 말한다. 이것은 특히 집권세력에 반대하는 개인이나 정당이 합리적인 비판을 통하여, 정권교체를 실현하기 위한 불가결의 요소이다.

( ii ) 자유민주주의국가에서 "오늘의 소수는 내일의 다수가 될 수 있어야만 한다." 바로 그런 의미에서 평화적 정권교체는 자유민주주의의 꽃이다. 오늘날 자유민주주의 국가에서의 정권교체는 극좌나 극우의 어느 극단에 이르지 아니하고, 상호 대화와 타협 그리고 소통이 가능한 중도적인 보수와 진보의 각축장이다.

## Ⅳ 소수파를 보호하는 다수결원리

( i ) 민주사회에서 지향하는 다원성을 용해하는 과정에서 궁극적으로 다수결원리의 수용이 불가피하다. 민주주의 사회에서 다수결원리란 참여자 전원의 의사합치가 불가능할 경우에, 참여자 과반수의 의사를 전체의 의사로 간주하는 원리를 말한다. 이때 참여자의 의사는 주로 선거와 투표에 의하여 표출되는데, 모든 국민은 선거권연령·국적 등으로 인하여 투표권이 봉쇄되지 아니하는 한, 개개인의

자유의사에 따라 투표할 수 있어야 한다. 선거결과는 다수결원리에 의하여 결정된다. 하지만, 다수결원리에서의 다수는 소수를 배척하는 다수가 아니라, 소수파도 보호하고 포용하는 다수이어야 한다.

(ii) 역설적으로 말하자면, 소수가 있기에 다수도 존재한다는 점에서, 소수자보호는 민주주의의 핵심가치이다. 헌법에서 소수의 존재를 전제로 이를 보호하는 장치로는 복수정당제의 보장, 공직의 임기제를 통한 주기적 선거, 헌법재판을 비롯한 특별의결 정족수, 국회의 각종 회의 소집 관련 정족수 등이 있다.

## Ⅴ 참여민주주의와 숙의민주주의를 통한 발전적 보완

(i) 20세기 후반 이래 자유민주주의가 안고 있는 일련의 한계를 극복하기 위한 노력이 지속된다. 참여민주주의participatory democracy와 숙의민주주의deliberative democracy는 이러한 흐름을 대표하는 이론으로서 그 지향점이 유사하다.

(ii) 참여민주주의는 루소의 직접민주주의 이념을 계승하여 자유민주주의의 현실적 대안으로 제시된다. 특히 국민투표나 주민투표 등과 같은 제도화된 참여 이외에도, 오늘날 인터넷의 보편화에 따라 사이버공간에서 간접적으로 직접민주주의의 이상을 구현할 수 있게 되었다.

(iii) 한편, 숙의민주주의는 사회구성원들의 삶에 유용한 지식을 기반으로 하여, 문제해결을 숙의하고 가장 경제적이고 효율적인 해답을 찾아내려는 점에서 긍정적인 측면이 부각된다. 하지만, 숙의민주주의는 엘리트주의와 실적주의를 수용한다는 점에서, 자유민주주의의 한 변형에 불과하다는 비판도 받는다. 그럼에도 불구하고 전통적 의미의 자유민주주의는 현대사회에서 "숙의과정을 충분히 거친 참여"만이 진정한 자유민주주의의 이상을 구현할 수 있다.

## Ⅵ 주권적 의사를 구현하기 위한 제도의 정립

자유민주주의에서는 ① 모든 권력의 원천인 주권자의 자유와 권리를 보장하여야만 정상적으로 작동할 수 있다. ② 주권자의 민주적 참여가 보장되어야 한다. ③ 법치국가적 통치질서 확립을 위하여 사법권의 독립이 보장되어야 한다. ④ 자본주의적 시장경제를 교정하기 위한 사회적 시장경제에서는 경제의 민주화가 시대적 과제이다.

# 제1항 (자유)민주적 기본질서

## I 의 의

( i ) 한국헌법은 자유민주주의를 구현하기 위한 의지의 표현으로서 (자유)민주적 기본질서를 규정한다. 전문에서 "자유민주적 기본질서를 더욱 확고히 하여", 민족의 숙원인 통일은 "자유민주적 기본질서에 입각"(제4조)하며, "정당의 목적이나 활동이 민주적 기본질서에 위배"되어서는 아니 되며(제8조 제4항), "국가는 근로의 의무의 내용과 조건을 민주주의원칙에 따라 법률로 정한다"(제32조 제2항)라고 규정한다. 또한 "대한민국은 '민주'공화국"임을 제1조 제1항에서 천명한다. 다만, 한국헌법이 지향하는 '자유민주적 기본질서' 내지 '민주주의'란 인민민주주의 이념을 배척하는 자유민주주의를 의미한다.

( ii ) 독일에서는 바이마르공화국이 민주주의의 적에 대한 가치중립적 태도로 나치가 등장하였다는 반성적 성찰에 따라, 기본법에서 자유민주적 기본질서에 위배되는 위헌정당해산(제21조), 자유민주적 기본질서를 공격할 때 기본권상실(제18조), 자유민주적 기본질서를 유지하기 위한 비상대권발동(제91조 제1항) 등을 규정한다.

## II 민주적 기본질서와 자유민주적 기본질서

### 1. 양자의 관계

( i ) 헌법 제8조에서는 "민주적 기본질서"라고 표현하지만, 전문 및 제4조(평화통일)에서는 "자유민주적 기본질서"라는 표현을 사용하기 때문에, 민주적 기본질서와 자유민주적 기본질서의 의의 및 관계에 관하여 논란이 있다.

( ii ) 민주적 기본질서를 자유민주적 기본질서와 사회민주적 기본질서를 포괄하는 개념으로 이해하는 입장에서는, 자유민주적 기본질서를 헌법전문에서 구현하고자 하는 자유민주적 기본질서보다 좁은 개념으로 파악한다. 즉, 민주적 기본질서를 자유민주적 기본질서와 사회민주적 기본질서로 나누어, 민주적 기본질서가 자유민주적 기본질서보다 상위 혹은 포괄적 개념으로 본다.

( iii ) 그러나 한국헌법은 자유민주주의에 기초한 사회복지국가원리를 도입하므로, 민주적 기본질서와 자유민주적 기본질서는 서로 별개의 충돌하는 개념이 아

니라, 서로 융합적인 개념으로 이해하여야 한다. 헌법전문에서 자유민주적 기본질서라고 표현하지만, 한국헌법의 전체적인 이념적 틀에 비추어 본다면, 사회복지국가원리도 당연히 포괄한다고 보아야 한다.

### 2. 자유민주주의 이념에 입각하여 구현되는 자유민주적 기본질서

(ⅰ) 헌법전의 자유민주적 기본질서 또는 민주적 기본질서라는 표현 여하를 떠나서, 헌법이 지향하는 기본원리는 자유민주주의라는 점을 염두에 두어야 하고, 그 속에는 현대적인 사회복지국가원리가 당연히 내포되어야 한다.

(ⅱ) 자유민주주의는 다원적 민주주의를 지칭하며, 그것은 곧 사회적 다원성을 부정하는 일당지배체제의 이데올로기에 얽매인 인민민주주의를 배척한다. 이는 유럽 자유민주주의국가에서의 공산당 수용과는 구별될 수밖에 없다. 결국, 대한민국의 자유민주주의는 다원성을 부정하는 전체주의와 인민민주주의를 배척한다.

## Ⅲ 자유민주적 기본질서의 헌법에서 구현

자유민주적 기본질서는 ① 법적 기초로서의 국민주권주의, ② 국민의 자유와 권리 보장, ③ 대의민주주의와 직접민주주의의 조화(반대표민주주의), ④ 민주적 선거제도, ⑤ 복수정당제의 보장, ⑥ 권력분립과 정부의 책임성, ⑦ 실질적 법치주의, ⑧ 지방자치제의 보장, ⑨ 경제의 민주화를 위한 사회적 시장경제질서, ⑩ 권리구제의 실질화를 위한 사법권의 독립, ⑪ 국제평화주의를 통하여 구현된다.

## Ⅳ 자유민주적 기본질서의 헌법에서 보호

### 1. 헌법이 추구하는 기본질서로서의 자유민주적 기본질서

자유민주적 기본질서는 대한민국의 실정법질서가 추구하는 최고의 원리임과 동시에 실정법해석의 기준이다. 그러므로 국가권력발동의 타당성 척도는 자유민주적 기본질서에 부합하느냐의 여부에 따라 결정된다.

### 2. 자유민주적 기본질서의 침해로부터 보호

권력에 의한 침해에 대하여는 탄핵제도·위헌법률심사제도·헌법소원 등과 같이 헌법에 마련된 제재 수단이 있다. 궁극적으로는 초헌법적인 저항권을 행사할 수 있다. 또한 국민 개개인에 의한 침해에 대하여는 형사적인 제재가 가하여진다.

자유민주적 기본질서를 수호하기 위하여 민주적 정당제도를 육성하고, 다른 한편 민주주의의 적에 대한 응징으로서 위헌정당해산제도를 마련한다.

## 3. 방어적 민주주의론

### (1) 의의·본질

( i ) 방어적防禦的 민주주의란 민주주의의 적으로부터 민주주의를 방어하고 수호하기 위한 이론으로서, 헌법내재적 헌법보호수단의 하나이다. 이는 바이마르공화국헌법에서 1930년대 이후 나치가 자행한 폭력적 지배에 대한 반성적 성찰에서 비롯되었다. 이에 따라 민주주의의 가치상대주의적 관용에 일정한 한계가 있음을 인정하고, 민주주의는 가치지향적이고 가치구속적인 민주주의일 수밖에 없음을 분명히 한다. 그러므로 방어적 민주주의는 민주주의의 적에 대한 투쟁을 정당화한다는 의미에서 전투적·투쟁적 민주주의라고도 한다.

( ii ) 독일기본법에서는 기본권실효失效제도를 도입한다. 이는 헌법질서를 파괴하기 위한 목적으로 기본권을 악용하는 특정인이나 특정 단체에 대하여, 헌법재판을 통하여 헌법에 보장된 일정한 기본권을 상실하게 하는 제도이다.

### (2) 현행헌법의 방어적 민주주의

헌법전문과 제1조 제1항, 제4조에서 대한민국이 자유민주적 기본질서에 입각한 민주공화국임을 명시한다. 헌법 제8조 제4항에 방어적 민주주의이론을 도입하고 있다. 2014년에 헌법재판소는 통합진보당에 대하여 위헌정당해산결정을 내렸다(헌재 2014.12.19. 2013헌다1, 통합 진보당 해산 청구 사건(인용(해산)). 또한 국가안보와 관련하여 헌법재판소와 대법원이 내린 일련의 판례는 방어적 민주주의이론의 적용으로 볼 수 있다.

"피청구인의 진정한 목적과 활동은 1차적으로 폭력에 의하여 진보적 민주주의를 실현하고 최종적으로는 북한식 사회주의를 실현하는 것으로 판단된다.""결국 피청구인의 위와 같은 진정한 목적이나 그에 기초한 활동은 우리 사회의 민주적 기본질서에 대해 실질적 해악을 끼칠 수 있는 구체적 위험성을 초래하였다고 판단되므로, 민주적 기본질서에 위배된다"(헌재 2014.12.19. 2013헌다1, 통합 진보당 해산 청구 사건(인용(해산)).

"헌법이 보장하고 있는 사상의 자유나 헌법이 천명하고 있는 평화통일의 원칙과 국제평화주의는 자유민주적 기본질서라는 대전제하에서 추구되어야 하는 것이므로, 아직도 북한이 자유민주적 기본질서에 대한 위협이 되고 있음이 분명한 상황"이다(대판 1992.8.18. 92도1244).

아울러 헌법 제37조 제2항은 민주주의의 본질을 침해하는 기본권을 행사할 경우에 해당 기본권에 대한 제한을 정당화하는 근거가 된다.

(3) 방어적 민주주의의 한계

(ⅰ) 민주주의의 본질을 침해하여서는 아니 된다. 특히 정치적 기본권을 부당하게 제한하는 수단으로 남용되어서는 아니 된다.

(ⅱ) 법치국가, 사회복지국가, 문화국가, 국제평화주의원리의 침해는 아니 된다.

(ⅲ) 국가의 개입과 제한은 비례의 원칙(과잉금지의 원칙)을 준수하여야 한다.

"강제적 정당해산은 헌법상 핵심적인 정치적 기본권인 정당활동의 자유에 대한 근본적 제한이므로, 헌법재판소는 이에 관한 결정을 할 때 헌법 제37조 제2항이 규정하고 있는 비례원칙을 준수해야만 한다." "북한식 사회주의를 실현하고자 하는 피청구인의 목적과 활동에 내포된 중대한 위헌성, 대한민국 체제를 파괴하려는 북한과 대치하고 있는 특수한 상황, 피청구인 구성원에 대한 개별적인 형사처벌로는 정당 자체의 위험성이 제거되지 않는 등 해산 결정 외에는 피청구인의 고유한 위험성을 제거할 수 있는 다른 대안이 없는 점, 그리고 민주적 기본질서의 수호와 민주주의의 다원성 보장이라는 사회적 이익이 정당해산결정으로 인한 피청구인의 정당활동의 자유에 대한 근본적 제약이나 다원적 민주주의에 대한 일부 제한이라는 불이익에 비하여 월등히 크고 중요하다는 점을 고려하면, 피청구인에 대한 해산결정은 민주적 기본질서에 가해지는 위험성을 실효적으로 제거하기 위한 부득이한 해법으로서 비례원칙에 위배되지 아니한다"(헌재 2014.12.19. 2013헌다1).

(ⅳ) 한국헌법이 지향하는 방어적 민주주의는 소극적·방어적이어야 하고, 적극적·공격적이어서는 아니 된다.

"국가보안법 제7조 제1항은 그 소정의 행위가 국가의 존립·안전이나 자유민주적 기본질서에 해악을 끼칠 명백한 위험이 있는 경우에만 적용하도록 축소 제한해석하는 한 합헌…"(헌재 1990.4.2. 89헌가113, 국가보안 법 제7조에 관한 위헌심판(한정합헌)).

## 제2항  대표민주주의와 직접민주주의의 조화: 반대표제

### I  의  의

( i ) 서유럽 자유민주주의국가에서 그 기초를 이룬 대의제이론은, 영국의 군주제와 프랑스의 구체제에서도, 상당한 정도의 이론적 기초를 다져왔다. 마침내 18세기 말 미국의 독립과 프랑스혁명을 통하여 결정적인 성공을 거두었다. 하지만, 대표의 개념에 관하여는 완전한 이론적 합의에 이르지 못하고 있다.

( ii ) 대표개념은 대체로 다음과 같은 요소를 내포한다. ① 법률은 국민의 대표자가 제정하며, ② 대표자는 전체국민의 대표자이며, ③ 대표자는 반복되는 선거를 통하여 국민에게 책임을 진다.

### II  직접민주주의와 대표민주주의

#### 1. 직접민주주의

직접민주주의란 국민이 직접 주권을 행사하는 제도이며, 작은 규모의 국가에서 잘 시행된다. 스위스에서는 칸톤Canton 단위로 직접민주주의가 시행된다.

#### 2. 대표민주주의

(1) 의  의

주권의 행사권한은 국민의 보통선거로 선출되고 국민 전체의 이름으로 결정하는 대표에게 부여된다. 선거는 모든 시민이 대표의 선출에 참여하는 보통선거 및 직접선거이어야 한다.

(2) 유  형

대표민주주의는 두 개의 형태가 있다. 그 하나는 순수대표형이다. 순수대표제에서 국민은 직접선거나 간접선거로 국회의원을 선출할 뿐이고, 국회가 집행권을 지명하고 통제한다(의원내각제). 두 번째 형태는 국민이 국회의원뿐 아니라 집행권의 수반인 국가원수도 보통선거를 통하여 선출하는 제도이다(대통령제·반대통령제).

(3) 문제점

대표민주주의에서 대표자는 정치제도의 실질적 작동축으로서 기능한다. 그들은 자신들의 정치계층 안에서 대표자를 충원함으로써, 결과적으로 대표자와 국민 사이의 간격을 넓히게 되는 문제점이 드러난다.

(ⅰ) 민주국가 중에서 특히 의원내각제에서 국민주권원리가 오히려 의회주권으로 변질된다. 즉, 대표자가 선거에서 한 번 대표로 지정된 이후에는, 선거인의 의사와 관계없이 처신할 뿐 아니라, 선거인의 통제에서 벗어나 있다. 이러한 현상은 특히 다당제 국가에서 더욱 심각하게 나타난다. 이들 국가에서는 국회의 동일한 임기 안에 주권자의 의사와는 관계없이 자유롭게 새로운 의회다수파를 형성할 수 있을 뿐 아니라, 주어진 의회의 다수파를 자유롭게 전복할 수도 있다. 이와 같이 주권자의 의사와 유리된 대표자의 행동은 그 대표자의 임기가 길어질수록 더욱더 심화된다. 이러한 상황에서 국민은 명목상 주권자에 불과하고 의회가 실질적인 주권자로 등장한다.

(ⅱ) 국회의원들이 행하는 의회에서의 의사결정은 그들이 소속한 정당지도자의 지시나 통제로부터 자유로울 수 없다. 정당지도자의 의사가 의회의 의사결정에 적극적으로 개입하는 한, 국민주권의 원리는 정당에 의하여 왜곡되고 만다.

## Ⅲ 반직접민주주의

(ⅰ) 반半직접민주주의는 대표기관과 국민의 직접적인 개입이 공존하는 체제를 말한다. 반직접민주주의는 연방국가인 스위스의 지방支邦인 칸톤Canton에서 활성화된다. 하지만, 대표민주주의의 고향이라고 할 수 있는 영국도 1973년에 국민투표제도를 도입하였으며, 지금까지 총 네 차례의 국민투표(1975년, 2011년, 2014년, 2016년)가 실시되었다. 특히 2016년 6월 23일에 실시된 유럽연합EU 탈퇴 여부에 관한 국민투표Brexit는 전 세계적으로 큰 반향을 일으켰다.

(ⅱ) 이에 따라 오늘날 대의민주주의만을 주장하는 순수대표제에서 직접민주주의를 가미한 반대표민주주의(반직접민주주의)로 나아간다. 특히 국민은 헌법개정뿐만 아니라 법률사항에까지 직접 개입한다. 한국에서도 직접민주주의적인 국민투표 내지 신임투표, 국민발안 논의가 계속된다. 또한 지방자치의 활성화와 더불어 주민소환('주민 소환에 관한 법률')·주민투표(주민투표법)·주민발안('주민조례발안에 관한 법률') 등이 도입되어 있다.

# 제 3 항 민주적 선거제도

## I 의 의

(ⅰ) 선거는 보통·평등·직접·비밀·자유선거에 입각하여야 한다. 하지만, 선거구제와 대표제의 선택은 해당 국가의 합목적적인 선택의 문제이다.

(ⅱ) 헌법은 국회의원선거와 대통령선거에서 국민의 "보통·평등·직접·비밀선거"를 명시한다(제41조 제1항·제67조 제1항). 또한 "모든 국민은 법률이 정하는 바에 의하여 선거권을 가진다"(제24조), "지방의회의 조직·권한·의원선거와 지방자치단체의 장의 선임방법 기타 지방자치단체의 조직과 운영에 관한 사항은 법률로 정한다"(제118조 제2항)라고 규정한다. 구체적인 내용은 공직선거법에서 규정한다.

## II 선거제도와 기본원칙(보통·평등·직접·비밀·자유선거)

### 1. 제한선거에서 보통선거로

역사적으로 선거는 제한선거制限選擧에서 보통선거普通選擧로 발전하여왔다. 보통선거는 입헌주의의 발전과정에서 자행되었던 사회적 신분·재력·납세실적·학위 등에 따른 제한선거의 양태를 배척할 뿐만 아니라, 인종·신앙·성별 등 그 어떠한 이유로도 선거권이 제한받지 아니하는 선거를 말한다.

### 2. 불평등선거에서 평등선거로

평등선거平等選擧란 불평등선거不平等選擧(차등선거)에 반대되는 선거제도로서, 1인 1표one man, one vote의 원칙에 따라 모든 선거인이 평등하게 한 표를 행사하고, 1표 1가one vote, one value의 원칙에 따라 모든 선거인의 투표의 성과가치도 평등한 선거를 말한다. 또한 선거과정에서 선거참여자들의 기회균등도 요구된다.

오늘날 평등선거는 주로 선거구획정에 따른 투표가치의 평등이 논의된다.

### 3. 간접선거에서 직접선거로

직접선거直接選擧는 간접선거間接選擧에 반대되는 선거제도로서, 선거인이 직접 대표자를 선출하는 선거제도를 말한다. 다단계 선거는 간접선거이다.

## 4. 공개선거에서 비밀선거로

비밀선거秘密選擧는 공개선거公開選擧 또는 공개투표에 반대되는 선거제도로서, 선거인의 의사결정 또는 투표내용이 비밀에 부쳐지는 선거제도를 말한다.

## 5. 강제선거에서 자유선거로

( i ) 자유선거自由選擧는 강제선거强制選擧에 반대되는 선거로서, 선거인이 자신의 선거권을 외부의 강제나 간섭 없이, 의사형성과 의사실현을 할 수 있는 선거제도를 말한다. 자유선거의 원칙은 헌법에 규정은 없지만, 민주국가의 선거제도에 내재하는 법원리로서 국민주권·의회민주주의 및 참정권으로부터 비롯된다.

( ii ) 그런데, 일부 국가에서는 투표참여를 선거인의 공적 의무로 규정하고, 그 위반에 대하여 과태료나 벌금 등을 부과하는 법적 제재를 가하기도 한다(<sub>벨기에</sub><sub>헌법 등</sub>). 이는 자유선거의 원칙에 비추어 본다면 바람직한 제도가 아니다. 공직선거법에서는 "선거권자는 성실하게 선거에 참여하여 선거권을 행사하여야 한다"(<sub>제6조</sub><sub>제4항</sub>)라고 규정하여 선거권자의 법적 의무를 명시하지만, 이를 강제하는 규정은 없다.

## Ⅲ 선거구제와 대표제

## 1. 의의: 선거구제에서 대표제로

( i ) 선거제도에 관한 논의는 ① 선거구획정, ② 선거구(選擧區)의 규모(대·중·소선거구제), ③ 대표의 결정방식(다수대표제·소수대표제·비례대표제·직능대표제)으로 귀결된다. 첫 번째 선거구획정은 선거구 사이의 인구불평등 및 게리맨더링 방지에 초점이 있으며, 이는 합리성과 적헌성에 기초하여 이론적 해결이 가능한 사항이다. 그러나 두 번째와 세 번째는 선거제도로서 합리성이나 정당성 혹은 당위의 문제가 아니라, 각국이 처한 특수한 사정을 감안하여 정치적으로 해결하여야 할 합목적적 선택의 문제이므로 항시 논란의 대상이다.

소선거구제란 하나의 선거구에서 1인(또는 2인)을 선출하는 제도이다. 대선거구제는 하나의 선거구에서 적어도 5인 이상을 선출하는 제도이다. 중선거구제는 하나의 선거구에서 3·4인 정도를 선출하는 제도이다. 과거 일본에서 중선거구제를 채택한 바 있으나 폐지되었다. 우리나라에서는 기초지방의회의원선거에서 중선거구제를 도입하고 있다.

소선거구제의 장·단점은 대선거구제의 단·장점으로 연결되므로 여기에서는 소선거구제의 장·단점을 살펴본다. ( i ) 장점으로는 ① 양대 정당제의 확립, ② 정치적 안정확보, ③ 선거인의 대표선택 용이, ④ 선거인과 의원 사이의 유대강화, ⑤ 선거비용의 최소화, (ⅱ) 단점으로는 ① 과다한 사표(死票) 발생, ② 정당득표율과 의석획득수의 괴리, ③ 지방토착인물의 과다등용, ④ 매수 등에 의한 부패가능성, ⑤ 선거구획정의 난점 및 게리맨더링의 위험 등이 있다. 제2공화국 참의원선거는 시·도 단위 대선거구제였다.

(ⅱ) 대표의 결정방식 또는 의원정수의 결정방식인 대표제와, 의원을 선출하는 단위인 선거구에 관한 논의는 일견 별개의 문제로 볼 수도 있다. 그러나 대표제의 종류로 논의되는 다수대표제·소수대표제·비례대표제·혼합대표제·직능대표제는 오늘날 다수대표제, 비례대표제냐 또는 양자의 절충 문제로 귀착된다. 다수대표제는 논리적으로는 중선거구제도 가능하지만, 현실적으로는 소선거구제로 귀착된다. 비례대표제는 논리 필연적으로 중·대선거구제를 전제로 할 수밖에 없다. 그 밖에 독일식 혼합선거제는 진정한 의미의 혼합선거제라기보다는 오히려 비례대표제에 다수대표제를 혼합한 제도이기 때문에, 결과적으로 비례대표제의 성격을 강하게 띠고 있어 부진정 혼합대표제이다. 따라서 선거구제에 관하여는 소선거구제와 대선거구제로 좁힌 논의가 더 간명하다. 그리고 소선거구제와 대선거구제의 장·단점은 다수대표제와 비례대표제에도 적용될 수 있는 내용이다.

## 2. 다수대표제

### (1) 의  의

다수대표제多數代表制, majority representation란 다수의 후보자 중에서, 선거인으로부터 다수득표자를 당선자로 결정하는 선거제도이다.

### (2) 유  형

(ⅰ) 상대적 다수대표제는 단 한 번의 선거에서 상대적으로 많은 유효투표를 득표한 사람을 대표로 선출한다는 점에서 일회제 다수대표제라고도 한다. 선거제도가 간명하기 때문에 영국과 미국 등에서 널리 이 제도를 채택한다.

(ⅱ) 절대적 다수대표제는 첫 번째 선거에서 유효투표의 과반수 득표자가 없을 경우에 법정 득표 이상을 한 후보자 중에서, 두 번째 결선투표를 실시하여 유효투표의 과반수 득표자를 당선자로 결정하는 선거제도로서 결선투표제 또는 이회제 다수대표제라고 한다. 두 번 선거를 실시하기 때문에 그 시행과정에서 불편하고 어려운 점이 있다. 하지만, 유효투표의 절대 과반수 득표자를 당선자로 선출한다는 점에서, 민주적 정당성에 더 부합하는 선거제도라고 평가할 수 있다. 프랑스하원의원 및 대통령 선거, 오스트리아·핀란드·포르투갈·튀르키예·이란·브

라질・아르헨티나 대통령선거 등에서 채택한다.

　(3) 장・단점

　(ⅰ) 다수대표제의 장점은 ① 기술적으로 손쉬운 방법으로 안정적 다수파를 확보함으로써 헌정체제의 안정을 도모한다. ② 이에 따라 정당제도는 양당제적 경향으로 나아간다. 특히 다당제 국가에서 절대적 다수대표제를 채택할 경우에, 2차 투표에서 좌・우연합을 통한 양극화 현상을 초래하여, 실질적으로 양당제와 유사하게 작동함으로써 정국의 안정을 구현한다. ③ 또한 소선거구제 선거를 통하여 선거인은 쉽게 후보자를 직접 선택함으로써, 직접선거의 원리에 충실할 뿐만 아니라, 선거인과 대표 사이의 유대를 강화할 수 있다.

　(ⅱ) 그러나 다수대표제는 ① 많은 유효투표가 결과적으로 사표死票가 되기 때문에, 선거인의 정확한 의사가 의회 구성에 반영되지 못하는 단점이 있다. ② 이에 따라 전국적으로 종합하면, 더 많은 유효투표를 획득하였음에도 불구하고, 의석수는 오히려 소수파로 머무는 현상까지 초래한다. ③ 또한 거대 정당에게만 유리하고 소수파가 의회에 진출할 수 있는 기회가 차단당한다. ④ 선거구가 소규모이므로 선거구의 인위적 조작 가능성도 제기된다.


　3. 비례대표제

　(1) 의　의

　비례대표제比例代表制는 다수대표제의 단점을 극복하기 위하여, 각 정치세력의 득표율得票率에 비례하여 대표자를 배분하는 선거제도이다. 비례대표제는 유권자인 국민의 의사를 정확하게 반영할 수 있기 때문에 다수대표제보다 더 국민적 정당성을 확보할 수 있는 선거제도이다. 오늘날 유럽 각국에서 널리 채택한다.

　(2) 유　형

　(ⅰ) 비례대표제는 사표를 방지함으로써 대표선출에서 선거인의 의사를 정확하게 반영하려는 선거제도이다. 이를 구현하기 위한 기법은 매우 다양하다. 선거구의 규모, 후보자의 입후보방식, 선거인의 투표방식, 유효투표의 의석배분방식 등에 따라서 다양한 제도가 고안된다.

　(ⅱ) 선거구의 규모는 대선거구제를 전제로 하며, 전국 선거구제와 권역별 선거구제가 있다. 국회의원선거에서는 일반적으로 권역별 비례대표제를 채택한다. 입후보방식은 개인별 입후보방식과 명부식 입후보방식이 있다. 명부식名簿式은 고정명부식과 가변명부식 등이 있다. 오늘날 정당국가 경향과 더불어 정당별 고정명

부식 비례대표제가 일반화되고 있다. 투표방식도 복수투표방법 등 복잡한 방법보다는 단일투표방법이 보편적으로 채택된다.

(iii) 의석배분방법은 매우 복잡하다. 동트d'Hondt식 비례대표제가 비교적 많이 채택된다. 동트식에 의하면 각 명부가 획득한 유효투표수를 1부터 시작하여 해당 선거구에 배분된 총의석수에 이르기까지 순차적으로 각기 나누어서 그것을 도표로 만든다. 이제 이 도표 중에서 기수基數가 제일 많은 명부부터 순차적으로 의석을 배정하는 이른바 제수식除數式이다.

아래의 표에 따라 이를 설명하자면, 예컨대 8명의 의원을 선출할 경우에는 각 명부에서 가장 많은 숫자를 선택하면 된다. 즉, 이 경우 A명부 3석, B명부 2석, C명부 2석, D명부 1석, E명부 0석이 배정된다.

〈비례대표 의석배분의 예-동트식〉

|  | 1 | 2 | 3 | 4 | 5 | 6 | 7 | 8 |
|---|---|---|---|---|---|---|---|---|
| A명부 | 126,000 | 63,000 | 42,000 | 31,500 | 25,200 | 21,000 | 18,000 | 15,750 |
| B명부 | 94,000 | 47,000 | 31,333 | 23,000 | 18,800 | 15,666 | 13,428 | 11,850 |
| C명부 | 88,000 | 44,000 | 29,333 | 22,000 | 17,600 | 14,666 | 12,571 | 11,000 |
| D명부 | 65,000 | 32,500 | 21,666 | 16,250 | 13,000 | 10,833 | 9,825 | 8,125 |
| E명부 | 27,000 | 13,500 | 9,000 | 6,750 | 5,400 | 4,500 | 3,857 | 3,375 |

(3) 장·단점

( i ) 비례대표제의 장점은 ① 투표의 산술적 계산가치의 평등뿐만 아니라 성과가치의 평등도 동시에 구현할 수 있으므로, 평등선거의 원리에 가장 부합하는 제도이다. ② 소선거구제에서는 사표로 머물게 되는 군소정당이나 새로운 정치세력이 의회에 진출함으로써, 소수파보호를 구현할 수 있다. ③ 소수파의 의회진출로 다수파의 횡포를 방지하고, 정당정치의 활성화에도 기여할 수 있다. ④ 또한 대선거구제를 채택할 수밖에 없는데, 이에 따라 다수대표제의 소선거구제에서 야기될 수 있는 선거구획정의 불평등 논란을 불식시킬 수 있다.

(ii) 그러나 비례대표제의 단점은 ① 각계각층의 다양한 정파를 의회에 내보낼 수 있지만, 안정적이고 동질적인 다수파를 의회 안에서 확보하기가 곤란할 뿐만 아니라, 군소정당의 난립으로 정국불안정을 초래할 우려가 있다. ② 또한 대선거구제를 채택하기 때문에, 선거인과 대표 사이의 관계가 소원하여질 수밖에 없다.

③ 현실적으로도 비례대표제를 시행하기에는 **절차상·기술적** 난점이 많다. ④ 일반적으로 명부식 비례대표제를 채택하는데, 이 경우 그 명부 자체 및 명부의 순위가 특정 정치지도자 또는 정치세력에 의하여 좌우되기 때문에, 선거인의 정확한 의사를 제대로 반영할 수 없다.

### 4. 혼합대표제

### (1) 의 의

다수대표제와 비례대표제가 가진 장·단점을 서로 보완한 소선거구 상대적 다수대표제와 대선거구 비례대표제를 혼용하는 혼합대표제混合代表制가 있다. 독일의 선거제도와 일본의 선거제도가 이 범주에 속한다. 그러나 같은 이중투표제이지만, 독일의 선거제도는 비례대표제에 가까운 부진정 혼합선거제라 할 수 있고, 일본의 선거제도는 병렬식 선거제도란 점에서 차이가 있다.

### (2) 독일식 혼합대표제(부진정비례대표제)

독일식 혼합대표제는 비례대표제를 기본으로 하고, 여기에 지역구에서 선출되는 상대적 다수대표제를 추가하므로, 부진정혼합대표제라고도 한다. 하지만, 초과의석의 지나친 발생에 대하여 연방헌법재판소가 헌법불합치결정($^{BVerfG\ 2}_{BvC\ 1/07}$)을 내림에 따라, 2020년에 연방선거법이 개정되었다. 독일 연방하원의원 선거방식은 다음과 같다. 선거인은 첫 번째 투표용지로 해당 선거구의 후보자에 **투표**하고, 두 번째 투표용지에는 란트Land(주)별로 각 정당이 제시한 후보자명부에 **투표**한다. 첫 번째 선거는 상대적 다수대표제에 의하고, 두 번째 선거는 비례대표제에 의한다.

### (3) 일본식 혼합대표제(병렬적 혼합대표제)

일본 중의원과 참의원 의원 선거방식은 지역구의원과 비례대표의원의 의석수가 미리 정하여져 있다. 선거인은 각기 1인 2표를 행사한다. 지역구의원은 상대적 다수대표제로 선출하고 비례대표의원은 명부식 비례대표제로 선출한다. 일본식 혼합대표제는 다수대표제로 선출되는 의원과 비례대표제로 선출되는 의원이 각기 정하여져 있으므로 병렬적 혼합대표제라고도 한다.

### (4) 우리나라의 혼합대표제

국회의원선거제도는 상대적 다수대표제로 선출되는 지역구 국회의원과, 비례대표제로 선출되는 비례대표 국회의원으로 구분된다. 1인 1표 선거제도에 대한 헌법재판소의 한정위헌결정($^{헌재\ 2001.7.19.\ 2000헌마91,\ 공직선거}_{법\ 제146조\ 제2항\ 위헌확인(한정위헌)}$)에 따라 이제 선거인은 1인 2표를 행사한다. 비례대표의원의 의석배분은 전국을 단일 선거구로 한다. 지방의회의원선거에서도 비례대표제를 도입한다.

### 5. 직능대표제

직능대표제職能代表制, functional representation는 선거인단을 각 직능별로 배분하고 그 직능을 단위로 대표를 선출하는 제도이다. 그러나 직능별 배분 그 자체가 현실적으로 불가능하기 때문에, 직능대표제 자체의 이상적 성격에도 불구하고, 현실적으로 이 제도는 제대로 작동되지 못하고 폐기상태에 놓여 있다.

### 6. 평가: 헌정체제·선거제도·정당제도의 조화

(ⅰ) 대표제의 현실은 다음과 같이 요약할 수 있다. ① 비례대표제는 풍부하고 훌륭한 이론을 제시하지만 비현실적이다. ② 이회제(절대적) 다수대표제는 좋은 착상을 제공하지만 부정적이다. ③ 일회제(상대적) 다수대표제는 이론적으로 취약하지만 효율적이다.

(ⅱ) 요컨대, 선거제도로서 대표의 결정방식은 각국이 처한 특유한 역사적·정치적 상황을 고려한 선택의 문제로 돌아간다. 뒤베르제가 정당론에서 제시한 '뒤베르제의 법칙'loi de Duverger은 선거제도를 통한 헌정체제와 정당제도의 상호관계를 잘 표현한다. ① 일회제 다수대표제는 양당제 경향을, ② 비례대표제는 서로 독립적인 다당제의 경향을, ③ 이회제 다수대표제는 정당 사이의 연립에 의하여 절제된 다당제의 경향을 가진다.

## Ⅳ 현행법의 선거제도

### 1. 의    의

선거제도의 기본인 국회의원선거제도는 소선거구 상대적 다수대표제(지역구 국회의원)와 전국선거구 비례대표(비례대표국회의원)제도를 채택한다. 대통령선거 및 기초·광역 지방자치단체의 장 선거도 상대적 다수대표제를 채택한다. 광역의회와 기초의회는 지역구의원과 비례대표의원으로 구성된다. 지역구의원의 경우에 광역의회는 소선거구제를, 기초의회는 중선거구제를 채택한다.

### 2. 공정선거와 공직선거법

(ⅰ) 공정선거를 보장하기 위하여 정당·후보자의 공정경쟁의무($\frac{제7}{조}$), 언론기

관의 공정보도의무($^{제8조-}_{제8조의7}$), 공무원의 중립의무($^{제9}_{조}$), 사회단체의 공명선거 추진활동($^{제10}_{조}$), 공정선거감시단 및 사이버공정선거감시단($^{제10조의2·}_{제10조의3}$) 등을 규정한다. 하지만, 직업공무원이 아닌 정무직 공직자의 정치적 중립의무는 논쟁적이다. 대통령 노무현의 정치적 발언은 결국 2004년의 탄핵사태로까지 이어진 바 있다. 인터넷언론사는 선거운동기간 중 해당 인터넷홈페이지의 게시판·대화방 등에서 의견제시자의 실명實名을 확인하여야 한다($^{제82조}_{의6}$). 인터넷실명제에 대하여는 일부 비판도 제기되지만, 선거의 공정성 확보를 위하여 선거운동기간에 한하여 작동하는 불가피한 측면도 있다($^{헌재 2010.2.25. 2008헌마324, 공직선거법}_{제82조의6 제1항 등 위헌확인 등(합헌,기각)}$)($^{헌재 2021.1.28. 2018헌마456, 공직선거법}_{제82조의6 제1항 등 위헌확인(위헌)}$). 그런데, 헌법재판소는 인터넷언론사는 선거운동기간 중 당해 홈페이지 게시판 등에 정당·후보자에 대한 지지·반대 등의 정보를 게시하는 경우 실명을 확인받는 기술적 조치를 하여야 하는 규정에 대하여 위헌으로 결정하였다($^{헌재 2021.1.28. 2018헌마456등, 공직선거법}_{제82조의6 제1항 등 위헌확인(위헌)}$)($^{제3편 제4장 제3절 제5항 V.}_{2. (3) 인터넷 본인확인제}$). 생각건대 선거운동기간 중이라는 특성에 비추어 본다면, 반대의견과 같이 실명제를 위헌으로 보아서는 아니 되는 측면이 있다. 표현의 자유보다는, 오히려 선거의 공정이라는 공익이 더 중요하기 때문이다.

(ii) 특히 선거보도의 공정성을 확보하기 위하여 공직선거법은 선거방송심의위원회($^{제8조}_{의2}$), 선거기사심의위원회($^{제8조}_{의3}$), 인터넷선거보도심의위원회($^{제8조}_{의5}$), 선거방송토론위원회($^{제8조}_{의7}$), 선거여론조사심의위원회($^{제8조}_{의8}$), 선거보도에 관한 반론보도의 특칙($^{제8조}_{의4}$), 인터넷언론사에 대한 정정보도의 특칙($^{제8조}_{의6}$)을 규정한다. 하지만, 선거방송심의위원회는 방송통신심의위원회, 선거기사심의위원회는 언론중재위원회, 인터넷선거보도심의위원회는 중앙선거관리위원회에 설치·운영하여 선거보도와 관련된 규제기구의 혼란을 초래할 수 있다.

## 3. 선거권과 피선거권

### (1) 의   의

국민주권주의의 원리($^{제1}_{조}$)에 따라 "모든 국민은 법률이 정하는 바에 의하여" 선거권($^{제24}_{조}$)과 공무담임권에 기초하여 피선거권($^{제25}_{조}$)을 가진다. 선거권자와 피선거권자의 연령은 선거일 현재로 산정한다($^{공직선거법}_{제17조}$).

### (2) 선거권자

( i ) 선거권자란 선거권이 있는 사람이다. 공직선거법은 형식주의를 채택하여, "선거권이 있는 사람으로서 선거인명부 또는 재외선거인명부에 올라 있는 사람"($^{법,제}_{3조}$)만 선거인이 된다. 선거권자에 관한 사항은 적극적 요건과 소극적 요건

으로 나눈다. 적극적 요건으로서 18세 이상의 대한민국 국민이어야 한다($^{제15조}_{제1항}$). 선거권자 연령의 하향조정은 세계적인 흐름에 부합한다. 연령 계산은 민법 제158조의 규정에 따라 **출생일을 산입한다**. 헌법재판소의 헌법불합치결정에 따라 재외국민도 투표권을 가진다($^{헌재\ 2007.6.28.\ 2004헌마644등,\ 공직선거법\ 제}_{15조\ 제2항\ 등\ 위헌확인\ 등(헌법불합치,잠정적용)}$).

(ⅱ) 외국인도 일정한 요건에 따라 지방자치단체의 의회의원 및 장의 선거권을 가진다. 주민투표법($^{제5조\ 제1}_{항\ 제2호}$)과 '주민소환에 관한 법률'($^{제3조\ 제1}_{항\ 제2호}$)에서도 일정한 요건을 갖춘 외국인에게 각각 주민투표권과 주민소환투표권을 인정한다.

선거권 인정에 관한 소극적 요건으로서, 금치산선고를 받은 자(개정된 민법의 피성년후견인)($^{제18조\ 제1항}_{제1호}$), 1년 이상의 징역 또는 금고의 형의 선고를 받고 그 집행이 종료되지 아니하거나 그 집행을 받지 아니하기로 확정되지 아니한 사람(다만, 그 형의 집행유예를 선고받고 유예기간 중에 있는 사람은 제외)($^{제2}_{호}$), 선거범죄자($^{제3}_{호}$), 법원의 판결 또는 다른 법률에 의하여 선거권이 정지 또는 상실된 자($^{제}_{호}$4) 등을 규제한다. 헌법재판소는 구 공직선거법의 선거권 요건 가운데 "금고 이상의 형의 선고를 받고 그 집행유예기간 중인 자" 부분은 위헌결정을, "유기징역 또는 유기금고의 선고를 받고 그 집행이 종료되지 아니한 자"에 관한 부분은 헌법불합치결정을 선고한 바 있다($^{헌재\ 2014.1.28.\ 2012헌마409등,\ 공직선거법\ 제18조}_{제1항\ 제2호\ 위헌확인\ 등(위헌,헌법불합치,잠정적용)}$). 이에 따라 해당 조항은 "'1년 이상' 유기징역 또는 유기금고"로 개정되었고, 이에 대하여 헌법재판소는 합헌결정을 내렸다($^{헌재\ 2017.5.25.\ 2016헌마292등,\ 공직선거법}_{제18조\ 제1항\ 제2호\ 등\ 위헌확인(기각)}$).

### (3) 피선거권자(후보자)

공직선거에 입후보할 수 있는 피선거권자는 대한민국의 국민이다. 피선거권 연령은 대통령선거는 40세 이상이고, 그 밖에 국회의원선거와 지방자치선거 등 공직선거법의 적용을 받는 선거의 피선거권 연령은 18세 이상이다. 다만, 지방자치법에서는 단체장의 계속 재임을 3기로 제한한다($^{헌재\ 2006.2.23.\ 2005헌마403,\ 지방}_{자치법\ 제87조\ 제1항\ 위헌확인(기각)}$).

### 4. 선거구와 의원정수

### (1) 선거구

"대통령 및 비례대표국회의원은 전국을 단위로 하여 선거한다"($^{제20조}_{제1항}$). "비례대표시·도의원은 당해 시·도를 단위로 선거하며, 비례대표자치구·시·군의원은 당해 자치구·시·군을 단위로 선거한다"($^{제2}_{항}$). "지역구국회의원, 지역구지방의회의원($^{지역구시·도의원\ 및\ 지역구}_{자치구·시·군의원을\ 말한다}$)은 당해 의원의 선거구를 단위로 하여 선거한다"($^{제3}_{항}$).

"지방자치단체의 장은 당해 지방자치단체의 관할구역을 단위로 하여 선거한다"($_{항}^{제4}$).

(2) 의원정수

A. 국회의 의원정수

"국회의 의원정수議員定數는 지역구국회의원 254명과 비례대표국회의원 46명을 합하여 300명으로 한다"($_{제1항}^{제21조}$). "하나의 국회의원지역선거구에서 선출할 국회의원의 정수는 1인으로 한다"($_{항}^{제2}$). 이에 따라 제22대 국회는 254명의 지역구국회의원과 46명의 비례대표국회의원으로 구성된다.

B. 광역의회(시·도의회)의 의원정수($_{조}^{제22}$)

"시·도별 지역구시·도의원의 총 정수는 그 관할구역 안의 자치구·시·군 수의 2배수로 하되, 인구·행정구역·지세·교통, 그 밖의 조건을 고려하여 100 분의 14의 범위에서 조정할 수 있다. 다만, 인구가 5만명 미만인 자치구·시·군의 지역구시·도의원정수는 최소 1명으로 하고, 인구가 5만명 이상인 자치구·시·군의 지역구시·도의원정수는 최소 2명으로 한다"($_{항}^{제1}$)(시와 군을 통합하여 도농복합형태의 시로 한 경우에는 특별히 배려한다($_{항}^{제2}$)).

C. 기초의회(자치구·시·군의회)의 의원정수($_{조}^{제23}$)

기초의회의원의 경우에 지역선거구에서 2인 이상 4인 이하의 기초의원을 선출하도록 하여, 종전의 소선거구제가 중선거구제로 변경되었다($_{제2항}^{제26조}$).

"자치구·시·군의회의 최소정수는 7인으로 한다"($_{제2항}^{제23조}$). "비례대표자치구·시·군의원정수는 자치구·시·군의원 정수의 100분의 10으로 한다"($_{항}^{제3}$).

D. 문제점과 대안

현행 선거제도는 국회의원뿐 아니라 광역의원·기초의원 선거에서 모두 상대적 다수대표제에 비례대표제를 가미한다. 지방자치의 본질이 지방주민의 의사를 기초단위에서부터 수렴하는 데 있으므로, 선거제도 또한 국회의원선거와는 구별되어야 한다. 기초의회의원은 지역주민과 친밀한 인사이어야 하므로, 매우 세분된 동·읍·면 단위의 대표자 선출이 필요하기 때문에, 소선거구 상대적 다수대표제가 바람직하다. 그런 점에서 현행 중선거구제는 바람직하지 아니하다. 반면에, 광역의회의원선거는 대선거구 정당명부식 비례대표제가 바람직하다.

(3) 선거구획정위원회

"국회의원지역구의 공정한 획정을 위하여 임기만료에 따른 국회의원선거의 선거일 전 18개월부터 해당 국회의원선거에 적용되는 국회의원지역구의 명칭과 그 구역이 확정되어 효력을 발생하는 날까지 국회의원선거구획정위원회를 설치·운영한다"($^{제24조의}_{제1항}$). 한편, "자치구·시·군의원지역선거구의 공정한 획정을 위하여 시·도에 자치구·시·군의원선거구획정위원회를 둔다"($^{제24조의}_{3\ 제1항}$).

### (4) 선거구획정

#### A. 지역구국회의원선거구 획정

(a) 의 의　　"국회의원지역구는 시·도의 관할구역 안에서 인구·행정구역·지리적 여건·교통·생활문화권 등을 고려하여" 획정한다($^{제25조}_{제1항}$).

(b) 선거구 간 인구편차의 합리적 기준

선거구 간 인구편차가 없을 수는 없다. 하지만, 일정한 범위를 넘어서면, 투표가치의 등가성을 위배하게 되므로 평등원리에 위반된다.

헌법재판소는 지역구국회의원선거구 획정 시 인구편차 기준을 1995년 4:1 ($^{헌재\ 1995.12.27.\ 95헌마224등,\ 공직선거법\ [별표\ 1]}_{「국회의원지역선거구구역표」\ 위헌확인(위헌,기각)}$), 2001년 3:1 ($^{헌재\ 2001.10.25.\ 2000헌마92등,\ 공직선거법\ [별표1]\ 국회}_{의원지역선거구구역표\ 위헌확인(헌법불합치,잠정적용)}$)을 거쳐 2014년에는 2:1로 변경하였다($^{헌재\ 2014.10.30.\ 2012헌마190등,\ 공직선거법\ 제25조}_{제2항\ 별표1\ 위헌확인\ 등(각하,헌법불합치,잠정적용)}$). 헌법재판소는 2001년 결정에서 제시한 국회의원의 지역대표성이나 도농(都農) 사이의 인구격차, 불균형한 개발 등이 더 이상 인구편차 상하 33⅓%, 인구비례 2:1의 기준을 넘어 인구편차를 완화할 수 있는 사유가 되지 아니한다고 판시하였다. 그러나 한국의 제도와 현실, 즉 단원제, 급격한 도시화, 한국인 특유의 귀소의식歸巢意識 등에 비추어 보건대 2:1 기준이 바람직한지 의문이다. 특히 2:1로 획정하는 과정에서 무리하게 행정구역을 분할하여, 선거구획정의 본질이 흐트러지기도 한다.

(c) 선거구 획정의 지리적 기준(인구비례 이외의 기준)　　선거구의 획정은 사회적·지리적·역사적·경제적·행정적 연관성 및 생활권 등을 고려하여, 불가피한 사정이 없는 한, 인접지역이 1개의 선거구를 구성하도록 하여야 한다.

#### B. 지방의회의원선거구의 획정

(a) 지방의회의원 선거구획정의 특수성　　시·도의회의원지역선거구는 인구·행정구역·지세·교통 그 밖의 조건을 고려하여, 자치구·시·군을 구역으로 하거나 분할하여 이를 획정하되, 하나의 시·도의원지역구에서 선출할 지역구 시·도의원정수는 1명으로 한다($^{제26조}_{제1항}$).

"자치구·시·군의원지역구는 인구·행정구역·지세·교통 그 밖의 조건을 고려하여 획정하되, 하나의 자치구·시·군의원지역구에서 선출할 지역구자치구·시·군의원정수는 2인 이상 4인 이하로 하며, 그 자치구·시·군의원지역구의 명칭·구역 및 의원정수는 시·도조례로 정한다"($^{제2}_{항}$). "제1항 또는 제2항의 규정에 따라 시·도의원지역구 또는 자치구·시·군의원지역구를 획정하는 경우 하나의 읍·면·동의 일부를 분할하여 다른 시·도의원지역구 또는 자치구·시·군의원지역구에 속하게 하지 못한다"(제3항). "자치구·시·군의원지역구는 하나의 시·도의원지역구 내에서 획정하여야 한다"(제4항). 헌법재판소의 지방의회의원 선거구 인구편차 허용기준 변경에 따른 헌법불합치 상황을 해소하고 지방소멸을 방지하기 위하여 지역구 시·도의회의원정수와 그 선거구 및 시·도별 자치구·시·군의회의원 총정수를 합리적으로 조정하고, 4인 이상 선출 선거구를 분할할 수 있도록 하는 규정을 삭제하고, 기초의원 중대선거구제 확대도입의 효과검증을 위하여 국회의원선거구 기준 전국 11개 선거구 내 기초의원 선거구당 선출인원을 제8회 전국동시지방선거에 한정하여 3인 이상 5인 이하로 확대하였다(제4항 및 부칙 제17조).

(b) 지역구 지방의회의원 선거구획정    헌법재판소는 지방의회의원지역선거구 인구편차 4 : 1 판례(헌재 2009.3.26. 2006헌마67, 경상북도 시·군의회의원 선거구와 선거구별 의원정수에 관한 조례 [별표] 위헌확인(헌법불합치,기각))를 변경하여 3:1, 즉 상하 50%의 인구편차를 제시한다(헌재 2018.6.28. 2014헌마189, 공직선거법 제26조 제1항에 의한 [별표 2] 위헌확인(기각); 동지: 헌재 2018.6.28. 2014헌마166). 광역의회 및 기초의회 지역선거구 사이의 인구편차 허용기준은, 투표가치의 평등으로서 가장 중요한 요소인 인구비례의 원칙, 우리나라의 특수사정으로서 지방의회의원의 지역대표성, 인구의 도시집중으로 인한 도시와 농어촌 사이의 극심한 인구편차 등 3개의 요소를 참작하여 결정되어야 한다.

(5) 전국선거구 비례대표 국회의원 선거제도의 개혁

A. 2004년 이전 전국선거구 비례대표국회의원선거제도의 문제점

헌법재판소는 2001년 7월 19일(헌재 2001.7.19. 2000헌마91, 공직선거법 제146조 제2항 위헌확인(한정위헌)) 구 공직선거법 제146조 제2항 중 "1인 1표로 한다" 부분은 "국회의원선거에 있어 지역구국회의원선거와 병행하여 정당명부식 비례대표제를 실시하면서도 별도의 정당투표를 허용하지 않는 범위에서 헌법에 위반된다"라고 한정위헌결정限定違憲決定을 내렸다. 즉, 지역구선거에서 드러난 유권자의 의사를 정당에 대한 지지의사로 의제擬制한 비례대표의석의 배분은 민주주의원리, 직접선거의 원칙 및 평등선거의 원칙에 위반되고, 결과적으로 유권자들의 선거와 관련된 기본권을 침해한다고 판시하였다.

B. 현행 전국선거구 비례대표국회의원선거제도

(i) 현행 비례대표국회의원정수는 46인이다. 추천정당이 그 순위를 정한 비례대표국회의원후보자명부를 함께 제출하여야 한다(공직선거법 제49조 제2항 후문).

(ii) "중앙선거관리위원회는 비례대표국회의원선거에서 유효투표총수의 100분의 3 이상을 득표하였거나 지역구국회의원총선거에서 5석 이상의 의석을 차지한 각 정

당(의석할당정당)에 대하여 당해 의석할당정당이 비례대표국회의원선거에서 얻은 득표비율에 따라 비례대표국회의원의석을 배분한다"(저지규정)($\frac{\text{제}189}{\text{조}}$). 제21대 국회의원총선거 직전에 개정된 공직선거법은 헌정사에서 처음으로 **준연동형 비례대표제(연동률 50%)**를 도입하였다. 그러나 제22대 국회에서는 비례대표 46명 전원을 **준연동형 비례대표제**로 선출하였다. 이에 따라 거대 양당은 소위 '위성정당'을 급조하였다.

준연동형 배분방식은 다음과 같다. 전체 300석 국회의원 정수에서 무소속·봉쇄조항(유효투표 3% 또는 지역구 5석) 미달 정당의 지역구 당선자 수를 제외한다. 여기에 비례 의석 할당 비율을 곱하고, 여기서 지역구 당선자 수를 뺀다. 이후 연동률 50%를 적용하기 위하여 수치를 절반으로 나누면 한 정당에 돌아갈 연동 배분 의석수가 나온다. 결과가 마이너스 값이 나오는 정당은 이미 지역구 당선자만으로 비례대표 득표율에 걸맞은 원내 의석수를 충분히 확보하였다고 보고, 비례 의석을 보전해주지 아니한다. 반면에, 지역구 당선자만으로는 정당 지지율에 걸맞은 원내 의석 비율이 나오지 아니한 정당에게 비례 의석으로 보완하여준다. 마지막으로 준연동형 비례대표제를 적용한 후 잔여 의석이 발생하면 이를 기존 병립형 방식으로 배분한다($\frac{\text{제}189}{\text{조}}$).

C. 전국선거구 국회의원선거제도의 개혁방향

권역별비례대표제의 도입이 바람직하지만, 이 경우 비례대표의원정수가 지역구국회의원정수의 2분의 1 정도로 늘려야 한다. 하지만, 현실적으로 비례대표의원 숫자를 상향 조정할 경우에, 지역구국회의원 지역의 광역화로 지역구국회의원 제도의 본래의 의미를 상실할 우려가 있다. 이에 따라 현행 소선거구 상대적 다수대표제에 대한 근본적인 재검토가 필요하다.

5. 선거기간과 선거일

(1) 선거기간

선거운동의 과열을 방지하기 위하여 선거기간을 법정하고 있다. 대통령선거의 경우 후보자등록마감일의 다음날부터 선거일까지, 국회의원선거와 지방자치단체의 의회의원 및 장의 선거의 경우 후보자등록마감일 후 6일부터 선거일까지이다($\frac{\text{제}33\text{조}}{\text{제}3\text{항}}$). 선거별 선거기간은 1. 대통령선거는 23일, 2. 국회의원선거와 지방자치단체의 의회의원 및 장의 선거는 14일이다($\frac{\text{제}33\text{조}}{\text{제}1\text{항}}$).

(2) 임기만료에 의한 선거일

선거일을 법정화(선거일 법정주의)하여 국민들이 언제 선거가 실시되는지를 충분히 예측할 수 있도록 규정한다. 1. 대통령선서는 그 임기만료일 전 70일 이후 첫 번째 수요일, 2. 국회의원선거는 그 임기만료일 전 50일 이후 첫 번째 수요일, 3. 지방의회의원 및 지방자치단체의 장의 선거는 그 임기만료일 전 30일 이후 첫 번째 수요일로 한다($^{제34조}_{제1항}$).

### (3) 보궐선거 등의 선거일

( i ) "대통령의 궐위로 인한 선거 또는 재선거는 그 선거의 실시사유가 확정된 때부터 60일 이내에 실시하되, 선거일은 늦어도 선거일 전 50일까지 대통령 또는 대통령권한대행자가 공고하여야 한다"(선거일 공고주의)($^{제35조}_{제1항}$).

( ii ) "보궐선거·재선거·증원선거와 지방자치단체의 설치·폐지·분할 또는 합병에 의한 지방자치단체의 장 선거는 다음 각호에 의한다"($^{제2}_{항}$).

1. 국회의원·지방의회의원의 보궐선거·재선거, 지방의회의원의 증원선거는 매년 1회 4월 첫 번째 수요일에 실시하고, 지방자치단체의 장의 보궐선거·재선거는 매년 2회 4월 첫 번째 수요일과 10월 첫 번째 수요일에 실시한다. 2. 지방자치단체의 설치·폐지·분할 또는 합병에 따른 지방자치단체의 장 선거는 그 선거의 실시사유가 확정된 때부터 60일 이내의 기간 중 관할선거구선거관리위원회 위원장이 해당 지방자치단체의 장(직무대행자를 포함한다)과 협의하여 정하는 날.

## 6. 선거인명부

선거인명부는 수시隨時작성주의를 채택한다($^{제37}_{조}$). 거소투표신고인명부와 선상투표신고인명부는 각각 따로 작성하여야 한다($^{제38조}_{제5항}$).

## 7. 후 보 자

### (1) 후보자추천

A. 정당의 후보자추천($^{제47}_{조}$)

"정당이 비례대표국회의원선거 및 비례대표지방의회의원선거에 후보자를 추천하는 때에는 그 후보자 중 100분의 50 이상을 여성으로 추천하되, 그 후보자명부의 순위의 매 홀수에는 여성을 추천하여야 한다"($^{제3}_{항}$). 이를 위반한 때에는 등록신청을 할 수 없고, 등록 후에도 등록을 무효로 한다($^{제49조 제8항, 제52}_{조 제1항 제2호}$).

B. 구 공직선거법에 기초의회의원선거에서 정당표방금지의 위헌성

모든 국가적 차원의 공직선거에서 정당공천제를 시행함에도 불구하고, 기초의회의원선거에서만 정당표방을 금지한 구 공직선거법에 대하여 헌법재판소는 합헌결정($^{헌재 1999.11.25. 99헌바28, 공직}_{선거법 제84조 위헌소원(합헌)}$)을 내린 바 있으나, 이후 판례를 변경하여 위헌으로 판시한다($^{헌재 2003.1.30. 2001헌가4, 공직선거법 제47조}_{제1항 중 앞괄호부분 등 위헌제청(위헌, 각하)}$). 풀뿌리민주주의의 정착을 위하여 정당제

도가 기초지역에서부터 활성화되어야 한다. 그런 점에서 지구당제도를 폐지하고 시·도당제도를 채택하는 현행 정당법도 개정되어야 한다.

### C. 정당의 후보자추천을 위한 당내경선($^{제6장}_{의2}$)

정당내부에서 당내경선의 실시 여부에 관하여 공직선거법은 각 당의 재량에 맡기지만($^{제57조의}_{2\ 제1항}$), 일단 당내경선에 따라 경선후보자가 된 이후에는, 경선에 불복하여 후보자로 등록할 수 없다($^{제2}_{항}$). 하지만, 당내경선에 참여하지 아니한 당원은 얼마든지 탈당하여 후보가 될 수 있다. 이에 탈당을 통한 불복금지도 논의된다.

### D. 예비후보자등록과 선거운동

예비후보자제도는 선거를 앞두고 후보자의 투명성과 선거운동기회의 균등을 목적으로 도입되었다. 비록 선거운동의 기간이 법정되어 있지만, 예비후보자 등에게 폭넓게 실질적인 선거운동을 허용한다. 예비후보자로 등록한 자는 선거운동기간 전에도 선거준비사무소의 설치, 명함교부(병원·종교시설·극장 밖에서는 허용), 인쇄물의 우송, 어깨띠 또는 예비후보자임을 나타내는 표지물을 착용하거나 소지하여 내보이는 행위 등의 방법으로 선거운동을 할 수 있다($^{제60조}_{의3}$). 그러나 전화를 이용하여 송·수화자 간 직접 통화하는 방식으로 지지를 호소하는 행위는 삭제되었다.

예비후보자가 되고자 하는 자는 대통령선거는 선거일 전 240일, 지역구국회의원선거 및 시·도지사선거는 선거일 전 120일, 지역구시·도의회의원선거, 자치구·시의 지역구의회의원 및 장의 선거는 선거기간개시일 전 90일, 군의 지역의회의원 및 장의 선거는 선거기간개시일 전 60일에 예비후보자등록을 서면으로 신청하여야 한다($^{제60조}_{의2}$). 예비후보자의 난립을 방지하기 위하여 예비후보자등록을 신청하는 사람은, 해당 선거 기탁금의 100분의 20에 해당하는 금액을, 관할선거구선거관리위원회에 기탁금으로 납부하여야 한다($^{제60조의2}_{제2항}$).

### (2) 공무원 등의 입후보와 공직사퇴($^{제53}_{조}$)

( i ) 대통령선거와 국회의원선거에서 국회의원이 그 직을 가지고 입후보하는 경우 및 지방의회의원선거와 지방자치단체의 장의 선거에서 해당 지방자치단체의 의회의원이나 장이 그 직을 가지고 입후보하는 경우에는 공직을 사퇴할 필요가 없다. 그러나 "1. 비례대표국회의원선거나 비례대표지방의회의원선거, 2. 보궐선거등, 3. 국회의원이 지방자치단체의 장의 선거, 4. 지방의회의원이 다른 지방자치단체의 의회의원이나 장의 선거"에 입후보하는 경우에는 선거일 전 30일까지 그 직을 그만두어야 한다($^{제2}_{항}$). "비례대표국회의원이 지역구국회의원 보궐선거등에

입후보하는 경우 및 비례대표지방의회의원이 해당 지방자치단체의 지역구지방의회의원 보궐선거등에 입후보하는 경우에는 **후보자등록신청 전까지** 그 직을 그만두어야 한다"(제3항).

(ii) 그 외에도 공무원·공기업임원·언론인 등이 후보자가 되고자 할 때에는 선거일 전 90일까지 그 직을 그만두어야 한다(제1항).

(iii) 한편, "지방자치단체의 장은 선거구역이 당해 지방자치단체의 관할구역과 같거나 겹치는 지역구국회의원선거에 입후보하고자 하는 때에는 당해 선거의 선거일 전 120일까지 그 직을 그만두어야 한다. 다만, 그 지방자치단체의 장이 임기가 만료된 후에 그 임기만료일부터 90일 후에 실시되는 지역구국회의원선거에 입후보하려는 경우에는 그러하지 아니하다"(제5항)(헌재 2006.7.27. 2003헌마758등, 공직선거법 제53조 제3항 위헌확인(합헌)).

(3) 후보자등록과 기탁금

A. 후보자등록(제49조)

"후보자의 등록은 대통령선거에서는 선거일 전 24일, 국회의원선거와 지방자치단체의 의회의원 및 장의 선거에서는 선거일 전 20일(후보자등록신청개시일)부터 2일간(후보자등록기간) 관할선거구선거관리위원회에 서면으로 신청하여야 한다"(제1항). "비례대표국회의원후보자와 비례대표지방의회의원후보자의 등록은 추천정당이 그 순위를 정한 후보자명부를 함께 첨부하여야 한다"(제2항).

B. 대통령선거에 있어서 예외적인 추가등록(제51조)

"대통령선거에 있어서 정당추천후보자가 후보자등록기간중 또는 후보자등록기간이 지난 후에 사망한 때에는 **후보자등록마감일 후 5일까지** 제47조(정당의 후보자추천) 및 제49조(후보자등록 등)의 규정에 의하여 후보자등록을 신청할 수 있다"(제51조). 그러나 유력 대통령선거 후보자가 선거기간 중 사망 등의 유고가 있을 경우에는 선거 연기 등의 입법적 보완이 필요하다(제2편 제3장 제2항 Ⅱ. 2. 참조).

C. 후보자등록의 무효(제52조)

후보자등록 후 피선거권이 없거나 비례대표 순위, 지역구 지방의회의원선거에서의 여성할당제 등을 어긴 경우에는 등록을 무효로 한다.

D. 기탁금과 선거결과에 따른 반환(제56조·제57조)

(a) 법적 성격    기탁금제도는 무분별한 후보난립을 방지하기 위한 제재금 예납의 의미와 함께, 공직선거법 위반행위에 대한 과태료 및 불법시설물 등에 대한 대집행비용과, 부분적으로 선전벽보 및 선거공보의 작성비용에 대한 예납의 의미도 아울러 가진다.

(b) 기탁금의 헌법적 한계   기탁금의 책정 그 자체는 합헌이라 할지라도 그 액수는 공영선거의 원리를 저해하지 아니하는 범위 안에서 책정되어야 한다. 특히 국민의 피선거권을 사실상 제한하는 고액이어서는 아니 된다.

(c) 공직선거법에서 기탁금 책정과 반환   정당공천 후보자와 무소속 후보자 사이에 기탁금의 차등은 헌법재판소의 헌법불합치결정으로 동일하게 책정되었다(헌재 1989.9.8. 88헌가6, 국회의원선거법 제33조 등 위헌심판(헌법불합치,잠정적용)). 또한 지나친 기탁금 액수에 대하여도 헌법재판소가 위헌결정을 내렸다(헌재 2001.7.19. 2000헌마91등, 공직선거및선거부정방지법 제146조 제2항 위헌확인 등(위헌,한정위헌)). 이에 따라 대통령선거는 3억원, 국회의원선거는 1,500만원으로 하향조정되었다. 한편, 비례대표국회의원후보자에 대한 기탁금을 지역구국회의원후보자와 동일하게 책정한 조항은 법익의 균형성 원칙에 위반된다(헌재 2016.12.29. 2015헌마509등, 공직선거법 제56조 제1항 제2호 등 위헌확인(헌법불합치,적용중지,기각))는 헌법재판소의 결정에 따라 500만원으로 하향 조정되었다(다만, 장애인과 29세 이하는 50%, 30세 이상 39세 이하는 70%). 기탁금에서 부담하는 비용을 뺀 나머지 금액은 선거일 후 30일 이내에 기탁자에게 반환한다. 유효투표총수의 100분의 15 이상을 득표한 경우에는 전액을 반환하고, 100분의 15 미만 100분의 10 이상이면 50%를 반환한다(제57조 제1항).

## 8. 선거운동과 선거비용

공직선거법 제7장은 선거운동(제58조-제118조), 제8장은 선거비용(제119조-제135조의2)을 규정한다. 공직선거법은 원칙적으로 선거운동의 자유를 인정한다. 하지만, 개별적이고 구체적으로 제한하거나 금지하는 방식을 채택한다.

### (1) 선거운동
#### A. 선거운동의 자유

(ⅰ) 선거운동의 자유는 선거의 공정이라는 가치와의 균형이 요구된다. 공직선거법에서 금지되어 있지 아니하는 한, 선거운동은 누구나 자유롭게 할 수 있다(제58조 제2항). "선거운동이라 함은 당선되거나 당선되게 하거나 되지 못하게 하기 위한 행위를 말한다." 그런데, 공직선거법은 지나치게 선거부정방지에 초점을 두기 때문에, 선거운동의 자유보다는 오히려 선거운동규제법으로 작동한다. 외국의 입법례와 같이 선거운동의 자유를 강화하고, 선거운동 규제를 대폭 완화하여야 한다.

(ⅱ) 공직선거법에서는 "1. 선거에 관한 단순한 의견개진 및 의사표시, 2. 입후보와 선거운동을 위한 준비행위, 3 정당의 후보자추천에 관한 단순한 지지·반대의 의견개진 및 의사표시, 4 통상적인 정당활동, 6. 설날·추석 등 명절 및 석가탄신일·기독탄신일 등에 하는 의례적인 인사말을 문자메시지(그림말·음성·화상·

동영상 등을 포함)로 전송하는 행위"는 선거운동이 아니라고 규정한다($^{제58조}_{제1항}$).

(ⅲ) 그러나 낙천·낙선운동은 공직선거법 위반이며 이를 규제하는 공직선거법은 합헌이다($^{헌재 2001.8.30. 2000헌마121등, 공직}_{선거법 제58조 등 위헌확인(기각)}$).

### B. 선거운동의 기간

사전선거운동과 선거일의 선거운동은 금지된다. 즉, 선거운동은 원칙적으로 선거기간개시일부터 선거일 전일까지 한하여 이를 할 수 있다($^{제59}_{조}$). 다만, 선거개시 전에도 예비후보자가 규정에 따라 선거운동을 하거나, 후보자나 예비후보자가 예비후보자를 포함하여 문자메시지, 자동自動 동보통신同報通信, 인터넷, 전화 등의 선거운동을 할 수 있다. 특히 인터넷·전자우편·문자메시지(음성·화상·동영상)를 활용한 선거운동은 선거일에도 가능하다. 투표장에서 '인증샷'을 찍어 SNS에 올릴 수도 있다.

선거운동기간을 제한하고 이를 위반한 사전선거운동을 형사처벌하는 구 공직선거법 제59조 중 선거운동기간 전에 개별적으로 대면하여 말로 하는 선거운동에 관한 부분, 공직선거법 제254조 제2항 중 '그 밖의 방법'에 관한 부분 가운데 개별적으로 대면하여 말로 하는 선거운동을 한 자에 관한 부분이 헌법에 위반된다(7:2)($^{헌재 2022.2.24. 2018헌바146, 공직선}_{거법 제59조 본문 등 위헌소원(위헌)}$). 2020년법 제59조 단서 제4호의 신설과 이번 위헌결정에 따라 개별적으로 대면하여 말로 지지를 호소하는 방법의 선거운동에 대한 선거운동기간 제한과 처벌에 대한 효력은 종전의 합헌결정($^{헌재 2016.6.30. 2014헌바253, 공직선거}_{법 제254조 제2항 등 위헌소원(합헌)}$)이 있었던 날의 다음 날인 2016.7.1.로 소급하여 효력을 상실하게 되었다(다만, 인쇄물배부금지조항은 6:3).

### C. 선거운동을 할 수 없는 자

선거운동을 할 수 없는 자는 공직선거법 제60조에서 상세히 규정한다. 다만, 예비후보자·후보자의 배우자이거나 후보자의 직계존비속인 경우에는 예외적으로 일정한 조건에 따라 선거운동을 허용한다.

### D. 선거운동기구의 설치($^{제61}_{조}$)와 정당선거사무소의 설치($^{제61조}_{의2}$)

"선거운동 및 그 밖의 선거에 관한 사무를 처리하기 위하여 정당 또는 후보자는 선거사무소와 선거연락소를, 예비후보자는 선거사무소를, 정당은 중앙당 및 시·도당의 사무소에 선거대책기구 각 1개씩을 설치할 수 있다"($^{제61}_{조}$).

### E. 선거벽보($^{제64}_{조}$), 선거공보($^{제65}_{조}$)의 작성

책자형 선거공보에는 재산상황, 병역사항, 최근 5년간 납세사항, 전과기록, 직업·학력·경력 등 인적사항을 후보자정보공개자료로 게재하여야 한다.

## F. 다양화된 선거운동방법

(ⅰ) 현수막(제67조), 어깨띠(제68조), 신문광고(제69조), 방송광고(제70조), 후보자 등의 방송연설(제71조), 방송시설주관 후보자연설의 방송(제72조), 경력방송(제73조), 방송시설주관 경력방송(제74조), 공개장소에서의 연설·대담(제79조), 단체의 후보자등 초청 대담·토론회(제81조), 언론기관의 후보자등 초청 대담·토론회(제82조), 선거방송토론위원회 주관 대담·토론회(제82조의2), 선거방송토론위원회 주관 정책토론회(제82조의3), 정보통신망을 이용한 선거운동(제82조의4), 인터넷광고(제82조의7) 등을 통하여 선거운동을 할 수 있다. 특히 딥페이크(Deep Fake)를 활용한 선거운동을 선거일 90일 전부터 전면금지한다(제82조의8).

(ⅱ) 하지만, 정보통신을 이용한 선거운동의 폐해를 시정하기 위하여 선거운동정보의 전송제한(제82조의5)과 더불어 인터넷언론사 게시판·대화방 등의 실명확인(제82조의6) 제도를 도입한다(헌재 2015.7.30. 2012헌마734등, 공직선거법 제82조의6 제1항 등 위헌확인 등(기각,합헌)). 다만, 인터넷언론사가 선거운동기간 중 당해 홈페이지 게시판 등에 정당·후보자에 대한 지지·반대 등의 정보를 게시하는 경우 실명을 확인받는 기술적 조치를 하도록 정한 공직선거법 조항 중 "인터넷언론사" 및 "지지·반대" 부분은 명확성원칙에 위배된다(헌재 2021.1.28. 2018헌마456등, 공직선거법 제82조의6 제1항 등 위헌확인(위헌)).

## G. 제한 또는 금지되는 선거운동의 유형

(ⅰ) 공직자 등의 선거운동을 엄격히 금지한다. 즉 공무원 등의 선거관여금지 및 그 지위를 이용한 선거운동금지(제85조), 공무원 등의 선거에 영향을 미치는 행위금지(제86조), 단체의 선거운동금지(제87조), 타 후보자를 위한 선거운동금지(제88조)를 규정한다.

공직선거법에서 제한 또는 금지되는 행위의 유형과 방법은 다음과 같다. 유사기관의 설치금지(제88조), 시설물설치 등의 금지(제90조), 확성장치와 자동차 등의 사용제한(제91조), 영화 등을 이용한 선거운동금지(제92조), 탈법방법에 의한 문서·도화의 배부·게시 등 금지(제93조), 방송·신문 등에 의한 광고의 금지(제94조), 신문·잡지 등의 통상방법 외의 배부금지(제95조), 허위논평·보도 등 금지(제96조), 방송·신문의 불법이용을 위한 행위 등의 제한(제97조), 선거운동을 위한 방송이용의 제한(제98조), 구내방송 등에 의한 선거운동금지(제99조), 녹음기 등의 사용금지(제100조), 타연설회 등의 금지(제101조), 야간연설 등의 제한(제102조), 각종집회 등의 제한(제103조), 연설회장에서의 소란행위 등의 금지(제104조), 행렬 등의 금지(제105조), 호별방문의 제한(제106조), 서명·날인운동의 금지(제107조), 여론조사의 결과공표금지 등(제108조), 선거여론조사를 위한 휴대전화 가상번호의 제공(제108조의2), 정책·공약에 관한 비교평가결과의 공표제한 등($\substack{제108 \\ 조의3}$), 서신·전보 등에 의한 선거운동의 금지($\substack{제109 \\ 조}$), 후보자 등의 비방금지($\substack{제110 \\ 조}$), 허위사실 등에 대한 이의제기($\substack{제110 \\ 조의2}$)

선거운동기간 중 어깨띠 등 표시물을 사용한 선거운동을 할 수 없도록 하는 것은 과도하게 정치적 표현의 자유를 침해한다(헌재 2022.7.21. 2017헌가4, 공직선거법 제255조 제1항 제5호 위헌제청(헌법불합치,잠정적용)).

일정 기간 동안 선거에 영향을 미치게 하기 위한 광고물 설치·진열·게시, 표시물 착용을 할 수 없도록 한 것은 선거에서의 기회 균등 및 선거의 공정성에 구체적인 해악을 발생시키는 것이 명백하다고 볼 수 없는 정치적 표현까지 금지하는 것으로서 과도하게 정치적 표현의 자유를 침해한다(헌재 2022.7.21. 2017헌가1등, 공직선거법 제256조 제3항 제1호 아목 등 위헌제청(헌법불합치,잠정적용)). 이는 헌재 2001.12. 20. 2000헌바96등 및 헌재 2015.4.30. 2011헌바163 결정을 변경한 것이다.

공직선거법 ① 제90조 제1항 제1호 중 '현수막, 그 밖의 광고물 설치·게시'에 관한 부분(헌재 2022.11.24. 2021헌바301, 공직선거법 제58조 제1항 본문 등 위헌소원(헌법불합치,잠정적용,합헌)), 제2호 중 '그 밖의 표시물 착용'에 관한 부분 및 처벌조항, 제93조 제1항 중 '벽보 게시, 인쇄물 배부·게시'에 관한 부분과 '광고, 문서·도화 첩부·게시'에 관한 부분 및 그 처벌조항(헌재 2022.7.21. 2018헌바357등, 공직선거법 제90조 제1항 제1호 등 위헌소원(위헌, 헌법불합치,잠정적용,합헌)) (6:3), 제1항 본문 중 인쇄물 살포 금지(헌재 2023.3.23. 2023헌가4, 공직선거법 제93조 제1항 본문 등 위헌제청(헌법불합치,잠정적용)), 제1항 제1호 중 화환 설치 금지(헌재 2023.6.29. 2023헌가12, 공직선거법 제90조 제1항 제1호 등 위헌제청(헌법불합치,잠정적용)) 조항은 모두 헌법에 합치되지 아니한다. ② 공개장소에서 연설·대담장소 또는 대담·토론회장에서 연설·대담·토론용으로 사용하는 경우를 제외하고는 선거운동을 위한 확성장치 사용 금지 조항은 헌법에 위반되지 아니한다(헌재 2022.7.21. 2017헌바100등, 공직선거법 제255조 제2항 제4호 등 위헌소원(헌법불합치,잠정적용,합헌)).

선거일 전 180일부터 선거일까지 선거에 영향을 미치게 하기 위하여 일정한 내용의 문서 기타 이와 유사한 것을 배부하는 등의 행위를 금지하는 공직선거법에 따라 휴대전화 문자메시지의 전송 금지는 선거의 자유를 침해하지 아니한다(헌재 2009.5.28. 2007헌바24, 공직선거법 제93조 제1항 위헌소원(합헌)). 그런데 제59조의 개정에 따라 선거운동기간에는 문자메시지 전송이 가능하다.

하지만 '기타 이와 유사한 것' 부분에 '정보통신망을 이용하여 인터넷 홈페이지 또는 그 게시판·대화방 등에 글이나 동영상 등 정보를 게시하거나 전자우편을 전송하는 방법'('인터넷')이 포함된다고 해석한다면, 과잉금지원칙에 위배하여 정치적 표현의 자유 내지 선거운동의 자유를 침해하므로 한정위헌결정을 내렸다(7:2)(헌재 2011.12.29. 2007헌마1001등, 공직선거법 제93조 제1항 등 위헌확인(한정위헌)).

(ii) "누구든지 선거기간 중 선거에 영향을 미치게 하기 위하여 향우회·종친회·동창회·단합대회·야유회 또는 참가 인원이 25명을 초과하는 그 밖의 집회나 모임을 개최할 수 없다"($\substack{제103조 \\ 제3항}$).

선거기간 중 선거에 영향을 미치게 하기 위한 '향우회·종친회·동창회·단합대회 또는 야유회'가 아닌 '그 밖의 집회나 모임'의 개최까지 금지하는 것은 헌법에 위반된다(6:3)(판례변경)(헌재 2022.7.21. 2018헌바164, 공직선거법 제103조 제3항 위헌소원(위헌)).

(iii) "누구든지 선거기간 중 이 법에 규정되지 아니한 방법으로 선거권자에게

서신·전보·모사전송 그 밖에 전기통신의 방법을 이용하여 선거운동을 할 수 없다"($^{제109}_{조}$).

(iv) "국회의원 또는 지방의회의원은 보고회 등 집회, 보고서, 인터넷, 문자메시지, 송·수화자간 직접 통화방식의 전화 또는 축사·인사말을 통하여 의정활동을 선거구민에게 보고할 수 있다." 다만, 선거일 전 90일부터 선거일까지는 인터넷 등으로만 의정활동보고서를 게시 또는 전송할 수 있다($^{제111}_{조}$).

(v) 기부행위도 원칙적으로 금지된다. "'기부행위'라 함은 당해 선거구안에 있는 자나 기관·단체·시설 및 선거구민의 모임이나 행사 또는 당해 선거구의 밖에 있더라도 그 선거구민과 연고가 있는 자나 기관·단체·시설에 대하여 금전·물품 기타 재산상 이익의 제공, 이익제공의 의사표시 또는 그 제공을 약속하는 행위를 말한다"($^{제112조}_{제1항}$).

다만, 아래 행위는 기부행위로 보지 아니한다: "1. 통상적인 정당활동과 관련한 행위, 2. 의례적 행위, 3. 구호적·자선적 행위, 4. 직무상의 행위, 5. 제1호부터 제4호까지 외에 법령의 규정에 근거하여 금품 등을 찬조·출연 또는 제공하는 행위, 6. 그 밖에 위 각 호의 어느 하나에 준하는 행위로서 중앙선거관리위원회규칙으로 정하는 행위"($^{제112조}_{제2항}$).

그 밖에도 후보자 등의 기부행위제한($^{제113}_{조}$), 정당 및 후보자의 가족 등의 기부행위제한($^{제114}_{조}$), 제삼자의 기부행위제한($^{제115}_{조}$), 기부의 권유·요구 등의 금지($^{제116}_{조}$), 기부받는 행위 등의 금지($^{제117}_{조}$), 선거일 후 답례금지($^{제118}_{조}$) 등이 있다. 이러한 기부행위 제한규정을 위반하여 금품 등을 제공받은 사람에게는 그 제공받은 금액 또는 음식물·물품 가액의 10배 이상 50배 이하에 상당하는 금액의 과태료를 부과한다. 다만, 과태료의 상한은 3천만원으로 한다($^{제261조}_{제6항}$).

(vi) "누구든지 선거일 전 6일부터 선거일의 투표마감시각까지 선거에 관하여 정당에 대한 지지도나 당선인을 예상하게 하는 **여론조사**(모의투표나 인기투표에 의한 경우 포함)의 경위와 그 결과를 공표하거나 인용하여 보도할 수 없다"($^{제108조}_{제1항}$)(헌재 1999.1.28. 98헌바64, 공직선거법 제108조 제1항 등 위헌소원(합헌)).

한편, 방송사업자 등 법 제108조 제3항 각 호의 어느 하나에 해당하는 자를 제외하고는 누구든지 선거에 관한 여론조사($^{공표·보도를 목적으로 하지 아}_{니하는 여론조사를 포함한다}$)를 실시하려면 여론조사의 목적, 표본의 크기, 조사지역·일시·방법, 전체 설문내용 등을 여론조사 개시일 전 2일까지 관할 선거관리위원회에 서면으로 신고하여야 한다($^{제108조}_{제3항}$).

H. 선거와 관련 있는 정당활동의 규제($^{제9}_{장}$)

선거에 즈음하여서는 정당활동도 많이 규제된다($^{제137조-}_{제145조}$). 정강·정책의 신문광고, 방송연설 등이 제한되고 홍보물의 배부도 제한된다. 정책공약집의 배부도 제한되고, 정당기관지의 발행·배부도 제한된다. 창당대회 등의 개최와 고지도 제한된다. 또한 당원집회·정당의 당원모집·당사게시 선전물 등도 제한된다.

(2) 선거비용($^{제119}_{조}$)

(ⅰ) '선거비용'이란 당해 선거에서 선거운동을 위하여 소요되는 금전·물품 및 채무 그 밖에 모든 재산상의 가치가 있는 것으로서 당해 후보자(후보자가 되려는 사람을 포함하며, 대통령선거에 있어서 정당추천후보자와 비례대표국회의원선거 및 비례대표지방의회의원선거에 있어서는 그 추천정당을 포함한다)가 부담하는 비용을 말한다($^{제119조}_{제1항}$). 다만, 선거운동을 위한 준비행위에 소요되는 비용 등은 선거비용으로 인정되지 아니한다($^{제120}_{조}$). 또한 예비후보자의 선거비용 등은 보전하지 아니한다. 선거비용제한액의 산정 방법은 다음과 같다($^{제121}_{조}$).

1. 대통령선거: 인구수×950원
2. 지역구국회의원선거: 1억원+(인구수×200원)+(읍·면·동수×200만원). 둘 이상의 자치구·시·군으로 된 경우에는 하나를 초과할 때마다 1천5백만원을 가산한다.
3. 비례대표국회의원선거: 인구수×90원
4. 지역구시·도의원선거: 4천만원+(인구수×100원)
5. 비례대표시·도의원선거: 4천만원+(인구수×50원)
6. 시·도지사선거: 가. 특별시장·광역시장·특별자치시장 선거: 4억원(인구수 200만 미만인 때에는 2억원)+(인구수×300원), 나. 도지사 선거: 8억원(인구수 100만 미만인 때에는 3억원)+(인구수×250원)
7. 지역구자치구·시·군의원선거: 3천500만원+(인구수×100원)
8. 비례대표자치구·시·군의원선거: 3천5백만원+(인구수×50원)
9. 자치구·시·군의 장 선거: 9천만원+(인구수×200원)+(읍·면·동수×100만원)

(ⅱ) 선거비용의 보전은 다음과 같다($^{제122}_{조의2}$).

1. 대통령선거, 지역구국회의원선거, 지역구지방의회의원선거 및 지방자치단체의 장 선거: 가. 후보자가 당선되거나 사망한 경우 또는 후보자의 득표수가 **유효투표총수**의 100분의 15 이상인 경우-후보자가 지출한 선거비용의 전액 나. 후보자의 득표수가 **유효투표총수**의 100분의 10 이상 100분의 15 미만인 경우-후보자가 지출한 선거비용의 100분의 50에 해당하는 금액
2. 비례대표국회의원선거 및 비례대표지방의회의원선거: 후보자명부에 올라 있는 후보자중 당선인이 있는 경우에 당해 정당이 지출한 선거비용의 전액

### 9. 선거일과 투표

#### (1) 선거일과 선거방법

( i ) 투표는 원칙적으로 선거일에 한다. 하지만, 투표참여를 확대하기 위하여 **사전투표**($^{제158}_{조}$), **거소투표**($^{제158}_{조의2}$), **선상투표**($^{제158}_{조의3}$) 제도를 도입한다. 특히 선거일 전 5일부터 2일 동안 실시하는 사전투표는 투표율 확대에 크게 기여한다.

( ii ) 선거는 기표방법에 의한 투표로 한다. 투표는 직접 또는 우편으로 하되, 1인 1표로 한다. 다만, 지역구의원선거 및 비례대표의원선거마다 1인 1표로 한다 ($^{제146}_{조}$).

#### (2) 투표용지의 정당·후보자 게재의 순위($^{제150}_{조}$)

후보자의 게재순위는 "후보자등록마감일 현재 국회에서 의석을 갖고 있는 정당의 추천을 받은 후보자, 국회에서 의석을 갖고 있지 아니한 정당의 추천을 받은 후보자, 무소속후보자의 순으로 하고, 정당의 게재순위를 정함에 있어서는 후보자등록마감일 현재 국회에서 의석을 가지고 있는 정당, 국회에서 의석을 가지고 있지 아니한 정당의 순으로 한다"($^{제3}_{항}$). 국회에 5명 이상의 소속 지역구국회의원을 가진 정당이거나, 직전 대통령선거·비례대표국회의원선거 또는 비례대표지방의회의원선거에서 전국 유효투표총수의 100분의 3 이상을 득표한 정당에게는, 전국적으로 통일된 기호를 우선하여 부여한다($^{제4}_{항}$).

#### (3) 투표시간($^{제155}_{조}$)

"투표소는 선거일 오전 6시에 열고 오후 6시(보궐선거등에 있어서는 오후 8시)에 닫는다"($^{제1}_{항}$).

#### (4) 투표의 비밀보장($^{제167}_{조}$)

"투표의 비밀은 보장되어야 한다"($^{제1}_{항}$). 다만, 언론사가 "선거의 결과를 예상하기 위하여 선거일에 투표소로부터 50미터 밖에서 투표의 비밀이 침해되지 않는 방법으로 질문하는 경우에는 그러하지 아니하며 이 경우 투표마감시각까지 그 경위와 결과를 공표할 수 없다"($^{제2}_{항}$). "선거인은 자신이 기표한 투표지를 공개할 수 없으며, 공개된 투표지는 무효로 한다"($^{제3}_{항}$).

### 10. 재선거와 보궐선거

임기만료에 따른 정상적인 선거 이외에 재선거·보궐선거를 실시한다. 또한 천재·지변 기타 불가피한 사유로 인하여 선거를 실시할 수 없거나 실시하지 못한 때에는 대통령이 선거를 연기하여야 한다($^{제196}_{조}$).

(1) 재선거($_조^{제195}$)

"다음 각호의 1에 해당하는 사유가 있는 때에는 재선거를 실시한다"($_항^{제1}$).

1. 당해 선거구의 후보자가 없는 때
2. 당선인이 없거나 지역구자치구·시·군의원선거에 있어 당선인이 당해 선거구에 서 선거할 지방의회의원정수에 달하지 아니한 때
3. 선거의 전부무효의 판결 또는 결정이 있는 때
4. 당선인이 임기개시전에 사퇴하거나 사망한 때
5. 당선인이 임기개시전에 제192조(피선거권상실로 인한 당선무효 등) 제2항의 규정에 의하여 당선의 효력이 상실되거나 같은 조 제3항의 규정에 의하여 당선이 무효로 된 때
6. 제263조(선거비용의 초과지출로 인한 당선무효) 내지 제265조(선거사무장 등의 선거범죄로 인한 당선무효)의 규정에 의하여 당선이 무효로 된 때

(2) 보궐선거($_조^{제200}$)

( ⅰ ) "지역구국회의원·지역구지방의회의원 및 지방자치단체의 장에 궐원 또는 궐위가 생긴 때에는 보궐선거를 실시한다"($_항^{제1}$). 보궐補闕선거는 임기개시 후에 사퇴·사망·피선거권 상실 등으로 신분을 상실하여, 궐원闕員 또는 궐위闕位가 발생한 경우에 실시하는 선거를 말한다. 임기개시 후에 발생한 사유로 인하여 실시하는 선거라는 점에서 재선거와 구별된다.

( ⅱ ) "비례대표국회의원 및 비례대표지방의회의원에 궐원이 생긴 때에는 선거구선거관리위원회는 궐원통지를 받은 후 10일 이내에 그 궐원된 의원이 그 선거 당시에 소속한 정당의 비례대표국회의원후보자명부 및 비례대표지방의회의원후보자명부에 기재된 순위에 따라 궐원된 국회의원 및 지방의회의원의 의석을 승계할 자를 결정하여야 한다"($_{제3항}^{제200조}$). "제2항에도 불구하고 의석을 승계할 후보자를 추천한 정당이 해산되거나 임기만료일 전 120일 이내에 궐원이 생긴 때에는 의석을 승계할 사람을 결정하지 아니한다"($_항^{제3}$).

(3) 보궐선거 등에 관한 특례($_조^{제201}$)

"보궐선거 등($^{대통령선거·비례대표국회의원선거}_{및 비례대표지방의회의원선거를 제외}$)은 그 선거일부터 임기만료일까지의 기간이 1년 미만이거나, 지방의회의 의원정수의 4분의 1 이상이 궐원($^{임기만료일까지의 기간이 1년 이}_{상인 때에 재선거·연기된 선거 또}$ $_{는 재투표사유로 인한 경우 제외}$)되지 아니한 경우에는 실시하지 아니할 수 있다. 이 경우 지방의회의 의원정수의 4분의 1 이상이 궐원되어 보궐선거 등을 실시하는 때에는 그 궐원된 의원 전원에 대하여 실시하여야 한다."

## 11. 당 선 인 ($\frac{제12}{장}$)

헌법과 공직선거법은 원칙적으로 다수대표제를 채택하고 있으므로, 각 선거에서 유효투표의 다수를 얻은 자를 당선인으로 결정·공고·통지에 관하여 규정한다.[1] 다만, 비례대표선거에서의 당선자는 후보자명부 순위에 의한다.

## 12. 선거에 관한 쟁송

### (1) 의 의

선거에 관한 쟁송에는 선거소청, 선거소송, 당선소송이 있다.[2] 다만, 선거소청은 지방자치선거에서만 인정된다. 선거소청에는 행정심판법이 준용된다. 선거에 관한 소송에는 행정소송법을 준용한다($\frac{제227}{조}$).

### (2) 선거소청, 당선소청 ($\frac{제219}{조}$)

지방자치선거의 특성을 고려하여 지방자치선거의 효력에 관하여 이의가 있는 선거인·후보자를 추천한 정당 또는 후보자는 선거소청訴請을 제기할 수 있고, 당선의 효력에 관하여 이의가 있는 정당 또는 후보자는 당선소청을 제기할 수 있다.

### (3) 선거소송 ($\frac{제222}{조}$)

(ⅰ) 선거의 효력을 다투는 선거소송은 **민중소송**의 일종으로 선거인·정당·후보자가 널리 제기할 수 있다. 선거소송은 선거에 관한 규정에 위반된 사실이 있

---

1. 후보자 1인 및 최고득표자 2인 이상일 때 당선자 결정

|  | 후보자 1인 | 최고득표자 2인 이상 |
|---|---|---|
| 대통령선거 | 선거권자 총수의 3분의 1 이상 득표 | 국회 재적의원 과반수 출석 공개회의 다수득표자 |
| 지역구 국회의원 선거 | 후보등록 마감시부터 투표 마감시까지: 무투표당선 투표마감 시각 후 당선인 결정 전까지: 사퇴·사망 또는 등록무효자가 다수득표시 당선인 없음 | 연장자 |
| 지방의회의원 및 지방자치단체장 선거 | 위와 동일 | 연장자 |

2. 선거소송과 당선소송의 비교

|  | 선거소송 | | 당선소송 |
|---|---|---|---|
| 제소권자 | 선거인(단 국민투표의 경우에는 10만 이상의 찬성요)·정당·후보자 | | 정당·후보자 |
| 피고 | 당해 선거구 선거관리위원회위원장 | | 당선인 등 |
| 제소법원 | 대법원(대통령, 국회의원, 시·도지사, 비례대표시·도의원), 관할 고등법원(비례대표시·도의원을 제외한 지방의회의원, 자치구·시·군의 장) | | 좌와 동일 |
| 기한 | 선거일부터 30일(국민투표의 경우에는 투표일로부터 20일) | | 당선인결정일부터 30일 |

고, 그로써 선거의 결과에 영향을 미쳤다고 인정하는 때에 제기되는 소송이다 (대판 2005.6.9. 2004수54).

(ii) 대통령선거 및 국회의원선거에 있어서 선거의 효력에 관하여 이의가 있는 선거인·후보자를 추천한 정당 또는 후보자는, 선거일부터 30일 이내에 당해 선거구선거관리위원회위원장을 피고로 하여 대법원에 소를 제기할 수 있다(제1항).

(iii) 지방의회의원 및 지방자치단체의 장의 선거에 있어서 선거의 효력에 관한 소청에 대한 결정에 불복이 있는 소청인(당선인 포함)은, 해당 소청에 대하여 기각 또는 각하 결정이 있는 경우에는 해당 선거구선거관리위원회위원장을, 인용결정이 있는 경우에는 그 인용결정을 한 선거구선거관리위원회위원장을 피고로 하여 비례대표시·도의원선거 및 시·도지사선거에 있어서는 대법원에, 지역구시·도의원선거, 자치구·시·군의원선거 및 자치구·시·군의 장 선거에 있어서는 그 선거구를 관할하는 고등법원에 소를 제기할 수 있다.

(4) 당선소송(제223조)

(ⅰ) 선거가 유효임을 전제로 개개인의 당선인결정에 위법이 있음을 이유로 그 효력을 다투는 당선소송을 제기할 수 있다(제223조). 당선소송은 후보자나 후보자를 추천한 정당만이 제기할 수 있다.

(ii) 대통령선거 및 국회의원선거에 있어서 당선의 효력에 이의異議가 있는 후보자를 추천한 정당 또는 후보자는 대법원에 소를 제기할 수 있다(제1항).

(iii) 지방의회의원 및 지방자치단체의 장의 선거에 있어서 당선의 효력에 관한 소청의 결정에 불복이 있는 소청인 또는 당선인인 피소청인은, 해당 소청에 대하여 기각 또는 각하 결정이 있는 경우에는 당선인을, 인용결정이 있는 경우에는 그 인용결정을 한 선거관리위원회위원장을 피고로 하여 비례대표시·도의원선거 및 시·도지사선거에 있어서는 대법원에, 지역구시·도의원선거, 자치구·시·군의원선거 및 자치구·시·군의 장 선거에 있어서는 그 선거구를 관할하는 고등법원에 소를 제기할 수 있다(제2항).

(5) 재정신청(제273조)

유권자 및 후보자의 매수·이해유도죄 또는 공무원의 직권남용에 의한 선거범죄, 허위사실공표죄, 부정선거운동죄 등에 대하여 고발한 후보자와 정당의 중앙당 및 해당 선거관리위원회는, 검사가 그 범죄에 대하여 공소를 제기하지 아니하는 경우에, 그 검사 소속의 지방검찰청 소재지를 관할하는 고등법원에 그 당부에 관한 재정裁定을 신청할 수 있다.

(6) 판　결($\substack{제224 \\ 조}$)

"소청이나 소장을 접수한 선거관리위원회 또는 대법원이나 고등법원은 선거쟁송에 있어 선거에 관한 규정에 위반된 사실이 있는 때라도 선거의 결과에 영향을 미쳤다고 인정하는 때에 한하여 선거의 전부나 일부의 무효 또는 당선의 무효를 결정하거나 판결한다"($\substack{제224 \\ 조}$).

## 13. 선거범죄의 처벌과 당선무효

### (1) 선거범죄의 처벌($\substack{제16 \\ 장}$)

선거부정을 방지하기 위하여 선거범죄의 유형을 다양화하고 처벌을 강화한다. 그것은 매수 및 이해유도죄, 선거의 자유방해죄 등으로 다양화되어 있다.

> "토론 중 질문·답변이나 주장·반론하는 과정에서 한 표현이 선거인의 정확한 판단을 그르칠 정도로 의도적으로 사실을 왜곡한 것이 아닌 한, 일부 부정확 또는 다소 과장되었거나 다의적으로 해석될 여지가 있는 경우에도 허위사실 공표행위로 평가하여서는 안 된다" (7:5)($\substack{대판(전합) 2020.7. \\ 16, 2019도13328}$).

> 공직선거법 제250조 제2항 허위사실공표금지조항 중 '후보자가 되고자 하는 자에 관하여 허위의 사실을 공표한 자'에 관한 부분은 합헌(전원일치)이나, 제251조 후보자비방금지조항 중 '후보자가 되고자 하는 자'에 관한 부분은 후보자가 되고자 하는 자에 대한 비방행위가 진실한 사실이거나 허위사실로 증명되지 아니한 사실에 대한 것이라면, 후보자가 되고자 하는 자는 이러한 문제제기에 대하여 스스로 반박을 하고, 이를 통해 유권자들이 후보자가 되고자 하는 자의 능력, 자질 및 도덕성 등 공직 적합성에 관한 정보를 얻어 선거의 공정성을 달성할 수 있어야 하므로 과잉금지원칙에 위배되어 정치적 표현의 자유를 침해하므로 2011헌바75결정(4:5)을 변경한다(6:3)($\substack{헌재 2024.6.27. 2023헌바78, 공직선거법 \\ 제250조 제2항 등 위헌소원(위헌,합헌)}$).

### (2) 선거범죄로 인한 당선무효($\substack{제17 \\ 장}$)

#### A. 선거비용의 초과지출로 인한 당선무효($\substack{제263 \\ 조}$)

선거비용제한액의 200분의 1 이상을 초과지출한 이유로 선거사무장, 선거사무소의 회계책임자가 징역형 또는 300만원 이상의 벌금형의 선고를 받은 때에는 그 후보자의 당선은 무효로 한다($\substack{제263조 \\ 제1항}$). 선거사무소의 회계책임자가 징역형 또는 300만원 이상의 벌금형의 선고를 받은 때에는 그 후보자의 당선은 무효로 한다($\substack{제263조 \\ 제2항}$).

#### B. 당선인의 선거범죄로 인한 당선무효($\substack{제264 \\ 조}$)

당선인이 당해 선거에 있어 공직선거법 및 정치자금법을 위반하여 징역 또는 100만원 이상의 벌금형의 선고를 받은 때에는 그 당선은 무효로 한다($\substack{제264 \\ 조}$).

C. 선거사무장등의 선거범죄로 인한 당선무효($^{제265}_{조}$)

선거사무장·선거사무소의 회계책임자 또는 후보자의 직계존비속 및 배우자가 해당 선거에 있어서 매수 및 이해유도죄($^{제230}_{조}$), 당선무효유도죄($^{제234}_{조}$), 기부행위의 금지제한 등 위반죄($^{제257조}_{제1항}$), 정치자금부정수수죄($^{정치자금법}_{제45조\ 제1항}$)를 범하여 징역형또는 300만원 이상의 벌금형의 선고를 받은 때에는 그 후보자의 당선은 무효로한다. "다만, 다른 사람의 유도 또는 도발에 의하여 당해 후보자의 당선을 무효로되게 하기 위하여 죄를 범한 때에는 그러하지 아니하다"($^{제265}_{조}$). 후보자의 직계존속 등의 범죄행위를 이유로 한 후보자에 대한 당선 무효화는 연좌제금지를 규정한 헌법 제13조 제3항에 위배된다는 비판이 있다. 그러나 이 규정은 직계존속 등의 책임을 후보자로의 확장이 아니라 후보자의 자기책임에 근거한 규정으로 보아야 한다.

## 제 4 항  민주적 정당제도의 보장

# I  의  의

(ⅰ) 근대입헌주의의 초기에 헌법은 정당에 대하여 부정적이었다. 특히 직접민주주의를 이상으로 하는 루소의 사상적 세계에서, 정당은 국민의 의사를 왜곡하는 인자로 취급될 수밖에 없었다. 그러나 민주주의의 발전 과정에서 정당의 역할과 기능을 부인할 수 없었기 때문에, 헌법에 대한 정당의 태도는 트리펠H. Triepel이 지적한 바와 같이 ① 적대적 단계, ② 무시의 단계, ③ 승인 및 합법화의 단계를 거쳐, ④ 오늘날 헌법에 편입된 단계로 정립되었다.

(ⅱ) 제헌헌법은 정당에 대하여 묵인하는 태도를 취하였으나, 제2공화국헌법부터 정당에 대한 적극적 규정을 두고 있다. 특히 제3공화국헌법은 국회의원의 정당에 대한 기속을 강요함으로써 가장 강하게 정당국가적 성격을 띠고 있었다. 현행헌법 제8조에서는 정당설립의 자유(복수정당제 보장), 목적·조직·활동의 민주성 및 국민의 정치적 의사형성에 필요한 조직, 국가의 보호 및 정치자금의 국고보조, 위헌정당해산절차 등을 규정한다. 제8조 이외에도 정당에 관한 규정이 다수 있다. 이와 같이 정당은 비록 헌법상 국가기관은 아니지만, 적어도 헌법상 보장되는 기관임을 분명히 한다. 더 나아가 일당독재를 배제하고 민주주의적 다원성이 정당제도를 통하여 수렴될 수 있도록 복수정당제를 보장한다.

헌법 제8조 이외에도 국무회의의 필수적 심의사항으로서 위헌정당해산의 제소($^{제89조}_{제14호}$)·위헌정당의 해산심판($^{제111조 제}_{1항 제3호}$), 헌법재판소 재판관의 정당가입금지($^{제112조}_{제2항}$), 정당해산결정의 의결정족수($^{제113조}_{제1항}$), 선거관리위원회의 정당에 관한 사무처리 및 규칙제정($^{제114조 제1}_{항·제6항}$), 중앙선거관리위원회 위원의 정당가입금지($^{제114조}_{제4항}$), 선거에 관한 경비는 법률이 정한 경우를 제외하고는 정당 또는 후보자에게 부담시킬 수 없음($^{제116조}_{제2항}$)을 규정한다.

# II  헌법의 제도로서 정당

### 1. 정당의 개념

(ⅰ) 정당법 제2조: "정당이라 함은 국민의 이익을 위하여 책임있는 정치적 주장이나 정책을 추진하고, 공직선거의 후보자를 추천 또는 지지함으로써 국민의

정치적 의사형성에 참여함을 목적으로 하는 국민의 자발적 조직을 말한다."

(ⅱ) 정당의 개념요소는 다음과 같다: ① (자유)민주적 기본질서의 긍정, ② 국민의 이익 실현, ③ 책임있는 정치적 주장이나 정책의 추진, ④ 공직선거의 후보자 추천 또는 지지, ⑤ 국민의 정치적 의사형성에 참여, ⑥ 국민의 자발적인 계속적 조직.

### 2. 정당의 헌법에서 지위

(ⅰ) 정당을 헌법기관 또는 국가기관으로 보는 견해도 있다. 하지만, 국가기관(헌법기관)은 그 설립이 엄격히 제한되고(법정주의), 공권력을 행사하여 스스로 의사결정을 할 수 있으며, 그 구성원은 공무원 또는 이에 준하는 신분을 가진다. 그러나 정당은 이와 달리 자유롭게 설립되고 운영되기 때문에 헌법기관 또는 국가기관으로 볼 수는 없다.

(ⅱ) 이에 정당을 단순히 헌법 제21조의 사법상 결사로 보는 견해도 제기된다. 정당은 임의적으로 설립된다는 점에서 본다면 사법상 결사라 할 수 있다. 하지만, 정당은 그 설립의 자유와 기능이 헌법 제8조에서 특별히 보장받기 때문에, 사법상 결사로만 볼 수는 없다.

(ⅲ) 그러므로 정당은 헌법의 국가기관은 아니지만, 헌법에서 정치적·사회적·제도적으로 보장되고, 국민의 정치적 의사형성에 중개적 역할을 하는 기관이라는 제도적 보장설 내지 매개체설(중개적 기관설, 중간형태설)이 타당하다.

### 3. 정당의 법적 성격

(ⅰ) 정당의 헌법에서 지위를 제도보장 내지 매개체로 볼 경우에도 법적 성격은 여전히 의문으로 남는다. ① 현실적으로 정당의 법적 성격은 사적·정치적 결사 내지 법인격 없는 사단으로 볼 수밖에 없는 한계가 있다. 따라서 정당은 공권력 행사의 주체가 될 수 없고, 권한쟁의심판의 청구능력이 인정되지 아니한다. 하지만, 기본권의 주체로서 헌법소원 청구인이 된다. ② 이론적으로는 사적 결사와는 달리 그 존립이 헌법에 의하여 보장되고 국가의 특별한 보호를 받으며 공적 임무를 수행하기 때문에, 헌법제도와 사적 결사의 혼성태混成態로 볼 수도 있다.

(ⅱ) 그런데, 정당관련쟁송에서는 전형적인 사법적 쟁송절차인 민사소송을 거칠 수밖에 없는 한계가 있다. 하지만, 사법적 판단에 있어서 법원은 정당의 헌법에서 지위를 충분히 고려하여야 한다. 즉, 헌법 제8조의 정당조항은 헌법 제21조의 일반결사에 대한 특별법의 성격을 가진다는 점을, 재판과정에서 최대한 반영하여

야 한다.

# Ⅲ 정당의 권리 · 의무

## 1. 능동적 지위: 정치적 의사형성과정에의 참여

정당은 "공직선거의 후보자를 추천 또는 지지함으로써 국민의 정치적 의사형성에 참여"하는 국민의 자발적 조직이다. 이에 따라 정당은 공직선거에 후보자를 추천하기 위하여 당내경선을 실시할 수 있다(공직선거법 제47조 · 제6장). 또한 정당은 추천한 후보자의 당선을 위한 선거운동을 한다.

## 2. 소극적 지위: 정당의 자유

### (1) 정당의 설립 · 활동 · 해산의 자유

헌법 제8조 제1항에서는 정당설립의 자유만 규정한다. 하지만, 정당의 자유에는 정당조직 · 정당활동 · 정당해산의 자유를 포괄한다(헌재 1999.12.23. 99헌마135. 경찰법 제11조 제4항 등 위헌확인(위헌,각하)). 다만, 정당설립에 일정한 요건을 요구하는 등록제는 합헌이다.

### (2) 정당해산의 자유와 등록취소

(ⅰ) 정당의 소멸사유로는 헌법재판소의 위헌정당해산결정, 선거관리위원회의 등록취소, 자진해산이 있다. 정당의 자유에는 정당해산의 자유도 포함된다(정당법 제45조).

(ⅱ) 이와 별도로 스스로의 의사가 아닌 타율적 의사 즉, 공권력에 의한 정당의 등록취소제도도 있다. 해당 선거관리위원회는 정당이 ① 정당법이 요구하는 5 이상의 시 · 도당(제17조), 시 · 도당의 1천인 이상 당원수(제18조) 중 하나를 구비하지 못하게 된 때, ② 최근 4년간 임기만료에 의한 국회의원선거 또는 임기만료에 의한 지방자치단체장선거나 시 · 도의회의원선거에 참여하지 아니한 때이다(제44조 제1항).

그런데, 임기만료에 의한 국회의원선거에 참여하여 의석을 얻지 못하고 유효투표 총수의 100분의 2 이상을 득표하지 못한 때에는 정당의 등록을 취소하도록 한 규정은, 목적이 정당하고 수단이 적합하더라도 침해의 최소성이나 법익의 균형성에 어긋난다는 헌법재판소의 위헌결정에 따라 삭제되었다(헌재 2014.1.28. 2012헌마431등. 정당법 제41조 제4항 위헌확인 등(위헌)).

### (3) 위헌정당違憲政黨의 해산

#### A. 정당해산의 요건 및 절차의 엄격화 필요성

정당해산에 대한 제한은 방어적 민주주의에 따라 정당해산의 요건 및 권한을 헌법이 인정하고, 일반결사에 비하여 특별히 보호한다. 정당의 내부조직(시 · 도당,

연수원 등)·방계조직·위장조직은 헌법에서 보호받는 정당이 아니므로, 헌법 제21조 결사의 자유에 위배되면 행정처분으로 해산된다. 하지만, 창당준비위원회와 같이 결성단계에 있는 정당 중에서 정당법 제17조·제18조의 요건을 이미 구비하고, 등록절차를 준비 중인 경우에는, 실질적으로 정당에 해당하는 준정당準政黨으로 보아, 해산요건과 해산절차는 등록된 정당에 준하여 보호할 필요가 있다.

B. 정당의 목적이나 활동의 민주적 기본질서 위배

(a) 정당의 목적이나 활동    해산대상으로서의 정당은 원칙적으로 정당으로서의 등록을 필한 정당(기성정당)에 한한다. 위배 여부의 판단자료로는 정당의 강령·당헌·기관지 등이 있다. 목적의 위헌성 여부를 판단함에 있어서는 단지 주관적인 측면에만 그치지 아니하고 목적을 추구하는 객관적 강도를 함께 고려하여야 한다. 활동의 위헌성과 관련하여 정당해산제도는 헌법보장을 위한 제도이므로 위헌성에 대한 주관적 인식은 요구되지 아니한다.

(b) 민주적 기본질서 위배

(ⅰ) 민주적 기본질서와 자유민주적 기본질서    정당의 목적이나 활동의 기본전제인 민주적 기본질서란, 한국헌법의 기본질서 및 한국적 특수상황까지를 고려한 민주적 기본질서의 의미로 이해하여야 하며, 일반론적인 가치관에 입각한 민주적 기본질서일 수는 없다.

(ⅱ) 민주적 기본질서 위배의 정도    정당해산제도는 헌법보장을 위한 최후수단이지만, 오·남용의 경우에는 오히려 민주주의에 해악이 된다. 그러므로 목적이나 활동이 민주적 기본질서에 위배되는 위험의 정도를 충분히 고려하여야 한다.

C. 강제해산절차

(a) 정부의 제소    정부는 정당의 "목적과 활동" 즉, 당헌 및 정강·정책이 헌법의 "민주적 기본질서"에 위배된다고 판단할 경우에, 국무회의의 필수적 심의를 거쳐($^{제89조}_{제14호}$), 헌법재판소에 그 해산을 제소할 수 있다. 위헌적 정당의 해산제소는 정부의 정치적 판단에 따른 재량사항이다.

(b) 헌법재판소의 심판    위헌정당해산심판은 구두심리가 원칙이다. 위헌정당해산결정에는 재판관 6인 이상의 찬성이 있어야 한다($^{제113조}_{제1항}$). "헌법재판소는 정당해산심판의 청구를 받은 때에는 직권 또는 청구인의 신청에 의하여 종국결정의 선고시까지 피청구인의 활동을 정지하는 결정을 할 수 있다"($^{헌재법}_{제57조}$).

(c) 해산결정의 집행    해산결정의 통지를 받은 당해 선거관리위원회는 그 정당의 등록을 말소하고 지체 없이 그 뜻을 공고하여야 한다($^{정당법}_{제47조}$).

D. 강제해산의 효과

(a) 정당으로서의 특권상실　　　헌법재판소의 해산선고를 받은 정당은 선고와 동시에 정당으로서의 모든 특권을 상실하게 되고 불법결사가 된다. 헌법재판소의 심판은 정당의 위헌성을 인정하는 창설적 효력을 가지기 때문에, 헌법재판소의 결정에 의하여 위헌정당으로 확정되고, 위헌결정된 정당은 자동적으로 해산된다(헌재법 제59조). 따라서 중앙선거관리위원회의 해산공고는 선언적·확인적 효력밖에 없다.

(b) 대체정당代替政黨의 설립금지　　　"정당이 헌법재판소의 결정으로 해산된 때에는 해산된 정당의 강령(또는 기본정책)과 동일하거나 유사한 것으로 정당을 창당하지 못한다"(정당법 제40조). 또한 "해산된 정당의 명칭과 같은 명칭은 정당의 명칭으로 다시 사용하지 못한다"(동법 제41조 제2항). 대체정당이 설립된 경우 그 정당은 더 이상 정당의 특권을 부여받지 못하기 때문에, 정부의 행정처분만으로도 해산된다.

(c) 잔여재산의 국고귀속　　　"헌법재판소의 해산결정에 의하여 해산된 정당의 잔여재산은 국고에 귀속한다"(정당법 제48조 제2항).

(d) 소속의원의 자격상실 여부

(ⅰ) 헌법재판소의 해산결정에 따라 강제해산된 정당의 소속의원은 의원직을 유지하는지 아니면 상실하는지 여부에 관하여 명문의 규정이 없다. 독일에서는 판결로 해산된 정당에 소속된 연방의회의원 또는 주의회의원은 의원자격을 상실한다. 헌법재판소는 위헌정당해산심판으로 정당이 강제해산되는 경우 지역구국회의원이냐, 비례대표국회의원이냐를 묻지 아니하고 해당 정당소속 국회의원은 당연히 자격을 상실한다고 판시한다(헌재 2014.12.19. 2013헌다1, 통합진보당 해산청구 사건(인용)해산). 생각건대 해산정당소속 의원의 의원직 유지 여부에 관하여 헌법과 법률이 침묵하는 입법의 공백 상태에서, 헌법재판소가 위헌정당해산심판사건 결정으로 소속의원의 자격을 상실하게 한 결정은, 정당해산결정의 효력을 담보하기 위하여 불가피한 선택이다.

(ⅱ) 한편, 헌법재판소의 위헌정당해산결정에 따른 지방의회의원의 자격 유지 여부는 논쟁적이다. 중앙선거관리위원회는 지방의회의원을 지역구와 비례대표로 분리하여 비례대표의원만 자격을 상실하게 함에 따라, 통합진보당 소속 지역구지방의회의원은 무소속으로 의원직을 유지하게 되었다. 그런데, 대법원은 지역구지방의회의원뿐만 아니라 비례대표지방의회의원도 의원직을 유지한다고 판시하여 논쟁이 촉발된다(대판 2021.4.29. 2016두39856 국회의원지위확인). 하루빨리 관련 법률을 정비하여 소속 국회의원, 지방의회의원의 의원직 상실 여부에 관하여 규정하여야 한다(제2편 제5장 제6절 위헌정당해산심판 Ⅴ. 6.).

## 3. 적극적 지위: 정당의 보호

### (1) 정당 간 및 정당과 비정당 사이의 평등

（ⅰ）"정당은 법률이 정하는 바에 의하여 국가의 보호를 받으며, 국가는 법률이 정하는 바에 의하여 정당의 운영에 필요한 자금을 보조할 수 있다"(제8조 제3항). 정당에 대한 보호는 헌법의 평등권 및 참정권의 법리에 따라 여·야 사이, 소수파와 다수파 사이의 평등한 보호를 전제로 한다. 즉, 정당의 설립과 조직, 당원충원, 선전, 공직선거후보자추천, 선거과정, 정당활동 등에서 평등이 보장되어야 한다.

（ⅱ）다만, 헌법이 허용하는 합리적 범위 안에서의 차별은 불가피하다. 예컨대, 정치자금모금이나 후원회를 통한 우대, 무소속후보자에 대한 정당공천후보자의 우대, 정당이 국회에 교섭단체를 구성한 경우에 해당 정당에 대하여 전국적으로 통일된 기호의 부여 등이 있다. 하지만, 정당추천후보자에게 허용되었던 정당연설회 등은 평등위반 논란이 제기되어, 폐지되었다(공직선거법 제75조 -제78조 삭제).

### (2) 정당의 정치자금과 정치자금의 국고보조 및 선거공영제

#### A. 의 의

정치자금은 넓은 의미에서는 정치활동에 필요한 일체의 경비라 할 수 있다. 헌법상 선거공영제에 따라 "선거에 관한 경비는 법률이 정하는 경우를 제외하고는 정당 또는 후보자에게 부담시킬 수 없다"(제116조 제2항)(헌재 2018.7.26. 2016헌마524등, 공직선거법 제122조의2 제2항 제1호 등 위헌확인(기각)).

#### B. 정당의 정치자금과 정치자금의 국고보조國庫補助 및 선거공영제

（ⅰ）정치자금의 종류는 다음과 같다(정치자금법 제3조제1호): ① 당비, ② 후원금, ③ 기탁금, ④ 보조금, ⑤ 정당의 당헌·당규 등에서 정한 부대수입, ⑥ 정치활동을 위하여 정당(중앙당창당준비위 원회를 포함한다), 공직선거법에 따른 후보자가 되려는 사람, 후보자 또는 당선된 사람, 후원회·정당의 간부 또는 유급사무직원, 그 밖에 정치활동을 하는 사람에게 제공되는 금전이나 유가증권 또는 그 밖의 물건, ⑦ 앞의 항목에 열거된 사람(정당 및 중앙당창당준 비위원회를 포함한다)의 정치활동에 소요되는 비용

정치자금실명제 원칙을 채택한다(제2조). "외국인, 국내·외의 법인 또는 단체는 정치자금을 기부할 수 없다"(제31조). 정치자금은 공명정대하게 운용되어야 하고, 그 회계는 공개되어야 한다(제2조 제2항).

（ⅱ）'후원금'(제2조 제3호)은 후원회(제3조 제7호)를 통하여 모금한다. 후원회는 개인으로 구성되며, 법인이나 단체는 후원회 회원이 될 수 없다(헌재 2019.12.27. 2018헌마301, 정치자금법 제6조 위헌확인(헌법불합치,잠정적용)). 그런데 거액의 국고보조를 받는 정당의 후원회를 통한 모금은 비판받아 마땅하다.

그러나 헌법재판소 판례는 오히려 후원회 제도를 확대한다.[1]

( iii ) '기탁금'($^{제3조}_{제5호}$)을 기탁하고자 하는 개인은 각급 선거관리위원회에 기탁하여야 한다($^{제22조}_{제1항}$). 중앙선거관리위원회는 기탁금의 모금에 직접 소요된 경비를 공제하고 지급 당시 국고보조금 배분율에 따라 기탁금을 배분·지급한다($^{제23조}_{제1항}$). 법인 또는 단체의 정치자금 기부와 기탁은 금지된다($^{제22조·제31}_{조·제32조}$). 그러나 임직원을 동원하여 쪼개기 후원을 하는 탈법적 행태가 근절되지 아니하고 있다.

( iv ) 헌법상 선거공영제($^{제116조}_{제2항}$)에 따라 정당에 보조금을 지급한다. 보조금이란 "정당의 보호·육성을 위하여 국가가 정당에 지급하는 금전이나 유가증권을 말한다"($^{제3조}_{제6호}$). 보조금에는 경상보조금, 선거보조금, 여성추천 보조금, 장애인추천 보조금이 있다. "국가는 정당에 대한 보조금으로 최근 실시한 임기만료에 의한 국회의원선거의 선거권자 총수에 보조금 계상단가를 곱한 금액을 매년 예산에 계상하여야 한다"($^{제25조}_{제1항}$). 대통령선거, 임기만료에 의한 국회의원선거 또는 동시지방선거가 있는 연도에는 각 선거($^{동시지방선거는 하}_{나의 선거로 본다}$)마다 보조금 계상단가를 추가한 금액을 제1항의 기준에 의하여 예산에 계상하여야 한다"($^{제25조}_{제2항}$).

### 4. 수동적 지위: 정당의 의무

#### (1) 국가와 (자유)민주적 기본질서의 긍정의무

정당은 당연히 국가를 긍정하여야 할 의무를 지고, 헌법 제8조 제4항의 규정에 따라 (자유)민주적 기본질서를 존중할 의무를 진다.

#### (2) 조직의무

( i ) "정당은 수도에 소재하는 중앙당과 특별시·광역시·도에 각각 소재하는 시·도당으로 구성한다"($^{정당법}_{제3조}$). "정당은 5 이상의 시·도당을 가져야 한다"($^{제17}_{조}$). "각 시·도당은 당해지역에 거주하는 1천인 이상의 당원을 가져야 한다"($^{제18}_{조}$) ($^{헌재 2022.11.24. 2019헌마445, 정}_{당법 제3조 등 위헌확인(기각,각하)}$). "정당의 창당활동은 발기인으로 구성하는 창당준비위원회

---

1 후원회 설치 여부

|  | 당내경선후보자 | 예비후보자 | 후보자 | 당선 후 |
|---|---|---|---|---|
| 대통령 | ○ | ○ | ○ | × |
| 지역구국회의원 |  | ○ | ○ | ○ |
| 비례대표국회의원 |  |  | × | ○ |
| 중앙당대표 | ○ |  |  |  |
| 지방자치단체장 |  | ○ | ○ | ○ |
| 지역구지방의회의원 |  | ○ | ○ | ○ |

가 이를 한다"($\frac{제5}{조}$). "창당준비위원회는 중앙당의 경우에는 200인 이상의, 시·도 당의 경우에는 100인 이상의 발기인으로 구성한다"($\frac{제6}{조}$).

정당법상 등록된 정당이 아니면 정당이라는 명칭을 사용하지 못하게 하는 정당명칭사용금지조항(전원일치), 정당은 수도 소재 중앙당과 5 이상의 시·도당을 갖추어야 한다고 정한 전국정당조항(4:5), 시·도당은 1천인 이상의 당원을 가져야 한다는 법정당원수조항(7:2)에 대하여 합헌결정을 내렸다($\frac{현재\ 2023.9.26.\ 2021헌가23,\ 정당법}{제59조\ 제2항\ 등\ 위헌제청(합헌,기각)}$).

청소년의 정치참여 확대를 위하여 16세 이상 국민은 당원이 될 수 있다. 그런데 대학교수가 아닌 공무원·교원($\frac{현재\ 2004.3.25.\ 2001헌마710,\ 정당}{법\ 제6조\ 제1호\ 등\ 위헌확인(기각)}$) 및 외국인은 당원이 될수 없다($\frac{제22}{조}$). 또한 복수당적도 금지된다($\frac{제42조}{제2항}$)($\frac{현재\ 2022.3.31.\ 2020헌마1729,\ 정당법}{제42조\ 제2항\ 등\ 위헌확인(기각,각하)}$).

(ii) 지구당 관리에 따른 정치부패를 차단하기 위하여 지구당을 폐지하였다. 하지만 당원협의회라는 새로운 조직이 작동한다. 오히려 기대에 부응하지 못하는 시·도당은 폐지하고, 지구당을 복원하여야 한다. 그런 점에서 헌법재판소의 지구당 폐지가 합헌이라는 결정은 비판받아 마땅하다($\frac{현재\ 2004.12.16.\ 2004헌마456,}{정당법\ 제3조\ 등\ 위헌확인(기각)}$).

(3) 당내민주화의 의무

(i) 당내민주화의 핵심내용으로는 ① 정당의 민주적·공개적 운영, ② 정당의 결의 민주화, ③ 정당기구구성과 선거후보자추천의 민주성, ④ 재정의 공개, ⑤ 당원의 지위보장 등이 있다.

(ii) 정당의 목적·조직과 활동은 민주적이어야 한다($\frac{제8조}{제2항}$). 정당의 강령과 당헌은 공개되어야 하고($\frac{정당법}{제28조}$), 당원의 총의를 반영할 수 있는 대의기관 및 집행기관과 의원총회를 가져야 한다($\frac{제29}{조}$). 공직선거후보자추천은 민주적이어야 하며, 이를 위하여 당내경선을 실시할 수 있다($\frac{공직선거법\ 제47}{조,\ 제6장의2}$).

(4) 정당의 재정공개의무를 통한 재정투명성확보

정당의 재정투명성확보를 위하여 정치자금법에서 일정한 의무를 부과한다. 정당은 정치자금법에 의하지 아니하고는 정치자금을 기부받을 수 없다($\frac{정치자금법\ 제}{2조\ 제1항}$). 기탁금을 기탁하고자 하는 개인은 각급 선거관리위원회에 기탁하여야 한다($\frac{제22조}{제1항}$). 중앙선거관리위원회는 국고보조금 배분율에 따라 기탁금을 배분·지급한다($\frac{제23조}{제1항}$).

## IV 헌정사와 정당

### 1. 인위적으로 조작된 정당사

한국정당사에서 여당은 제1공화국의 자유당, 제2공화국의 민주당, 제3·제4공화국의 민주공화당, 제5공화국의 민주정의당, 제6공화국의 민주자유당·신한국당·새정치국민회의·새천년민주당·열린우리당·대통합민주신당으로 명멸하여왔다. 신한국당에서 변신한 한나라당이 2008년부터 10년 만에 집권여당이 되었지만, 2012년 제19대 국회의원총선거를 앞두고 새누리당에서 자유한국당(2017)·미래통합당(2020)·국민의힘(2020)으로 변신하였다. 민주당도 통합과 분열을 거듭한 끝에 새정치민주연합에서 더불어민주당(2015)으로 변모하였다.

### 2. 국민적 정당제도의 미정착

정당의 이념이나 정책이 아니라, 정략적인 정당 사이의 비정상적인 이합집산현상은 정치의 안정과 발전에 심각하게 지장을 초래한다.

## V 정당국가 경향(국회의원의 정당대표성과의 조화)

### 1. 의  의

오늘날 현대민주주의사회에서 정당 없이는 민주정치가 제대로 기능을 할 수 없을 정도로 정당은 중요한 역할을 수행한다. 이에 헌법 제8조에서도 정당에 대한 특별한 보호규정을 두고 있다.

### 2. 정당국가적 민주주의

정당국가적 민주주주의는 ① 직접민주정치의 대용품으로서 기능하고, ② 국민의 총의는 다수당의 의사와 동일시되고, ③ 의회제도로 정착된 원내정당의 규율강화에 따른 원내정당강제로 인하여 자유위임법리의 변용을 가져오고, ④ 선거는 정당에 의하여 지명된 후보자에 대한 국민투표의 성격을 가지고, ⑤ 정부의 의회해산은 정부에 대한 신임투표의 성격을 가진다.

### 3. 국회의원의 국민대표성과 정당대표성의 헌법적 가치

#### (1) 국회의원의 국민대표성: 대표민주주의와 자유위임(기속위임금지)

국회의원은 헌법 제1조 제2항(국민주권주의), 제7조 제1항(공무원의 국민 전체에 대한 봉사), 제40조(국회입법권), 제41조(국회의원의 선거), 제44조(불체포특권), 제45조(면책특권), 제46조 제2항(국가이익우선의무), 제50조(의사공개원칙) 등의 규정에 비추어, 전체국민의 대표자로서의 지위와 더불어 기속위임금지의 법리(자유위임의 법리)에 기초한다.

#### (2) 정당국가 경향에 따른 국회의원의 정당대표성과의 조화

헌법 제46조 제2항에서 "국회의원은 국가이익을 우선하여 양심에 따라 직무를 행한다"라고 규정하고, 국회법에서도 "의원은 국민의 대표자로서 소속 정당의 의사에 기속되지 아니하고 양심에 따라 투표한다"($\frac{제114조}{의2}$)라고 규정하므로, 국회의원의 정당에 대한 기속성은 일정한 한계를 가진다(헌재 2014.12.19. 2013헌다1, 통합 진보당 해산 청구 사건(인용(해산))).

#### (3) 국회의원의 당적변경

( i ) 헌법에서 국회의원이 당적을 변경하면 의원직을 상실한다는 규정을 둔다면, 이는 자유위임의 법리에 비추어 문제의 소지가 있다. 자유위임의 법리는 정당국가 현상보다 더 우위를 가지는 헌법원리이기 때문이다. 하지만, 법률로 당적 변경 시 의원직상실을 규정할 수 있지만, 이 경우에도 국회의원선거제도와 직접적으로 연계되어야 한다.

( ii ) 현행선거제도에서 지역구국회의원에 대한 당적변경 시 의원직을 상실하도록 하는 규정은 바람직하지 아니하다. 하지만, 전국선거구 비례대표국회의원의 의원직상실은 정당명부식 비례대표 선거제도의 특성에 비추어 불가피하다(헌재 1994.4.28. 92헌마153, 전국구국회 의원 의석승계 미결정 위헌확인(각하)).

# 제 5 항  법치주의

## Ⅰ 의    의

( i ) 법치주의란 인간에 대한 불신을 근거로 자의적·폭력적 지배를 배제하고 국민의 의사에 따라 제정된 법에 의한 '이성적 지배'를 요구하는 통치원리이다. 즉, 법치주의가 요구하는 "법에 의한 지배"에서 '법'이란, 국민적 정당성에 기초한 헌법과 그 헌법에 합치적인 법률에 의한 지배를 말한다.

( ii ) 법치주의는 비록 한국헌법에 명시된 원리는 아니지만 헌법을 관류하는 기본원리라는 데에는 이의異議가 없다. 법치주의의 발전과 그에 따른 내용은 각국에서 발전된 특유의 법문화와 전통에 따라 다소 차이가 있을 수 있다.

## Ⅱ 법치주의의 이론적 전개

### 1. 법치주의의 발전

( i ) 법의 지배rule of law원리는 영국에서 발전하였으며, 특히 다이시A. V. Dicey의 이론을 통하여 정립되었다. 영국에서 법의 지배는 주권이 국왕으로부터 의회로 넘어가는 영국식 민주주의의 발전과정에서 정립된 원리이다. 즉, 영국에서 법의 지배는 절대권력에 대한 보통법의 절대적 우위를 전제로 한다. 이에 따라 개인의 자유와 권리를 보장하기 위하여 절차법적으로 특별법원이 아닌 일반법원을 통한 쟁송절차를 관습헌법에 기초하여 정립한 원리이다.

( ii ) 법의 지배원리는 미국에 도입되어 미국헌법의 기본원리로 정립되었다. 영국과 달리 성문헌법으로 출발한 미국에서의 법의 지배는, 헌법의 우월성에 기초하여 입법권에 대한 헌법의 우위가 위헌법률심사제를 통하여 보장된다.

( iii ) 독일에서는 법의 지배 또는 법치주의보다는 오히려 법치국가Rechtsstaat로 표현된다. 원래 법치주의는 국가권력이 국가생활에서 구현되는 방법으로서, 오토 마이어O. Mayer가 주장한 공권력(행정)작용에 있어서 **법률우위의 원칙**으로 나타난다. 그것은 결과적으로 법률에 의한 지배원리 내지 형식적 법치주의로 평가되었다. 그러나 바이마르헌법에서 나치의 발호로 인하여 형식적 법에 의한 지배원리가 국민의 자유와 권리를 효과적으로 보장하는 법원리가 될 수 없었다는 비판에

따라 실질적 법치주의론이 대두되었다. 이에 독일기본법에서는 실질적 법치주의(사회적 법치주의) 이념으로 구현된다. 특히 연방헌법재판소의 위헌법률심사를 통하여 헌법의 우위가 확고하게 자리 잡고 있다.

(iv) 프랑스에서 법(률)의 지배règne de la loi 원리는 프랑스 제3공화국에서 의회주권이 **법률주권**으로 인식되어 카레 드 말베르그R. Carré de Malberg의 "법률은 일반의사의 표현"이라는 명제로 나타난 바 있다. 이에 따라 프랑스혁명 이후 성문헌법체제에서도 법률에 대한 헌법의 우위론은 실질적 기능을 할 수 없었다. 그러나 현행 제5공화국헌법에서 헌법재판소의 결정을 통한 위헌**법률**심사의 실질화는 의회주권＝법률주권시대의 종언을 고함과 동시에 헌법의 우위를 통한 법치국가État de droit로 귀결되었다.

### 2. 실질적 법치주의의 정립

오늘날 법치주의는 실질적 법치주의에 입각한 법에 의한 지배를 의미한다. 그것은 의회주권론 내지 법률주권론에 기초한 법률의 우위가 아니라, 성문헌법의 우위로 귀결되었다. 이에 따라 주권적 의지가 투영된 최고의 합의문서인 헌법의 우위가 위헌법률심사를 통하여 명백하여졌다는 점에서 그 의의를 찾을 수 있다. 즉, 오늘날 법치주의는 국민의 권리·의무에 관한 사항을 법률로써 정하여야 한다는 형식적 법치주의에 그치지 아니하고, 그 법률의 목적과 내용 또한 기본권보장의 헌법이념에 부합되어야 한다는 실질적 적법절차를 요구하는 법치주의를 의미한다. 그것은 곧 법률의 정당성의 근거가 헌법이념에 있음을 의미한다.

### Ⅲ 헌법에서 법치주의의 구현

### 1. 의    의

(i) 법치주의의 일반적 내용은 ① 성문(경성)헌법을 통한 헌법의 우위확보, ② 기본권과 실질적 적법절차의 보장, ③ 권력분립, ④ 규범통제와 권리구제의 제도화, ⑤ 포괄적 위임입법의 금지가 있다. 더 나아가서 법치주의의 파생원칙으로는 ① 신뢰보호의 원칙, ② 소급입법금지, ③ 체계정당성의 원리 등이 있다.

(ii) 특히 종래의 형식적 법치주의를 탈피하여, 자유·평등·복지의 원리에 입각한 실질적 법치주의를 구현한다.

## 2. 신뢰보호의 원칙

### (1) 의 의

( i ) 법치국가원리의 파생원칙인 신뢰보호의 원칙은 법적 규율이나 제도가 장래에도 지속되리라는 합리적인 신뢰를 바탕으로, 이에 적응하여 개인의 법적 지위를 형성하여왔을 때에는, 국가가 그와 같은 국민의 신뢰를 되도록 보호하여야 한다는 원칙이다.

( ii ) 공권력행사에 있어서 예측가능성의 보호 내지 신뢰보호信賴保護의 원칙은 법적 안정성을 추구하는 자유민주주의·법치국가 헌법의 기본원칙이다.

( iii ) 헌법은 집행권과 사법권의 조직에 대한 법률주의($\frac{제96조·제89조·}{제102조 제3항}$)를 규정함으로써 간접적으로 공권력행사의 예측가능성을 담보하며, 형벌불소급과 일사부재리 원칙을 규정하여 국민의 신뢰를 보호한다($\frac{제13}{조}$).

### (2) 심사기준

( i ) 법률의 제정이나 개정 당시 구법질서에 대한 당사자의 신뢰가 합리적이고도 정당하여 이러한 당사자의 신뢰에 대한 파괴가 정당화될 수 없다면 새로운 입법은 허용되지 아니한다. 반면에, 경제적 여건 또는 사회적 환경의 변화에 따른 필요에 의하여 법률은 이러한 변화에 신축적으로 대응할 수밖에 없다면, 변경된 새로운 법질서와 기존의 법질서 사이에는 이해관계의 충돌이 불가피하다.

따라서 국민이 가지는 모든 신뢰가 헌법에서 보호되지는 아니하고, 기존의 법질서에 대한 국민의 신뢰가 합리적이어서 보호할 필요성이 인정되어야 한다.

( ii ) 그러므로 신뢰보호원칙의 위반 여부는 한편으로는, 침해받은 신뢰이익의 보호가치·침해의 중한 정도·신뢰침해의 방법 등과 다른 한편으로는, 새 입법을 통하여 실현하고자 하는 공익목적을 종합적으로 비교형량하여 판단하여야 한다.

### (3) 한 계

신뢰보호의 원칙은 사회환경이나 경제여건의 변화에 따른 정책적인 필요에 의하여 공권력행사의 내용은 신축적으로 바뀔 수밖에 없고, 그 바뀐 공권력행사에 의하여 발생된 새로운 법질서와 기존의 법질서와의 사이에는 어느 정도 이해관계의 상충이 불가피하다. 따라서 국민들이 국가의 공권력행사에 관하여 가지는 모든 기대 내지 신뢰가 절대적인 권리로서 보호되지는 아니한다.

## 3. 소급입법의 금지

### (1) 의의·종류·한계

(ⅰ) "모든 국민은 행위시의 법률에 의하여 범죄를 구성하지 아니하는 행위로 소추되지 아니하며", "모든 국민은 소급입법에 의하여 참정권의 제한을 받거나 재산권을 박탈당하지 아니한다"(제13조 제1항 제2항). 소급입법은 원칙적으로 허용되지 아니한다. 소급입법금지遡及立法禁止는 법치국가원리로부터 도출되는 원칙이다. 소급입법은 신법이 이미 종료된 사실관계에 작용하는지, 아니면 현재 진행 중인 사실관계에 작용하는지 여부에 따라 진정소급입법과 부진정소급입법으로 구분된다.

(ⅱ) 진정소급입법眞正遡及立法이란 이미 과거에 완성된 사실이나 법률관계를 규율대상으로 하여, 사후에 그 전과 다른 법적 효과를 발생하게 하는 입법을 말한다. 진정소급입법은 개인의 신뢰보호와 법적 안정성을 내용으로 하는 법치국가원리에 따라 원칙적으로 헌법에서 허용되지 아니하며, 특단의 사정이 있는 경우에만 예외적으로 허용될 수 있다.

(ⅲ) 반면에, 부진정소급입법不眞正遡及立法이란 과거에 이미 개시되었지만 아직 완결되지 아니하고 진행 중인 사실이나 법률관계에 새로이 개입하여 그 법적 지위를 사후에 침해하는 입법을 말한다. 부진정소급입법은 원칙적으로 허용되지만 소급효를 요구하는 공익상의 사유와 신뢰보호의 요청 사이의 교량較量 과정에서 신뢰보호의 관점이 입법자의 형성권에 제한을 가하게 된다. 다만, 부진정소급입법에 속하는 입법에 대하여는 일반적으로 과거에 시작된 구성요건 사항에 대한 신뢰는 더 보호될 가치가 있기 때문에, 신뢰보호원칙에 대한 심사가 장래 입법에 비하여서보다는 일반적으로 더 강화되어야 한다. 또한 일정한 경우 신뢰보호가 충분히 이루어졌는지 여부가 과잉금지의 원칙의 위반 여부를 판단하는 기준이 된다. 이에 따라 공소시효정지에 관한 소급법률은 허용된다.

### (2) 진정소급입법의 예외적 허용

진정소급입법이 허용되는 예외적인 경우로는 구법에 의하여 보장된 국민의 법적 지위에 대한 신뢰가 보호할 만한 가치가 없거나 지극히 적은 경우와, 소급입법을 통하여 달성하려는 공익이 매우 중대하여 예외적으로 구법에 의한 법적 상태의 존속을 요구하는 국민의 신뢰보호이익에 비하여 현저히 우선하는 경우(헌재 2021.1.28. 2018헌바88, 재조선미국육군사령부군정청 법령 제2호 제4조 등 위헌소원(합헌))로 나누어 볼 수 있다. 즉, 국민이 소급입법을 예상할 수 있었거나, 법적 상태가 불확실하고 혼란스러웠거나 하여 보호할 만한 신뢰의 이익이 적은 경우와, 소급입법에 의한 당사자의 손실이 없거나 아주 경미한 경우,

그리고 신뢰보호의 요청에 우선하는 심히 중대한 공익상의 사유가 소급입법을 정당화하는 경우 등이 있다(헌재 1996.2.16. 96헌가2등, 5·18민주화운동 등에관한특별법 제2조 제1항 등 위헌제청(합헌)).

　　일본인들이 불법적인 한일병합조약을 통하여 조선 내에서 축적한 재산을 1945.8.9. 상태 그대로 일괄 동결시키고 그 산일과 훼손을 방지하여 향후 수립될 대한민국에 이양한다는 공익은, 한반도 내의 사유재산을 자유롭게 처분하고 일본 본토로 철수하고자 하였던 일본인이나, 일본의 패망 직후 일본인으로부터 재산을 매수한 한국인들에 대한 신뢰보호의 요청보다 훨씬 더 중대하다. 심판대상조항이 각 1945.9.25.과 같은 해 12.6.에 공포되어 진정소급입법에 해당함에도 당시의 법적 상태가 불확실하고 혼란스러워서 보호할 만한 신뢰의 이익이 적고 신뢰보호의 요청에 우선하는 심히 중대한 공익상의 사유가 인정되므로, 소급입법금지원칙에 대한 예외로서 헌법 제13조 제2항에 위반되지 아니한다(헌재 2021.1.28. 2018헌바88, 재조선미국육군사령부군정청 법령 제2조 제4조 등 위헌소원(합헌))(대판 2011.5.13. 2009다26831등)(헌재 2011.11.24. 2009헌바292, 일제강점하 반민족행위 진상규명에 관한 특별법 제2조 제7호 등 위헌소원(합헌))(헌재 2011. 3.31. 2008헌바141등, 친일반민족행위자 재산의 국가귀속에관한 특별법 제2조 등 위헌소원 등(합헌)).

### (3) 시혜적 소급입법에 대한 입법형성권

　　소급입법은 원칙적으로 금지되지만 사회적 법치국가의 구현을 위하여 시혜적 소급입법은 허용된다. 즉, 개정된 신법이 피적용자에게 유리한 경우 시혜적인 소급입법은 입법자의 의무가 아닐뿐더러 헌법상의 원칙으로 보기도 어렵다.

　　이러한 시혜적 소급입법을 할 것인지 여부는 입법재량의 문제이다. 따라서 시혜적 조치의 실시 여부는 국민의 권리를 제한하거나 새로운 의무를 부과하는 경우와는 달리 입법자에게 광범위한 입법형성의 자유가 인정된다.

### 4. 체계정당성의 원리

　　(ⅰ) 체계정당성의 원리란 규범 사이의 구조와 내용 등이 모순됨이 없이 체계와 균형을 유지하도록 입법자를 기속하는 헌법적 원리로서, 헌법의 법치주의로부터 도출된다. 규범 사이에 체계정당성을 요구하는 이유는, 입법자의 자의를 금지하여 규범의 명확성·예측가능성 및 규범에 대한 신뢰와 법적 안정성을 확보하기 위하여 필요하기 때문이다.

　　(ⅱ) 체계정당성위반Systemwidrigkeit 그 자체가 바로 위헌이 되지는 아니한다. 이는 비례의 원칙위반이나 평등원칙위반 내지 입법의 자의금지위반 등의 위헌성을 시사하는 하나의 징후일 뿐이다. 그것이 위헌이 되기 위하여서는 결과적으로 비례의 원칙이나 평등의 원칙 등 일정한 헌법의 규정이나 원칙을 위반하여야 한다.

　　(ⅲ) 또한 체계정당성의 위반을 정당화할 합리적인 사유의 존재에 대하여는 입법의 재량이 인정되어야 한다. 그러므로 입법의 재량이 현저히 그 한계를 일탈하지

아니하는 한 위헌 문제는 발생하지 아니한다.

## Ⅳ 법치주의의 제한(예외)

### 1. 대통령의 국가긴급권

(ⅰ) 대통령의 국가긴급권($_{제77조}^{제76조}$)이 발동되면, 헌법이 예정한 정상적이고 일반적인 법치주의 내지 적법절차가 일정한 기간 동안 제한적으로 적용될 수 있다.

(ⅱ) 그러나 대통령의 국가긴급권은 초헌법적 국가긴급권이 아니라, 헌법의 틀속에서 헌법에서 정한 절차와 방법에 따라 제한된 범위 안에서 법치주의의 일반원리를 일정한 기간에 한하여 제한하는 권한이다. 국가긴급권은 대통령의 특권이자 동시에 국가공동체와 헌법의 보호를 위한 수단이기도 하다($_{제3항\ Ⅶ.\ 참조}^{제2편\ 제3장\ 제1절}$).

### 2. 특수신분관계

(ⅰ) 과거에는 공법상 특별권력관계라고 하여 일반권력관계에 대응하는 개념으로서 법률규정이나 당사자의 동의 등 특별한 법적 원인에 의거하여 성립하며, 공법상의 특정한 목적달성에 필요한 한도 안에서 당사자의 일방이 상대방을 포괄적으로 지배하고, 상대방이 이에 복종함을 내용으로 하는 법률관계를 설명하여왔다.

(ⅱ) 하지만, 오늘날에는 공법상 특별권력관계이론이 비판을 받게 되어 이를 특수신분관계로 이해한다. 특수신분관계에 있는 사람, 즉 공무원·국공립학교학생·재소자(수형자) 등의 경우에도 법치주의는 원칙적으로 적용되지만, 합리적 범위 안에서 기본권이 제한될 뿐이다.

# 제 3 관  경제 · 사회 · 문화의 기본원리 : 사회복지국가

## 제 1 항  사회복지국가원리

### Ⅰ 의   의

18세기 말 근대시민혁명의 성공으로 국민주권주의가 정립되고, 대의제 원리에 따라 권력분립을 통한 권력의 견제와 균형을 이룩함으로써 법치주의의 기틀을 마련하였다. 그런데 19세기에 산업혁명의 성공 이후 빈부 갈등이 심화하면서 이제 더 이상 국가는 형식적 자유의 보장자로만 그치지 아니하고, 실질적으로 국민의 자유와 권리를 국가생활에서 구현하기 위하여 적극적으로 개입할 수밖에 없었다. 이에 따라 헌법에 새로운 국가의 기능과 역할을 적극적으로 수용한다.

### Ⅱ 사회복지국가원리의 현대적 전개

#### 1. 의   의

오늘날 사회복지국가원리는 18 · 19세기적인 정치적 민주주의의 한계를 극복하기 위하여, 경제 · 사회영역에서의 민주주의를 구현함으로써 국가공동체 구성원 사이에 연대를 확보하려는 원리이다.

#### 2. 사회복지국가원리의 내용

근대입헌주의 헌법에서 평등보다는 자유 우선의 사상이 지배하였다면, 사회복지국가에서는 실질적 평등을 구현하기 위한 범위 안에서 자유를 제한한다. 여기에 사회복지국가에서의 자유와 평등의 갈등과 긴장관계가 형성된다. 이에 현대헌법에서는 자유와 평등의 실질적 보장을 통하여 사회복지국가 원리를 구현한다.

#### 3. 경제에 대한 국가적 개입: 사회적 시장경제

경제에 대한 국가적 개입은 시장경제원리에 입각한 사유재산제를 보장하는 가운데 사회정의의 실현을 위한 규제와 조정에 한정된다. 이는 전적으로 국가가 개입하는 공산주의적 계획경제와 구별된다.

## 4. 사회복지국가원리의 법적 성격과 법치국가

근대입헌주의헌법의 핵심적 내용은 법치국가원리이다. 사회복지국가 원리는 산업혁명의 성공에 따라 야기되는 사회적 갈등을 해소하기 위한 원리이다. 이에 법치국가와 사회복지국가는 태생적으로 긴장관계를 형성할 수 있다. 하지만, 형식적 법치주의는 실질적 법치주의로의 변용을 통하여 사회복지국가 원리와 결합함으로써, 현대헌법의 새로운 지평을 형성한다. 그러므로 사회복지국가는 법치국가의 범주 안에서 구현되어야 하며, 실질적 법치국가의 구현은 바로 사회복지국가로 연계된다. 이제 사회복지국가 원리는 단순한 정치적·이념적 지표에 그치지 아니하고, 규범적 성격을 가진 원리이다. 사회복지국가 원리는 헌법개정권력을 구속하고, 법령해석의 기준이 되며, 재판규범으로서의 성격을 가진다.

## Ⅲ 헌법에서 사회복지국가원리의 구현

### 1. 사회복지국가원리의 헌법에서 구현

헌법의 전문, 사회적 기본권의 보장($\frac{헌법 제31조}{내지 제36조}$), 경제영역에서 적극적으로 계획하고 유도하며 재분배하여야 할 국가의 의무를 규정하는 경제에 관한 조항($\frac{헌법 제119조}{제2항 이하}$) 등과 같은 이들 헌법규범은 사회복지국가원리의 헌법적 수용을 의미한다.

### 2. 사회적 기본권의 보장

헌법은 제31조-제36조에 걸쳐서 사회적 기본권을 규정한다. 특히 제34조 제1항의 인간다운 생활을 할 권리는 사회적 기본권의 중심개념이다. 국가의 사회보장·사회복지의 증진에 노력할 의무($\frac{제2}{항}$), 생활능력이 없는 국민에 대한 국가의 보호($\frac{제5}{항}$), 재해로부터 국가의 국민보호($\frac{제6}{항}$), 국민의 근로의 권리 및 국가의 고용증진과 적정임금의 보장과 최저임금제의 실시($\frac{제32조}{제1항}$), 인간의 존엄성을 보장하는 근로조건의 기준($\frac{제3}{항}$), 근로3권의 보장($\frac{제33조}{제1항}$), 환경권($\frac{제35}{조}$), 교육을 받을 권리($\frac{제31조}{제1항}$), 보건에 관한 국가의 보호($\frac{제36조}{제3항}$) 등을 규정한다.

### 3. 재산권의 사회적 구속성

재산권은 보장되며, 그 내용과 한계는 법률로 정한다($\frac{제23조}{제1항}$). 하지만, "재산권의 행사는 공공복리에 적합하도록 하여야 한다"($^{제2}_{항}$)라고 하여 재산권의 사회적 구속성을 명시한다. 이는 18·19세기적인 재산권 절대 사상의 변화를 의미한다. 즉, 사유재산권은 보장하지만, 공공복리에 적합하여야 한다는 재산권의 사회적 구속성의 헌법화를 의미한다.

### 4. 경제의 민주화

"경제질서는 개인과 기업의 경제상의 자유와 창의를 존중함을 기본으로 한다"($^{제119조}_{제1항}$). 그러나 "균형있는 국민경제의 성장 및 안정과 적정한 소득의 분배를 유지하고, 시장의 지배와 경제력의 남용을 방지하며, 경제주체간의 조화를 통한 경제의 민주화를 위하여 경제에 관한 규제와 조정을 할 수 있다"($^{제2}_{항}$).

### 5. 국민의 의무

헌법에 명시된 국민의 의무 중에서 국방의 의무를 제외한 나머지 의무, 즉 재산권행사의 공공복리적합의무($^{제23조}_{제2항}$), 교육의 의무($^{제31}_{조}$), 근로의무($^{제32조}_{제2항}$), 환경보전의무($^{제35}_{조}$), 납세의무($^{제38}_{조}$)는 사회복지국가원리의 구현과 관련되는 의무이다.

## Ⅳ 사회복지국가원리의 한계

( ⅰ ) 사회복지국가원리에 입각한 국가의 규제와 개입은 자유시장경제질서 그 자체를 부정하는 규제와 개입이어서는 아니 된다.

( ⅱ ) 사회정의를 구현하기 위한 사회복지국가 원리는 국가생활에서의 구체적 구현과정에서, 적법절차 내지 법치국가적 한계를 수용하여야 한다.

( ⅲ ) 사회복지국가원리에서의 국가적 규제와 개입은 개인의 자율과 창의에 바탕을 두어야 한다.

( ⅳ ) 사회복지국가원리를 구현하기 위하여 국민의 자유와 권리를 제한하는 경우에도, 그 자유와 권리의 본질적 내용을 침해할 수는 없다($^{제37조}_{제2항}$).

( ⅴ ) 사회복지국가원리를 실현하기 위하여 국가의 재정·경제적인 뒷받침이 있어야 하는데, 그것은 국가가 수용할 수 있는 부담능력의 한계와 연계된다.

( ⅵ ) 경제사회적 문제는 제1차적으로는 개인이 해결하고, 그것이 불가능할 경우에 한하여 국가가 적극적으로 개입하는 **보충성원리**에 따른 한계를 가진다.

## 제 2 항   사회적 시장경제주의

### Ⅰ   의의: 헌법과 경제질서

한국헌법은 제헌헌법 이래 독립된  경제 장﹅(제9장)을 마련한다. 이러한 헌법 편제는 자유민주주의헌법체제에서는 찾아보기 어렵다.

### Ⅱ   경제질서의 기본유형: 세계경제질서의 새로운 재편

#### 1. 순수한 시장경제질서

고전적인 자유주의원리에 입각한 순수한 의미의 시장경제질서를 유지하는 체제는 그 자취를 감추어간다. 굳이 찾아보자면 미국이 이 모델에 가장 가깝다.

#### 2. 사회적 시장경제질서: 전통적인 자유민주주의국가에서 좌·우파의 갈등

수정자본주의원리라 할 수 있는 사회적 시장경제질서가 전통적인 자본주의국가에서의 일반적 경제질서로 자리 잡고 있다. 사회적 시장경제질서를 유지하는 나라들에서도 좌·우파의 정책수단에 차이가 있다. 그러나 어떠한 경우에도 시장 메커니즘에 대한 전면전인 국가적 개입은 허용되지 아니한다. 다만, 사회복지국가가 지향하는 사회정의의 구현 정도에 따라 국가적 개입의 차이가 있을 뿐이다.

#### 3. 구소련을 비롯한 동유럽 각국의 시장경제질서로 편입

구소련의 와해와 그에 따른 독립국가연합CIS이라는 불안한 특수국가연합체제가 현존하는 가운데, 러시아에서도 시장경제질서가 도입되었다. 또한 폴란드를 비롯한 동유럽 각국도 시장경제질서를 도입한다. 그런데, CIS를 비롯한 동유럽 각국이 계획경제에서 시장경제로 진입하였다고는 하지만, 토지를 비롯한 중요생산수단이 국·공유화된 상태에서 출발하였다는 점에서, 서유럽 각국과 같이 생산수단의 사유화에서 출발한 모델과는 구별된다.

#### 4. 전통적인 사회주의국가의 경제질서가 처한 한계상황

사회주의적 계획경제질서를 유지하는 중국·북한 등이 자본주의적 시장경제 메커니즘을 어느 정도까지 도입할 수 있을지는 의문이다. 이들 나라에서도 합영법·경제특구 등을 통하여 자본주의적 시장경제가 작동한다.

## 5. 전 망

순수한 시장경제질서를 제외한 계획경제질서·사회적 시장경제질서·자유시장경제질서 모델은 당분간 존속하리라고 본다. 특히 서유럽 각국의 사회당의 정책방향과 동유럽 각국의 경제질서는 그 체제가 상이하지만, 사회민주주의적이라는 점에서 유사한 측면이 있다.[1]

## Ⅲ 헌법에서 경제질서의 기본원칙: 사회적 시장경제질서

### 1. 의 의

(ⅰ) 헌법 제119조에서는 경제질서의 기본원칙을 규정한다: ① 대한민국의 경제질서는 개인과 기업의 경제상의 자유와 창의를 존중함을 기본으로 한다. ② 국가는 균형있는 국민경제의 성장 및 안정과 적정한 소득의 분배를 유지하고, 시장의 지배와 경제력의 남용을 방지하며, 경제주체간의 조화를 통한 경제의 민주화를 위하여 경제에 관한 규제와 조정을 할 수 있다.

(ⅱ) 제119조 제1항은 대한민국의 경제질서에 관한 기본규정이다. 즉, "개인과 기업의 경제상의 자유와 창의를 존중함을 기본으로" 하는 시장경제질서원리를 천명한다. 시장경제질서는 재산권이 보장된 상황에서만 가능하다는 점에서, 헌법 제23조의 재산권보장과 그 맥락을 같이한다.

(ⅲ) 경제의 성장·안정·분배, 경제력남용의 방지와 경제의 민주화는 한국경제뿐만 아니라 세계경제가 안고 있는 당면과제이다. 이를 해결하기 위한 국가적 규제와 조정은 시대적 요구인 경제민주화 의지의 표현이다. 따라서 한국경제헌법

---

1. 세계 경제질서 모델

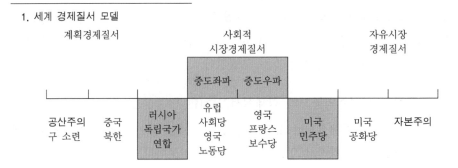

의 기본원칙은 시장경제·사유재산권보장·경제의 민주화로 볼 수 있다.

(ⅳ) 한국헌법에서 사회적 시장경제질서는 경제질서의 기본명제로서 시장경제·사유재산권보장·국가적 규제와 조정 등을 포괄하는 종합적·상위개념이다.

"우리나라 헌법상의 경제질서는 사유재산제를 바탕으로 하고 자유경쟁을 존중하는 자유시장경제질서를 기본으로 하면서도 이에 수반되는 갖가지 모순을 제거하고 사회복지·사회정의를 실현하기 위하여 국가적 규제와 조정을 용인하는 사회적 시장경제질서로서의 성격을 띠고 있다"(헌재 1996.4.25. 92헌바47, 축산업협 동조합법 제99조 제2항 위헌소원(위헌)).

(ⅴ) 제헌헌법의 경제질서는 국가적 규제와 통제의 성격이 강하였으나, 1954년 제2차 헌법개정 이후 국가의 규제와 조정이 상당부분 완화되었다.

## 2. 시장경제질서

시장경제는 공개된 상태에서 경쟁에 의한 가격의 형성, 생산 및 고용과 분배를 결정하는 경제구조이다. 시장경제의 기본인 자유경쟁은 필연적으로 경제주체인 "개인과 기업의 경제상의 자유"를 전제로 한다.

## 3. 재산권보장

헌법 제23조 제1항 "모든 국민의 재산권은 보장된다"라는 규정은 재산권보장에 관한 일반적이고 포괄적인 원칙규정이다. 아울러 제13조 제2항은 소급입법에 의한 재산권의 박탈을 금지한다(제3편 제4장 제3항 참조).

## 4. 경제의 민주화

헌법 제119조 제2항의 규정은 제1항의 시장경제원리에 대한 제약적 규정으로서 국가의 "경제에 관한 규제와 조정"을 선언한다. 즉, 국가는 ① 균형있는 국민경제의 성장 및 안정과, ② 적정한 소득의 분배를 유지하고, ③ 시장의 지배와 경제력의 남용을 방지하며, ④ 경제주체간의 조화를 통한 경제의 민주화를 위하여, ⑤ 경제에 관한 규제와 조정을 할 수 있다. 현행헌법은 종래 사회정의의 실현을 위한 경제에 관한 규제와 조정 대신 경제의 민주화를 실현하기 위한 규제와 조정으로 대체하였다. 하지만, 양자는 서로 조응照應하는 개념으로 보아야 한다.

"이는 헌법이 이미 많은 문제점과 모순을 노정한 자유방임적 시장경제를 지향하지 않고 아울러 전체주의국가의 계획통제경제도 지양하면서 국민 모두가 호혜공영(互惠共榮)하는 실질적인 사회정의가 보장되는 국가, 환언하면 자본주의적 생산양식이라든가 시장 메커니즘의 자동조절기능이라는 골격은 유지하면서 근로대중의 최소한의 인간다운 생활을 보장하기 위하여 소득의 재분배, 투자의 유도·조정, 실업자구제 내지 완전고용, 광범한 사회보장을 책임있게 시행하는 국가, 즉 민주복지국가의 이상을 추구하고 있음을 의미"한다( 현재 1989.12.22. 88헌가13. 국토이용관리법 제21조의3 제1항, 제31조의2의 위헌심판(합헌) ).

## Ⅳ 사회적 시장경제질서의 구체화

### 1. 의의: 경제영역에서의 국가목표

헌법의 경제질서 장章에서는 사회적 시장경제질서의 원리를 구현하기 위하여, 제120조의 천연자원 등의 국유화·사회화와 경제계획, 제121조의 농지제도, 제122조의 국토의 이용·개발, 제123조의 농·어민 및 중소기업의 보호·육성, 제124조의 소비자보호운동의 보장, 제125조의 대외무역, 제126조의 사영기업의 국·공유화, 제127조의 과학기술을 규정한다.

### 2. 국·공유화와 사유화

#### (1) 국유화·사회화

제120조 제1항이 중요한 국가자원에 대한 국유화 내지 사회화의 원칙규범이라면, 제120조 제2항(국토와 자원), 제121조(농지제도), 제122조(국토), 제126조(사영기업의 국·공유화)는 국유화·사회화에 관한 구체화 규범이다.

#### (2) 천연자원 등의 국·공유화

"광물 기타 중요한 지하자원·수산자원·수력과 경제상 이용할 수 있는 자연력은 **법률**이 정하는 바에 의하여 일정한 기간 그 채취·개발 또는 이용을 특허할 수 있다"( 제120조 제1항 ).

#### (3) 사영기업의 국·공유화와 경영에 대한 통제·관리

"국방상 또는 국민경제상 긴절한 필요로 인하여 **법률**이 정하는 경우를 제외하고는, 사영기업을 국유 또는 공유로 이전하거나 그 경영을 통제 또는 관리할 수 없다"( 제126조 ).

### 3. 경제계획

( ⅰ ) "국토와 자원은 국가의 보호를 받으며, 국가는 그 균형있는 개발과 이용을 위하여 필요한 계획을 수립한다"( 제120조 제2항 ). 이 규정과 농·어촌개발을 위한 '계획'( 제123조 제1항 )에 관한 규정이 헌법에서 국가에 의한 경제에 관한 계획의 전부이다.

즉, 헌법상 계획은 경제 전반에 관한 총체적 경제계획을 의미하지 아니하고, 국토나 자원의 이용·개발이나 농·어촌개발과 같은 특정한 부분에 대한 계획, 즉 부분적 경제계획에 불과하다.

(ⅱ) 시장경제를 기본원리로 하고 있는 민주주의국가에서의 경제계획은 계획경제를 기본으로 하는 사회주의적 계획경제와는 구별된다. 오늘날 시장경제에 있어서의 총체적 경제계획은 시장경제 그 자체의 부정이 아니라, 오히려 시장경제 그 자체에서 나타날 수 있는 여러 가지 모순을 시정하고 그 자체의 기능을 합리적으로 조절하기 위한, 현대적 경제정책의 한 부문을 의미한다.

### 4. 농지제도

(ⅰ) 헌법 제121조: ① 국가는 농지에 관하여 경자유전耕耆有田의 원칙이 달성될 수 있도록 노력하여야 하며, 농지의 소작小作제도는 금지된다. ② 농업생산성의 제고와 농지의 합리적인 이용을 위하거나 불가피한 사정으로 발생하는 농지의 임대차와 위탁경영은 법률이 정하는 바에 의하여 인정된다.

(ⅱ) 제121조 제2항은 제1항에서 천명한 경자유전의 원칙에 대한 예외조항이다. 전근대적 법률관계인 소작제도는 헌법에서 명시적으로 금지하면서, 이에 대한 대체제도로서 위탁경영과 임대차라는 근대적 법률관계의 설정을 허용한다.

### 5. 국토의 이용·개발

"국가는 국민 모두의 생산 및 생활의 기반이 되는 국토의 효율적이고 균형있는 이용·개발과 보전을 위하여 법률이 정하는 바에 의하여 그에 관한 필요한 제한과 의무를 과할 수 있다"($^{제122}_{조}$). 이에 토지공개념 이론에 따라 관련 법률이 제정되었다($^{제3편 \ 제4장 \ 제5절}_{제3항 \ Ⅴ. \ 3. \ 참조}$).

### 6. 농·어민 및 중소기업의 보호·육성

"국가는 농업 및 어업을 보호·육성하기 위하여 농·어촌종합개발과 그 지원 등 필요한 계획을 수립·시행하여야 한다"($^{제123조}_{제1항}$). "국가는 지역간의 균형있는 발전을 위하여 지역경제를 육성할 의무를 진다"($^{제123조}_{제2항}$). "국가는 중소기업을 보호·육성하여야 한다"($^{제123조}_{제3항}$). "국가는 농수산물의 수급균형과 유통구조의 개선에 노력하여 가격안정을 도모함으로써 농·어민의 이익을 보호한다"($^{제123조}_{제4항}$). "국가는 농·어민과 중소기업의 자조조직을 육성하여야 하며, 그 자율적 활동과 발전을 보장한다"($\frac{제123조}{제5항}$). 이는 상대적으로 취약한 농·어업과 중소기업을 보호·육성하고, 더 나아가 농·어민과 중소기업인을 보호하려는 의지의 표현이다.

### 7. 소비자보호운동의 보장

"국가는 건전한 소비행위를 계도하고 생산품의 품질향상을 촉구하기 위한 소비자보호운동을 법률이 정하는 바에 의하여 보장한다"($\frac{제124}{조}$). 헌법에서 '소비자보호운동'의 보장이라고 규정하고 있으므로, 이를 제도보장으로 이해할 수 있다.

### 8. 대외무역

"국가는 대외무역을 육성하며, 이를 규제·조정할 수 있다"($\frac{제125}{조}$).

### 9. 과학기술

"① 국가는 과학기술의 혁신과 정보 및 인력의 개발을 통하여 국민경제의 발전에 노력하여야 한다. ② 국가는 국가표준제도를 확립한다. ③ 대통령은 제1항의 목적을 달성하기 위하여 필요한 자문기구를 둘 수 있다"($\frac{제127}{조}$). 이에 따라 대통령 자문기구로 국민경제자문회의를 설치하고 있다.

### 10. 국가의 경제질서에 대한 개입의 한계

(ⅰ) 헌법상 경제질서의 기본원칙(사유재산권보장·시장경제·경제의 민주화)을 벗어나는 국가의 경제에 대한 개입은 허용되지 아니한다. 즉, 재산권의 본질적 내용 침해, 시장경제에 입각한 규제와 조정(보충성원리)이 아닌 사회주의적 계획경제질서의 전면적 도입(예컨대, 사유재산의 전면적 국·공유화), 개인의 자율과 창의의 배제, 법치국가 원리 위배 등은 용납되지 아니한다.

(ⅱ) 다른 한편, 국가가 경제질서에 대하여 소극적인 방임자적 자세를 취하여도 아니 된다. 즉, 시장경제 자체를 왜곡하는 독과점에 대하여는 국가의 적극적 개입이 불가피하다.

# 제 3 항   문화국가원리

## Ⅰ   의    의

( ⅰ ) 한국헌법(학)에서 '문화국가원리'는 비교적 최근에 논의되기 시작하였다. 그런데, 독일의 근대화과정에서 제기된 '문화국가'Kulturstaat원리가, 우리나라에서 자칫 문화에 대한 국가의 개입을 정당화할 소지가 있다는 우려도 제기된다.

( ⅱ ) 제헌헌법 이래 헌법전문에 '문화'라는 표현이 있긴 하지만, 1980년 헌법에서 처음으로 헌법 본문에 '문화', '전통문화', '민족문화'를 규정하기에 이르렀다. 하지만, 문화국가원리의 정립이라는 차원에서 본다면, 현행헌법은 전통문화・민족문화에 한정되어 있다는 점에서 그 한계가 있다(제9조,제69조).

( ⅲ ) 문화국가원리는 법치국가원리・사회복지국가 원리와 마찬가지로 헌법에 명문의 규정은 없지만, 국가의 기본원리로 인정된다. 문화국가원리를 구현하기 위하여 문화기본법이 제정되었다. 문화기본법은 문화의 본질적 속성인 다양성・자율성・창조성 원리의 조화로운 실현을 기본이념으로 한다.

( ⅳ ) 문화란 교육・학문・문학・예술 등 "인간의 정신적・창조적 활동영역"이라고 정의할 수 있다. 문화국가란 국가가 개인의 문화적 자유와 자율을 보장함과 더불어, 적극적으로 개인의 문화적 생활을 구현하기 위하여 노력하는 국가를 말한다.

## Ⅱ   문화국가원리의 내용

### 1. 의    의

문화의 자율성은 문화의 경제적 종속성, 전통문화의 쇠퇴, 문화적 불평등과 같은 새로운 상황에 직면한다. 국가는 문화의 다원성을 구현할 수 있도록 적극적인 문화정책을 펼쳐야 한다. 문화의 다양성 보호와 증진을 위하여 '문화다양성의 보호와 증진에 관한 법률'이 제정되었다.

### 2. 문화국가원리의 실현과 문화정책

문화국가원리의 실현은 국가의 문화정책과 직접적으로 연계된다. 국가는 문화가 꽃을 피울 수 있는 불편부당한 풍토의 조성에 노력하여야 한다.

"오늘날에 와서는 국가가 어떤 문화현상에 대하여도 이를 선호하거나, 우대하는 경향을 보이지 않는 불편부당의 원칙이 가장 바람직한 정책으로 평가받고 있다. 오늘날 문화국가에서의 문화정책은 그 초점이 문화 그 자체에 있는 것이 아니라 문화가 생겨날 수 있는 문화풍토를 조성하는 데 두어야 한다"(헌재 2004.5.27. 2003헌가1등, 학교보건법 제6조 제1항 제2호 위헌제청 등(위헌,헌법불합치,적용중지)).

### 3. 문화의 국가로부터의 자유

문화에 대한 국가의 개입은 자칫 인간의 정신적·창조적 활동영역을 저해할 소지가 있다. 즉, 문화국가원리에 따라 국가는 문화정책을 적극적으로 시행할 의무가 있으나, 자칫 문화영역에 대한 국가의 지배와 간섭으로 이어져서는 아니 된다. 그러므로 문화에 대한 국가적 개입은 최소한에 그쳐야만 한다. 즉, 문화국가원리가 가지는 태생적 특성과 그에 대한 우려를 고려한다면, 문화에 대한 '불편부당의 원칙'에 따라 "지원은 하되 간섭하지 아니한다"라는 명제가 구현되어야 한다.

### 4. 문화에 대한 국가적 개입

문화에 대한 국가적 개입은 사회복지국가원리에서의 국가적 규제나 개입과는 그 성격을 달리한다. 전자는 조성적이지만, 후자는 조정적이다. 문화에 대한 국가적 개입의 포기는 문화국가원리의 포기로 이어질 수 있기 때문에, 국가는 목적과 방법에서의 한계 안에서 개입하여야 한다. 그것은 조성·육성·진흥·계승·발전·지원의 차원에서 이루어져야 하며, 직접 규제는 최소한에 그쳐야 한다.

## Ⅲ  헌법에서 문화국가원리의 구현

### 1. 문화국가원리의 일반적 구현

헌법전문에서부터 '문화'를 보호할 뿐만 아니라, "국가는 전통문화의 계승·발전과 민족문화의 창달을 위하여 노력하여야 한다"(제9조). 문화국가원리의 구현을 위하여 국가는 물질적 측면에서의 인간다운 생활을 할 권리를 뛰어넘어, 문화적 측면에서의 인간다운 생활을 할 권리를 구현할 수 있도록 노력하여야 한다.

### 2. 문화민족국가의 구현

1980년 헌법 이래 "국가는 전통문화의 계승·발전과 민족문화의 창달에 노력하여야 한다"(제9조)라고 규정하여 문화민족의 자존심을 지키려 한다. 하지만, 전통문화라 하여 무조건 보호하기보다는 시대적 상황에 맞는 문화를 보호·증진하여야 한다. 헌법재판소는 스크린쿼터제에 대하여 국내문화를 보호·증진하기 위한 합헌적 제한이라고 판시한다(헌재 1995.7.21. 94헌마125, 영화법 제26조 등 위헌확인(기각)). 반면에, 과외교습금지는 "창의와 개성, 최고도의 능력발휘를 교육의 이념으로 삼고 국민 개개인의 개별성과 다양성을 지향하는 헌법상의 문화국가원리에도 위배"된다고 판시한 바 있다 (헌재 2000.4.27. 98헌가16등, 학원의설립·운영에관한법률 제22조 제1항 제1호 등 위헌제청, 동법 제3조 등 위헌확인(위헌)).

### 3. 문화적 기본권의 정립

( i ) 헌법의 기본원리로서의 문화국가원리와 문화적 기본권은 서로 호응하는 동반자적 관계로 나아가야 한다. 다른 한편, 문화적 기본권은 기본권으로서의 속성과 그 출발점이라는 관점에서 본다면, 사회복지국가원리 및 사회권으로부터 비롯된 속성을 무시할 수 없다.

( ii ) 개인의 정신적·창조적 활동영역을 보장하기 위한 양심의 자유(제19조), 종교의 자유(제20조), 표현의 자유(제21조), 학문과 예술의 자유(제22조 제1항) 등은 문화적 기본권의 측면을 가진다. 특히 환경권(제35조), 국가의 환경보전의무(제35조 제1항), 국가의 국민의 쾌적한 주거생활을 위한 노력(제35조 제3항) 등은 문화적 기본권과 직접적으로 관련된다. 더 나아가 혼인과 가족제도도 가족에 관한 권리(제36조)로 문화적 기본권에 포섭될 수 있다.

( iii ) 한편, 문화기본법에서는 "모든 국민은 성별, 종교, 인종, 세대, 지역, 정치적 견해, 사회적 신분, 경제적 지위나 신체적 조건 등에 관계없이 문화 표현과 활동에서 차별을 받지 아니하고 자유롭게 문화를 창조하고 문화 활동에 참여하며 문화를 향유할 권리(문화권)를 가진다"라고 규정한다(제4조).

### 4. 국가유산(문화재) 및 창작물 등의 보호

"저작자·발명가·과학기술자와 예술가의 권리는 법률로써 보호한다"(제22조 제2항). 비록 이들의 권리가 기본권으로 정립되어 있지는 아니하지만, 학문과 예술의 자유에 준하는 수준의 법적 보호를 받아야 한다. 특히 국가유산은 전 세계 인류의 자산이라는 차원에서 보호되어야 한다.

# 제 4 관  국제질서의 기본원리 : 국제평화주의

## 제 1 항  국제평화주의

## I  의  의

전쟁의 참화를 방지하기 위하여 일찍이 그로티우스·칸트 등이 국제평화론을 제창하였지만, 국제평화주의 이념을 제도적으로 실현하지는 못하였다. 제1차 세계대전 이후 창설된 국제연맹은 초강대국 미국의 불참으로 그 기능을 제대로 발휘하지 못하였다. 1928년에 전쟁포기에 관한 조약不戰條約이 체결되었으나, 그 위반에 대한 제재수단의 결여로 실효성을 거두지 못하였다. 제2차 세계대전 이후 인간존엄성 말살抹殺에 대한 우려에 따라 국제연합UN이 탄생하였고, 유엔헌장은 침략전쟁뿐 아니라 분쟁해결수단으로서의 전쟁 또는 무력의 행사를 금지한다.

## II  국제평화주의의 헌법적 보장

제2차 세계대전 이후 각국은 국제평화주의이념을 헌법에 명시한다.

( i ) 1949년에 제정된 독일기본법과 같이 강력한 평화조항을 규정하는 예를 들 수 있다. 침략전쟁의 거부($^{제26조}_{제1항}$), 평화교란행위의 금지($^{제26조}_{제1항}$), 군수물자의 생산·수송·유통의 통제($^{제2}_{항}$), 통치권의 제한($^{제24조}_{제1항}$), 양심적 병역거부권($^{제4조}_{제3항}$), 국제법규의 국내법에 대한 우월($^{제25}_{조}$) 등을 규정한다.

( ii ) 제2차 세계대전의 또 다른 전범국가인 일본은 1946년 헌법에서 교전권의 포기와 전력戰力 보유의 금지까지 규정한 유일한 국가이다($^{제9}_{조}$).

(iii) 침략전쟁을 부인하는 헌법으로는 한국헌법 등을 들 수 있다.

(iv) 국제분쟁의 평화적 해결의무를 국가의 의무로서 헌법에 규정하기도 한다 (1931년 스페인 헌법).

( v ) 영세중립을 선언한 국가도 있다. 스위스는 1815년 비인회의의 결과 영세 중립국이 되었고, 1955년 오스트리아 헌법은 영세중립을 선언한다($^{제1조}_{제1항}$).

(vi) 각국 헌법에서의 평화유지를 위한 노력은 오늘날 지역안보회의 등을 통하여 상당부분 결실을 기둔다. 하지만, 세계내전은 아니라 하더라도 여전히 국지

전局地戰이 계속 발발한다. 또한 강대국을 중심으로 군비강화나 신무기개발이 계속되기 때문에, 자국의 안보를 위한 노력은 각국에서 강화된다. 특히 남북분단의 특수상황에 처한 한반도에서는, 경제대국 일본의 재무장再武裝과 중국을 비롯한 한반도를 둘러싼 초강대국의 전력 강화로 새로운 긴장을 초래한다.

## Ⅲ 헌법에서 국제평화주의의 구현

### 1. 국제평화주의의 일반적 선언

헌법전문에서 "안으로는 국민생활의 균등한 향상을 기하고 밖으로는 항구적인 세계평화와 인류공영에 이바지함으로써 우리들과 우리들의 자손의 안전과 자유와 행복을 영원히 확보할 것을 다짐하면서"라고 규정하고, 제5조 제1항에서 "대한민국은 국제평화의 유지에 노력하고"라고 하여 국제평화주의를 명시한다.

### 2. 침략전쟁侵略戰爭의 부인

( i ) 제5조 제1항에서 "대한민국은 국제평화의 유지에 노력하고 침략적 전쟁을 부인한다"라고 규정한다. 침략전쟁은 적의 직접적 공격을 격퇴하기 위한 자위전쟁自衛戰爭에 대응하는 개념으로서, 영토의 확장·국가이익의 실현·국제분쟁의 해결을 위한 수단으로서 행하는 무력행사를 말한다. 한국헌법은 침략적 전쟁을 부인한다는 점에서, 교전권交戰權 자체를 부인하는 일본헌법과 구별된다.

국군의 이라크전쟁파견결정이 침략전쟁을 부인하고 있는 헌법 제5조 제1항에 위반된다는 이유로 제기된 헌법소원에 대하여, 헌법재판소는 각하결정을 내리고 있다. 즉, 서희(徐熙)·제마(濟馬)부대의 파병과 관련된 국무회의의 결정은 그 자체로 국민에 대하여 직접적인 법률효과를 발생시키는 행위가 아니며, 대통령의 결정과 국회의 의결은 기본권침해의 자기관련성이 없다( 헌재 2003.12.18. 2003헌마225, 이라크전쟁파견동의안의결 위헌확인(각하) / 및 헌재 2003.12.18. 2003헌마255등, 이라크전쟁파견결정등 위헌확인(각하) ). 한편 자이툰부대의 파병에 관한 대통령의 파병결정은 그 성격상 국방 및 외교에 관련된 고도의 정치적 결단을 요하는 문제로서 헌법과 법률이 정한 절차를 지켜 이루어진 이상, 대통령과 국회의 판단은 존중되어야 하고 헌법재판소가 사법적 기준만으로 이를 심판하는 것은 자제되어야 한다( 헌재 2004.4.29. 2003헌마814, 일 / 반사병 이라크파병 위헌확인(각하) ).

( ii ) 제5조 제2항에서 "국군은 국가의 안전보장과 국토방위의 신성한 의무를 수행함을 사명으로 하며, 그 정치적 중립성은 준수된다"라고 규정한다. 그 밖에도 대통령의 국군통수권(제74조 제1항), 국군의 조직과 편성의 법정주의(제74조 제2항), 국민의 국방의무(제39조 제1항), 국가안전보장회의(제91조), 군사법원(제27조 제2항, 제110조), 군사에 관한 주요사항

에 대한 국무회의의 필수적 심의(제89조 제2호·제6호·제16호), 선전포고 등 군사행동에 대한 국회의 동의(제60조 제2항) 등 군사관련 규정은 침략전쟁에 대응하고 자위전쟁에 부응하는 헌법규범이다.

### 3. 국제법규의 존중

헌법 제6조 제1항은 "헌법에 의하여 체결·공포된 조약과 일반적으로 승인된 국제법규는 국내법과 같은 효력을 가진다." 제6조 제2항은 "외국인은 국제법과 조약이 정하는 바에 의하여 그 지위가 보장된다"라고 규정하여 국제법존중주의를 명시한다.

### 4. 평화적 통일의 지향

한국헌법은 평화통일을 지향한다. 헌법전문에서 "조국의 … 평화적 통일의 사명"을, 제4조에서 "대한민국은 통일을 지향하며, 자유민주적 기본질서에 입각한 평화적 통일정책을 수립하고 이를 추진한다"라고 규정하고, 제66조 제3항에서 "대통령은 조국의 평화적 통일을 위한 성실한 의무를 진다"라고 규정하며, 제69조의 대통령의 취임에 즈음한 선서문에서 "조국의 평화적 통일 …에 노력하여 대통령으로서의 직책을 성실히 수행할 것을 국민 앞에 엄숙히 선서"한다고 규정하며, 제92조 제1항은 "평화통일정책의 수립에 관한 대통령의 자문에 응하기 위하여 민주평화통일자문회의를 둘 수 있다"라고 규정한다.

## 제 2 항  평화통일주의

## I  의   의

국가의 통일(통합)이란 원래 둘 이상의 국가들이 통합한 하나의 국가 건설을 의미하지만, 남북한의 통일은 원래 단일한 하나의 국가가 역사적으로 분단되었다가 재결합하는 통일을 의미한다. 제2차 세계대전과 동서냉전시대의 산물로 야기된 분단국가들이 차례로 통일을 성취함으로써(1975년 베트남, 1990년 독일, 1992년 예멘) 이제 한국이 유일한 분단국가로 남아있다.

## II  헌법의 평화통일주의

### 1. 헌법상 평화통일주의의 직접적인 천명

헌법전문을 비롯하여 여러 조항에서 "평화적 통일"의 원칙을 직접 천명闡明한다. 즉, 전문에서 대한국민은 "평화적 통일의 사명"을 가지며, 제4조에서 "대한민국은 통일을 지향하며, 자유민주적 기본질서에 입각한 평화적 통일정책을 수립하고 이를 추진"하고, 제66조 제3항에서는 "대통령은 조국의 평화적 통일을 위한 성실한 의무를" 규정하고, 제69조의 대통령취임선서문에서 "조국의 평화적 통일"을 선서하며, 제92조 제1항에서 "평화통일정책의 수립에 관한 대통령의 자문에 응하기 위하여 민주평화통일자문회의를 둘 수 있다"라고 규정한다.

### 2. 헌법상 평화통일주의의 간접적인 천명

평화통일의 원칙은 헌법에 직접 규정한 조항 이외에도 간접적으로 관련된 조항에서도 인정된다. 국제평화주의원칙은 곧 조국의 평화적 통일과 관련될 수밖에 없다. 헌법전문에서 "항구적인 세계평화와 인류공영에 이바지함으로써 우리들과 우리들의 자손의 안전과 자유와 행복을 영원히 확보할 것을 다짐"하고, 제5조 제1항에서 "대한민국은 국제평화의 유지에 노력하고 침략적 전쟁을 부인한다"라고 규정하고, 제2항에서 "국군은 국가의 안전보장과 국토방위의 신성한 의무를 수행함을 사명으로 하며, 그 정치적 중립성은 준수된다"라고 규정함으로써 대한민국이 평화통일의 원칙을 추구하고 있음을 간접적으로 보여준다.

### 3. 국민과 대통령의 평화적 통일을 위한 책무

(ⅰ) 평화통일의 성취는 이 시대 대한민국 국민의 권리이자 의무이기도 하다. 대통령은 통일과 관련된 중요정책에 대하여 국민투표($_{조}^{제72}$)를 통하여 주권자인 국민의 합의를 도출함으로써 통일정책에 대한 국민적 정당성이 확보될 수 있다.

(ⅱ) 또한 대통령의 평화통일을 위한 책무가 명시되어 있다($_{항, 제69조}^{제66조 제3}$). 이에 따라 대통령은 국가원수이자 국정의 최고책임자로서 통일과업을 달성하기 위한 최종적인 정책적 결단권을 가진 자 아니할 수 없다. 여기에 주권자로서의 국민과 국가원수로서의 대통령 사이에 민주적 절차와 방법에 의한 합의가 필요하다.

### 4. 자유민주적 기본질서에 입각한 평화적 통일

헌법이 추구하는 통일은 무력이 아닌 평화적 수단과 방법에 의한 통일임이 분명하다. 그러나 그 통일이 자유민주주의를 부인하는 전체주의 내지 공산주의에 입각한 통일이어서는 아니 된다. 바로 그러한 점이 평화적 통일이 가진 헌법적 함의임과 동시에 한계이다.

## Ⅲ  평화통일주의와 대한민국의 영토조항

헌법 제3조의 "대한민국의 영토는 한반도와 그 부속도서로 한다"라는 영토조항과 평화통일조항 사이에 규범조화적 해석이 필요하다. 사실 영토조항을 문언대로 이해하면 휴전선 이북지역에도 대한민국헌법의 효력이 미친다. 헌법의 영토조항에 의하면 북한의 휴전선 이북에 대한 실효적 지배를 부정하기 때문에, 평화적 통일조항과 상충될 수 있다.

### 1. 헌법에서 영토조항의 정당화이론

영토조항의 정당화이론의 논리는 다음과 같다.

(ⅰ) 헌법에서 대한민국의 영토 범위를 명백히 함으로써 타국에 대하여 침략적 야욕이 없음을 분명히 한다(국제평화주의론).

(ⅱ) 대한민국은 한반도의 유일한 합법정부이다(유일합법정부론).

(ⅲ) 따라서 휴전선 이북지역은 조선민주주의인민공화국이라는 불법적인 반국가단체가 지배하고 있는 미수복지역이다(미수복지역론).

(ⅳ) 더구나 영토조항은 구한말舊韓末의 영토를 승계(구한말영토승계론)한 대한

민국의 정통성과 직결되는 사안이므로, 이 문제는 현실적 상황논리로 해결할 성격이 아니다. 즉, 북한도 대한민국의 영토의 일부라고 본다.

이러한 견해는 타당성은 있으나 헌법규범이 **실효성**이 없다는 문제점을 자유민주적 기본질서에 입각한 평화통일에 따라 자연스럽게 해결될 수 있다고 본다. 즉, 이 견해는 현행헌법을 통일한국의 **완성헌법**으로 이해한다. 영토조항의 정당화이론에 의하면 통일의 방안으로서 무력에 의한 통일을 배제하는 한 영토조항은 평화통일조항과 충돌되지 아니하며 오히려 이와 조화된다.

## 2. 영토조항의 현실적 해석론

헌법의 영토조항에 대한 문리해석은 필연적으로 휴전선 이북지역에서 북한의 지배는 불법적 지배이며, 결국 북한은 반국가단체가 될 수밖에 없다. 따라서 헌법의 평화통일 원칙과 규범조화적 해석을 위하여 현실적 상황에 부응한 영토조항의 해석이 불가피하다는 입장이다.

(ⅰ) 영토는 새로운 국가를 건설하면서 헌법제정권자가 내린 근본결단에 기초하기 때문에, 헌법개정의 차원을 뛰어 넘는 중요한 사안이라는 인식에 기초하여, 헌법의 영토조항은 그대로 둔 채 단지 변화된 헌법현실에 부응한 헌법변천의 차원에서 영토조항을 재해석하여야 한다고 본다. 헌법변천론도 영토조항을 **통일한국의 영토조항**으로 이해하는 견해와, 헌법변천에 따라 영토조항은 사문화되었다는 견해로 나누어진다.

(ⅱ) 특히 평화통일조항에 무게를 두는 견해에 의하면, 제헌헌법 이래 규정되어 온 영토조항에 입각한 한반도유일합법정부론은, 1972년 헌법 이래 새로 첨가된 평화통일조항과의 관계에서 신법이 구법에 우선한다든가 현실적 원칙이 비현실적 원칙에 우선한다는 논리에 입각하여 영토조항의 포기로 본다.

(ⅲ) 평화통일을 중요한 가치지표로 추구하는 헌법질서에 따라, 북한을 하나의 **실제적 통치집단**으로 인정하고, 북한지역까지 대한민국의 영토로 보려는 경직되고 비현실적인 냉전시대의 사고에서 탈피하여야 한다고 주장한다. 이 견해는 독일에서 '1민족2국가론'으로 통일문제를 접근한 데에서 그 교훈을 찾는다.

(ⅳ) 영토조항은 미래지향적 규정으로서 한반도 전체를 영토로 한 국가형성이라는 미래에 달성하여야 할 목표를 제시하는 **미래지향적·미완성적** 성격을 가진 조항이며, 평화통일조항은 영토조항이 제시하는 목표를 달성하기 위하여 현재 국가가 취하여야 할 절차·방법·내용을 규정하는 **현실적·구체적** 성격을 가진 조

항이라는 견해도 있다.

### 3. 헌법규범과 헌법현실 사이의 괴리를 최소화하는 논리의 필요성

( i ) 기존의 영토조항 해석론이 변화된 국내외적 현실을 헤쳐 나가는 과정에서 장애요인이 된다면 이제 이를 보다 전진적인 자세로 해석할 필요가 있다. 하지만, 헌법의 핵인 영토조항이 가진 규범력을 무시할 수는 없다. 즉, 영토조항에 근거하여 만약 북한붕괴 등의 긴급사태가 발생할 경우에 북한지역에도 대한민국의 통치권이 미치고, 대한민국이 한반도의 유일한 합법정부이고, 대외적으로는 북한과의 관계가 국가 대 국가의 관계라는 면이 있을지라도 대내적으로는 한민족 내부의 관계에 불과하다는 규범적 의미를 내포한다.

( ii ) 따라서 대한민국의 영토는 한반도 전체이지만, 그 실질적 통치권을 행사하는 수단으로 무력이 아닌 평화적 방법을 추구하여야 한다고 이해함으로써 평화통일조항과 영토조항을 조화롭게 해석할 수 있다.

### Ⅳ 평화통일주의와 국가보안법

( i ) 국가보안법은 "국가의 안전을 위태롭게 하는 반국가활동을 규제함으로써 국가의 안전과 국민의 생존 및 자유를 확보"(제1조 제1항)하기 위하여 제정되었다. 그러나 국가보안법은 냉전체제적인 법적 성격 및 그 규범운용의 지나친 자의적 성격으로 인하여 위헌논의가 계속되어왔다. 이에 1991년에 법 개정을 통하여 "이 법을 해석적용함에 있어서는 제1항의 목적달성을 위하여 필요한 최소한도에 그쳐야 하며, 이를 확대해석하거나 헌법상 보장된 국민의 기본적 인권을 부당하게 제한하는 일이 있어서는 아니 된다"(제1조 제2항)라는 조항을 삽입하였다. 하지만, 헌법의 평화통일원칙에 비추어 국가보안법 위헌론이 제기된다.

( ii ) 대법원은 줄곧 국가보안법의 합헌성을 인정한다. 북한이 여전히 적화통일노선을 포기하지 아니하고, 반국가단체로서의 성격도 가지므로 국가보안법의 규범력도 여전히 유효하다고 판시한다(대판(전합) 2010.7. 23. 2010도1189.)(대판 2012.10.11. 2012도7455). 헌법재판소도 비슷한 입장이다. 즉, 국가보안법에서 위헌 여부가 문제된 규정에 대하여 **한정합헌결정**을 내린다(헌재 1990.4.2. 89헌가113. 국가보안법 제7조에 대한 위헌심판(한정합헌)). 그런데, 헌법재판소의 반대의견에서는 국가보안법을 위헌으로 본다. 특히 남북관계의 진전에 따라 국가보안법의 위헌성을 더욱 강조한다.

(ⅲ) 국가보안법에서 북한은 "정부를 참칭하거나 국가를 변란할 것을 목적으로 하는 국내외의 결사 또는 집단으로서 지휘통솔체제를 갖춘 단체"($^{제2조}_{제1항}$)이므로 반국가단체로 볼 수밖에 없다. 이에 따라 잠입·탈출($^{제6}_{조}$), 찬양·고무 등($^{제7}_{조}$), 회합·통신($^{제8}_{조}$) 등을 처벌한다. 앞으로 이들 규정의 합리적 개정이 필요하다.

'제1항 가운데 찬양·고무·선전 또는 이에 동조할 목적으로 제작·운반·반포한 자'에 관한 부분이 헌법에 위반되지 아니한다"(6:3)($^{헌재 2023.9.26. 2017헌바42, 국가보안}_{법 제2조 제1항 등 위헌소원(합헌,각하)}$). 그런데 "제7조 제5항 중 '제1항 가운데 찬양·고무·선전 또는 이에 동조할 목적으로 소지·취득한 자'에 관한 부분"은 위헌의견이 더 많다는 점에 주목할 필요가 있다(4:5).

## Ⅴ 평화통일주의와 남북 교류·협력

(ⅰ) 헌법에서 평화통일조항과 영토조항이 병존된 상태에서 '남북교류협력에 관한 법률'이 제정되어, 국가보안법이 합헌이라면 동법은 위헌의 소지가 있다. 이에 국가보안법과의 합리적인 관계설정 등이 문제된다. 헌법재판소는 남북교류협력법의 제정목적과 성격에 대하여 평화통일을 지향하는 기본법이며 동법이 적용되는 범위에서 국가보안법의 적용이 배제되므로, 남한주민이 북한주민을 접촉하고자 할 때 통일부장관의 승인을 얻도록 하는 규정은, 통일에 관한 국민의 기본권을 침해하지 아니한다고 판시하였다. 더 나아가서 통일에 관한 헌법규정은 국가의 **통일의무를** 규정할 뿐 국민 개개인의 통일에 관한 기본권 즉, 통일과 관련된 구체적인 행동을 요구하거나 일정한 행동을 할 수 있는 권리가 도출된다고 볼 수 없다고 판시한다($^{헌재 2000.7.20. 98헌바63, 남북교류협력}_{에관한법률 제9조 제3항 위헌소원(합헌)}$).

생각건대 '남북교류협력에 관한 법률'과 국가보안법은 전혀 다른 법체계가 아니라, **특별법과 일반법의 관계**에 있다고 보아야 한다. 만약 이를 전혀 다른 법체계로 이해할 경우 통일을 향한 남북교류의 활성화는 언제나 국가보안법으로 족쇄가 채워질 우려가 있다. 통일대업을 달성하기 위하여 정부차원의 교류협력과 더불어 민간차원의 교류협력도 불가피하다. 따라서 법의 해석·적용에 있어서도 개방적 상황을 반영하여야 한다. 즉, '남북교류협력에 관한 법률'은 남북교류를 활성화하기 위하여 남북한 주민의 왕래에 관하여는 "대통령령이 정하는 바에 따라 통일부장관의 방문승인을 받아야 하며 통일부장관이 발급한 증명서(방문증명서)를 소지하여야 한다"($^{제9조}_{제1항}$). 또한 "남한의 주민이 북한의 주민과 회합·통신, 그 밖의 방법으로 접촉하려면 통일부장관에게 미리 신고하여야 한다"($^{제9조의}_{2 제1항}$). 남북교류협력에 있어서 이 법은 다른 법률에 우선적으로 적용된다.

(ⅱ) '남북교류협력에 관한 법률'($^{제12}_조$)과 '남북관계 발전에 관한 법률'($^{제3}_조$)에서는 남한과 북한의 관계는 국가간의 관계가 아닌 통일을 지향하는 과정에서 잠정적으로 형성되는 특수관계로, 남한과 북한간의 거래는 국가 사이의 거래가 아닌 민족내부의 거래로 규정한다.

대북 전단 등의 살포를 금지하고 그 위반 시 처벌'하는 '남북관계 발전에 관한 법률'은 표현의 자유를 침해한다(7:2)(헌재 2023.9.26. 2020헌마1724. 남북관계 발전에 관한 법률 일부 개정법률 위헌확인(위헌)).

(ⅲ) 1991년에 체결된 남북기본합의서의 헌법적 근거로는 헌법 제4조의 평화통일조항을 들 수 있다. 그런데, 이 합의서가 헌법 제3조의 영토조항에 위배되는지 여부가 문제된다. 하지만, 남북한의 통일이 무력이 아닌 평화적 방법으로 이루어져야 한다는 헌법적 요청을 실현하는 과정에서, 북한과의 대화·교류·협력은 불가피하므로 위헌으로 볼 수는 없다. 헌법재판소는 남북기본합의서의 법적 성격에 대하여 "일종의 공동성명 또는 신사협정에 준하는 성격을 가짐에 불과하여 법률이 아님은 물론 국내법과 동일한 효력이 있는 조약이나 이에 준하는 것으로 볼 수 없다"라고 하여, 정치적 구속력은 있을 수 있으나 법적 구속력은 없어서 국내법과 동일한 효력이 없다고 판시한다(헌재 2000.7.20. 98헌바63. 남북교류협력에관한법률 제9조 제3항 위헌소원(합헌)).

# Ⅵ 결 어

평화통일의 원칙은 헌법을 지배하고 있는 기본원칙이다. 따라서 그 어떠한 헌법해석론이나 법률도 이 원칙에 어긋나서는 아니 된다. 헌법의 영토조항도 평화통일의 원칙에 부합하는 범위 내에서 재해석이 불가피하다. 국가보안법도 역시 재검토가 필요하다. 더구나 '남북 교류협력에 관한 법률'까지 제정하면서 남북교류와 협력을 강화하고 있는 시대적 상황에 비추어, 국가보안법은 그야말로 국가안보에 직결되는 범주 안으로 축소 적용하든가 아니면 폐지되어야 한다.

특히 2000년 6월 15일·2007년 10월 4일 남북정상회담에 이어, 2018년 4월 27일·5월 26일 판문점 및 9월 18일 평양에서 개최된 남북정상회담과, 6월 12일 싱가포르·2019년 2월 27-28일 하노이·2019년 6월 30일 판문점 미북정상회담을 통하여 한반도의 평화를 위한 노력을 계속한다.

# 제3항 국제법존중주의

## I 의의

헌법 제6조 제1항은 "헌법에 의하여 체결·공포된 조약과 일반적으로 승인된 국제법규는 국내법과 같은 효력을 가진다." 제6조 제2항은 "외국인은 국제법과 조약이 정하는 바에 의하여 그 지위가 보장된다"라고 규정하여 국제법존중주의를 명시한다.

## II 국제법과 국내법의 관계

국제법과 국내법의 관계에 관하여는 양자를 별개의 법체계로 파악하는 입장(이원론)과 동일한 법체계에 속한다고 보는 입장(일원론)이 대립하지만, 한국헌법의 해석상 양자는 동일한 법체계에 속한다고 보아야 한다. 국제법의 국내법적 효력에 관하여는 국제법우위론과 국내법우위론이 대립된다. 하지만, 적어도 국내법질서체계에서는 국제법도 헌법의 하위규범일 수밖에 없다.

> "헌법 제6조 제1항의 국제법존중주의는 우리나라가 가입한 조약과 일반적으로 승인된 국제법규가 국내법과 같은 효력을 가진다는 것으로서 조약이나 국제법규가 국내법에 우선한다는 것은 아니다"(헌재 2001.4.26. 99헌가13, 부정수표 단속법 제2조 제2항 위헌제청(합헌)).

## III 국제법의 국내법적 효력

### 1. 의의

국제법의 국내법적 수용에 있어서 ① 국내법적 형식을 취할 경우에는 그 효력이 특별히 문제되지 아니한다. ② 국내법적 형식을 취하지 아니할 경우에는 국내법의 헌법·법률·명령·조례·규칙 등과의 관계에서 우열을 결정하여야 한다.

### 2. 일반적으로 승인된 국제법규

(ⅰ) 일반적으로 승인된 국제법규란 세계 다수국가에 의하여 일반적으로 승인된 보편적·일반적 규범을 말한다. 따라서 세계 다수국가에 의하여 승인된 규범이면

충분하고, 우리나라가 반드시 이를 승인할 필요는 없다. 일반적으로 승인된 국제법규는 성문의 국제법규와 국제관습법을 포함하며, 나아가서 일반적으로 승인된 국제조약도 포함한다. 예컨대, 유엔헌장의 일부(1945년), 국제사법재판소I.C.J.규정, 제노사이드금지협정(1948년), 포로에 관한 제네바협정(1949년) 등이 포함된다. 국제관습법으로는 포로의 살해 금지와 인도적 처우에 관한 전쟁법의 일반원칙, 외교관 대우에 관한 국제법의 원칙, 국내문제 불간섭의 원칙, 민족자결의 원칙, 조약준수의 원칙 등이 적시된다.

( ii ) 이에 대하여 국제법학계의 지배적 견해는 일반적으로 승인된 국제법규란 국제관습법(관습국제법)만을 의미한다고 본다. 즉, 일정한 조약이 국제사회의 호응을 얻어 비당사국에도 일반적 규범력을 가진다. 하지만, 이는 조약 자체가 일반적 규범력을 발휘하기 때문이 아니라, 그 조약의 내용이 국제관습법화되어 국제관습법의 자격으로 일반적 효력을 발휘한다고 본다.

( iii ) 헌법은 "일반적으로 승인된 국제법규는 국내법과 같은 효력을 가진다"(제6조제1항)라고 하지만, 그 존재형식이나 내용의 다양성으로 인하여 국내법의 헌법·법률·명령·조례·규칙의 규범 중에서 조약의 위치에 대하여 논란이 제기된다. 일반적으로 승인된 국제법규도 조약과 마찬가지로 법률과 같은 효력을 가진다는 견해도 있다. 하지만, 원칙적으로 헌법보다는 하위이고 법률보다는 상위의 규범으로 보아야 한다.

일반적으로 승인된 국제법규가 재판의 전제가 된 경우에는, 법원이 이를 심사하고, 법률적 효력을 가진 국제법규의 위헌 여부가 문제된 경우에는 최종적으로 헌법재판소가 심판한다. 다만, 일반적으로 승인된 국제법규가 헌법 및 법률에 저촉된다고 하더라도 위헌선언을 통하여 일반적 효력을 상실시키기 곤란하다는 점에서, 조약에 대한 규범통제와는 그 효력에 있어서 본질적으로 구별된다.

### 3. 조     약

#### (1) 의   의

조약條約이란 2국 또는 그 이상의 국가 간에 법규상의 권리의무를 창설·변경·소멸시키는 법률효과를 목적으로 하는 명시적 합의를 말한다. "헌법에 의하여 체결·공포된 조약 … 국내법과 같은 효력을 가진다"(제6조제1항).

헌법재판소는 조약을 '국가·국제기구 등 국제법 주체 사이에 권리의무관계를 창출하기 위하여 서면형식으로 체결되고 국제법에 의하여 규율되는 합의'로 개념을 정의한다.

그러므로 동맹 동반자관계를 위한 전략대회 출범에 관한 공동성명은 조약이 아니다 (헌재 2008.3.27. 2006헌라4, 국회의 원과 대통령 등 간의 권한쟁의(각하)).

### (2) 조약의 체결·비준과 국회의 동의

( i ) "헌법에 의하여 체결·공포된 조약"이란 헌법의 규정과 절차에 따른 조약을 말한다. 조약은 국무회의의 심의, 전권대사의 서명, 국회의 동의, 대통령의 비준, 대통령의 공포라는 절차를 거쳐서 최종적으로 효력을 발생한다. 하지만, 조약의 체결방식에 따라 조약비준 후 국회가 동의권을 행사하는 경우도 있다.

( ii ) 헌법에서 조약의 체결권과 비준권은 대통령에게 있다(제73조). 대통령은 조약체결·비준에 앞서 국무회의의 심의를 거쳐야 한다(제89조).

( iii ) 국회는 중요한 조약 즉, "상호원조 또는 안전보장에 관한 조약, 중요한 국제조직에 관한 조약, 우호통상항해조약, 주권의 제약에 관한 조약, 강화조약, 국가나 국민에게 중대한 재정적 부담을 지우는 조약 또는 입법사항에 관한 조약의 체결·비준"에 대한 사전적 동의권을 가진다(제60조 제1항). 위에 적시된 조약들은 예시적이라기보다는 열거적列擧的으로 보아야 한다. 그러므로 어업조약이나 무역조약 등은 원칙적으로 국회의 동의를 요구하지 아니하지만, 이 경우에도 국회의 동의를 받으면 법률적 효력을 가진다.

국회의 동의는 조약의 국내법적 효력을 부여하는 입법행위의 실질을 가지며, 나아가 조약에 대한 국회의 민주적 통제과정의 의미를 가진다. 양국의 전권위원이 서명하는 조약의 경우, 국회에서 수정동의권을 행사하면 어려운 문제가 발생할 수 있기 때문에 법률과 달리 조약에 대한 국회의 수정동의는 원칙적으로 허용되지 아니하며, 수정동의권을 행사할 경우에는 사전에 상대국과 충분한 협의를 거쳐야 한다(제2편 제2장 제8절 제1항 입법권 참조).

( iv ) 조약과 비구속적 합의는 구별되어야 한다고 본다: "조약과 비구속적 합의를 구분함에 있어서는 합의의 명칭, 합의가 서면으로 이루어졌는지 여부, 국내법상 요구되는 절차를 거쳤는지 여부와 같은 형식적 측면 외에도 합의의 과정과 내용·표현에 비추어 법적 구속력을 부여하려는 당사자의 의도가 인정되는지 여부, 법적 효과를 부여할 수 있는 구체적인 권리·의무를 창설하는지 여부 등 실체적 측면을 종합적으로 고려하여야 한다. 비구속적 합의의 경우, 그로 인하여 국민의 법적 지위가 영향을 받지 않는다고 할 것이므로, 이를 대상으로 한 헌법소원 심판청구는 허용되지 않는다"(헌재 2019.12.27. 2016헌마253, 일본군 위안부 문제 합의 발표 위헌확인(각하,기타)).

(ⅴ) 조약은 아니지만 "국회는 선전포고, 국군의 외국에의 파견 또는 외국군대의 대한민국 영역안에서의 주류에 대한 동의권을 가진다"(제60조 제2항).

(3) 조약의 효력

(ⅰ) 조약은 "국내법과 같은 효력을 가진다"(제6조 제1항). 그러나 그 국내법의 정확한 의미가 무엇인가에 관하여 논란이 있다. 국제협조주의의 입장에서는 조약우위설도 주장하지만, 헌법우위설이 다수설이다. 즉, 조약은 국민주권주의에 기초하여 헌법제정권력이 제정한 "헌법에 의하여 체결"되었고, 헌법은 국가의 최고규범이며, 헌법부칙 제5조의 "이 헌법시행 당시의 법령과 조약은 이 헌법에 위배되지 아니하는 한 그 효력을 지속한다"라는 규정 등에 비추어 조약은 헌법보다 하위일 수밖에 없다. 국회의 동의를 얻은 조약은 법률과 동일한 효력을 가지며, 법률과 저촉될 경우 신법우선·특별법우선의 원칙에 따라 우열이 가려진다. 하지만, 국회의 동의를 획득하지 못한 조약은, 국제법적으로는 효력을 가진다고 보아야 하지만, 국내법으로서의 효력을 발휘할 수 없다. 한편, 행정협정 등은 법률보다 하위규범으로 보아야 한다.

> 한일어업협정은 우리 정부가 일본 정부와 어업에 관하여 체결·공포한 조약(조약 제1477호)으로서 헌법 제6조 제1항에 의하여 국내법과 같은 효력을 가지므로, 그 체결행위는 고권적 행위로서 '공권력의 행사'에 해당한다(헌재 2001.3.21. 99헌마139 등, 대한민국과일본 국간의어업에관한협정비준등 위헌확인(각하)).

> 한국인 BC급 전범들이 일본에 대하여 가지는 청구권이 '대한민국과 일본국 간의 재산 및 청구권에 관한 문제의 해결과 경제협력에 관한 협정'(조약 제172호) 제2조 제1항에 의하여 소멸되었는지 여부에 관한 한·일 양국 간 해석상 분쟁을 위 협정 제3조가 정한 절차에 따라 해결하지 아니하고 있는 부작위가 청구인들의 기본권을 침해하는지 여부에 대하여 각하결정을 하였다(5:4)(헌재 2021.8.31. 2014헌마888, 대한민국과 일본국 간의 재산 및 청구권에 관한 문제의 해결과 경제협력에 관한 협정 제3조의 분쟁해결 부작위 위헌확인(각하)).

(ⅱ) 한편, 한미FTA 체결에 따라 조약의 직접 적용 여부와 관련하여 자기집행적self-executing 조약과 비자기집행적non-self-executing 조약에 관한 논의가 있다. 전자는 특별한 입법적 조치 없이 바로 국내에 적용되는 조약이고, 후자는 집행을 위한 법률의 제정(이행입법)이 있어야 국내에 적용될 수 있는 조약이다. 그런데, 현행헌법의 조약에 관한 규정에 비추어 본다면, 국회의 동의를 얻은 조약과 국회의 동의를 얻지 아니한 조약으로 구분하여 그 법적 성격과 효력을 결정하면 되기 때문에, 이러한 논의의 현실적 실익은 없어 보인다.

(4) 조약에 대한 사법심사

조약이 헌법에 위반된 경우에는 헌법우위설의 입장에서 사법심사의 대상이 된다. 법률적 효력을 가진 조약의 위헌심사는 헌법재판소가, 명령·규칙의 효력을 가진 조약의 위헌심사는 최종적으로 대법원이 담당한다.

제정절차나 그 실질적 내용이 합헌적인 진정합헌조약에 대비되는 제정절차나 그 실질적 내용이 위헌적인 조약은 국내법으로는 효력을 가지지 못한다. 그런데, 절차적으로는 합헌적이나 실질적으로는 위헌적인 조약은 국제법적으로는 유효할지 몰라도 국내법적으로는 위헌·무효로 보아야 한다. 한편, 절차적으로는 위헌적이나 실질적으로는 합헌인 조약도 국제법적으로는 유효할지 몰라도 국내법적으로는 위헌·무효이다. 이때 해당 조약은 사법심사의 대상이 된다. 사법심사를 통하여 위헌·무효 여부가 결정된다. 다만, 조약은 국가 사이의 타협과 절충의 결과이므로 그 심사에 있어서 신중을 기하여야 한다. 국내법적으로 해당 조약이 위헌·무효로 결정되면, 국제법적으로 유효한 조약일 경우에 국가는 상대국에 대하여 국가책임을 부담할 수도 있다.

## Ⅳ 외국인의 법적 지위 보장

(ⅰ) 외국인의 법적 지위에 관하여 각국 헌법은 상호주의 또는 평등주의를 채택한다. 그런데, 오늘날 국제화 추세에 따라, 헌법에서 종래 상호주의를 채택하던 국가들도 개별 입법에서는 평등주의로 이행하는 입법례가 많다.

(ⅱ) 헌법 제6조 제2항도 "외국인은 국제법과 조약이 정하는 바에 의하여 그 지위가 보장된다"라고 규정하여 상호주의를 채택한다.

(ⅲ) 대한민국에 거주할 목적을 가지고 합법적으로 체류하고 있는 "재한외국인에 대한 처우 등에 관한 기본적인 사항을 정함으로써 재한외국인이 대한민국 사회에 적응하여 개인의 능력을 충분히 발휘할 수 있도록 하고, 대한민국 국민과 재한외국인이 서로를 이해하고 존중하는 사회 환경을 만들어 대한민국의 발전과 사회통합에 이바지함을 목적으로"($^{제1}_조$) '재한외국인 처우 기본법'이 제정되어 있다. 국가 및 지방자치단체는 위와 같은 목적을 달성하기 위하여 재한외국인에 대한 처우 등에 관한 정책의 수립·시행에 노력하여야 하며($^{제3}_조$), 재한외국인 또는 그 자녀에 대한 불합리한 차별 방지 및 인권옹호를 위한 교육·홍보 그 밖에 필요한 조치를 하기 위하여 노력하여야 한다($^{제10}_조$).

# 제2편

# 헌법과 정치제도

# 제1장

# 정치제도의 일반이론

## 제1절 총 설

### I 정치제도론(통치기구론)의 헌법적 좌표

정치제도론은 통치기구론으로 표현되는데, 국민을 지배의 대상으로 삼는 '통치'統治라는 개념에 기초한 통치기구론이라는 용어는 부적절하다. 정치제도론을 제외한다면, 헌법은 자유의 학문으로 한정된다. 그러나 정치제도론이 없는 헌법학은 고유의 의미의 헌법이 내포하는 헌법의 본질적 요소를 상실한다.

근대입헌주의 헌법학은 그 이념적·제도적 기초를 국민주권주의로부터 출발한다. 그러므로 정치제도 또한 국민주권주의에 부합하여야 한다.

### II 한국헌법에서 정치제도론(통치기구론)의 규정체계

(ⅰ) 한국헌법에서 정치제도는 국회, 정부, 법원, 헌법재판소의 순서로 기술된다. 종래 권위주의적인 대통령에 대한 반성적 성찰로서, 대통령보다 국회를 앞서 규정하고 있다. 그러나 이는 대통령이 정치제도의 한 축 이전에 대한민국을 대표하는 국가원수라는 사실을 제대로 인식하지 못한 결과이다. 대통령은 행정권의 수반일 뿐만 아니라 국가원수이기 때문에 헌법의 규정체계로는 정치제도에서 최우선적으로 규정하여야 한다.

(ⅱ) 제5장 법원을 그대로 둔 채, 제6장 헌법재판소를 신설함에 따라 사법체계에서 서로 잘 어울리는 관계 설정이 이루어지지 못한다.

# 제 2 절   대의제도(국민대표제)

## Ⅰ 의 의

(ⅰ) 대의제도는 흔히 대표제, 국민대표제, 대의민주주의, 대표민주주의, 의회제
(도), 의회정치, 의회민주주의 등으로 다양하게 표현된다.

(ⅱ) 대의제도는 국민으로부터 선출된 의원으로 구성된 국회(의회)에 국민적
정당성을 부여하는 국가의사의 결정원리이자 정치조직원리이다.

## Ⅱ 국민대표와 국민주권의 실질화

### 1. 국민주권과 인민주권

주권자인 국민이 직접 모든 국정을 담당하는 것이 바람직하다. 그것은 루소가
추구한 직접민주주의의 이상이기도 하다. 그러나 국민이 모든 국정을 직접 담당하
는 것은 현실적으로 불가능하므로 불가피하게 대표민주제(순수대표제)가 자리 잡
고 있다.

### 2. 대표와 국민

헌법 제1조에서 "대한민국의 주권은 국민에게 있고, 모든 권력은 국민으로부
터 나온다"라고 규정한다. 그러므로 대의제도는 헌법의 국민주권주의로부터 그
제도의 기초가 비롯된다.

### 3. 국민주권의 실질화 – 순수대표에서 반대표로

기속위임금지(자유위임)의 법리가 작동하는 대표민주주의에서 대표와 주권자
의 단절현상을 보완하기 위하여, 국민의 직접적인 국정참여를 제도적으로 보장하
여야 한다. 특히 정보사회에서 직접민주주의는 국민의 알 권리를 구현하여 참여민
주주의의 새로운 장을 열어간다.

# Ⅲ 대의제의 논리적 기초

## 1. 대의제의 본질

(ⅰ) 대의제도는 국민의 대표기관에 국민적 정당성을 부여하는 원리이다. 의회는 국민의 신임에 기초하여 책임정치를 구현하여야 한다.

(ⅱ) 선거는 자유·평등·보통·직접·비밀·자유선거라는 민주적 선거제도가 보장되어야 한다.

(ⅲ) 대표는 주권자의 명령에 따르는 기속위임이 아니라, 자유위임(기속위임금지)의 원리에 따라 자신의 책임으로 의사를 결정한다(헌재 1998.10.29. 96헌마186, 국회구성권 등 침해 위헌확인(각하)).

(ⅳ) 대표는 국민 전체의 대표이기 때문에 국민 전체의 이익을 위하여 행동하고 국민에 대하여 책임을 진다.

(ⅴ) 의회는 국민적 정당성을 부여받은 의원들의 자유로운 토론과 공론의 장이어야 한다.

(ⅵ) 민주주의의 일반원칙인 다수결원리에 따라 최종적인 의사결정이 이루어져야 하지만, 소수파존중의 원리도 지켜져야 한다.

## 2. 대의제의 위기와 병리

(ⅰ) 대의제를 실천하기 위하여서는 민주적 선거법제의 정립과 이에 기초한 선거의 공정성이 담보되어야 한다. 하지만, 현실적으로 이를 제대로 구현하지 못하고 있다. 또한 정당국가 경향에 따라 대표는 정당대표로 전락한다. 여기에 행정국가 경향도 의회의 위상저하를 초래한다.

(ⅱ) 합의제가 제대로 작동되지 못하고 있다. 이에 따라 의회가 오히려 대립과 갈등을 심화시킴으로써 국민적 신뢰를 상실한다. 특히 다수파가 독선과 독주를 초래한다. 나아가 소수의 정당지도자에 의한 의회의 과점현상이 심화된다.

## 3. 대의제의 위기에 대한 대책

### (1) 대의제의 위기 극복

(ⅰ) 국민들의 다양한 이해관계를 의회 속으로 끌어들여 이를 용해할 수 있는 선거제도의 개혁이 이루어져야 한다. 특히 대표의 결정방식에서 소수파의 의회 진출을 보장하기 위하여 비례대표제나 직능대표제가 합리적인 방향으로 정립되어야 한다.

(ⅱ) 정당의 민주화로 의회주의의 위기를 극복하여야 한다. 즉, 국민이 참여하는 아래로부터의 정당민주주의가 정립되어야 한다.

(ⅲ) 국민의 알 권리를 구현하여 현대정보사회에서의 국정참여와 비판의 길을 넓혀 나가야 한다. 또한 여론조사결과의 공정성과 정확성을 담보함으로써, 국민의 살아있는 의사에 정치인들이 귀를 기울이도록 하여야 한다.

(ⅳ) 지방주민들이 자신과 관련된 사안에 대하여 스스로 결정할 수 있는 참여민주주의의 메커니즘을 적극적으로 실천하여야 한다. 이를 구현하기 위하여 지방자치단체 단위에서 주민투표나 주민소환과 같은 직접민주주의 제도의 적극적 실천이 필요하다.

(2) 합의제의 병리 극복

(ⅰ) 국회에서의 표결과정에서 정당의 규율을 제한하는 방안이 마련되어야 한다. 자유투표제도(교차투표제도)를 확립하여 의원들이 정당지도자의 이익이 아닌 국익의 차원에서 자유롭게 투표하여야 한다.

(ⅱ) 대화와 타협의 정신이 결여된 합의제의 병리는 최종적으로 제3의 기관인 헌법재판소가 통제하여야 한다.

(ⅲ) 자유위임의 법리는 자신의 행위에 대한 책임을 전제로 한다. 따라서 의사와 표결은 공개되어야 한다(헌재 2000.6.29. 98헌마443등, 국회예산결산특별위원회계수조정소위원회 방청허가불허 위헌확인, 국회상임위원회 방청불허행위 위헌확인 등(각하,기각)).

## Ⅳ 한국헌법의 대의제와 반대표

(ⅰ) 헌법 제1조에서 선언한 국민주권주의 원리에 따라, 국민의 선거권(제24조)과 공무담임권(제25조)이 보장된다. 나아가서 제40조(입법권)·제41조(국회의원선거)·제66조 제4항(행정권)·제67조(대통령선거) 등에서 대의제원리를 규정한다. 한편, 국가의 주요정책에 대한 대통령의 국민투표부의권(제72조)과 헌법개정에 있어서 필수적 국민투표제도(제130조 제2항)를 채택하여 대의제 원리를 보완한다.

(ⅱ) 그 밖에도 국회의원의 자유위임원칙에 입각한 국가이익우선의무(제46조 제2항), 국민의 지지에 기초한 정당제도의 정립을 위한 정당조항(제8조)을 두고 있다.

# 제 3 절  권력분립주의

## I  의    의

(ⅰ) 정치적 기술로서의 권력분립은 국가작용의 원활한 수행과 국민의 기본권 보장을 위하여, 입법·행정·사법 등의 국가기능을 독립적인 기관으로 하여금 각기 그 기능을 담당하게 함으로써, 국가기능의 합리적 작동을 도모하려는 소극적 원리에 기초한 이론이다.

(ⅱ) 권력분립의 원리는 그 이론적 기초로서 대의제와 직접 관련된다. 따라서 직접민주주의에서는 권력분립이 특별히 요구되지 아니한다. 예컨대, 직접민주주의를 실천하고 있는 스위스에서는 권력분립이론이 특별한 의미를 가지지 못한다.

(ⅲ) 역사적으로 권력분립이론은 국민주권이론과 더불어 절대권력에 대항하는 자유주의에 그 사상적 기초가 있다. 이에 따라 미국의 독립혁명과 구체제를 청산한 프랑스혁명 과정에서 자연스럽게 권력분립이론이 제기되었다. 정치적으로 권력분립의 원리는 상호 분립된 권력 사이의 공화를 통한 균형을 이룸으로써 정치적 자유의 원동력으로서 기능한다. 그리고 대의제 원리에 따라 의회 등에 의한 국민의 자유와 권리의 침해가능성을 방지하는 하나의 중요한 원리로 정착되었다.

## II  권력분립이론의 정립

(ⅰ) 로크는 '시민정부2론'에서 이권분립론을 제시하였다. 그는 국가기능을 다음과 같이 분류하였다. 즉, 국가권력을 규율할 권리를 가진 입법권은 공동체와 그 구성원의 보전을 담당하고, 집행권은 법률의 시행을 보장하고, 동맹권은 대외관계에 있어서 국가를 대표한다.

(ⅱ) 몽테스키외는 '법의 정신'에서 입법·행정·사법의 삼권분립론을 제시하였다. 그의 권력분립이론은 특히 로크의 이론적 영향과 그 자신의 영국여행을 통하여 얻은 체험을 바탕으로 기존의 권력분립이론을 현실화하였다. 그는 로크가 생각하지 못하였던 사법권의 독립·분립이론을 제시하였다. 특히 프랑스혁명 당시의 인사들도 제대로 이해하지 못하였던 권력의 균형과 공화이론을 제시하였다. 그의 권력이론은 결정권과 통제권을 통하여 권력기관 사이에 하나의 '콘서트'를 이루

어야 하고, 의회도 상호 견제·조정을 위하여 양원제이어야 한다는 것이다. 몽테스키외 스스로 명명하지는 아니하였지만, 그의 권력분립이론은 '견제와 균형checks and balances이론'으로 대변된다.

## Ⅲ 근대입헌주의 헌법에서의 권력분립

### 1. 정치적 설계로서의 권력분립

권력분립이론은 국가업무의 원활한 수행과 국민의 기본권존중이라는 목표를 합리적으로 이룩할 수 있는 하나의 정치적 기술로서 정립되었다.

### 2. 자유민주주의에 기초한 권력분립의 실천적 모델로서의 정부형태

권력분립원리를 헌법규범으로 정립하고 헌법현실에서의 적용은 해당 국가가 추구하는 국가형태의 기본원리와 직접적인 관련이 있다.

### 3. 입법권과 집행권의 관계에 따른 권력분립

권력분립에 따른 정부형태의 유형은 입법권과 집행권의 성립과 존속이 독립적인 엄격한 권력분립형(엄격형)의 미국식 대통령제(경성형)와, 입법권과 집행권이 직접적으로 연계된 의원내각제 모델(연성형)이 있다. 또한 대통령제와 의원내각제의 절충형 정부형태인 반대통령제(이원정부제)가 새로운 정부형태 모델로 등장한다. 하지만, 스위스에서는 권력분립이 아닌 회의체 형태의 의회정부제(회의정체)가 작동된다.

## Ⅳ 권력분립이론의 현대적 변용

### 1. 의    의

의원내각제에서는 권력의 분립과 더불어 권력의 공화共和가 불가결하다. 또한 대통령제에서도 집행부와 입법부 사이에 최소한의 권력공화가 필요하다. 집행부 독재의 헌정체제는 개발도상국가에서 소위 신대통령제로 나타난다.

### 2. 고전적 권력분립이론에 대한 비판

( i ) 권력집중 현상이 강화되지만, 자유주의 헌정체제가 유지된다.

(ii) 권력분립이론이 오늘날의 정치현실에 제대로 부합하지 못하기 때문에 점차 그 가치와 힘이 상실되어간다는 측면과, 권력분립이론에 대한 변함없는 신뢰를 통하여 이의 정립을 강조하는 측면 사이에 합리적 조화가 이루어져야 한다.

## 3. 정치권력의 현대적 정립

국가원수·정부 및 행정기관이 담당하는 행정 및 지휘기능과 의회가 담당하는 통제와 심의기능 사이에 권력이 분립된다. 또한 수평적 권력분립에서 더 나아가 지방자치의 활성화를 통한 수직적 권력분립의 중요성이 강조된다.

## 4. 권력균형의 붕괴

권력분립이론에서 추구하는 객관적 원리로서의 입법부와 집행부의 균형은 사라졌다고 볼 수는 없으나, 매우 후퇴한 상황이다. 특히 권력의 균형이 제도적이기보다는 오히려 정치적으로 변화하고 있으므로, 고전적 권력분립이론은 그 본질에 있어서 매우 중대한 변용을 겪고 있다. 하지만, 비록 권력균형의 원리가 퇴보한다고 하더라도 권력분립이론에 기초한 자유민주주의 체제는 지방자치, 사법권독립, 개인의 자유와 권리보장, 반대의 자유를 강화함으로써 더욱 공고하여진다.

## [V] 대한민국헌법과 권력분립

### 1. 대한민국헌법사에서 얼룩진 권력구조의 틀

(1) 제헌헌법에서 권력구조의 이원적 성격

( i ) 제헌헌법의 권력구조는 이원적이다. 국회는 임기 4년의 단원제, 대통령과 부통령은 국회에서 간접선거로 선출된다. 국무원은 의장인 대통령과 부의장인 국무총리 및 국무위원으로 구성되는 합의제기관인데, 대통령유고 시 제1순위 권한대행자인 부통령은 국무원의 구성원이 아니다. 국무총리는 대통령이 임명하되 국회의 승인을 얻어야 하고, 또한 국회의원총선거 후에는 재차 국무총리임명에 대한 승인이 필요하다. 이러한 국무총리제도는 의원내각제로부터 비롯된다.

(ii) 1952년에 정부의 대통령직선제개헌 안과 야당의 국무원불신임개헌 안이 절충된 '발췌개헌 안'이 통과되었다. 1954년에는 소위 '사사오입개헌'에 따라 초대 대통령에 대한 중임제한규정이 삭제되고, 국무총리제도가 폐지되었다.

(2) 제2공화국의 권력분립의 연성형: 의원내각제헌법

고전적 의원내각제원리에 입각하면서 국회는 양원제를 채택하고, 위헌법률심판을 위한 헌법재판소의 설치, 대법원장과 대법관의 선거제를 채택하여 권력의 민주화와 정당성 확보를 위한 기틀을 마련하였다.

(3) 제3공화국의 권력분립의 경성형: 대통령제적 헌법

대통령중심제적인 구도(대통령직선제)를 취하고 국회는 단원제로 하고 위헌법률심판권을 대법원에 부여하였다. 국무총리제도와 국무총리·국무위원해임건의 제도를 두는 등 의원내각제적인 요소도 내포한다.

(4) 제4공화국·제5공화국의 집행부우위의 신대통령제

( i ) 임기 6년의 대통령은 통일주체국민회의대의원에 의한 간접선거로 선출된다. 국회의 3분의 1은 사실상 대통령이 지명하는 유신정우회維新政友會의원으로 구성됨으로써 대통령은 행정부뿐만 아니라 입법부까지도 장악하였다.

( ii ) 1980년 10월 22일에 제8차 헌법개정으로 성립된 제5공화국헌법에서 7년 단임의 대통령은 선거인단에 의한 간접선거방식을 고수하였다. 1987년에는 마침내 여야합의에 의한 제6공화국의 대통령직선제헌법이 통과되었다.

## 2. 현행헌법규범의 실천적 해석과 적용의 필요성

( i ) 한국헌법사의 권력구조는 제2공화국의 의원내각제 정부형태를 제외하고는, 대체로 대통령제적 헌법이라고 평가된다. 그러나 제헌헌법 이래 항시 의원내각제의 요소를 가지고 있기 때문에 오히려 이원정부제적 운용가능성을 가진 권력구조이다. 그럼에도 불구하고 헌정의 실제는 대통령중심제로 운용되어왔다.

( ii ) 현행헌법은 대통령직선제를 채택하기 때문에 대통령제적이라 할 수 있다. 그러나 국무총리제도, 국무총리·국무위원해임건의권 등으로 인하여 대통령제는 상당히 완화되고, 오히려 반대통령제(이원정부제)에 가까운 요소를 다수 가지고 있다. 현행헌법과 같이 대통령과 국회라는 두 개의 국민적 정당성이 병존하는 헌정체제에서 권력의 정당성은, 국민이 내린 최후의 선택에 우위를 두어야 한다.

# 제 4 절   정부형태론

## 제 1 항   정부형태론의 개념 및 위상

### ﹇I﹈   헌정체제(통치질서의 형태)와 정부형태

국가의 통치질서는 흔히 헌정체제 또는 정부형태로 지칭된다. 정부형태란 일반적으로 집행권과 입법권과의 관계를 중심으로 한 권력의 작동 양태에 따라, 대통령제·의원내각제(의회제)·반대통령제(이원정부제) 등으로 분류한다.

### ﹇II﹈   정부형태론의 위상

#### 1. 헌정체제론과 정부형태론

'정부형태'란 권력분립원리의 조직적·구조적 실현형태를 말한다. 정부형태론은 ① 넓은 의미로는 정치제도 전반을 가리키는 헌정체제라 할 수 있다. ② 좁은 의미로는 입법부와 행정부의 관계를 중심으로 살펴본다. ③ 가장 좁은 의미로는 행정부(행정부)의 조직과 구성에 관한 사항으로 이해한다. 일반적으로 정부형태에 관한 논의는 좁은 의미의 정부 즉, 행정부와 입법부의 관계를 중심으로 논의가 전개된다.

#### 2. 정부형태론과 그 논의의 전제

정부형태의 개념정립에는 몇 가지 전제가 필요하다. ① 정부형태의 논의는 자유민주주의적 헌정체제(국가형태·정치형태·정치체제)를 전제로 한다. 권위주의 내지 전제주의는 자유민주주의 헌정체제와 적대적이며, 정치권력이 민주적으로 작동되지 아니하기 때문이다. ② 정부형태 논의의 중심축은 입법부와 행정부의 관계에 있다. 왜냐하면 삼권분립의 또 다른 축인 사법부는 입법부나 행정부와는 일정한 거리를 유지함으로써, 정치적 소용돌이를 벗어난 독립성이 강하게 요청되기 때문이다.

## 제 2 항   의원내각제

### I   의   의

의원내각제는 역사적으로 절대군주제로부터 제한군주제 그리고 이원적 의원내각제인 오를레앙적 의원내각제를 거쳐 오늘날의 고전적 혹은 일원적 의원내각제로 정착되었다.

### II   의원내각제의 기본원리

#### 1. 연성적 권력분립

의원내각제에서는 권력기관 사이의 엄격한 분립이 아니라 오히려 기관적·기능적 공화共和를 허용하기 때문에, 권력분립은 엄격형이 아니라 연성형이다.

#### 2. 대 의 제

대의제는 의원내각제에서 의회주권의 정당성을 제공하여준다. 이에 따라 헌법사항을 제외하고는 국민투표를 통한 국민의 직접 개입은 정당화될 수 없다.

#### 3. 의원내각제의 기준

균형이론은 집행권과 입법권의 균형 및 집행권과 입법권의 공화라는 두 개의 기본원리에 입각한다. 다른 한편, 정치적 책임이론이란 의원내각제의 기본적 요구로 의회 앞에 정치적으로 책임을 지는 정부의 존재를 전제로 한다.

### III   의원내각제의 권력구조

#### 1. 의원내각제의 유형

##### (1) 대륙식·고전적 의원내각제

대륙식·고전적 의원내각제는 프랑스 제3·제4공화국의 의원내각제를 말한다. 그러나 다당제에서 의회의 정부에 대한 불신임권의 지나친 행사로 연립정부는 너무나 취약하여 정부의 불안정이 계속되어, 강한 의회·약한 정부로 귀결되었다.

### (2) 영국식 내각책임제

(ⅰ) 영국식 내각책임제의 발전과정에서 국가원수인 국왕은 일원적 의원내각제의 정립에 따라 "왕은 군림하나, 통치하지 아니하는" 명목적·의례적·상징적 지위에 머문다. 영국에서 정립된 내각책임제는 상대적 다수대표제 선거제도와 연계되어 영국 특유의 양당제에서 강력한 정부를 구축할 수 있었다. 영국의 규율화된 양당제에서 다수당의 리더인 수상에 대한 도전은 상상하기 어렵다. 이에 따라 수상정부제·수상독재제로까지 평가받는 강한 정부·약한 의회로 귀결되었다.

(ⅱ) 그런데, 영국에서도 2010년에 이어 2017년 실시된 총선거에서도 제1당이 하원의 절대과반수를 확보하지 못한 상황이 발생한 바 있다(Hung 의회). 결국, 제1당은 군소정당과 합의하여 연립정부가 구성되었다.

### (3) 합리화된 의원내각제

고전적 의원내각제에서 정부의 불안정을 해소하기 위하여 의원내각제의 합리화방안이 헌법의 틀 속으로 들어왔다. 독일의 건설적 불신임투표제도는 의원내각제의 합리화를 위한 대표적인 헌법의 장치로 평가된다. 건설적 불신임투표제도는 차기 수상을 연방의회(Bundestag, 하원) 재적의원 과반수의 찬성으로 선임하지 아니하고는 정부(내각)를 불신임할 수 없게 하는 제도로서, 정국의 불안정을 예방하는 독일식 의원내각제 특유의 제도이다(기본법 제67조). 이에 따라 독일에서 의원내각제는 다당제에서도 정부의 안정을 확보한다. 반면에, 아직도 정부의 불안정이 계속되고 있는 이탈리아의 의원내각제와 대비된다.

## 2. 집행부의 구조: 형식적 이원화·실질적 일원화

의원내각제의 집행부 구성은 이원적이다. 국가원수인 왕이나 대통령은 상징적·명목적·의례적 지위에 머무르고, 집행부의 실질적 권한은 수상을 중심으로 하는 정부로 일원화된다. 즉, 집행권이 형식적으로는 이원화되어 있지만 실질적으로는 정부로 일원화된다.

## 3. 정부와 의회의 권력의 공화: 성립과 존속의 상호연계

의원내각제는 정부와 의회가 서로 상대방의 성립과 존속에 개입할 수 있는 제도적 장치를 마련하여, 궁극적으로 정치적 책임의 소재를 밝힘으로써 권력의 공화를 도모하려는 제도이다. 이에 따라 의원내각제에서 유일하게 국민적 정당성을 부여받은 의회의 다수파가 정부를 구성한다. 의회의 불신임동의안 상정을 통한 정부에 대한 통제는 의원내각제에서 책임정치구현의 한 모습이다. 정부의 의회해산권은 정부가 취할 수 있는 수단의 균형추이다.

## Ⅳ 의원내각제의 현실적 운용 - 정당·다수파·선거제도와의 연계

### 1. 선거제도와 의원내각제

영국식 1회제 다수대표제는 소수당에게 불리하다. 독일식 혼합선거제도(부진정 비례대표제)나 비례대표제는 소수당에게 그 존립기반을 제공함으로써 소수파의 의회진출에 따라 다당제로 귀결된다. 다른 한편, 뒤베르제Duverger가 '정당론'에서 제시한 이회제 다수대표제(결선투표제)의 채택은 다당제에서 양극화 현상으로 귀결된다는 이론을 리커Riker는 '뒤베르제의 법칙'이라고 명명한다.

### 2. 정당제도와 의원내각제

유럽의 의원내각제에서는 국민의 선호가 어느 극단에 이르지 아니하면서도, 보수와 진보의 균형을 이룬다. 영국의 보수당·노동당, 독일의 중도우파와 사회민주당의 체제정립을 통하여 정치적 안정을 구현한다. 그러나 전통적으로 중도우파와 중도좌파 중심의 헌정운용은, 오늘날 극좌파의 쇠퇴와 극우파의 약진과 더불어 중도통합론의 대두로 새로운 정치지형을 형성한다.

## Ⅴ 평가와 전망

의원내각제는 권력공화의 원리에 따라 집행권의 형식적 이원화·실질적 일원화, 의회 앞에 책임지는 정부, 정부의 의회해산권이라는 세 가지 요소를 핵심으로 한다. 의회만이 유일한 국민적 정당성을 가지므로 정치적 책임의 소재를 분명히 할 수 있는 결정적인 장점이 있다. 특히 의회의 정부불신임권과 정부의 의회해산권이라는 균형추를 작동시킴으로써, 정치적 갈등해소를 궁극적으로 주권자인 국민의 의사에 맡길 수 있다는 점에서, 의원내각제의 정치적 가치를 높이 평가할 수 있다. 그러나 의원내각제에서의 정치적 불안정은 결국, 정부의 불안정과 국가 자체의 불안정으로 귀결되는 위험을 안고 있다.

## 제3항 대통령제

### I 의 의

(ⅰ) 대통령제大統領制는 세계 각국 헌법에서 도입한 바 있으나 대체로 실패로 귀결되었다. 하지만, 미국에서는 비교적 성공적으로 작동한다. 이에 따라 여러 나라에서 실천되고 있는 의원내각제와 달리 대통령제는 특별한 설명이 없는 한 미국식 대통령제를 지칭한다.

(ⅱ) 미국식 대통령제는 헌법제정자들의 의도·헌법규범·헌정실제를 종합적으로 검토하여야 한다. 미국식 모델은 찬반논쟁과 함께 세계 각국에 이식되었으나, 수많은 시행착오를 겪으면서 변형된 대통령제가 작동되어왔다. 다른 한편으로는, 소위 대통령주의제·대통령중심제 등의 용어가 등장하면서 고전적 대통령제를 새로운 시각에서 보려는 경향도 대두된다.

(ⅲ) 정부형태의 고전적 모델인 의원내각제와 대통령제는 각기 의회와 정부 사이의 관계에 준거하여 부여된 명칭이다. 미국식 대통령제와 의원내각제는 권력분립이 엄격형과 연성형에 따라 구분된다. 대통령제는 엄격한 권력분립을 특징으로 한다. 여기에 대통령제의 독자성과 우월성을 추가하기도 한다.

### II 미국식 대통령제의 규범과 현실

#### 1. 대통령제의 기본요소

(ⅰ) 대통령제는 1787년 이래 형성된 미국식 모델에 준거하며, 이에 대한 변형으로서 대통령주의제와 반대통령제가 있다. 또한 그 기본적 요소는 ① 집행부의 일원성, ② 대통령의 사실상 직선, ③ 집행부와 입법부의 상호 독립 등이 있다.

(ⅱ) 미국에서 대통령은 마지막 단계에서 선거인단으로부터 선출된다(형식적 간선제). 선거인단이 확정되면 사실상 당선자가 결정되므로 실질적으로는 직선제나 마찬가지이다. 그런데, 후보자가 전체 국민으로부터 획득한 유효투표가 더 많음에도 불구하고, 다수의 선거인단 확보에 실패한 사례가 발생함에 따라 제도에 대한 논란이 계속된다(19세기에 두 번 발생). 2000년 앨 고어Al Gore와 2016년 힐러리 클린턴Hillary Clinton 후보의 패배도 같은 사례이다.

## 2. 대통령의 지위와 권한

대통령은 국가원수임과 동시에 정부수반으로서 헌법이 부여한 권한 이상의 포괄적인 권한을 행사한다. 하지만, 헌법에서 대통령의 권한이 명확하지 아니한 경우도 있을 뿐만 아니라, 의회와 그 권한을 공유하는 경우도 많이 있다. 예컨대, 대통령의 주요공직자임명은 상원의 승인을 얻어야 한다.

## 3. 연방의회의 지위와 권한

(ⅰ) 연방의회는 상원과 하원의 양원제로 구성된다. 하원에서는 의장, 교섭단체대표 및 21개 위원회위원장이 중요역할을 수행한다. 임기 2년의 하원의원은 상대적 다수대표제로 인구비례에 따라 선출된다(435명). 하원은 상원과 거의 동일한 권한을 향유하는 평등양원제이며 대통령의 탄핵소추권을 가진다.

(ⅱ) 상원은 1913년 이래 6년 임기의 직선의원으로 구성된다(50개 주에서 각 2인씩 100명). 상원의장은 부통령이 겸직한다. 상원의 권한은 대체로 하원과 비슷하나, 특히 조약의 비준은 상원의원 3분의 2 이상의 동의를 요하며, 대통령 등에 대한 탄핵심판권을 가진다. 또한 대통령이 연방법관·대사 등 중요한 공직자를 임명할 때에는 상원의 동의를 얻어야 한다.

## 4. 대통령과 의회의 관계

대통령과 의회의 원만한 관계는 필수적이나, 실제로 대통령과 의회다수파의 완전한 일치란 거의 불가능하다. 왜냐하면 대통령 재임 중 2년 임기의 하원의원선거가 실시되고 상원 또한 2년마다 3분의 1씩 개선改選되기 때문이다. 정부의 의회해산권이나 의회의 정부불신임권이 존재하지 아니하는 체제에서, 대통령과 의회의 상호 존중은 미국식 대통령제의 효율성을 제고하기 위하여 불가피하다.

## 5. 연방사법권

연방법원은 94개 지방법원과 13개 항소법원 및 대법원으로 구성된다. 9명의 종신법관으로 구성된 연방대법원은 미국법원의 상징이다.

## 6. 제도의 운용

(ⅰ) 미국식 대통령제의 실상은 헌법 그 자체보다는 오히려 헌정실제에 기초한다. 미국식 대통령제라는 용어에 어울리게 대통령의 역할이 결정적이라고 하지

만, 그것은 의회와의 균형을 이룬 체제의 하나로 평가할 수 있다.

(ⅱ) 대통령의 우월적 지위는 여러 가지 측면에서 찾을 수 있다. 무엇보다도 대통령이 집행권의 전권全權을 장악함으로써, 현대적 집행권강화의 경향과 더불어 권력의 인격화 현상을 초래한다.

(ⅲ) 그럼에도 불구하고 대통령제에서 권력 사이에 균형의 형성은 전통적인 연방제구조와 권력분립원리로부터 비롯된다. 연방대통령은 주州의 문제에 대하여 원칙적으로 개입할 수 없다. 권력분립원리는 의회와 대법원과의 관계에서 더욱 분명하게 드러난다. 대통령은 의회에 대하여 법률안거부권 이외에 어떠한 공식적인 수단을 가지지 아니한다. 게다가 대통령과 같은 정당에서 의회의 다수파를 장악한다 하더라도 정당의 내부규율이 느슨하기 때문에, 반드시 정당의 지원을 받는다는 보장이 없다. 대법원은 비록 대통령이 희망하는 법률이라 하더라도 이를 무효화시킬 수 있는 합헌성 통제와 헌법평석권을 행사한다.

## Ⅲ 미국식 대통령제의 프랑스 제5공화국에서의 변용

### 1. 헌정체제의 기초: 의원내각제와 대통령제의 융합

1958년 프랑스 제5공화국헌법은 의원내각제의 합리화 차원에서 의회주권의 원리에 근본적인 변화를 초래하였다. 특히 1962년 대통령직선제 개헌으로 새로운 정부형태라는 인식이 확산되어왔다.

### 2. 대통령주의제적 경향과 동거정부

(ⅰ) 프랑스의 대통령주의제는 자유민주주의 헌정체제에서 권력불균형의 한 형태라 할 수 있다. 1986년에서 1988년·1993년에서 1995년·1997년에서 2002년에 이르는 동거정부시기를 제외하고는, 헌정실제에서 대통령제에 가까운 모습, 즉 의회보다는 직선대통령 중심으로 권력의 불균형을 이룬다. 특히 2000년 9월에 실시된 헌법개정 국민투표에서 대통령 임기를 국민의회의원 임기와 같이 5년으로 단축함으로써 대통령주의제적인 경향이 더욱 강화되고 있다. 하지만, 2024년 6월 마크롱 대통령이 의회해산권을 행사한 후 총선거 결과는 여소야대 상황이 연출되고 있다.

(ⅱ) 한편, 2008년에는 제5공화국헌법사에서 가장 큰 폭의 헌법개정으로 대통령과 수상과의 권한관계를 보다 분명히 하고, 의회의 권한 강화를 통하여 새로운

제도의 균형을 모색한다. 특히 사후적 규범통제제도를 도입함으로써, 헌법재판소가 명실상부한 헌법재판기관으로 자리매김하게 되었다.

## Ⅳ 평가와 전망

( i ) 미국식 대통령제를 도입한 개발도상국가에서는 헌법제도의 민주적 성격에도 불구하고, 헌정실제에서 권위주의적 대통령제로 변모하는 각국의 현실을 목격한다. 반면에, 전통적인 의원내각제국가이던 프랑스 제5공화국헌법에서 대통령제적 요소의 도입과 더불어 헌정실제에서 나타난 대통령주의제의 경향은, 미국식 대통령제의 긍정적 측면의 도입이라 평가할 수도 있다. 미국식 대통령제가 안고 있는 많은 문제점에도 불구하고, 의원내각제적인 전통에서 도입된 미국식 대통령제적 요소는 프랑스 제5공화국에서 하나의 중요한 실험장이 되고 있다. 이에 따라 대통령제·의원내각제라는 전통적인 정부형태의 이원론적인 틀을 벗어나서, 새로운 절충형 정부형태론이 모색되고 있음은 주목할 만한 가치가 있다.

( ii ) 대통령제와 대통령주의제를 포괄하는 넓은 의미의 대통령제는 이제 권력분립의 엄격성에 준거하기보다는, 오히려 국정의 주도권을 장악하는 대통령우월적인(혹은 집행부우월적인) 헌정체제를 총괄하는 의미로 이해할 수 있다.

# 제 4 항  이원정부제(반대통령제)

## Ⅰ  의    의

절충형 정부형태는 의원내각제와 미국식 대통령제의 중간 모델을 총칭하는 개념이다. 그런데 일반적 의미에서의 절충형 정부형태가 아닌 새로운 정부형태 모델로서 이원정부제(반대통령제)의 정립은 논란이 계속된다.

## Ⅱ  독자적인 제3의 정부형태로서의 이원정부제

### 1. 절충형 정부형태로부터 이원정부제의 정립

전통적인 의회제의 합리화이념이 집행권의 강화 및 대통령권한이 실질화되면서, 의원내각제의 틀을 벗어난 헌법규범과 헌정실제가 드러난다. 이에 모리스 뒤베르제Maurice Duverger가 1970년 최초로 반대통령제(이원정부제)의 이론적 체계를 제시한 이래 프랑스의 대표적인 지성 일간지 '르 몽드'Le Monde도 이 용례를 수용한다.

### 2. 헌법규범에서 이원정부제의 범주

이원정부제가 제3의 독자적인 정부형태로 정립되어야 한다는 전제에서 논의를 전개하여야 한다. 우선 헌법규범을 중심으로 대통령제와 의원내각제라는 양극단의 제도를 8등분하여 이를 도식화하면 다음과 같다.

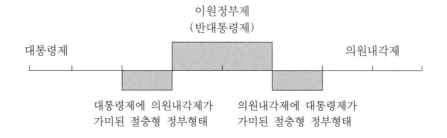

(ⅰ) 8분의 6 이상이 대통령제적 요소를 가질 경우에는 대통령제로 보아도 무방하다. 따라서 헌법규범이 일부 의원내각제적인 요소를 가지고 있다고 하더라

도, 이를 의원내각제나 이원정부제로 운용하기는 어렵다.

(ⅱ) 마찬가지로 8분의 6 이상이 의원내각제적 요소를 가질 경우에는 의원내각제로 보아도 무방하다. 따라서 헌법규범이 일부 대통령제적 요소를 가지고 있다고 하더라도, 이를 대통령제나 이원정부제로 운용하기는 어렵다.

(ⅲ) 8분의 5 이상 8분의 6 이하가 대통령제적 요소를 가질 경우에는, 이를 단순히 대통령제로 보기는 어렵기 때문에, 대통령제에 의원내각제적 요소가 가미된 절충형 정부형태로 본다. 이 경우 대통령제나 이원정부제로 운용될 수도 있다.

(ⅳ) 8분의 5 이상 8분의 6 이하가 의원내각제적 요소를 가질 경우 이를 단순히 의원내각제로 보기는 어렵기 때문에, 의원내각제에 대통령제적 요소가 가미된 절충형 정부형태로 본다. 이 경우 의원내각제나 이원정부제로 운용될 수도 있다.

(ⅴ) 8분의 3 이상 8분의 5 이하가 대통령제적인 요소를 가지거나 반대로 8분의 3 이상 8분의 5 이하가 의원내각제적인 요소를 가진 정부형태는, 이를 대통령제에 의원내각제의 요소가 가미된 절충형 정부형태 또는 의원내각제에 대통령제의 요소가 가미된 절충형 정부형태로 명명하기는 어렵다. 이에 이 모델은 제3의 독자적인 정부형태인 이원정부제로 분류하여야 한다.

## 3. 이원정부제의 본질적 요소

(ⅰ) 이원정부제에서는 대통령제와는 달리 집행권이 대통령과 수상을 중심으로 하는 좁은 의미의 정부로 이원화된다.

(ⅱ) 국민의 보통선거를 통하여 대통령은 실질적으로 직선되어야 한다. 이원정부제에서는 대통령과 의회라는 두 개의 국민적 정당성의 축이 병존한다.

(ⅲ) 정부가 의회 앞에 정치적 책임을 지는 이른바 의회의 정부불신임권이 보장되어야 한다.

결국, 이원정부제의 본질적 요소는 ① 집행부의 실질적 이원화(양두제), ② 대통령의 실질적 직선제, ③ 의회의 정부불신임권으로 요약할 수 있다.

## Ⅲ 이원정부제의 비교헌법적 검토

뒤베르제는 바이마르공화국(1919-1933), 핀란드(1919년 이후), 오스트리아(1929년 이후), 아일랜드(1937년 이후), 아이슬란드(1945년 이후), 프랑스(1962년 이후) 및 포르투갈(1976년 이후) 헌법을 반대통령제 헌법모델로 제시한다.

## 1. 헌법규범에서 대통령의 지위와 권한

헌법규범에 구현된 대통령의 권한을 그 권한의 강도에 비추어 본다면, 통치자(아이슬란드·핀란드) → 조정자 이상(바이마르·오스트리아·포르투갈) → 조정자(프랑스) → 조정자 이하(아일랜드)로 나누어 볼 수 있다.

## 2. 헌법현실에서 대통령의 지위와 권한

헌정실제에서 드러난 대통령의 권한을 그 지위의 강도에 따라 살펴보면, 프랑스(의회의 다수파와 대통령이 일치할 경우) → 핀란드 → 바이마르 → 포르투갈·프랑스(동거정부) → 오스트리아 → 아이슬란드 → 아일랜드 순으로 나타난다.

## 3. 대통령과 의회와의 관계

(ⅰ) 의회다수파의 존재는 세 개의 상이한 정치적 상황을 연출한다.

① 의회의 다수파와 대통령이 동일한 정치세력이거나 대통령을 그들의 지도자로 받아들일 경우에는, 영국식 내각책임제에 비견할 수 있다. 이 경우 대통령은 수상과 같은 실질적 권한과 왕王과 같은 상징적 권한을 함께 가진다.

② 대통령과 의회의 다수파가 다를 경우에, 대통령은 헌법이 부여한 권한에 기속되며, 의회다수파의 지지를 받는 수상이 진정한 집행부의 수장으로 부상한다.

③ 대통령과 의회의 다수파가 같은 정파에 속한다 할지라도 그 다수파가 대통령을 그들의 지도자(首長)로 받아들이지 아니할 경우에, 대통령은 정치적으로 의회다수파와 그 지도자가 추구하는 방향으로 따라갈 수밖에 없다. 이에 따라 대통령은 매우 약한 지위로 전락한다.

(ⅱ) 반면에, 의회다수파의 부재不在 즉, 의회에 다수파가 존재하지 아니하는 경우에는 비다수의회제와 비슷한 현상을 초래한다. 이 경우 대통령의 안정이 정부의 안정을 보장하기는 어렵게 된다.

# Ⅳ 평가와 전망

권력의 중심은 국민으로부터 선출된 대통령과 의회라는 두 개의 국민적 정당성의 현실적인 향방 여하에 따라 좌우될 수밖에 없다. 선거결과에 따라 주권적 의사의 방향이 분명하여질 뿐만 아니라 책임정치도 동시에 구현될 수 있다.

# 제5항 한국헌법의 정부형태와 이원정부제(반대통령제)의 가능성

## I 의 의

한국에서 이원정부제는 이원집정부제 · 반半대통령제 · 준準대통령제 · 혼합정체 등으로 다양하게 호칭되어 왔을 뿐만 아니라 그 개념정립 또한 학자에 따라서 상이하다. 심지어 이원정부제는 자유민주주의적인 정부형태가 아니라 권위주의적인 정부형태로 지칭되기도 한다.

## II 한국헌법학계의 관점에서 본 이원정부제

### 1. 이원정부제의 개념 및 본질

이원정부제의 본질적 요소는 ① 집행부의 실질적 이원화(양두제), ② 대통령의 실질적 직선제, ③ 의회의 정부불신임권으로 볼 수 있다.

### 2. 한국에서 이원정부제에 대한 평가

이원정부제에 대한 국내학계에서의 부정적 평가는 이원정부제가 본격적으로 논의되던 1980년 당시의 시대적 상황과 결부되어 있다. 그 당시 야당은 여당이 집권연장을 위하여 이원집정부제를 구상하고 있다고 비판하였다.

## III 현행헌법의 정부형태와 이원정부제의 실현가능성

### 1. 현행헌법의 권력구조에 대한 정밀한 검토의 필요성

(ⅰ) 현행헌법이 대통령제, 의원내각제, 이원정부제(반대통령제) 정부형태에서 공유하는 내용은 다음과 같다. ① 국회는 국정조사권을 가진다. ② 국회는 예산의 심의와 확정권을 가진다. ③ 국회는 탄핵소추권을 가진다.

(ⅱ) 현행헌법의 미국식 대통령제의 요소는 다음과 같다. ① 대통령은 국가원수이자 행정권의 수반이다. ② 대통령은 미국에서는 실질적으로 직선되고, 한국에서는 명실상부하게 직선된다. ③ 대통령은 법률안거부권을 가진다. 다른 점은 ① 부통령제를 두지 아니한다. ② 대통령은 법률안제출권이 있다. ③ 국무총리를 둔

다. ④ 국회는 국무총리와 국무위원에 대한 해임건의권을 가진다.[1]

(ⅲ) 독일식 의원내각제의 요소는 다음과 같다. ① 국가원수는 대통령이다. ② 국회의원과 각료의 겸직이 허용된다. ③ 국무총리해임건의권제도는 불신임제도와 유사하다. 다른 점은 ① 대통령은 상징적 존재가 아니라 행정의 실권을 장악한다. ② 국무총리는 행정부의 제2인자이다. ③ 정부는 국회를 해산할 수 없다.

(ⅳ) 프랑스 제5공화국의 이원정부제(반대통령제)의 요소는 다음과 같다. ① 대통령은 국민이 직선한다. ② 대통령은 수상을 임명하고 국무회의를 주재한다. ③ 대통령은 비상대권을 가진다. ④ 대통령은 국민투표부의권을 가진다. ⑤ 대통령은 군의 통수권자이다. ⑥ 국회의 국무총리해임건의권은 불신임동의권과 유사하다. 다른 점은 ① 정부는 국회해산권을 가지지 아니한다. ② 국무총리를 중심으로 한 정부가 행정의 실권을 장악하지 못한다.

[프랑스 제5공화국에서 헌법현실의 상호관계]

1. 대통령주의제: 대통령과 의회다수파의 일치

2. 동거정부: 대통령과 의회다수파의 불일치

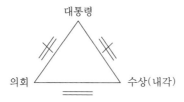

1. 미국의 대통령제와 한국의 대통령제의 비교

|  | 한 국 | 미 국 |
|---|---|---|
| 임 기 | 5년 단임 | 4년(연임가능) |
| 거부권 인정 여부 | 인정(환부거부만) | 인정(환부거부·보류거부) |
| 행정부의 법률안제출권 | 인 정 | 부 정 |
| 대통령 권한대행 | 1) 국무총리 2) 국무위원 | 1) 부통령 2) 하원의장 |
| 국정감사·조사권인정 여부 | 국정감사·조사권 모두 인정 | 국정조사권만 인정됨 |
| 탄핵소추 | 국회의 탄핵소추<br>헌법재판소의 탄핵심판 | 하원이 탄핵소추; 상원이 탄핵심판(재판장: 연방대법원장) |
| 거부권 인정 시한 | 정부이송 후 15일 이내 | 정부이송 후 10일 이내 |

## 2. 현행헌법규범의 이원정부제적 이해와 해석의 가능성

( i ) 대통령 직선제를 채택하기 때문에 대통령은 국민적 정당성을 가진다. 부통령제를 두지 아니하고 국무총리제를 두며 대통령의 유고에 따른 권한대행 및 후임자선거도 프랑스와 유사하다.

(ii) 정부불신임권의 존재 여부에 관하여는 논란이 있다. 헌법의 국무총리·국무위원해임건의권은 연혁적으로 의원내각제적인 정치적 책임추궁제도로부터 비롯된다는 점에는 이론이 없다.

## 3. 헌법규범과 헌법현실의 융합: 연립정부와 정권교체의 현실화에 따른 반향

### (1) 헌법에서 정권교체와 이원정부제

한국헌법사에서 진정한 의미의 평화적 정권교체는 1997년, 2007년, 2017년, 2022년 대통령선거를 통하여 구현되었지만, 여소야대 상황에서 구현된 소정권교체에 불과하다.

### (2) 대통령과 동일정당에 의한 국회다수파의 일치: 대통령주의제

1990년 3당 합당 이후의 노태우 정부, 김영삼 정부, 이명박 정부, 박근혜 정부 전반기, 문재인 정부 후반기는 국회 다수파의 지지를 확보하여 정국의 안정을 구축하였다.

### (3) 대통령과 복수정당에 의한 국회다수파의 일치: 이원정부제적 운용가능성

김대중 정부 집권 초기의 여소야대와 김종필 자민련 총재와의 연합은, 집행권의 양두제를 의미하는 이원정부제적인 시험기로 볼 수 있다.

### (4) 대통령과 국회다수파의 불일치: 이원정부제의 현실화

대통령재임 중 실시된 국회의원총선거에서 단일야당이 국회과반수를 확보할 경우에는 이원정부제가 현실화될 가능성이 높다. 이 경우 대통령과 총리가 역할을 분담하는 권력분점론 내지 권력분산론이 제기될 수 있다.

## 4. 소    결

① 단일정당으로 형성된 국회다수파의 지지를 받는 대통령우월적 대통령주의제 - 김영삼 대통령 집권기(1993-1997), 노무현 대통령 집권 후기(2004-2008), 이명박 대통령 집권기·박근혜 대통령 집권 전반기(2008-2016)·문재인 대통령 집권 후반기(2020-2022)

② 단일정당으로 형성된 국회다수파의 지지를 받지만 집권당 내부에서 끊임없는 견제를 받는 대통령제 - 노태우 대통령 집권 후반기(1990-1992)

③ 이질적 양당으로 형성된 국회다수파의 지지를 받지만 연립정부에 준하는 공동정부의 대통령우월적 이원정부제 - 김대중 대통령 집권 전반기(1998-1999)

④ 대통령재임 중 야당이 국회의 다수파이지만 복수의 이질적 야당 - 노태우 대통령 집권 초기(1988-1989), 김대중 대통령 집권 후반기(2000-2003), 노무현 대통령 집권 초기(2003-2004), 박근혜 대통령 집권 후반기(2016-2016), 문재인 대통령 집권 전반기(2017-2020)

⑤ 대통령 취임하기 전부터 단일 야당이 국회의 다수파 - 노무현 대통령 집권 초기(2003-2004), 윤석열 대통령 집권 전반기(2022-2024)

⑥ 대통령재임 중 단일야당의 승리에 따른 대통령과 국회다수파의 불일치 : 대통령과 국회다수파 사이의 비타협적 갈등의 현실화에 따른 권력분점론의 현실화 - 윤석열 대통령 집권 후반기(2024-현재)

## IV   의원내각제 헌법개정과 이원정부제적 양두제 운용가능성

### 1. 연립정부구성: 의원내각제 헌법에서 양두제적인 헌법현실

한국의 현실에서 연립정부가 구성되면 연립정부의 제1당 대표가 국무총리로, 제2당 대표가 대통령에 취임할 가능성이 높다. 이 경우 헌법규범은 의원내각제임에도 불구하고 양두제적 헌정실제가 나타날 가능성이 높다.

### 2. 단일정당의 집권: 의원내각제 헌법에서 양두제적 운용의 불투명성

연립정부가 아닌 단일정당이 집권할 경우 의원내각제적 헌법현실이 전개될 가능성이 높다. 하지만, 집권당 내부에서 정치적으로 제2인자를 대통령으로 선출한다면 제2공화국과 비슷한 정치적 상황이 전개될 가능성이 높다.

## V   평가와 전망

한국에서의 헌법규범과 헌법현실을 조감하여 보면, 적어도 순수한 미국식 대통령제로 헌법개정을 하지 아니하는 한, 여소야대 상황이 전개되면 이원정부제적인 운용은 불가피하다.

# 제 **2** 장

# 국 회

## 제 1 절 의회주의(의회제)

### I 의 의

의회주의(의회제)란 주권적 정당성의 원천인 국민이 선출한 의원들로 구성된 합의기관인 의회가 국가의사결정의 원동력이 되어야 한다는 정치원리(정치방식)이다. 의회주의라는 용례는 의원내각제, 의회민주주의 등과 혼용되기도 한다.

### II 연혁과 발전

#### 1. 등족회의

12세기 이후 유럽에서는 귀족·승려뿐만 아니라 시민계급의 대표가 참여하는 등족회의가 일반화되었다. 등족회의는 3부회 또는 신분의회라고도 한다.

#### 2. 근대적 의회제의 성립과 근대 시민혁명

"전락하는 왕의 운명은 곧 영국 민주주의의 발달사이다"라는 표현이 상징하듯이, 민주주의의 고향인 영국의회제의 발전과정은 모범의회模範議會를 거쳐 14세기에 이미 양원제의 모습을 갖추었다. 더 나아가서 1688년에 일어난 명예혁명을 통하여 국왕에 대한 의회우위를 확보하기 시작하였다. 한편, 18세기 말 세기를 뒤흔든 미국의 독립혁명과 프랑스의 시민혁명은 근대입헌주의와 근대적 의회제의 본격적인 정립을 가져왔다.

## Ⅲ  의회주의의 본질(기본원리)

(ⅰ) 의회주의는 대의제도의 원리에 따라 국민의 대표기관인 의회에 국민적 정당성을 부여하는 원리이다.

(ⅱ) 의회는 국민의 신임에 기초하여 **책임정치**를 구현하여야 한다.

(ⅲ) 의회는 의원의 자유위임의 원리에 따라 공개적이고 개방적인 토론을 거친 후에는, 다수결원리에 따라 최종적인 의사결정이 이루어져야 한다. 하지만, 이 과정에서 소수파존중의 원리도 지켜져야 한다.

## Ⅳ  의회주의의 병폐와 개선

### 1. 의회주의의 위기

의회주의의 위기현상으로는 정당국가 경향에 따른 고전적 국민대표원리의 변용과, 행정국가 경향에 따른 집행부강화를 들 수 있다. 또한 의회에서의 대립과 갈등의 심화 및 그에 따른 다수파의 독주로 인하여, 정치적 합의를 통한 국민적 컨센서스가 형성되지 못하고 있다.

### 2. 의회주의의 위기에 대한 대책

① 의회에서 중심적 기능을 차지하는 정당의 민주화가 이루어져야 한다. ② 참여민주주의를 활성화하여야 한다. ③ 의회에서의 토론과 합의과정이 투명하게 공개되어, 국민적 비판을 수용하여야 한다. ④ 의회의 전문성을 제고함으로써 행정부 종속적인 의안처리를 시정하여야 한다.

## Ⅴ  대한민국헌법과 의회주의

(ⅰ) 의회의 강화를 위한 헌법의 의지는 정부($\substack{제4\\장}$)에 앞서 국회($\substack{제3\\장}$)를 규정하나, 헌법현실에서는 의회주의의 일반적 문제점이 극복되지 못한다.

(ⅱ) 의회주의의 보완을 위하여 헌법 제72조에서는 국가의 중요정책에 대한 대통령의 국민투표부의권을 부여하고, 헌법개정에는 필수적 국민투표제도($\substack{제130조\\제2항}$)를 채택한다(반대표원리의 제도화).

# 제2절  의회의 조직과 구성

## Ⅰ  의    의

의회의 구성원리는 단원제와 양원제라는 두 개의 제도적 모델로 정립되어왔다.[1]

## Ⅱ  단원제와 양원제의 제도적 평가

### 1. 양 원 제

#### (1) 양원제의 의의

양원제란 의회가 두 개의 서로 독립적인 합의체로 구성되어 활동하지만, 두 합의체의 일치된 의사를 의회의 의사로 간주하는 의회의 구성원리를 말한다.

#### (2) 양원제의 유형

하원은 국민의 보통·평등·직접·비밀·자유선거의 원리에 따라 선출된 의원으로 구성된다. 상원은 ① 신분형(보수형, 영국), ② 연방형(미국·독일·스위스), ③ 지역대표형(참의원형, 일본·제2공화국), ④ 직능대표형(아일랜드) 등이 있다.

#### (3) 양원의 상호관계

(ⅰ) 양원 사이의 관계는 균형형(미국·프랑스 제5공화국·스위스)과 불균형형 (영국·프랑스 제4공화국)으로 분류할 수 있다.

(ⅱ) 양원의 운영은 각기 서로 ① 조직독립의 원칙, ② 의결독립의 원칙, ③ 의사일치의 원칙, ④ 동시행동의 원칙에 따른다.

### 2. 단 원 제

단원제라 함은 국민의 보통·평등·직접·비밀·자유선거로 선출되는 의원으로만 구성되는 하나의 의회제도를 말한다.

---

1. 각국의 의회제도 비교

|  | 미국 | 영국 | 일본 | 독일 | 프랑스 | 러시아 | 중국 |
|---|---|---|---|---|---|---|---|
| 구성 | 상원 100명<br>하원 435명 | 상원 678명<br>하원 646명 | 참의원 248명<br>중의원 480명 | 상원 69명<br>하원 603명 | 상원 348명<br>하원 577명 | 상원 178명<br>하원 450명 | 전인대<br>2984명 |
| 임기 | 상원 6년<br>하원 2년 | 하원 5년 | 참의원 6년<br>중의원 4년 | 하원 4년 | 상원 6년<br>하원 5년 | 상원 2년<br>하원 4년 | 5년 |

### 3. 제도적 가치: 장・단점

(ⅰ) 양원제의 장점이자 단원제의 단점으로는, ① 신중한 의안처리로 단원제의 경솔함과 급진성의 방지, ② 의회구성에서 권력분립 원리의 도입으로 다수의 횡포 방지, ③ 양원 중 일원이 정부와 충돌할 경우에 다른 일원의 중재, ④ 상원의 성격에 따라 연방국가적 성격을 반영하거나 지역대표・직능대표의 원리 도입 등이 있다.

(ⅱ) 양원제의 단점이자 단원제의 장점으로는, ① 양원 사이에 의사불일치로 의안처리의 지연, ② 두 개의 의원운영으로 국가예산지출의 증대, ③ 양원이 갈등할 경우에 의회의 책임소재 불투명, ④ 의회가 분열하면 의회의 정부견제력 약화, ⑤ 상원의 보수화로 국민의사가 굴절될 우려, ⑥ 양원의 지지기반이 서로 다를 때 상원의 보수반동화 우려, ⑦ 지방대표와 지역대표・직능대표가 국민 전체의 의사를 왜곡할 우려 등이 있다.

## Ⅲ 헌법에 양원제도입의 적실성과 바람직한 양원제 모델

### 1. 의의・연혁

1952년 제1차 개헌에서 양원제를 채택하였지만 실시되지 못하였다. 1960년 제2공화국헌법에서 유일하게 양원제를 실시한 바 있다.

### 2. 국회에서의 소위 '날치기'방지와 양원제 도입

단원제에서는 날치기라는 비판을 받더라도, 다수파나 정부는 의안통과라는 소정의 성과를 거둘 수 있다. 그러나 양원제에서는 의결독립의 원칙과 의사일치의 원칙에 따라 반드시 양원에서 동일한 내용으로 각기 통과되어야 하므로, 의안처리의 날치기방지라는 목적을 달성하는 데에는 양원제가 확실히 우월한 제도이다.

### 3. 남북통일과 양원제 도입

(ⅰ) 남북통일 이후 남북 사이의 이질성을 극복하기 위하여 양원제 도입이 필요하다. 남북 사이의 갈등을 최소화하기 위하여 단순한 인구비례가 아닌 남북의 특수성을 고려한 상원제도의 도입이 필요하다.

(ⅱ) 통일국가가 연방제일 경우에는 연방형 상원이 정립되어야 한다. 단일국가로 통일을 할 경우 남북의 지역대표성과 원로원적 성격의 상원이 필요하다.

# 제3절 국회의 헌법에서 지위

## Ⅰ 의 의

국민주권주의의 논리적 체계에 따르면 주권자인 국민이 직접 국정을 담당하여야 한다. 그러나 현실적으로 직접민주주의를 국가생활에서 실천하는 데 어려움이 있다. 이를 해결하기 위한 제도적 장치가 국민의 대표기관인 국회이다. 국회는 국민의 주권적 의사를 대변하는 기관이다. 국회의 본원적 권한인 입법권 행사의 결과물인 법률은 주권자의 일반의사의 표현이다. 그러나 현대적인 행정국가 경향에 따라 국회의 역할이 정부에 대한 통제·견제권으로 이행한다.

## Ⅱ 주권적 의사의 대표기관으로서의 국회

### 1. 국민주권에서 의회주권으로

한국헌법 제1조에서 "대한민국의 주권은 국민에게 있고, 모든 권력은 국민으로부터 나온다"라고 규정한 국민주권주의원리에 따라, 국회의 국민대표기관으로서의 지위는 국민주권주의에 기초한 대의제 이념의 헌법상 구현이다. 바로 그러한 정신사적 기초에서 국민주권은 의회주권으로 연결될 수 있었다.

### 2. 의회주권의 종언

(ⅰ) 20세기에 이르러 그동안 적대시되던 정당이 오히려 헌법에서 적극적으로 보호받으면서, 국회의원이 전체국민을 위한 봉사자를 의미하는 자유위임(기속위임금지)의 법리를 일탈하여 정당의 지휘·통제에 따르게 되는 정당국가 현상을 초래한다. 이러한 현상은 결과적으로 국회의 국민대표기관성에 대한 심각한 도전이자, 의회제에 대한 회의로 이어진다.

(ⅱ) 한편, 대의제(간접민주제)의 모순을 극복하기 위하여 직접민주제적 요소를 도입함으로써, 半대표의 원리가 헌법의 제도로 정립된다. 21세기 인터넷시대의 도래로 이제 인터넷은 비제도적인 직접민주제로서 국가생활 속에 작동한다. 이러한 현상은 반대표원리의 비제도적인 구현이며, 향후 법적 제도로 구현될 가능성이 높다.

## Ⅲ 입법기관으로서의 국회

### 1. 법률주권의 종언

과거에 의원내각제 국가에서는 대의제 원리와 결합하여 국민주권=의회주권이라는 등식으로 작동하였다. 또한 의회의 의사는 입법을 통하여 구현되므로 의회주권=법률주권으로 연결되었다. 그러나 헌법의 최고규범성을 구현하기 위하여법률에 대한 사법심사가 도입됨에 따라 의회주권과 법률주권시대는 종언을 고한다. 이제 국회에서 제정한 법률은 헌법에 합치되는 범위 안에서만 정당성을 가진다.

### 2. 입 법 권

#### (1) 원칙– 형식적 의미의 입법

입법은 의회에서 제정한 법규범을 의미하는 형식적 의미의 법률을 원칙으로한다. 그러므로 헌법 제40조(“입법권은 국회에 속한다”)의 입법은 형식적 의미의법률을 의미한다(형식적 입법설). 헌법 제40조의 의미는 적어도 국민의 권리와 의무의 형성에 관한 사항을 비롯하여 국가의 통치조직과 작용에 관한 기본적이고본질적인 사항은, 반드시 국회에서 법률로 규정하여야 한다는 것이다. 원칙적으로 국회는 단독으로 입법권을 행사하고(국회단독입법의 원칙), 국회가 입법의 중심이 되어야 한다(국회중심입법의 원칙).

#### (2) 예 외

국회단독입법의 원칙과 국회독점입법의 원칙에는 예외가 있다. 대통령은 법률안제출권($_{조}^{제52}$), 법률안공포권($_{제1항}^{제53조}$), 법률안거부권($_{제2항}^{제53조}$) 등을 통하여 입법과정에참여한다. 긴급명령 및 긴급재정경제명령($_{조}^{제76}$)은 비록 제정 및 발령 주체가 대통령이지만, 법률과 동일한 효력을 가지기 때문에 실질적 의미의 입법이다. 또한 비록 법률보다는 하위규범이지만 행정부의 행정입법권($_{제95조}^{제75조 ·}$), 헌법기관인 국회($_{제1항}^{제64조}$)・대법원($_{조}^{제108}$)・헌법재판소($_{제2항}^{제113조}$)・중앙선거관리위원회($_{제6항}^{제114조}$)의 지방자치단체의 자치입법권($_{제1항}^{제117조 ·}$)은 실질적 의미의 법정립작용이다.

### 3. 국회입법권의 위축

현대적인 다원화 사회에서 국가기능이 복합적으로 확대되어 가지만, 국회는 전문적 입법능력의 부족으로 행정부에서 작성한 입법안을 통과시키는 절차적 기관에불과한 통법부通法府라는 비판을 받는다.

# Ⅳ 국정통제기관

## 1. 정부와의 관계

（ⅰ）헌법상 정부형태는 대통령제 또는 이원정부제에 가깝기 때문에 국회와 정부는 그 성립과 존속이 상호 독립적이다. 대통령과 국회는 각기 직선제를 통하여 국민으로부터 직접 정당성을 확보한다. 하지만, 헌법개정·헌법기관의 구성 및 법률안과 예산안을 채택하는 과정에서 상호 협력관계를 형성한다.

（ⅱ）전통적인 의회의 국민대표기관 및 입법기관으로서의 성격은 현대의회제도의 정립과정에서 상당부분 퇴색되었다. 이에 따라 국민주권＝의회주권＝법률주권시대의 종언으로 귀착된다. 여기에 권력분립이론에 입각한 견제와 균형의 축은 이제 국정통제기관으로서의 의회가 부상하게 된다.

（ⅲ）의회의 국정통제기능은 대정부통제기능에 중점을 둔다. 의원내각제에서는 정부불신임권을 행사함으로써 정부를 전복시킬 수도 있다. 즉, 정부의 성립과 존속 그 자체가 의회에 달려 있다. 대통령제에서 의회의 정부에 대한 통제기능은 경성적 권력분립으로 인하여, 의원내각제에 비하여 일정한 한계가 있다. 하지만, 오늘날 정부형태와 관계없이 정부와 정부를 지지하는 여당과 정부에 적대적인 야당 사이에서, 의회는 정치적 토론과 공론화의 각축장으로서 국민의 의사를 수렴한다. 그러나 지나친 당리당략적인 행태로 인하여 국회가 건전한 민의의 전달장이 되지 못한다는 비판에 직면한다.

（ⅳ）헌법에 마련된 국회의 대정부통제권으로는 의원내각제 내지 반대통령제적인 국무총리임명동의권($^{제86}_{조}$), 국무총리·국무위원해임건의권($^{제63}_{조}$), 국회출석요구·질문권($^{제62}_{조}$) 등이 있다. 그 밖에도 국정감사·조사권($^{제61}_{조}$), 탄핵소추의결권($^{제65}_{조}$), 긴급명령 및 긴급재정·경제명령승인권($^{제76}_{조}$), 계엄해제요구권($^{제77}_{조}$), 대법원장·대법관($^{제104}_{조}$), 헌법재판소장($^{제111}_{조}$), 감사원장($^{제98}_{조}$) 등 주요공직자임명동의권 및 인사청문권, 예산에 관한 권한($^{제54조-}_{제58조}$) 등이 있다.

## 2. 사법부와의 관계

（ⅰ）사법부는 정치적 소용돌이로부터 일정한 거리를 유지한 채 독립적인 법적 판단을 하는 기관이다. 그런데, 입법·행정·사법이라는 국가권력구조의 한 축인 사법부는 그 성립과 존속에 있어서 국민적 정당성과 직접적으로 연계되지

아니하므로, 사법부의 성립에 국민적 정당성의 두 축인 국회와 정부가 개입한다. 국회는 대법원장·대법관·헌법재판소장의 임명에 대한 동의권($\frac{제104조}{제111조}$), 헌법재판소 재판관 3인의 선출권($\frac{제111}{조}$), 법원과 헌법재판소의 설치·조직에 대한 법률제정권을 가진다. 또한 사법부의 운영에 있어서 예산안의 심의·확정권과 국정조사·감사를 통하여 일정한 통제를 가할 수 있다.

(ii) 그런데, 헌법재판소는 국회에서 제정한 **법률**을 사법적으로 재단裁斷하기 때문에, 국회와 헌법재판소 사이에 긴장관계가 형성될 수 있다. 이에 국민적 정당성을 직접 확보한 국회에서 제정한 법률에 대하여, 헌법재판소는 헌법합치적 법률해석과 변형결정을 통하여 사법적 재단을 가급적 자제하여야 한다.

# 제4절 국회의 회의운영과 의사원칙

## I 의 의

국회의 회의운영과 의사원칙에 관하여는 헌법, 국회법, 국회규칙 등에서 상세히 규정한다.

## II 국회의 회기와 회의[1]

### 1. 국회의 회기: 정기회·임시회·(특별회)

(ⅰ) 국회의원총선거에 따라 구성된 국회의원의 임기개시 후 임기만료까지의 기간을 의회기 또는 입법기라고 한다. 회기란 의회기 안에서 국회가 활동할 수 있는 일정한 기간이다. 국회의 정기회의 회기는 100일을, 임시회의 회기는 30일을 초과할 수 없다($\frac{\text{제47조}}{\text{제2항}}$).

(ⅱ) "정기회는 법률이 정하는 바에 의하여 매년 1회 집회된다"($\frac{\text{제47조}}{\text{제1항}}$). 국회법은 매년 9월 1일을 집회일로 하고, 그 날이 공휴일인 때에는 그 다음날에 집회하도록 규정한다($\frac{\text{제4}}{\text{조}}$). 정기회 회기는 100일로 한다($\frac{\text{제5조의2}}{\text{제2항 제2호}}$).

(ⅲ) "임시회는 대통령 또는 국회재적의원 4분의 1 이상의 요구에 의하여 집회된다"($\frac{\text{제47조 제1}}{\text{항 후단}}$). "대통령이 임시회의 집회를 요구할 때에는 기간과 집회요구의 이유를 명시하여야 한다"($\frac{\text{제47조}}{\text{제3항}}$). 연간 "2월·3월·4월·5월 및 6월 1일과 8월 16일에

---

1. 국회와 지방의회의 비교

|  | 국 회 | 지방의회 |
|---|---|---|
| 집회종류 | 1회의 정기회와 임시회 | 2회의 정례회와 임시회 |
| 임시회 소집권자 | 대통령과 재적의원 1/4 이상 | 지방자치단체장과 조례로 정하는 수 이상의 지방의회의원의 요구 |
| 연간회기총일수 | 제한 없음 | 정례회·임시회는 해당 지방자치단체의 조례로 정함 |
| 의장·부의장 불신임 | 규정 없음 | 불신임의결 가능(재적 1/4 이상발의 재적과반수의 찬성) |
| 의사정족수 | 재적의원 1/5 이상 | 재적의원 1/3 이상 |
| 의결정족수 | 재적과반수출석과 출석과반수 | 왼쪽과 동일 |
| 의안발의요건 | 의원 10인 이상의 찬성 | 지방자치단체의 장이나 조례로 정하는 수 이상의 지방의회의원의 찬성 |

임시회를 집회한다"(제5조의2 제2항 제1호). "제1호에 따른 임시회의 회기는 해당 월의 말일까지로 한다. 다만, 임시회의 회기가 30일을 초과하는 경우에는 30일로 한다"(제5조의2 제2항 제2호).

(ⅳ) 특별회란 국회가 해산된 후 새로 선출된 국회의원이 소집되는 집회를 말한다. 현행헌법에 국회해산제도가 없기 때문에 이에 관한 규정은 없다.

## 2. 휴회·폐회

(ⅰ) 휴회란 국회의 회기 중 국회의 의결로 기간을 정하여 활동을 중지하는 것을 말한다(국회법 제8조 제1항). "국회는 휴회 중이라도 대통령의 요구가 있을 때, 의장이 긴급한 필요가 있다고 인정할 때 또는 재적의원 4분의 1 이상의 요구가 있을 때에는 국회의 회의(본회의)를 재개한다"(동 제2항).

(ⅱ) 폐회란 회기의 종료에 의하여 국회가 그 활동을 중지하는 것을 말한다.

## 3. 개의·유회·산회

"본회의는 재적의원 5분의 1 이상의 출석으로 개의開議한다"(국회법 제73조 제1항). "의장은 제72조의 규정에 의한 개의시부터 1시간이 지날 때까지 제1항의 정족수에 미치지 못할 때에는 유회流會를 선포할 수 있다"(동 제2항). "회의 중 제1항의 정족수에 미치지 못할 때에는 의장은 회의의 중지 또는 산회散會를 선포한다"(동 제3항). "의사일정에 올린 안건의 의사가 끝났을 때에는 의장은 산회를 선포한다"(제74조 제1항).

## 4. 국회의원의 임기개시·임시회·원구성

### (1) 임기개시 후 7일에 집회

"국회의원총선거 후 첫 임시회는 의원의 임기개시 후 7일에 집회하며, 처음 선출된 의장의 임기가 폐회 중에 만료된 경우에는 늦어도 임기만료일 5일 전까지 집회한다"(국회법 제5조 제3항).

### (2) 국회의 원구성과 의장직무대행의 권한

국회법에 의하면 국회의원총선거 후 최초로 의장과 부의장을 선거할 때에는 "출석의원 중 최다선最多選 의원이, 최다선 의원이 2명 이상인 경우에는 그 중 연장자年長者가 의장의 직무를 대행한다"(제18조 제1호).

# Ⅲ 국회의 의사원칙

국회의 의사는 민주적 정당성을 확보할 수 있도록 절차적 정당성의 원칙과, 의사절차에서의 능률성의 원칙이 서로 조화를 이루어야 한다.

의회민주주의국가에서 의사절차는 공개와 이성적 토론의 원리, 합리적 결정, 다원적 개방성, 즉 토론과 다양한 고려를 통하여 의안의 내용이 변경될 가능성, 잠재적인 통제를 가능하게 하는 절차의 개방성, 다수결의 원리에 따른 의결 등 여러 가지 요소에 의하여 이루어져야 하지만, 무엇보다도 중요한 요소는 헌법 제49조의 다수결의 원리와 제50조의 의사공개의 원칙이라 한다(헌재 2010.12.28. 2008헌라7, 국회의원과 국회 의장 등 간의 권한쟁의(각하,권한침해확인,기각)).

## 1. 의사공개의 원칙

의사공개의 원칙이란 민의의 전당인 국회의 의사진행을 공개함으로써, 국민의 비판과 감시를 받게 하는 원칙이다. 국회본회의뿐만 아니라 위원회도 공개되어야 한다. 의사공개의 원칙은 보도의 자유, 회의록의 배부·배포의 자유(국회법 제118조) 등을 그 내용으로 한다.

소위원회 방청불허행위를 헌법이 설정한 국회 의사자율권의 범위를 벗어났다고 볼 수 없다고 판시한 바 있다(헌재 2000.6.29. 98헌마443등, 국회예산결산특별위원회 계수조정소위원회 방청허가불허 위헌확인, 국회상임위원회 방청불허행위 위헌확인 등(기각)). 그런데 2001년도 예산안심의과정에서 "소위원회의 회의는 공개한다"라는 개정 국회법 제57조 제5항에 의거하여 예산결산특위 계수조정소위원회의 회의도 처음에는 공개되었다. 그러나 밀실거래가 횡행하던 장이 갑자기 공개되자 회의가 피상적으로 진행될 수밖에 없었고, 결국 "다만, 소위원회의 의결로 공개하지 아니할 수 있다"라는 단서조항에 따라 비공개리에 예산안이 결정되었다. 국회 소위원회의 의사 비공개는 국회의 자율권을 존중하여야 하는 문제도 있으나, 국민의 알 권리와 재산권보장 및 국회의 의사공개의 원칙에 비추어 최대한 공개하는 방향으로 정립되어야 한다.

## 2. 다수결원칙

현행헌법은 다수결원리를 채택한다. "국회는 헌법 또는 법률에 특별한 규정이 없는 한 재적의원 과반수의 출석과 출석의원 과반수의 찬성으로 의결한다. 가부동수인 때에는 부결된 것으로 본다"(제49조).

"의회민주주의의 기본원리의 하나인 다수결의 원리는 의사형성과정에서 소수파에게 토론에 참가하여 다수파의 견해를 비판하고 반대의견을 밝힐 수 있는 기회를 보장하여 다수파와 소수파가 공개적이고 합리적인 토론을 거쳐 다수의 의사로 결정한다는 데 그 정당성의 근거가 있는 것이다. 따라서 입법과정에서 소수파에게 출석할 기회조차 주지 않고 토론과정을 거치지 아니한 채 다수파만으로 단독 처리하는 것은 다수결의 원리에 의한 의사결정이라고 볼 수 없다"(헌재 2010.12.28. 2008헌라7, 국회의원과 국회 의장 등 간의 권한쟁의(각하,권한침해확인,기각)).

### 3. 회기계속의 원칙

현행헌법은 회기계속의 원칙을 채택한다. "국회에 제출된 법률안 기타의 의안은 회기 중에 의결되지 못한 이유로 폐기되지 아니한다."(제51조) "다만, 국회의원의 임기가 만료된 때에는 그러하지 아니하다"(제51조 단서).

### 4. 일사부재의의 원칙

헌법이 아니라 국회법에서 일사부재의一事不再議의 원칙을 채택한다. 한번 "부결된 안건은 같은 회기 중에 다시 발의하거나 제출할 수 없다"(제92조). 일사부재의의 원칙은 ① 국회의결의 불안정을 막고, ② 회의의 능률성을 제고하고, ③ 소수파의 의사방해를 차단하기 위한 제도이다.

일사부재의의 원칙을 경직되게 적용하면 국정운영이 왜곡되고 다수에 의하여 악용되어 다수의 횡포를 합리화하는 수단으로 전락할 수도 있으므로 그 적용에 신중을 기하여야 한다. 다만, 방송법 표결과정에서 표결에 참석한 국회의원의 수가 재적 과반수에 미달하였는데, 국회부의장이 즉석에서 재투표를 실시하여 가결을 선포한 행위는 일사부재의원칙 위반이지만, 통과된 법률은 무효라고 할 수 없다(헌재 2009.10.29. 2009헌라8등, 국회의원과 국회의장 등 간의 권한쟁의(각하,확인,기각)).

# Ⅳ 정 족 수

### 1. 의     의

정족수란 다수인으로 구성되는 합의체에서 회의진행과 의사결정에 필요한 인원수를 말한다.

### 2. 의사정족수

의사정족수는 의회의 의사를 여는 데 필요한 의원의 수이기 때문에 개의정족수開議定足數라고도 한다. "본회의는 재적의원 5분의 1 이상의 출석으로 개의한다"(국회법 제73조 제1항). 본회의 개의 후에는 "교섭단체 대표의원이 의사정족수의 충족을 요청하는 경우 외에는 효율적인 의사진행을 위하여 회의를 계속할 수 있다"(제73조 제3항 단서). 위원회의 의사정족수도 재적위원 5분의 1 이상이다.

## 3. 의결정족수

의결정족수는 의안을 의결하는 데 필요한 의원의 수를 말한다. 헌법에서 일반 의결정족수는 다수결의 원리에 의한다($\frac{\text{제}49}{\text{조}}$).[1]

( i ) 재적의원 과반수의 출석과 출석의원 3분의 2 이상의 찬성: 법률안의 재의 ($\frac{\text{제}53\text{조}}{\text{제}4\text{항}}$)

( ii ) 재적의원 과반수의 찬성: 국무총리·국무위원해임건의($\frac{\text{제}63\text{조}}{\text{제}2\text{항}}$), 일반적인 탄핵소추의 의결 및 대통령에 대한 탄핵소추발의($\frac{\text{제}65\text{조}}{\text{제}2\text{항}}$), 계엄의 해제요구($\frac{\text{제}77\text{조}}{\text{제}5\text{항}}$), 헌법개정안발의($\frac{\text{제}128\text{조}}{\text{제}1\text{항}}$)

( iii ) 재적의원 3분의 2 이상의 찬성: 국회의원의 제명처분($\frac{\text{제}64\text{조}}{\text{제}3\text{항}}$), 대통령에 대한 탄핵소추의결($\frac{\text{제}65\text{조}}{\text{제}2\text{항}}$), 헌법개정안의결($\frac{\text{제}130\text{조}}{\text{제}1\text{항}}$)

---

1. 국회의 정족수

| 정 족 수 | 사 유 |
|---|---|
| 10인 이상 | 회의의 비공개발의, 일반의안의 발의 |
| 20인 이상 | 국무총리·국무위원 출석요구발의, 긴급현안질문, 징계요구발의, 의사일정변경발의 |
| 30인 이상 | 위원회에서 폐기한 의안의 본회의 부의요건, 의안의 수정동의, 자격심사청구 |
| 재적 1/5 이상 | 본회의·위원회 의사정족수, 기명·호명·무기명 투표요구 |
| 재적 1/4 이상 | 구속의원석방요구발의, 임시회집회, 국정조사요구, 전원위원회요구, 휴회 중 회의재개요구 |
| 재적 1/3 이상 | 국무총리·국무위원 해임건의발의, 대통령 이외의 자 탄핵발의, 무제한토론 요구 |
| 재적 과반수출석/출석다수표 | 임시의장과 상임위원장 선출, 예결위원장·윤리특위원장 선출, 대통령선거에서 최다득표자 2인 이상일 때 대통령 선출 |
| 재적 과반수 | 헌법개정안발의, 대통령탄핵소추발의, 의장과 부의장선출, 계엄해제요구, 국무총리·국무위원해임건의의결, 대통령을 제외한 고위공무원 탄핵의결, 신속처리안건 지정동의요구 |
| 재적과반수출석/출석 3분의 2 찬성 | 대통령의 거부권행사 법률안 재의결시 |
| 재적 1/4 이상 출석/출석과반수 찬성 | 전원위원회에서의 의안의결 |
| 재적 5분의 3 이상 찬성 | 신속처리안건지정동의결, 무제한토론종결동의 |
| 재적 3분의 2 이상 찬성 | 의원의 제명, 대통령탄핵소추의결, 의원자격심사결정, 헌법개정안의 의결 |

## V  회의진행

### 1. 본 회 의

본회의는 오후 2시에 개의함을 원칙으로 한다($\frac{국회법}{제72조}$). 본회의 개의시로부터 1시간이 경과할 때까지 재적의원 5분의 1 이상의 출석이 없을 경우 의장은 유회流會를 선포할 수 있다($\frac{제73조}{제2항}$). 회의 도중에 재적의원 5분의 1 이상의 출석이 없을 경우 의장은 회의의 중지 또는 산회를 선포한다($\frac{제73조}{제3항\ 본문}$). "의사일정에 올린 안건의 의사가 끝났을 때에는 의장은 산회를 선포한다"($\frac{제74조}{제1항}$).

### 2. 위 원 회

위원회는 본회의의 의결이 있거나 의장 또는 위원장이 필요하다고 인정할 때, 재적위원 4분의 1 이상의 요구가 있을 때 개회한다($\frac{국회법}{제52조}$). 상임위원회(소위원회 포함)는 3월·5월(폐회 중에 한정)의 세 번째 월요일부터 한 주간 정례적으로 개회(정례회의)한다. 다만, 국회운영위원회는 이를 적용하지 아니하고, 정보위원회는 3월·5월에 2회 이상 개회한다($\frac{제}{조}$53). 의사정족수는 재적위원 5분의 1 이상이다($\frac{제}{조}$54). 위원회에 회부된 안건의 심사는 안건의 취지설명, 전문위원의 검토보고, 대체토론(안건 전체에 대한 문제점과 당부當否에 관한 일반적 토론을 말하며 제안자와의 질의·답변을 포함한다), 축조심사, 표결의 순으로 진행된다($\frac{제58조}{제1항}$).

## VI  표  결

국회법에서는 전자투표를 표결의 일반원칙으로 규정한다. 표결에는 기립표결·거수표결·기명투표(헌법개정안)·호명투표·무기명투표(환부된 법률안, 인사에 관한 안건, 국회에서의 각종 선거, 국무총리·국무위원 해임건의안, 탄핵소추 의결, 신속처리안건 지정 동의, 본회의 부의 요구, 무제한 토론 종결 의결 등)와 이의 유무를 묻는 방법 등이 있다. 본회의에서는 거수표결이 불가능하지만, 위원회에서는 거수표결이 가능하다.

# 제5절 국회의원선거

(제1편 제4장 제3절 제2관 제3항 민주적 선거제도 참조)

# 제6절 국회의 내부조직

## Ⅰ 국회법에서 국회의원의 활동을 위한 조직

### 1. 국회의장과 부의장

( i ) "국회는 의장 1인과 부의장 2인을 선출한다"($\frac{제48}{조}$). "의원이 의장으로 당선된 때에는 당선된 다음 날부터 그 직에 있는 동안은 당적을 가질 수 없다." "다만, 국회의원총선거에서 정당추천후보자로 추천을 받으려는 경우에는 의원임기만료일 90일 전부터 당적을 가질 수 있다" "제1항 본문에 따라 당적을 이탈한 의장의 임기가 만료된 때에는 당적을 이탈할 당시의 소속 정당으로 복귀한다"($\frac{국회법}{제20조의2}$). "비례대표국회의원이 국회의장으로 당선되어 국회법 규정에 의하여 당적을 이탈한 경우에는" 의원직을 상실하지 아니한다($\frac{공직선거법\ 제}{192조\ 제4항}$).

국회 운영에 있어서 국회의장의 중립적 중재자로서의 역할을 강조하면서 2002년 국회의장의 당적 보유를 금지하는 규정이 신설되었다. 하지만, 현실적으로 정당 소속 국회의원으로 당선된 사람이 국회의장이 되었다고 하여 정치적으로 중립을 유지하기란 어렵다. 이에 따라 국회의장에 대한 중립적 중재자로서의 요구는 비등하는 반면, 국회의장이 출신 정당의 당파적 이익을 대변한다는 비판은 여전히 제기된다. 다만, 국회의장이 차기 국회에 진출하지 아니하는 관례가 형성됨에 따라 국익을 위한 정치적 중립성이 제고될 소지를 제공한다.

"의장과 부의장은 국회에서 무기명투표로 선거하고 재적의원 과반수의 득표로 당선된다"($\frac{제15}{조}$). "의장과 부의장의 임기는 2년으로 한다"($\frac{제9}{조}$).

( ii ) "의장은 국회를 대표하고 의사를 정리하며, 질서를 유지하고 사무를 감독한다"($\frac{국회법}{제10조}$). "의장은 위원회에 출석하여 발언할 수 있다. 다만, 표결에는 참가할 수 없다"($\frac{제11}{조}$).

## 2. 국회의 위원회

### (1) 의 의

위원회란 국회 본회의에서의 의안심의를 원활하게 할 목적으로 일정사항에 관하여 전문지식을 갖춘 소수의원들이 예비적으로 심의하는 합의제기관이다. 국회법도 상임위원회중심주의를 채택하여 상임위원회에서 법안을 심의하여 본회의에 심사보고를 한 후에 가부투표를 하는 본회의결정중심주의를 채택한다.

### (2) 위원회제도의 기능(장·단점)

위원회는 ① 법안심의의 시간절약 및 중요안건의 집중토의를 통하여 **능률적·효율적인** 의사운영을 할 수 있고, ② 전문적 지식을 가지고 심의함으로써 국정기능의 분화·확대에 부응할 수 있고, ③ 탄력적인 회의운영을 할 수 있다.

그러나 위원회의 단점으로는 ① 행정부 공무원이나 이익단체의 **로비창구**가 될 우려가 있고, ② 정당을 대표하는 위원 사이에 야기되는 **정략적인 투쟁**으로 인하여 심의기관으로서의 기능이 저해되기도 하고, ③ 위원회중심주의로 인하여 본회의의 형식화를 초래함으로써 전체 국회의원이 폭넓은 심의를 할 수 없다.

### (3) 위원회의 종류

( i ) 상임위원회는 소관사항에 관하여 일정한 의안을 심의하는 상설적 위원회이다. 국회법에 17개의 상임위원회가 있으며, 그 소관사무는 법정된다(국회법 제37조): 국회운영위원회, 법제사법위원회, 정무위원회, 기획재정위원회, 과학기술정보방송통신위원회, 교육위원회, 문화체육관광위원회, 외교통일위원회, 국방위원회, 행정안전위원회, 농림축산식품해양수산위원회, 산업통상자원중소벤처기업위원회, 보건복지위원회, 환경노동위원회, 국토교통위원회, 정보위원회, 여성가족위원회가 있다. 상임위원회 위원의 개선改選은 공정하여야 한다(헌재 2020.5.27. 2019헌라1, 국회의원과 국회의장 간의 권한쟁의(기각)).

국회법 제48조 제6항 본문 중 "위원을 개선할 때 임시회의 경우에는 회기 중에 개선될 수 없고" 부분은 개선의 대상이 되는 해당 위원이 '위원이 된(선임 또는 보임된) 임시회의 회기 중'에 개선되는 것을 금지하는 것이다. 이는 국회법 제48조 제6항 본문 중 "정기회의 경우에는 선임 또는 개선 후 30일 이내에는 개선될 수 없다." 부분이 '선임 또는 개선된 때로부터' '30일' 동안 개선을 금지하는 것과 마찬가지이다(5:4)(헌재 2020.5.27. 2019헌라1, 국회의원과 국회의장 간의 권한쟁의(기각)).

[반대의견] 청구인의 의사에 반하여 강제로 이루어진 이 사건 개선행위는 국회법 제48조 제6항 본문에서 금지하는 임시회 회기 중의 개선으로서 같은 항 단서의 사유에도 해당하지 않으므로 어느 모로 보나 국회법 제48조 제6항에 명백히 위반된다.

(ii) 특별위원회는 "둘 이상의 상임위원회와 관련된 안건이거나 특히 필요하다고 인정한 안건을 효율적으로 심사하기 위하여 본회의의 의결로" 설치되는 한

시적 위원회이다($^{제}_{조}$44). 상설 특별위원회로는 50인의 위원으로 구성되는 임기 1년의 예산결산특별위원회가 있다($^{제}_{조}$45). 비상설 특별위원회는 정하여진 활동기한에 따라 한시적으로 설치된 위원회다. 그간 상설 특별위원회이던 윤리특별위원회($^{제}_{조}$46)는 비상설 특별위원회로 전환되었다. 또한 헌법에서 국회의 동의 또는 선출을 요하는 주요공직자에 대하여 심의하는 인사청문특별위원회($^{제46조}_{의3}$)가 있다.

(iii) 전원위원회全院委員會는 국회의원 전원全員으로 구성되는 위원회이다. "국회는 위원회의 심사를 거치거나 위원회가 제안한 의안 중 정부조직에 관한 법률안, 조세 또는 국민에게 부담을 주는 법률안 등 주요 의안의 본회의 상정 전이나 본회의 상정 후에 재적의원 4분의 1 이상이 요구할 때에는 그 심사를 위하여 의원 전원으로 구성되는 전원위원회를 개회할 수 있다"($^{제63조의}_{2 제1항}$).

(iv) 연석회의連席會議는 위원회 간의 협의로 열리는 회의다. 의견을 진술하고 토론할 수 있으나 표결할 수는 없다($^{제63조}_{제1항}$).

(4) 위원회의 운영

(i) 위원회는 "1. 본회의의 의결이 있을 때, 2. 의장 또는 위원장이 필요하다고 인정할 때, 3. 재적위원 4분의 1 이상의 요구가 있을 때"에 개회한다($^{제}_{조}$52). "위원회는 재적위원 5분의 1 이상의 출석으로 개회한"다($^{제}_{조}$54). 1. 위원회 개회일시: 매주 월요일·화요일 오후 2시, 2. 소위원회 개회일시: 매주 수요일·목요일 오전 10시($^{제49조}_{의2}$). 운영위원회, 정보위원회, 여성가족위원회, 예산결산특별위원회 등을 제외한 각 상임위원회는 매월 2회 이상 개회한다($^{제49조의2}_{제2항}$).

(ii) "상임위원회($^{정보위원회}_{제외}$)는 소관 사항을 분담·심사하기 위하여 상설소위원회를 둘 수 있다"($^{제57조}_{제1항}$). "상임위원회는 소관 법률안의 심사를 분담하는 둘 이상의 소위원회小委員會를 둘 수 있다"($^{제2}_{항}$). "법률안을 심사하는 소위원회는 매월 3회 이상 개회한다"($^{제}_{조}$57).

(iii) "위원회(소위원회 포함)는 공청회($^{제64}_{조}$), 청문회($^{제65조}_{제1항}$)를 열 수 있다.

(iv) 위원회의 회의는 공개가 원칙이다. 그런데 "정보위원회의 회의는 공개하지 아니한다"라는 규정에 대하여 위헌결정이 내려졌다($^{제54조의2}_{제1항}$).

"헌법 제50조 제1항 단서가 정하고 있는 회의의 비공개를 위한 절차나 사유는 그 문언이 매우 구체적이어서, 이에 대한 예외도 엄격하게 인정되어야 한다. 따라서 헌법 제50조 제1항으로부터 일체의 공개를 불허하는 절대적인 비공개가 허용된다고 볼 수는 없는바, 특정한 내용의 국회의 회의나 특정 위원회의 회의를 일률적으로 비공개한다고 정하면서 공개의 여지를 차단하는 것은 헌법 제50조 제1항에 부합하지 아니한다." "정보위원회의 회의 일체를 비공개 하도록 정함으로써 정보위원회 활동에 대한 국민의 감시와 견제를 사실상 불가능하게 하고 있다. 또한 헌법 제50조 제1항 단서에서 정하고 있는 비공개사유는 각 회의마다 충족되어야 하는 요건으로 입법과정에서 재적의원 과반수의 출석과 출석의원 과반수의 찬성으로 의결되었다는 사실만으로 헌법 제50조 제1항 단서의 '출석위원 과반수의 찬성'이라는 요건이 충족되었다고 볼 수도 없다"(7:2) <sup>(헌재 2022.1.27, 2018헌마1162등, 국회법 제54조의2 제1항 본문 위헌확인 등(위헌,각하))</sup>.

## Ⅱ 교섭단체

（ⅰ） 교섭단체交涉團體는 원칙적으로 같은 정당소속의원으로 구성되는 원내정치단체이다. 이는 국회의 원활한 운영을 위하여 소속의원의 의사를 수렴·집약하여 의견을 조정하는 교섭창구 역할을 하는 조직이다.

（ⅱ） 교섭단체의 기관으로는 의원총회와 대표의원이 있다. 교섭단체의 권한은 원내대표라 불리는 대표의원을 통하여 행사된다. 교섭단체의 대표의원은 소속의원의 의견을 종합하여 국회에서의 의사진행과 의안에 대한 태도를 결정한다.

（ⅲ） 국회법에 의하면 소속의원 20명 이상이 정당을 단위로 하나의 교섭단체 구성이 원칙이지만, 정당단위가 아니더라도 다른 교섭단체에 속하지 아니하는 20명 이상의 의원으로 따로 교섭단체를 구성할 수 있다(<sup>국회법 제33조 제1항</sup>). 그런데, 탈당하면 의원직을 상실하는 비례대표의원 중에는 자신이 소속한 정당의 당적을 보유하면서 다른 정당의 교섭단체에 등록하는데, 이는 탈법적인 현상이다.

## Ⅲ 국회의원의 활동보조기관

국회의원의 의정활동보조기관으로 국회사무처, 국회예산정책처(<sup>국회법 제22조의2, 국회예산정책처법</sup>), 국회입법조사처(<sup>국회법 제22조의3, 국회입법조사처법</sup>), 국회도서관(<sup>국회도서관법</sup>), 국회미래연구원(<sup>국회미래연구원법</sup>)을 설치한다. 국회사무처 사무총장은 국회의장의 처분에 대한 행정소송의 피고가 되고(<sup>국회사무처법 제4조 제3항</sup>). "국회의원 총선거 후 의장이나 부의장이 선출될 때까지는 사무총장이 임시회집회공고에 관하여 의장의 직무를 대행한다"(<sup>국회법 제14조</sup>).

# 제 7 절 국회의원의 지위 · 권한 · 의무

## Ⅰ 국회의원의 헌법에서 지위

### 1. 국민의 대표자로서의 지위

국회의원은 지역구민의 대표가 아니라 국민 전체의 대표자이다. 이는 헌법의 국민주권주의($^{제1}_{조}$), 국가이익우선의무($^{제46조}_{제2항}$)에 비추어 명백하다.

"대의제도에 있어서 국민과 국회의원은 명령적 위임관계에 있는 것이 아니라 자유위임관계에 있기 때문에 일단 선출된 후에는 국회의원은 국민의 의사와 관계없이 독자적인 양식과 판단에 따라 일할 수 있다"($^{헌재 1998.10.29. 96헌마186, 국}_{회구성권 등 침해 위헌확인(각하)}$).

### 2. 국회의 구성원으로서의 지위

"국회는 … 국회의원으로 구성한다"($^{제41조}_{제1항}$). 국회구성원으로서의 국회의원은 국회의 운영 및 활동에 참여한다.

### 3. 국민대표자에서 정당대표자로

국회의원은 정당의 대표자가 아니다. 하지만, 비례대표국회의원이 당적을 변경하면 국회의원직을 상실하는 제도는, 국회의원의 정당소속원으로서의 지위를 법적으로 인정한 것으로 볼 수 있다.

## Ⅱ 국회의원의 신분에서 지위

### 1. 의원자격의 발생

의원자격의 발생시기는 당선인의 결정으로 발생한다는 당선결정설, 당선인의 결정과 피선거인의 의원취임승낙에 의하여 발생한다는 취임승낙설, 헌법과 법률이 정한 임기개시와 동시에 발생한다는 임기개시설이 있다. 공직선거법은 "국회의원 …의 임기는 총선거에 의한 전임의원前任議員의 임기만료일의 다음날부터 개시된다"($^{제14조}_{제2항}$)라고 하여 임기개시설을 취한다.

## 2. 의원자격의 소멸

（ⅰ）임기만료　　　의원은 4년의 임기만료로 자격을 상실한다.

（ⅱ）사　직　　　의원은 임기 중 본인의 희망에 의하여 국회의 허가를 얻어 사직할 수 있다. 폐회 중에는 의장이 허가할 수 있다(국회법 제135조).

（ⅲ）퇴　직　　　당연히 의원자격을 상실하는 사망이나 임기만료 이외에, 국회법의 겸직 금지 규정 위반(제29 조), 사직원을 제출하여 공직선거후보자로 등록(제136조 제1항), 공직선거법의 피선거권상실(제136조 제2항), 당선무효·선거무효와 금고 이상의 유죄판결의 확정으로 퇴직한다.

（ⅳ）제　명　　　제명은 윤리특별위원회의 심사와 본회의의 보고를 거쳐(국회법 제14장), 본회의에서 재적의원 3분의 2 이상의 찬성으로 의결하며 법원에 제소할 수 없다(제64조 제3 항, 제4항).

（ⅴ）자격심사　　　국회는 의원자격의 보유에 필요한 피선거권의 보유 여부, 겸직으로 인한 자격상실 여부 등을 심사한다(제64조 제2항). 국회법의 제명과 동일한 절차를 거친다.

（ⅵ）위헌정당해산결정　　　헌법재판소가 위헌정당해산결정을 하면 해당 정당 소속 국회의원은 지역구국회의원이든, 비례대표국회의원이든 구분 없이 의원자격을 상실한다(헌재 2014.12.19. 2013헌다1. 통합 진보당 해산 청구 사건(인용(해산)).

## 3. 소속정당의 합병·해산과 의원직

국회의원은 원칙적으로 당적을 변경하더라도 의원직을 상실하지 아니한다. 다만, 비례대표국회의원은 "소속정당의 합당·해산 또는 제명외의 사유로 당적을 이탈·변경하거나 2 이상의 당적을 가지고 있는 때에는"퇴직한다(공직선거법 제192조 제4항).

## Ⅲ　국회의원의 권한과 권리

### 1. 일반적 권한과 권리

국회의원은 독자적·개별적으로 권한과 권리를 가진다. 즉, 상임위원회와 본회의에서의 발언권·동의권, 질문권·질의권, 토론·표결권 등을 가진다.

"국회의원의 질의권, 토론권, 표결권 등은 국회의 구성원의 지위에 있는 국회의원에게 부여된 권한이지 국회의원 개인에게 헌법이 보장하는 권리, 즉 기본권으로 인정된 것이라 할 수 없다"(<sup>헌재 1995.2.23. 90헌마125등, 입법</sup>).
(권침해 등에 대한 헌법소원(각하))

## 2. 국회의원의 특권

### (1) 평등권의 예외로서의 특권

헌법이 인정하는 예외적 특권은 일반결사($\frac{제21}{조}$)에 대한 정당의 특권($\frac{제8}{조}$), 내란
또는 외환의 죄를 범한 경우를 제외하고는 재직중 형사 소추를 받지 아니하는 대
통령의 특권($\frac{제84}{조}$), 국회의원의 면책특권($\frac{제45}{조}$)과 불체포특권($\frac{제44}{조}$) 등이 있다.

### (2) 국회의원의 면책특권免責特權

#### A. 의 의

"국회의원은 국회에서 직무상 행한 발언과 표결에 관하여 국회외에서 책임을
지지 아니한다"($\frac{제45}{조}$). 면책특권은 국회의원이 국민의 대표자로서 국회 안에서 자
유롭게 발언하고 표결할 수 있도록 보장함으로써, 국회가 입법 및 국정통제 등
헌법이 부여한 권한을 적정하게 행사하고 그 기능을 원활하게 수행할 수 있도록
보장하는 데에 그 의의가 있다.

#### B. 법적 성격

면책특권은 국회의원의 발언·표결이 비록 민·형사 범죄나 책임을 구성한다
고 하더라도, 책임을 면제받는 특권, 즉 형법의 인적 처벌조각사유에 해당된다.

#### C. 주 체

면책특권은 국회의원만 누릴 수 있는 특권이다. 따라서 국회의원을 겸직하고
있는 국무위원이 국무위원으로서 행한 발언은 면책특권의 대상이 되지 아니한다.
면책특권은 책임만 면제받을 뿐, 위법성은 조각되지 아니하므로 국회의원의 발
언·표결을 교사·방조한 자는 민·형사 책임을 진다.

#### D. 면책대상

면책의 대상이 되는 행위는 국회 내에서 직무상 행한 발언과 표결이다.

( i ) 국회 내에서의 의미는 장소적 관념이라기보다는 국회의 직무활동범위로
새겨야 한다. 따라서 의사당 밖에서 개최되는 위원회나 공청회 등에서의 발언·
표결도 면책된다.

( ii ) 직무상 발언은 국회의원이 직무상 행하는 모든 의사표시로 토론·연설·
질문·사실의 진술 등이 포함된다. 직무상 표결은 의제에 찬부贊否의 의사를 표시
하는 행위이다. 현실적으로 "직무상 행한 발언과 표결"의 의미에 대한 정확한 자
리매김은 쉬운 일이 아니다. 하지만, 면책특권의 도입 취지에 비추어 가급적 면책

범위를 폭넓게 인정하여야 한다(대판 2007.1.12. 2005다57752).

　"헌법 제45조에서 규정하는 국회의원의 면책특권은 국회의원이 국민의 대표로서 국회 내에서 자유롭게 발언하고 표결할 수 있도록 보장함으로써 국회가 입법 및 국정통제 등 헌법에 의하여 부여된 권한을 적정하게 행사하고 그 기능을 원활하게 수행할 수 있도록 보장하는데 그 취지가 있다. 이러한 면책특권의 목적 및 취지 등에 비추어 볼 때, 발언 내용 자체에 의하더라도 직무와는 아무런 관련이 없음이 분명하거나 명백히 허위임을 알면서도 허위의 사실을 적시하여 타인의 명예를 훼손하는 경우 등까지 면책특권의 대상이 될 수는 없지만 발언 내용이 허위라는 점을 인식하지 못하였다면 비록 발언내용에 다소 근거가 부족하거나 진위 여부를 확인하기 위한 조사를 제대로 하지 않았다고 하더라도 그것이 직무 수행의 일환으로 이루어진 것인 이상 이는 면책특권의 대상이 된다"(대판 2007.1.12. 2005다57752).

　(ⅲ) 면책특권의 대상범위에 명예훼손적 언동이 포함된다는 견해도 있다. 하지만, 이를 포함할 경우에 자칫 면책특권이 형해화되고, 결국 야당탄압수단으로 악용될 우려를 배제할 수 없다. 다만, 특단의 사정이 있을 경우에 한하여 개별적 판단은 가능하다.

　(ⅳ) 원고사전배포행위는 국회 내에서의 의미를 좁게 이해하면 면책대상이 될 수 없다. 그러나 국회의원이 대정부질문을 하기 직전에 국회출입기자들에게 원고를 배포하는 관행을 존중하여 줄 만한 충분한 가치가 있는 회의의 공개성, 시간적 근접성, 장소 및 대상의 한정성, 목적의 정당성이 있는 행위는 국회의원의 면책특권의 대상이 되는 직무부수행위에 해당한다.

　"배포한 원고의 내용이 공개회의에서 행할 발언내용이고(회의의 공개성), 원고의 배포시기가 당초 발언하기로 예정된 회의시작 30분 전으로 근접되어 있으며(시간적 근접성), 원고배포의 장소 및 대상이 국회의사당 내에 위치한 기자실에서 국회출입기자들만을 상대로 하여 한정적으로 이루어졌고(장소 및 대상의 한정성), 원고배포의 목적이 보도의 편의를 위한 것(목적의 정당성)이라면, 국회의원이 국회본회의에서 질문할 원고를 사전에 배포한 행위는 면책특권의 대상이 되는 직무부수행위에 해당한다"(대판 1992.9.22. 91도3317).

　국회의원이 국회 법제사법위원회에서 발언할 내용이 담긴 보도자료를 사전에 배포한 행위는 국회의원 면책특권의 대상이 되는 직무부수행위에 해당하므로 피고인에 대한 허위사실적시 명예훼손 및 통신비밀보호법 위반의 점에 대한 공소를 기각하여야 한다. 하지만 자신의 인터넷 홈페이지에 게재하였다고 하여 통신비밀보호법 위반으로 기소된 사안에서 위 행위는 형법 제20조의 정당행위에 해당한다고 볼 수 없다(대판 2011.5.13. 2009도14442).

　E. 면책의 효과
　(ⅰ) 국회에서 직무상 행한 발언이 면책특권의 범위 내에 속하더라도, 이 경우에는 어디까지나 민·형사상 법적 책임이 면제될 뿐이다. 그러므로 정치적 책임이

나 국회의 자율권에 근거한 징계책임은 별개로 작동될 수 있다(통설).

(ⅱ) 국회의원이 원내에서 발언한 내용을 원외에서 **공표**하거나 출판한 때에는 면책특권이 인정되지 아니한다. 다만, 공개회의의 회의록을 그대로 공개 또는 반포한 경우에는 보도의 자유의 일환으로 면책된다(제50조 제2항, 국회법 제118조 제4항).

(ⅲ) 면책특권의 범위 내에 속하는 행위에 대하여, 검사가 면책특권의 대상이 되지 아니하는 행위로 판단하여 공소를 제기하면, 이는 위법적인 공소제기에 해당되므로 법원은 형사소송법 제327조 제2호에 따른 **공소기각판결**을 내려야 한다.

### (3) 국회의원의 **불체포특권**不逮捕特權

#### A. 의 의

"① 국회의원은 현행범인인 경우를 제외하고는 회기중 국회의 동의없이 체포 또는 구금되지 아니한다. ② 국회의원이 회기전에 체포 또는 구금된 때에는 현행범인이 아닌 한 국회의 요구가 있으면 회기중 석방된다"(제44조).

#### B. 법적 성격

불체포특권은 의원의 신체의 자유를 보장함으로써, 의원의 자유로운 의정활동을 보장하여 행정부로부터 자유로운 국회기능을 보장하려는 데 그 의의가 있다. 따라서 불체포특권은 의원이 개인적으로 이를 포기할 수 없다.

#### C. 내 용

(ⅰ) 국회의원은 현행범인인 경우를 제외하고는 회기 중 국회의 동의 없이 체포 또는 구금되지 아니한다. 체포·구금이라 함은 형사절차의 체포·구금뿐만 아니라 행정적 강제 등 모든 체포·구금을 포함한다. 현행범인에게는 이 특권을 인정하지 아니한다. 국회의 동의가 있으면 체포·구금될 수 있다. 국회의 동의 여부는 국회의 재량사항이다. 회기 중이어야 한다. 회기 중이란 집회일로부터 폐회일까지를 말한다. 휴회 중도 포함된다.

(ⅱ) 국회의원이 회기 전에 체포 또는 구금된 때에는 현행범인이 아닌 한 국회의 요구가 있으면 회기 중 석방된다.

(ⅲ) "계엄 시행 중 국회의원은 현행범인인 경우를 제외하고는 체포 또는 구금되지 아니한다"(계엄법 제13조).

#### D. 효 과

불체포특권의 효과는 국회의원의 처벌 면제가 아니라, 단지 회기 중 체포 또는 구금되지 아니하는 특권이다.

## (4) 세비 기타 편익을 받을 권리

의원은 따로 법률이 정하는 바에 의하여 상당한 수당과 여비를 받는다($^{국회법}_{제30조}$). '국회의원수당 등에 관한 법률'에서는 세비의 법적 성격을 비용변상설에 입각한다.

# Ⅳ 국회의원의 의무

## 1. 헌법에서 의무

"국회의원은 청렴의 의무가 있다." 또한 "국회의원은 국가이익을 우선하여 양심에 따라 직무를 행한다"($^{제46조 제1항, 제2}_{항, 국회법 제24조}$). "국회의원은 그 지위를 남용하여 국가·공공단체 또는 기업체와의 계약이나 그 처분에 의하여 재산상의 권리·이익 또는 직위를 취득하거나 타인을 위하여 그 취득을 알선할 수 없다"($^{제46조 제3항,}_{제155조 제1호}$). "국회의원은 법률이 정하는 직을 겸할 수 없다"($^{제43조,}_{법 제29조}$).

국회의원으로 하여금 직무관련성이 인정되는 주식을 매각 또는 백지신탁하도록 하여 그 직무와 보유주식 간의 이해충돌을 원천적으로 방지하고 있는바, 헌법상 국회의원의 국가이익 우선의무, 지위남용 금지의무 조항 등에 비추어 볼 때 정당한 입법목적을 달성하기 위한 적절한 수단이다($^{헌재 2012.8.23. 2010헌가65, 공직자윤}_{리법 제14조의4 제1항 위헌 제청(합헌)}$).

## 2. 국회법에서 의무

국회의원은 ① 본회의·위원회 출석의무($^{국회법 제}_{155조 8호}$), ② 품위유지의무($^{제25}_{조}$), ③ 다른 의원을 모욕하거나 다른 의원의 발언을 방해하지 아니할 의무($^{제146조,}_{제147조}$), ④ 의장의 질서유지명령에 복종할 의무($^{제145조, 제155}_{조 제6호}$), ⑤ 의장석 또는 위원장석의 점거 금지의무($^{제148조}_{의2}$), ⑥ 회의장 출입의 방해 금지의무($^{제148조}_{의3}$) 등이 있다. 국회의원의 윤리성을 제고하기 위하여 국회는 '국회의원윤리강령' 및 '국회의원윤리실천규범'을 제정한다. 또한 국회의원은 윤리심사자문위원회에 사적 이해관계의 등록($^{제32}_{조의2}$), 이해충돌의 신고($^{제32조}_{의4}$) 및 회피($^{제32조}_{의5}$)하여야 한다. 윤리심사자문위원회는 이해충돌에 관련된 의견을 국회에 제출하여야 한다($^{제32조}_{의3}$).

## 3. 의무위반에 대한 제재

국회의원이 그 의무를 이행하지 아니할 경우 제재를 가할 수 있다. 겸직의무 위반의 경우에는 자격심사를 할 수 있다($^{국회법 제138}_{조, 제142조}$). 의원이 청렴의무, 지위남용금지의무 및 국회법의 의무에 위반한 경우는 징계사유가 된다($^{제155}_{조}$).

# 제8절 국회의 권한

## 제1항 입법권

## I 의 의

"입법권은 국회에 속한다"($\frac{제40}{조}$). 이는 "행정권은 대통령을 수반으로 하는 정부에 속한다"($\frac{제66조}{제4항}$), "사법권은 법관으로 구성된 법원에 속한다"($\frac{제101조}{제1항}$)라는 규정과 대비된다. 그러나 입법권은 전문적·기술적 입법 및 위임입법의 증대에 따라 형식적 권한으로 전락한다.

## II 헌법 제40조: "입법권은 국회에 속한다"

### 1. 입법권의 개념

"입법권은 국회에 속한다"는 국민의 대표기관인 국회에서 국민의 권리의무에 관한 사항과 국가의 기본적인 통치조직이나 작용에 관한 사항을 법률의 형식으로 정하여야 한다는 의미이다. 즉, 헌법의 바로 아래 규범으로서 헌법이념을 구체화하는 법률이라는 형식의 법규범은 적어도 국회에서 제정되어야 한다. 따라서 입법권에서 '법'은 국민의 대표기관인 국회에서 정립하는 형식적 의미의 법률을 말한다.

### 2. 입법권의 주체로서의 국회

(ⅰ) 국회에서 제정한 입법은 법률의 형식으로 정립된다. 국회 이외의 입법작용으로는 법률과 동일한 효력을 가지는 대통령의 국가긴급권 발령(긴급명령·긴급재정경제명령)과 법률 하위의 규범(국회·대법원·헌법재판소·중앙선거관리위원회의 규칙, 위임명령·집행명령)이 있다. 이는 헌법이 인정한 예외이다.

(ⅱ) 국회중심입법의 원칙은 곧바로 국회독점입법의 원칙으로 연결되지는 아니한다. 정부의 법률안제출권, 대통령의 법률안거부권과 법률안공포권은 법률의 제정과정에서 정부의 적극적인 개입 여지를 마련한다.

# Ⅲ 입법권의 특성

## 1. 입법의 의의

입법이란 국가통치권에 의거하여 국가와 국민 및 국민과 국민 사이의 관계를 규율하는 일반적 · 추상적 성문의 법규범을 정립하는 작용이다.

## 2. 입법의 일반성 · 추상성의 원칙

입법의 일반성이란 불특정 다수인을 대상으로 하는 것을 말하고, 추상성이란 불특정한 사항을 규정하는 것을 말한다. 법률의 확실성 · 공평성 · 안정성 · 통일성을 확보하기 위하여 입법의 일반성 · 추상성의 원칙이 정립된다.

## 3. 처분적 법률: 입법의 일반성 · 추상성의 원칙의 예외

### (1) 의 의

법률의 일반적 특성인 일반성과 추상성을 가지지 아니한 처분적 성격의 법률을 제정할 수 있느냐가 논의된다.

### (2) 처분적 법률의 개념과 유형

(ⅰ) 처분적 법률이란 일반적 · 추상적 사항을 규율하는 일반적 법률과는 달리, 사법 · 행정을 매개로 하지 아니하고 직접 구체적인 사건을 규율하거나 특정인에게만 적용되어 직접 국민에게 권리나 의무를 발생하게 하는 법률을 말한다.

(ⅱ) 처분적 법률의 유형으로는 일정 범위의 국민만을 대상으로 하는 개별인個別人 법률, 개별적 · 구체적인 상황 또는 사건을 대상으로 하는 개별사건 법률, 시행기간이 한정된 한시적限時的 법률이 있다.

### (3) 처분적 법률의 부인에서 인정으로: 이론과 판례

(ⅰ) 종래 처분적 법률은 법규범이 가진 가장 본질적 특성인 일반성 · 추상성의 원칙에 어긋나기 때문에 이를 인정할 수 없다는 견해가 지배적이었다. 권력분립의 원리에 따라 입법작용은 행정작용의 개별적 처분성 및 사법작용의 실질적 재판성과 구별되어야 한다는 입장이다. 또한 처분적 법률은 일정한 범위의 국민 또는 특정한 사항을 대상으로 하기 때문에 평등원칙에 어긋난다고 보았다.

(ⅱ) 그러나 오늘날 사회적 법치국가의 실현을 위하여 국가의 기능과 역할이 증대함에 따라 일반법률이 제대로 구현할 수 없는 국민의 생존과 복지를 도모하고, 또한 현대적인 위기국가의 상존에 따른 임기응변적인 위기관리를 위하여 처분적

법률의 존재가 불가피하다. 따라서 처분적 법률이 극단적인 개별적·구체적 처분이나 재판을 그 내용으로 하지 아니한다면 권력분립의 원리에 어긋난다고 볼 수 없다. 또한 헌법상 평등의 원칙이란 형식적 평등이 아니라 실질적·상대적 평등을 의미하기 때문에, 처분적 법률을 통하여 국가적 배려를 필요로 하는 일부 국민에 대한 우선적 배려는 오히려 평등원칙의 실질적 구현으로 본다.

> "우리 헌법은 처분적 법률로서 개인대상법률 또는 개별사건법률의 정의를 따로 두고 있지 않음은 물론, 이러한 처분적 법률의 제정을 금하는 명문의 규정도 두고 있지 않은 바, 특정규범이 개인대상 또는 개별사건법률에 해당한다고 하여 그것만으로 바로 헌법에 위반되는 것은 아니라고 할 것이다. 결국 심판대상조항이 일반 국민을 그 규율의 대상으로 하지 아니하고 특정 개인만을 그 대상으로 한다고 하더라도 이러한 차별적 규율이 합리적인 이유로 정당화되는 경우에는 허용된다"(헌재 2005.6.30. 2003헌마841, 뉴스통신진흥 홍에관한법률 제10조 등 위헌확인(기각)).

### (4) 처분적 법률에 대한 사법심사

현행헌법은 재판의 전제가 된 경우에만 법률의 위헌 여부를 심사하는 구체적 규범통제(제107조 제1항)를 취하기 때문에, 처분적 법률에 대한 위헌법률심사를 바로 인정할 수는 없다. 하지만, 처분적 법률로 인하여 구체적 집행행위를 매개로 하지 아니하고 국민의 기본권에 직접 영향을 미칠 때에는, 권리침해의 직접성과 현재성이 인정되면 헌법소원을 통하여 권리구제를 받을 수 있다. 이 경우 처분적 법률은 비록 그 내용은 처분적 성격을 가지지만 형식은 법률로 되어 있기 때문에, 처분적 법률 그 자체의 효력을 직접 다투는 것을 헌법소원심판의 소송물로 하여 제소하는 길이 없다. 이 경우는 "다른 법률에 구제절차가 있는 경우에는 그 절차를 모두 거친 후에 청구할 수 있다"(헌재법 제68조 제1항)라는 보충성원칙에 대한 예외에 해당한다.

### (5) 검 토

국민의 자유와 권리를 제한하는 처분적 법률은 원칙적으로 허용될 수 없으며, 허용할 경우에도 엄격히 한정되어야 한다. 다만, 실질적 법치주의 및 사회적 법치국가의 요청에 따른 처분적 법률은 합리적 범위 안에서 비교적 폭넓게 인정할 수 있다.

## IV 입법권의 범위와 한계

### 1. 법률제정권

### (1) 의 의

국회는 국민의 권리·의무에 관한 법규사항을 법률로 규정할 수 있는 권한을 가진다. 또한 헌법에서 명시적으로 국회의 의결을 거친 형식적 법률로 제정하도록 요구하는 법률사항도 법률이라는 형식의 법규범을 정립한다. 국회는 법규사항이나 법률사항에 한정되지 아니하고 널리 법률제정권을 가진다.

## (2) 법률제정절차

### [국회의 입법과정]

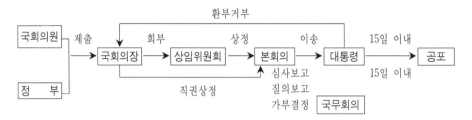

### A. 법률안의 제출

헌법에서 법률안제출권은 국회의원과 정부가 공유한다($^{제52}_조$). 정부의 법률안은 국무회의의 필수적 심의를 거쳐야 한다($^{제89조}_{제3호}$). "의원은 10인 이상의 찬성으로 의안을 발의할 수 있다"($^{국회법 제79}_{조 제1항}$). "예산상 또는 기금상의 조치를 수반하는 의안"을 의원이 발의하는 경우에는 "그 의안의 시행에 수반될 것으로 예상되는 비용에 관한 국회예산정책처의 추계서 또는 국회예산정책처에 대한 추계요구서를", 위원회가 제안하는 경우에는 "국회예산정책처의 추계서를", 정부가 제안하는 경우에는 "추계서와 이에 상응하는 재원조달방안에 관한 자료를 의안에 첨부하여야 한다"($^{제79조}_{의2}$).

### B. 법률안의 심의·의결

(ⅰ) 위원회의 심사　　　국회에 제출된 법률안은 의장이 인쇄하거나 전산망에 입력하는 방법으로 의원에게 배부하고 본회의에 보고하고 소관 상임위원회에 회부한다($^{국회법}_{제81조}$). 위원장은 10일 이상 입법예고하여야 한다($^{제82조}_{의2}$). 필요한 경우에는 안건조정위원회의 심의를 거친다. "위원회는 안건을 심사할 때 먼저 그 취지의 설명과 전문위원의 검토보고를 듣고 대체토론[안건 전체에 대한 문제점과 당부(當否)에 관한 일반적 토론을 말하며 제안자와의 질의·답변을 포함한다]과 축조심사 및 찬반토론을 거쳐 표결한다"($^{제58조}_{제1항}$). "헌법재판소는 종국결정이 법률의 제정 또는 개정과 관련이 있으면 그 결정서 등본을 국회로 송부하여야 한다"($^{제58조}_{의2}$). "위원회에서 본회의에 부의할 필요가 없다고 결정된 법률안은 본회의에 부의하지 아니한다"($^{제87조}_{제1항}$). 이를 Pigeonhole이라고 한다. 이와 관련된 소정의 요구가 없을

때에는 해당법률안은 폐기된다. "다만, 위원회의 결정이 본회의에 보고된 날부터 폐회 또는 휴회 중의 기간을 제외한 7일 이내에 의원 30인 이상의 요구가 있을 때에는 그 의안을 본회의에 부의하여야 한다"(제87조 제1항 단서). 이를 위원회의 해임Discharge of Committee이라고 한다. 개정된 국회법에서는 국회의 심의과정에서 물리적 충돌의 가능성을 최소화하기 위하여 의장의 심사기간 지정요건을 엄격하게 제한한다(제85조). "위원회가 이유 없이 지정된 심사기간 내에 심사를 마치지 아니하였을 때에는 의장은 중간보고를 들은 후 다른 위원회에 회부하거나 바로 본회의에 부의할 수 있다"(제85조). 국회의 장애상태를 해소하기 위한 의장의 직권상정권은 위원회 중심주의에 대한 예외적 특권이다.

(ⅱ) **국회선진화법의 안건신속처리제**　　'국회선진화법'이라 불리는 개정 국회법은 여·야 사이에 쟁점이 된 안건이 위원회 단계부터 심의되지 못한 채 장기간 계류되는 문제점을 해소하기 위하여 일정한 요건을 갖추고 일정 기간이 경과하면 자동적으로 다음 단계로 진행되도록 하는 안건 신속처리제를 도입하였다(제85조의2). 신속처리대상안건으로 지정된 안건에 대하여 "위원회는 신속처리대상안건에 대한 심사를 그 지정일부터 180일 이내에 마쳐야 한다. "신속처리대상안건은 본회의에 부의된 것으로 보는 날부터 60일 이내에 본회의에 상정되어야 한다." "신속처리대상안건이 60일 이내에 본회의에 상정되지 아니한 때에는 그 기간이 경과한 후 처음으로 개의되는 본회의에 상정된다"(제85조의2 제6항,제7항). 안건 신속처리제가 작동하는 과정에서 충분한 질의나 토론이 이루어지지 아니한 점에 대하여 헌법재판소는 위헌 문제는 아니라고 본다.

　　국회법 제85조의2 제1항에서 요건을 갖춘 지정동의가 제출된 경우 의장 또는 위원장은 '지체 없이' 무기명투표로 표결하도록 규정하고 있고, 이 밖에 신속처리안건 지정동의안의 표결 전에 국회법상 질의나 토론이 필요하다는 규정은 없다. 이 사건 사개특위의 신속처리안건 지정동의안에 대한 표결 전에 그 대상이 되는 법안의 배포나 별도의 질의·토론 절차를 거치지 않았다는 이유로 그 표결이 절차상 위법하다고 볼 수 없다(5:4). [별개의견] 신속처리안건 지정동의안의 의결정족수 충족은 단순히 그 숫자가 충족되는 것만으로 정당화되는 것이 아니라, 표결에 참여하는 의원들 사이의 자유로운 토론의 결과라는 점이 전제되어야 한다(헌재 2020.5.27. 2019헌라3, 국회의원과 국회의장 등 간의 권한쟁의(기각,각하)).

(ⅲ) **본회의 심의와 무제한토론제도**　　국회 "본회의는 안건을 심의할 때 그 안건을 심사한 위원장의 심사보고를 듣고 질의·토론을 거쳐 표결한다"(제93조). 본회의에서 안건을 심의하면서, 소수파에게 합법적인 의사진행방해의 수단을 제공

함으로써 물리적 충돌을 방지하고, 안건이 대화와 타협을 통하여 심의되는 선진적인 국회의 정치문화를 조성하기 위한 취지에서 개정 국회법은 '무제한토론제도'를 도입하였다(제106조의2). 무제한토론은 소수파를 보호하고자하는 제도적 장치이므로 최대한 널리 보장되어야 한다.

'회기결정의 건'은 해당 회기가 종료된 후 소집된 다음 회기에서 표결될 수 없으므로, '회기결정의 건'이 무제한토론의 대상이 된다고 해석하는 것은 국회법 제106조의2 제8항에도 반한다(5:4)(헌재 2020.5.27. 2019헌라3, 국회의원과 국회의장 등 간의 권한쟁의(기각,각하)).

(iv) 법률안의 수정동의  법률안의 수정동의는 "그 안을 갖추고 이유를 붙여 의원 30명 이상의 찬성 의원과 연서하여 미리 의장에게 제출하여야 한다. 다만, 예산안에 대한 수정동의는 의원 50명 이상의 찬성이 있어야 한다"(제95조제1항). 하지만, 조약은 다른 나라와 관련되는 특수성 때문에 수정동의가 허용되지 아니한다.

"국회법상 수정안의 범위에 대한 어떠한 제한도 규정되어 있지 않은 점과 국회법 규정에 따른 문언의 의미상 수정이란 원안에 대하여 다른 의사를 가하는 것으로 새로 추가, 삭제, 또는 변경하는 것을 모두 포함하는 개념이라는 점에 비추어, 어떠한 의안으로 인하여 원안이 본래의 취지를 잃고 전혀 다른 의미로 변경되는 정도에까지 이르지 않는다면 이를 국회법상의 수정안에 해당하는 것으로 보아 의안을 처리할 수 있는 것으로 볼 수 있다(헌재 2006.2.23. 2005헌라6, 국회의 원과 국회의장간의 권한쟁의(기각)).

C. 정부이송
"국회에서 의결된 의안은 의장이 정부에 이송한다"(제98조제1항).
D. 대통령의 법률안거부·법률의 확정
대통령이 법률안에 이의가 있을 때에는 법률안이 정부에 이송된 후 15일 이내에 환부거부還付拒否하여야 한다(제53조제2항). 대통령의 법률안거부에 대하여 국회에서 재적의원 과반수의 출석과 출석의원 3분의 2 이상의 찬성으로 재의결하면 그 법률안은 그 날로 법률로서 확정된다(제53조제4항). 법률안이 정부에 이송된 후 15일의 기간 내에 대통령이 공포나 재의요구를 하지 아니하면 그 법률안은 확정된다(제53조제5항).
E. 법률의 공포와 효력발생
대통령은 법률안이 정부에 이송된 후 15일 이내에 공포하여야 한다(제53조제1항). 법률이 확정된 후 또는 확정법률이 정부에 이송된 후 5일 이내에 대통령이 공포하지 아니하면 국회의장이 확정법률을 공포한다(제53조제6항 후문). "법률은 특별한 규정이 없는 한 공포한 날로부터 20일을 경과함으로써 효력을 발생한다"(제53조제7항). "공포한 날"의 의미는 최초구독가능시점으로 본다(대판 1970.7. 16. 70누76).

F. 입법절차에 대한 위헌심사

(a) 헌법소원심판　　　헌법재판소는 입법절차의 하자瑕疵만으로는 국민의 기본권을 침해할 여지가 없지만, 국민에게 특정의 절차적 기본권이 인정되는 특수한 경우에는, 입법절차의 하자가 그 특정의 절차적 기본권을 침해할 여지가 있어 헌법소원이 적법하다고 본다(헌재 1994.12.29. 94헌마201, 경기도남양주시등33개도농복합형태의시설치등에관한법률 제4조 위헌확인(기각); 헌재 2001.2.22. 99헌마613등, 세무대학설치폐지법률위헌확인(기각)).

(b) 위헌법률심판　　　위헌법률심판을 청구할 자격이 인정되는 자는 법률 내용의 위헌적 요소와 독립하여, 법률 제정절차의 위헌적 요소를 주장하여 다툴 수 있다. 다만, 법률의 위헌사유로서 절차의 하자는 명백하고 중대한 경우로 한정하여야 한다(헌재 1995.1.20. 90헌바1, 소송촉진에관한특례법 제11조 및 제12조의 위헌여부에 관한 헌법소원(합헌)).

국가보위입법회의에서 제정된 법률의 내용이 현행헌법에 저촉된다고 하여 다투는 것은 별론으로 하되, 현행헌법 아래에서도 제정절차에 위헌적 하자가 있음을 이유로 이를 다툴 수는 없다(헌재 1994.4.28. 91헌바15등; 헌재 1992.4.14. 90헌바23 결정 등 참조)"(헌재 1995.1.20. 90헌바1, 소송촉진에관한특례법 제11조 및 제12조의 위헌여부에 관한 헌법소원(합헌)).

"당시 의장이 야당의원들의 거듭된 실력저지로 정상적인 의사진행에 의한 표결이 사실상 불가능한 상황이었음을 확인한 후 본회의장 내에서 헌법 및 국회법 소정의 의결정족수를 넘는 다수 의원들이 당해 안건에 대하여 찬성의사를 표시함을 확인하고 '국가보안법중 개정법률안'이 가결되었음을 선포하였던 것으로 인정된다"(헌재 1997.1.16. 92헌바6등, 국가보안법 위헌소원(기각)).

(c) 권한쟁의심판　　　입법절차에 명백한 흠이 있는 경우, 권한쟁의심판을 통하여 법률안이 위헌임을 확인하고 나아가 그 무효를 확인할 수도 있다(헌재 1997.7.16. 96헌라2, 국회의원과 국회의장간의 권한쟁의(인용(권한침해),기각(무효확인)))(헌재 2011.8.30. 2009헌라7, 국회의원과 국회의장간의 권한쟁의(권한침해,기각)).

"원안이 본래의 취지를 잃고 전혀 다른 의미로 변경되는 정도에까지 이르지 않는다면 이를 국회법상의 수정안에 해당하는 것으로 보아 의안을 처리할 수 있는 것으로 볼 수 있다"(6:3). [인용의견] "국회법상 '수정안'은 원안과 동일성이 인정되는 범위 안에서 제출된 경우에만 수정안으로 볼 수 있다(헌재 2006.2.23. 2005헌라6, 국회의원과 국회의장간의 권한쟁의(기각)).

검사의 수사권을 제한하는 법률 개정과 관련된 국회의원과 국회 법제사법위원회 위원장 및 국회의장 간의 권한쟁의 사건에서 법제사법위원회 법률안으로 각 가결선포한 행위가 국회의원들의 법률안 심의·표결권을 침해한다(5:4). 그러나 무효확인청구 및 국회의장에 대한 심판청구는 기각한다(5:4)(헌재 2023.3.23. 2022헌라2, 국회의원과 국회 법제사법위원회 위원장 등 간의 권한쟁의(인용(권한침해),기각)).

(3) 법률제정권의 한계

(ⅰ) 입법재량권의 남용금지에 의한 한계가 있다. 즉, 국회의 입법형성의 자유는 헌법 및 헌법원리에 기속되는 범위 내에서의 자유일 뿐이다.

(ⅱ) 국제법의 일반원칙에 의한 한계가 있다. 헌법 제6조 제1항의 국제법존중주

의에 합치되어야 한다.

### (4) 법률제정권의 통제

(ⅰ) 행정국가 경향에 따라, 정부는 헌법 제도인 법률안제출권·대통령의 법률안거부권·법률공포권 등을 통하여 공식적인 통제를 가할 뿐만 아니라, 국회의 입법과정에 직접적으로 개입한다($\frac{제52조·}{제53조}$).

(ⅱ) 또한 사법기관은 법원의 위헌법률심판제청권($\frac{제}{조}^{107}$)·헌법재판소의 위헌법률심판권 및 헌법소원심판권($\frac{제}{조}^{111}$) 등을 통하여, 국회에서 제정한 법률에 대하여 실질적으로 통제한다.

(ⅲ) 특히 대중민주주의적 경향에 따라 국회의 입법권은 국민의 입법청원과 입법에 대한 저항, 언론매체를 통한 여론의 형성, 이익단체의 로비활동, 정당, NGO로 인하여 상당한 정도 통제된다.

## 2. 법률제정 이외의 입법권

### (1) 헌법개정에 관한 권한

국회는 재적의원 과반수의 발의로 헌법개정을 제안할 수 있다($\frac{제128조}{제1항}$).

### (2) 중요한 조약의 체결·비준에 대한 동의권

#### A. 의  의

국회는 중요조약의 체결·비준에 대한 동의권을 가진다($\frac{제60조}{제1항}$). 국회의 동의를 필요로 하는 조약은 "상호원조 또는 안전보장에 관한 조약, 중요한 국제조직에 관한 조약, 우호통상항해조약, 주권의 제약에 관한 조약, 강화조약, 국가나 국민에게 중대한 재정적 부담을 지우는 조약 또는 입법사항에 관한 조약"이다. 그러나 단순한 행정협정, 문화협정, 비자협정, 무역조약, 어업조약, 국가승인 등은 국회의 동의 대상이 아니어서 논란이 야기된다.

#### B. 시  기

조약의 체결방식에 따라 조약의 서명 후 대통령의 비준 전 단계에서 국회가 동의권을 행사하는 경우와, 조약비준 후 국회가 동의권을 행사하는 경우가 있다.

#### C. 조약동의안의 수정가능성

일반적으로 양국의 전권위원全權委員이 서명하는 조약의 경우, 국회에서 수정동의권을 행사하면 어려운 문제가 발생할 수 있다.

#### D. 동의거부의 효과

국회의 동의를 획득하지 못한 조약은 국내법으로서의 효력을 발휘할 수 없다.

### (3) 국회의 규칙제정권

"국회는 헌법과 법률에 저촉되지 아니하는 범위 안에서 의사와 내부규율에 관한 규칙을 제정할 수 있다"(제64조 제1항).

# 제 2 항  재 정 권

## Ⅰ  의    의

### (1) 재정입헌주의

재정이란 국가 또는 공공단체가 그 존립을 유지하고 활동하는 데 필요한 재화를 취득·관리·운용하는 모든 활동을 말한다. 국민부담의 합리성과 민주성을 제고하기 위하여 재정의 기본사항은 헌법에서 정한다(재정입헌주의).

### (2) 재정의회주의

( i ) 재정집행권은 행정부가 담당한다. 재정에 관한 정부의 권한으로서 ① 예산안제출권, ② 추가경정예산안제출권, ③ 예비비지출권, ④ 긴급재정경제명령·처분권 등이 있다.

(ⅱ) 그러나 재정집행의 기본원칙과 집행범위는 국민의 대표기관인 국회의 통제를 받는 재정민주주의·재정의회주의·국회중심주의를 채택한다. 현행헌법은 재정권력작용을 민주적으로 통제하기 위하여, ① 공정한 과세의 원칙을 확립하도록 납세의무를 법률로 명시하고($\substack{제38\\조}$), ② 조세법률주의의 원칙에 따라 조세의 부과·징수작용의 한계를 규정하며, ③ 재정작용의 민주적 통제의 원리에 따라 집행부의 재정관리작용을 국회가 통제한다.

(ⅲ) 국회의 재정에 관한 권한은, 예산안심의·확정권($\substack{제54조\\제56조}$ˑ), 결산심사권($\substack{제99\\조}$), 계속비에 대한 의결권($\substack{제55조\\제1항}$), 예비비지출·승인권($\substack{제55조\\제2항}$), 기채起債동의권($\substack{제58조\\전단}$), 예산외의 국가부담이 될 계약체결에 대한 동의권($\substack{제58조\\후단}$), 재정적 부담을 지우는 조약의 체결·비준에 대한 동의권($\substack{제60조\\제1항}$), 긴급재정·경제처분에 대한 승인권($\substack{제76조\\제3항}$) 등이 있다.

## Ⅱ  헌법에서 조세의 기본원칙

### 1. 의    의

( i ) 조세租稅라 함은 국가나 지방자치단체 등 공권력의 주체가 재원조달의 목적으로 과세권을 발동하여 일반국민으로부터 반대급부 없이(무상) 강제적으로 부과·징수하는 과징금을 말한다($\substack{헌재\ 1991.11.25,\ 91헌가6,\ 지방세\\법\ 제31조에\ 대한\ 위헌심판(위헌)}$).

( ii ) 헌법상 조세의 부과와 징수는 국민의 재산권에 중대한 제한을 가져오기 때문에, 이에 관한 사항은 국민의 대표기관인 의회가 제정하는 법률에 의하도록 한다. 이는 국민주권주의와 법치주의를 채택하고 있는 민주국가 헌법의 공통된 기본원칙이다(헌재 2001.11.29. 2000헌바95. 구 조세특례제 / 한법 제37조 제7항 중 후단부분 위헌소원(합헌) ).

( iii ) 조세의 부과와 징수에 있어서 지켜야 할 기본원칙이 조세법률주의이다. 전통적인 조세정의의 실현수단인 조세법률주의는 동시에 납세자인 국민의 재산권의 실질적 보장을 위한 조세평등주의와 조화되어야 한다. 조세법률주의를 지나칠 정도로 철저하게 시행한다면, 복잡다양하고 끊임없이 변천하는 경제상황에 대처하여 적확하게 과세대상을 포착하고 적정하게 과세표준을 산출하기 어려워, 담세력에 응한 공평과세의 목적을 달성할 수 없다. 따라서 조세법률주의를 견지하면서도 조세평등주의와의 조화를 위하여 경제현실에 응하여 공정한 과세를 할 수 있게 하고 탈법적인 조세회피행위에 대처하여야 한다(헌재 1998.3.26. 96헌바57. 상속세 / 법 제8조의2 제6항 위헌소원(합헌) ).

## 2. 조세법률주의

### (1) 의의 및 연혁

조세법률주의租稅法律主義는 영국의 Magna Carta에서 비롯되었고, 1689년의 권리장전, 1776년의 미국 버지니아권리장전에서 "대표 없는 곳에 과세 없다"라는 원칙으로 확립된 이후 세계 각국에서 채택되고 있다. 현행헌법은 "조세의 종목과 세율은 법률로 정한다"($^{제59}_{조}$)라고 규정함으로써, 행정부의 일방적이고 자의적인 조세부과를 금지하고, 반드시 국회가 제정한 법률에 의하여서만 조세를 부과할 수 있다는 조세법률주의의 원칙을 선언한다. 조세법률주의에 입각하면 조세의 부과賦課만이 아니라 조세의 감면減免도 법률로 규정되어야 한다. 조세법률주의의 이념은 결국 과세요건을 법률로 규정하여 국민의 재산권을 보장하고, 과세요건을 명확하게 규정하여 국민생활의 법적 안정성과 예측가능성을 보장하는 데 있다.

### (2) 조세법률주의의 내용

헌법재판소는 조세법률주의의 핵심적 내용은 과세요건법정주의와 과세요건명확주의라고 판시한다(헌재 1995.7.21. 92헌바27등, 상속세 / 법 제7조의2 제1항 위헌소원(한정위헌) ).

조세와 관련하여 "과세요건은 극히 전문기술적인 판단을 필요로 하는 경우가 많으므로, 그러한 경우의 위임입법에 있어서는 기본적인 조세요건과 과세기준이 법률에 의하여 정하여지고 그 세부적인 내용의 입법을 하위법규에 위임한 경우 일률적으로 헌법상 조세법률주의에 위빈된다고 말할 수는 없다"(헌재 2002.6.27. 2000헌바88. 구 소 / 득세법 제31조 제3항 위헌소원(합헌) ).

### A. 과세요건법정주의

과세요건법정주의란 납세의무를 발생하게 하는 납세의무자·과세물건·과세표준·세율 등 과세요건과 조세의 부과·징수절차를, 모두 국민의 대표기관인 국회가 제정한 법률로써 정하여야 한다는 원칙이다.

### B. 과세요건명확주의

과세요건명확주의는 과세요건이 비록 법률로 규정되어 있더라도 그 규정내용이 지나치게 추상적이고 불명확하면, 과세관청의 자의적인 해석과 집행을 초래할 염려가 있으므로, 그 규정 내용이 명확하고 일의적一義的이어야 한다는 원칙이다 $\binom{\text{헌재 2002.5.30. 2000헌바81, 부가가치}}{\text{세법 제13조 제1항 제3호 위헌소원(합헌)}}$.

### C. 기타 조세법률주의의 내용

(a) 실질적 법치주의    조세법률주의는 형식적 법치주의에 그치지 아니하고, 법률의 목적과 내용 또한 헌법이념에 부합하여야 한다는 실질적 법치주의를 요구한다 $\binom{\text{헌재 1994.6.30. 93헌바9, 구 상속세법}}{\text{제7조의2 제1항 위헌소원(한정위헌)}}$. 동시에 적법절차원리와도 부합하여야 한다.

(b) 유추해석과 확장해석의 금지    조세법규의 해석과 적용은 국민의 재산권이 부당하게 침해되지 아니하도록, 유추해석이나 확장해석은 허용되지 아니하고 엄격히 해석하여야 한다 $\binom{\text{헌재 1996.8.29. 95헌바41, 구 조세감면규}}{\text{제법 제88조의2 등 위헌소원(합헌,각하)}}$.

(c) 소급과세금지와 신뢰보호    헌법 제13조 제2항의 소급입법금지의 원칙은 조세의 부과와 징수에 있어서도 적용되어야 하기 때문에, 이미 완성된 과세요건사실에 대하여 사후의 새로운 세법에 의하여 과세할 수 없다는 소급과세금지의 원칙이 도출된다 $\binom{\text{헌재 2008.5.29. 2006헌바99, 조세특}}{\text{례제한법 부칙 제30조 위헌소원(합헌)}}$. 소급과세금지의 원칙은 헌법상 신뢰보호의 원칙과도 직접적으로 연계된다.

### D. 조세법률주의의 예외

조세법률주의의 첫 번째 요소는 조세의 부과·징수는 국민의 대표기관인 국회가 제정한 법률에 의하여야 한다는 원칙이다. 그러나 이와 같은 조세법률주의에는 일정한 예외가 있다. 조례에 의한 지방세의 부과·징수 $\binom{\text{지방자치법}}{\text{제152조}}\binom{\text{지방세기본법}}{\text{제5조 제1항}}$, 조약에 의한 협정세율 $\binom{\text{관세법}}{\text{제73조}}$, 긴급재정경제명령 $\binom{\text{제76조}}{\text{제1항}}$ 이 그러하다.

### 3. 조세평등주의

(ⅰ) 조세평등주의租稅平等主義는 조세법률주의와 함께 헌법에 기초한 조세법의 기본원칙으로서, 조세의 부과뿐만 아니라 조세의 감면에도 적용된다. 조세평등주의의 구체적 실현을 위하여 실질과세의 원칙과 응능부담의 원칙이 적용되어야 한

다$\binom{\text{헌재 1989.7.21. 89헌마38, 상속세법 제32조의}}{\text{2의 위헌여부에 관한 헌법소원(한정합헌)}}$.

(ⅱ) 실질과세의 원칙은 조세평등주의의 파생원칙으로서 경제적 실질에 따라 능력에 맞는 공평한 조세부담을 부과하려는 과세입법 및 세법적용상의 원칙이다 $\binom{\text{헌재 1989.7.21. 89헌마38, 상속세법 제32조의}}{\text{2의 위헌여부에 관한 헌법소원(한정합헌)}}\binom{\text{대판(전합) 2012.1.19. 2008두}}{\text{8499, 취득세등부과처분취소}}$.

(ⅲ) 응능부담應能負擔의 원칙에 따라 조세의 부과와 징수에 있어서 납세자의 담세능력에 상응하여 공정하고 평등하게 하여야 하며, 합리적 이유 없이 특정의 납세의무자에게 불리하게 하거나 우대를 허용하지 아니한다. 조세평등주의가 요구하는 이러한 담세능력에 따른 과세의 원칙은, 한편으로 동일한 소득은 원칙적으로 동일하게 과세되어야 하며(수평적 조세정의), 다른 한편 소득이 다른 사람들 사이에 공평한 조세부담의 배분을 요청한다(수직적 조세정의)$\binom{\text{헌재 2002.8.29. 2001헌가24, 구지방세법}}{\text{제196조의5 제1항 제1호 위헌제청(합헌)}}$.

## 4. 조세와 준조세

조세라는 명칭이 붙어 있지는 아니하지만, 조세법률주의의 적용을 받는 사항을 준조세準租稅라고 한다. 준조세에는 부담금(분담금, 납부금), 수수료, 사용료 등이 있다. ① 부담금이란 일반적으로 특정한 공익사업에 이해관계를 가지는 자가 그 경비의 전부 또는 일부를 국가나 공공단체에 부담하여야 하는 공법상의 금전납부의무를 말한다. ② 수수료는 국가나 공공단체가 사인을 위하여 행하는 공적 역무에 대한 반대급부로서 징수하는 요금이다. ③ 사용료는 공공시설의 이용 또는 재산의 사용에 대한 요금이다.

## Ⅲ 예산심의·확정권

### 1. 의 의

#### (1) 예산의 개념

(ⅰ) 예산이라 함은 1회계연도에 있어서 국가의 세입·세출에 관한 예정준칙을 내용으로 하고, 국회의 의결에 의하여 성립하는 국법행위형식이다. 즉, 예산은 한 회계연도에 정부가 할 수 있는 세출의 준칙과 이에 충당할 재원인 세입에 대하여, 국회가 정부에 재정권을 부여하는 국법의 한 형식을 말한다. 세입예산은 단순한 세입예산표에 불과하며 국가의 수입을 구속하지 아니한다. 그러나 세출예산은 지출의 목적·금액 및 기간 내에서만 국비가 지출되어야 한다.

(ⅱ) 실질적 의미의 예산은 한 회계언도에 있어서 국가의 세입·세출에 관한

예정준칙을 말한다. 형식적 의미의 예산은 일정한 형식으로서 정부가 작성하고, 국회의 심의·의결로써 성립되는 국법의 한 형식을 말한다. 실질적 의미의 예산이 국회의 승인을 얻으면 형식적 의미의 예산이 된다. 헌법과 국가재정법에서의 예산은 형식적 의미의 예산이다.

(2) 예산의 법적 성질

(ⅰ) 예산이 법률의 형식(예산법률주의)인지 아니면 법률과 다른 독자적인 형식인지 관하여 각국의 입법례는 서로 다르다. 미국·영국·독일·프랑스 등 다수의 국가에서는 예산법률주의를 채택한다. 그러나 현행헌법은 일본·스위스 등과 같이 예산을 특수한 존재형식으로 규율한다. 즉, 헌법 제40조의 국회입법권과는 별도로 제54조에 국회의 예산심의권을 규정한다.

(ⅱ) 우리나라는 비록 예산법률제도를 채택하지는 아니하지만, 국회의 예산심의·의결은 예산의 성립을 위한 요소이다. 일단 국회의 의결이 있으면 예산은 국가기관을 구속한다. 또한 예산은 세입에 관하여는 재원을, 세출에 관하여는 그 목적·시기·금액을 한정하므로, **법규범의 일종이다.**

## 2. 예산과 법률

(1) 의 의

예산과 법률이 별개의 존재형식지만, 예산의 법적 성질은 법규범의 일종으로 이해된다. 이에 따라 예산과 법률의 성질·관계·차이 등이 문제된다.[1]

---

1. 예산과 법률의 비교

| | 예 산 | 법 률 |
|---|---|---|
| 존재형식 | 예산이라는 독립된 법규범(예산비법률주의: 일본·스위스) | 법률 |
| 제출시한 | 회계연도 개시 90일 전까지 | 제한 없음 |
| 제출권자 | 정부만 제출가능 | 정부와 국회의원(10인)·위원회 |
| 심의절차 | 정부의 동의 없이 증액 또는 새비목 설치 불가 | 정부제출법안수정·철회 시 국회동의 (수정 시 30인 동의) |
| 공청회개최 여부 | 예결위는 예산안에 대하여 공청회를 개최하여야 함 | 개정법률안·전면개정법률안 공청회 개최의무 |
| 효력발생요건 | 공고가 효력발생요건 아님 | 공포가 효력발생요건 |
| 거부권행사여부 | 예산안에 대한 거부권행사 불가 | 법률안에 대한 거부권행사 가능 |
| 유효기간 | 1회계연도에서만 효력발생 | 개정·폐지될 때까지 효력지속 |
| 구속력 | 국가기관만을 구속 | 국가기관과 국민 모두를 구속 |

(2) 개 념

예산은 1회계연도에 있어서 국가의 세입·세출의 예정준칙을 내용으로 하고, 국회의 의결에 의하여 성립하는 국법행위형식이다. 법률은 국회의 의결을 거쳐 제정되는 법규범이다.

(3) 차 이

A. 존재형식

현행헌법에서 예산은 법률이 아닌 독자적인 국법행위형식이다. 그러므로 예산은 예산의 형식으로, 법률은 법률의 형식으로 존재한다.

B. 절 차

(a) 제출권자    예산은 정부만 제출권이 있고, 국회는 제출권이 없다.

(b) 심 의    국회는 정부가 제출한 예산안의 범위 내에서 삭감할 수 있으나, 지출예산 각항의 금액을 정부의 동의없이 증가하거나 새 비목을 설치할 수 없다($^{제57}_{조}$). 법률안에 대하여는 이러한 제한이 없다. 즉, 예산은 국회가 소극적 수정만 할 수 있으나, 법률은 이러한 제한이 없다.

(c) 효력발생요건    예산안은 단지 관보로써 공고公告하도록 되어 있으므로, 공고가 효력발생요건이 아니다. 그러나 법률안은 공포가 효력발생요건이다($^{제53}_{조}$).

(d) 거부권의 제한    국회는 예산심의를 전면 거부할 수 없으며, 대통령도 법률안거부권행사($^{제53조}_{제2항}$)와 같이 국회에서 통과된 예산안을 국회에 환송하여 재심의를 요구하는 거부권을 행사할 수 없다.

C. 효 력

(a) 기 간    예산은 1회계연도에 한하여 효력을 가진다. 법률은 원칙적으로 영구적 효력을 가진다.

(b) 구속력    예산은 국가기관만을 구속한다. 법률은 일반국민도 구속한다.

(c) 범 위    예산에 대한 국회의 의결은 정부의 재정행위를 구속하지만, 정부의 수입·지출의 권한과 의무는 예산 자체에 의하지 아니하고 별도의 법률로 규정된다.

(4) 예산과 법률의 상호관계

A. 변경관계

예산과 법률은 성질·성립절차·효력이 상이하다. 따라서 예산을 가지고 법률을, 법률을 가지고 예산을 변경할 수 없다.

B. 구속관계

(ⅰ) 세출예산은 비록 예산으로서 성립하여 있다고 하더라도, 그 경비의 지출을 명하거나 인정하는 **법률**이 없는 경우에 정부는 지출을 할 수 없다. 세입예산 역시 세입의 근거가 되는 법률이 없으면 징수할 수 없다.

(ⅱ) 법률에 의하여 경비의 지출이 인정되고 명령되었다 하더라도, 그 지출의 실행에 필요한 예산이 없으면 실제 지출행위는 할 수 없다.

(ⅲ) 국회가 예산을 필요로 하는 법률을 제정하게 되면, 그에 따라 국회의 예산심의권도 불가피하게 법률에 의한 제한을 받게 된다.

C. 불일치의 발생

세출예산에서 인정된 지출사항에 대하여 그 예산의 집행을 명하는 법률이 성립되지 아니하면, 예산의 실행이 불가능하다. 또한 예산이 성립되지 아니한 경우에는, 법률의 집행이 불가능하다.

D. 불일치의 조정

정부는 예산안과 법률안을 제출하면서 예산과 법률의 불일치가 발생하지 아니하도록, 모든 세출을 가능한 한 예산안에 반영하고 근거법령과 예산안을 동시에 제출하며, 정부의 국회에 대한 견제권을 통하여 조정하여야 한다.


3. 예산의 성립

(1) 예산안의 제출

(ⅰ) 정부는 회계연도마다 예산안을 편성하여 국무회의의 심의($\frac{제89조}{제4호}$)를 거친 후, 회계연도개시 90일 전까지 국회에 제출하여야 한다($\frac{제54조}{제2항}$).

(ⅱ) 예산을 편성함에 있어서 예산을 1회계연도마다 편성하게 하는 1년예산주의, 국가의 총세입과 세출을 계상하여 편성하는 **총계예산주의**(현물출자, 전대차관 도입, 기술료 등에 대하여는 총계예산주의 원칙의 예외가 인정된다($\frac{국가재정법}{제53조}$)), 국가의 세입·세출을 합하여 하나의 예산으로 편성하는 단일예산주의(회계통일주의)를 취한다. 이러한 원칙에 대한 예외로는 일반회계예산에 대한 특별회계예산($\frac{국가재정}{법 제4조}$), 본예산에 대한 추가경정예산($\frac{헌법}{제56조}$), 준예산($\frac{제54조}{제3항}$)이 있다.

(2) 예산안의 심의

A. 예산안의 심의 절차와 문제점

(ⅰ) 예산안이 국회에 제출되면, 국회는 예산안을 소관 상임위원회에 회부하고, 소관 상임위원회는 예비심사를 하여 그 결과를 의장에게 보고하며, 본회의에

서 정부의 시정연설施政演說을 듣는다. 의장은 예산안에 위의 보고서를 첨부하여 예산결산특별위원회에 회부하고, 그 심사가 끝난 후 국회 본회의에 부의한다(국회법 제84조 제1항·제2항). 예산안·기금운용계획안·임대형 민자사업 한도액안 및 세입예산안 부수 법률안에 대하여는, 국회법의 무제한 토론 규정을 매년 12월 1일까지 적용하고 "실시 중인 무제한토론, 계속 중인 본회의, 제출된 무제한토론의 종결동의에 대한 심의절차 등은 12월 1일 밤 12시에 종료한다"(제106조의2 제10항).

(ii) 현행 예산심의제도는 예산결산특별위원회에서 사실상 예산안에 대한 심의가 이루어지는데 그 심의기간이 2주 정도밖에 되지 아니할 뿐만 아니라, 소위원회중심으로 운영되기 때문에 심의의 통일성을 기하는 데 어려움이 있다. 이를 제도적으로 뒷받침하기 위하서여는 국회예산정책처 제도를 활성화하여야 한다. 또한 예산심의에 있어서 정당의 통제력과 의원 개인의 대표성·전문성이 조화될 수 있도록, 교차투표제도의 활성화도 요망된다.

B. 예산안의 심의에 따른 제약

(i) 국회는 예산안에 대한 발안권이 없다.

(ii) 국회는 예산안에 대한 폐제·삭감(소극적 수정)은 할 수 있으나, 정부의 동의 없이 원안의 증액수정 또는 신비목설치(적극적 수정)는 할 수 없다(제57조).

(iii) 국회는 이미 조약이나 법률에서 규정된 세출은 삭감할 수 없다.

(iv) 예산이 수반되는 국가적 사업을 규정한 법률이 존재하고 정부가 이를 위한 예산안을 제출한 때에는, 국회의 예산심의권은 이에 구속된다.

(v) 정부가 본회의 또는 위원회에서 의제議題 된 예산안을 수정 또는 철회할 때에는 본회의나 위원회의 동의를 얻어야 하며(국회법 제90조 제3항), "예산안에 대한 수정동의는 의원 50명 이상의 찬성이 있어야 한다"(국회법 제95조 제1항 단서).

(vi) 일반법률과는 달리 국회가 예산안에 대한 심의를 거부하면 국가의 재정적 지출이 불가능하기 때문에, 전면거부는 인정할 수 없다. 다만, 일부수정만 가능하다. 또한 대통령은 예산안에 대하여 거부권을 행사할 수 없다.

(3) 예산안의 확정

국회는 예산안을 회계연도개시 30일 전에 의결하여야 한다.

국회가 의결한 예산은 정부에 이송되어 대통령이 이를 공고한다. 법률과 달리 예산의 공고는 예산의 효력발생요건이 아니다.

### (4) 계속비와 예비비제도

#### A. 계속비의 의결

예산1년주의를 취하면서도 특별히 계속지출의 필요가 있을 때에는, 연한을 정하여 계속비로서 국회의 의결을 얻어야 한다는 예외를 인정한다(제55조제1항). 계속비란 여러 해에 걸친 사업의 경비에 관하여 일괄하여 미리 국회의 의결을 얻고, 이것을 변경할 경우 외에는 다시 의결을 얻을 필요가 없는 경비를 말한다.

#### B. 예비비의 의결과 지출에 대한 승인

예측할 수 없는 예산 외의 지출 또는 예산초과지출에 충당하기 위하여 예비비 항목을 둘 수 있는데, 이 지출은 차기국회의 승인을 얻어야 한다(제55조제2항). 예비비는 총액만 계정하고 무슨 목적으로 어떻게 사용되는가는 정부의 재량에 맡기기 때문에, 개별적 · 구체적 지출에 대하여 차기 정기국회의 승인을 얻어야 한다.

## 4. 예산의 불성립과 변경

### (1) 예산의 불성립과 임시예산

"정부는 회계연도마다 예산안을 편성하여 회계연도개시 90일전까지 국회에 제출하고 국회는 회계연도개시 30일전까지 이를 의결하여야 한다"(제54조제2항). 예산안이 의결되지 못한 때에는 정부는 국회에서 예산안이 의결될 때까지, "① 헌법이나 법률에 의하여 설치된 기관 또는 시설의 유지 · 운영, ② 법률상 지출의무의 이행, ③ 이미 예산으로 승인된 사업의 계속" 등을 위한 경비를 전년도예산에 준하여 집행할 수 있다(제54조제3항). 이를 임시예산 · 준예산이라 한다.

### (2) 추가경정예산

예산성립 후에 생긴 사유로 인하여 예산에 변경을 가할 필요가 있는 때에는, 정부는 추가경정예산안을 편성하여 국회에 제출할 수 있다(제56조). 추가경정예산안을 편성할 수 있는 사유는 ① 전쟁이나 대규모 재해가 발생한 경우, ② 경기침체 · 대량실업 · 남북관계의 변화 · 경제협력과 같은 대내 · 외 여건에 중대한 변화가 발생하였거나 발생할 우려가 있는 경우, ③ 법령에 따라 국가가 지급하여야 하는 지출이 발생하거나 증가하는 경우로 제한된다(국가재정법 제89조 제1항).

## 5. 예산의 효력

### (1) 시간적 효력

예산은 한 회계연도(1월 1일 - 12월 31일) 내에서만 효력을 가진다(예산1년주의). 다만, 예외적으로 계속비제도를 둔다.

(2) 대인적 효력

예산은 국가기관만을 구속한다. 일반국민은 예산에 구속되지 아니한다.

(3) 지역적 효력

예산은 국내외를 불문하고 효력이 미친다. 따라서 예산은 외국공관 등에서의 수입·지출에도 적용된다.

(4) 형식적 효력

예산으로 법률을 변경할 수 없고, 법률로써 예산을 변경할 수도 없다.

(5) 실질적 효력

(ⅰ) 예산이 확정되면 정부의 재정행위를 구속하는데, 그 효력에 있어서 세입예산과 세출예산은 내용을 달리한다.

(ⅱ) 세출예산은 지출의 목적·금액·시기에 대한 구속력을 가질 뿐만 아니라, 예산이 정한 각 기관 간, 각 장·관·항 간에 상호 이용移用할 수 없다(국가재정법 제47조 제1항).

(ⅲ) 영구세주의에서 세입예산은 세입예정표 이상의 효력을 가지지 아니한다. 즉, 세입예산은 특정회계연도의 세입을 통관할 수 있는 편의를 제공할 뿐, 세입예산에 근거하여 정부가 직접 세입을 징수할 수 없다.

## Ⅳ 결산심사권

(ⅰ) "기획재정부장관은 '국가회계법'에서 정하는 바에 따라 회계연도마다 작성하여", 국무회의의 심의(제89조 제4호)를 거쳐 "대통령의 승인을 받은 국가결산보고서를, 다음 연도 4월 10일까지 감사원에 제출하여야 한다"(국가재정법 제59조). 감사원은 국가결산보고서를 검사하고 그 보고서를 다음 연도 5월 20일까지 기획재정부장관에게 송부하여야 한다(제60조). "정부는 제60조에 따라 감사원의 검사를 거친 국가결산보고서를 다음 연도 5월 31일까지 국회에 제출하여야 한다"(제61조).

(ⅱ) "국회는 결산에 대한 심의·의결을 정기회 개회 전까지 완료하여야 한다"(제128조의2). "감사원은 세입·세출의 결산을 매년 검사하여 대통령과 차년도국회에 그 결과를 보고하여야 한다"(제99조).

# V 정부의 중요재정행위에 대한 동의권·승인권

## 1. 동 의 권

### (1) 기채起債동의권

국가의 세입부족을 보충하기 위하여 정부가 유동국채나 고정국채를 발행하는 경우 국회의 사전동의를 얻어야 한다(제58조전단).

### (2) 예산 외에 국가의 부담이 될 계약체결에 대한 동의권

외채지불보증계약, 외국인고용계약, 임차계약 등과 같은 국가의 부담이 될 계약을 체결하려 할 때에는 국회의 사전동의를 얻어야 한다(제58조후단).

### (3) 재정적 부담을 지우는 조약의 체결·비준에 대한 동의권

국가나 국민에 중대한 재정적 부담을 지우는 조약의 체결·비준은 국회의 동의를 얻어야 한다(제60조제1항).

### (4) 기금에 대한 국회의 통제

기금이란 특정사업을 계속적·탄력적으로 수행하기 위한 목적으로, 국가재정법에 따라 세입세출예산 외로 운영할 수 있도록 조성된 자금을 말한다. 이러한 기금의 관리·운영에 관한 법률로는 국가재정법이 있다.

## 2. 승 인 권

### (1) 예비비지출승인권

예비비지출에 대하여 차기 정기국회의 승인을 얻지 못한 경우, 정부가 그에 대한 정치적 책임을 져야 한다(제55조제2항).

### (2) 긴급재정경제명령 및 긴급재정경제처분에 대한 승인권

재정경제와 관련된 긴급권발동은 국회의 사후승인을 얻어야 한다(제76조제3항).

## 제 3 항  국정통제권

## I  의    의

입법권과 재정권은 가장 고전적이고 전통적인 국회의 권한인데 오늘날 그 권한이 축소·저하되고 있는 반면에, 국정통제권은 그 중요성이 증가된다.

## II  헌법기관의 구성과 존속에 관한 권한(국회의 인사권)

### 1. 의    의

( i ) 종래 헌법이 부여한 대통령의 주요권한은 대통령의 재량적 권한으로 간주하여왔다. 하지만, 대통령의 주요공직자임면에 대한 국회의 통제권은 대통령과 국회다수파 사이에 정치적 타협의 기초를 제공하여 줄 수 있다.

( ii ) 국회의 헌법기관구성에 관한 권한, 탄핵소추·의결권, 국정감사·조사권은, 국회의 정부행위에 대한 동의권·승인권과는 달리, 그 자체가 독자적인 국회의 권한으로 볼 수도 있다. 하지만, 본서에서는 이를 국회의 국정통제권으로 살펴본다.

### 2. 권력분립원리와 국회의 주요공직자임면통제권

( i ) 의회는 입법청문회, 감독청문회, 조사청문회, 인준청문회를 실시할 수 있다. 인사청문회는 이 중에서 인준청문회의 한 유형으로서 대통령제를 채택하는 미국에서 발전된 제도이다.

( ii ) 인사청문회제도는 ① 지위에 적합한 인물을 선택함으로써 헌법기관구성에 있어서 국민적 정당성을 확보할 수 있고, ② 국회의 행정부 및 사법부에 대한 통제기능을 강화할 수 있고, ③ 청문과정에서 국민의 참여를 실현할 수 있다.

( iii ) 대법원장 및 대법관·헌법재판소장·국무총리·감사원장과 같이 "헌법에 따라 그 임명에 국회의 동의가" 필요하거나, 국회에서 선출하는 헌법재판관 및 중앙선거관리위원회 위원 등 국회의 동의 및 선출을 요하는 공직후보자와 같이 "헌법에 따라 국회에서 선출하는" 공직후보자에 대하여는, 인사청문특별위원회에서 인사청문을 실시한다(국회법 제46조의3)(인사청문회법 제3조·제9조).

그 밖에 법률상 인사청문의 대상인 공직후보자에 대하여는 소관 상임위원회에서 인사청문을 실시한다.[1]

(ⅳ) 또한 "상임위원회는 다른 법률에 따라 다음 각 호의 어느 하나에 해당하는 공직후보자에 대한 인사청문 요청이 있는 경우 인사청문을 실시하기 위하여 각각 인사청문회를 연다"

"1. 대통령이 각각 임명하는 헌법재판소 재판관, 중앙선거관리위원회 위원, 국무위원, 방송통신위원회 위원장, 국가정보원장, 공정거래위원회 위원장, 금융위원회 위원장, 국가인권위원회 위원장, 고위공직자범죄수사처장, 국세청장, 검찰총장, 경찰청장, 합동참모의장, 한국은행 총재, 특별감찰관 또는 한국방송공사 사장의 후보자, 2. 대통령당선인이 대통령직 인수에 관한 법률 제5조제1항에 따라 지명하는 국무위원 후보자, 3. 대법원장이 지명하는 헌법재판소 재판관 또는 중앙선거관리위원회 위원의 후보자"(국회법 제65조의2 제2항). "헌법재판소 재판관 후보자가 헌법재판소장 후보자를 겸하는 경우에는 제2항제1호에도 불구하고 제1항에 따른 인사청문특별위원회의 인사청문회를 연다. 이 경우 제2항에 따른 소관 상임위원회의 인사청문회를 겸하는 것으로 본다"(제5항).

소관상임위원회의 인사청문 이후에 행하는 소관상임위원장의 보고는 대통령이 공직후보자를 임명하는 데 참고자료에 불과하다. 그 점에서 헌법상 국회의 임명동의를 받아야 하는 공직후보자의 경우와 구별된다. 이에 따라 해당 상임위원장의 보고가 부정적임에도 불구하고 대통령은 임명을 강행하고 있어 인사청문회의 존재이유 및 그 실효성에 관하여 의문이 제기된다.

한편 지방자치단체의 장은 조례로 정하는 직위의 후보자에 대하여 지방의회에 인사청문을 요청할 수 있다(지방자치법 제47조의2).

## 3. 대통령의 사법기관구성에 대한 국회의 통제

대통령은 국가원수의 지위에서 헌법기관의 구성에 직접적인 권한을 가진다. 헌

---

1 인사청문회의 실시기관과 대상

|  | 대 상 |
|---|---|
| 인사청문특별위원회 | 국무총리, 대법원장, 대법관, 헌법재판소장, 감사원장, 국회선출 헌법재판소 재판관 3인과 중앙선거관리위원회 위원 3인 |
| 소관 상임위원회 | 대통령이 임명하는 헌법재판소 재판관, 중앙선거관리위원회 위원, 국무위원, 방송통신위원회 위원장, 국가정보원장, 공정거래위원회 위원장, 금융위원회 위원장, 국가인권위원회 위원장, 고위공직자범죄수사처장, 국세청장, 검찰총장, 경찰청장, 합동참모의장, 한국은행 총재, 특별감찰관, 한국방송공사 사장, 대법원장이 각각 지명하는 헌법재판소 재판관 또는 중앙선거관리위원회 위원 후보자 |

법재판소장은 국회의 동의를 얻어 대통령이 임명한다($^{제111조}_{제4항}$). 대법원장 및 대법관 (대법원장의 제청)은 국회의 동의를 얻어 대통령이 임명한다($^{제104}_{조}$).

### 4. 대통령의 행정부구성에 대한 국회의 통제

#### (1) 국무총리 등의 임명동의

국무총리·감사원장 등의 임명은 국회의 동의를 얻어야 한다($^{제86조·}_{제98조}$). '대통령 직 인수에 관한 법률'($^{제5조}_{제2항}$)과 국회법($^{제46조의3 \ 제1항 \ 단서,}_{제65조의2 \ 제2항 \ 제2호}$)에서는 대통령당선인이 국무 총리후보자에 대한 인사청문의 실시를 요청할 수 있도록 규정한다. 이는 대통령 취임과 동시에 정부를 구성할 수 있도록 배려한 규정이다.

#### (2) 국무총리·국무위원해임건의

##### A. 의 의

"국회는 국무총리 또는 국무위원의 해임을 대통령에게 건의할 수 있다"($^{제63조}_{제1항}$).

##### B. 해임 '건의'권의 의의: 의원내각제적 뿌리

의회의 정부에 대한 통제수단은 영국의회제의 발전과정에서 개별각료의 형사 책임으로부터 비롯되었다. 하지만, 그 이후에 개별각료에 대한 정치적 책임에서, 더 나아가 의회에 대한 불신임동의에 따라 정부가 정치적 책임을 지고 집단적으 로 사임함으로써 정치적·집단적 책임으로 정립되었다.

##### C. 현행헌법의 해임 '건의'권

(a) 비대통령제적 요소　　　제도의 본질이나 연원은 국회의 정부에 대한 정치 적 책임추궁수단으로서 의원내각제에서 차용한 제도이다. 미국식 대통령제에서 그 예를 찾아볼 수 없는 국무총리나 국무위원은 의원내각제와 이원정부제(반대통령 제)에서만 존재한다. 따라서 해임건의권의 작동은 이원정부제(반대통령제)·의원 내각제의 일반적인 해석과 관례에 따라야 한다.

(b) 해임건의제도의 헌법적 가치　　　해임건의제도는 ① 국민의 대표기관인 국회 앞에 책임정치를 구현할 수 있도록 헌법에 마련된 제도이며, ② 국회가 정 부구성(국무총리임명동의권)에서뿐만 아니라, 비록 직접적인 해임의결권은 아니라 하더라도 실질적으로 정부의 존속에 개입하는 제도적 장치이다.

(c) 해임건의의 사유　　　해임건의의 사유는 직무집행에 있어서 위헌·위법이 있는 경우뿐만 아니라, 정책의 수립이나 집행에서 중대한 과오나 능력부족과 같 은 국무회의 구성원으로서의 정치적 책임 등을 널리 포함한다. 국무총리에 대한 해 임건의는 정부에 대한 국회의 정치적 책임추궁제도이다. 정부의 집단적·연대적

책임을 통하여 국무총리가 이끄는 정부가 정치적 연대의식을 가지고, 모든 부처의 현안사항을 능동적으로 대처하고 토론하는 정치적 공동체를 형성할 수 있다.

(d) 해임건의의 절차　　해임건의안은 국회재적의원 3분의 1 이상의 발의로 성립된다(제63조제2항). "국무총리 또는 국무위원의 해임건의안이 발의되었을 때에는 의장은 그 해임건의안이 발의된 후 처음 개의하는 본회의에 그 사실을 보고하고, 본회의에 보고된 때부터 24시간 이후 72시간 이내에 무기명투표로 표결한다. 이 기간 내에 표결하지 아니한 해임건의안은 폐기된 것으로 본다(국회법 제112조 제7항)." 이 기간은 해임건의안의 장기화로 인한 정국불안정을 해소하기 위한 장치이다.

(e) 해임건의의 효과　　국회재적의원 과반수의 찬성을 얻은 경우에는 해임건의가 그 효력을 발생한다(제63조제2항). 국회가 해임건의한 국무총리·국무위원에 대하여 대통령은 특별한 사유가 없는 한 해임하여야 한다. 하지만, 헌법재판소는 "국회의 해임건의권은 대통령을 기속하는 해임결의권이 아니라, 아무런 법적 구속력이 없는 단순한 해임건의에 불과"하다고 판시한다.

> "우리 헌법 내에서 '해임건의권'의 의미는, 임기 중 아무런 정치적 책임을 물을 수 없는 대통령 대신에 그를 보좌하는 국무총리·국무위원에 대하여 정치적 책임을 추궁함으로써 대통령을 간접적이나마 견제하고자 하는 것에 지나지 않는다. 헌법 제63조의 해임건의권을 법적 구속력 있는 해임결의권으로 해석하는 것은 법문과 부합할 수 없을 뿐만 아니라, 대통령에게 국회해산권을 부여하고 있지 않는 현행 헌법상의 권력분립질서와도 조화될 수 없다"(헌재 2004.5.14. 2004헌나1, 대통령(노무현) 탄핵(기각)).

또한 국무총리해임건의는 국무위원 전원의 사표로 이어져야 한다. 이 경우에 국무위원 전원에 대한 개별적 해임건의를 할 필요는 없다.

## Ⅲ 탄핵소추

### 1. 탄핵소추 기관

"국회는 탄핵의 소추를 의결할 수 있다"(제65조제1항). 현행헌법에서 국회는 유일한 탄핵소추기관이다.

### 2. 탄핵소추 대상자

헌법에서 규정한 탄핵소추대상자는 대통령, 국무총리, 국무위원, 행정각부의 장, 헌법재판소 재판관, 법관, 중앙선거관리위원회 위원, 감사원장, 감사위원 기타 법률이 정하는 공무원이다($^{제65조}_{제1항}$). "기타 법률이 정하는 공무원"에 관한 단일 법률은 존재하지 아니한다. 법률에서 탄핵소추대상자로 정하여야 할 직위로는 **검찰총장, 각군 참모총장, 각 처장, 정부위원(차관 포함)** 등이 있고, 그 외에도 고위외교관이나 정무직 또는 별정직 고위공무원도 포함될 수 있다.

법률상 탄핵소추대상자는 검사($^{검찰청법}_{제37조}$), 공수처의 처장·차장·검사($^{공수처법}_{제14조}$), 경찰청장($^{국가경찰과\ 지방자치경찰의\ 조직}_{및\ 운영에\ 관한\ 법률\ 제14조\ 제5항}$), 각급선거관리위원회 위원($^{선거관리위원회}_{법\ 제9조\ 제2호}$), 방송통신위원회 위원장($^{방송통신위원회의\ 설치\ 및\ 운}_{영에\ 관한\ 법률\ 제6조\ 제5항}$), 원자력안전위원회 위원장($^{원자력안전위원회의\ 설치\ 및\ 운}_{영에\ 관한\ 법률\ 제6조\ 제5항}$) 등이 있다.

### 3. 탄핵소추의 사유

탄핵소추의 사유는 "직무집행에 있어서 헌법이나 법률을 위배한 때"이다.

#### (1) "헌법과 법률"을 위배

헌법은 헌법전뿐만 아니라 관습헌법도 포함한다. 법률은 형식적 의미의 법률뿐만 아니라 실질적 의미의 법률도 포함한다.

'헌법'에는 명문의 헌법규정뿐만 아니라 헌법재판소의 결정에 따라 형성되어 확립된 불문헌법도 포함되고, '법률'에는 형식적 의미의 법률과 이와 동등한 효력을 가지는 국제조약 및 일반적으로 승인된 국제법규 등이 포함된다($^{헌재\ 2017.3.10.\ 2016헌나1,\ 대}_{통령(박근혜)탄핵(인용(파면))}$).

#### (2) "직무집행에 있어서"

직무는 법적으로 소관 직무에 속하는 고유 업무 및 통념적으로 이와 관련된 업무를 말한다. 직무와 관련된 행위는 법령·조례 또는 행정관행·관례에 의하여, 그 지위의 성질에 따라 필요로 하거나 수반되는 모든 행위나 활동을 포괄한다.

직무집행과 관련하여 한 행위이면 전·현직을 불문한다. 반면에, 취임 이전에 이루어진 행위는 직무집행과 무관한 경우 탄핵소추의 사유가 될 수 없다.

"당선 후 취임시까지의 기간에 이루어진 대통령의 행위도 소추사유가 될 수 없다. 비록 이 시기 동안 대통령직인수에관한법률에 따라 법적 신분이 '대통령당선자'로 인정되어 대통령직의 인수에 필요한 준비작업을 할 수 있는 권한을 가지게 되나, 이러한 대통령당선자의 지위와 권한은 대통령의 직무와는 근본적인 차이가 있고, 이 시기 동안의 불법정치자금 수수 등의 위법행위는 형사소추의 대상이 되므로, 헌법상 탄핵사유에 대한 해석을 달리할 근거가 없다"($^{헌재\ 2004.5.14.}_{2004헌나1}$).

헌법 제65조는 대통령이 '그 직무집행에 있어서 헌법이나 법률을 위배한 때'를 탄핵사유로 규정하고 있다. 여기에서 '직무'란 법제상 소관 직무에 속하는 고유 업무와 사회통념상 이와 관련된 업무를 말하고, 법령에 근거한 행위뿐만 아니라 대통령의 지위에서 국정수행과 관련하여 행하는 모든 행위를 포괄하는 개념이다(헌재 2017.3.10. 2016헌나1. 대통령(박근혜)탄핵(인용(파면))).

## (3) 위배(위법)한 행위

위법한 행위는 고의·과실·법의 무지를 포함한다. 위법하지 아니한 단순한 정치적 실책이나 무능력은 탄핵소추의 사유가 되지 아니하고 해임건의의 사유가 될 뿐이다. 대통령의 경우 **중대한** 법위반행위가 있어야 한다(헌재 2004.5.14. 2004헌나1. 대통령(노무현) 탄핵(기각))(헌재 2017.3.10. 2016헌나1. 대통령(박근혜)탄핵(인용(파면))). 하지만, 대통령이 아닌 공직자의 경우에도 중대한 법위반이 아닌 경우에는 탄핵소추의 사유가 될 수 없는지에 관하여는 논의가 필요하다.

"헌법 제65조 제1항은 탄핵사유를 '헌법이나 **법률**에 위배한 때'로 제한하고 있고, 헌법재판소의 탄핵심판절차는 법적인 관점에서 단지 탄핵사유의 존부만을 판단하는 것이므로, … 정치적 무능력이나 정책결정상의 잘못 등 직책수행의 성실성 여부는 그 자체로서 소추사유가 될 수 없어, 탄핵심판절차의 판단대상이 되지 아니한다"(헌재 2004.5.14. 2004헌나1).

탄핵소추사유는 그 대상 사실을 다른 사실과 명백하게 구분할 수 있을 정도의 구체적 사실이 기재되면 충분하다. 이 사건 소추의결서의 헌법 위배행위 부분은 소추사유가 분명하게 유형별로 구분되지 아니한 측면이 있지만, 소추사유로 기재된 사실관계는 법률위배행위 부분과 함께 보면 다른 소추사유와 명백하게 구분할 수 있을 정도로 충분히 구체적으로 기재되어 있다(헌재 2017.3.10. 2016헌나1. 대통령(박근혜)탄핵(인용(파면))).

## 4. 탄핵소추의 절차(발의와 의결)

( i ) "탄핵소추의 발의에는 소추대상자의 성명·직위와 탄핵소추의 사유·증거, 그 밖에 조사에 참고가 될 만한 자료를 제시하여야 한다"(국회법 제130조 제3항).

탄핵심판제도의 실효성을 제고하기 위해서는 탄핵절차에도 소추기간을 제한할 필요성이 인정된다(보충의견 4인)(헌재 2024.5.30. 2023헌나2. 검사(안동완) 탄핵(기각)).

( ii ) "탄핵소추가 발의되었을 때에는 의장은 발의된 후 처음 개의하는 본회의에 보고하고, 본회의는 의결로 법제사법위원회에 회부하여 조사하게 할 수 있다"(국회법 제130조 제1항). 본회의가 "탄핵소추안을 법제사법위원회에 회부하기로 의결하지 아니한 경우에는 본회의에 보고된 때부터 24시간 이후 72시간 이내에 탄핵소추 여부를 무기명투표로 표결한다. 이 기간 내에 표결하지 아니한 탄핵소추안은 폐기된 것으로 본다"(제130조 제2항).[1] 하지만, "법제사법위원회가 제130조제1항의 탄핵소추안을

---

1 제15대 국회에서 김태정 검찰총장에 대한 탄핵소추안이 폐기(1998.5.26.)되었다. 제20대 국회에서 정종섭 행정자치부장관, 제21대 국회에서는 2019년·2020년 홍남기 기획재정부장관, 2020년 추미애 법무부장관에 대한 탄핵소추안이 폐기되었다.

회부 받았을 때에는 지체 없이 조사·보고하여야 한다"($^{제131조}_{제1항}$)라고 규정할 뿐 해당 탄핵소추안에 대한 국회의 의결시한에 관하여는 명문의 규정이 없다.

　　권한쟁의심판절차 계속 중 국회의원직을 상실한 국회의원 2명의 권한쟁의심판절차는 종료되었다는 선언을 하고, 피청구인 국회의장이 2023.11.10. 방송통신위원회 위원장 및 검사 2명에 대한 탄핵소추안의 철회요구를 수리한 행위 및 피청구인 국회의장이 2023. 12.1. 위 탄핵소추안과 동일한 내용으로 다시 발의된 위 검사 2명에 대한 탄핵소추안을 국회 본회의에서 안건으로 상정하여 표결을 실시한 후 가결을 선포한 행위는 모두 국회의원인 청구인들의 심의·표결권을 침해할 가능성이 없으므로, 위 행위들을 다투는 권한쟁의심판청구는 모두 부적법하다($^{헌재 2024.3.28. 2023헌라9, 국회의원}_{과 국회의장 간의 권한쟁의(각하,기타)}$).

　　(ⅲ) 대통령에 대한 탄핵소추는 국회재적의원 과반수의 발의와 재적의원 3분의 2 이상의 찬성이 있어야 한다. 그 외의 자에 대한 탄핵소추는 국회재적의원 3분의 1 이상의 발의가 있어야 하며, 그 의결은 재적의원 과반수의 찬성이 있어야 한다($^{제65조}_{제2항}$).

　　(ⅳ) 국회법 제93조는 국회의 의사결정에 있어 일반규정의 성격을 가지므로 탄핵소추의결과 같이 중대한 사안에서 질의와 토론을 생략할 수는 없다. 헌법재판소는 국회법 제130조 제2항을 탄핵소추에 대한 특별규정으로 해석하여 국회법 제93조에 따른 질의와 토론 없이 표결할 수 있다고 보았다($^{헌재 2004.5.14. 2004헌나1,}_{대통령(노무현) 탄핵(기각)}$). 그러나 이러한 견해는 받아들이기 어렵다.

　　(ⅴ) 탄핵소추사유가 여러 개인 경우 소추사유별로 표결할지 여부가 문제되는데, 헌법재판소는 표결할 안건의 제목 설정권을 가지고 있는 국회의장의 판단에 달려 있다고 보았다($^{헌재 2004.5.14. 2004헌나1,}_{대통령(노무현) 탄핵(기각)}$).

　　(ⅵ) "탄핵소추가 의결되었을 때에는 의장은 지체 없이 소추의결서의 정본正本을 법제사법위원장인 소추위원에게 송달하고, 그 등본謄本을 헌법재판소, 소추된 사람과 그 소속 기관의 장에게 송달한다"($^{국회법 제134}_{조 제1항}$). "소추위원은 헌법재판소에 소추의결서의 정본을 제출하여 탄핵심판을 청구하며, 심판의 변론에서 피청구인을 심문할 수 있다"($^{헌재법 제49}_{조 제2항}$).

## 5. 탄핵소추의 효과

　　(ⅰ) 탄핵소추의 의결을 받은 사람은 소추의결서가 송달된 때부터 헌법재판소의 탄핵심판이 있을 때까지 그 권한행사가 정지된다($^{제65조 제3항, 국회법 제134}_{조 제2항, 헌재법 제50조}$). 그러므로 이 기간 중의 직무행위는 무효가 된다. "소추의결서가 송달되었을 때에는 소추된

사람의 권한 행사는 정지되며, 임명권자는 소추된 사람의 사직원을 접수하거나 소추된 사람을 해임할 수 없다"(<sup>국회법 제134</sup><sub>조 제2항</sub>). 그러나 임명권자는 헌법재판소의 탄핵 심판결정 선고 이전이라도 피소추자를 파면할 수 있다. "피청구인이 결정 선고 전에 해당 공직에서 파면되었을 때에는 헌법재판소는 심판청구를 기각하여야 한 다"(<sup>헌재법 제53</sup><sub>조 제2항</sub>).

그런데 대통령의 경우 국민으로부터 선출되었기 때문에 임명권자가 존재하지 아니하므로 탄핵 이외에는 파면이 불가능하다. 또한 헌법재판소법의 규정만으로 본다면 탄핵심판을 회피하기 위한 대통령의 사임은 불가능하다고 보아야 한다. 하지만, 실질적 임명권자인 국민이 원하고 본인이 사임하면 받아들여야 한다.

(ii) 국회는 탄핵소추권의 발동으로 인한 정치적 혼란을 수습하기 위한 방안 의 하나로 탄핵심판 청구를 철회 또는 취하할 수 있다.

## Ⅳ 국정감사권 및 국정조사권

### 1. 의     의

국회는 매년 정기적으로 실시되는 국정감사를 통하여 국정전반에 대하여 그 문제점을 포괄적으로 지적하고 앞으로 국정운영의 방향을 제시한다. 또한 특정 의혹 사건에 대하여는 국정조사를 한다.

### 2. 국정감사·조사의 제도적 기초

#### (1) 의     의

국회는 국민의 대표기관으로서 국가권력의 정당한 행사 여부를 조사하며, 국정 에 관한 자료와 정보를 수집하고, 국회의 권한에 상응한 책임을 추궁한다. 특히 국민 의 알 권리보장을 위하여, 국회가 국정에 관하여 적극적으로 진실을 밝히고 정보 를 제공하여 국민적 공감을 형성함으로써 정치적 통합에 기여할 수 있다. 또한 대 통령제 국가에서 국정조사권은 다른 국가기관과의 견제와 균형을 유지하는 수단으 로 인식되어 그 중요성이 증대되어 간다.

#### (2) 한국에서 국정감사·조사권의 제도화

(ⅰ) 우리나라에서는 1948년 제헌헌법(<sup>제43</sup><sub>조</sub>) 및 1962년 헌법(<sup>제57</sup><sub>조</sub>)에서 영국· 프랑스·미국·일본 등과는 달리 국정감사권을 제도화하였다. 그런데 1972년 유 신헌법에서는 국정감사·조사에 관한 규정이 삭제되었다. 하지만, 국정감사가 아

닌 국정조사는 허용된다고 보았다. 1980년 제5공화국헌법에서는 국정조사권제도
만 규정하는 데 그쳤다.

(ii) 현행헌법에서 국정감사제도가 부활되었다: "① 국회는 국정을 감사하거
나 특정한 국정사안에 대하여 조사할 수 있으며, 이에 필요한 서류의 제출 또는
증인의 출석과 증언이나 의견의 진술을 요구할 수 있다. ② 국정감사 및 조사에
관한 절차 기타 필요한 사항은 법률로 정한다"($\substack{제61 \\ 조}$).

(iii) 그간 국정감사제도는 정기국회를 통하여 지난 1년의 국정 전반을 파악하
고 이를 비판하며 또한 이를 통하여 국민의 알 권리를 충족시켜준다. 특히 야당
이 행사할 수 있는 최고의 대정부 공격수단으로서 그 위상을 차지한다. 반면에,
국정감사제도가 집권세력에게는 거추장스러운 제도임에 틀림없다.

(3) 국정감사와 국정조사

(i) 국정감사·국정조사의 법적 성질에 관하여는 국회의 고유한 독립적 권한
이라는 학설과 국회의 보조적 권한이라는 학설이 있으나, 원칙적으로 헌법이 국회
에 부여한 권한을 실질적으로 행사하기 위하여 마련된 보조적 권한으로 본다.

(ii) 국정감사권은 국정조사권과 그 본질·주체·방법과 절차·한계·효과 등
에서 비슷하지만, 그 시기·기간·대상을 달리한다. 즉, 국정조사가 부정기적으로
특정 사안을 대상으로 하지만, 국정감사는 정기적으로 국정 전반을 대상으로 한다
는 점에서 구별된다. 국정감사는 우리나라 특유의 제도로서 그간 국정의 투명성
제고에 기여하였지만, 민주화 이후에는 제도 자체의 존재 의의가 논란이 된다.

3. 국정감사·조사권의 주체와 대상기관

국회가 그 주체이다. 국회란 국회본회의, 상임위원회, 특별위원회가 국정감
사·조사권을 가진다는 의미이다($\substack{제61조, 국회법 제 \\ 127-129조, 국감법}$). 국정감사의 대상기관은 '국정감사
및 조사에 관한 법률'($\substack{제7 \\ 조}$)에서 구체화되어 있다.

4. 국정감사·조사권의 행사

(i) "국회는 국정전반에 관하여 소관 상임위원회별로 매년 정기회 집회일 이전
에 국정감사 시작일부터 30일 이내의 기간을 정하여 감사를 실시한다"($\substack{국감법 제2 \\ 조 제1항}$).

(ii) 국정조사는 국회재적의원 4분의 1 이상의 요구가 있는 때에 특별위원회 또
는 상임위원회가 "국정의 특정 사안에 관하여 국정조사를 하게 한다"($\substack{제3 \\ 조}$).

5. 국정감사·조사권의 범위와 한계

(1) 의 의

(ⅰ) 국정감사·조사의 절대적 한계사항은 이론(성질)적으로 전혀 감사·조사의 대상이 될 수 없는 사항을 말한다. 순수한 사생활이나, 권력분립의 원리에 따라 사법부나 행정부의 전속적 권한사항인 재판작용이나 행정작용 그 자체는 국정감사·조사의 대상이 될 수 없다.

(ⅱ) 상대적 한계사항은 이론적으로는 감사·조사의 대상이 될 수 있지만, 감사·조사의 추구목적에 따른 이익과 피감사·조사사항 또는 증인이 감사·조사에 의하여 입게 되는 불이익을 비교형량하여 감사·조사권 행사의 자제가 적절하다고 판단되는 사항을 말한다.

(2) 권력분립의 한계

A. 감사·조사목적에 의한 한계

국정감사·조사권은 국회의 입법, 예산심의, 행정감독, 자율권에 관한 사항 및 국회의 기능을 실효적으로 행사하기 위한 사항에 한정되어야 한다. 또한 국회는 해당 기관에 시정요구 등을 할 수 있을 뿐이고(제16조 제2항), 국회 스스로 정부의 행정처분을 대신하여 명할 수는 없다.

B. 사법권독립의 보장을 위한 한계

법관이 양심에 따라 독립하여 재판을 할 수 있도록, 국정감사·조사는 "계속繫屬 중인 재판 …에 관여할 목적으로 행사되어서는 아니 된다"(국감법 제8조).

C. 검찰권의 공정한 행사를 위한 한계

(ⅰ) 검찰권의 행사는 행정작용의 일종이기 때문에, 국정감사·조사의 대상이 될 수 있다. 그러나 준사법기관인 검찰의 공정한 권한행사를 담보하기 위하여, "수사 중인 사건의 소추에 관여할 목적으로 행사되어서는 아니 된다"(국감법 제8조).

(ⅱ) 그 외에도 헌법기관인 감사원의 준사법적 기능에 비추어 변상책임의 판정이나 징계처분과 문책의 요구 등 준사법적 판단작용은, 국정감사·조사의 대상에서 제외되어야 한다.

D. 지방자치보장을 위한 한계

지방의 고유사무에 대한 국정감사·조사는 배제하여야 하지만, 고유사무와 위임사무의 구획은 쉬운 일이 아니다. 국회의 지방자치단체에 대한 국정감사·조사는 가급적 자제하여 국가적 의혹사건에 대한 국정조사에 한정되어야 한다.

### (3) 기본권보장을 위한 한계

(ⅰ) '국정감사 및 조사에 관한 법률'에서는 국정 "감사 또는 조사는 개인의 사생활을 침해하"여서는 아니 됨을 명시한다($\frac{제8}{조}$).

(ⅱ) 모든 국민은 "형사상 자기에게 불리한 진술을 강요당하지 아니한다"($\frac{제12조\ 제}{2항\ 후단}$)라는 규정에 따라 형사상 자기에게 불리한 진술거부권이 보장되어야 한다.

### (4) 국익을 보장하기 위한 한계

국가기밀 등과 같이 국익에 관련된 중요한 사항에 대하여는, 국정감사·조사권발동이 자제되어야 한다($\frac{'국회에서의\ 증언·감정\ 등}{에\ 관한\ 법률'\ 제4조\ 참조}$).

## 6. 소결: 국정감사제도의 과도기적 성격

평화적 정권교체가 일상화되고 그에 따라 책임정치가 구현된다면, 국정감사제도는 한국적 민주주의를 정착시키기 위한 과도기적 제도로서의 특성을 가진다.

## Ⅴ 정부와 대통령의 국정수행에 대한 통제권

## 1. 대통령의 국가긴급권발동에 대한 통제권

대통령이 계엄을 선포한 때에는 지체없이 국회에 통고하여야 하며, 국회는 재적의원 과반수의 찬성으로 계엄의 해제를 요구할 수 있다. 국회의 해제요구가 있으면 대통령은 계엄을 해제하여야 한다($\frac{제77}{조}$). 대통령이 긴급명령, 긴급재정경제명령·처분을 발한 때에는 지체없이 국회에 보고하여 승인을 얻어야 한다. 국회는 재적의원 과반수의 출석과 출석의원 과반수의 찬성으로 이를 승인할 수 있다($\frac{제76}{조}$).

## 2. 정부의 재정작용에 대한 통제권

(ⅰ) 국회는 예산안을 의결·확정하고 결산심사권을 가진다. 나아가서 예비비의 의결과 지출에 대한 승인을 한다. 예측할 수 없는 예산 외의 지출 또는 예산초과지출에 충당하기 위하여 예비비항목을 둘 수 있는데, 예비비의 지출은 차기국회의 승인을 얻어야 한다($\frac{제55조}{제2항}$).

(ⅱ) 기채동의권起債同意權을 가진다. 국가의 세입부족을 보충하기 위하여 정부가 유동국채나 고정국채를 발행하는 경우, 국회의 사전동의를 얻어야 한다($\frac{제58조}{전단}$).

(ⅲ) 예산 외에 국가의 부담이 될 계약체결에 대한 동의권을 가진다. 외채지불보증계약·외국인고용계약·임차계약 등과 같은 계약을 체결할 때에는, 국회의 사

전동의를 얻어야 한다(제58조 후단).

(ⅳ) 재정적 부담을 지우는 조약의 체결·비준에 대한 동의권을 가진다. 국가나 국민에 중대한 재정적 부담을 지우는 조약의 체결·비준은, 국회의 동의를 요한다(제60조 제1항).

(ⅴ) 긴급재정경제명령 및 긴급재정경제처분에 대한 승인권을 가진다. 대통령의 재정·경제상의 긴급권발동은 국회의 사후승인을 얻어야 한다(제76조 제3항).

### 3. 국무총리 및 국무위원 출석요구권·질문권

"국회나 그 위원회의 요구가 있을 때에는 국무총리·국무위원 또는 정부위원은 출석·답변하여야 하며, 국무총리 또는 국무위원이 출석요구를 받은 때에는 국무위원 또는 정부위원으로 하여금 출석·답변하게 할 수 있다"(제62조 제2항).

### 4. 외교·국방정책수행에 대한 동의권

국회는 중요조약에 대한 비준동의권(제60조 제1항)을 가진다. 또한 선전포고 및 국군해외파견·외국군 주류에 대한 동의권을 가진다(제60조 제2항).

### 5. 일반사면에 대한 동의권

국가원수인 대통령의 사면권행사에 있어서, 일반사면은 국회의 동의를 얻어야 한다(제79조 제2항).

## Ⅵ 특별검사제도

### 1. 의　　의

(ⅰ) 미국에서 발달한 특별검사제도는 고위공직자의 비리나 국정의혹사건에 대하여 수사의 정치적 중립성을 담보하기 위하여, 검찰청법의 검사가 아닌 독립된 수사기구에서 수사하게 함으로써, 국민적 의혹을 해소하고자 하는 제도이다.

(ⅱ) 우리나라에서는 1999년 이래 열 세 차례 특별검사의 수사가 진행되었다. 한편 상설 특별검사제도를 위한 '특별검사의 임명 등에 관한 법률'을 제정하였다.

### 2. 종전 개별법으로 제정된 특별검사제도의 문제점

(ⅰ) 특별검사제도가 여야 사이에 정치적 흥정의 대상이 되어왔다. 따라서 법

률의 내용과 형식에 있어서 일관성과 정확성이 담보되지 못하고 있다.

(ⅱ) 수사대상 및 수사기간이 지나치게 제한됨으로 인하여 실체적 진실규명이 제대로 이루어지지 못하고 있다.

(ⅲ) 행정부 소속의 준사법기관인 검찰권이 입법부인 국회에 의하여 좌우될 우려가 있다. 특히 지나치게 잦은 특별검사제의 도입은 자칫 헌법과 법률이 정한 수사기구인 검찰의 기소독점주의를 왜곡시킬 우려가 있다.

### 3. 상설 특별검사제를 도입한 '특별검사의 임명 등에 관한 법률'의 제정

(ⅰ) 특별검사의 수사대상은 ① 국회가 정치적 중립성과 공정성 등을 이유로 특별검사의 수사가 필요하다고 의결한 사건, ② 법무부장관이 이해관계 충돌이나 공정성 등을 이유로 특별검사의 수사가 필요하다고 판단한 사건이다(제2조).

(ⅱ) 특별검사의 수사가 결정된 경우 대통령은 특별검사후보추천위원회에 지체 없이 2명의 특별검사 후보자 추천을 의뢰하여야 한다. 특별검사후보추천위원회는 의뢰를 받은 날부터 5일 내에 2명의 후보자를 서면으로 대통령에게 추천하여야 한다. 대통령은 특별검사후보추천위원회의 추천을 받은 날부터 3일 내에 추천된 후보자 중에서 1명을 특별검사로 임명하여야 한다(제3조).

(ⅲ) 특별검사 후보자의 추천을 위하여 국회에 특별검사후보추천위원회를 둔다. 특별검사후보추천위원회는 위원장 1명을 포함하여 7명의 위원으로 구성한다. 위원장은 위원 중에서 호선한다(제4조).

(ⅳ) 특별검사는 준비기간이 만료된 날의 다음 날부터 60일 이내에, 담당사건에 대한 수사를 완료하고 공소제기 여부를 결정하여야 한다. 특별검사는 대통령의 승인을 받아 수사기간을 한 차례만 30일까지 연장할 수 있다(제10조).

(ⅴ) 특검법에 따라 2021년 처음으로 '4·16 세월호 참사 증거자료의 조작·편집 의혹 사건 진상규명을 위한 특별검사'가 임명되었다.

(ⅵ) 한편, 대통령의 친인척 등 대통령과 특수관계에 있는 사람의 비위행위에 대한 감찰을 담당하는 특별감찰관의 임명과 직무 등에 관하여 필요한 사항을 규정한 '특별감찰관법'이 제정되었다.

### 4. 또 다시 '최순실 국정농단'·'드루킹' 등 개별사건 특별검사법의 제정

(ⅰ) 일반법인 '특별검사의 임명 등에 관한 법률'을 제정하였음에도 불구하고 최순실·드루킹 의혹에 따라 새로 개별사건 특별검사법을 제정하였다. 이는 대통

령이 직접 연루된 사안의 특수성 때문으로 볼 수 있다.

(ⅱ) 2016년 '박근혜 정부의 최순실 등 민간인에 의한 국정농단 의혹 사건 규명을 위한 특별검사의 임명 등에 관한 법률'이 제정되었다. 현직 대통령이 직접 연루된 사안으로 당시 야당인 더불어민주당 및 국민의당이 합의한 2명의 특별검사후보자 중에서 대통령이 임명하였다. 이에 대하여 최순실 측에서 여당의 후보 추천권이 박탈되었다는 취지의 위헌제소가 있었으나, 헌법재판소는 합헌으로 판시한다(헌재 2019.2.28, 2017헌바196, 박근혜 정부의 최순실 등 민간인에 의한 국정농단 의혹 사건 규명을 위한 특별검사의 임명 등에 관한 법률 제3조 제2항 등 위헌소원(합헌)).

(ⅲ) 2018년 '드루킹의 인터넷상 불법 댓글 조작 사건과 관련된 진상규명을 위한 특별검사의 임명 등에 관한 법률'은 대한변호사협회에서 추천한 4인의 후보 중에서 야당이 2명을 추천하고, 대통령은 이 중에서 1인을 특별검사로 임명하였다.

(ⅳ) 2022년 '공군 20전투비행단 이예람 중사 사망 사건 관련 군 내 성폭력 및 2차 피해 등의 진상규명을 위한 특별검사 임명 등에 관한 법률'이 제정되었다. 국회는 2명의 후보자를 추천하고 대통령은 이 중에서 1명을 특별검사로 임명하였다.

## Ⅶ 고위공직자범죄수사처

### 1. 독립수사기관으로서의 지위와 조직

비리에 연루된 고위공직자를 수사하고 기소하는 고위공직자범죄수사처(공수처)가 국가인권위원회에 유사한 별도의 독립기구로 설립되었다(고위공직자범죄수사처 설치 및 운영에 관한 법률).

공수처장은 국회에 설치된 공수처장후보추천위원회가 15년 이상 법조경력을 가진 사람 2명을 후보로 추천하면, 대통령이 1명을 지명한 뒤, 국회 인사청문회를 거쳐 임명한다. 공수처장후보추천위원회는 법무부 장관과 법원행정처장, 대한변호사협회장, 여당 추천 인사 2명, 야당 추천 인사 2명 등 7명으로 구성하고, 위원 3분의 2 이상의 찬성으로 의결한다(제2장).

### 2. 공수처의 권한과 수사대상

원칙적으로 공수처는 기소권을 제외한 수사권과 영장청구권, 검사의 불기소처분에 대한 재정신청권을 가진다. 다만, 공수처 수사 사건 중 판·검사나 경무관급 이상의 경찰이 기소 대상에 포함된 경우에는 기소권까지 행사할 수 있다(제3조). 검찰의 기소독점주의에 대한 예외 인정으로 위헌론이 제기될 소지가 있다.

수사대상인 고위공직자란 대통령을 비롯한 3부 요인, 정무직 공직자, 판·검사, 경무관급 이상 경찰 등에 재직 중인 사람 또는 그 직에서 퇴직한 사람을 말한다. 배우자와 직계존·비속도 포함된다($\frac{제2}{조}$).

### 3. 공수처의 법적 지위 및 권한에 대한 헌법적 판단

헌법이 예정한 형사사법체계를 벗어난 예외적인 제3의 행정기관 설치는 현행 헌법체계에 비추어 본다면 바람직한 현상이 아니다. 예외기관의 설치는 단순히 합헌·위헌의 문제를 뛰어넘어 헌법합치적 국가행정기관의 정립으로 이어져야 한다. 헌법 제12조에서 상정한 전통적인 '검사' 이외에 '공수처 검사'를 신설함으로써 두 종류의 검사가 존재한다. 검·경 수사권 조정에 따라 수사권과 공소권의 분리로 나아간다. 그런데, 공수처 검사는 수사권과 공소권을 동시에 가진다는 점에서 오히려 수사와 공소 분리 방침과도 부합하지 아니한다. 하지만, 공수처법을 합헌으로 판시한 헌법재판소의 결정은 현행헌법이 상정하는 국가조직의 기본체계와 바람직한 국가조직이 무엇인지에 관한 근본적인 성찰이 부족하다.

수사처는 직제상 대통령 또는 국무총리 직속기관 내지 국무총리의 통할을 받는 행정각부에 속하지 않는다고 하더라도 대통령을 수반으로 하는 행정부에 소속되고 그 관할권의 범위가 전국에 미치는 중앙행정기관으로 보는 것이 타당하다. 수사처의 권한 행사에 대해서는 여러 기관으로부터의 통제가 이루어질 수 있으므로, 단순히 수사처가 독립된 형태로 설치되었다는 이유만으로 권력분립원칙에 위반된다고 볼 수 없다. 헌법에 규정된 영장신청권자로서의 검사는 검찰권을 행사하는 국가기관인 검사로서 공익의 대표자이자 수사단계에서의 인권 옹호기관으로서의 지위에서 그에 부합하는 직무를 수행하는 자를 의미하는 것이지, 검찰청법상 검사만을 지칭하는 것으로 보기 어렵다(6:3)$\left(\begin{smallmatrix} \text{헌재 2021.1.28. 2020헌마264등, 고위공직자범죄수} \\ \text{사처 설치 및 운영에 관한 법률 위헌확인(기각,각하)} \end{smallmatrix}\right)$.

# 제4항 국회 내부사항에 대한 자율적 권한

## I 의 의

국회의 자율적 권한은 권력분립의 원리에 따라 국회 내부에 관한 사항을 다른 기관의 개입 없이 자율적으로 행할 수 있는 권한이다. 이에 따라 국회는 입법 및 국정통제기능을 자주적으로 행사할 수 있게 된다.

## II 국회규칙 제정에 관한 권한

### 1. 국회규칙의 법적 성격

"국회는 법률에 저촉되지 아니하는 범위 안에서 의사와 내부규율에 관하여 자율적으로 규칙(規則)을 제정할 수 있다"(제64조 제1항). 국회규칙은 국회의 자주적인 결정에 따른 독자적인 법규범이라고 할 수 있지만, 국가법규범 체계상 명령과 동일한 효력을 가지기 때문에 국회법의 하위규범이다.

### 2. 제정절차 및 내용

(ⅰ) 국회 자체의 활동 및 국회의원과 직접 관련되는 사항은 국회 본회의의 의결을 거쳐 제정한다. 그러나 국회사무처·국회도서관·국회예산정책처·국회입법조사처, 국회미래연구원의 운영이나 그 소속직원에 관한 사항은 국회의장이 국회운영위원회의 동의를 얻어 제정한다.

(ⅱ) 국회규칙에서는 '의사와 내부규율'에 관하여 규정할 수 있다. 그런데, 국회법에서 비교적 상세한 국회관련내용을 규정하고 있기 때문에, 국회규칙에서는 주로 기술적·절차적 사항을 규정하고 있을 뿐이다.

## III 국회의 의사진행·질서유지·내부조직에 관한 권한

(ⅰ) 의사진행    국회의 집회·휴회·폐회·회기, 의사일정작성, 의안발의·동의·수정 등 국회의 의사진행은 헌법·국회법·국회규칙에 의하고, 이에 규정이 없는 사항에 관하여는 국회의 자주적인 결정에 의한다.

( ii ) 질서유지　　내부경찰권은 원내의 질서를 유지하기 위하여 원내의 모든 자에게 명령·강제하는 권한이다. 국회가택권은 국회출입을 통제하는 권한이다.

( iii ) 내부조직　　국회는 의장·부의장 선출, 위원회의 구성, 위원선출 등에 관하여서 자율권을 가진다.

## Ⅳ 국회의원의 신분에 관한 권한

### 1. 의원의 자격심사권

국회는 의원의 자격을 심사할 수 있다($^{제64조}_{제2항}$). 의원의 자격심사는 윤리특별위원회의 예심을 거쳐 본회의에서 재적의원 3분의 2 이상의 찬성이 있어야 한다. 그 결과에 대하여는 법원에 제소할 수 없다($^{제64조}_{제4항}$).

### 2. 의원의 징계권

( i ) 국회는 의원을 징계할 수 있다($^{제64조}_{제2항}$). 징계의 종류로서는 국회법에서 1. 공개회의에서의 경고, 2. 공개회의에서의 사과, 3. 30일 이내의 출석정지(이 경우 출석정지기간에 해당하는 「국회의원수당 등에 관한 법률」에 따른 수당·입법활동비 및 특별활동비는 그 2분의 1을 감액), 4. 제명을 규정한다($^{제163조}_{제1항}$). 국회의원의 제명에는 재적의원 3분의 2 이상의 찬성이 필요하고($^{제64조}_{제3항}$), 제명처분에 대하여는 법원에 제소할 수 없다($^{제64조}_{제4항}$). 징계로 제명된 사람은 그로 인하여 궐원된 의원의 보궐선거에서 후보자가 될 수 없다($^{제164}_{조}$).

( ii ) 또한 회의장의 질서문란행위 등에 대하여 징계를 강화한다: ① 공개회의에서의 경고 또는 사과(이 경우 수당등 월액의 2분의 1을 징계 의결을 받은 달과 다음 달의 수당등에서 감액하되 이미 수당등을 지급한 경우에는 감액분을 환수), ② 30일 이내의 출석정지(이 경우 징계 의결을 받은 달을 포함한 3개월간의 수당등을 지급하지 아니하되 이미 수당등을 지급한 경우에는 이를 전액 환수), ③ 제명($^{제163조}_{제2항}$).

## Ⅴ 국회의 자율권의 한계와 사법심사

국회의 자율권은 헌법 및 법률에의 기속이라는 한계를 가진다. 이 한계를 일탈한 경우에, 헌법재판소 등에 의한 사법심사의 대상이 된다.

# 제 3 장

# 정 부

( ⅰ ) 헌법 제4장 정부는 제1절 대통령, 제2절 행정부(제1관 국무총리와 국무위원·제2관 국무회의·제3관 행정각부·제4관 감사원)로 구성된다. ① 정부는 대통령과 행정부를 포괄하는 넓은 의미의 정부를 지칭한다. ② 행정부는 대통령을 제외한 정부만을 지칭하며 겉으로 보기에 집행권은 이원화된다. ③ 하지만, 제2절 행정부에서 제2관 국무회의의 의장은 대통령이며, 제4관 감사원은 대통령 직속기관이므로, 행정부는 집행부 전체를 의미하는 일원적 성격의 행정부이다.

( ⅱ ) "행정권은 대통령을 수반으로 하는 정부에 속"(제66조 제4항)한다. 그러나 대통령은 행정부를 구성하면서 "국무총리는 국회의 동의를 얻어 대통령이 임명"(제86조 제1항)하고, "국무위원은 국무총리의 제청으로 대통령이 임명"(제87조 제1항)하므로, 정부의 성립은 국회의 동의 없이는 불가능하다. 또한 "국회는 국무총리 또는 국무위원의 해임을 대통령에게 건의할 수 있"(제63조 제1항)기 때문에, 정부의 존속에도 국회가 개입할 수 있다. 그러므로 좁은 의미의 정부는 대통령뿐만 아니라 국회로부터도 신임을 견지하여야 하는 이중의 신임에 기초한다.

( ⅲ ) 한편, 헌법 제8장 지방자치와 제7장 선거관리는 그 기능이 집행부적 성격을 가지므로 논의의 편의에 따라 정부에서 살펴보고자 한다.

# 제1절 대통령

## 제1항 대통령의 헌법에서 지위

### I 의    의

#### 1. 정부형태와 대통령의 헌법에서 지위

대통령제 국가에서 대통령은 국가원수이자 동시에 집행부의 수반이다. 이원정부제(반대통령제)의 대통령도 국민적 정당성을 가지므로 수상을 중심으로 한 정부와 집행권을 공유한다. 반면에, 의원내각제에서 군주(왕) 또는 대통령은 명목적·의례적·상징적 지위에 머물며 국정에 관한 실질적 권한을 가지지 못한다.

#### 2. 한국헌법사에서 대통령의 지위 변천

제2공화국의 의원내각제 대통령을 제외하고는 대통령은 국가원수이자 동시에 정부수반으로서의 지위를 가진다. 하지만, 제헌헌법 이래 의원내각제적 요소가 병존하여왔기 때문에, 절충형 정부형태에서 대통령의 지위와 비슷한 점이 많다.

### II 국민적 정당성의 한 축으로서의 대통령

대통령은 국민의 직접선거에 의하여 선출($\frac{제67}{조}$)되므로, 국민적 정당성은 국회와 대통령이 공유한다. 대통령은 행정권의 수반($\frac{제66조}{제4항}$)이다. 그러나 정부(제4장)는 대통령(제4장 제1절)과 행정부(제4장 제2절)라는 이원적 체제이다. 특히 대통령은 사전에 국회의 동의를 얻어 국무총리를 임명한다($\frac{제86조}{제1항}$). 또한 국회의 국무총리·국무위원해임건의제도($\frac{제63}{조}$)에 의한 정치적 통제를 받는다.

### III 국가원수로서의 대통령

#### 1. 국가와 헌법의 수호자

(i) "대통령은 국가의 독립·영토의 보전·국가의 계속성과 헌법을 수호할

책무를 진다"($\substack{제66조 \\ 제2항}$). 또한 대통령 취임 시에 "헌법을 준수하고 국가를 보위하며", "국민의 자유와 복리의 증진 및 민족문화의 창달에 노력하여 대통령으로서의 직책을 성실히 수행"($\substack{제69 \\ 조}$)하여야 한다는 취지의 선서를 한다. 즉, 대통령은 국가와 헌법의 수호자이며, 헌법상 보장된 국민의 기본권수호자이다.

(ⅱ) 위헌정당해산제소권($\substack{제8조 \\ 제4항}$), 국가긴급권(제76조 긴급명령 및 긴급재정경제명령·처분권, 제77조 계엄선포권) 등은 국가와 헌법을 수호하기 위하여 대통령에게 부여된 특권이다. 또한 대통령은 국가안전보장회의를 주재한다($\substack{제91 \\ 조}$).

### 2. 대외적으로 국가의 대표자

국가원수로서 "외국에 대하여 국가를 대표한다"($\substack{제66조 \\ 제1항}$). 대통령은 "조약을 체결하고, 외교사절을 신임·접수 또는 파견하며, 선전포고와 강화를 한다"($\substack{제73 \\ 조}$).

### 3. 대내적으로 국정의 최고책임자

국가원수로서의 대통령은 국정의 최고책임자이다. ① 헌법기관구성에 관한 권한을 가진다. 헌법재판소장 및 헌법재판관임명권, 대법원장 및 대법관임명권, 중앙선거관리위원회 위원(3인)의 임명권자이다. ② 국가원수의 자격으로 영전수여권, 사면권, 법률공포권을 가진다. ③ 민족의 숙원인 "조국의 평화적 통일을 위한 성실한 의무"($\substack{제66조 \\ 제3항}$)를 진다. "조국의 평화적 통일"($\substack{제69 \\ 조}$)의 책무를 선서하고, 필요할 경우 통일정책을 국민투표에 부의($\substack{제72 \\ 조}$)하여 주권적 개입을 가능하게 한다.

## Ⅳ  행정권 수반으로서의 대통령

"행정권은 대통령을 수반으로 하는 정부에 속한다"($\substack{제66조 \\ 제4항}$). 대통령은 행정권의 수반으로서 행정부의 구성권을 가진다. 행정권의 구체적 내용으로서는 국가원수로서의 지위와 직결되는 군통수권을 비롯하여 행정정책결정 및 집행, 행정입법 등에 관한 권한 등이 있다. 행정권 수반으로서의 대통령은 국가최고정책심의기관인 국무회의의 의장($\substack{제88 \\ 조}$)이다. 대통령의 행정권행사는 국무회의의 심의(제89조에서는 필수적 심의사항을 명기하고 있음), 국무총리 및 관계국무위원의 부서, 헌법에 규정된 자문기관의 자문 등 헌법과 법률이 정한 절차에 따라야 한다.

# 제 2 항  대통령의 신분에서 지위

## I  의    의

국가원수이자 행정권의 수반인 대통령의 특수한 신분에 비추어 헌법은 대통령선거, 대통령의 유고·권한대행·후임자선거, 신분의 특권과 의무, 퇴임 후의 예우 등에 관하여 비교적 상세히 규정한다.

## II  대통령선거

### 1. 정부형태와 대통령선거제도

대통령선거제도는 정부형태에 따라서 나라마다 그 모습을 달리한다. 미국은 형식적 간선제이지만 실질적인 직선제를 채택한다. 프랑스는 이회제 다수대표제를 통한 직선제이다. 반면에, 의원내각제에서 대통령은 간접선거로 선출된다.

### 2. 한국헌법의 대통령선거제도[1]

#### (1) 대통령중심제적 헌정현실

제1공화국의 이승만 초대 대통령은 간접선거로 선출되었으나, 1952년 이른바 발췌개헌을 통하여 직선제를 도입하였다. 제2공화국은 순수한 의원내각제를 도입하여 대통령은 국회 양원합동회의에서 선출되었다. 제3공화국의 대통령직선제는

---

1. 대통령과 지방자치단체장의 선거와 권한 비교

|  | 대 통 령 | 지방자치단체장 |
|---|---|---|
| 최고득표자 2인일 때 | 국회재적과반수 참석한 공개회의에서 다수표 획득한 자 | 연장자 |
| 후보자가 1인일 때 당선요건 | 선거권자 총수의 1/3 이상 | 무투표 당선 |
| 행정입법권 | 대통령령 제정권한 | 규칙제정권한 |
| 재의요구 | 이송된 날로부터 15일 이내 | 이송된 날로부터 20일 이내 |
| 재의요구사유 | 명문의 규정은 없음 | 월권·법령위반·현저한 공익위배 |
| 긴급권 | 긴급명령, 긴급재정경제명령·처분권, 계엄선포권 | 선결처분권 |
| 임기 | 5년 단임 | 4년(계속재임은 3기까지) |
| 입후보 시 기탁금 | 3억원(5억원 헌법불합치) | 시·도지사 5천만원, 기초단체상 1천만원 |

제4공화국(유신헌법)에서 간선제로 전환되어 제5공화국(1980년 헌법)까지 지속되었다. 1987년 6월항쟁을 거쳐 제6공화국헌법은 대통령직선제를 도입한다. 다만, "대통령후보자가 1인인 때에는 그 득표수가 선거권자 총수의 3분의 1 이상이 아니면 대통령으로 당선될 수 없다"(제67조 제3항).

### (2) 공직선거법의 대통령선거

(제1편 제4장 제3절 제2관 제3항 민주적 선거제도 참조)

### (3) 대통령선거제도의 문제점

( i ) 대통령선거제도는 상대적 다수대표제를 채택한다(제67조). 그런데, 이회제 다수대표제(결선투표제) 도입 주장이 있다(1987년 대통령선거에서 노태우 당선자는 유효투표의 36.6%밖에 획득하지 못하였다). 그러나 결선투표제는 그 제도의 이상적 성격에도 불구하고, 두 차례 선거를 실시하여야 하는 현실적 어려움이 있다.

( ii ) "대통령의 임기는 5년으로 하며, 중임할 수 없다"(제70조). 5년 단임제는 대통령의 장기집권의 폐해를 종식시킨 점에서, 그 과도적인 제도적 의의를 평가할 수 있다. 하지만, 5년 단임이라는 비정상적인 임기는 4년의 국회의원 임기와도 일치하지 아니하므로 언젠가는 4년 중임으로 가야 한다.

( iii ) 대통령유고(제71조)에 따른 후임자선거와 대통령임기만료에 따른 후임자선거의 선거일이 다르기 때문에 시간의 간격이 발생할 소지가 있다. 즉, "대통령의 임기가 만료되는 때에는 임기만료 70일 내지 40일 전에 후임자를 선거한다"(제68조 제1항). "대통령이 궐위된 때 또는 대통령 당선자가 사망하거나 판결 기타의 사유로 그 자격을 상실한 때에는 60일 이내에 후임자를 선거한다"(제68조 제2항).

( iv ) "대통령선거에 있어서 최고득표자가 2인 이상인 때에는 국회 재적의원 과반수가 출석한 공개회의에서 다수표를 얻은 자를 당선자로 한다"(제67조 제2항). 이는 현실적으로 발생하기 어려운 극단적인 예외적 상황에 대비한 규정이다.

## Ⅲ 대통령의 취임과 임기의 개시

### 1. 대통령당선인의 지위와 권한

( i ) 대통령 "임기만료일 전 70일 이후 첫 번째 수요일"에 대통령선거가 실시된 이후 대통령취임 전일까지 대통령당선인으로서 지위와 권한을 가진다.

( ii ) '대통령직 인수에 관한 법률'은 대통령당선인의 지위·권한·예우 등에 관한 사항을 규정하고, 국무총리 및 국무위원 후보자에 대한 인사청문회 실시를 요

청할 수 있는 법적 근거를 신설하고, 대통령직인수위원회의 설치 및 활동 등을 규정함으로써 정권교체기의 행정공백을 최소화하고 대통령직의 원활한 인수·인계가 되도록 하고자 제정되었다.

### 2. 대통령의 취임과 취임선서

"나는 헌법을 준수하고 국가를 보위하며 조국의 평화적 통일과 국민의 자유와 복리의 증진 및 민족문화의 창달에 노력하여 대통령으로서의 직책을 성실히 수행할 것을 국민 앞에 엄숙히 선서합니다"($\frac{제69}{조}$).

### 3. 대통령임기의 개시

"전임대통령의 임기만료일의 다음날 0시부터 임기가 개시된다. 다만, 전임자의 임기가 만료된 후에 실시하는 선거와 궐위로 인한 선거에 의한 대통령의 임기는 당선이 결정된 때부터 개시된다"($\frac{공직선거법}{제14조\ 제1항}$) ($\frac{대통령직\ 인수에\ 관한}{법률\ 부칙\ 제3조}$). 이에 따라 박근혜 대통령 탄핵심판 인용결정으로 2017년 5월 9일 실시된 대통령선거에서 당선된 문재인 후보는 당선이 확정된 직후인 5월 10일 곧바로 대통령에 취임하였다.

### 4. 중임제한 헌법개정제한

"대통령의 임기연장 또는 중임변경을 위한 헌법개정은 그 헌법개정 제안 당시의 대통령에 대하여는 효력이 없다"($\frac{제128조}{제2항}$). 이는 1인 장기집권을 방지하고, 평화적 정권교체를 위하여 마련한 제도적 장치이다.

## Ⅳ 대통령의 유고·권한대행·후임자선거

### 1. 대통령의 유고

#### (1) 의 의

(ⅰ) "대통령이 궐위된 때 또는 대통령 당선자가 사망하거나 판결 기타의 사유로 자격을 상실한 때에는 60일 이내에 후임자를 선거한다"($\frac{제68조}{제2항}$). "대통령이 궐위되거나 사고로 인하여 직무를 수행할 수 없을 때에는 국무총리, 법률이 정한 국무위원의 순서로 그 권한을 대행한다"($\frac{제71}{조}$).

(ⅱ) 궐위闕位는 ① 대통령으로 취임한 이후 사망 또는 사임하여 대통령직이 비어 있는 경우, ② 헌법재판소의 탄핵결정으로 파면된 경우, ③ 대통령취임 후

피선자격의 상실 및 판결 기타의 사유로 자격을 상실한 때를 포괄한다. 그러나 제68조 제2항에서는 취임하기 전에 "대통령당선자가 사망하거나 판결 기타의 사유로 자격을 상실한 때"를 포함한다.

(ⅲ) 사고事故라 함은 대통령 재임 중 신병·해외여행 등으로 직무를 수행할 수 없는 경우와, 국회의 탄핵소추의결로 헌법재판소의 탄핵결정이 있을 때까지 권한행사가 정지된 경우를 말한다.

1960년 4·19 혁명 직후인 4월 27일 이승만 대통령이 사임하고 허정 과도정부 수반이 취임하였다. 1961년 5·16 군사쿠데타 이후 윤보선 대통령이 사임하였다. 1979년 10월 26일 박정희 대통령이 시해된 이후 최규하 국무총리가 대통령권한대행에 취임하였고, 1980년 최 대통령의 하야에 따라 박충훈 권한대행이 취임한 후 곧바로 전두환 대통령이 취임한 바 있다. 2004년에는 노무현 대통령이, 2016년에는 박근혜 대통령이 국회의 탄핵소추의결로 각기 권한이 정지된 바 있다. 전자는 헌법재판소의 기각결정($\binom{헌재\ 2004.5.14.}{2004헌나1}$)으로 대통령직에 복귀하였지만, 후자는 인용결정($\binom{헌재\ 2017.3.10.}{2016헌나1}$)으로 파면에 이르렀다.[1]

(2) 문제점

A. "대통령당선자가 사망하거나 판결 기타의 사유로 자격을 상실한 때"

현직 대통령이 궐위된 경우와는 달리 "대통령당선자가 사망하거나 판결 기타의 사유로 자격을 상실한 때"에는 궐위가 현실적으로 발생한 경우가 아니지만, 장래 궐위의 발생이 확실하기 때문에 후임자선거를 실시하여야 한다.

---

1. 헌정사에서 대통령 권한대행 사례

| | | |
|---|---|---|
| 1차 | 1960년 4월 27일-6월 15일 | 이승만 대통령 사임. 허정 외무부장관 권한대행 |
| 2차 | 1960년 6월 16일-6월 22일 | 허정 외무부장관 국무총리 취임. 곽상훈 민의원의장 권한대행 |
| 3차 | 1960년 6월 23일-8월 7일 | 곽상훈 민의원의장 권한대행 사퇴. 허정 국무총리 재권한대행 |
| 4차 | 1960년 8월 8일-8월 12일 | 윤보선 대통령 당선까지. 백낙준 참의원의장 권한대행 |
| 5차 | 1962년 3월 24일-1963년 12월 16일 | 5·16쿠데타로 윤보선 대통령 사임. 박정희 국가재건최고회의 의장 권한대행 |
| 6차 | 1979년 10월 26일-1979년 12월 21일 | 박정희 대통령 피살. 최규하 국무총리 권한대행 |
| 7차 | 1980년 8월 16일-9월 1일 | 최규하 대통령 사임. 박충훈 국무총리 서리 권한대행 |
| 8차 | 2004년 3월 12일-5월 14일 | 노무현 대통령 탄핵소추안 의결. 고건 국무총리 권한대행 |
| 9차 | 2016년 12월 9일-2017년 5월 10일 | 박근혜 대통령 탄핵소추안 의결. 황교안 국무총리 권한대행 |

B. "대통령이 사고로 인하여 직무를 수행할 수 없을 때"

① 국회의 탄핵소추의결로 직무를 수행할 수 없는 경우와, ② 대통령의 일시적 해외여행 등으로 직무수행이 불가능한 경우에는 특별히 문제될 사안이 없다. ③ 그러나 대통령의 건강문제는 논쟁적이다(예컨대, 1999년 옐친 러시아 대통령의 사임, 1974년 퐁피두 프랑스 대통령의 사망). 이 경우 대통령의 정상적인 직무수행이 불가능한 경우에는 직무대행의 결정, 범위, 기간 등이 문제될 수 있다. 예컨대, 대통령이 정신질환·회복불가능한 말기암·뇌사상태 등과 같은 중대한 질병에 걸린 경우에는 신속하게 권한대행을 정하여 대통령선거에 대비하여야 한다. 반면에, 대통령의 건강이 회복가능할 경우에는 일시적인 권한대행체제로 갈 수 있지만, 회복가능한 기간의 범위가 문제된다.

대통령의 유고에 대한 최종적인 판단권자에 대한 규정은 없지만 국가의 최고 정책심의기관인 국무회의의 심의를 거쳐서 결정하여야 한다.

### 2. 대통령권한대행[1]

#### (1) 의 의

대통령유고 시에 새로 대통령직을 맡는 방식에는 크게 두 가지가 있다.

( i ) 미국식으로 대통령유고 시(궐위)에 즉시 후임자가 대통령직에 취임하는 방식이다. 새로 취임한 대통령은 전임자의 잔여임기 동안 재임한다는 점에서, 대통령직의 단순한 승계라 할 수 있다(수정헌법 제25조 제1항).

( ii ) 프랑스처럼 대통령유고 시에 법적 순서에 따라 대통령권한대행이 취임하고, 이어서 헌법절차에 따라서 새 대통령을 선거하는 방식이 있다. 새 대통령의 임기

---

1. 권한대행 및 직무대행의 순서

| 국가기관 | 제1순위 | 제2순위 | 제3순위 |
|---|---|---|---|
| 대 통 령 | 국무총리 | 법률이 정한 국무위원 | |
| 국무총리 | 부총리(기획재정부장관)→부총리(교육부장관) | 대통령이 지명하는 국무위원 | 지명이 없는 경우 정부조직법에 규정된 순서 |
| 국회의장 | 의장지명 부의장 (의장·부의장 모두 궐위 시는 임시의장선출) | | |
| 대법원장 | 선임대법관 | | |
| 헌법재판소장 | 일시적 사고 시: 재판관 중 임명일자 순으로 권한대행(같은 때에는 연장자 순) 궐위 또는 1월 이상의 사고 시: 재판관 7인 이상 출석한 재판관회의에서 과반수 찬성으로 선출한 재판관 | | |
| 중앙선거관리위원회 위원장 | 상임위원 또는 부위원장 | 위원 중에서 임시위원장 호선 | |
| 감사원장 | 감사위원으로 최장기간 재직한 감사위원(2인 이상일 때는 연장자) | | |

는 취임일로부터 새로 시작된다. 현행헌법도 마찬가지이다.

### (2) 대통령권한대행의 시기와 순서

대통령의 궐위나 사고에 따른 대통령직의 유고가 확인되고 결정되는 시점부터 즉시 대통령권한대행이 정식으로 취임한다. "대통령이 궐위되거나 사고로 인하여 직무를 수행할 수 없을 때에는 국무총리, 법률이 정한 국무위원의 순서로 그 권한을 대행한다"($^{제71}_{조}$). 국무총리가 제1순위 대통령권한대행자이다. 국무총리마저도 궐위된 경우에는 기획재정부장관이 겸임하는 부총리, 교육부장관이 겸임하는 부총리 및 정부조직법 제26조 제1항에 규정된 순서에 따라 국무위원이 대통령권한대행자가 된다($^{정부조직법}_{제12조}$).

### (3) 대통령권한대행의 기간

제68조 제2항의 "60일 이내에 후임자를 선거한다"라는 규정의 문언적 의미는 대통령권한대행의 재임기간은 60일을 초과할 수 없다는 의미로 해석하여야 한다.

### (4) 대통령권한대행의 직무범위

대통령권한대행이 정식 대통령과 동일한 권한과 책임을 향유하거나 부담할 수는 없지만, 권한대행의 권한을 제한할 아무런 헌법적 근거는 없다.

## 3. 후임자선거

### (1) 의    의

헌법 제68조 제2항은 "대통령이 궐위된 때 또는 대통령 당선자가 사망하거나 판결 기타의 사유로 그 자격을 상실한 때에는 60일 이내에 후임자를 선거한다"라고 규정한다. 제68조 제2항만을 따로 떼어놓고 본다면, 전임자의 잔여임기를 승계하는 후임자로 이해할 소지도 있다. 그러나 제68조 제1항에서 "대통령의 임기가 만료된 때에는 임기만료 70일 내지 40일 전에 후임자를 선거한다"라고 하여 후임자라는 용어를 동일하게 사용하므로, 현행헌법의 후임자는 프랑스헌법의 '새 대통령'($^{제7}_{조}$)의 의미로 이해하여야 한다. 즉, 후임자선거를 통하여 당선된 자는 취임일로부터 5년의 임기가 개시되는 차기 대통령을 의미한다.

### (2) 공직선거법의 후임자선거

공직선거법에서는 선거에 따른 정치일정의 투명성을 담보하기 위하여 대통령선거는 그 임기만료일 전 70일 이후 첫 번째 수요일로 규정한다($^{제34조}_{제1항}$). 다만, "대통령의 궐위로 인한 선거 또는 재선거는 그 선거의 실시사유가 확정된 때부터 60일 이내에 실시하되, 선거일은 늦어도 선거일 전 50일까지 대통령 또는 대통령권한대행자가 공고하여야 한다"($^{제35조}_{제1항}$).

(3) 임기만료에 따른 후임자선거와 유고 시 후임자선거의 차이에 따른 문제점
헌법 제68조 제1항에서 정상적인 임기만료에 따른 후임자선거는 임기만료 70일 내지 40일 전, 제68조 제2항에서 유고 시 후임자선거는 60일 이내라는 서로 상이한 규정으로 인하여, 후임자 선출 일정에 괴리가 발생할 소지가 있다. 입법정책적으로는 제68조 제2항과 제68조 제1항을 동일하게 규정하여야 한다.

## V  대통령의 신분에서 특권과 의무

### 1. 형사 특권

( i ) "대통령은 내란 또는 외환의 죄를 범한 경우를 제외하고는 재직중 형사상의 소추를 받지 아니한다"($^{제84}_{조}$). 그러나 재직 중 범한 형사범죄에 대하여 퇴직 후에는 형사소추가 가능하며 재직 중 형사소송법의 공소시효 진행이 정지된다.

대통령에게 부여한 불소추특권은 국민주권주의($^{제1조}_{제2항}$)·법 앞의 평등($^{제11조}_{제1항}$)·특수계급제도의 부인($^{제11조}_{제2항}$)·영전에 따른 특권의 부인($^{제11조}_{제3항}$) 등을 규정한 헌법이념에 비추어 볼 때, 대통령이라는 특수한 신분 때문에 일반 국민과는 달리 대통령 개인에게 부여된 특권이 아니라, 단지 국가의 원수로서 외국에 대하여 국가를 대표하는 지위에 있는 대통령이라는 특수한 직책의 원활한 수행을 보장하고, 그 권위를 확보하여 국가의 체면과 권위를 유지하여야 할 현실적인 필요 때문이다($^{헌재\ 1995.1.20.\ 94헌마246,}_{불기소처분취소(각하,기각)}$).

( ii ) 불소추특권에 따라 형사소추는 불가능하더라도 형사범죄와 관련된 수사는 가능한지에 대하여 다양한 논의가 제기된다. 생각건대 불소추특권의 본질상 재직 중에는 형사재판권을 행사할 수 없다. 다만, 대통령 재직 중 형사사건에 연루된 의심이 충분한 경우에는 증거 은폐를 배제하기 위하여 기소를 전제로 한 수사가 아닌 수사기관의 조사를 통하여 미래를 대비하여야 한다. 이 경우 조사는 강제수사가 아닌 임의수사와 비슷한 형태가 될 수밖에 없다. 그런데 수사기관이든 특별검사든 대통령이 응하지 아니하는 한 대통령을 직접 조사는 실질적으로 어렵다고 보아야 한다.

( iii ) 불소추특권에도 불구하고 만약 대통령에 대하여 형사소추가 있을 경우에는 형사소송법의 재판권 부존재($^{제327조}_{제1호}$)를 이유로 공소기각의 판결을 하여야 한다.

형사 특권은 대통령이 재직 중인 동안만 공소시효가 정지되거나 그 적용이 배제된다(헌재 1995.1.20. 94헌마246.).

(ⅳ) 대통령이 "재직중" 형사소추를 전제로 한 수사의 대상이 될 소지가 있는 위헌·위법행위를 범한 경우에는, 탄핵심판으로 나아가야 한다. 대통령에 대한 형사상 특권을 부여한 헌법의 취지에도 부합하고 자칫 대통령직의 정상적인 수행에 지장을 초래할 우려가 있기 때문이다.

(ⅴ) 그런데 대통령 취임 전 형사피고인으로 재판을 받고 있을 경우에 "재직중"이라는 조문의 문리해석에 의하면 재판은 계속되어야 한다. 하지만, 대통령의 정상적인 국정운영을 위하여 부여된 형사상 특권은 수사에서부터 재판에 이르기까지 모든 형사사법절차에서 작동되어야 헌법규범의 실효성을 담보할 수 있다.

## 2. 탄핵결정 이외의 사유로 인한 파면의 금지

대통령은 탄핵 이외의 사유로 파면되지 아니한다. 탄핵소추는 형사 특권과 그 성격을 달리하므로 재직중에도 탄핵소추는 가능하다.

## 3. 대통령으로서의 직책을 성실히 수행할 의무

대통령에게 특권을 부여한 만큼 대통령은 막중한 책무를 진다. 그것은 헌법 제69조의 취임선서에서도 잘 드러난다. 또한 "대통령은 국무총리·국무위원·행정각부의 장 기타 법률이 정하는 공사公私의 직을 겸할 수 없다"(제83조).

## Ⅵ  대통령퇴임 후의 예우

(ⅰ) "전직대통령의 신분과 예우에 관하여는 법률로 정한다"(제85조). 특히 직전 대통령은 국가원로자문회의의 의장이 되고, 그 외의 전직대통령은 위원이 된다. '전직대통령 예우에 관한 법률'에서는 연금·경호 등에 관한 예우를 규정한다.

(ⅱ) 그러나 ① 재직 중 탄핵결정을 받아 퇴임한 경우, ② 금고 이상의 형이 확정된 경우, ③ 형사처분을 회피할 목적으로 외국정부에 도피처 또는 보호를 요청한 경우, ④ 대한민국의 국적을 상실한 경우 등의 사유가 있을 때에는 필요한 기간의 경호 및 경비를 제외하고 전직대통령으로서의 예우를 하지 아니한다(제7조제2항).

# 제 3 항  대통령의 권한

## I  의     의

대통령은 국가원수이자 행정권의 수반이다(<sup>제66조</sup><sub>제4항</sub>). 따라서 국정의 모든 부분에 걸쳐서 권한을 행사할 수 있다. 그러나 실제로 권한행사에 있어서는 국무총리를 중심으로 하는 좁은 의미의 정부와 상당부분 권한을 공유한다.

## II  헌법기관구성에 관한 권한

### 1. 국가원수로서 헌법기관구성권자

국정책임자로서의 대통령은 정부 이외의 헌법기관 구성에 관한 권한을 가진다. 헌법재판소장 및 헌법재판관, 대법원장 및 대법관, 중앙선거관리위원회 위원(3인)의 임명권자이다(제104조, 제111조, 제114조). 헌법재판소장·대법원장은 국회의 동의를 얻어 임명한다. 대법관은 대법원장의 제청으로 국회의 동의를 얻어 임명한다. 9인의 헌법재판관 중 3인은 국회에서 선출하는 자를, 3인은 대법원장이 지명하는 자를 임명한다. 결국, 대통령은 헌법재판관 3인과 중앙선거관리위원 3인만 독자적으로 임명할 수 있다. 이들 임명에 관한 사항은 대통령의 재량적 권한이다. 다만, 국회에서 선출하는 사람, 국회의 임명동의를 얻어야 하는 사람뿐만 아니라, 나머지 헌법재판관·중앙선거관리위원회 위원도 국회 소관상임위원회에서 인사청문회를 거쳐야 한다.

### 2. 행정권의 수반으로서 행정기관구성권자

대통령은 국무총리·국무위원, 감사원장, 행정각부의 장 및 중요공직자를 임명한다. 국무총리는 국회의 사전동의(<sup>제86조</sup><sub>제1항</sub>), 국무위원 및 행정각부의 장은 국무총리의 제청(<sup>제87조 제1</sup><sub>항·제94조</sub>), 감사원장은 국회의 동의(<sup>제98조</sup><sub>제2항</sub>), 감사위원은 감사원장의 제청으로 각기 임명한다(<sup>제98조</sup><sub>제3항</sub>). 국회는 국무총리와 감사원장의 임명동의를 처리하기 전에 인사청문회를 실시한다(<sup>국회법</sup><sub>제65조의2</sub>).

# Ⅲ 국민투표부의권

## 1. 의    의

국민투표제도는 집행권이 의회나 정당에 대하여 가지는 독자적인 수단이다. 그러나 국민투표제도가 독재자의 권력 남용을 위한 도구로 전락하기도 한다.

## 2. 국민투표의 유형

### (1) 넓은 의미의 국민투표

(ⅰ) 국민거부란 법률에 대하여, 일정한 숫자의 국민이 해당 법률의 전부 또는 일부의 폐지 또는 시행을 반대하기 위하여, 국민투표를 청원하는 제도이다.

(ⅱ) 국민소환recall은 국민들의 청원에 의하여, 임기 중에 있는 선출직 공직자에 대하여 개인 혹은 집단적으로 임기를 종료시키기 위하여, 국민투표에 부의하는 제도이다.

(ⅲ) 국민발안initiative이란 헌법이나 법률의 제정 혹은 개정을 청원하여, 이를 국민투표에 부의하는 제도이다.

(ⅳ) 가장 일반적인 제도인 국민투표referendum는 중요정책에 대한 답변을 요구하거나, 특정 법안에 대하여 찬반을 묻는 방식을 취한다.

### (2) 좁은 의미의 국민투표(레퍼렌덤)

#### A. 선택적 국민투표와 필수적 국민투표

일반적으로 국민투표의 실시 여부는 선택사항이다. 다만, 헌법개정에 있어서는 필수적 국민투표제도를 도입하는 나라가 있다(경성헌법).

#### B. 레퍼렌덤과 플레비시트

특정 사안과 관련하여 제도화된 국민투표(레퍼렌덤)에 통치권자의 신임문제를 결부시킴으로써, 특정 사안에 관한 논의보다는 오히려 통치권자의 정치적 신임문제로 그 중점이 돌려지는 현상이 야기된다. 국민투표를 통하여 대통령이나 정부의 신임을 동시에 제기할 때에, 그것이 실질적으로는 대통령의 신임만을 묻는 경우에는 신임국민투표라고 불리는 플레비시트plébiscite가 된다.

## 3. 한국헌법의 국민투표

### (1) 의    의

(ⅰ) 헌법 제72조에서 "대통령은 필요하다고 인정할 때에는 외교·국방·통일

기타 국가안위에 관한 중요정책을 국민투표에 붙일 수 있다"라고 규정한다. 국민
투표부의 여부는 재량적 권한이다(헌재 2005.11.24. 2005헌마579, 신행정수도 후속대책을 위한 연기 · 공주지역 행정중심복합도시 건설을 위한 특별법 위헌확인(각하)).

( ii ) 또한 헌법 제130조에서는 헌법개정절차에 있어서, 국회의 의결을 거친 후
국민투표를 통하여 확정하게 함으로써, 헌법개정에 관한 한 필수적 국민투표제도를
도입한다(경성헌법).

(2) 한국헌법사에서 국민투표

( i ) 제2차 헌법개정(1954년 헌법)에서 최초로 국민투표조항을 도입한 이래,
그간 6회에 걸친 국민투표는 1975년 2월 12일에 실시된 국민투표를 제외하고는
모두 헌법개정을 위한 국민투표이다.

( ii ) 1975년에 박정희 대통령이 부의한 국민투표는 유신헌법에 대한 신임을
묻는 국민투표였던바, 헌법개정과 신임투표의 성격을 동시에 띠고 있다.

(3) 헌법 제72조의 중요정책 국민투표

A. 레퍼렌덤과 플레비시트

헌법 제72조에서 국민투표의 대상을 "외교 · 국방 · 통일 기타 국가안위에 관
한 중요정책"이라고 규정한다. "기타 국가안위에 관한 중요정책"이라고 규정하고
있으므로 국민투표에 회부되는 대상은 예시적 규정으로 보아야 한다. 헌법 제72조
는 '중요정책'이라고 명시하기 때문에, 단순히 대통령 자신에 대한 신임만을 묻는
플레비시트는 불가능하다. 하지만, 대통령이 국민에게 자신의 신임을 묻고자 할
경우에는, 국민투표사항으로 제시한 '중요정책'에 대한 인준 여부를 곧 신임 여부
로 결부하는 방식 즉, 중요정책에 대한 레퍼렌덤에 플레비시트의 요소를 동시에 결
부하는 방식은 가능하다. 이에 반하여 헌법재판소는 헌법 제72조를 통한 신임투
표는 위헌이라고 판시한다(헌재 2004.5.14. 2004헌나1, 대통령(노무현) 탄핵(기각)).

B. 중요정책 국민투표와 법률국민투표

다수견해는 이를 부정하지만, 중요정책은 법치국가에서 곧 법률로 구체화되므
로 법률을 굳이 중요정책의 개념에서 제외할 필요는 없다. 실제로 법률을 제외한
다고 하더라도 법률의 핵심적인 내용을 중요정책으로 제시하여 국민투표에서 통
과된 후 이를 법률안으로 제시할 경우에 국회에서 반대하기는 어렵다.

C. 헌법개정을 위한 국민투표

헌법개정을 위하여서는 헌법에 규정된 정상적인 헌법개정절차(제10장 헌법개정) 즉, 국
회의 의결과 국민투표를 거쳐야 한다. 그러므로 헌법개정을 위하여 헌법 제72조
에 의거한 국민투표 실시는 헌법에 명시된 헌법개정절차를 정면으로 위배하는

위헌적 행위이다.

## Ⅳ 입법에 관한 권한

### 1. 국회에 관한 권한

대통령은 국무회의의 심의($^{제89조}_{제7호}$)를 거쳐 "기간과 집회요구의 이유를 명시하여"($^{제47조}_{제3항}$). 국회의 임시회의 집회를 요구할 수 있다($^{제47조}_{제1항}$). 또한 "대통령은 국회에 출석하여 발언하거나 서한書翰으로 의견을 표시할 수 있다"($^{제81}_{조}$).

### 2. 입법에 관한 권한

#### (1) 헌법개정에 관한 권한

대통령은 헌법개정안을 제안할 수 있다($^{제128조}_{제1항}$). 헌법개정안이 제안되면 대통령은 20일 이상 이를 공고하여야 한다($^{제129}_{조}$). 헌법개정안이 국민투표로써 확정되면, 대통령은 즉시 이를 공포하여야 한다($^{제130}_{조}$).

#### (2) 법률제정에 관한 권한

##### A. 법률안제출권

대통령은 국무회의의 심의를 거쳐 국회에 법률안을 제출할 수 있다($^{제52}_{조 제3호, 제89}$).

##### B. 법률안거부권(법률안 재의요구권)

(a) 의 의    법률안거부권은 국회에서 의결하여 정부에 이송한 법률안에 대하여, 대통령이 이의異議를 제기하여 국회에 재의를 요구하는 권한이다. 국회의 고유한 권한인 법률제정권에 대한 대통령의 직접적이고 실질적인 개입권이다.

(b) 제도적 가치    국회의 법률제정에 대한 독점권을 방지함으로써 국회를 견제하는 장치로 이해할 수 있다. 여소야대 국회에서 다수파의 횡포를 방지하고, 단원제 국회에서는 경솔한 국회입법에 대한 통제수단으로서도 기능할 수 있다.

(c) 법적 성격    대통령의 법률안거부권은 국회가 재의결할 때까지 법률로서의 확정을 정지시키는 소극적인 정지적 거부권停止的 拒否權으로 보아야 한다.

(d) 유 형    거부의 유형으로는 환부거부와 보류거부가 있다. 환부거부還付拒否는 국회에서 의결하여 정부에 이송한 법률안이 이송된 후 15일 이내에 대통령이 이의서를 첨부하여 국회에 환부하고 재의를 요구하는 제도이다($^{제53조}_{제2항}$). 국회가 폐회 중이라도 의원의 임기만료로 인한 경우가 아닌 한 환부거부를 할 수 있다($^{제53조}_{제2항}$). 그러나 "대통령은 법률안의 일부에 대하여 또는 법률안을 수정하여 재

의를 요구할 수 없다"($^{제53조}_{제3항}$).

보류거부保留拒否란 국회의 장기휴회나 폐회 등으로 인하여 대통령이 지정된 기일 내에 환부할 수 없는 경우에, 그 법률안이 자동적으로 폐기되는 제도이다. 미국에서는 보류거부가 인정되나, 현행헌법에서 보류거부가 인정되는지에 관하여는 부분긍정설과 부정설이 있다. 부분긍정설에 의하면 보류거부는 원칙적으로 인정되지 아니하지만, 국회의원의 임기만료로 폐회되거나 국회가 해산된 경우에는 환부가 불가능하기 때문에 법률안이 폐기되므로 보류거부가 예외적으로 인정된다는 입장이다. 그러나 헌법상 회기계속의 원칙($^{제51}_{조}$)을 취하고, 국회 폐회 중의 환부를 인정하고($^{제53조}_{제2항}$), 15일 이내에 공포나 재의요구를 하지 아니하면 "법률로서 확정"($^{제53조}_{제5항}$)되기 때문에, 보류거부는 인정될 수 없다(부정설). 국회의 임기만료에 따른 폐회나 해산에 따른 법률안의 폐기는, 보류거부라기보다는 새로운 국민적 정당성에 근거한 새 국회가 지난 국회의 의안을 승계하지 아니함에 따른 결과이다. 즉, 지난 국회의 민주적 정당성이 끝남에 따른 반사적 효과에 불과하다.

(e) 행사요건

(ⅰ) 실질적 요건    재의요구권의 행사에는 정당한 사유와 필요성이 있어야 한다. ① 위헌적 법률안, ② 국익에 어긋나는 법률안, ③ 집행불능의 법률안, ④ 정부에 부당한 정치적 압력을 가하는 내용을 담고 있는 법률안 등이 그 예이다.

(ⅱ) 절차적 요건    "국회에서 의결된 법률안은 정부에 이송되어 15일 이내에 대통령이 공포한다"($^{제53조}_{제1항}$). 그런데 "법률안에 이의가 있을 때에는 대통령은 제1항의 기간 내에 이의서異議書를 붙여 국회로 환부하고, 그 재의를 요구할 수 있다. 국회의 폐회 중에도 또한 같다"($^{제53조}_{제2항}$).

(f) 국회의 재의결    "재의(再議)의 요구가 있을 때에는 국회는 재의에 붙이고, 재적의원 과반수의 출석과 출석의원 3분의 2 이상의 찬성으로 전과 같은 의결을 하면 그 법률안은 법률로서 확정된다"($^{제53조}_{제4항}$). 헌법이 상정한 **특별의결정족수**는 실질적으로 재적의원 3분의 2 이상의 찬성을 요구하기 때문에 재의결되기가 어렵다는 비판도 제기된다. 다른 한편 환부거부된 법률안에 대한 국회의 재의결 시한에 관하여 헌법과 법률에 규정이 없기 때문에 이와 같은 법적 흠결은 보완이 필요하다. 재의결로 "확정법률이 정부에 이송된 후 5일 이내에 대통령이 공포하지 아니할 때에는 국회의장이 이를 공포한다"($^{제53조}_{제6항}$).

(g) 사후 통제    대통령의 법률안거부권권 행사에 대하여 국회는 특별의결정족수에 따라 국회는 독자적인 **결정권**을 가진다. 그런데 대통령의 재의요구권 행

사에 대하여 권한쟁의심판 또는 탄핵심판과 같은 헌법재판이 가능하다는 견해도 있다. 하지만, 대통령의 재의요구권 행사 이후 국회는 헌법이 정한 절차에 따라 입법권을 행사할 수 있기 때문에 이로 인하여 국회의 입법권이 침해되었다고 볼 수 없으므로 권한쟁의심판의 대상이 되지 아니한다. 또한 헌법은 대통령에게 재의 요구권 행사 여부에 관하여 폭넓은 재량을 인정하고 있기 때문에 원칙적으로 탄핵심판의 대상이 되지 아니한다. 다만, 거부권의 행사요건 즉 실질적 요건이나 절차적 요건을 중대하고 명백하게 위배하였을 경우에는 권한쟁의심판이나 탄핵심판의 대상이 될 수 있다.

C. 법률안공포권

(ⅰ) "국회에서 의결된 법률안은 정부에 이송되어 15일 이내에 대통령이 공포한다"($^{제53조}_{제1항}$). 이 기간 내에 대통령이 공포나 재의의 요구를 하지 아니하는 경우에는 15일 경과 시에, 국회에서 재의결한 경우에는 재의결 시에, 법률안은 법률로서 확정되고($^{제53조 \ 제4}_{항, \ 제5항}$), 대통령은 이를 지체없이 공포하여야 한다($^{제53조 \ 제6}_{항 \ 제1문}$).

(ⅱ) 법률안이 확정되었으나 대통령이 공포하지 아니하는 경우, 대통령이 이송받아 15일이 경과하여 확정된 때에는 확정된 후로부터 5일이 지난 경우나, 국회의 재의결로 확정된 때에는 확정법률이 정부에 이송된 후로부터 5일이 지나면, 국회의장이 이를 공포한다($^{제53조 \ 제6}_{항 \ 제2문}$).

(ⅲ) 법률은 특별한 규정이 없으면, 공포한 날로부터 20일을 경과함으로써 효력을 발생한다($^{제53조}_{제7항}$).


## 3. 행정입법에 관한 권한

(1) 의  의

행정입법이란 행정기관이 정립하는 일반적·추상적 법규범이다. 법규범의 단계구조나 법치주의 원칙에 따라 입법권은 국회에 속하고($^{제40}_{조}$), 특히 국민의 권리·의무에 관한 법규사항은 법률로 정하여야 한다($^{제37조}_{제2항}$). "대통령은 법률에서 구체적으로 범위를 정하여 위임받은 사항과 법률을 집행하기 위하여 필요한 사항에 관하여 대통령령을 발할 수 있다"($^{제75}_{조}$).

(2) 종  류

행정입법은 그 성질과 효력에 따라 법규명령과 행정명령(행정규칙)으로 구분된다. 법규명령은 발령주체에 따라 대통령령($^{제75}_{조}$)·총리령($^{제95}_{조}$)·부령($^{제95}_{조}$)으로, 그 성격에 따라 위임명령과 집행명령으로 나눌 수 있다.

A. 법규명령法規命令과 행정명령行政命令

(a) 법규명령　　법규명령은 헌법에 근거하여 행정기관이 발하는 국민의 권리·의무에 관련된 사항(법규사항)에 관한 일반적 명령이다.

법규명령은 대통령령($^{제75}_{조}$)·총리령($^{제95}_{조}$)·부령($^{제95}_{조}$)과 국회규칙($^{제64}_{조}$)·대법원규칙($^{제108}_{조}$)·헌법재판소규칙($^{제113}_{조}$)·중앙선거관리위원회규칙($^{제114}_{조}$) 등이 있다.

(b) 행정명령　　행정명령(행정규칙)은 행정기관이 법규사항과 관련이 없는 사항인 행정부 내부의 조직·활동 등을 규율하기 위하여, 행정기관의 고유한 권한에 의거하여 발하는 명령이다. 행정명령은 그 내용에 따라 조직규칙·근무규칙·영조물규칙 등으로 나눌 수 있고, 그 형식은 고시·훈령·통첩·예규·지시·일일명령 등으로 발령된다. 행정명령 발령의 형식과 절차에 관한 일반규정은 없으나, 행정관행에 따르면 공포절차를 거친다.

(c) 법규명령과 행정명령의 비교　　법규명령은 행정기관이 정립한다는 점에서 행정명령과 동일하나, 일반적·대외적 구속력을 가지는 법규범이라는 점에서 행정명령과 구별된다.

B. 위임명령委任命令과 집행명령執行命令

(a) 위임명령

( i ) 의　의　　위임명령은 헌법에 근거하여 **법률에서 구체적으로 범위를 정하여 위임한 경우**에 행정기관이 발하는 법규명령이다. 위임명령은 법률이 위임한 사항을 실질적으로 보충하는 보충명령이다. 대통령은 "법률에서 구체적으로 범위를 정하여 위임받은 사항에 관하여 대통령령을 발할 수 있다"($^{제75}_{조}$).

( ii ) 형　식　　위임의 형식은 일반적·포괄적 위임이 아니라 **특정적·구체적 위임**이어야 한다. 국회에서 제정한 법률에서 포괄적·일반적 위임을 하게 되면, 국회입법권의 형해화 현상을 초래하므로 포괄적 백지위임은 금지된다.

( iii ) 성　질　　모법인 법률의 위임을 전제로 하므로 **법률종속적 법규명령**이다. 모법이 소멸하면 위임명령도 소멸하고, 모법에 위반되는 규정을 할 수 없다.

( iv ) 위임의 범위와 한계　　헌법에서 명시한 국회의 **법률제정사항**, 예컨대 국적취득의 요건($^{제2조}_{제1항}$), 조세의 종목과 세율($^{제59}_{조}$), 지방자치단체의 종류($^{제117조}_{제2항}$) 등은 이를 다시 명령으로 위임할 수 없다.

(b) 집행명령

( i ) 의　의　　집행명령은 헌법에 근거하여 행정기관이 **법률집행에 필요한** 세칙을 정하는 명령이다. "대통령은 … 법률을 집행하기 위하여 필요한 사항에

관하여 대통령령을 발할 수 있다"(<sup>제75조</sup><sub>후단</sub>).

(ⅱ) 성 질　　위임명령과 같이 집행명령은 **법률종속적 법규명령이다.**

(ⅲ) 한 계　　집행명령 즉, 법률의 시행령은 모법<sub>母法</sub>인 법률에 의하여 위임받은 사항이나 법률이 규정한 범위 안에서 법률을 집행하는 데 필요한 세부적인 사항만을 규정할 수 있을 뿐, 법률에 의한 위임이 없는 한 법률이 규정한 개인의 권리·의무에 관한 내용을 변경·보충하거나 법률에 규정되지 아니한 새로운 내용을 규정할 수 없다.

(3) 행정입법에 대한 통제

A. 국회에 의한 통제

(a) 직접적 통제　　국회는 행정입법의 성립·발효에 대한 동의·승인을 하거나, 유효하게 성립한 행정입법의 효력을 소멸시키기 위하여 **법률을** 제정 또는 개정함으로써 행정입법을 무력화시킬 수 있다. 반면에 행정입법을 통하여 실질적인 법률사항에 대한 개입이 자행되고 있으나 이는 최대한 자제하여야 한다.

(b) 간접적 통제　　국회는 정부에 대한 **국정통제권을** 발동함으로써 행정입법을 통제할 수 있다. 국정통제권의 중요한 수단으로서는 국정감사·국정조사·대정부질문·탄핵소추·국무총리 및 국무위원해임건의 등이 있다. 또한 "상임위원회는 위원회 또는 상설소위원회를 정기적으로 개회하여 그 소관 중앙행정기관이 제출한 대통령령·총리령 및 부령(대통령령등)의 법률 위반 여부 등을 검토하여 하여야 한다"(<sup>국회법 제98</sup><sub>조의2 제3항</sub>).

B. 법원에 의한 통제

법원은 위헌·위법 명령심사제를 통하여 행정입법에 대한 통제를 할 수 있다(<sup>제107조</sup><sub>제2항</sub>). 행정소송법에서는 대법원판결에 의하여 명령·규칙의 위헌·위법이 확정된 경우에는 행정안전부장관의 판결공고제를 도입한다(<sup>행정소송</sup><sub>법 제6조</sub>).

C. 헌법재판소에 의한 통제

헌법재판소는 법원의 재판을 제외한 모든 사항에 대하여 헌법소원심판권을 가진다(<sup>제111조 제1항 제5호,</sup><sub>헌재법 제68조 제1항</sub>). 한편, 법규명령에 대한 헌법재판소의 사법심사권에 대하여 헌법재판소는 적극적으로 판시한다(<sup>헌재 1990.10.15. 89헌마178, 법무사법 시행</sup><sub>규칙 제3조 제1항에 대한 헌법소원(위헌)</sub>).

D. 국민에 의한 통제

행정절차법에서는 행정입법의 제정에 따른 민주적 여론수렴절차를 마련하기 위하여 입법예고·청문·공청회제도를 도입한다.

E. 행정부 내부의 통제

① 상급행정청은 하급행정청의 행정입법에 대하여 **지휘감독권**을 행사할 수 있고, ② 법제처와 같은 전문기관의 심사를 통하여 행정입법에 대한 법체계의 통일성·형평성·합리성을 제고시킬 수 있다. ③ 그러나 행정부 내부의 자기통제는 일정한 한계가 있기 때문에 이를 적법절차로 제도화하여 **행정절차법**에 입법예고·청문·공청회제도 등이 마련된다. 특히 행정기본법을 제정하여 행정작용의 투명성을 제고한다.

# Ⅴ 사법에 관한 권한

헌법에서 대통령의 사법에 관한 권한으로서는 헌법재판소 및 대법원 구성권·위헌정당해산제소권·사면권이 있다.

## 1. 위헌정당해산제소권

"정당의 목적이나 활동이 민주적 기본질서에 위배될 때에는 정부는 헌법재판소에 그 해산을 제소할 수 있다"(제8조 제4항). "정당해산의 제소"는 국무회의의 필수적 심의사항이다(제89조 제14호).

## 2. 사 면 권

### (1) 의 의

사면제도를 통하여 형사사법제도의 경직성을 교정하고, 나아가서 형의 집행에서 인간적이고 정치적인 요소를 고려할 수 있다. 헌법 제79조에서 대통령의 사면권을 규정한다: "① 대통령은 법률이 정하는 바에 의하여 사면·감형 또는 복권을 명할 수 있다. ② 일반사면을 명하려면 국회의 동의를 얻어야 한다. ③ 사면·감형 또는 복권에 관한 사항은 법률로 정한다." 대통령의 사면·감형과 복권은 국무회의의 필수적 심의사항이다(제89조 제9호). 헌법에서 "사면·감형 또는 복권"이라고 표현하나 사면은 "사면·감형 또는 복권"을 포괄하는 개념이다.

### (2) 사면의 종류

#### A. 협의의 사면

( i ) 사면이라 함은 형사사법절차에 의하지 아니하고, 형의 선고의 효력상실·공소권의 소멸(사면법 제5조 제1호 일반사면)·형의 집행의 소멸(제5조 제2호. 특별사면)을 명하는 대통령의 특권

을 말한다. 협의의 사면에는 다시 일반사면과 특별사면이 있다.

(ⅱ) 일반사면大赦은 죄의 종류를 지정하여($^{제8}_{조}$), 이에 해당되는 모든 죄인에 대하여 형 선고의 효력이 상실되며, 형을 선고받지 아니한 자에 대하여는 공소권公訴權이 상실된다($^{제5조 제1}_{항 제1호}$). 헌법에서 일반사면은 국무회의의 필수적 심의를 거친 후에 국회의 동의를 얻어, 대통령령으로 행한다($^{제8}_{조}$).

(ⅲ) 특별사면特赦은 형의 선고를 받은 특정인에 대하여 형의 집행 면제($^{제5조}_{제2호}$)를 말한다. 특별사면은 법무부장관이 사면심사위원회의 심사를 거쳐 대통령에 상신하여($^{제10}_{조}$), 대통령이 명한다($^{제9}_{조}$). 선고된 형의 전부 사면 또는 일부 사면 여부는 사면권자의 전권사항에 속한다.

B. 감 형

감형減刑은 대통령이 형의 선고를 받은 자에 대하여 형을 변경하거나 형의 집행을 감경하는 것을 말한다($^{제5조 제}_{3·4호}$). 일반감형은 죄 또는 형의 종류를 정하여 국무회의의 심의를 거쳐 대통령령으로 행한다. 특별감형은 특정인에 대하여 법무부장관이 사면심사위원회의 심사를 거친 후 대통령에게 상신하고 대통령은 국무회의의 심의를 거쳐 이를 명한다.

C. 복 권

"복권復權이란 죄를 범하여 형의 선고를 받은 자에 대한 "형 선고의 효력으로 인하여 상실되거나 정지된 자격의 회복"을 말한다($^{제5조}_{제5호}$). "복권은 형의 집행이 끝나지 아니한 자 또는 집행이 면제되지 아니한 자에 대하여는 하지 아니한다"($^{제6}_{조}$). 일반복권은 죄 또는 형의 종류를 정하여 국무회의의 심의를 거쳐 대통령령으로 행한다. 특별복권은 특정인에 대하여 법무부장관이 사면심사위원회의 심사를 거친 후 대통령에게 상신을 하고, 대통령은 국무회의의 심의를 거쳐 특별복권을 명한다.

(3) 사면의 효과

사면·감형·복권으로 인하여 "형의 선고에 따른 기성既成의 효과는 변경되지 아니한다"($^{제5조}_{제5호}$). 즉, 사면은 장래효만 가지며, 소급효는 가지지 아니한다.

(4) 사면권의 한계와 통제

A. 사면권의 한계

(ⅰ) 이론적으로 헌법내재적 한계를 인정하여야 한다: ① 권력분립의 원리에 비추어 보건대 사면권이 사법권의 본질적 내용을 침해하여서는 아니 된다. ② 사면권은 국가이익이나 국민화합을 위하여 행사되어야 한다. ③ 탄핵소추 등의 문제가

제기된 경우에 탄핵소추권을 소멸시켜서는 아니 된다. ④ 국회는 일반사면의 동의 시에 대통령이 제안하지 아니한 죄의 종류를 추가할 수 없다. ⑤ 일반사면은 사면권자의 자의가 아니라 보편타당한 평등의 원리에 입각하여야 한다.

( ii ) 그러나 대통령의 사면권행사 그 자체는 헌법에서 정한 절차적 통제 이외에 어떠한 사전적 통제도 할 수 없다. 이에 따라 사면권행사에 대한 통제나 제한은 헌법이론으로만 머무른다.

B. 사면권 행사에 대한 사법심사

대통령의 사면권 행사가 헌법에 규정된 사전적 절차를 적법하게 거친 이후에는, 사면권행사 그 자체에 대한 사법심사는 현실적으로 어렵다. 하지만, 사면권의 한계를 긍정한다면, 대통령의 사면권행사로 법원의 사법권이 침해된 경우, 법원은 헌법재판소에 권한쟁의심판을 제기할 수 있다.한다.

## Ⅵ 행정에 관한 권한

### 1. 행정권의 의의

대통령은 행정권의 수반($^{제66조}_{제4항}$)으로서 행정에 관한 한 최고의 정책결정 및 집행권자이다. 행정이란 본질적으로 법 아래에서 법의 집행을 의미한다. 하지만, 법률의 집행을 위하여 대통령에게 명령제정권($^{제75}_{조}$)을 부여한다.

### 2. 국군통수권

#### (1) 의 의

"대통령은 헌법과 법률이 정하는 바에 의하여 국군을 통수한다"($^{제74조}_{제1항}$). "국군의 조직과 편성은 법률로 정한다"($^{제2}_{항}$).

#### (2) 국군통수권國軍統帥權의 내용

A. 군정軍政·군령軍令 일원주의에 따른 최고통수권자

( i ) 군정이란 군을 조직·편성하고 병력을 취득·관리하는 작용으로서, 국가가 통치권에 의거하여 국민에게 명령·강제하고 부담을 과하는 작용이다. 군령이란 국방목적을 위하여 군을 현실적으로 지휘·명령하고 통솔하는 작용이다.

( ii ) 군정·군령 이원주의는 군정기관과 군령기관을 분리하여 군정은 일반행정기관이 담당하고, 군령은 국가원수소속인 별도의 특수기관에서 담당하게 하는 제도이다. 군정·군령 일원주의는 군정과 군령을 모두 일반행정기관이 관장하게 하

여 문민통제를 확보하는 제도이다. 현행헌법은 군에 대한 문민통제의 원칙에 따라 군정·군령 일원주의를 채택한다.

### B. 그 밖에 군사에 관한 권한

대통령은 군통수권자로서 선전포고 및 강화권, 국군의 해외파견권, 외국군대의 국내주류허용권, 계엄선포권 등을 가진다.

### (3) 국군통수권의 통제

(ⅰ) 법치행정의 원칙에 따라 군통수권자로서의 대통령은 "헌법과 법률이 정하는 바에 의하여 국군을 통수"(제74조 제1항)하여야 한다. 또한 "국군의 조직과 편성은 법률로 정한다"(제2항).

(ⅱ) 국제평화주의에 따라 "대한민국은 국제평화의 유지에 노력하고 침략적 전쟁을 부인"(제5조 제1항)한다. 그러므로 대통령은 침략적 전쟁을 위하여 군을 동원할 수 없으며, 자위전쟁선포권만 가진다.

(ⅲ) 군의 정치적 중립성의 원칙에 따라 "국군은 국가의 안전보장과 국토방위의 신성한 의무를 수행함을 사명으로 하며, 그 정치적 중립성은 준수"(제5조 제2항)되어야 한다. 따라서 대통령은 군을 정치적으로 이용하여서는 아니 된다.

(ⅳ) 대통령의 군통수권행사에 대하여는 행정부 내부의 통제제도가 마련된다. 대통령의 군통수권과 같은 '국법상' 권한의 행사에는 국무총리와 관계국무위원의 부서가 있어야 한다. 헌법에서는 특히 "군사에 관한 것도 또한 같다"(제82조 후문)라고 명시한다. 또한 선전·강화 기타 중요한 대외정책, 계엄과 그 해제, 군사에 관한 중요사항, 합동참모의장·각군참모총장의 임명 등은 반드시 국무회의의 심의를 거쳐야 한다(제89조 제2호·제5호·제6호·제16호). 군사정책의 수립에 관하여는 국무회의의 심의에 앞서 국가안전보장회의의 자문을 거친다(제91조 제1항).

(ⅴ) 대통령의 중요한 군통수권행사는 국회의 통제를 받는다. 안전보장과 관련된 강화조약, 선전포고, 국군의 해외파견, 외국군대의 대한민국 영역 안에서의 주류에 대하여는 국회의 동의를 얻어야 한다(제60조).

### (4) 군사제도에 따른 기본권 제한

(ⅰ) 군사제도의 시행과 헌법 제37조 제2항에 따라 군사목적 달성을 위한 기본권 제한과, 군인이라는 특수신분관계에 따른 기본권 제한을 받는다.

(ⅱ) 국민은 국방과 군사목적을 위하여 부과되는 군사적 부담負擔을 진다. 그것은 징발徵發·군사제한 등이 있다. 이를 실현하기 위하여 징발법·'군사기지 및 군사시설 보호법'·통합방위법 등이 시행된다.

(ⅲ) 헌법에서 "법률이 정하는 주요방위산업체主要防衛事業體에 종사하는 근로자의 단체행동권은 법률이 정하는 바에 의하여 이를 제한하거나 인정하지 아니할 수 있다"(<sup>제33조</sup><sub>제3항</sub>)라고 규정한다. 주요방위산업체 근로자는 단체행동권이 제한될 수 있다. 방위산업은 국가안보와 직결되기 때문에 군사비밀보호법이 적용된다.

(ⅳ) 국가안전보장을 위하여 국가기밀 중에서 특히 군사기밀軍事機密 확보를 위한 제한이 불가피하게 발생한다. 주로 제한되는 기본권은 표현의 자유와 알 권리이다(제3편 제4장 제3절 제5항 Ⅶ. 2. 국가기밀 참조). 그 밖에 군사와 관련하여 군인軍人의 기본권 제한에 관하여는 공무원의 기본권 제한으로 논술한다(제2편 제3장 제2절 제5항 Ⅴ. 3. 공무원의 기본권제한 참조).

### 3. 공무원임면권

#### (1) 임면권

"대통령은 헌법과 법률이 정하는 바에 의하여 공무원을 임면한다"(<sup>제78</sup><sub>조</sub>). 임면任免은 임명·파면·휴직·전직·징계처분을 포함하는 넓은 개념이다. 행정기관소속 5급 이상의 공무원 및 고위공무원단에 속하는 일반직공무원은, 소속 장관의 제청으로 인사혁신처장과 협의를 거쳐 국무총리를 경유하여 대통령이 임용한다. 6급 이하의 공무원은 그 소속장관이 임용한다(국가공무원법 제32 조 제1항·제2항).

#### (2) 임명권의 제약

(ⅰ) 선거직 공무원은 대통령의 임명대상이 아니다.

(ⅱ) 임명자격이 정하여진 공무원은 일정한 임명자격요건을 갖춘 사람 중에서 임명하여야 한다.

(ⅲ) 일정한 고위공무원의 임명에는 국무회의의 필수적 심의를 거쳐야 한다: 검찰총장·합동참모의장·각군참모총장·국립대학교총장·대사 기타 법률이 정한 공무원과 국영기업체관리자의 임명(<sup>제89조</sup><sub>제16호</sub>).

(ⅳ) 중요 헌법기관구성원의 임명에는 국회의 인사청문회를 거친 후 동의를 얻어야 한다: 국무총리, 감사원장의 임명 등.

(ⅴ) 임명에 있어서 일정한 기관의 제청을 요하는 경우에는 그 제청이 있어야만 임명할 수 있다: 국무위원, 행정각부의 장, 감사위원.

(ⅵ) 그 밖에도 국회법 등에서 정한 중요 공직자의 임명에는 국회의 인사청문회를 거쳐야 한다.

#### (3) 면직免職에 대한 제약

(ⅰ) 일반직 공무원이나 신분이 보장되는 별정직 공무원은 적법절차에 의한

법정면직사유(탄핵·형벌·징계 등)가 없는 한 파면할 수 없다.

(ⅱ) 국회가 해임건의를 한 국무총리나 국무위원은 특별한 사유가 없는 한 해임하여야 한다.

(ⅲ) 헌법재판소의 탄핵결정을 받은 공무원에 대하여, 대통령은 사면에 의하여 복직시킬 수 없다.

(4) 직업공무원제도의 보장

"공무원의 신분과 정치적 중립성은 법률이 정하는 바에 의하여 보장된다"(제7조 제2항). 따라서 대통령의 공무원임면권은 직업공무원제도의 보장이라는 기본원칙에 위배되어서는 아니 된다.

### 4. 재정에 관한 권한

대통령은 예산안을 편성하여 매 회계연도 개시 90일 전까지 국회에 제출하여야 한다(제54조 제2항). 그 외에도 추가경정예산안제출권(제56조)을 가지며, 계속비(제55조 제1항)·예비비(제55조 제2항)·기채 및 예산외에 국가에 부담이 될 계약의 체결(제58조) 등에 관하여 국회의 동의나 승인을 얻어야 한다.

대통령은 "재정·경제상의 위기"를 극복하기 위하여 국가긴급권의 일종인 긴급재정·경제명령 및 처분권을 가진다(제76조 제1항).

### 5. 영전수여권

"대통령은 법률이 정하는 바에 의하여 훈장 기타 영전을 수여한다"(제80조). 이를 구체화한 상훈법이 있다. 영전수여榮典授與는 국무회의의 심의를 거쳐야 하며(제89조 제8호), 영전에는 어떠한 특권도 부여될 수 없다(제11조 제3항).

### 6. 각종 회의주재권

대통령은 국무회의(제88조 제3항) 및 국가안전보장회의(제91조 제2항)의 의장으로서 회의를 주재한다.

## Ⅶ 국가긴급권

### 1. 의    의

국가비상사태와 같은 국가적 위기에 능동적으로 대처하기 위하여 헌법보장수단으로서 대통령에게 부여한다. 대통령은 ① 긴급명령권, ② 긴급재정경제명령권·긴급재정경제처분권($^{제76}_{조}$), ③ 계엄선포권($^{제77}_{조}$)을 가진다.[1] 헌법에 명시된 대통령의 국가긴급권 이외의 국가긴급권은 허용되지 아니한다.

## 2. 긴급명령권

### (1) 의  의

긴급명령緊急命令은 "국가의 안위에 관계되는 중대한 교전상태에 있어서 국가를 보위하기 위하여 긴급한 조치가 필요하고 국회의 집회가 불가능한 때에 한하여" 대통령이 발하는 "법률의 효력을 가지는 명령"이다($^{제76조}_{제2항}$).

### (2) 성  격

긴급명령은 정상적인 입법절차를 통하여 법률을 제정할 수 없는 비상사태를 극복하기 위하여, 대통령이 발하는 긴급입법으로서 법률의 효력을 가진다. 이는 국회입법권에 대한 중대한 도전이자 예외이다.

### (3) 발동요건

( i ) "국가의 안위에 관계되는 중대한 교전상태"가 있어야 한다. 중대한 교전상태란 선전포고가 없더라도 이에 준하는 외국과의 전쟁이나 내란·사변 등을 말

---

1. 헌법상 대통령의 국가긴급권 비교

|  | 긴급명령(제76조 제2항) | 긴급재정·경제명령 (제76조 제1항) | 긴급재정·경제처분 (제76조 제1항) | 계엄(제77조) |
|---|---|---|---|---|
| 상황 | 중대한 교전상태 | 내우·외환, 천재·지변 기타 중요한 재정·경제상 위기 | 좌동 | 전시·사변 또는 이에 준하는 국가비상사태/ 병력 동원 |
| 효력 | 법률과 동일(기존 법률 개정·폐지가능) | 법률과 동일 | 행정처분 (행정작용) | 특별조치 |
| 기본권 | 제한 가능 | 경제기본권 제한 가능 | 제한 불가 | 영장제도, 언론·출판·집회·결사 자유 한정 |
| 국회집회 | 집회 불가능한 때 | 집회 기다릴 여유 없을 때 | 좌동 | 집회와 무관 |
| 국회통제 | 지체없이 보고, 승인(일반 정족수) 승인없으면 효력상실 | 좌동 | 좌동 | 지체없이 통고 재적과반수 해제요구 |
| 수정승인 | 가능 | 좌동 | 좌동 |  |
| 국무회의 | 필수적 심의 | 좌동 | 좌동 | 좌동 |
| 목적 | 소극적(국가안전보장, 질서유지); 적극적(공공복리) 불가 | 좌동 | 좌동 | 좌동 |

한다. 중대한 교전상태가 국가의 안위에 직접적으로 관계되어야만 한다.

(ⅱ) "국가를 보위하기 위하여 긴급한 조치가 필요"하여야 한다. 긴급한 조치는 침략적 전쟁을 위한 조치가 아니라 방위를 위한 조치이어야 한다. 또한 긴급한 조치는 법률적 효력을 가지는 조치이어야만 하고, 이를 통하여 그 목적을 달성할 수 있는 경우에 한한다.

(ⅲ) "국회의 집회가 불가능"하여야 한다.

(ⅳ) 국무회의의 필수적 심의를 거쳐야 한다($\frac{제89조}{제5호}$). 필요한 경우에는 국가안전보장회의의 자문을 거쳐야 한다($\frac{제91}{조}$).

### (4) 국회의 승인과 그 효과

긴급명령을 "한 때에는 지체없이 국회에 보고하여 그 승인을 얻어야 한다"($\frac{제76조}{제3항}$). 국회가 임시회($\frac{제47조}{제1항}$)에서 승인을 하면 긴급명령의 효력은 확정된다. 즉, 국회의 승인은 대통령이 발령한 긴급명령에 대한 정당성을 부여함과 동시에 긴급명령에 대한 법률로서의 효력을 부여하게 된다. 국회의 "승인을 얻지 못한 때에는 그 … 명령은 그 때부터 효력을 상실한다. 이 경우 그 명령에 의하여 개정 또는 폐지되었던 법률은 그 명령이 승인을 얻지 못한 때부터 당연히 효력을 회복한다"($\frac{제76조}{제4항}$).

### (5) 효 력

긴급명령은 비록 제정 주체가 집행부의 수장인 대통령이지만, 그 법적 효력은 일반법률과 동일하다.

### (6) 대통령의 공포

대통령은 국회의 승인과 승인거부의 "사유를 지체없이 공포하여야 한다"($\frac{제76조}{제5항}$).

### (7) 한 계

① 헌법에 명문의 규정은 없지만, 긴급명령의 본질이나 발동요건에 비추어 보건대, 긴급명령은 소극적으로 국가의 보위를 위하여서만 발동할 수 있고, 적극적인 공공복리의 증진을 위하여 발동할 수는 없다. ② 또한 긴급명령은 법률적 효력을 가질 뿐이므로 헌법사항을 변경할 수는 없다. 즉, 헌법에 명문의 규정은 없지만 입헌주의원리에 비추어 보건대 긴급명령에 의한 헌법개정, 국회해산, 국회·헌법재판소·법원의 권한에 대한 특별조치, 군정의 실시 등을 할 수는 없다.

### (8) 통 제

① 대통령의 긴급명령에 대한 사전적 통제는 행정부 내부의 통제 즉, 국무회의의 심의와 관련 자문기관의 자문이 있을 뿐이다. ② 사후적 통제로는 국회의 통제

가 가장 중요하다. 국회는 긴급명령에 대한 승인권과 긴급명령을 무력화하는 법률개정권을 행사할 수 있다. 긴급명령의 위헌 여부에 관하여 법원은, 위헌심사제청권, 헌법재판소는 위헌심판권(위헌법률심사권 또는 헌법소원심판권)으로 통제할 수도 있다.

### 3. 긴급재정경제명령권

#### (1) 의 의

긴급재정경제명령緊急財政經濟命令은 "내우·외환·천재·지변 또는 중대한 재정·경제상의 위기에 있어서 국가의 안전보장 또는 공공의 안녕질서를 유지하기 위하여 긴급한 조치가 필요하고 국회의 집회를 기다릴 여유가 없을 때에 한하여 최소한으로 필요한 재정·경제상의 ··· 법률의 효력을 가지는 명령"이다(제76조제1항).

#### (2) 성 격

긴급재정경제명령은 정상적인 입법절차를 통하여 법률을 제정할 수 없는 비상사태를 극복하기 위하여 대통령이 발하는 긴급입법이다. 이는 국회입법권 및 재정의회주의에 대한 중대한 도전이자 예외이다(헌재 1996.2.29. 93헌마186, 긴급재 정경제명령 등 위헌확인(기각,각하)).

#### (3) 발동요건

( i ) "긴급재정경제명령은 정상적인 재정운용·경제운용이 불가능한 중대한 재정·경제상의 위기가 현실적으로 발생하여"야 한다. 따라서 위기발생의 우려가 있다고 하여 사전적·예방적으로 발할 수는 없다.

( ii ) 국가의 안전보장 또는 공공의 안녕질서를 유지하기 위하여 긴급한 조치가 필요하여야 한다.

( iii ) "국회의 폐회 등으로 국회가 현실적으로 집회할 수 없고 국회의 집회를 기다려서는 그 목적을 달할 수 없는 경우에 ··· 행사되어야 한다."

( iv ) 국무회의의 필수적 심의를 거쳐야 한다(제89조제5호). 필요한 경우에는 국가안전보장회의의 자문을 거쳐야 한다(제91조).

#### (4) 국회의 승인과 그 효과

긴급재정경제명령을 "한 때에는 지체없이 국회에 보고하여 그 승인을 얻어야 한다"(제76조제3항). 이에 따라 소집되는 국회가 임시회(제47조제1항)에서 승인을 하면 긴급재정경제명령의 효력은 확정된다. 국회의 "승인을 얻지 못한 때에는 그 ··· 명령은 그 때부터 효력을 상실한다. 이 경우 그 명령에 의하여 개정 또는 폐지되었던 법률은 그 명령이 승인을 얻지 못한 때부터 당연히 효력을 회복한다"(제76조제4항).

### (5) 효 력

긴급재정경제명령은 비록 제정주체가 집행부의 수장인 대통령이지만, 그 법적 효력은 일반법률과 동일하다.

### (6) 대통령의 공포

대통령은 국회의 승인과 승인거부의 "사유를 지체없이 공포하여야 한다"($\frac{제76}{조}$<br>$\frac{제5}{항}$).

### (7) 한 계

① 긴급재정경제명령의 본질이나 발동요건에 비추어 보건대, 긴급재정경제명령은 소극적으로 국가의 보위를 위하여서만 발동할 수 있고, 적극적으로 공공복리의 증진을 위하여 발동할 수는 없다. ② 또한 긴급재정경제명령은 **법률적 효력**을 가질 뿐이므로 헌법사항을 변경할 수는 없다. ③ 특히 긴급재정경제명령은 재정과 경제 사항만을 그 발령사항으로 할 수 있는 내용의 한계가 있다.

### (8) 통 제

① 대통령의 긴급재정경제명령에 대한 사전적 통제는 행정부 내부의 통제 즉, 국무회의의 심의가 있을 뿐이다. ② 사후적 통제로는 국회의 통제가 가장 중요하다. 국회의 승인권과 긴급재정경제명령을 무력화시키는 법률개정권을 행사할 수 있다. 법원의 위헌심사제청권과 헌법재판소의 위헌심판권으로 사후적 통제를 할 수 있다.

## 4. 긴급재정경제처분권

### (1) 의 의

긴급재정경제처분緊急財政經濟處分은 "내우·외환·천재·지변 또는 중대한 재정·경제상의 위기에 있어서 국가의 안전보장 또는 공공의 안녕질서를 유지하기 위하여 긴급한 조치가 필요하고 국회의 집회를 기다릴 여유가 없을 때에 한하여 최소한으로 필요한 재정·경제상의 처분"이다($\frac{제76조}{제1항}$).

### (2) 성 격

긴급재정경제처분은 넓은 의미의 처분으로서 **행정작용**이다. 행정작용은 정부의 권한으로서, 원칙적으로 그 행사에 국회의 동의나 승인을 필요로 하지 아니한다. 그런데, 우리 헌법은 재정에 관하여 **재정의회주의**를 취하고 있으므로 국회는 재정입법권($\frac{제59}{조}$), 예산안심의·확정권($\frac{제54조}{제1항}$), 기채起債동의권·예산외 국가의 부담이 될 계약체결동의권($\frac{제58}{조}$), 재정적 부담이 있는 조약체결에 대한 동의권

$\binom{\text{제60조}}{\text{제1항}}$, 예비비지출승인권$\binom{\text{제55조 제2}}{\text{항 후문}}$, 결산심사권 등을 가진다. 하지만, 대통령은 국회의 사전개입 없이 긴급재정경제처분을 발동할 수 있다. 따라서 긴급재정경제처분은 재정의회주의에 대한 중대한 예외이다.

### (3) 발동요건과 국회의 승인 및 그 효과, 대통령의 공포, 한계

긴급재정경제처분의 발동요건과 국회의 승인의 필요성, 승인 또는 승인거부의 효과, 대통령의 공포, 한계는 긴급재정경제명령의 그것과 같다.

### (4) 효 력

긴급재정경제처분은 넓은 의미의 행정처분으로서 행정행위 등 개개의 처분에 해당하는 행정작용으로서의 효력을 가진다.

### (5) 통 제

긴급재정경제처분은 국무회의의 사전심의를 거쳐야 한다. 사후적으로는 국회의 승인, 행정소송, 헌법소원 등의 통제수단이 있다.

## 5. 계엄선포권

### (1) 의 의

"대통령은 전시·사변 또는 이에 준하는 국가비상사태에 있어서 병력兵力으로써 군사상의 필요에 응하거나 공공의 안녕질서를 유지할 필요가 있을 때에는 법률이 정하는 바에 의하여 계엄을 선포할 수 있다"$\binom{\text{제77조}}{\text{제1항}}$.

계엄戒嚴은 병력을 사용함으로써 국가비상사태에 즈음하여 사실상 군軍에 의한 통치를 가능하게 할 뿐만 아니라, 헌법의 일부조항을 배제할 수 있는 가장 강력한 국가긴급권의 일종이다.

### (2) 계엄의 종류

헌법과 계엄법의 계엄에는 경비계엄$\binom{\text{제2조}}{\text{제3항}}$과 비상계엄$\binom{\text{제2조}}{\text{제2항}}$이 있다. 비상계엄이나 경비계엄 다 같이 헌법 제77조 제1항의 요건을 충족하여야 한다. 계엄법의 비상계엄은 행정 및 사법기능의 수행이 현저히 곤란한 경우에$\binom{\text{제2조}}{\text{제2항}}$), 경비계엄은 일반행정기관만으로는 치안을 확보할 수 없는 경우에$\binom{\text{제2조}}{\text{제3항}}$) 선포할 수 있다.

### (3) 계엄의 발동요건

경비계엄과 비상계엄을 불문하고 헌법의 요건$\binom{\text{제77조}}{\text{제1항}}$)을 충족하여야 한다.

(ⅰ) "전시·사변 또는 이에 준하는 국가비상사태가" 있어야 한다. 국가비상사태에는 헌법에 예시된 전쟁·사변뿐만 아니라 이에 준하는 무장폭동이나 반란 등 극도의 사회질서교란상태를 포괄한다. 국가비상사태의 해결을 위한 계엄의 발동

필요성 여부는 발령권자인 대통령이 판단한다.

(ⅱ) **병력동원의 필요성이 있어야 한다.** 즉, "병력으로써 군사상의 필요에 응하거나 공공의 안녕질서를 유지할 필요가" 있어야 한다.

(ⅲ) **계엄선포의 실질적 요건이 충족된다고 판단하면** 발령권자인 대통령은 국무회의의 필수적 심의(제89조 제5호)를 거쳐, "법률이 정하는 바에 의하여 계엄을 선포할 수 있다"(제77조 제1항).

(ⅳ) **"계엄을 선포한 때에는 대통령은 지체없이 국회에 통고하여야 한다"**(제77조 제4항). 국회가 폐회 중일 때에는 대통령은 지체없이 국회에 집회를 요구하여야 한다(법 제4조 제2항).

### (4) 계엄의 내용과 효력

### A. 비상계엄

(a) **행정사무와 사법사무에 관한 특별조치**　　"비상계엄은 대통령이 전시·사변 또는 이에 준하는 국가비상사태에 있어서 적과 교전상태에 있거나 사회질서가 극도로 교란되어 행정 및 사법기능의 수행이 현저히 곤란한 경우에 군사상의 필요에 응하거나 공공의 안녕질서를 유지하기 위하여 선포한다"(계엄법 제2조 제2항).

"비상계엄이 선포된 때에는 법률이 정하는 바에 의하여 … 정부나 법원의 권한에 관하여 특별한 조치를 할 수 있다"(제77조 제3항). 하지만, 국회의 권한에 관하여는 특별한 조치를 할 수 없다. 계엄 시행 중 국회의원은 현행범인인 경우를 제외하고는 체포 또는 구금되지 아니한다(계엄법 제13조).

"비상계엄의 선포와 동시에 계엄사령관은 계엄지역의 모든 행정사무와 사법사무를 관장한다"(법 제7조 제1항). 사법사무는 원칙적으로 법원의 재판을 제외한 사법경찰·검찰·형집행 사무 등을 말한다. 다만, 계엄법에 열거된 13개 유형의 범죄는 군사법원에서 재판한다(법 제10조). "비상계엄하의 군사재판은 군인·군무원의 범죄나 군사에 관한 간첩죄의 경우와 초병·초소·유독음식물공급·포로에 관한 죄 중 법률이 정한 경우에 한하여 단심으로 할 수 있다. 다만, 사형을 선고한 경우에는 그러하지 아니하다"(제110조 제4항). "계엄지역의 행정기관(정보 및 보안 업무를 관장하는 기관을 포함한다) 및 사법기관은 지체없이 계엄사령관의 지휘·감독을 받아야 한다"(법 제8조 제1항).

(b) **국민의 자유와 권리에 관한 특별한 조치**　　"비상계엄이 선포된 때에는 법률이 정하는 바에 의하여 영장제도, 언론·출판·집회·결사의 자유 … 에 관하여 특별한 조치를 할 수 있다"(제77조 제3항).

B. 경비계엄

(ⅰ) "경비계엄은 대통령이 전시·사변 또는 이에 준하는 국가비상사태에 있어서 사회질서가 교란되어 일반행정기관만으로는 치안을 확보할 수 없는 경우에 공공의 안녕질서를 유지하기 위하여 선포한다"(법 제2조). 경비계엄은 병력을 동원한 소극적인 치안확보가 그 주된 목적이다.

(ⅱ) 경비계엄은 비상계엄보다 훨씬 완화된 형태의 계엄이다. 오로지 군사에 관한 행정사무와 사법사무만이 계엄조치의 대상이 된다(법 제7조).

(5) 계엄의 해제

대통령은 국가비상사태가 "평상상태로 회복되거나 국회의 계엄해제의 요구가 있을 때에는 지체없이 계엄을 해제하고 이를 공고하여야 한다"(제77조 제4항, 법 제11조). 정부에서 계엄을 해제하지 아니할 경우 "국회가 재적의원 과반수의 찬성으로 계엄의 해제를 요구한 때에는 대통령은 이를 해제하여야 한다"(제77조 제5항).

(6) 계엄에 대한 통제

(ⅰ) 기관 내 통제장치 즉, 국무회의의 심의·관계자의 부서나 건의 등은 대통령의 독단적인 판단에 대한 최소한의 견제장치이자 동시에 국정관련자에 대한 책임소재를 밝힌다.

(ⅱ) 국회와 법원 및 헌법재판소에 의한 통제는 사후적 통제에 불과하다. 대통령이 국회의 계엄해제요구에 불응할 경우에, 국회는 탄핵소추와 그 밖의 대정부 견제권을 발동하여 계엄을 통제할 수 있다. 계엄선포행위 그 자체는 통치행위이므로 사법심사는 불가능하다.

6. 국가긴급권발동의 신중성 요망

대통령의 국가긴급권은 1993년 '금융실명거래 및 비밀보장에 관한 긴급재정경제명령' 이후 자제되어 다행스럽다. 헌법사에서 처음으로 안정기에 접어든 입헌적 질서를 수호하기 위하여서도 대통령의 긴급권발동은 최대한 자제되어야 한다.

7. 대통령의 국가긴급권발동의 한계와 이에 대한 통제

(1) 국가긴급권발동의 한계

(ⅰ) 국가긴급권의 발동목적은 국가의 존립과 안전을 확보함으로써, 정상적인 헌법질서를 회복하여 국민의 자유와 권리를 보호하려는 소극적 목적이어야 한다.

(ⅱ) 국가긴급권의 발동기간은 일시적·임시적·짐정적으로만 발동되어야 한다.

발동기간의 영구화는 입헌적 질서 자체를 왜곡시킨다.

(ⅲ) 국가긴급권의 발동요건은 헌법이 정한 요건과 절차에 따라야 한다.

(ⅳ) 국가긴급권의 발동범위는 국민의 기본권 제한과 침해를 최소화할 수 있는 범위 안에서 이루어져야 한다.

(2) 사전적 통제의 미흡

현행헌법에서는 국무회의의 심의가 유일한 사전적 통제장치이다. 헌법정책적으로는 사전적 통제절차를 마련하여야 한다.

(3) 사후적 통제의 강화필요성

(ⅰ) 국회는 승인이나 해제요구 또는 탄핵소추나 법률개정 등을 통하여 궁극적으로 대통령의 국가긴급권발동 자체를 무력화시킬 수 있다.

(ⅱ) 헌법재판소 및 법원에 의한 사법적 통제를 들 수 있다. 헌법에서 명시한 국가긴급권의 발동요건 즉, 국가긴급권발동 그 자체의 적헌성 여부에 대한 심사와 국가긴급권발동에 따른 명령과 처분의 내용에 대한 통제로 나누어 볼 수 있다.

(4) 주권자인 국민의 저항권행사

대통령의 국가긴급권행사로 인하여 국민의 자유와 권리가 확보되지 아니할 경우 국민은 최후의 무기인 저항권을 행사할 수 있다(저항권에 관한 상세는 제1편 제2장 제2절 제2항 헌법의 보장 참조).

## Ⅷ 권한행사방법과 그 통제

대통령의 권한행사는 헌법과 법률이 정한 절차와 방법에 합치되어야 할 뿐만 아니라 정치적으로도 정당하여야 한다.

### 1. 권한행사의 방법

(1) 문서주의와 부서副署

(ⅰ) "대통령의 국법상 행위는 문서로써 하여야 하며, 이 문서에는 국무총리와 관계국무위원이 부서한다. 군사에 관한 것도 또한 같다"(제82조). 문서주의文書主義의 채택은 대통령의 "국법상 행위"의 명확성을 통하여, 그에 따른 확실한 행위의 증거를 남김으로써, 대통령으로 하여금 헌법과 법령에서 자신에게 부여된 권한행사를 신중하게 할 수 있다.

(ⅱ) 문서주의와 더불어 국무총리와 관계국무위원의 부서제도는 대통령의 전제방지와 보필책임을 명백히 하여 책임의 소재를 분명히 하고(권력통제와 보필책

임), 나아가서 물적 증거로서의 의미도 가진다. 헌법이 요구한 부서가 없는 대통령의 "국법상 행위"는 헌법의 요건결여로 무효로 보아야 한다.

### (2) 국무회의의 심의

헌법 제89조는 중요한 국정사항을 국무회의의 필수적 심의사항으로 명기한다.

### (3) 자문기관의 자문

대통령은 국가원로자문회의($\substack{제90 \\ 조}$), 민주평화통일자문회의($\substack{제92 \\ 조}$), 국민경제자문회의($\substack{제93 \\ 조}$), 국가안전보장회의($\substack{제91 \\ 조}$) 등의 자문을 거칠 수 있다. 이 중에서 헌법이 명시한 필수적 자문기관은 국가안전보장회의뿐이고, 나머지는 대통령의 임의적 자문기관에 불과하다.

## 2. 통 제

### (1) 정부 내 통제

정부 내 통제로는 ① 국무회의의 심의, ② 국무총리·국무위원의 부서, ③ 국무총리의 국무위원임명제청 및 해임건의, ④ 자문기관의 자문 등이 있다.

### (2) 정부 외 통제

#### A. 국회에 의한 통제

( i ) 대통령의 "국법상 행위" 이전에 국회의 사전동의를 통한 통제가 가장 실질적 통제수단이다: ① 중요조약의 체결·비준($\substack{제60 \\ 조}$), ② 선전포고·국군해외파견·외국군대 국내주류, ③ 일반사면, ④ 국무총리·감사원장·대법원장·대법관·헌법재판소장임명에 대한 동의권 등이 있다.

( ii ) 대통령의 "국법상 행위"가 이루어진 이후에 사후적 통제로서는 ① 예비비지출, ② 긴급명령, ③ 긴급재정경제명령, ④ 긴급재정경제처분에 대한 승인권과, ⑤ 계엄해제요구권이 있다. 그 밖에도 ① 국정감사·조사, ② 국무총리·국무위원해임건의, ③ 대정부질문, ④ 탄핵소추 등을 통하여 대통령에 대한 통제를 강화할 수 있다.

#### B. 법원에 의한 통제

대통령이 행한 "명령·규칙 또는 처분이 헌법이나 법률에 위반되는 여부가 재판의 전제가 된 경우에는 대법원은 이를 최종적으로 심사할 권한을 가진다"($\substack{제107조 \\ 제2항}$).

#### C. 헌법재판소에 의한 통제

헌법재판소는 ① 탄핵심판, ② 위헌법률심판(긴급명령 등), ③ 헌법소원심판, ④ 권한쟁의심판 등을 통하여 대통령의 "국법상 행위"에 대하여 통제할 수 있다.

D. 국민에 의한 통제

대통령의 "국법상 행위"에 대하여 헌법에 마련된 국민의 직접적 통제는 매우 미약하다. ① 다만, 대통령이 국민투표에 부의할 경우에 한하여 중요정책에 대한 통제가 가능하다. ② 최후의 수단으로서 저항권행사도 생각할 수 있다. ③ 특히 정보사회의 진전에 따라 대통령이 '국법상 행위'를 하기 전·후에 걸쳐 살아있는 여론을 통한 통제가 실질적인 의미를 가진다.

# 제2절 행정부

## 제1항 국무총리

### Ⅰ 의 의

국무총리제도는 제2공화국의 의원내각제를 제외한다면, 대통령중심제를 취하여 온 한국헌법사에서 독특한 제도이다(다만, 1954년 제2차 헌법개정으로 1960년까지 국무총리제도가 사라진 바 있다). 미국식 대통령제에서 부통령은 있어도 국무총리는 없다. 그렇다면 한국헌법의 국무총리는 의원내각제 내지 이원정부제의 국무총리에서 그 제도의 기원을 찾아야 한다.

### Ⅱ 국무총리의 헌법에서 지위

#### 1. 대통령과 국회의 이중의 신임에 기초한 지위

국무총리는 국회의 동의를 얻어 대통령이 임명한다($^{제86조}_{제1항}$). 그러므로 국무총리는 대통령과 국회로부터의 이중의 신임에 기초한다. 국무총리는 재임 중에도 제기될 수 있는 국회의 국무총리해임건의권으로부터 자유로울 수 없다.

#### 2. 대통령권한대행자로서의 지위

국무총리는 대통령이 궐위되거나 사고가 있을 때, 제1순위 대통령권한대행자이다($^{제71조}$). 대통령권한대행은 국가원수인 대통령직의 권한대행이다.

#### 3. 집행권의 제2인자로서 대통령을 보좌하는 지위

##### (1) 집행권의 제2인자로서의 지위

국무총리는 집행부에서 대통령 다음가는 제2인자의 지위에 있다. 국무총리는 최고정책심의기관인 국무회의 부의장이며($^{제88조}_{제3항}$), 대통령의 명을 받아 행정각부를 통할하고($^{제86조}_{제2항}$), 국무위원과 행정각부의 장의 임명제청권($^{제87조 제1}_{항, 제94조}$)과 국무위원의 해임건의권을 가진다($^{제87조}_{제3항}$). 또한 대통령의 모든 '국법상 행위'를 부서한다($^{제82조}$). 그러나 국회의원총선거에서 단일 야당이 국회 절대과반수를 차지할 경우에는, 국무총리의 새로운 위상 설계가 가능하다.

### (2) 국무총리의 통할을 받지 아니하는 행정기관의 설치

법률로써 국무총리의 통할을 벗어나는 대통령 직속 행정기관의 설치는 헌법에서 규정한 국무총리의 지위와 권한범위에 어긋난다. 예컨대, 구 중앙인사위원회(현재는 폐지되었음)는 일반행정기관임에도 불구하고, 국무총리의 관할로부터 벗어나 대통령 직속기관으로 설치되었다. 이는 헌법 제82조의 대통령의 '국법상 행위'는 국무총리와 관계 국무위원이 부서한다는 규정에도 어긋난다.

> "대통령이 이러한 직속기관을 설치하는 경우에도 자유민주적 통치구조의 기본이념과 원리에 부합되어야 할 것인데 그 최소한의 기준으로 ㄱ) 우선 그 설치·조직·직무범위 등에 관하여 법률의 형식에 의하여야 하고, ㄴ) 그 내용에 있어서도 목적·기능 등이 헌법에 적합하여야 하며, ㄷ) 모든 권한이 기본권적 가치실현을 위하여 행사하도록 제도화하는 한편, ㄹ) 권한의 남용 내지 악용이 최대 억제되도록 합리적이고 효율적인 통제장치가 있어야" 한다(헌재 1994.4.28. 89헌마221, 정부조직법 제14조 제1항 등의 위헌여부에 관한 헌법소원(합헌,각하)).

### 4. 중앙행정관청으로서의 지위

(ⅰ) 국무총리는 행정에 관하여 대통령의 명을 받아 행정각부를 통할하며(제86조 제2항), 행정각부의 통할적 성질의 행정사무를 관장·처리하는 중앙행정관청의 지위에 있다. 또한 국무총리는 그의 소관사무에 관하여 법률이나 대통령령의 위임 또는 직권으로 총리령을 발할 수 있다(제95조).

(ⅱ) 국무총리는 독임제행정관청으로서 소관사무에 관하여 직무를 처리하고, 행정각부의 사무를 기획·조정하고, 특정부처에 속하지 아니하는 사무를 처리한다. 정부조직법에서는 국무총리소속으로 일정한 사무를 담당할 부서(인사혁신처·법제처·식품의약품안전처·공정거래위원회·금융위원회·국민권익위원회·개인정보보호위원회·원자력안전위원회)를 설치한다(정부조직법 제3장).

### 5. 국무총리의 신분에서 지위: 임면 및 문민원칙과 국회의원겸직

군인은 현역을 면한 후가 아니면 국무총리로 임명될 수 없다(제86조 제3항). 이는 문민정부의 원칙에 입각한 규정이다. 또한 국무총리는 국회의원을 겸직할 수 있다(국회법 제29조, 국가공무원법 제3조). 하지만, 국무총리의 국회의원 겸직은 바람직하지 아니하다.

### 6. 대통령의 국무총리 지명과 국무총리서리의 위헌성

국무총리후보자는 국회의 동의를 얻은 후에 정식으로 국무총리에 취임한다.

그런데, 과거에 관행적으로 국무총리에 지명되면 국회의 임명동의를 받기 전에 국무총리 직무를 수행하여왔다. 이를 국무총리서리라고 하며, 이에 대하여 합헌론과 위헌론이 제기된다(헌재 1998.7.14. 98헌라1, 대통령<br>과 국회의원간의 권한쟁의(각하)).

(ⅰ) 합헌론에 의하면, ① 대통령제와 부합하지 아니하는 국무총리제도가 가진 모순으로 인하여 제헌헌법 이후 여러 차례 관행적으로 국무총리서리를 임명한 바 있고, ② 정부조직법(제22<br>조)의 사고의 개념에 궐위를 포함시킬 수 없으므로, 국무총리의 궐위에 따른 법적 흠결을 보충하는 국무총리서리의 임명행위는 합리적인 해석범위 안에 있다고 본다.

(ⅱ) 위헌론에 의하면, ① 헌법에 국무총리서리제도가 없으므로, 과거의 잘못된 관행이며, ② 국회의 동의를 얻지 아니한 국무총리서리 임명은 국회의 권력통제와 권력분립주의에 어긋나므로, 국무총리서리의 법적 행위는 효력을 가지지 아니하며, ③ 국무총리의 궐위 시에는 헌법과 법률이 정한 순서에 따라 직무대행이 국무총리로서의 지위와 권한을 가지면 된다고 본다.

(ⅲ) 예외적 합헌론에 의하면, ① 원칙적으로 위헌이다. ② 다만, 대통령이 국무총리임명동의를 국회에 요청하였으나 국회가 이를 처리하지 못한 예외적인 상황이라면, 대통령은 국무총리의 제청을 받는 국무위원과 행정각부의 장을 임명할 수 없기 때문에 과도기적으로 인정할 수밖에 없다고 한다.

(ⅳ) 생각건대 국무총리서리제도는 위헌론이 원칙적으로 타당하다. 다만, 대통령이 요구한 임명동의안을 국회에서 이를 적법하게 처리하지 못할 경우에는, 부득이하게 국무총리서리를 임명할 수밖에 없는 경우도 있을 수 있다.

1998년 김종필씨에 대한 국무총리임명동의안의 처리가 무산되자 김대중 대통령이 김종필씨를 국무총리서리로 임명하였고 이에 대하여 한나라당 국회의원들은 김대중 대통령을 피청구인으로 하여 위 임명처분이 주위적(主位的)으로는 국무총리임명에 관한 청구인들의 동의권한을, 예비적(豫備的)으로는 국무총리임명동의안에 관한 청구인들의 심의·표결권한을 각 침해하였다고 주장하면서, 그 권한침해의 확인과 아울러 이 사건 임명처분의 무효확인을 구하는 심판청구를 제기하였다. 이 사건은 대통령이 국무총리를 임명하기 위하여 국회에 임명동의를 구하였으나 국회 소수파인 집권당이 임명동의안 표결방식을 문제 삼아 표결을 강력히 제지함으로써 국회가 가부에 관한 의사표시를 할 수 없었기 때문에 결과적으로 대통령으로서는 국무총리서리를 임명하게 되었다.

헌법재판소에서 ① 1인의 재판관은 국회의원들의 당사자적격이 없음을 이유로 각하의 견을, ② 2인의 재판관은 국회의원들의 권리보호이익이 없음을 이유로 각하 의견을, ③ 2인의 재판관은 청구인적격성이 없음을 이유로 각하 의견을, ④ 3인의 재판관은 국무총리서리제도의 위헌성을 이유로 권한침해를 인정하는 인용의견을, ⑤ 1인의 재판관은 국정

공백을 메우기 위한 서리임명의 합헌성을 인정하여 권한침해를 부정하는 기각의견을 제시하였다. 결국 관여재판관의 과반수인 5인이 이유를 달리하나 결론에 있어서는 각하의견이 다수여서 각하결정이 내려졌다(헌재 1998.7.14. 98헌라1, 대통령과 국회의원간의 권한쟁의(각하)).

## Ⅲ 국무총리의 권한

### 1. 대통령의 권한대행권

국무총리는 집행부의 제2인자로서 대통령유고 시에 그 권한을 대행한다(제71조). 대통령권한대행자의 직무범위는 법적으로 제한되어 있지는 아니한다. 하지만, 권한대행은 선량한 관리자로서의 주의의무를 다하는 일상적인 현상유지업무에 그쳐야 하며, 새로운 정책을 시행하는 등 적극적인 업무 수행은 자제하여야 한다.

### 2. 집행부구성 관여권

국무총리는 국무위원과 행정각부의 장의 임명에 대한 제청권(제87조 제1항, 제94조)을 가지며, 국무위원의 해임건의권(제87조 제3항)을 가진다.

#### (1) 국무위원임명제청권의 성격과 제청결여의 효과

( i ) 대통령이 국무위원과 행정각부의 장을 임명함에 있어서, 국무총리의 임명제청권은 대통령의 인사권 전횡을 방지하고 대통령의 "국법상 행위"에 대한 책임소재를 분명히 한다. 국무총리의 임명제청이 결여된 대통령의 임명행위는 헌법에 어긋나는 행위이므로 위헌·무효로 보아야 한다.

( ii ) 한편, 국무총리의 임명제청에 대통령이 구속되는가의 문제가 제기된다. 헌법에는 이에 관한 명문의 규정이 없다. 따라서 국무총리가 임명제청한 사람에 대하여 대통령이 임명을 거부할 수 있다.

#### (2) 국무위원 해임건의의 성격과 효력

국회의 국무총리나 국무위원의 해임건의와는 달리 국무총리의 국무위원해임건의에 대하여 대통령은 법적으로 구속될 필요가 없다.

#### (3) 국무총리의 사임 및 해임의 성격과 효과

국무총리가 재임 중 스스로 사임하는 경우와 대통령의 해임 등으로 국무총리가 사직하였을 경우에, 사임한 국무총리가 제청한 국무위원이나 행정각부의 장도 사임하는 것이 바람직하다(상세한 설명은 국무위원 참조).

### 3. 부서권과 부서결여의 효력

"대통령의 국법상 행위는 문서로써 하며, 이 문서에는 국무총리와 관계국무위원이 부서한다"(제82조).

#### (1) 부서의 법적 성격

부서제도는 원래 군주국가에서 국왕의 친서에 대신大臣이 서명하는 제도로서, 군주의 전횡을 방지하면서 대신의 실질적 책임을 명백히 하기 위한 제도이다. 부서의 법적 성격에 관하여는 국무회의가 심의기관이고 국무총리(국무위원)가 국회에 책임을 지지 아니하기 때문에 단지 대통령의 행위에 참여하였다는 물적 증거에 불과하다는 견해도 있다(물적 증거설). 하지만, 국회가 국무총리 또는 국무위원의 해임을 대통령에게 건의할 수 있으므로, 부서는 국무총리와 관계국무위원의 책임의 소재를 명백히 한다고 본다(책임소재설).

#### (2) 부서의 거부

부서는 책임의 소재를 밝히는 국법상 행위이므로, 부서를 강요할 수는 없다. 그러나 임면권을 가진 대통령의 국법상 행위에 대하여 부서를 거부하고도 국무총리(국무위원)직을 유지할 수는 없게 되므로, 부서의 거부 여부는 정치적 책임의 시각에서 이해하여야 한다.

#### (3) 부서결여의 법적 효력

어떠한 사유에 의하든지를 불문하고 부서가 결여된 대통령의 국법상 행위의 효력에 대하여 유효설과 무효설이 있다. 생각건대 헌법이 명시적으로 요구하는 부서라는 요건을 갖추지 못한 국법행위는 무효라고 봄이 마땅하다.

### 4. 국무회의에서의 심의권

국무총리는 국정의 최고정책심의기관인 국무회의의 부의장으로서, 국가의 중요정책에 대한 심의권을 가진다(제88조, 제89조).

### 5. 행정각부의 통할권

국무총리는 행정에 관하여 대통령의 명을 받아 행정각부를 통할한다(제86조 제2항). 국무총리는 집행부의 제2인자로서 행정각부를 통할한다. 하지만, 국무총리의 행정각부 통할권은 "대통령의 명을 받아" 행사한다. 이는 의원내각제에서 행정부 수반인 국무총리의 행정각부 통할권과는 구별된다.

### 6. 총리령의 발령권

국무총리는 소관사무에 관하여 법률이나 대통령령의 위임 또는 직권으로 총리령을 발할 수 있다($^{제95}_{조}$).

#### (1) 위임명령

위임명령은 법률 또는 대통령령의 위임에 의하여 발하는 법규명령이다. 위임명령은 위임된 범위 내에서만 국민의 권리·의무에 관한 사항을 규정할 수 있다.

#### (2) 직권명령

직권명령은 국무총리가 직권으로써 발하는 (집행)명령이다. 헌법에서 의미하는 총리의 직권명령은 행정청 내부의 의사표시에 불과한 행정명령과는 구별되는 법규명령의 일종이다.

#### (3) 총리령과 부령의 효력관계

헌법규범적으로는 총리령과 부령은 우열이 없다. 국무총리 직속기관들은 스스로 법규명령을 발령할 수 없기 때문에 소관사항에 관하여 총리령으로 발령한다. 이 경우 부령보다 총리령을 더 우위에 두기는 어렵다. 그러나 현실적으로 총리령에 어긋나는 부령의 제정은 어렵다고 보아야 한다.

### 7. 국회출석·발언권

국무총리는 국회나 그 위원회에 출석하여 국정처리상황을 보고하거나 의견을 진술하고 질문에 응답할 수 있다($^{제62조}_{제1항}$). 또한 국회나 그 위원회의 요구가 있으면 출석·답변하여야 하며, 국무위원으로 하여금 대리로 출석·답변하게 할 수 있다($^{제2}_{항}$). 제1항이 권한이라면 제2항은 의무사항이다.

## Ⅳ 국무총리의 의무와 책임

집행부의 제2인자인 국무총리는 법적·정치적으로 대통령과 국회에 대하여 의무와 책임을 진다. 이러한 책임과 의무는 상호적인 관계에 있다. 특히 국무총리의 대통령과 국회에 대한 이중의 책임은 동시에 이중의 신임에 기초한다.

(ⅰ) 국무총리는 대통령에 대하여 법적·정치적 의무와 책임을 진다.

(ⅱ) 국무총리는 국회나 그 위원회의 요구가 있으면 출석·답변하여야 하며, 국무위원으로 하여금 대리로 출석·답변하게 할 수 있다($^{제62조}_{제2항}$). 국회는 재적의원 3분의 1 이상의 발의와 재적의원 과반수의 찬성으로, 대통령에게 국무총리의 해

임을 건의할 수 있다($\frac{제63}{조}$). 대통령은 특별한 사유가 없는 한 해임건의에 응하여야 한다($\frac{해임건의의 상세는}{대통령불통제권 참조}$ 국회의). 국무총리가 직무집행에 있어서 위헌·위법한 행위를 할경우에, 국회는 재적의원 3분의 1 이상의 발의와 재적의원 과반수의 찬성으로 탄핵소추를 의결할 수 있다.

## Ⅴ 부 총 리

( ⅰ ) 부총리副總理제도는 제3공화국 이래 국무총리 소속의 부총리 겸 경제기획원 장관으로 존치되었으나, 헌법의 근거가 없다는 비판을 받아왔다. 이에 국무총리 직속의 부총리제도를 폐지하고, 주요부처 장관을 담당하는 국무위원이 부총리를 겸임하면서, 국무총리가 특별히 위임하는 사무를 처리하도록 하였다.

( ⅱ ) 2008년 이명박 정부는 정부조직을 대폭 축소하면서 부총리제도를 폐지하였다. 하지만, 2013년 박근혜 정부는 경제분야 정책을 총괄·조정하는 경제부총리제를 도입하였다. 부총리는 기획재정부장관이 겸임하며 경제정책에 관하여 국무총리의 명을 받아 관계 중앙행정기관을 총괄·조정한다($\frac{정부조직법}{제19조 제3항}$). 2014년 신설된 교육부장관이 겸임하는 사회부총리는, 교육·사회 및 문화 정책에 관하여 국무총리의 명을 받아 관계 중앙행정기관을 총괄·조정한다($\frac{정부조직법}{제19조 제5항}$). 문재인 정부와 윤석열 정부에서도 부총리제도는 유지되고 있다.

# 제 2 항   국무위원

## Ⅰ 의   의

국무위원은 국무회의의 구성원을 말한다. 국무위원은 국가최고심의기관의 구성원일 뿐만 아니라 특정 행정부처의 행정업무를 총괄하는 행정각부의 장이라는 이중적 지위에 있다. 즉, 국무위원은 정치와 행정의 중심축에 위치한다.

## Ⅱ 국무위원의 지위

### 1. 국무회의의 구성원

(ⅰ) 국무회의 구성원으로서의 국무위원은 다른 국무위원과 대등한 지위에 있다. 국무회의규정에서도 "국무회의는 구성원 과반수의 출석으로 개의하고 출석구성원 3분의 2 이상의 찬성으로 의결한다"($^{제6}_{조}$)라고 하여 국무회의의 회의체적 성격을 분명히 한다. 그러나 "국무회의는 대통령·국무총리와 15인 이상 30인 이하의 국무위원으로 구성한다"($^{헌법 제88}_{조 제2항}$). 따라서 국무회의의 구성원은 대통령·국무총리라는 의장·부의장($^{제88조}_{제3항}$)인 국무회의의 구성원과 (일반)국무위원으로 계층화되어 있다. 또한 행정각부의 장이 아니라 "국정에 관하여 대통령을 보좌"($^{제87조 제}_{2항 전문}$)하는 국무위원과 대통령·국무총리가 국무회의에서 동등한 지위를 가진다고 보기는 어렵다.

(ⅱ) 행정각부의 장은 국무위원 중에서 국무총리의 제청으로 대통령이 임명하기 때문에($^{제94}_{조}$), 행정각부의 장은 국무위원과 행정각부의 장이라는 이중적 지위를 가진다. 헌법에서 '행정각부의 장'이라고 표현하나 정부조직법에서는 그 호칭을 장관이라고 한다.

### 2. 국무위원의 신분(임면)

(ⅰ) 국무위원은 국무총리의 제청으로 대통령이 임명한다($^{제87조}_{제1항}$). 국무위원은 임명에 앞서 국회 소관상임위원회의 인사청문절차를 거쳐야 한다($^{국회법 제65조}_{의2 제2항}$). 국무위원의 임명절차는 장관의 임명절차와 동일하다($^{제94}_{조}$).

(ⅱ) "군인은 현역을 면한 후가 아니면 국무위원으로 임명될 수 없다"($^{제87조}_{제4항}$).

국무총리뿐만 아니라$\binom{제86조}{제3항}$ 국무위원도 문민주의원칙에 입각한다.

(iii) 헌법 제43조에서는 "국회의원은 법률이 정하는 직을 겸할 수 없다"라고 만 규정하고, 그 구체적인 범위는 국회법에 위임한다. 국회법에서 "의원은 국무총 리 또는 국무위원의 직 이외의 다른 직을 겸할 수 없다"라고 규정한다$\binom{제29조}{제1항}$. 또 한 "국무총리 또는 국무위원의 직을 겸한 의원은 상임위원을 사임할 수 있다" $\binom{제39조}{제4항}$라는 규정은 국무위원과 의원의 겸직을 전제로 한 규정으로 볼 수 있다.

(iv) 국무위원이 그 직을 종료하는 사유로는 ① 임명권자의 교체와 임명제청권 자인 국무총리의 교체, ② 정치적 책임추궁의 성격을 가진 대통령의 해임, 국무총리 의 해임건의$\binom{제87조}{제3항}$ 및 국회의 국무위원해임건의$\binom{제63조}{제1항}$가 있다.

## Ⅲ 국무위원의 권한

### 1. 국무회의의 소집요구 및 심의·의결권

국무위원은 의장에게 의안을 제출하고 국무회의의 소집을 요구할 수 있으며 $\binom{정부조직법}{제12조\ 제3항}$, 국무회의의 심의·의결에 참가할 권리와 의무가 있다.

### 2. 대통령의 권한대행

대통령이 궐위되거나 사고로 인하여 직무를 수행할 수 없을 때에는, 국무총리 에 이어 법률이 정하는 국무위원의 순서로 대통령의 권한을 대행한다$\binom{제71}{조}$.

(ⅰ) 국무회의의장의 직무대행은 "의장과 부의장이 모두 사고로 직무를 수행 할 수 없는 경우에는 기획재정부장관이 겸임하는 부총리, 교육부장관이 겸임하는 부총리 및 (정부조직법) 제26조 제1항에 규정된 순서에 따라 국무위원이 그 직무 를 대행한다"$\binom{정부조직법}{제12조\ 제2항}$.

(ⅱ) "국무총리가 사고로 직무를 수행할 수 없는 경우에는 기획재정부장관이 겸임하는 부총리, 교육부장관이 겸임하는 부총리의 순으로 직무를 대행하고, 국 무총리와 부총리가 모두 사고로 직무를 수행할 수 없는 경우에는 대통령의 지명 이 있으면 그 지명을 받은 국무위원이, 지명이 없는 경우에는 제26조 제1항에 규 정된 순서에 따른 국무위원이 그 직무를 대행한다"$\binom{정부조직법}{제22조}$.

### 3. 국무위원의 부서권

"대통령의 국법상 행위는 문서로써 하며, 이 문서에는 국무총리와 관계국무위원이 부서한다"($\substack{제82 \\ 조}$).

### 4. 국무위원의 국회출석·발언권

국무위원(국무총리·정무위원)은 국회나 그 위원회에 출석하여 국정처리상황을 보고하거나 의견을 진술하고 질문에 응답할 수 있는 권한을 가진다($\substack{제62조 \\ 제1항}$). 또한 국회나 그 위원회는 국무위원에 대한 출석·답변을 요구할 수 있으며, 국무위원은 이에 응하여 출석·답변하여야 한다. 그러나 정부위원으로 하여금 출석·답변하게 할 수 있다($\substack{제62조 \\ 제2항}$).

### 5. 장관으로서의 국무위원

국무위원이 전형적인 정무직이라면 장관은 행정의 책임자이다. 국무위원과 장관의 이중적 지위는 곧 행정과 정치의 융합선상에 처한 지위이다. 정치의 시대에는 국무위원으로서의 신분과 권한이 강화되고, 행정의 시대에는 행정각부의 장인 장관이 전면에 부상하게 된다.

## Ⅳ 국무위원의 책임

( ⅰ ) 국무위원의 책임은 부서·국회출석답변·탄핵소추 등과 같은 **법적 책임**과, 국무위원의 정치적 위상과 존립 그 자체를 좌우하는 **정치적 책임**으로 나누어 볼 수 있다. 국무위원의 정치적 책임은 국회의 국무위원해임건의제도($\substack{제63조 \\ 제1항}$)로 헌법에 명시되어 있다. 대통령 앞에 지는 책임에 관하여는 비록 명문의 규정이 없지만, 대통령은 임명권($\substack{제87조 \\ 제1항}$)과 더불어 면직권도 가진다($\substack{제87조 \\ 제3항}$).

( ⅱ ) 국무총리는 국무위원의 임명제청권($\substack{제87조 \\ 제1항}$)과 해임건의권($\substack{제87조 \\ 제3항}$)을 가지므로, 국무총리의 정치적 신임을 상실한 국무위원의 존재를 상정하기 어렵다.

# 제 3 항 국무회의

## I 의 의

미국식 대통령제에서는 국무회의가 헌법기관이 아니다. 의원내각제에서의 국무회의는 국가원수가 주재하지만, 실제로는 수상이 주재하는 내각회의가 실질적인 국무회의이다. 이원정부제에서 대통령이 주재하는 국무회의는 동거정부가 아닌 한, 명실상부한 국가의 최고정책심의기구이다. 그런 점에서 한국헌법의 국무회의는 이원정부제의 국무회의와 가장 가까운 제도라 할 수 있다.

## II 국무회의의 헌법에서 지위와 권한

### 1. 헌법의 필수기관

국무회의는 헌법의 필수기관이다. 특히 제89조에서는 국무회의의 필수적 심의사항을 명기한다.

### 2. 정부의 최고정책심의기관

( i ) "국무회의는 정부의 권한에 속하는 중요한 정책을 심의한다"(<sup>제88조</sup><sub>제1항</sub>). 국무회의는 국정에 관한 최고의 심의기관審議機關이다. 심의기관이므로 대통령은 국무회의의 심의에 구속되지 아니한다. 따라서 국무회의에서 심의하여 이를 의결하였다는 표현은, 국무회의에 의안이 상정되어 상정된 안건이 가결 내지 통과되었다는 의미에 불과하다. 그러므로 국무회의에서 의안이 통과되더라도 그 자체는 법적 효과를 동반하지 아니하고, 국무회의의 심의 결과에 따라 대통령을 비롯한 관계기관의 국법상 행위가 있어야 비로소 법적 효과를 발휘한다.

( ii ) 국무회의의 필수적 심의사항은 헌법 제89조에 열거되어 있다.

　　1. 국정의 기본계획과 정부의 일반정책
　　2. 선전·강화 기타 중요한 대외정책
　　3. 헌법개정안·국민투표안·조약안·법률안 및 대통령령안
　　4. 예산안·결산·국유재산처분의 기본계획·국가의 부담이 될 계약 기타 재정에 관한 중요사항
　　5. 대통령의 긴급명령·긴급재정경제처분 및 명령 또는 계엄과 그 해제

6. 군사에 관한 중요사항
   7. 국회의 임시회집회의 요구
   8. 영전수여
   9. 사면·감형과 복권
   10. 행정각부간의 권한의 획정
   11. 정부안의 권한의 위임 또는 배정에 관한 기본계획
   12. 국정처리상황의 평가·분석
   13. 행정각부의 중요한 정책의 수립과 조정
   14. 정당해산의 제소
   15. 정부에 제출 또는 회부된 정부의 정책에 관계되는 청원의 심사
   16. 검찰총장·합동참모의장·각군참모총장·국립대학교총장·대사 기타 법률이 정한 공무원과 국영기업체관리자의 임명
   17. 기타 대통령·국무총리 또는 국무위원이 제출한 사항

제17호의 규정에 따라 국정에 관한 중요안건은 전부 국무회의의 심의사항이라 할 수 있다.

(ⅲ) 대통령이 국무회의의 심의를 거치지 아니하고, 헌법 제89조에 열거된 사항에 관하여 "국법상 행위"를 하였을 경우에는, 유효요건을 결여하였으므로 무효라고 보아야 한다. 다만, 국무회의는 의결기관이 아니라 심의기관이므로, 대통령은 국무회의의 심의결과에 구속될 필요가 없다. 하지만, 대통령이 국무회의의 심의결과와 다른 국법상 행위를 할 경우에는 위헌·위법 문제를 야기할 수 있다. 이에 따라 대통령이 국무회의의 심의결과와 다른 국법상 행위를 하기는 어렵다.

### 3. 독립된 합의제기관

국무회의는 헌법에서 독립된 기관이자 합의제기관이다. 국무회의는 국무위원 사이의 합의에 의하여 회의를 운영하는 합의제기관이다. "국무회의는 구성원 과반수의 출석으로 개의하고 출석구성원 3분의 2 이상의 찬성으로 의결한다"(국무회의 규정 제6조).

## Ⅲ 국무회의의 구성과 운영

### 1. 국무회의의 구성과 운영

(ⅰ) "국무회의는 대통령·국무총리와 15인 이상 30인 이하의 국무위원으로 구성한다"(제88조 제2항). "대통령은 국무회의의 의장이 되고, 국무총리는 부의장이 된다"(제88조 제3항). "의장이 사고로 직무를 행할 수 없는 경우에는 부의장인 국무총리가 그 직무를

대행하고, 의장과 부의장이 모두 사고로 직무를 수행할 수 없으면 기획재정부장관이 겸임하는 부총리, 교육부장관이 겸임하는 부총리 및 정부조직법 제26조제1항에 규정된 순서에 따라 국무위원이 그 직무를 대행한다"(정부조직법<br>제12조 제2항).[1]

(ⅱ) "국무조정실장·인사혁신처장·법제처장·식품의약품안전처장 그 밖에 법률로 정하는 공무원은 필요한 경우 국무회의에 출석하여 발언할 수 있다"(제13조<br>제1항). 방송통신위원회('방송통신위원회의 설치 및<br>운영에 관한 법률' 제6조 제2항), 금융위원회('금융위원회의 설치 등에<br>관한 법률' 제4조 제6항), 공정거래위원회('독점규제 및 공정거래에<br>관한 법률' 제38조 제2항), 개인정보보호위원회('개인정보 보호법'<br>제7조의3 제4항), 원자력안전위원회('원자력안전위원회의 설치 및<br>운영에 관한 법률' 제6조 제3항), 국가인권위원회(국가인권위원회법<br>제6조제4항)의 위원장 및 고위공직자범죄수사처 처장('고위공직자범죄수사처 설치 및<br>운영에 관한 법률' 제17조 제3항)도 국무회의에 출석하여 발언할 수 있다.

국무회의 규정[대통령령 제33382호] 제8조(배석 등) ① 국무회의에는 대통령비서실장, 국가안보실장, 대통령비서실 정책실장, 국무조정실장, 인사혁신처장, 법제처장, 식품의약품안전처장, 공정거래위원회위원장, 금융위원회위원장, 과학기술혁신본부장, 통상교섭본부장 및 서울특별시장이 배석한다.

(ⅲ) "대통령은 국무회의 의장으로서 회의를 소집하고 이를 주재한다"(제12조<br>제1항). "국무위원은 정무직으로 하며 의장에게 의안을 제출하고 국무회의의 소집을 요구할 수 있다"(제3<br>항).

## 2. 국무회의의 구성과 운영의 문제점

(ⅰ) 국무회의에서 국무위원 사이에 토론의 활성화를 위하여 국무위원의 수를 20인 이내로 조정할 필요가 있다.

(ⅱ) 국무회의는 대통령이 언제나 직접 주재하여야 한다. 부의장인 국무총리가 주재하는 행태는 헌법기관의 민주적 운용의 원리에도 어긋난다.

---

1. 각종회의 의사정족수와 의결정족수

| | 정 족 수 |
|---|---|
| 국무회의 | 구성원 과반수의 출석으로 개의, 출석 2/3 이상의 찬성으로 의결 |
| 감사위원회의 | 재적 감사위원 과반수의 찬성으로 의결 |
| 각급선거관리위원회 | 위원 과반수의 출석으로 개의, 출석과반수의 찬성으로 의결<br>(위원장은 표결권과 가부동수일 때 결정권 가짐) |
| 대법관회의 | 대법관 전원의 3분의 2 이상의 출석과 출석 과반수의 찬성으로 의결<br>(대법원장은 표결권과 가부동수일 때 결정권 가짐) |
| 헌법재판관회의 | 재판관 7인 이상의 출석과 출석인원 과반수의 찬성으로 의결<br>(헌법재판소장은 표결권만 가짐) |

# 제 4 항  행정각부

## I  의      의

행정각부行政各部는 대통령을 수반으로 하는 행정부의 구성단위로서, 대통령과 국무총리의 지휘·통할에 따라 법정소관사무를 담당하는 중앙행정기관이다. 하지만, 행정각부는 단순히 대통령이나 국무총리의 보좌기관이 아니라 독자적으로 행정업무를 처리하는 중앙행정관청이다.

헌법재판소는 국무총리의 통할을 받지 아니하고 대통령이 직접 통할하는 중앙행정기관의 설치가 가능하다고 판시한다. 하지만, 이러한 기관의 설치는 특수기관(예컨대 국가정보원)을 제외하고는 원칙적으로 허용되어서는 아니 된다.

> "헌법 제4장 제2절 제3관(행정각부)의 '행정각부'의 의의에 관하여 학설상으로는 정부의 구성단위로서 대통령 또는 국무총리의 통할하에 법률이 정하는 소관사무를 담당하는 중앙행정기관이라든가, 또는 대통령을 수반으로 하는 집행부의 구성단위로서 국무회의의 심의를 거쳐 대통령이 결정한 정책과 그 밖의 집행부의 권한에 속하는 사항을 집행하는 중앙행정기관이라는 등으로 일반적으로 설명되고 있다. … 헌법이 '행정각부'의 의의에 관하여는 아무런 규정도 두고 있지 않지만, '행정각부의 장'에 관하여는 '제3관 행정각부'의 관에서 행정각부의 장은 국무위원 중에서 임명되며(헌법 제94조) 그 소관사무에 관하여 법률이나 대통령령의 위임 또는 직권으로 부령을 발할 수 있다(헌법 제95조)고 규정하고 있는바, 이는 헌법이 '행정각부'의 의의에 관하여 간접적으로 그 개념범위를 제한한 것으로 볼 수 있다. 즉, 성질상 정부의 구성단위인 중앙행정기관이라 할지라도, 법률상 그 기관의 장이 국무위원이 아니라든가 또는 국무위원이라 하더라도 그 소관사무에 관하여 부령을 발할 권한이 없는 경우에는, 그 기관은 우리 헌법이 규정하는 실정법적 의미의 행정각부로는 볼 수 없다는 헌법상의 간접적인 개념제한이 있음을 알 수 있다. 따라서 정부의 구성단위로서 그 권한에 속하는 사항을 집행하는 모든 중앙행정기관이 곧 헌법 제86조 제2항 소정의 행정각부는 아니라 할 것이다. 또한 입법권자는 헌법 제96조에 의하여 법률로써 행정을 담당하는 행정기관을 설치함에 있어 그 기관이 관장하는 사무의 성질에 따라 국무총리가 대통령의 명을 받아 통할할 수 있는 기관으로 설치할 수도 있고 또는 대통령이 직접 통할하는 기관으로 설치할 수도 있다 할 것이므로 헌법 제86조 제2항 및 제94조에서 말하는 국무총리의 통할을 받는 행정각부는 입법권자가 헌법 제96조의 위임을 받은 정부조직법 제29조에 의하여 설치하는 행정각부만을 의미한다고 할 것이다"(헌재 1994.4.28. 89헌마221, 정부조직법 제14조 제1항 등의 위헌여부에 관한 헌법소원(합헌,각하)).

## Ⅱ 행정각부의 장

### 1. 행정각부의 장의 이중적 지위

"행정각부의 장은 국무위원 중에서 국무총리의 제청으로 대통령이 임명한다"($^{제94}_{조}$). 따라서 행정각부의 장은 동시에 국무위원으로서 이중적 지위에 있다.

### 2. 행정각부의 장의 권한

(ⅰ) 행정각부의 장은 법률이 정하는 바에 따라 소관사무를 결정하고 집행하는 권한을 가진다. 또한 필요한 경우에 권한을 하급기관에 일부 위임할 수도 있다.

(ⅱ) "행정각부의 장은 소관사무에 관하여 법률이나 대통령령의 위임 또는 직권으로 부령을 발할 수 있다"($^{제95}_{조}$).

(ⅲ) 그 밖에도 행정각부의 장은 소관사무에 관하여 **법률안·대통령령안**의 제정·개정안을 작성하고, 소관사무를 통할하고 소속공무원을 지휘·감독한다.

## Ⅲ 행정각부의 조직·설치와 직무범위

(ⅰ) "행정각부의 설치·조직과 직무범위는 법률로 정한다"($^{제96}_{조}$). 이는 곧 정부조직법정주의를 채택하고 있음을 의미한다. 정부조직법정주의는 정부의 지나친 비대현상을 방지하고 행정조직의 안정성을 도모하기 위하여, 반드시 국회에서 제정한 법률에 의하여 행정각부를 설치·조직할 수 있는 조직원리이다. 하지만, 정부조직의 탄력성을 제고하고 책임정치를 구현하기 위하여 정부조직비법정주의를 채택하는 나라도 있다(예컨대 프랑스). 이 경우 정부조직은 새 정부조직에 관한 대통령령으로 정하여진다.

(ⅱ) 박근혜 정부의 정부조직을 일부 개정한 문재인 정부의 정부조직은 윤석열 정부에서도 여소야대 상황에서 대체로 유지된다. 대통령 직속기관이던 정책실은 폐지되었다가 다시 부활되었다. 제3의 독립기관으로 종전 국가인권위원회와 더불어 고위공직자범죄수사처가 신설되었다. 국무총리 소속기관인 국가보훈처는 차관급에서 장관급으로 격상되었다가 국가보훈부가 되었고, 개인정보보호위원회가 신설되었다. 또한 국민안전처는 폐지되고 그 산하 업무였던 소방청은 행정안전부에 해양경찰청은 해양수산부에 각기 독립관청으로 승격되었고, 보건복지부 소속으로 질병관리청이 신설되었다. 행정각부는 행정자치부가 행정안전부로 개칭되

고, 산업통상자원부 소속으로 통상교섭본부가 신설되고, 그 산하의 중소기업청은 중소벤처기업부로 승격되었다. 외교부 소속으로 재외동포청이, 과학기술정보통신부 소속으로 우주항공청이 각각 신설되었다. 문화체육관광부 소속 문화재청은 국가유산청으로 개칭되었다.

그런데, 집행기관인 방송통신위원회의 대통령 소속은 재고되어야 한다. 그러므로 방송통신위원회는 "행정에 관하여 대통령의 명을 받아 행정각부를 통할"(제86조 제2항)하는 국무총리 소속이 바람직하다.

(ⅲ) **대통령 및 소속기관**: 대통령비서실, 국가안보실, 정책실, 대통령경호처; 감사원, 국가정보원; 국가안전보장회의, 민주평화통일자문회의, 국민경제자문회의, 국가과학기술자문회의; 방송통신위원회.

(ⅳ) **제3의 독립기관**: 국가인권위원회, 고위공직자범죄수사처.

(ⅴ) **국무총리 및 소속기관**: 국무조정실, 국무총리비서실; 인사혁신처, 법제처, 식품의약품안전처; 공정거래위원회, 금융위원회, 국민권익위원회, 개인정보보호위원회, 원자력안전위원회.

(ⅵ) **행정각부 및 그 소속 외청**: 기획재정부(국세청, 관세청, 조달청, 통계청), 교육부, 과학기술정보통신부(우주항공청), 외교부(재외동포청), 통일부, 법무부(검찰청), 국방부(병무청, 방위사업청), 행정안전부(경찰청, 소방청), 국가보훈부, 문화체육관광부(국가유산청), 농림축산식품부(농촌진흥청, 산림청), 산업통상자원부(특허청), 보건복지부(질병관리청), 환경부(기상청), 고용노동부, 여성가족부, 국토교통부(행정중심복합도시건설청, 새만금개발청), 해양수산부(해양경찰청), 중소벤처기업부.

[정부조직도]

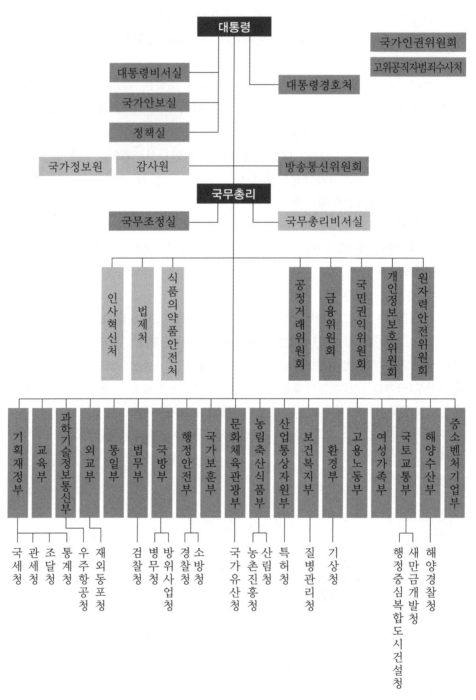

# 제 5 항  공무원제도

## Ⅰ  의     의

### 1. 헌법과 공무원제도

( ⅰ ) 헌법에서는 공무원제도에 관하여 제1장 총강 제7조에 공무원의 헌법상 지위 및 직업공무원제도를 보장한다. 그 밖에 헌법 제33조 제2항의 공무원인 근로자의 근로3권 제한, 제29조 제1항의 공무원의 불법행위책임과 국가의 배상책임, 제65조 제1항 및 제111조 제1항 제2호의 고위공무원에 대한 탄핵규정, 제24조의 공무원선거권, 제25조의 공무담임권, 제78조의 대통령의 공무원임면권 등에 관한 규정이 있다. 이들 규정에서의 공무원개념에는 다소 차이가 있다.

( ⅱ ) 공무원관계에 관한 일반법으로는 국가공무원법과 지방공무원법이 있다. 특별법으로는 교육공무원법, 경찰공무원법 등이 있다. 외국인과 복수국적자도 국가안보 및 보안·기밀 등에 관계되는 분야를 제외하고 공무원으로 임용될 수 있다(<sub>국가공무원법</sub><br>제26조의3 ).

### 2. 공무원의 의의와 범위

공무원이란 직접·간접적으로 국민에 의하여 선출되어 국가나 공공단체의 공무를 담당하고 있는 사람이다. 공무원은 국가공무원과 지방공무원으로 구분되며, 국가공무원법은 공무원을 경력직 공무원과 특수경력직 공무원으로 구분한다. 경력직 공무원은 실적과 자격으로 임용되며, 신분과 정치적 중립성이 보장되며, 일반직·특정직으로 구분된다(<sub>국가공무원법</sub><br>제2조 제2항). 특수경력직 공무원은 경력직 이외의 공무원으로서, 정무직·별정직으로 구분된다(<sub>제2조</sub><br>제3항).

"우리나라의 공무원제도는 정무직공무원의 일부를 제외하고는 대부분 성적제를 채택하고 있다고 할 수 있다(국가공무원법 제2조, 제26조, 경찰공<br>무원법 제7조, 교육공무원법 제2장). 국민주권주의와 국민의 기본권보장을 양대 지주(支柱)로 하고 있는 우리나라의 헌법이념상 공무원은 과거와 같이 집권자에의 충성관계나 관료적인 공리(公吏)로서가 아니라 국민의 수임자로서 국민에게 봉사하는 것을 본래의 사명으로 하고 전문적 기술적 행정을 담당함을 그 목적으로 하는 기관이라는 의미에서 공무원제도는 민주성과 중립성, 전문성, 능률성을 가진 직업공무원임을 특질로" 한다( 헌재 1993.9.27. 92헌바21. 1980년해직공무원의보상<br>등에관한특별조치법 제4조에 대한 헌법소원(합헌) ).

## Ⅱ 국민 전체에 대한 봉사자

국민주권주의 원리에 따라 공무원은 주권자인 전체국민의 이익을 위하여 봉사하여야 한다. 여기서 공무원은 모든 공무원을 의미한다.

## Ⅲ 국민에 대한 책임

### 1. 책임의 성격

공무원의 국민에 대한 책임은 정치적·윤리적 책임뿐만 아니라 공무원관계의 특성을 고려하건대, 주권자인 국민에 대한 법적 책임 또한 부인할 수 없다.

### 2. 책임의 유형

책임의 유형으로 ① 정치적 책임으로는 선거직 공무원의 차기선거에서의 심판, 국무총리·국무위원에 대한 해임건의($^{제63}_{조}$), 불법행위를 한 공무원의 처벌청원($^{제26}_{조}$) 등이 있다. ② 법적 책임으로는 대통령·국무총리·국무위원 등 고위공무원에 대한 탄핵소추 및 탄핵심판($^{제65조}_{제111조}$), 국가배상책임($^{제29}_{조}$), 기타 공무원에 대한 징계책임·변상책임·형사책임추궁 및 임용권자에 의한 해임 등이 있다.

## Ⅳ 직업공무원제도

### 1. 의    의

헌법 제7조 제2항은 "공무원의 신분과 정치적 중립성은 법률이 정하는 바에 의하여 보장된다"라고 하여 직업공무원제도를 규정한다. 이는 엽관제에 대비되는 제도로서 직업공무원제도의 확립을 위하여 과학적 계급제, 성적주의, 인사의 공정, 공무원의 신분보장 및 정치적 중립성의 확보가 전제되어야 한다.

### 2. 직업공무원의 범위

공무원에는 경력직·특수경력직이 다 포함되지만, 정치적 중립성이 보장되는 직업공무원에는 협의의 공무원인 경력직 공무원 즉, 일반직·특정직 공무원이 있다.

### 3. 신분보장

（ⅰ）공무원은 국민전체에 대한 봉사자이기 때문에 신분이 보장되어야 한다. 국가공무원법 제3조, 제68조, 제78조 등은 공무원에 대한 부당한 휴직, 강임, 면직, 기타 징계처분의 금지를 규정한다.

（ⅱ）국가공무원법($^{제}_{79조}$)은 징계의 종류로서 "파면·해임·강등·정직停職·감봉·견책譴責"을 규정한다. 다만, 정무직 공무원과 별정직 공무원은 직업공무원으로서의 신분보장을 받지 못한다. 그런데, 법상 공무원으로 임용될 수 없는 결격사유가 있음에도 불구하고 공무원으로 임용된 경우에는, 그 임용 자체가 무효이다. 하지만, 이 경우에도 사실상 공무원으로서 재임 중에 한 업무는 유효하다.

### 4. 정치적 중립성

（ⅰ）공무원에 대한 정당의 간섭은 배제되며, 공무원의 정당가입 기타 정당활동은 금지된다. 일반직 공무원의 정치적 중립성은 보장되어야 하겠지만, 이를 이유로 정치적 표현의 자유를 제한할 수는 없다.

（ⅱ）공직선거법($^{제9조}_{제1항}$)은 "공무원 기타 정치적 중립을 지켜야 하는 자($^{기관·단체를}_{포함한다}$)는 선거에 대한 부당한 영향력의 행사 기타 선거결과에 영향을 미치는 행위를 하여서는 아니 된다"라고 하여 선거에서의 공무원의 정치적 중립의무를 규정하고 있다. 이는 "국민 전체에 대한 봉사자"로서의 공무원의 지위를 규정하는 헌법 제7조 제1항, 자유선거원칙을 규정하는 헌법 제41조 제1항 및 제67조 제1항, 정당의 기회균등을 보장하는 헌법 제116조 제1항으로부터 나오는 헌법적 요청이다. 공직선거법 제9조는 이를 구체화하고 실현하는 법규정이다($^{헌재\ 2004.5.14.\ 2004헌나1.}_{대통령(노무현)\ 탄핵(기각)}$).

（ⅲ）공무원의 정치적 중립성을 구현하기 위하여 헌법재판관과 중앙선거관리위원회 위원의 정당 가입을 금지한다. 한편, 정무직 공무원, 별정직 공무원, 조교수 이상의 교원은 정당가입이 예외적으로 허용된다.

（ⅳ）국군의 정치개입을 금지하기 위하여 헌법 제5조 제2항에서는 특별히 군의 정치적 중립성을 규정한다. 이는 제6공화국헌법에서 처음으로 도입된 조항이다.

## Ⅴ　공무원의 임면과 권리의무

### 1. 임　면

헌법 제78조는 "대통령은 헌법과 법률이 정하는 바에 의하여 공무원을 임면한다"라고 규정하는바, 임면에는 보직·전직·휴직·징계처분 및 파면이 포함된다. 대통령의 공무원임면에는 국회의 동의·일정기관의 제청·국무회의의 심의·해임건의 등 헌법 및 법률의 제한이 있다.

## 2. 권리의무

공무원은 공법적 근무관계에 따른 포괄적인 권리·의무를 가진다. 권리로는 직무상 가지는 각종의 권한, 봉급·연금 등 재산권, 행정소송제기권 등이 있다. 의무로는 직무전념의무, 법령준수의무, 명령복종의무, 비밀엄수의무, 품위유지의무 등이 있다. 특히 국민에 대한 무한봉사책임을 지는 공무원의 청렴 및 부패방지를 위하여 국민권익위원회($\binom{\text{부패방지 및 국민권익위원회}}{\text{의 설치와 운영에 관한 법률}}$) 소관으로 '부정청탁 및 금품등 수수의 금지에 관한 법률'(請託禁止法)이 시행됨에 따라 공무원의 청렴의무가 강조된다.

## 3. 공무원의 기본권제한

### (1) 정치활동의 제한

국가공무원법($\binom{\text{제65}}{\text{조}}$)과 지방공무원법($\binom{\text{제57}}{\text{조}}$)은 공무원의 일정한 정치활동금지를 규정한다. 이에 따라 공무원은 집단·연명連名으로 또는 단체의 명의를 사용하여 국가의 정책을 반대하거나 국가정책의 수립·집행을 방해하여서는 아니 되며 ($\binom{\text{국가공무원 복무규정 제3조 제2항, 지}}{\text{방공무원 복무규정 제1조의2 제2항}}$), 직무를 수행할 때 제3조에 따른 근무기강을 해치는 정치적 주장을 표시하거나 상징하는 복장 또는 관련 물품을 착용하여서는 아니 된다 ($\binom{\text{국가공무원 복무규정 제8조의2 제2항,}}{\text{지방공무원 복무규정 제1조의3 제2항}}$). 정당법($\binom{\text{제22조 제}}{\text{1항 단서}}$)의 규정에 따라 정무직 공무원을 제외한 국가공무원법 제2조 및 지방공무원법 제2조에 규정된 공무원은 정당발기인이나 당원이 될 수 없다. 또한 공직선거법($\binom{\text{제85조·}}{\text{제86조·}}$)은 공무원의 선거에 영향을 미치는 행위를 금지한다. 이와 같은 공무원의 정치활동제한의 근거로는 대국민봉사자설, 특별권력관계설, 공무성설 등이 있다. 하지만, 정치활동의 제한은 공무원인 국민의 정치적 기본권과 갈등관계에 있다.

### (2) 근로3권의 제한

헌법 제33조 제2항 및 국가공무원법 제66조는 공무원인 근로자는 법률이 정하는 자에게만 근로3권을 인정한다. 국가공무원법 제66조 제1항은 근로3권이 보장되는 공무원의 범위를 사실상 노무에 종사하는 공무원에 한정한다.

### (3) 군인(군무원)의 기본권제한

(ⅰ) "국가방위와 국민의 보호를 사명으로 하는 군인의 기본권을 보장하고, 군

인의 의무 및 병영생활에 대한 기본사항"을 규정한 '군인의 지위 및 복무에 관한 기본법'이 제정되어 있다.

　　장교는 군무와 관련된 고충사항을 집단으로 진정 또는 서명하는 행위를 하여서는 아니 된다고 규정한 '군인의 지위 및 복무에 관한 기본법' 중 '장교'에 관한 부분은 표현의 자유를 침해하지 아니한다(5:4)(헌재 2024.4.25. 2021헌마1258. 군인의 지위 및 복무<br>에 관한 기본법 제31조 제1항 제5호 위헌확인(기각)).

(ⅱ) 군인(군무원)도 넓은 의미의 공무원이기 때문에 일반공무원에 대한 기본권제한이 그대로 적용된다. 하지만, 군인(군무원) 신분의 특수성으로 인하여 일반공무원에 비하여 특별한 기본권 제한이 야기되기도 한다(헌재 2018.7.26. 2016헌바139. 구).<br>군형법 제94조 위헌소원(합헌)

(ⅲ) 군인·군무원은 헌법상 예외법원인 군사법원의 재판을 받는다(제110조<br>제1항). 따라서 일반법원에 의한 재판청구권이 제한된다.

(ⅳ) 군인·군무원 등은 전투·훈련 등 직무집행과 관련하여 입은 손해에 대하여는 법률이 정하는 보상 외에 국가 또는 공공단체에 공무원의 직무상 불법행위로 인한 배상을 청구할 수 없다(제29조<br>제2항).

(ⅴ) 헌법의 병역의무(제39<br>조)와 국군조직법(제6조·제10<br>조 제2항)·군인사법(제47조·<br>제47조의2)에 근거하여 군인복무규율(제13<br>조)에서는 군복무에 관한 기강을 저해하거나 군무의 본질을 해치는 군무 이외의 집단행위를 금지한다.

(ⅵ) 병역법에서는 병역의무자에 대하여 해외여행의 허가 및 취소(제70<br>조), 불이행자에 대한 제재(제76<br>조)를 규정하고 있다(귀국보증인제도는 폐지되었다). 이는 국방의무의 성실한 이행을 위한 일련의 조치이다.

(4) 특수신분관계에 의한 제한

공무원은 국가 등과 공법상 특수신분관계를 맺는다. 이에 따라 국가 등의 질서유지 및 특수신분관계의 목적달성을 위하여 필요하고 합리적인 범위 안에서 일반국민과는 다른 특별한 제한을 받는다. 하지만, 법치주의 원칙에 따라 이러한 제한에도 헌법과 법률의 근거가 있어야 한다.

(5) 제한의 한계

공무원도 국민이므로 기본권제한은 국민 또는 근로자로서의 기본권과 조화될 수 있는 범위 안에서 한정적으로 인정된다.

# 제 3 절  감 사 원

## Ⅰ  의  의

헌법편제에서 제4장 정부의 제2절 행정부 안에 제4관 감사원($^{제97조~}_{제100조}$)을 규정한다. 감사원은 국가의 예산집행에 대한 회계감사와 공무원의 직무감찰을 담당하는 대통령 직속기관이다.

제헌헌법부터 제2공화국헌법에서는 회계감사권을 가진 심계원과 직무감찰권을 가진 감찰위원회가 분리되어 있었다. 현행 감사원 제도는 제3공화국헌법부터 오늘에 이른다.

## Ⅱ  감사원의 헌법에서 지위

### 1. 대통령소속기관

감사원은 헌법기관으로서 '대통령소속하'($^{제97}_{조}$)의 중앙행정기관이다. 즉, 감사원은 헌법편제에서 행정부소속기관이므로 감사원은 행정부 수반인 대통령소속기관으로 보아야 한다.

### 2. 독립기관

( i ) 감사원은 비록 대통령소속기관이긴 하지만, 직무상 독립된 기관이다. 즉, "감사원은 대통령에 소속하되, 직무에 관하여는 독립의 지위를 가진다"($^{감사원법 제}_{2조 제1항}$). 감사는 본질적으로 누구의 지시나 감독을 받아서는 그 기능을 독자적으로 공정하게 수행할 수 없다. 감사원의 독립성을 제도적으로 뒷받침하기 위하여 감사원장 임명에 있어서 국회의 동의($^{제98조}_{제2항}$), 감사위원의 정치운동 금지($^{법}_{제10조}$)·겸직 제한($^{제9}_{조}$) 등을 통한 신분보장과 더불어 감사원의 인사·조직·예산의 독립성이 보장되어야 한다. 즉, "감사원 소속 공무원의 임면(任免), 조직 및 예산의 편성에 있어서는 감사원의 독립성이 최대한 존중되어야 한다"($^{제2조 제2}_{항. 제18조}$).

( ii ) "감사원은 세입·세출의 결산을 매년 검사하여 대통령과 차년도국회에 그 결과를 보고하여야 한다"($^{제99}_{조}$).

## 3. 합의제 의결기관

감사원법에서는 "감사위원회의는 재적 감사위원 과반수의 찬성으로 의결한다"($^{제11조}_{제2항}$)라고 하여, 감사원을 합의제의결기관으로 규정한다. 감사위원회의에서 감사원장과 감사위원은 법적으로 동등한 지위에 있다. 업무처리의 능률성·신속성보다는 업무처리의 공정성·객관성에 중점을 둔다.

## Ⅲ  감사원의 구성

### 1. 감사원의 구성

"감사원은 원장을 포함한 5인 이상 11인 이하의 감사위원으로 구성한다"($^{제98조}_{제1항}$). 감사원법에서는 "감사원은 감사원장을 포함한 7명의 감사위원으로 구성한다"($^{제3}_{조}$)라고 규정한다.

### 2. 감사원장과 감사위원의 임명

감사원장은 국회의 동의를 얻어 대통령이 임명한다($^{제98조}_{제2항}$). 감사위원은 원장의 제청으로 대통령이 임명한다($^{제98조}_{제3항}$).

### 3. 감사원장과 감사위원의 임기 및 신분보장

감사원장과 감사위원의 임기는 4년이고 1차에 한하여 중임할 수 있다($^{제98조 \ 제2}_{항, \ 제3항}$). 감사원장과 감사위원의 임기를 대통령의 임기와 달리함으로써 헌법상 독립기관성을 제고하고자 하는 취지로 이해된다. 감사위원은 정치운동금지($^{제10}_{조}$)·겸직제한($^{제9}_{조}$) 등을 통하여 신분을 보장받는다. 감사원장의 정년 70세, 감사위원의 정년 65세($^{제6조}_{제2항}$) 규정은 헌법상 중임제한과 더불어 장기재직에 따른 폐해를 시정하려는 취지로 보인다.

## Ⅳ  감사원의 권한

### 1. 세입·세출의 결산검사·보고권 및 회계검사권

(ⅰ) 감사원은 "국가의 세입·세출의 결산, 국가 및 법률이 정한 단체의 회계검사"($^{제97조}_{제1항}$)를 담당한다. "감사원은 세입·세출의 결산을 매년 검사하여 대통령

과 차년도국회에 그 결과를 보고하여야 한다"(<sup>제99</sup><sub>조</sub>). 감사원은 결산에 관한 권한만 가지며, 예산에 관하여는 헌법상 아무런 권한이 없다.

(ⅱ) "국회는 의결로 감사원에 대하여 감사원법에 따른 감사원의 직무 범위에 속하는 사항 중 사안을 특정하여 감사를 요구할 수 있다. 이 경우 감사원은 감사 요구를 받은 날부터 3개월 이내에 감사 결과를 국회에 보고하여야 한다"(<sup>국회법 제127조</sup><sub>의2 제1항</sub>).

## 2. 직무감찰권

(ⅰ) 감사원은 "행정기관 및 공무원의 직무에 관한 감찰"을 담당한다. 감찰권의 범위에는 공무원의 비위감찰뿐만 아니라 행정감찰도 포함된다. 또한 감사원법(<sup>감사원법 제34</sup><sub>조의3 제1항</sub>)에서는 적극행정에 대한 면책제도를 마련하고 있다.

> 감사원이 지방자치단체에 대하여 자치사무의 합법성뿐만 아니라 합목적성에 대하여도 감사한 행위의 근거인 감사원법의 관련규정은 지방자치단체가 가지는 지방자치권의 본질을 침해하지 아니한다(<sup>헌재 2008.5.29. 2005헌라3, 강남구청</sup><sub>등과 감사원 간의 권한쟁의(각하,기각)</sub>).

(ⅱ) 그러나 공무원 중에서 국회·법원·헌법재판소 소속공무원은 제외된다. 감사원이 대통령소속기관이기 때문이다. 하지만, 중앙선거관리위원회에 대한 감사에 관하여는 논란이 제기된다.

> 선관위는 2023.7.28. 헌법재판소에 감사원 직무감찰과 관련한 권한쟁의 심판(2023헌라5)을 청구하였다. "이번 권한쟁의심판 청구는 경력 채용과 관련한 감사원의 감사를 거부하거나 회피하기 위한 것이 아니다"라며 "현재 감사원 감사에 성실히 임하고 있다"고 밝혔다. 선관위는 이어 "헌법상 독립기관인 선관위에 대한 감사원의 감사 범위가 명확히 정리돼 국가기관 간 불필요한 논란이 재발하지 않기를 바란다"고 하였다. 선관위는 헌법 97조에서 감사원의 감사 범위에 선관위가 빠져 있고, 국가공무원법 17조에 '인사 사무 감사를 선관위 사무총장이 한다'는 내용이 담겼다는 이유로 감사원의 직무감찰을 받을 수 없다고 주장하여왔다. 반면 감사원은 감사원법에 감사 제외 대상으로 국회, 법원, 헌재를 정해뒀지만, 선관위는 포함되지 않았다며 직무감찰이 가능하다는 입장이다. 이를 두고 여권은 감사원, 야권은 선관위를 두둔하며 정치권 공방으로 번졌다.

## 3. 감사 결과 처리에 관한 권한

(ⅰ) 감사원은 감사 결과에 따라 회계관계직원 등에 대한 변상책임의 유무를 심리하고 판정한다(<sup>감사원법 제</sup><sub>31조 제1항</sub>). 변상판정처분에 대하여는 곧바로 행정소송을 청구할 수 없고 재결裁決에 해당하는 재심의再審議 판정(<sup>제7절</sup><sub>재심의</sub>)에 대하여서만 감사원을 피고로 행정소송을 제기할 수 있다(<sup>대판 1984.4.</sup><sub>10. 84누91</sub>).

(ⅱ) 감사원은 공무원에 대하여 징계·문책($^{제32조}_{제1항}$), 시정·주의($^{제33조}_{제1항}$), 법령·제도·행정제도의 개선($^{제34조}_{제1항}$) 등을 요구할 수 있다.

(ⅲ) 감사원은 감사 결과에 관련하여 피감사기관에 일련의 요구권을 가지지만 직접 명령이나 처분을 내릴 권한은 가지지 아니한다.

## 4. 감사원규칙제정권

감사원법 제52조에 의하면 감사원은 감사에 관한 절차·감사원의 내부규율과 감사사무처리에 관한 규칙을 제정할 수 있다. 헌법의 근거 없이는 법규명령을 제정할 수 없으므로, 감사원규칙의 법적 성격은 **행정명령**으로 보아야 한다.

# 제 4 절  지방자치제도

## I  의  의

### 1. 지방자치의 의의

지방자치제도라 함은 일정한 지역을 단위로 일정한 지역의 주민이 그 지방주민의 복리에 관한 사무·재산관리에 관한 사무·기타 법령이 정하는 사무($\substack{헌법 제117 \\ 조 제1항}$)를 그들 자신의 책임에 따라 자신들이 선출한 기관이 직접 처리하게 함으로써, 지방자치행정의 민주성과 능률성을 제고하고 지방의 균형 있는 발전과 아울러 국가의 민주적 발전을 도모하는 제도이다. 지방자치는 지방주민으로 하여금 스스로 다스리게 한다면 자연히 민주주의가 육성·발전될 수 있다는 소위 '풀뿌리민주주의'grass-roots democracy를 그 이념적 배경으로 한다.

### 2. 중앙집권과 지방분권

지방자치의 활성화는 연방국가와 단일국가의 경계선을 무너뜨리는 결과를 초래할 수 있다. 이러한 현상은 단일국가로서 지방자치를 완결된 형태로 실시하는 이탈리아에서 나타난다.

## II  지방자치선거법제

(제1편 제4장 제3절 제2관 제3항 민주적 선거제도 참조)

## III  헌법과 지방자치

### 1. 한국헌법의 지방자치

(ⅰ) 제헌헌법 이래 지방자치에 관한 규정을 마련한다. 그러나 제1공화국과 제2공화국에서의 짧은 기간을 제외하고는 지방자치가 실시되지 못하였다.

(ⅱ) "지방자치단체는 주민의 복리에 관한 사무를 처리하고 재산을 관리하며, 법령의 범위 안에서 자치에 관한 규정을 제정할 수 있다"($\substack{제117조 \\ 제1항}$). "지방자치단체의 종류는 법률로 정한다"($\substack{동조 \\ 제2항}$). "지방사치단체에 의회를 둔다"($\substack{제118조 \\ 제1항}$). "지방의

회의 조직·권한·지방의원과 지방자치단체의 장의 선임방법 기타 지방자치단체의 조직과 운영에 관한 사항은 법률로 정한다"(동조 제2항).

## 2. 지방자치의 본질

### (1) 지방자치의 유형: 주민자치와 단체자치

(ⅰ) 연혁적으로 지방자치의 유형은 주민자치와 단체자치로 구분된다. 주민자치란 정치와 행정이 그 지방주민의 의사에 따라 행하여지는 지방자치를 말한다. 단체자치란 국가 안에서 일정한 지역을 기초로 독립된 법인격과 자율권을 가진 단체에 의하여 행하여지는 지방자치를 말한다. 주민자치는 지방주민으로 구성된 명예직 공무원이 공공업무를 수행한다는 점에서 정치적 의미의 지방자치라고도 한다. 반면에, 단체자치는 법적 능력이 있는 지방자치단체에 의하여 공공업무를 수행한다는 점에서 법률적 의미의 지방자치라고도 한다.[1]

(ⅱ) 또한 지방자치는 직접민주제를 기초로 하는 주민총회형과 대표(간접)민주제를 기초로 하는 의원내각제형과 수장제형이 있다. ① **주민총회형**은 지역주민이 지방의회를 구성하면서 동시에 집행의 책임을 진다(스위스). ② **의원내각제형**은 지방의회의 의원만 주민이 직접선출하고, 자치단체의 장은 지방의회에서 선출한다. ③ **수장제형**(대통령제형)은 지방의회의원은 물론 지방자치단체의 장까지 주민이 직접선출한다.

(ⅲ) 그러나 지방자치에 관한 전통적인 주민자치와 단체자치는 각 국가의 특수한 법적·역사적 환경 속에서 형성되었기 때문에, 어느 하나만을 지방자치의 본질적 징표로 삼을 수는 없으므로, 주민자치의 민주주의원리와 단체자치의 지방분

---

1. 주민자치와 단체자치의 특징은 다음과 같이 설명된다. 홍정선, 지방자치법학, 13면 참조.

| 사 항 | 주민자치 | 단체자치 |
|---|---|---|
| 기원 | 영국, 미국 | 독일, 프랑스 |
| 기본원리 | 민주주의적 자기통치 | 지방분권 |
| 자치권의 성질 | 자연권으로서의 주민의 권리 (고유권) | 실정권으로서의 단체의 권리 (전래권) |
| 자치기관의 성격 | 국가의 지방행정청 | 독립기관으로서의 자치기관 |
| 자치의 중점 | 주민의 참여 | 국가로부터 독립 |
| 지방정부 형태 | 기관통합(단일)주의 의결기관인 동시에 집행기관 | 기관대립주의 집행기관과 의결기관의 분리 |
| 국가의 감독형식 | 입법적·사법적 감독중심 | 행정적 감독중심 |
| 법적 권한부여 | 개별적 수권주의 | 포괄적 수권주의 |
| 지방세제도 | 독립세주의 | 부가세주의 |

권원리를 대립적으로 이해하여도 아니 된다. 헌법 제118조에서는 지방의회의원선거를 명시함으로써 대표기관의 구성에 지역주민의 의사가 직접 반영되게 함으로써 민주적 정당성을 부여한다. 또한 헌법 제117조 제1항에서는 지방자치단체의 존립을 보장하고 "주민의 복리에 관한 사무와 주민의 재산을 관리하도록" 함으로써 자치권을 보장한다. 이는 중앙과 지방 사이에 권한배분의 원리에 입각한 권력분립의 한 유형이며, 동시에 권한이 있는 곳에 책임도 따른다는 점을 분명히 한다.

### (2) 지방자치의 제도보장

( i ) 지방자치단체가 가지는 자치권의 본질에 관하여는, 국가성립 이전부터 지역주민이 보유한 고유권능이라는 (자치)고유권설과, 국가가 승인하는 한도 안에서만 행사할 수 있는 위임된 권능이라는 (자치)전래권설이 대립되어왔다. 하지만, 지방자치는 헌법과 법률 아래에서 행하여질 수밖에 없으므로 자치전래권설(自治傳來權說)에 입각할 수밖에 없다(통).

( ii ) 한국헌법에서 지방자치에 관한 기본적인 보장(제도보장)은 헌법 제117조 제1항에 규정되어 있으므로, 지방자치단체의 자치권이 입법에 의하여 본질적 내용의 변질이 초래되어서는 아니 된다.

( iii ) 지방자치의 구체적 내용은 헌법 제117조 제1항 후단, 제117조 제2항, 제118조 제2항에 의하여 법률에 유보된다.

# Ⅳ 지방자치법제

## 1. 지방자치단체

지방자치단체라 함은 국가 안의 일정한 지역을 기초로 하고, 그 지역의 주민을 구성원으로 하여, 국가로부터 부여된 지방행정을 담당하는 단체를 말한다.

( i ) 인적 구성요소는 주민이다.

( ii ) 공간적 요소는 지역이다. 즉, 일정한 지역을 기초로 한 지역단체이다. 그러나 국가주권에 종속된다. 지방자치단체는 독립된 법인격을 가진 법인이다. 일정한 지역에 대한 지배권을 가진다는 점에서 다른 공법인과 구별된다.

( iii ) 권능적 요소는 자치권이다. 자치입법권 · 자치조직권 · 자치행정권 · 자치재정권을 가진다.

( iv ) 기능적 요소는 고유사무의 수행이다. 즉, 어느 정도 독립하여 지방사무를 수행한다. 지방자치단체가 수행하는 사무에는 자치사무 · 단체위임사무 · 기관위

임사무가 있다. 이 중에서 자치사무가 고유사무이고, 단체위임사무는 법률에 의한 지방자치단체의 사무이며, 기관위임사무는 국가 또는 상위지방자치단체의 하위기관으로서의 지방자치단체의 장의 사무이다.

법령상 지방자치단체의 장이 처리하도록 하고 있는 사무가 자치사무인지, 기관위임사무에 해당하는지 여부를 판단하면서는 그에 관한 법령의 규정 형식과 취지를 우선 고려하여야 하지만, 그 외에도 그 사무의 성질이 전국적으로 통일적인 처리가 요구되는 사무인지 여부나 그에 관한 경비부담과 최종적인 책임귀속의 주체 등도 아울러 고려하여 판단하여야 한다(대판 2010.10.14. 2008다92268).

## 2. 지방자치단체의 종류

"지방자치단체의 종류는 **법률**로 정한다"(헌법 제117조 제2항). 특별시·광역시·특별자치시·도·특별자치도, 시·군·자치구가 일반지방자치단체이다(지방자치법 제2조 제1항). "제1항의 지방자치단체 외에 특정한 목적을 수행하기 위하여 필요하면 따로 **특별지방자치단체**를 설치할 수 있다. 이 경우 특별지방자치단체의 설치 등에 관하여는 제12장에서 정하는 바에 따른다"(제2조 제3항). 한편, 지방자치단체는 아니지만 인구 50만 이상 또는 100만 이상인 대도시의 사무특례 등을 마련하기 위하여 **특례시** 제도를 도입하고 있다(지방분권 및 지방행정체제 개편에 관한 특별법 제40조).

'제주특별자치도 설치 및 국제자유도시 조성을 위한 특별법'(구 제주도 행정체제 등에 관한 특별법), '강원특별자치도 설치 등에 관한 특별법', '전북특별자치도 설치 등에 관한 특별법', '세종특별자치시 설치 등에 관한 특별법'의 제정으로 특별자치도와 특별자치시가 신설되었다.

특별시·광역시 및 특별자치시가 아닌 인구 50만 이상의 시에는 자치구가 아닌 구를 둘 수 있고 '자치구가 아닌 구의 구청장은 시장이 임명한다' 부분이 행정구 주민의 평등권을 침해하지 아니한다(헌재 2019.8.29. 2018헌마129, 지방자치법 제3조 제3항 등 위헌확인(기각,각하)).

① 일정 지역 내의 지방자치단체인 시·군을 모두 폐지하여 지방자치단체의 중층구조의 단층화는 헌법상 지방자치제도의 보장에 위반되지 아니한다. ② 제주도의 지방자치단체인 시·군을 모두 폐지하는 '제주도 행정체제 등에 관한 특별법' 제3조 및 '제주특별자치도 설치 및 국제자유도시 조성을 위한 특별법' 제15조 제1항·제2항은 제주도민들의 선거권 및 피선거권의 참정권을 침해하지 아니한다. ③ 제주도의 지방자치단체인 시·군을 폐지하는 입법을 위해 제주도 전체에 대한 주민투표 실시가 폐지되는 지방자치단체의 주민들의 청문권을 침해하지 아니한다(헌재 2006.4.27. 2005헌마1190, 제주특별자치도의 설치 및 국제자유도시조성을 위한 특별법안 제15조 제1항 등 위헌확인(기각)).

## 3. 지방자치단체의 기관과 권한

### (1) 지방자치단체의 기관

지방자치단체의 의결기관은 지방의회, 집행기관은 지방자치단체의 장이다.

#### A. 지방의회 – 의결기관

지방자치단체의 의결기관인 지방의회의 조직은 법률로 정한다(<sup>헌법 제118</sup><sub>조 제2항</sub>). 지방자치법에서 지방의회는 지방의회의원으로 구성되는데, 지방의회의원의 선거는 법률로 정한다(<sup>헌법 제118조 제2항,</sup><sub>지방자치법 제36조</sub>).

#### B. 단체의 장 – 집행기관

헌법은 지방자치단체의 장의 선임방법을 법률로 정하도록 하고(<sup>제118조</sup><sub>제2항</sub>), 지방자치법은 이를 보통·평등·직접·비밀선거로 선출하도록 규정한다(<sup>제107</sup><sub>조</sub>). 장의 임기는 4년으로 하고 계속 재임은 3기에 한한다(<sup>제108</sup><sub>조</sub>). 한편, 지방자치단체의 장이 금고 이상의 형의 선고를 받은 경우 부단체장으로 하여금 그 권한을 대행하도록 한 규정(<sup>제111조 제1</sup><sub>항 제3호</sub>)은 위헌으로 결정된 바 있다(<sup>헌재 2010.9.2. 2010헌마418. 지방자치법 제111조</sup><sub>제1항 제3호 위헌확인(헌법불합치,적용중지)</sub>).

#### C. 지방교육자치

( i ) 지방교육자치의 기본원리로는 ① 주민참여의 원리, ② 지방분권의 원리, ③ 일반행정으로부터의 독립, ④ 전문직 관리의 원칙 등을 들 수 있다.

( ii ) '지방교육자치에 관한 법률'은 광역자치단체에 교육자치를 시행하기 위하여 의결기관으로서 시·도의회를, 집행기관으로서 교육감을 둔다(<sup>제18</sup><sub>조</sub>). 교육감은 주민직선으로 선출된다(<sup>제43</sup><sub>조</sub>). 하지만, 교육감직선제는 많은 문제점을 야기한다.

> 교육감선거운동과정에서 후보자의 과거 당원경력 표시를 금지시키는 '지방교육자치에 관한 법률' 관련 규정은 표현내용에 관한 규제로서 중대한 공익 실현을 위하여 불가피한 경우에 엄격한 요건에 따라 허용된다. 다만, 이 규정은 교육감선거후보자의 정치적 표현의 자유를 침해하지 아니한다(<sup>헌재 2011.12.29. 2010헌마285. 지방교육자치</sup><sub>에 관한 법률 제46조 제3항 위헌확인(기각)</sub>).

### (2) 지방자치단체의 권한

지방자치단체는 "주민의 복리에 관한 사무를 처리하고, 재산을 관리하며, 법령의 범위안에서 자치에 관한 규정을 제정할 수 있다"(<sup>헌법 제117조 제1항, 지방</sup><sub>자치법 제1장 제3절 참조</sub>).

#### A. 고유사무처리권: 주민복리에 관한 사무처리권

지방자치단체는 주민의 복리를 위하여 지방행정권을 가진다. 주민복리에 관한 사무를 고유사무라고 한다.

#### B. 자치입법권: 조례條例와 규칙規則

( i ) "지방자치단체는 … 법령의 범위안에서 자치에 관한 규정을 제정할 수 있

다"(<sub>조 제1항</sub><sup>헌법 제117</sup>). 자치입법권은 지방자치단체가 법령의 범위에서 그 사무에 관하여 조례를 제정하는 권한과, 지방자치단체의 장이 법령 또는 조례의 범위에서 그 권한에 속하는 사무에 관하여 규칙을 제정하는 권한을 말한다(<sub>제3장</sub><sup>지방자치법</sup>). 또한 교육감은 교육규칙제정권을 가진다(<sub>관한 법률 제25조</sub><sup>지방교육자치에</sup>).

( ii ) 헌법 제117조 제1항에 근거하여 지방자치단체는 자주입법권으로서 조례를 제정할 수 있다. 즉, 헌법 제117조 1항에서 "법령의 범위안에서" 지방자치단체에 조례제정권이 부여되기 때문에, 개개의 법률에 특별한 규정이 없더라도 조례를 제정할 수 있다.

> 조례의 제정권자인 지방의회는 선거를 통해서 그 지역적인 민주적 정당성을 지니고 있는 주민의 대표기관이고 헌법이 지방자치단체에 포괄적인 자치권을 보장하고 있는 취지로 볼 때, 조례에 대한 법률의 위임은 법규명령에 대한 법률의 위임과 같이 반드시 구체적으로 범위를 정하여 할 필요가 없으며 포괄적인 것으로 족하다(<sub>판매기설치금지조례 제4조 등 위헌확인(기각)</sub><sup>헌재 1995.4.20. 92헌마264등, 부천시담배자동</sup>).

(iii) 한편, 헌법 제117조의 조례제정권에 벌칙罰則을 내용으로 하는 조례제정권을 포함할 것이냐에 관하여 지방자치법 제28조 제1항 단서에서 "다만, 주민의 권리 제한 또는 의무 부과에 관한 사항이나 벌칙을 정할 때에는 법률의 위임이 있어야 한다"라고 규정함으로써 조례에 의한 벌칙제정권을 간접적으로 인정한다.

(iv) "지방자치단체의 장은 법령 또는 조례의 범위에서 그 권한에 속하는 사무에 관하여 규칙을 제정할 수 있다"(<sub>조</sub><sup>제29</sup>). "시·군·자치구의 규칙은 시·도의 조례나 규칙을 위반해서는 아니 된다"(<sub>조</sub><sup>제30</sup>). 또한 교육감은 법령 또는 조례의 범위 안에서 그 권한에 속하는 사무에 관하여 교육규칙을 제정할 수 있다(<sub>률 제25조 제1항</sub><sup>지방교육자치에관한법</sup>).

( v ) 조례로써 규정할 수 있는 사항은 형식적으로 헌법과 법령의 범위 안에서 제정되어야 하고, 실질적으로는 지방자치단체의 사무에 관한 것이어야 한다. 이에 따라 법규명령뿐만 아니라 법령보충적 행정규칙도 조례 제정의 한계가 된다(<sub>구청과 대통령간의 권한쟁의(기각)</sub><sup>헌재 2002.10.31. 2001헌라1, 강남</sup>).

### C. 주민결정과 주민참여

( i ) 지방자치법에서는 주민참여를 강화하기 위하여 주민투표(<sub>조</sub><sup>제18</sup>), 법령에 위반하지 아니하는 조례의 제정 및 개폐청구(<sub>조</sub><sup>제19</sup>), 주민감사청구제도(<sub>조</sub><sup>제21</sup>), 주민소송제도(<sub>조</sub><sup>제22</sup>)와 주민소환제도(<sub>조</sub><sup>제25</sup>)를 규정한다. 또한 '주민조례발안에 관한 법률'도 제정되었다.

( ii ) 주민투표권은 법률상 권리이므로, 선거권·공무담임권과 같이 헌법상 보

장되는 참정권과 구별된다(헌재 2001.6.28. 2000헌마735. 입법부작위위헌확인; 헌재 2005.10.4. 2005헌마848). 따라서 국가정책에 대한 주민투표는 구속력이 없고 자문적 성격만 가질 뿐이지만, 지방사무에 관한 주민투표는 투표결과에 구속력이 발생한다.

(ⅲ) 지방자치단체의 장은 대통령의 긴급명령권에 상응하는 선결처분권을 가진다(지방자치법 제109조).

## 4. 국가의 지방자치단체에 대한 지도·감독

### (1) 지원·감독·감사

중앙행정기관장 또는 시·도지사는 지방자치단체의 사무에 관하여 조언·권고·지도를 할 수 있다.

### (2) 위법·부당한 명령·처분의 시정

(ⅰ) "지방자치단체의 사무에 관한 지방자치단체의 장의 명령이나 처분이 법령에 위반되거나 현저히 부당하여 공익을 해친다고 인정되면 시·도에 대해서는 주무부장관이, 시·군 및 자치구에 대해서는 시·도지사가 기간을 정하여 서면으로 시정할 것을 명하고, 그 기간에 이행하지 아니하면 이를 취소하거나 정지할 수 있다"(제188조 제1항).

(ⅱ) 지방자치단체의 장은 제1항에 따른 "자치사무에 관한 명령이나 처분의 취소 또는 정지에 대하여 이의가 있으면 그 취소처분 또는 정지처분을 통보받은 날부터 15일 이내에 대법원에 소(訴)를 제기할 수 있다"(제188조 제5항).

### (3) 지방자치단체의 장에 대한 직무이행명령

"지방자치단체의 장이 법령에 따라 그 의무에 속하는 국가위임사무나 시·도위임사무의 관리와 집행을 명백히 게을리하고 있다고 인정되면 시·도에 대해서는 주무부장관이, 시·군·자치구에 대해서는 시·도지사가 기간을 정하여 서면으로 이행할 사항을 명령할 수 있다"(제189조 제1항). 지방자치단체의 장은 제1항 또는 제4항에 따른 "이행명령에 이의가 있으면 이행명령서를 접수한 날부터 15일 이내에 대법원에 소를 제기할 수 있다. 이 경우 지방자치단체의 장은 이행명령의 집행을 정지하게 하는 집행정지결정을 신청할 수 있다"(제6항).

### (4) 지방의회의결에 대한 재의再議와 제소提訴

"지방의회의 의결이 법령에 위반되거나 공익을 현저히 해친다고 판단되면 시·도에 대해서는 주무부장관이, 시·군 및 자치구에 대해서는 시·도지사가 해당 지방자치단체의 장에게 재의를 요구하게 할 수 있고, 재의 요구 지시를 받은 지방자치단체의 장은 의결사항을 이송받은 날부터 20일 이내에 지방의회에 이유를 붙여 재의를 요구하여야 한다"($^{제192조}_{제1항}$). 의회가 이 요구에 대하여 재의의 결과 재적의원 과반수의 출석과 출석의원 3분의 2 이상의 찬성으로 전과 같은 의결을 하면 그 의결사항은 확정된다($^{제3}_{항}$). "지방자치단체의 장은 제3항에 따라 재의결된 사항이 법령에 위반된다고 판단되면 재의결된 날부터 20일 이내에 대법원에 소를 제기할 수 있다. 이 경우 필요하다고 인정되면 그 의결의 집행을 정지하게 하는 집행정지결정을 신청할 수 있다"($^{제4}_{항}$).

### 5. 지방자치법제와 제도의 문제점

#### (1) 지방자치단체에 대한 지나친 중앙정부의 통제

(ⅰ) 지방자치단체에 대한 감독권으로서 감독관청의 자치사무감사권($^{제190}_{조}$), 지방자치단체장의 명령·처분에 대한 시정명령 및 취소권($^{제188}_{조}$), 지방의회의결사항에 대한 재의요구지시권($^{제192조}_{제1항}$), 감독관청에 지방의회 재의결사항에 대한 제소지시 및 직접제소권($^{제192조}_{제5항}$), 직무이행명령 및 대집행권($^{제189}_{조}$) 등을 통하여 지방자치단체에 대한 통제를 강화하고 있다. 권한분쟁사항은 헌법재판소의 권한사항(헌법 제111조 제1항 제4호, 헌재법 제61조 이하)임에도 불구하고 대법원의 기관소송관할권 확대는 지방자치의 본질에 비추어 타당성을 찾기 어려울 뿐만 아니라 중앙정부의 통제권을 강화하려는 의혹을 자아내게 한다.

(ⅱ) 국회의 국정감사와 지방의회의 사무감사 등 중복감사로 국정의 비능률과 비효율성을 시정하고 지방의회가 본연의 자세로 일할 수 있도록 하여야 한다.

#### (2) 지방의회의원의 의정활동비지급

지방의회의원에게 의정자료의 수집·연구와 이를 위한 보조활동에 소요되는 비용 등을 보전하기 위하여 매월 의정활동비를 지급한다($^{제40}_{조}$). 하지만, 명예직에서 월정급여를 받는 유급직으로의 전환은 바람직하지 아니하다.

#### (3) 지방자치와 주민참여의 확대

주민의 적극적인 참여를 통하여 책임과 고통을 분담함으로써, 주민의 지방자치에 관한 관심을 제고하면서 동시에 주민에 대한 지방자치의 교육장으로서의 기능도 충족하여야 한다. 지방자치법은 조례의 제정 및 개정·폐지 청구권($^{제19}_{조}$), 주민의 감사청구($^{제21}_{조}$), 주민소송($^{제22}_{조}$), 주민소환($^{제25}_{조}$) 등을 도입하고 있다.

#### (4) 지방의회선거의 정당참여

정당공천제를 배제하더라도 입후보자가 정당을 표방할 경우에 이를 방지할 수는 없다. 한국의 취약한 정당의 하부구조를 강화하기 위하여 기초의회의원선거의 정당공천제가 바람직하다. 헌법재판소도 기초의원선거에서 정당표방 금지를 위헌으로 판시한 바 있다(헌재 2003.1.30. 2001헌가4, 공직선거법 제47조) (헌재 2003.5.15. 2003 헌가9등, 공직선거법 제84조 위헌제청(위헌)).

### (5) 지방자치단체의 파산선고제의 철회와 재정진단제의 강화

지방자치단체의 재정적자로 인한 부실을 더 이상 방치할 수 없을 경우에 파산선고제破産宣告制를 도입하려 한 바 있으나, 우리 현실에 맞지 아니한다는 이유로 철회된 바 있다. 이에 재정진단제를 강화하려 한다. 재정진단제財政診斷制란 지방자치단체의 장이 대통령령이 정하는 바에 의하여 재정보고서를 행정안전부장관에게 제출하면, 행정안전부장관이 재정분석을 하고, 분석결과 재정의 건전성과 효율성 등이 현저히 떨어지는 지방자치단체에 대하여, 대통령령이 정하는 바에 의하여 재정진단을 실시할 수 있는 제도이다(지방재정법 제 54조, 제55조).

### (6) 지방자치제도의 근본적 개혁

（ⅰ） 현대적인 정보사회에서 지방자치를 굳이 다층화할 필요가 있는지 의문이다. 특히 기존의 광역자치단체들의 대통합이 불가피하다. 특히 기존 광역자치단체의 경쟁력 강화를 위한 대통합이 불가피하다. 또한 광역자치단체인 특별시·광역시 소속 자치구·군은 굳이 지방자치를 할 필요가 없어 보인다. 이 경우 제주특별자치도의 예를 참조하여 볼 필요가 있다.

（ⅱ） 지방자치 선거제도는 풀뿌리 민주주의의 확립을 위하여 기초의원선거는 소선거구 상대적 다수대표제로 하고, 자치단체 전체의 여론 수렴을 위하여 광역의원선거는 대선거구 비례대표제의 도입이 필요하다. 그런데 개정 공직선거법에서는 오히려 기초의원선거를 중선거구제로 개정하였다.

（ⅲ） 교육감선거를 광역단체장선거와 연계한 정책투표가 필요하다. 이렇게 할 경우 지방선거에서 7-8개 투표에까지 이른 선거제도의 혼란을 광역단체장(교육감), 기초단체장, 광역의원, 기초의원 선거에 따른 4개 투표로 줄일 수 있다.

# 제5절  선거관리위원회

## I  의  의

(ⅰ) 선거관리위원회는 독립된 헌법기관이다. "선거와 국민투표의 공정한 관리 및 정당에 관한 사무를 처리"하기 위하여 선거관리위원회를 둔다"(제114조 제1항). "각급선 거관리위원회의 조직·직무범위 기타 필요한 사항은 법률로 정한다"(제7 항). 이에 따라 선거관리위원회법이 제정되어 있다.

중앙선거관리위원회는 제2공화국헌법에서 처음으로 도입된 제도이다. 이후 제3공화 국헌법에서 각급선거관리위원회 규정이 추가로 도입되었다.

(ⅱ) 그런데, 한국과 같이 중앙선거관리위원회를 비롯하여 전국에 각급선거관 리위원회를 설치한 경우는 매우 이례적이다. 외국에서는 오히려 선거관리 그 자 체는 전국적 조직을 가진 내무부(또는 지방자치부) 및 지방자치단체가 관리한다. 다만, 선거비용이나 정치자금 등과 관련된 정치활동 투명성확보를 위한 국가기관의 설치가 일반적이다. 앞으로 민주화가 안정기에 접어들면 통상적인 선거관리는 일 반행정기관에 맡기고 중앙선거관리위원회는 정치활동의 투명성확보를 위한 기구 로 재정립되어야 한다.

## II  선거관리위원회의 헌법에서 지위

(ⅰ) 선거관리위원회는 "선거와 국민투표의 공정한 관리 및 정당에 관한 사무 를 처리하기 위하여" 설치된 헌법의 필수기관이다.

(ⅱ) 독임제행정기관이 아니고 위원회라는 합의제기관이다.

(ⅲ) 독립된 기관이다. 기관의 독립성을 보장하기 위하여 중앙선거관리위원회 의 구성에 관하여 헌법에 명시한다.

(ⅳ) 정치적 중립 기관이다. 선거관리위원회의 정치적 중립을 담보하기 위하여 헌법에서 독립된 기관으로 규정한다. 하지만, 때로 선거관리위원회의 정치적 중 립성에 의문이 제기되기도 한다.

# Ⅲ 선거관리위원회의 조직과 구성

## 1. 선거관리위원회의 종류

중앙선거관리위원회 아래 ① 서울특별시·광역시·도 선거관리위원회, ② 시·군 선거관리위원회, ③ 읍·면·동 선거관리위원회가 있다.

## 2. 중앙선거관리위원회

（ⅰ） "중앙선거관리위원회는 대통령이 임명하는 3인, 국회에서 선출하는 3인과 대법원장이 지명하는 3인의 위원으로 구성한다"(제114조 제2항). 위원은 국회의 인사청문을 거쳐 임명·선출 또는 지명하여야 한다(선거관리위원회법 제4조 제1항). 중앙선거관리위원회 위원장은 정치적 영향력으로부터 벗어나 "위원 중에서 호선한다"(제2항 후문). 중앙선거관리위원회 위원장의 호선제도는 위원회의 정치적 중립성을 강조하기 위한 장치로 보이나 헌법재판소 소장이나 대법원장의 예에 비추어 본다면 오히려 대통령이 위원장을 지명하는 방안도 고려할 필요가 있다.

（ⅱ） 그러나 대법원장이 3인의 위원 지명은 바람직하지 아니하다. 특히 관례적으로 대법원장은 1인의 대법관과 2인의 법원장을 중앙선거관리위원으로 지명하고, 그중에서 대법관인 위원이 위원장으로 선출한다. 이는 독립된 헌법기관의 구성원이 또 다른 헌법기관의 장이 되는 결과가 되어 독립기관성의 자기모순에 빠져든다. 또한 중앙선거관리위원회가 재정신청한 사건을 중앙선거관리위원인 법관들이 재판하는 결과를 초래할 수도 있다. 중앙선거관리위원회의 헌법기관으로서 독립성을 분명히 하기 위하여 상근 위원장 제도가 바람직하다.

（ⅲ） "위원의 임기는 6년으로 한다"(제3항). "위원은 정당에 가입하거나 정치에 관여할 수 없다"(제4항). "위원은 탄핵 또는 금고 이상의 형의 선고에 의하지 아니하고는 파면되지 아니한다"(제5항). 위원의 신분을 법관과 동일하게 보장함으로써 정치적 중립성을 가진 독립기관성을 강조한다.

# Ⅳ 선거관리위원회의 권한

## 1. 선거와 국민투표의 관리

（ⅰ） 선거관리위원회는 "선거와 국민투표의 공정한 관리"를 한다($\frac{\text{제114조}}{\text{제1항}}$). "각급 선거관리위원회는 선거인명부의 작성 등 선거사무와 국민투표 사무에 관하여 관계행정기관에 필요한 지시를 할 수 있다"($\frac{\text{제115조}}{\text{제1항}}$). "제1항의 지시를 받은 당해 행정기관은 이에 응하여야 한다"($\frac{\text{제2}}{\text{항}}$).

（ⅱ） 선거관리위원회는 선거운동을 관리한다. "선거운동은 각급선거관리위원회의 관리하에 법률이 정하는 범위안에서 하되, 균등한 기회가 보장되어야 한다"($\frac{\text{제116조}}{\text{제1항}}$).

（ⅲ） 선거관리위원회는 '공공단체등 위탁선거에 관한 법률'에 따른 위탁선거에 관한 사무를 행한다($\frac{\text{선거관리위원회법}}{\text{제3조 제1항 제4호}}$).

## 2. 정당사무관리 및 정치자금배분

（ⅰ） 선거관리위원회는 "정당에 관한 사무를 처리"한다($\frac{\text{제114조 제1항, 정당법 제8조, 제}}{\text{11조, 제15조, 제36조~제38조}}$).

（ⅱ） 선거관리위원회는 정치자금의 기탁과 기탁된 정치자금 및 국고보조금을 각 정당에 배분한다($\frac{\text{정치자금법 제22조, 제}}{\text{23조, 제25조, 제27조}}$).

## 3. 선거공영제의 실시

"선거에 관한 경비는 법률이 정하는 경우를 제외하고는 정당 또는 후보자에게 부담시킬 수 없다"($\frac{\text{제116조}}{\text{제2항}}$).

## 4. 규칙제정권

"중앙선거관리위원회는 법령의 범위안에서 선거관리·국민투표관리 또는 정당사무에 관한 규칙을 제정할 수 있으며, 법률에 저촉되지 아니하는 범위안에서 내부규율에 관한 규칙을 제정할 수 있다"($\frac{\text{제114조}}{\text{제6항}}$). 중앙선거관리위원회의 규칙제정권은 국회·대법원·헌법재판소와 같은 다른 헌법기관의 규칙제정권과 동일한 **법규명령제정권**이다. 따라서 헌법조문의 "'법령'의 범위안에서"라는 표현은 "**법률**의 범위 안에서"로 이해되어야 한다.

제**4**장

# 법 원

헌법 제5장 법원($^{제101조-}_{제110조}$)은 전통적인 의미에서의 사법부에 관한 규정이다. 헌법 제101조 제1항에서 "사법권은 법관으로 구성된 법원에 속한다"라고 규정한다. 이는 제3장 국회의 제40조 "입법권은 국회에 속한다." 제4장 정부의 제66조 제4항 "행정권은 대통령을 수반으로 하는 정부에 속한다"라는 규정과 대비된다. 그런데, 제5장 법원에 관한 규정에는 제6공화국헌법에서 새로 도입된 제6장 헌법재판소와의 관계를 제대로 고려하지 아니한 규정들이 문제가 된다.

## 제1절 법원의 지위와 조직

"법원은 최고법원인 대법원과 각급법원으로 조직된다"($^{제101조}_{제2항}$). 법원은 대법원을 정점으로 하는 각급법원으로 조직되지만, 각급법원의 구체적인 내용은 명기되어 있지 아니하다. "대법원과 각급법원의 조직은 법률로 정한다"($^{제102조}_{제3항}$).

### 제1항 대법원의 지위와 조직

#### I 대법원의 헌법에서 지위

1. 의 의

헌법에서 "법원은 최고법원인 대법원"이라고 명시하고 있는 바와 같이, 대법원은 한국헌법에서 단일의 최고법원이다.

## 2. 외국의 최고법원제도

대법원의 비교법적 지위는 ① 독립된 행정법원의 설치 여부에 따라 사법제도국가와 행정제도국가, ② 독립된 헌법재판소제도의 설치 여부에 따라 구별된다.

(ⅰ) 미국의 연방대법원은 위헌법률심사기관, 기본권보장기관, 상고심재판기관, 제1심재판기관(관할사건)의 지위를 가진다.

(ⅱ) 일본의 최고재판소는 위헌법률심사기관, 기본권보장기관, 상고심재판기관, 사법행정기관의 지위를 가진다.

(ⅲ) 독일의 연방헌법재판소는 헌법보장기관·위헌법률심사기관이자 동시에 최고의 상고심재판기관이다.

(ⅳ) 프랑스의 헌법재판소는 위헌법률심사권을 가진다. 민·형사사건의 최고법원은 파기원(파훼원)이며, 그 아래 고등법원(항소법원)과 지방법원이 있다. 행정사건의 최고법원은 국사원이다. 그 아래 항소행정법원과 지방행정법원이 있다.

(ⅴ) 영국에서는 그간 '법률귀족'Law Lords으로 불리는 상원의원 12명으로 구성된 상원 내 항소위원회가 대법원의 역할을 수행하여왔다. 그러나 헌정개혁법에 따라 2009년 10월 1일에 독립적인 대법원이 개설되었다.

## 3. 헌법사에서 대법원의 지위

한국헌법사에서 대법원은 최고법원의 지위를 유지하여왔다. 다만, 헌법재판(위헌법률심사)은 제3공화국을 제외하고는 헌법위원회나 헌법재판소가 담당하여왔다. 그런데, 제6공화국에서 헌법재판소가 활성화되면서 대법원과 헌법재판소 사이에 갈등이 표출되기도 한다.

## Ⅱ  현행헌법에서 대법원의 지위

(ⅰ) 헌법에서 명시하는 바와 같이 대법원은 최고법원이다(제101조 제2항).

(ⅱ) 대법원은 기본권보장기관이다. 대법원의 기본권보장기관으로서의 역할은 국민의 재판청구권을 통하여 구체화된다.

(ⅲ) 대법원은 헌법보장기관이다. 위헌법률심판제청권, 선거소송관할권, 명령·규칙의 위헌심사권 등을 통하여 헌법보장기관으로서의 성격을 분명히 한다.

(ⅳ) 대법원은 최고사법행정기관이다. "대법원장과 대법관이 아닌 법관은 대법관회의의 동의를 얻어 대법원장이 임명한다"(제104조 제3항). 또한 "대법원은 법률에 저

촉되지 아니하는 범위안에서 소송에 관한 절차, 법원의 내부규율과 사무처리에 관한 규칙을 제정할 수 있다"($^{제108}_{조}$).

## Ⅲ  대법원의 구성

"대법원에 부를 둘 수 있다"($^{제102조}_{제1항}$). "대법원에 대법관을 둔다. 다만, 법률이 정하는 바에 의하여 대법관이 아닌 법관을 둘 수 있다"($^{제102조}_{제2항}$). "대법원과 각급법원의 조직은 법률로 정한다"($^{제102조}_{제3항}$).

제2공화국헌법에서 대법원장과 대법관은 선거인단의 선거로 선출되었다. 제3공화국 헌법에서는 대법원장과 대법관은 법관추천회의의 추천을 받아 임명되었다. 제4공화국헌법 이래 대법원장과 대법관 임명과정은 현재와 같다.

### 1. 대법원장

#### (1) 대법원장의 헌법에서 지위

( i ) 대법원장은 대법원의 장이다. 대법원장은 대법원을 대표하며($^{제104조 제1}_{항, 제2항}$), 법원구성권과 사법행정권을 가진다($^{법원조직법}_{제13조}$).

(ii) 대법원장은 대법관회의의 의장이다($^{제16조}_{제1항}$). 대법관회의는 대법관으로 구성되는 대법원의 최고의사결정기구이다.

(iii) 대법원장은 대법관 전원합의체의 재판장이다($^{제7조}_{제1항}$). 대법관 전원합의체는 대법관 전원의 3분의 2 이상으로 구성되는 재판부이다.

#### (2) 대법원장의 신분에서 지위

대법원장은 대통령이 판사·검사·변호사의 자격이 있는 자로서 20년 이상 법조경력을 가진 45세 이상의 자($^{법원조직법}_{제42조 제1항}$) 중에서, 국회의 동의를 얻어 임명한다($^{제104조}_{제1항}$). "대법원장의 임기는 6년으로 하며, 중임할 수 없다"($^{제105조}_{제1항}$). 대법원장의 정년은 70세이다($^{법원조직법}_{제45조 제4항}$).

#### (3) 대법원장의 권한

( i ) 대법원장은 대법관임명제청권을 가진다($^{제104조}_{제2항}$). "대법원장은 대법관 후보자를 추천하는 경우에는 추천위원회의 추천 내용을 존중한다"($^{법원조직법 제}_{41조의2 제6항}$). 대법관은 대법원장의 임명제청에 이어 국회의 동의를 얻어 대통령이 임명하기 때문에 대법원장의 임명제청권, 국회의 임명동의권, 대통령의 임명권이라는 삼각축의 조화가 요망된다.

(ii) 대법원장은 헌법재판소 재판관 중 3인의 지명권을 가진다(<sup>제111조</sup><sup>제3항</sup>). 대법원장은 '헌법재판소재판관후보추천위원회 내규'에 따라 후보자추천을 받는다. 대법원장의 헌법재판소 재판관지명권은 대법원과 헌법재판소가 독립적인 사법적 헌법기관이라는 시각에서 본다면 비판의 소지가 있다.

(iii) 대법원장은 중앙선거관리위원회 위원 중 3인의 지명권을 가진다(<sup>제114조</sup><sup>제2항</sup>). 하지만, 국민적 정당성을 직접 확보하지 아니한 대법원장의 중앙선거관리위원회 위원 지명권은 바람직하지 아니하다. 더구나 관례적으로 대법원장이 대법관 중에서 지명한 위원이 중앙선거관리위원회 위원장으로 선임되는 행태는, 헌법기관의 장을 헌법기관의 구성원이 차지하는 모순적인 제도 운용이다.

(iv) 대법원장은 대법관이 아닌 법관을 대법관회의의 동의를 얻어 임명한다(<sup>제104조</sup><sup>제3항</sup>). 특히 각급판사의 승진 및 보직은 법관인사위원회를 거쳐야 하지만, 법원의 구조와 체질에 비추어 볼 때 대법원장의 권한은 거의 절대적이다.

(v) "대법원장은 **사법행정사무를 총괄**하며, 사법행정사무에 관하여 관계 공무원을 지휘·감독한다"(<sup>법원조직법</sup><sup>제9조 제1항</sup>). 또한 법관 이외의 **법원공무원을 임명**한다(<sup>제53</sup><sup>조</sup>).

(vi) "대법원장은 법원의 조직, 인사, 운영, 재판절차, 등기, 가족관계등록, 그 밖의 법원 업무와 관련된 법률의 제정 또는 개정이 필요하다고 인정하는 경우에는 국회에 서면으로 그 의견을 제출할 수 있다"(<sup>제9조</sup><sup>제3항</sup>).

## 2. 대 법 관

대법관은 최고법원인 대법원의 구성원으로서 대법관회의 및 대법관 전원합의체의 구성원이다. 대법관은 대법원장과 동일한 법조자격을 가진 자 중에서 대법원장이 임명을 제청하고 국회의 동의를 얻어 대통령이 임명한다(<sup>제104조 제2항, 법원</sup><sup>조직법 제41조 제2항</sup>). "대법관의 임기는 6년으로 하며, 법률이 정하는 바에 의하여 연임할 수 있다"(<sup>제105조</sup><sup>제2항</sup>). 대법관은 대법원 재판부에서 심판권을 가지고, 대법관회의에서 심의·의결권을 가진다.

## 3. 대법관이 아닌 법관과 재판연구관

"법률이 정하는 바에 의하여 대법관이 아닌 법관을 둘 수 있다"(<sup>제102조</sup><sup>제2항</sup>). 대법원장은 대법원 운영의 합리화와 신속한 재판을 위하여 "판사로 보하거나 3년 이내의 기간을 정하여 판사가 아닌 사람을 재판연구관으로 임명"하여, "대법원에서 사건의 심리 및 재판에 관한 조사·연구 업무를" 담당하게 할 수 있다"(<sup>법원조직법</sup><sup>제24조</sup>).

## Ⅳ 대법원의 조직

### 1. 대법관 전원합의체와 부

(ⅰ) 이상적으로는 최고법원인 대법원의 재판은 전원합의체로 운용되어야 하지만, 대법원의 지나친 업무부담으로 인하여 특별한 사정이 없는 한 부 중심으로 운용된다. "대법원에 부를 둘 수 있다"(제102조 제1항).

(ⅱ) 대법관 전원합의체全員合議體는 대법관 3분의 2 이상의 합의체로서 대법원장이 재판장이 되고, 헌법·법률에 다른 규정이 없으면 과반수로 결정한다.

(ⅲ) 대법원의 부는 대법관 3인 이상으로 구성하며(법원조직법 제7조 제1항), 재판사무의 전문성·효율성을 제고하기 위하여 행정·조세·노동·군사·특허 등의 전담특별부를 둘 수 있다(제2항). 대법원의 심판권은 부에서 먼저 사건을 심리하여 의견이 일치된 경우에 일정한 예외를 제외하고는 그 부에서 재판할 수 있다(제7조 제1항).

### 2. 대법관회의

대법관회의는 대법관 전원으로 구성된 회의체이며 그 의장은 대법원장이다. 현재 14인으로 구성된다(제4조 제2항). 대법관회의는 대법관전원의 3분의 2 이상의 출석과 출석인원 과반수의 찬성으로 의결하며, 가부동수인 경우에는 대법원장이 결정권을 가진다(제16조).

## Ⅴ 대법원의 권한

### 1. 대법원의 심판권

(ⅰ) 대법원의 심판권은 대법관 전원의 3분의 2 이상의 합의체에서 행사한다. 대법원장이 재판장이 되고, 헌법·법률에 다른 규정이 없으면 과반수로 결정한다. 법원조직법 제7조 제1항에서는 대법관 전원합의체 심판사항을 규정한다.

① 명령 또는 규칙이 헌법에 위반된다고 인정하는 경우, ② 명령 또는 규칙이 법률에 위반된다고 인정하는 경우, ③ 종전에 대법원에서 판시한 헌법·법률·명령 또는 규칙의 해석적용에 관한 의견을 변경할 필요가 있다고 인정하는 경우, ④ 부에서 재판함이 적당하지 아니하다고 인정하는 경우. 그 밖의 사건은 부에서 심판한다.

(ⅱ) 대법원의 부는 대법관 3인 이상으로 구성한다.

(ⅲ) 대법원은 위헌·위법한 명령·규칙에 대한 최종적인 심사권($^{제107조}_{제2항}$), 위헌법률심판제청권($^{제107조}_{제1항}$)을 가지고, 선거소송, 상고심·재항고심 및 다른 법률에 따라 대법원의 권한에 속하는 사건($^{법원조직}_{법 제14조}$)을 관할한다.

## 2. 대법원의 규칙제정권

(ⅰ) "대법원은 법률에 저촉되지 아니하는 범위안에서 소송에 관한 절차, 법원의 내부규율과 사무처리에 관한 규칙을 제정할 수 있다"($^{제108}_{조}$). 대법원에 법규명령인 규칙제정권의 부여는, ① 사법의 독립성을 도모하고, ② 기술적·합목적적 견지에서 소송기술적 사항을 그 업무에 정통한 사법부 스스로 규정하도록 하고, ③ 최고법원인 대법원의 통제·감독권을 확보하기 위함이다.

(ⅱ) 대법원규칙에 대한 위헌·위법성심사권은 헌법 제107조 제2항의 규정을 문리적으로 적용한다면 대법원이 가진다. 그러나 대법원이 제정한 규칙에 대하여 대법원이 스스로 행하는 위헌·위법심사는 바람직하지 아니하므로, 사안에 따라서는 헌법재판소가 적극적으로 사법심사를 하여야 한다. 헌법재판소는 법무사법시행규칙에 대한 헌법소원사건에서 대법원규칙에 대한 위헌심사를 한 바 있다 ($^{헌재\ 1990.10.15.\ 89헌마178,\ 법무사법시}_{행규칙\ 제3조\ 제1항에\ 대한\ 헌법소원(위헌)}$).

## 3. 대법원의 사법행정권

(ⅰ) 사법행정권은 사법재판권의 행사나 재판제도를 운용·관리하기 위하여 필요한 일체의 행정작용이다. 사법행정기관으로는 최고기관으로서 대법원장과 대법원, 법원행정처 및 각급법원이 있다. 각급법원에는 사법행정에 관한 자문기관으로 판사회의를 둔다($^{제9조의2}_{제1항}$).

(ⅱ) 대법관회의는 ① 판사의 임명 및 연임에 대한 동의, ② 대법원규칙의 제정과 개정 등에 관한 사항, ③ 판례의 수집·간행에 관한 사항, ④ 예산요구, 예비금 지출과 결산에 관한 사항 등을 심의하고 의결한다($^{법원조직법}_{제17조}$).

(ⅲ) 법관의 인사에 관한 중요 사항을 심의하기 위하여 대법원에 법관인사위원회를 둔다. 법관인사위원회는 위원장 1명을 포함한 11명의 위원으로 구성한다.

# 제 2 항 각급법원의 지위와 조직

## Ⅰ 의 의

"각급법원의 조직은 법률로 정한다"(제102조 제3항). 각급법원의 조직에 관하여는 법원조직법에서 상세히 규정한다.

## Ⅱ 고등법원

고등법원의 소재지는 서울·부산·대구·광주·대전·수원에 분산되어 있다. 제주·전주·청주·춘천·창원·인천·울산에 고등법원 원외재판부를 설치하고 있다(각급 법원의 설치와 관할 구역에 관한 법률 부칙). 고등법원에는 부를 두지만, 부장판사제도는 폐지되었다(법원조직 법 제27조). 고등법원의 심판권은 판사 3인으로 구성된 합의부에서 행한다(제7조 제3항).

## Ⅲ 특허법원

특허쟁송은 특허청에 설치된 **특허심판원**을 거쳐 **특허법원**에 이어 최종적으로 대법원으로 연결된다.

특허법원의 심판: 1. 특허법 제186조제1항, 실용신안법 제33조, 디자인보호법 제166조 제1항 및 상표법 제162조에서 정하는 제1심 사건, 2. 민사소송법 제24조제2항 및 제3항에 따른 사건의 항소사건, 3. 다른 법률에 따라 특허법원의 권한에 속하는 사건(제28조 의4).

## Ⅳ 지방법원

지방법원의 심판권은 합의부의 심판권, 항소부의 심판권, 단독판사의 심판권, 시·군법원의 심판권으로 나뉜다.

## Ⅴ 가정법원

가사에 관한 소송·비송사건·조정 및 소년보호사건을 심판하는 가정법원家庭

法院은 판사인 가정법원장과 판사로 구성된다. 가정법원은 서울, 부산, 대구, 광주, 대전, 인천, 수원, 울산, 창원에 설치되어 있다. 대구·광주·대전·인천·수원·창원 가정법원의 관할구역 안에 가정지원이 설치되어 있다. 가정지원에도 항소부를 둘 수 있다(각급 법원의 설치와 관할<br>구역에 관한 법률 부칙).

## Ⅵ 행정법원

행정법원은 행정소송법에서 정한 행정사건과 다른 법률에 따라 행정법원의 권한에 속하는 사건을 제1심으로 심판한다(법원조직법<br>제40조의4). 행정심판 필수적 전치주의가 원칙적으로 임의적 전치주의로 변경됨에 따라, 행정사건의 제1심법원이 되었다.

## Ⅶ 회생법원

회생법원回生法院은 공정하고 효율적인 구조조정 절차를 담당하기 위하여 도산倒産사건을 전문적으로 처리하는 전문법원이다. 회생법원은 서울특별시·수원특례시·부산광역시에 설치되며 '채무자 회생 및 파산에 관한 법률'에 따른 회생사건, 간이회생사건 및 파산사건 또는 개인회생사건을 담당한다(법원조직법<br>제3편 제6장).

## Ⅷ 군사법원

(ⅰ) "군사재판을 관할하기 위하여 특별법원으로서 군사법원을 둘 수 있다"(제110조<br>제1항). 군사법원의 상고심은 대법원에서 관할한다(제2<br>항).

(ⅱ) "군사법원의 조직·권한 및 재판관의 자격은 법률로 정한다"(제3<br>항). 군사법원의 제1심관할법원은 국방부 소속인 지역관할법원으로 하고, 제2심관할법원은 고등법원으로 한다(군사법원법 제6조 및<br>제10조, 별표 1 신설). 군사법원은 군판사 3명을 재판관으로 한다(제8조 및<br>제22조). 다만 전시 군사법원은 고등군사법원(2심)과 보통군사법원(1심)으로 하며(제534조<br>의2), 고등군사법원은 국방부에 설치한다(제534조<br>의3).

## Ⅸ 일반법원과 특별법원

헌법 제101조 제1항은 "사법권은 법관으로 구성된 법원에 속한다"라고 규정하고, 동조 제2항은 "법원은 최고법원인 대법원과 각급법원으로 조직된다"라고 규정한다. 헌법규정에 비추어 본다면 모든 재판은 법관에 의하여야 하고 또한 대법원을 최종심으로 하여야 한다. 이러한 해석은 "헌법재판소에 의한 재판을 제외하고는" 대법원을 최종심으로 한다는 부연 설명이 뒤따라야 한다. 그래야만 현행헌법상 사법(권)의 개념이 좁은 의미의 사법으로 이해될 수 있으며, 또한 그 한도 안에서 사법일원주의를 채택한다고 할 수 있다. 따라서 이제 특별법원의 문제는 법관이나 헌법재판관이 아닌 자에 의한 재판이 허용되는지 여부와, 대법원이나 헌법재판소를 최종심으로 하지 아니하는 법원의 설치 가능 여부 문제로 귀결된다.

### 1. 특별법원의 인정 여부

#### (1) 특별법원의 개념(성격)

특별법원은 심판을 법관의 자격이 없는 사람 또는 재판의 독립에 필요한 신분보장을 받고 있지 못한 사람이 하거나, 그 재판에 대한 최고법원에의 상소가 인정되지 아니하는 법원으로 보는 예외법원설이 타당하다. 따라서 대법원에 상고는 인정되지만 법관의 자격이 없는 사람이 재판을 담당하는 법원, 법관의 자격을 가진 사람이 재판을 담당하는 경우에도 그 재판에 대하여 대법원에 상고가 인정되지 아니하는 법원은, 모두가 특별법원(예외법원)에 해당된다.

#### (2) 군사법원 이외의 특별법원의 허용가능성

특별법원을 예외법원으로 이해하는 한, 군사법원 이외의 특별법원을 인정할 수 없다. 헌법에서 법원은 "최고법원인 대법원과 각급법원으로 조직"(제101조 제2항)되며 "법관의 자격은 법률로 정한다"(제3항)라고 규정하므로, 최고법원인 대법원에 연결되지 아니하는 예외법원의 설립은 위헌이다.

### 2. 특별법원(예외법원)으로서의 군사법원軍事法院

#### (1) 군사법원의 지위와 성격

( i ) 군사재판을 관할하는 군사법원은 현행헌법이 명문으로 인정하는 유일한 '특별법원'으로서 예외법원이다(제110조 제1항).

( ii ) 군사법원의 상고심은 원칙적으로 대법원의 관할 아래 있으므로 군사법원은 대법원의 하급심이다. 그러나 "비상계엄하의 군사재판은 군인·군무원의 범죄나 군사에 관한 간첩죄의 경우와 초병·초소·유독음식물공급, 포로에 관한 죄 중 법률이 정한 경우에 한하여 단심으로 할 수 있다"(제110조 제4항, 군사법원법 제534조).

(ⅲ) 한편, 헌법 제27조 제2항은 "군인 또는 군무원이 아닌 국민은 대한민국의 영역 안에서는 중대한 군사상 기밀·초병·초소·유독음식물공급·포로·군용물에 관한 죄 중 법률이 정한 경우와 비상계엄이 선포된 경우를 제외하고는 군사법원의 재판을 받지 아니한다"라고 규정한다. 이 규정은 "헌법과 **법률이 정한 법관에 의한 재판**"에 대한 예외이면서, 동시에 그 예외를 제한·축소한다는 두 가지 의의를 가진다.

### (2) 군사법원의 문제점

비상계엄($_{제4항}^{제110조}$)이 발동된 경우에 특정한 범죄에 대하여 헌법과 법률이 정한 법관에 의한 재판이 아니면서 대법원에도 연결되지 아니하는 단심제의 채택은 국민의 재판을 받을 권리를 사실상 봉쇄한다는 점에서, 헌법의 규정은 최대한 한정·축소 해석되어야 한다.

### (3) 현행법의 군사법원

(ⅰ) 군 장병의 재판받을 권리를 실질적으로 보장하기 위하여 군사재판 항소심을 서울고등법원으로 이관하는 한편, 군단급 이상의 부대에 설치되어 1심 군사재판을 담당하던 보통군사법원을 폐지하고 국방부에 각 군 군사법원을 통합하여 중앙지역군사법원·제1지역군사법원·제2지역군사법원·제3지역군사법원·제4지역군사법원을 설치한다($_{제10조, 별표 1 신설}^{제5조 삭제, 제6조 및}$).

(ⅱ) 공정한 법원에서 법관에 의한 재판을 받을 권리를 보장하기 위하여, 관할관 확인제도를 폐지함과 아울러 심판관 관련 규정도 삭제함으로써 군판사 외에 심판관이 재판에 참여하던 군사법원의 재판관 구성을 민간 법원의 조직구성과 유사하게 변경하는 한편, 군사법원에서는 군판사 3명을 재판관으로 하고, 군사법원에 부(部)를 둔다($_{제22조 및}^{제8조 및}$).

## 3. 특수법원

특수법원特殊法院이란 법관의 자격을 가진 자가 재판을 담당하고, 최고법원에 상고가 인정되고 있을지라도 그 관할이 한정되고 그 대상이 특수한 법원이다. 특수법원은 현행헌법 아래에서 **법률로써** 설치가 가능하다. 법원조직법에서는 가정법원·행정법원·회생법원·특허법원을 설치하고 있다. 헌법 제102조에서는 "대법원에 부를 둘 수 있다"($_{항}^{제1}$), "대법원과 각급법원의 조직은 법률로 정한다"($_{항}^{제3}$)라고 규정하므로 대법원에 특수사건을 전담할 부를 설치할 수 있다.

# 제 2 절  사법절차와 운영

## I  재판의 심급제

헌법에 재판의 심급제에 관하여 명문의 규정이 없다. 다만, 제101조 제2항에서 "법원은 최고법원인 대법원과 각급법원으로 조직된다"라고 규정함으로써, 간접적으로 법원의 심급제를 예상한다. 법원조직법에서는 소송절차를 신중하게 하고, 재판을 공정하게 하기 위하여 3심제를 채택한다.

### 1. 3심제의 원칙

민사재판·형사재판·행정재판 및 군사법원의 재판은 3심제를 원칙으로 한다. 하지만, 국세기본법의 국세심판(국세심판원), 특허법의 특허심판(특허심판원), '해양사고의 조사 및 심판에 관한 법률'의 해양안전심판(지방해양안전심판원, 중앙해양안전심판원)은 특별행정심판으로서 여전히 행정심판전치주의를 취한다.

### 2. 3심제의 예외

#### (1) 특허소송의 2심제

특허법원이 개설되면서 특허쟁송은 특허청에 설치된 특허심판원을 거쳐 특허법원에 이어 최종적으로 대법원으로 연결되는 특별한 제도를 마련한다(특허행정심판전치주의).

#### (2) 해양안전소송의 2심제

'해양사고의 조사 및 심판에 관한 법률'에 따라 설치된 지방해양안전심판원의 재결에 불복하는 자는 중앙해양안전심판원에 제소할 수 있다(해양안전행정심판전치주의). 그런데, "중앙심판원의 재결에 대한 소송은 중앙심판원의 소재지를 관할하는 고등법원에 전속한다"(제74조 제1항)라고 하여 고등법원 전속관할로 개정되었다. 이에 따라 과거 단심제로 인한 위헌 논란이 종식되었다.

#### (3) 선거소송의 단심제·2심제

대통령과 국회의원의 선거소송과 당선소송은 대법원의 전속관할로 한다(공직선거법 제222조-제223조). 이는 선거관련 소송의 지체를 방지하여, 신속히 선거결과를 확정할 필요가 있기 때문이다. 다만, 지방선거 중 비례대표 시·도의원선거와 시·도지사선거 이외의 선거소송과 당선소송은 관할고등법원의 관할로 한다.

(4) 비상계엄에서 군사재판의 예외적 단심제

"비상계엄하의 군사재판은 군인·군무원의 범죄나 군사에 관한 간첩죄의 경우와 초병·초소·유독음식물공급·포로에 관한 죄 중 법률이 정한 경우에 한하여 단심으로 할 수 있다. 다만, 사형을 선고한 경우에는 그러하지 아니하다"(<sup>제110조</sup><sub>제4항</sub>).

## Ⅱ   재판의 공개

### 1. 의     의

헌법 제109조에 이 원칙을 명시한다 : "재판의 심리와 판결은 공개한다. 다만, 심리는 국가의 안전보장 또는 안녕질서를 방해하거나 선량한 풍속을 해할 염려가 있을 때에는 법원의 결정으로 공개하지 아니할 수 있다." 또한 헌법 제27조 제3항 후문에서도 "형사피고인은 상당한 이유가 없는 한 지체없이 공개재판을 받을 권리를 가진다"라고 규정한다.

### 2. 재판공개의 내용

재판의 심리와 판결은 공개하는 것이 원칙이다. 심리란 원고와 피고의 심문과 변론을 말한다. 판결은 사건의 실체에 대한 법원의 판단을 말한다. 재판은 민사·형사·행정·특허·선거소송의 재판을 말한다.

### 3. 재판공개의 예외

(ⅰ) 헌법 제109조 단서 규정에 따라 심리는 비공개로 할 수 있다. 재판의 비공개는 법원이 객관적으로 명백한 사유가 있는 경우에 한하여 결정할 수 있는 기속재량사항이다. 그러나 판결의 선고는 반드시 공개하여야 한다. 특히 판결문을 비롯하여 법원이 보유·관리하는 일체의 정보는 '공공기관의 정보공개에 관한 법률'에 따라 정보공개청구의 대상이 된다.

(ⅱ) 특수한 소송당사자의 이익을 보호하기 위하여 공개하지 아니할 수 있다. 즉, 소년보호사건 절차는 공개되지 아니하고, 소년사건과 가사사건은 그 보호가 제한된다(<sup>가사소송법 제10조,</sup><sub>소년법 제68조</sub>).

# 제3절 법원의 권한

## I 의 의

법원은 민사·형사·행정사건 기타 쟁송사건에 대한 재판권 이외에도 비송사건관할권, 명령·규칙·처분심사권, 위헌법률심판제청권, 대법원규칙제정권, 사법행정권, 법정질서유지권 등의 권한을 가진다. 대법원장은 헌법재판소 재판관 3인 지명권 및 중앙선거관리위원회 위원 3인 지명권 등의 권한을 가진다.

## II 쟁송재판권

쟁송재판권이란 법원이 민사소송·형사소송·행정소송·선거소송 등의 법적 쟁송에 관하여 재판하는 민사재판권·형사재판권·행정재판권·특허재판권·선거소송재판권을 말한다.

## III 위헌법률심판제청권 ( 제5장 헌법재판소 제2절<br>위헌법률심판 II 참조 )

### 1. 의 의
위헌법률심판제청권이란 법률이 헌법에 위반되는 여부가 재판의 전제가 된 경우에, 각급법원이 직권 혹은 당사자의 신청에 의한 결정으로, 법률의 위헌 여부의 심판을 헌법재판소에 제청하는 권한을 말한다( 제107조<br>제1항 ).

### 2. 위헌법률심판제청의 주체
당해 사건을 담당하는 법원이다. 법원에는 대법원과 각급법원, 군사법원도 포함된다.

### 3. 위헌법률심판제청의 요건
법원이 위헌법률심판을 제청하기 위하여서는 "법률의 위헌 여부가 재판의 전제"가 되어야 한다.

### 4. 위헌법률심판제청의 대상

헌법 제107조 제1항의 '법률'에는 형식적 의미의 법률뿐만 아니라 실질적 의미의 법률도 포함된다.

### 5. 위헌법률심판제청의 절차

당해 사건을 담당하는 법원이 직권으로 하거나 당사자의 신청에 의한 결정으로 한다. 대법원 외의 법원이 위헌법률심판제청을 할 때에는 대법원을 거쳐야 한다(헌재법 제41조 제5항).

### 6. 위헌법률심판제청권의 행사와 합헌판단

법원의 위헌법률심판제청권에 법률의 합헌결정권 내지 합헌판단권도 인정하여야 한다. 그러나 헌법재판소는 부정적이다(제5장 헌법재판소 제2절 위헌법률심판 참조).

### 7. 위헌법률심판제청권행사의 한계

법원은 헌법판단을 회피하여서는 아니 된다. 또한 제청 여부만 판단하고 한정합헌해석과 적용위헌의 판단을 할 수는 없다.

### 8. 위헌법률심판제청의 효과

"법원이 법률의 위헌 여부 심판을 헌법재판소에 제청한 때에는 당해 소송사건의 재판은 헌법재판소의 위헌 여부의 결정이 있을 때까지 정지된다. 다만, 법원이 긴급하다고 인정하는 경우에는 종국재판 외의 소송절차를 진행할 수 있다"(헌재법 제42조 제1항).

## Ⅳ 명령·규칙심사권

### 1. 의    의

"명령·규칙 또는 처분이 헌법이나 법률에 위반되는 여부가 재판의 전제가 된 경우에는 대법원은 이를 최종적으로 심사할 권한을 가진다"(제107조 제2항). 명령·규칙심사권은 재판에 계속중인 구체적 사건에 적용할 명령·규칙의 효력을 심사하여 무효라고 인정되는 경우에 법원이 그 사건에의 적용을 거부하거나 대법원이 거부 또는 무효화시키는 권한을 말한다.

## 2. 내　용

### (1) 심사주체

심사주체는 각급법원 및 군사법원이다. 대법원이 최종적인 심사권을 가진다 (제107조제2항). 경우에 따라서는 헌법재판소도 명령·규칙에 대한 심사권을 가진다.

### (2) 심사대상

심사대상은 명령·규칙이다. 명령은 대통령령·총리령·부령 등 모든 행정기관이 발령하는 법규명령을 말한다. 규칙은 헌법의 수권에 따라 국가기관에 의하여 정립되고 규칙이라는 명칭을 가진 법규범을 말한다. 법규명령과 동일한 효력을 가지는 규칙으로는 국회규칙(제64조)·대법원규칙(제108조)·헌법재판소규칙(제113조)·중앙선거관리위원회규칙(제114조)이 있다. 또한 지방자치단체가 제정한 규정도 있다(제117조제1항). 조약 중에서 헌법 제60조 제1항에 열거된 조약은 위헌법률심사의 대상이나, 기타의 조약은 명령·규칙심사의 대상이다. 헌법에 명시적 규정은 없지만, 지방자치단체에서 제정한 조례도 당연히 명령·규칙심사의 대상이다.

### (3) 심사기준

심사기준은 상위법인 헌법·법률이며, 형식적 의미의 헌법과 법률 이외에 실질적 의미의 헌법과 법률도 포함한다.

### (4) 심사요건

헌법이 구체적 규범통제를 취하므로 명령·규칙의 위헌·위법 여부가 재판의 전제가 되어야 한다(제107조제2항). '재판의 전제'는 구체적인 사건의 재판에서 그 사건에 적용할 명령·규칙이 위헌·위법으로 문제되는 경우를 말한다.

### (5) 심사의 범위

법원이 명령·규칙의 위헌·위법 여부를 심사할 경우에는, 형식적 심사권뿐만 아니라 실질적 심사권도 가진다.

(ⅰ) 형식적 심사권이란 형식적 하자의 유무, 즉 적법절차에 입각하여 성립되었는지 여부를 심사하는 권한이다. 헌법의 명문규정 여하에 관계 없이 법원은 형식적 심사권을 가진다.

(ⅱ) 실질적 심사권이란 실질적 하자의 유무 즉, 내용이 상위규범에 위반하는지 여부를 심사하는 권한이다.

## 3. 심사의 방법 및 절차

위헌·위법 여부의 결정은 대법관 전원합의체에서 심리하여 과반수로 결정한다($\frac{\text{법원조직법}}{\text{제7조 제1항}}$). 그러나 합헌·합법의 결정은 대법관 3인 이상으로 구성된 부部에서 심판한다.

### 4. 위헌·위법인 명령·규칙의 효력

( i ) 법원이 명령·규칙을 위헌·위법이라고 결정한 경우, 법원은 원칙적으로 위헌·위법인 명령·규칙의 적용을 거부함에 그칠 뿐이다(개별적 효력). 그에 대한 무효화 선언은 법원의 법규적용의 한계를 벗어나기 때문이다.

( ii ) 다만, 대법원은 무효선언을 할 수 있다. 반면에, 헌법재판소는 그 명령·규칙을 일반적으로 무효화시킬 수 있다(일반적 효력).

## Ⅴ 행정처분심사권

### 1. 의    의

행정처분심사권이란 행정처분이 헌법이나 법률에 합치되는지 여부를 법원이 심사할 수 있는 권한 즉, 행정재판권을 말한다. 행정처분이 위헌·위법인 경우에 법원은 이를 취소·변경할 수 있는 권한을 가진다.

### 2. 유    형

행정처분심사제는 별도로 설치한 행정법원이 행정재판을 관할하는 행정제도 국가형(프랑스, 독일 등)과 일반법원이 행정재판을 관할하는 사법제도국가형(미국, 일본 등)이 있다.

### 3. 현행 행정처분심사제

"처분이 헌법이나 법률에 위반되는 여부가 재판의 전제가 된 경우에는 대법원은 이를 최종적으로 심사할 권한을 가진다"($\frac{\text{제107조}}{\text{제2항}}$). 현행헌법의 행정처분심사제는 행정재판을 전담하는 독립된 최고행정법원을 설치하지 아니하므로 사법제도국가형이다. 하지만, 헌법 제107조 제3항에서 "재판의 전심절차로서 행정심판을 할 수 있다. 행정심판의 절차는 법률로 정하되, 사법절차가 준용되어야 한다"라고 규정하여 행정심판의 헌법적 근거를 마련한다. 행정소송법은 종전의 필수적 행정심판전치주의를 폐지하고, 선택적 행정심판전치주의를 채택한다($\frac{\text{행소법 제18}}{\text{조 제1항}}$).

"여기서 말하는 '사법절차'를 특징짓는 요소로는 판단기관의 독립성·공정성, 대심적 심리구조, 당사자의 절차적 권리보장 등을 들 수 있다. 위 헌법 조항은 행정심판에 사법절차의 '준용'을 요구하고 있으므로 위와 같은 사법절차적 요소를 엄격히 갖춰야 할 필요는 없다고 할지라도 적어도 사법절차의 본질적 요소를 전혀 구비하지 아니하고 있다면 '준용'의 요구에마저 위반된다"(헌재 2000.6.1. 98헌바8, 산업재해보상 보험법 제94조 제2항 등 위헌소원(합헌)).

## Ⅵ 법정질서유지권

### 1. 의    의

법정질서유지권은 법정法廷에서 질서를 유지하고 심판을 방해하는 행위를 배제·제지하기 위하여 법원이 가지는 권력적 작용으로서 **법정경찰권**이라고도 한다.

### 2. 주    체

법정질서유지권의 주체는 법원이다. 실제로 그것은 법정을 대표하는 재판장이 행사한다.

### 3. 내    용

재판장은 입정금지, 퇴정명령 기타 필요한 명령을 발할 수 있다. 필요한 경우 재판장은 관할경찰서장에게 국가경찰공무원의 파견을 요구할 수 있다(법원조직법 제 58조·제60조). 재판장의 법정질서유지명령을 위반한 자에게는 감치·과태료부과 등 일정한 제재를 과할 수 있다(제61 조).

### 4. 한    계

법정질서유지권은 ① 시간적으로는 개정開廷 중 혹은 이에 밀착한 전후시간에만 허용되며, ② 장소적으로는 법정과 법관이 직무를 행하는 장소에 한정되고, ③ 대인적으로는 소송관계인과 법정 안에 있는 사람에게만 발동될 수 있다.

# 제4절  사법권의 범위와 한계

## Ⅰ  의    의

"사법권은 법관으로 구성된 법원에 속한다"($_{제1항}^{제101조}$). 사법의 개념은 법원의 지위, 조직 등에 관한 논의의 출발점이다. 사법의 본질적 속성에 따라 법원의 지위와 권한이 문제된다. 사법은 정치권력과 일정한 거리를 유지한 채 "무엇이 법인가?"를 판단하는 숙고의 장이기 때문에 **독립성**이 강하게 요구된다.

## Ⅱ  사법권의 개념

(ⅰ) 제101조 제1항이 의미하는 '사법권'의 개념에 관하여 그간 형식설과 실질설이 논의되어왔다. 이는 헌법규정의 행정권 및 입법권의 개념과 직접적으로 연계된다.

(ⅱ) 형식설에 의하면 "사법권이란 국가기관 중에서 입법기관 또는 행정기관의 권한을 제외한 사법기관인 법원에 속하는 권한"을 말한다(다수설). 실질설에 의하면 사법권이란 "구체적인 법적 분쟁이 발생한 경우에, 당사자로부터 쟁송의 제기를 기다려, 독립된 지위를 가진 기관이 제3자적 입장에서 무엇이 법인가를 판단하고 선언함으로써 법질서를 유지하기 위한 작용"이라고 정의한다. 양립설은 실질설과 형식설을 결합하려는 통합적 입장이다.

(ⅲ) 실질설에 의하면 비송사건이나 위헌법률심판제청사건의 사법성을 인정할 수 없게 되며, 헌법상 예외법원의 설치가 금지된다. 한편, 형식설에 의하면 실질적으로 행정작용이라 할 수 있는 사법행정작용이나, 실질적으로 입법작용이라 할 수 있는 규칙제정권도 사법권의 범위에 포함되는 문제점이 있다.

(ⅳ) 생각건대 "사법권은 법원에 속한다"는 의미를 "법원이 사법권을 가진다"라는 의미와 동일하다고 본다면, 이는 곧 기관적이고 형식적 의미로서 법원의 권한이 사법권이라는 의미로 이해된다. 다만, 법원의 정상적인 작동을 위하여 필요한 사법행정권이나 사법입법권은 부수적인 작용에 불과하다.

## Ⅲ 사법의 기능

### 1. 개인의 권리보호기능

사법은 국민의 자유와 권리보장을 위한 최후의 보루이다. 국가권력으로부터 개인의 권리보호뿐만 아니라 개인 사이의 권리분쟁에 관하여 사법은 최종적인 판단권자이며, 이를 통하여 법치주의가 구현된다.

### 2. 법질서유지기능

사법은 권력분립의 요청에 따라, 입법부에서 제정한 법 아래에서 행한 행정부의 법집행 및 사인의 법적 행위에 대하여 그 합법성을 심사함으로써, 객관적 법질서를 유지하는 기능을 가진다.

### 3. 사회적 긴장관계의 해소기능

사법은 국민의 생활 속에서 야기된 법적 분쟁의 종국적인 해결의 장이다. 따라서 사법은 법적 해결을 통하여 사회적 갈등과 긴장관계를 해소함으로써, 궁극적으로 법적 평화의 유지기능을 가진다.

### 4. 사법의 소극적 성격

사법은 단지 구체적인 사건을 전제로 제기된 쟁송에 대하여, 헌법과 법률이 정한 자격을 갖추고 신분이 독립된 법관에 의하여, 무엇이 법인가를 선언하는 작용이다. 따라서 사법은 본질상 소극적·수동적 국가작용이다.

### 5. 법관에 의한 법창조기능

법관은 법적용과정(재판과정)에서 법해석을 통하여 법의 흠결을 보충하는 기능을 하므로, 사법작용의 그 소극적·수동적 성격에서 더 나아가 실제로는 법을 창조하기도 한다.

## Ⅳ 사법권의 범위

### 1. 민사재판권

민사재판권은 민사소송관할권을 말한다. 민사소송이란 사인 사이에 발생하는 생활관계에 관한 분쟁 또는 이해충돌을 국가가 재판권을 행사하여 법적·강제적으로 해결하고 조정하는 절차를 말한다.

### 2. 형사재판권

형사재판권은 형사소송관할권을 말한다. 형사소송이란 범죄를 인정하고 형벌을 과하는 절차를 말한다.

### 3. 행정재판권

행정재판권은 행정소송관할권을 말한다. 행정소송이란 행정법규의 적용에 관한 행정작용에 따른 분쟁을 심리하고 판단하기 위한 절차를 말한다.

### 4. 헌법재판권

헌법재판권은 헌법소송관할권을 말한다. 헌법소송이란 좁은 의미로는 위헌법률심판을 말하고, 넓은 의미로는 권한쟁의심판·탄핵심판·헌법소원심판·위헌정당해산심판·선거소송재판까지 포함한다. 현행헌법은 선거소송재판권과 명령·규칙심사권 및 위헌법률심판제청권만 법원에 부여한다.

## Ⅴ  사법권의 한계

### 1. 실정법의 한계

헌법에서 다른 기관의 권한으로 규정하거나 법원의 사법심사 대상에서 제외하는 사항을 말한다. 위헌법률심판, 탄핵심판, 위헌정당해산심판, 권한쟁의심판, 헌법소원심판은 헌법재판소의 권한사항이다(제111조 제1항). 국회의원의 자격심사·징계·제명은 법원에의 제소가 금지된다(제64조 제4항). 비상계엄하의 군사재판은 군사법원이 단심으로 재판할 수 있다(제110조 제4항).

### 2. 국제법의 한계

(ⅰ) 치외법권자 즉, 체재국법의 적용을 받지 아니하고 본국법의 적용을 받을 수 있는 국제관습법에 따른 특권을 가진, 외국의 국가원수·외교사절 등에 대하여는 사법권이 미치지 아니한다.

(ⅱ) 조약도 사법심사의 대상이 될 수 있다. 헌법 제60조 제1항에 열거된 중요

조약은 법률과 동일한 효력을 가지므로 위헌 여부가 헌법재판소의 심판사항이다. 그 밖의 조약은 명령·규칙과 동일한 효력을 가지므로 위헌·위법 여부에 관하여 법원이 심사할 수 있다(<sup>제107조</sup>/<sub>제2항</sub>).

### 3. 사법본질적 한계

사법작용의 본질에 따라 사법권을 행사하기 위하여서는 구체적 사건에 관하여(사건성), 당사자의 소제기訴提起를 전제로 하여(당사자적격, 소의 이익), 당해 사건이 사건으로서의 성숙성을 가져야(사건의 성숙성) 한다.

### 4. 정책적·현실적 한계

( i ) 훈시규정이나 방침규정은 소訴로써 그 실현을 청구할 수 없다.

( ii ) 권력분립적 견지에서 법원은 행정기관이 아니므로 행정처분의 취소나 무효확인은 할 수 있으나, 직접 처분을 행하거나 처분을 명하는 이행판결履行判決을 할 수 없다. 행정소송법 개정안에는 의무이행소송을 도입한다.

( iii ) 행정행위 내지 행정처분은 행정기관의 재량 여하에 따라 기속행위와 재량행위로 구분된다. 기속행위는 엄격히 법의 기속을 받는 행위이나, 재량행위는 행정기관의 재량에 맡겨진 행위이다. 기속행위의 경우 법규정에 위반된 처분 등이 내려졌다면, 법원은 당연히 그것을 무효라고 선언하거나 취소할 수 있다. 한편, 재량행위가 재량권의 현저한 일탈·남용이 있어 위법인 경우에는, 그 처분 등을 무효·취소할 수 있으나, 단순히 부당한 처분인 경우에는 그렇지 아니하다. 그 범위에서 사법권의 한계가 있다.

( iv ) 공법상 특별권력관계이론에 의하면 특별권력관계에 관련된 사항에 관하여는 사법심사를 부인하여왔다. 그러나 오늘날 이를 특수신분관계로 이해한다. 특수신분관계에 있어서의 처분에 대하여는 사법심사를 인정하여야 한다. 다만, 그 신분관계의 특수성에 따라 재판적용기준의 융통성이 인정된다(<sup>제3편 제1장 제8절 Ⅴ.</sup>/<sub>3. 특수신분관계 참조</sub>).

### 5. 통치행위

#### (1) 통치행위이론의 역사적·경험적 특성

( i ) 근대입헌주의의 기본권보장·법치주의·권력분립의 원리에 따라 국가기관의 그 어떠한 행위도 최종적으로는 법원의 사법심사를 받아야 한다. 그러나 고도의 정치적 판단을 요하는 사항 등에 관하여 사법부의 적극적 판단은 국가적 활

동의 원활한 수행에 합당하지 못한 경우도 있을 수 있다. 이에 법원의 사법심사 대상에서 제외되는 통치행위를 인정하는 이론이 제기되어왔다.

(ⅱ) 법치주의에 대한 중대한 예외로 볼 수 있는 통치행위를 인정하는 데에는 이의異議가 없지만, 그 범위 설정에 관하여는 그 나라에 특유한 역사적·정치적 상황에 따라 다양한 이론과 판례가 전개되어왔다.

**(2) 각국에서의 통치행위이론의 발전**

통치행위이론은 ① 각국의 특수한 헌정사와 헌정실제, ② 권력분립주의에 대한 기본적 인식, ③ 사법제도의 특수성에 따른 사법심사제의 특성 등에 따라, 그 용어·논리적 기초·범위 등이 각기 정립된다. 영국에서는 국왕대권, 미국에서는 정치문제, 프랑스와 독일에서는 통치행위로 발전되어왔다.

**(3) 한국에서의 통치행위이론**

(ⅰ) 권력분립설, 사법의 내재적 한계설, 자유재량설, 사법자제설 등이 있다. 생각건대 사법자제설 그 자체는 통치행위의 존립근거로서 일반화될 수 있는 이론이 아니라, 헌법현실 속에서 구체적 사안에 직면하여 해당 사안에 대하여 사법부가 법선언적 판단을 하기보다는 오히려 정치의 영역으로 남겨 두는 게 타당하다고 판단할 경우에, 이에 관한 사법심사를 자제한다는 의미로 이해할 수 있다. 결국, 통치행위의 존재는 인정하되, 특정 행위의 통치행위성 여부는 구체적 사안에 따라 판단할 수밖에 없다(헌재 1996.2.29. 93헌마186, 긴급재정 경제명령 등 위헌확인(기각,각하)).

(ⅱ) 대법원은 12·12군사반란과 5·18민주화운동 등 사건에서 대통령의 비상계엄 선포나 확대행위의 통치행위성을 인정하면서도, 그것이 국헌문란國憲紊亂에 해당되면 그 범죄행위 여부에 관하여 심사할 수 있다고 판시한다(대판(전합) 1997. 4.17. 96도3376). 또한 대북송금사건에서 통치행위가 사법심사대상에서 제외되는 영역을 최소화하여야 한다는 점을 강조한다(대판 2004.3.26. 2003도7878).

(ⅲ) 한편, 헌법재판소는 '금융실명거래및비밀보장에관한긴급재정경제명령'사건에서 통치행위를 인정하면서도 구체적인 요건심리를 한다. 만일 통치행위라는 이유로 대통령의 국가긴급권발동에 대하여 무조건 사법심사하지 아니하면, 헌법에 아무리 국가긴급권발동요건을 강화한다고 하여도 그것은 하나의 장식물에 불과하기 때문이다(헌재 1996.2.29. 93헌마186, 긴급재정 경제명령 등 위헌확인(기각,각하)).

"통치행위란 고도의 정치적 결단에 의한 국가행위로서 사법적 심사의 대상으로 삼기에 적절하지 못한 행위라고 일반적으로 정의되고 있는바, 이 사건 긴급명령이 통치행위로서 헌법재판소의 심사대상에서 제외되는지에 관하여 살피건대, 고도의 정치적 결단에

의한 행위로서 그 결단을 존중하여야 할 필요성이 있는 행위라는 의미에서 이른바 통치
행위의 개념을 인정할 수 있고 … 그러나 이른바 통치행위를 포함하여 모든 국가작용은
국민의 기본권적 가치를 실현하기 위한 수단이라는 한계를 반드시 지켜야 하는 것이고,
헌법재판소는 헌법의 수호와 국민의 기본권보장을 사명으로 하는 국가기관이므로 비록
고도의 정치적 결단에 의하여 행해지는 국가작용이라고 할지라도 그것이 국민의 기본권침해
와 직접 관련되는 경우에 당연히 헌법재판소의 심판대상이 될 수 있는 것일 뿐만 아니라, 긴
급재정경제명령은 법률의 효력을 갖는 것이므로 마땅히 헌법에 기속되어야 한다"(헌재 1996.2.
29. 93헌마186, 긴급재정경제명령 등 위헌확인(기각,각하)).

다만, "국방 및 외교에 관련된 고도의 정치적 결단을 요하는 문제로서 헌법과
법률이 정한 절차를 지켜 이루어진 이상, 대통령과 국회의 판단은 존중되어야 하
고 헌법재판소가 사법적 기준만으로 이를 심판하는 것은 자제되어야 한다"(헌재 2004.4.
29. 2003헌마814, 일반사병 이라크 파병 위헌확인(각하)) 라고 판시한다.

2016년 2월의 개성공단 운영 전면중단 조치가 적법절차원칙, 과잉금지원칙, 신뢰보호원
칙 등을 위반하지 아니하며, 개성공단 투자기업인들의 영업의 자유와 재산권을 침해하
지 아니한다. 또한 대통령의 고도의 정치적 결단에 따른 조치라도 국민의 기본권 제한과
관련된 이상 헌법소원심판의 대상이 되고 반드시 헌법과 법률에 근거하여야 한다. 고도의
정치적 결단에 기초한 정책 결정과 같이 정치적 판단 재량이 인정되는 사안에서 기본권
침해 여부를 심사함에 있어서는, 정책 판단이 명백하게 재량의 한계를 유월하거나 선택
된 정책이 현저히 합리성을 결여한 것인지를 살피는 완화된 심사기준을 적용하여야 한다
(헌재 2022.1.27. 2016헌마364, 개성공단 전면중단 조치 위헌확인(기각,각하)).

통일부장관이 2010.5.24. 발표한 북한에 대한 신규투자 불허 및 투자확대 금지를 내용으
로 하는 대북조치로 인하여 개성공업지구의 토지이용권을 사용·수익할 수 없게 됨에
따라 재산상 손실을 입은 경제협력사업자가 제기한 보상입법을 마련하지 아니한 입법부작
위에 대한 헌법소원심판청구를 각하한다(헌재 2022.5.26. 2016헌마95, 입법부작위 위헌확인(각하)).

# 제 5 절  사법권의 독립

## Ⅰ  의  의

현행헌법에서 사법권독립과 직접 관련되는 조항으로는 제101조 "사법권은 법관으로 구성된 법원에 속한다"라는 규정과 법관의 직무의 독립을 규정한 제103조, 법관의 신분보장을 규정한 제106조 등이 있다.

## Ⅱ  법원의 독립(사법부의 독립)

### 1. 입법부로부터의 독립

(1) 법원과 국회의 상호 독립

법원과 국회는 그 조직·구성·운영·기능면에서 서로 독립적이어야 한다. 다만, 법원은 국민으로부터 직접 국민적 정당성을 확보하는 기관이 아니기 때문에 최고법원인 대법원의 구성에 있어서, 국회의 임명동의권을 통한 개입은 법원의 독립을 저해하는 것이 아니라, 오히려 법원구성에 있어서 민주적 정당성을 간접적으로나마 확보하는 길이다.

(2) 법원과 국회의 상호 견제와 균형

(ⅰ) 국회는 법원에 대하여 ① 국정감사·조사권($_{조}^{제61}$), ② 법원예산심의확정권 및 결산심사권($_{조}^{제54}$), ③ 대법원장·대법관 임명동의권($_{조}^{제104}$), ④ 법관에 대한 탄핵소추권($_{조}^{제65}$)을 통하여 견제할 수 있다. 국회의 법원에 대한 국정감사·조사권은 "계속繫屬 중인 재판"에 "관여할 목적"으로 행사되어서는 아니 된다($_{제8조}^{국감법}$).

(ⅱ) 법원은 국회에 대하여 위헌법률심판제청권($_{제1항}^{제107조}$)을 통하여 견제할 수 있다. 그러나 법원의 사법권은 국회의 내부행위에는 미치지 아니한다($_{제4항}^{제64조}$).

### 2. 집행부로부터의 독립

(ⅰ) 집행부로부터의 독립은 사법권의 본질적 요소이다. 바로 그런 의미에서 법원과 정부는 각기 독립기관으로 구성된다.

(ⅱ) 정부는 ① 대법원장·대법관임명권($_{조}^{제104}$), ② 법원예산편성권($_{제2항}^{제54조}$), ③ 대통령의 사면권($_{조}^{제79}$) 등을 통하여 법원을 견제할 수 있다. 반면에, 법원은 정부에

대하여 위헌·위법한 명령·규칙·처분심사권($^{제107조}_{제2항}$)을 통하여 견제할 수 있다.

(ⅲ) 대통령의 대법원장과 대법관임명권행사는 사법부의 구성에 대통령이 직접 개입함으로써 사법부독립을 저해한다는 측면보다는, 오히려 국가원수로서의 대통령이 사법부구성에 일정한 책임을 지우게 함과 동시에, 국민적 정당성을 직접 확보한 대통령과 국회의 개입을 통하여, 최고법원구성에 있어서 국민적 정당성에 대한 의문을 제거하는 방편이기도 하다. 일단 최고법원인 대법원이 구성된다면 일반법관에 대한 인사권은 대법원장이 행사한다.

(ⅳ) 정부의 법원예산편성권에 대하여는 법원에 독자적인 예산편성권을 부여하자는 의견도 있지만, 국가예산체계에서 불가피한 측면이 있다. 다만, 법원의 예산을 편성하면서 사법부의 독립성과 자율성을 존중하여야 한다($^{법원조직법}_{제82조\ 제2항}$).

(ⅴ) 대통령의 사면권 남용으로 사법부의 판단을 무력화하고, 법치주의를 저해한다는 우려가 제기된다. 대통령은 사면권행사에 신중하여야 한다.

(ⅵ) 한편, 법원은 정부에 대하여 위헌·위법한 명령·규칙·처분심사권을 통하여 견제할 수 있다. 이와 같은 법원의 심사권은 법치행정의 구현에 기여한다.

### 3. 법원의 자율성

헌법과 법률이 정하는 범위 안에서 법원이 자율적으로 내부사무처리 및 내부규율에 관한 사항을 정할 수 있도록 대법원에 규칙제정권을 부여한다($^{제108}_{조}$).

## Ⅲ 법관의 신분의 독립(인적 독립)

### 1. 법관의 인적 독립(신분의 독립)

사법권의 본질적 내용인 재판작용은 법관이 담당한다. 그 법관의 신분의 독립이 확보되지 아니하면 재판의 공정성과 독립성이 확보될 수 없다.

### 2. 법관인사의 독립

(ⅰ) 법관인사에 있어서 공정성을 확보함으로써 법관의 신분의 독립이 보장될 수 있다. 법관인사는 두 종류로 구분된다. 대법원장·대법관은 국민적 정당성의 두 축인 국회의 임명동의를 얻어 대통령이 임명한다. 그런데, 대법원장의 대법관 임명제청권은 재고되어야 한다. 최고법원이 구성되면 일반법관의 임명·보직은 사법부 내부에서 결정하여야 한다.

（ⅱ）법관의 임명은 대법관회의의 동의를 얻어 대법원장이 임명한다(법원조직법 제 17조 제1호, 제44조). 법관인사의 객관성과 투명성을 확보하기 위하여 법관인사위원회가 설치된다.

### 3. 법관자격의 법률주의

법관의 신분의 독립을 보장하기 위하여 법관의 자격은 법률로 정한다(제101조 제3항, 법원조직법 제42조). 대법원장·대법관은 20년 이상의 법조경력을 가지고 45세 이상인 자로 한다(법원조직법 제42조 제1항). 최고사법기관 구성의 다양성을 확보하기 위하여 문재인 대통령이 제안한 헌법개정안과 같이 헌법에 법관의 자격을 규정할 필요가 없다.

법관의 임용에 대한 결격사유도 법원조직법에 상세히 규정되어 있는데, 헌법재판소는 법관 임용의 결격사유로 정한 당원 신분을 상실한 날부터 3년이 경과되지 아니한 사람에 대하여 위헌결정을 내렸다.

> 법관 임용 결격사유로 과거 3년 이내의 당원 경력 조항은 공무담임권을 침해하여 헌법에 위반된다(7:2). [일부위헌의견] '대법원장·대법관에 관한 부분'은 헌법에 위반되지 아니하지만 '판사에 관한 부분'은 헌법에 위반된다(헌재 2024.7.18. 2021헌마460, 법원조직법 제43조 제1항 제5호 위헌확인(위헌)).

### 4. 법관의 임기와 정년

（ⅰ）헌법과 법원조직법은 사법의 보수화를 방지하기 위하여 법관임기제를 도입하고, 사법의 노화를 방지하기 위하여 법관정년제를 도입한다(제105조, 법원조직법 제45조 제4항).

（ⅱ）"대법원장의 임기는 6년으로 하며, 중임할 수 없다"(제105조 제1항). 대법원장의 중임제한은 특정인에 의한 사법부의 지나친 운용에 대한 경계의 의미를 가진다. 이는 대통령의 중임제한과도 일맥상통할 수 있다. "대법관의 임기는 6년으로 하며, 법률이 정하는 바에 의하여 연임할 수 있다"(제105조 제2항).

（ⅲ）"대법원장과 대법관이 아닌 법관의 임기는 10년으로 하며, 법률이 정하는 바에 의하여 연임할 수 있다"(제105조 제3항)(헌재 2016.9.29. 2015헌바331, 구 법원조직법 제45조의2 제2항 제2호 등 위헌소원(합헌)). "법관의 정년은 법률로 정한다"(제105조 제4항). 대법원장·대법관의 정년은 70세, 일반법관의 정년은 65세이다.

### 5. 법관의 신분보장

법관의 독립을 위하여 법관의 개인적인 신분보장 즉, 법관에 대한 파면사유의 제한·징계처분의 효력제한·퇴직사유의 제한을 헌법에서 직접 규정한다.

（ⅰ）"법관은 탄핵 또는 금고 이상의 형의 선고에 의하지 아니하고는 파면되지

아니"한다($^{제106조}_{제1항}$).

(ⅱ) "법관은 … 징계처분에 의하지 아니하고는 정직·감봉 기타 불리한 처분을 받지 아니한다"($^{제106조}_{제1항}$). 법관은 대법원에 설치된 법관징계위원회의 징계처분에 의하지 아니하고는 "정직·감봉 또는 불리한 처분을 받지 아니한다"($^{법원조직법}_{제46조\ 제1}$ $^{항,\ 법관징계}_{법\ 제4조}$). 법관의 징계에 대한 소송은 전심절차를 거치지 아니하고 대법원에 징계처분의 취소를 청구하는 단심재판을 취한다($^{법관징계법}_{제27조}$).

(ⅲ) "법관이 중대한 심신상의 장해로 직무를 수행할 수 없을 때에는 법률이 정하는 바에 의하여 퇴직하게 할 수 있다"($^{제106조}_{제2항}$).

### 6. 법관의 파견·겸직 근무 제한

(ⅰ) 법관의 파견 근무나 겸임이 비판의 대상이다. 삼권분립의 한 축인 국회에 법관의 파견 근무는 바람직하지 아니하다. 파견 근무는 넓은 의미의 사법부인 헌법재판소에 엄격히 한정되어야 한다. 법원조직법에서는 법관 퇴직 후 대통령비서실 취임 제한 및 법관의 대통령비서실 파견 및 겸임을 금지한다($^{제43조\ 제4호\ 및}_{제50조의2}$).

(ⅱ) 헌법기관인 중앙선거관리위원회를 비롯하여 각급기관에 법관이 겸임 근무한다. 이들 겸임기관에서 결재한 사안에 대하여 법적 쟁송이 제기될 때, 결국 법관이 재판하여야 하므로, 법관의 겸임근무는 최소화되어야 한다. 특히 소규모 법원에서 법관이 선거관리위원장으로서 선거사범을 고발하게 될 때, 스스로 재판을 하여야 하는 문제가 발생할 수 있다.

## Ⅳ 법관의 직무의 독립(물적 독립·재판의 독립)

### 1. 의    의

법관이라는 신분 그 자체의 보장이 법관의 신분의 독립(인적 독립)이라면, 법관으로서 직무를 수행하는 데 있어서 독립이 바로 재판의 독립 또는 직무의 독립·물적 독립이다. "법관은 헌법과 법률에 의하여 그 양심에 따라 독립하여 심판한다"($^{제103}_{조}$).

### 2. 헌법과 법률에 의한 심판

"법관은 헌법과 법률에 의하여 … 독립하여 심판한다"($^{제103}_{조}$). 법치주의원리에 입각하여 재판에서 헌법과 법률에의 구속성을 헌법에서 명시한다.

## 3. 법관의 양심에 따른 심판

( i ) "법관은 … 그 양심에 따라 독립하여 심판한다"(제103조). 헌법 제103조의 양심의 의미에 관하여는 객관적인 법관으로서의 양심 즉, 법조인으로서의 객관적·논리적 양심으로 이해하여야 한다.

( ii ) 대법원에 양형위원회(量刑委員會)를 설치하고 있다. 양형위원회는 양형기준의 설정·변경과 이와 관련된 양형정책의 심의를 위하여 대법원에 그 권한에 속하는 업무를 독립적으로 수행하는 기구이다(법원조직법 제81조의2). 양형기준은 법적 구속력을 가지지는 아니하지만, "법원이 양형기준을 벗어난 판결을 하는 경우에는 판결서에 양형의 이유를 적어야 한다"(제81조의7).

법관은 미국의 '긴즈버그 기준', 즉 "암시하지 않고, 예측하지 않고, 예고하지 않는"(No hint, No forecast, No preview) 공정한 재판의 3가지 원칙을 준수하여야 한다.

## 4. 내·외부작용으로부터 독립된 심판

### (1) 다른 국가기관으로부터 심판의 독립

법관의 재판권행사에 대하여 국회·정부·헌법재판소 등 어떠한 국가기관으로부터 지휘·감독이나 간섭을 받아서는 아니 된다.

### (2) 소송당사자

법관은 재판 과정에서 소송당사자로부터 독립되어야 한다. 법관이 소송당사자와 특수한 관계에 있을 경우에 대비하여 제척·기피·회피 제도를 마련한다.

### (3) 사회적 세력으로부터 독립

법관은 재판을 하면서 정당·사회단체·언론기관으로부터 독립되어야 한다. 그러나 재판에 대한 정당한 비판은 적극적으로 수용하여야 한다.

### (4) 법원 내부로부터 독립

법원의 조직은 대법원을 최고법원으로 하는 심급제를 채택한다. 그러나 재판에서 상급심법원의 지휘·감독 기타 간섭은 배제되며, 심급제가 재판의 독립에 영향을 미쳐서는 아니 된다. 하지만, "상급법원 재판에서의 판단은 해당 사건에 관하여 하급심을 기속한다"(법원조직법 제8조)라는 규정은 헌법이 보장하는 재판의 독립에 위배되지 아니한다.

# Ⅴ 결  어

사법권의 독립은 국가기관인 법원의 독립과, 그 법원에서 재판담당자인 법관의 신분상 독립과 재판에서의 독립으로 귀결된다. 사법권의 독립은 공정한 재판을 통하여 국민의 자유와 권리의 보장에 만전을 기하는 데 있다. 이를 위하여 무엇보다도 법원(사법)의 민주화가 더욱 요망된다. 관료화된 사법은 더 이상 존재가치가 없기 때문이다.

# 제6절 사법권에 대한 통제

## I 의 의

사법권에 대한 통제는 외부적 통제와 절차적 통제로 나누어 설명할 수 있다.

## II 외부적 통제

### 1. 국회에 의한 통제

국회는 ① 사법사항에 관한 입법권행사($_{102조 제3항 등}^{제101조 제3항, 제}$), ② 대법원장·대법관임명동의권($_{조}^{제104}$), ③ 법원예산의 심의확정권·결산심사권($_{조}^{제54}$), ④ 법관에 대한 탄핵소추권($_{조}^{제65}$), ⑤ 일반사면동의권($_{제2항}^{제79조}$) 등을 통하여 사법부를 통제할 수 있다.

### 2. 정부에 의한 통제

정부는 ① 대법원장·대법관임명권($_{조}^{제104}$), ② 법원예산편성권($_{조}^{제54}$), ③ 사면·감형·복권에 관한 권한($_{조}^{제79}$)으로서 사법부를 통제할 수 있다.

### 3. 헌법재판소에 의한 통제

헌법재판소는 ① 법관탄핵심판권, ② 헌법소원심판권, ③ 권한쟁의심판권 등을 통하여 사법부를 통제할 수 있다.

### 4. 국민에 의한 통제

배심제·참심제 등 국민의 사법참여제도를 통한 통제가 가능할 것이다. 일정한 형사사건의 경우에 국민이 재판에 참여하는 국민참여재판제도가 시행된다.

## III 절차적 통제

헌법의 수권에 따라 법원조직법을 비롯하여 민사소송법·형사소송법·가사소송법 등 각종 사법관련 소송법에서는 사법절차상의 과오를 최소화하는 방안을 마련한다. 이 중에서 중요한 것으로는 심급제도와 재판의 공개제도 등이 있다.

제 **5** 장

# 헌법재판소

## 제 1 절   헌법재판의 일반이론

### Ⅰ   의   의

헌법재판은 헌법규범의 실효성을 담보하는 헌법보장제도이다. 즉, 헌법재판을 통하여 헌법의 규범력을 실질화하고, 궁극적으로 입헌주의를 규범적으로 실현한다. 현대법실증주의의 창시자인 한스 켈젠H. Kelsen이 제시한 헌법재판은 법원의 일반재판작용과는 구별되는 헌법재판을 위한 특별(헌법)재판소 제도를 통하여 헌법재판의 실질화와 특수성을 도모하고자 하였다.

### Ⅱ   헌법재판의 본질

#### 1. 의   의

헌법재판은 근대입헌주의 헌법이 담고 있는 국민주권·기본권보장·권력분립원리를 현실적·사후적으로 담보하기 위한 제도적 장치이다. 근대헌법은 성문헌법·경성헌법의 형식으로 헌법의 최고규범성을 보장할 수 있는 제도적 여건을 마련한다.

#### 2. 헌법재판의 법적 성격

헌법재판도 그 본질은 '재판'이므로 넓은 의미의 사법작용이다. 그러나 헌법재판은 헌법적인 문제를 해결하기 위한 재판이라는 점에서, 구체적 사건의 분쟁해결을 목적으로 하는 일반사법작용과는 구별된다. 이에 헌법재판의 법적 성격에 관하여도 서로 다른 이론이 제시된다.

(ⅰ) 사법작용설은 헌법재판도 헌법분쟁에 대하여 헌법규범의 의미와 내용을 해석하고 정립하는 국가작용이라는 점에 착안하여, 그 법적 성격을 사법작용으로 이해하고 헌법재판을 전형적인 사법적 법인식작용으로 본다.

(ⅱ) 정치작용설은 헌법재판의 대상이 되는 분쟁은 법적 분쟁이 아닌 정치적 분쟁이므로 헌법재판의 본질을 정치작용으로 본다.

(ⅲ) 입법작용설은 헌법재판을 통한 헌법의 해석은 일반법률의 해석과는 달리 헌법을 보충하고 형성하는 기능을 가진다는 점에 착안하여 헌법재판을 입법작용으로 이해한다. 즉, 헌법재판소의 위헌 또는 일부위헌 결정은 법률의 폐지나 삭제, 한정위헌결정은 법률의 변경, 법률개선입법촉구결정을 동반한 헌법불합치결정은 법률의 개정, 입법부작위 위헌확인은 입법강제와 같은 결과를 초래하므로 입법작용이라 할 수도 있다. 하지만, 국회의 입법작용이 적극적 입법작용이라면, 헌법재판소의 입법작용은 소극적 입법작용에 불과하다.

(ⅳ) 사법작용설·정치작용설·입법작용설도 모두 한계를 가진다고 보아, 입법·사법·행정 등 모든 국가작용을 통제한다고 보는 제4의 국가작용설도 있다.

생각건대 현행헌법은 "제5장 법원"에서 "사법권은 법관으로 구성된 법원에 속한다"(제101조 제1항), "법원은 최고법원인 대법원과 각급법원으로 조직된다"(제2 항)라고 규정한다. 그런데, "제6장 헌법재판소"에서 따로 헌법재판에 관한 규정을 두고 있는 바, 이는 일반적인 의미의 사법과 헌법재판의 차이를 보여주는 징표로 볼 수 있다. 헌법재판의 특수성을 도외시하고 오직 사법작용적인 잣대만 가지고는, 헌법규범의 특수성을 반영한 '헌법'재판의 목적이 달성될 수는 없다. 따라서 헌법재판의 그 본질은 어디까지나 사법작용이라고 보아야 하지만, '헌법'재판이므로 헌법이 가진 특성에 입각하여 일련의 정치작용·입법작용 내지 권력통제작용을 포괄하는 사법작용으로 이해하여야 한다.

## 3. 사법적극주의와 사법소극주의

### (1) 사법적극주의

사법적극주의judicial activism는 진보적 헌법철학에 기초한 이론으로서, 사법부도 단순히 선례先例에 기속되는 소극적인 재판작용으로 만족하여서는 아니 되고, 역사와 사회의 변화에 따라 헌법규범을 능동적으로 해석하여 의회와 정부의 작용을 판단하여야 한다는 이론이다.

### (2) 사법소극주의

사법소극주의judicial passivism는 보수적 헌법철학에 기초한 이론으로서, 사법부는 민주적 정당성에 기초한 의회나 정부의 국가작용에 대하여 적극적으로 개입하기보다는, 기존의 선례와 법감정에 기초하여 판단하여야 하며, 이와 명백히 어긋나지 아니하는 한 사법적 개입은 자제하여야 한다는 이론이다.

### (3) 검 토

사법적극주의는 자칫 국민적 정당성을 결여한 "법관에 의한 통치"로 사법의 정치화를 초래할 수 있다. 민주적 정당성을 가진 의회와 정부의 행위에 대한 사법부의 지나친 개입은 대의제원리에 입각한 고전적 권력분립의 틀을 깨뜨리게 된다. 반면에, 사법소극주의에 안주하게 되면 사법부가 국민의 자유와 권리 보장을 위한 최후의 보루로서의 역할을 다하지 못하게 된다. 따라서 헌법재판에서는 사법적극주의나 사법소극주의의 어느 한쪽에 치우치지 아니하고 오로지 주권자인 국민이 제정한 헌법이 요구하는 명령에 입각하여 시대정신에 부합하는 입헌주의적 헌법질서 수호자로서의 기능을 다하여야 한다.

## 4. 헌법재판의 한계

헌법재판기관이 특정한 사안에 대한 헌법적 판단의 회피나 자제는 부적절하다. 하지만, 헌법규범이 가진 정치적 성격에 비추어 보건대, 모든 헌법적 쟁점에 대한 헌법재판을 통한 재단裁斷은 권력분립원리나 권력의 정당성원리에 비추어 결코 올바른 방향이 아니다.

# Ⅲ 헌법재판의 유형

## 1. 헌법재판의 담당기관

헌법재판을 담당하는 기관을 중심으로 구분한 헌법재판유형은 크게 ① 독일·오스트리아·이탈리아·스페인·포르투갈·튀르키예 등과 같이 담당기관을 별도로 설치하는 유럽 대륙의 헌법재판소 유형과, ② 미국이나 일본과 같이 일반법원이 헌법재판까지 담당하는 유형으로 대별할 수 있다. ③ 다만, 프랑스의 헌법위원회는 일반법원형도 아니고 헌법재판소형도 아닌 제3의 특수기관형으로 지칭되기도 하였으나, 위헌법률심판이 활성화되고 사후적 규범통제를 도입함으로써 헌법재판소의 한 유형으로 분류된다.

## 2. 헌법재판의 대상

( i ) 헌법재판의 전형적인 대상은 **위헌법률심사**이다. 위헌법률심사의 시점이나 내용을 기준으로 할 때에는, 프랑스와 같이 법률이 의회에서 통과된 후 공포 이전에 위헌법률심사를 행하는 사전적·예방적 위헌법률심사제도도 있다. 하지만, 일반적으로는 법률시행 이후에 위헌법률심사를 행하는 **사후적·교정적 위헌법률심사제도**를 채택한다. 한편, 프랑스에서도 2008년 7월 헌법개정을 통하여 사후적·구체적 규범통제를 새로 도입하였다.

( ii ) 규범통제제도를 중심으로 살펴보면, 법률의 위헌 여부가 재판의 전제가 된 경우에 한하여 소송당사자의 신청 또는 법원의 직권에 의하여 위헌심사를 행하는 **구체적 규범통제제도**와, 법률의 위헌 여부에 관한 다툼이 있는 경우에 재판의 전제와는 관계없이 일정한 국가기관의 신청에 의하여 헌법재판기관이 위헌심사를 담당하는 추상적 규범통제제도가 있다.

## Ⅳ  현행헌법의 헌법재판제도

### 1. 한국헌법사의 헌법재판제도

1948년 제헌헌법에서는 헌법위원회, 1960년 제2공화국헌법에서는 헌법재판소, 1962년 제3공화국헌법에서는 대법원, 1972년 유신헌법과 1980년 제5공화국헌법에서는 헌법위원회, 1987년 제6공화국헌법에서는 헌법재판소를 설치한다.

### 2. 헌법재판소의 지위와 권한

#### (1) 헌법재판소의 지위와 권한

( i ) 헌법재판소는 헌법에 보장된 권한을 통하여 헌법보장기관·헌법수호기관·기본권보장기관·권력통제기관으로서의 지위를 가진다.

( ii ) 헌법재판소는 위헌법률심판·탄핵심판·정당해산심판·권한쟁의심판·헌법소원심판을 관장한다.

#### (2) 헌법재판소와 대법원과의 관계

##### A. 문제의 소재

법원과 헌법재판소는 모두 사법기관으로서의 기능을 가진다는 점에서 동일하다. 다만, 헌법재판소의 권한은 헌법에 열거된 사항에 한정되고, 포괄적인 사법권은 법원에 부여된다(법원조직법 제2조 제1항). 특히 대법원에는 최고법원의 지위가 부여되어 있으므로(<sup>제101조</sup><sub>제2항</sub>), 대법원과 헌법재판소 사이에 미묘한 갈등을 야기한다.

### B. 헌법재판소와 대법원의 상호관계

헌법에서 대법원과 헌법재판소는 다 같이 국가의 최고사법기관으로서 대등한 지위에 있으며, 그 조직과 구성에 있어서도 서로 독립적이다.

### C. 법원이 위헌법률심판제청한 사건에 대하여 합헌결정을 하는 경우

법원이 위헌법률심판제청권을 행사하지 아니하면 헌법재판소는 위헌법률심판권을 행사할 수 없다. 이 경우 당사자의 청구에 의하여 헌법재판소법 제68조 제2항의 위헌심사형 헌법소원이 가능하다. 한편, 당사자가 신청한 위헌법률심판제청 신청을 법원이 기각하였을 경우에, 법원의 합헌판단권을 인정하여야 한다.

### D. 변형결정變形決定의 기속력문제

헌법재판소가 한정합헌·한정위헌 등과 같은 변형결정을 내릴 경우에, 그러한 변형결정의 취지를 법원 및 대법원이 받아들이지 아니하면 서로 갈등을 야기할 소지가 있다(<sup>이에 관한 상세는 제3</sup><sub>절 Ⅲ. 3. (2) 참조</sub>).

### E. 명령·규칙심사권의 소재

헌법재판소는 법률의 위헌 여부에 대한 심판권을 가지는 반면에, 대법원은 명령·규칙·처분에 대한 위헌심판권을 가진다(<sup>제107조</sup><sub>제2항</sub>). 대법원이 법률에 대한 위헌심판권을 행사할 수는 없지만, 헌법재판소가 명령·규칙·처분에 대한 위헌심판권을 행사하는 경우는 쉽게 예상할 수 있다(<sup>헌재 1990.10.15. 89헌마178, 법무사법시행</sup><sub>규칙 제3조 제1항에 대한 헌법소원(위헌)</sub>). 비록 해당 법률 그 자체는 위헌의 소지가 없다 하더라도, 해당 법률과 연계된 하위규범인 명령이나 규칙이 헌법에 위반되어 결과적으로 "헌법상 보장된 기본권이 침해될 경우"에는 헌법재판소는 이에 대하여 위헌 여부를 판단하여야 한다(<sup>헌재 1992.6.26. 90헌가23.</sup><sub>정기간행물의등록등에관한</sub>)<sub>법률 제7조 제1항의</sub><br><sub>위헌심판(한정위헌)</sub>).

### F. 법원의 재판에 대한 헌법소원 가부

헌법에서 대법원과 헌법재판소는 서로 독립적이고 수평적인 관계를 유지한다. 헌법재판소법은 헌법소원의 대상에서 법원의 재판을 제외하지만, 만약 법원의 재판을 헌법소원의 대상으로 인정할 경우에는 갈등이 야기될 가능성이 높다. 법원의 재판에 대한 헌법소원을 인정하게 되면, 독일과 마찬가지로 헌법재판소가 최고법원의 지위를 가지게 될 가능성이 높아진다(<sup>이에 관한 상세는 제3</sup><sub>절 Ⅲ. 3. (2) 참조</sub>).

### G. (원)행정처분에 대한 헌법소원

(원)행정처분에 대한 헌법소원을 인정하면 법원의 재판에 대한 헌법소원을 인정하는 결과를 초래하므로, 원행정처분에 대한 헌법소원은 인정할 수 없다. 다만,

"원행정처분을 심판의 대상으로 삼았던 법원의 재판이 예외적으로 헌법소원심판의 대상이 되어 그 재판 자체까지 취소되는 경우에 한하여, 국민의 기본권을 신속하고 효율적으로 구제하기 위하여 가능"하다(헌재 1999.9.16. 97헌마160, 구 소득세법 제60조 위헌확인 등(각하); 헌재 2001.2.22. 99헌마409, 양도소득세등부과처분취소(각하)).

### H. 대법원장의 법관에 대한 불리한 인사처분에 대한 헌법소원

법관에 대한 불리한 인사처분에 대하여 ① 행정소송을 통한 구제에 의할 경우 인사권자인 대법원장이 해당 소송의 최고법원을 구성하게 되므로 하급심 판사의 소신 있는 판단을 기대하기 힘들고, ② 대법원에서 심판할 경우 실질적으로 누구도 자신의 행위에 대한 심판자가 될 수 없다는 법원칙에 위배될 수 있고, ③ 권리구제의 실효성이 없으므로 헌법소원을 인정하여야 한다.

### I. 법관에 대한 탄핵소추의결

국회에서 법관에 대한 탄핵소추의결을 하였을 경우, 헌법재판소가 탄핵심판을 하는 과정에서도 갈등관계가 발생할 수 있다.

### J. 법령의 해석 · 적용의 문제

헌법재판소가 법률의 위헌 여부를 판단하기 위한 전제 문제로서 불가피하게 법원의 최종적인 법률해석에 앞서 법령을 해석하거나 그 적용 범위를 판단하였을 때, 법원 특히 대법원이 법령의 해석 · 적용에 관한 헌법재판소의 판단에 구속되는지 여부가 문제되며 두 기관 사이에 갈등 관계가 형성될 수 있다.

헌법재판소의 위헌정당해산결정으로 해산된 정당 소속의원의 의원직 유지 여부에 관하여 헌법과 법률에 명문의 규정이 없다. 헌법재판소는 정당 소속 국회의원은 당연히 자격을 상실한다고 판시한다(헌재 2014.12. 19. 2013헌다1, 통합진보당 해산청구 사건(인용,해산)). 생각건대 입법의 공백 상태에서 헌법재판소가 위헌정당해산심판사건 결정으로 소속의원의 자격을 상실하게 한 결정은 정당해산결정의 효력을 담보하기 위하여 불가피한 선택이다. 한편, 헌법재판소의 위헌정당해산결정에 따른 지방의회의원의 자격 유지 여부는 논쟁적이다. 중앙선거관리위원회는 비례대표지방의원만 자격을 상실하게 함에 따라 통합진보당 소속 지역구지방의회의원은 무소속으로 의원직을 유지하게 되었다. 그런데, 대법원은 비례대표지방의회의원도 의원직을 유지한다고 판시하여 논쟁이 촉발된다(대판 2021.4.29. 2016두39856, 국회의원지위확인). 앞으로 관련 법률을 정비하여 위헌정당해산결정된 정당 소속 국회의원과 지방의회의원의 신분을 분명히 하여야 한다.

### (3) 헌법재판소와 국회와의 관계

#### A. 의 의

국회에서 제정한 법률에 대한 헌법재판을 통한 통제는 더 이상 논란의 여지가 없지만, 헌법재판소는 위헌법률심판 과정에서 국회입법권을 최대한 존중하여야 한다. 그렇지 아니하면 국회와 헌법재판소의 갈등이 증폭될 수 있다.

B. 헌법재판소 구성에 있어서 국회의 간여

헌법재판소장의 임명에 있어서는 국회의 동의를 얻어야 하고, 국회는 3인의 헌법재판관을 선출한다(제111조). 그런데, 헌법재판소 구성에 헌법에서 국회가 간여하지 아니하는 헌법재판관에 대하여도 인사청문회를 실시한다(헌재법 제6조, 국회법 제65조의2).

C. 국회입법권의 최대한 존중

헌법재판소는 가능한 범위 안에서 국민의 대표기관인 국회의 입법권을 존중하여 위헌법률심판권을 신중하게 행사하여야 한다. 이에 헌법재판소는 변형결정을 통하여 국회입법권을 존중한다.

(4) 헌법재판소와 정부와의 관계

A. 의 의

정부의 공권력작용에 대한 헌법재판소의 합헌성 통제는 많은 갈등요인을 안고 있다. 헌법재판소의 위헌법률심판, 헌법소원심판, 권한쟁의심판, 탄핵심판은 정부와 직접적으로 관련된다.

B. 헌법재판소 구성에 정부의 간여

헌법재판소의 구성에 있어서 대통령은 3인의 재판관을 직접 임명할 뿐만 아니라 헌법재판소장도 임명한다(제111조).

C. 행정부의 공권력행사에 대한 통제

(ⅰ) 헌법재판소는 적어도 헌법규범에 명시된 사항에 대하여는 통치행위로서의 성격을 가지는 공권력작용에 대하여도 적헌성통제를 한다.

(ⅱ) 행정입법뿐만 아니라 구체적 행정처분, 검사의 불기소처분 등에 대하여도 헌법재판소의 통제가능성이 열려 있다.

(ⅲ) 권한쟁의심판의 경우에는 행정기관이 권한쟁의심판의 당사자가 되기 때문에 이 경우에도 헌법재판소와의 긴장관계가 형성될 수 있다.

(ⅳ) 주요공직자에 대한 탄핵심판은 결과적으로 예민한 정치문제를 제기할 수 있다. 대통령탄핵사건에서 헌법재판소가 내린 실정법 위반 여부와 탄핵 여부에 대한 결정문에서 이를 단적으로 보여준다(헌재 2004.5.14. 2004헌나1, 대통령(노무현) 탄핵(기각))(헌재 2017.3.10. 2016헌나1, 대통령(박근혜) 탄핵(인용)).

3. 헌법재판소의 지위와 구성 · 조직

(1) 헌법재판소의 지위

A. 자유의 보장과 권력의 통제

헌법재판소는 대법원과 더불어 헌법에서 최고사법기관의 하나로서, 국민의 자유와 권리를 보장하는 기관임과 동시에 정치적 권력통제기관으로서의 기능을 가진다. 헌법재판소는 위헌법률심판·헌법소원심판 등을 통하여 국민의 자유와 권리보장을 위한 최후의 보루로서의 역할과 기능을 담당한다. 또한 헌법재판소는 권력통제기관으로서 국회에서 제정한 법률의 위헌심판을 비롯하여 헌법소원심판·탄핵심판·권한쟁의심판·위헌정당해산심판을 담당한다.

B. 헌법재판소의 구성과 민주적 정당성

(ⅰ) 헌법재판소는 법관의 자격을 가진 9인의 재판관으로 구성하며, 재판관은 대통령이 임명한다(제111조 제2항). 재판관 중 3인은 국회에서 선출하는 자를, 3인은 대법원장이 지명하는 자를 임명한다(제3항). 헌법재판소의 장은 재판관 중에서 국회의 동의를 얻어 대통령이 임명한다(제4항).

(ⅱ) 헌법에서는 민주적 정당성을 직접 확보한 대통령과 국회에 각기 헌법재판관을 임명 또는 선출할 수 있도록 규정한다. 또한 헌법재판도 재판이라는 특성을 감안하여 대법원장에게도 헌법재판관 지명권을 부여한다. 그런데, 대법원장의 헌법재판관 지명권은 실체적 정당성과 절차적 정당성이 동시에 문제가 있기 때문에 바람직하지 아니하다. 더 나아가 대법원장이 지명하는 헌법재판관에 대하여는 헌법에 아무런 통제장치도 없다.

(ⅲ) 헌법재판관의 자격을 법관의 자격을 가진 자로 한정함에 따라 헌법재판소의 구성이 사법관 중심의 폐쇄적인 구조로 전락한다. 헌법재판관에는 우리 사회의 다원적 목소리를 수렴하기 위하여 사법관뿐만 아니라 학자·외교관·국회의원 등의 다양한 경력을 가진 인사들이 참여할 수 있는 길을 열어야 한다. 이와 같은 여망은 2018년 문재인 대통령이 제안한 헌법개정안에 반영되어 있다.

(2) 헌법재판소의 조직

A. 헌법재판소의 장

(ⅰ) "헌법재판소의 장은 국회의 동의를 얻어 재판관 중에서 대통령이 임명한다"(제111조 제4항). 헌법재판소 재판관후보자가 소장을 겸하는 경우에는 소장후보자에 대한 인사청문특별위원회의 인사청문회만 개최한다(국회법 제65 조의2 제5항).

(ⅱ) "헌법재판소장은 헌법재판소를 대표하고, 헌법재판소의 사무를 총괄하며, 소속 공무원을 지휘·감독한다"(헌재법 제12 조 제3항). 또한 "헌법재판소장은 헌법재판소의 조직, 인사, 운영, 심판절차와 그 밖에 헌법재판소의 업무와 관련된 법률의 제정 또는 개정이 필요하다고 인정하는 경우에는 국회에 서면으로 그 의견을 제출할 수 있다"(제10조 의2). "헌법재판소장이 궐위되거나 사고로 인하여 직무를 수행할 수

없을 때에는, 다른 재판관이 헌법재판소규칙이 정하는 순서에 따라 그 권한을 대행한다"($\substack{제12조\\제4항}$). "헌법재판소장의 대우와 보수는 대법원장의 예에" 따른다($\substack{제15조\\제1항}$). 헌법재판소장의 정년은 70세이다($\substack{제7조\\제2항}$).

(ⅲ) 그런데, 헌법에서 대통령 5년, 국회의원 4년, 대법원장 6년, 대법관 6년, 헌법재판관 6년의 임기는 명시하면서 헌법재판소장의 임기에 관하여는 언급이 없다. 헌법재판소법 등 관련 법률에서도 헌법재판소장은 대법원장과 같은 예우를 받고 헌법에서 대법원장의 임기를 명시한다. 그러므로 헌법재판소의 안정적 운영을 위하여 헌법재판소장에 대한 6년의 임기 보장이 바람직하다.

### B. 헌법재판관

(ⅰ) 헌법재판소의 재판관은 헌법재판소장을 포함하여 9인으로 한다($\substack{제111조\\제2항}$). "재판관은 정무직으로 하고 그 대우와 보수는 대법관의 예에 따른다"($\substack{헌재법 제15\\조 제1항}$).

(ⅱ) 헌법재판관은 헌법에서 법관의 자격을 요구한다($\substack{제111조\\제2항}$). 헌법재판소법에 의하면 15년 이상 변호사 자격을 가진 40세 이상의 사람 중에서 임명한다($\substack{제5조\\제1항}$).

(ⅲ) 헌법재판관의 임기는 6년이고, 법률이 정하는 바에 의하여 연임할 수 있다($\substack{제112조\\제1항}$). 재판관의 정년은 70세이다($\substack{헌재법 제7\\조 제2항}$).

### C. 재판관회의

"재판관회의는 재판관 전원으로 구성되며, 헌법재판소장이 의장이 된다." 다수의 재판관 결원에 대비하여 재판관회의의 정족수를 하향조정하였다. 즉 "재판관회의는 재판관 전원의 3분의 2를 초과하는 인원의 출석과 출석인원 과반수의 찬성으로 의결한다." "의장은 의결에 있어서 표결권을 가진다"($\substack{헌재법\\제16조}$).

"다음 각호의 사항은 재판관회의의 의결을 거쳐야 한다: 1. 헌법재판소규칙의 제정과 개정, 제10조의2에 따른 입법 의견의 제출에 관한 사항, 2. 예산 요구, 예비금 지출과 결산에 관한 사항, 3. 사무처장, 사무차장, 헌법재판연구원장, 헌법연구관 및 3급 이상 공무원의 임면(任免)에 관한 사항, 4. 특히 중요하다고 인정되는 사항으로서 헌법재판소장이 재판관회의에 부치는 사항"($\substack{헌재법 제16\\조 제4항}$).

## 4. 헌법재판소의 심판절차

헌법재판소의 심판절차는 일반심판절차와 특별심판절차가 있다. 특별심판절차는 위헌법률심판절차·탄핵심판절차·정당해산심판절차·권한쟁의심판절차·헌법소원심판절차가 있다. 이하에서는 일반심판절차를 중심으로 설명한다.

### (1) 재판부

헌법재판소법에 특별한 규정이 있는 경우를 제외하고는 헌법재판소의 심판은 재판관 전원으로 구성되는 재판부에서 관장한다. 전원재판부의 재판장은 헌법재판소장이 된다(<sup>헌재법</sup><sub>제22조</sub>). 다만, "헌법재판소장은 헌법재판소에 재판관 3인으로 구성되는 지정재판부를 두어 헌법소원심판의 사전심사를 담당하게 할 수 있다"(<sup>제72조</sup><sub>제1항</sub>). 재판관이 헌법재판소법에 규정된 제척·기피·회피사유에 해당하는 경우 그 직무집행에서 제외된다(<sup>제24</sup><sub>조</sub>).

(2) 당사자와 소송대리인

각종 심판절차에서 정부가 당사자(참가인을 포함한다)인 때에는 법무부장관이 이를 대표하고, 국가기관 또는 지방자치단체가 당사자인 때에는 변호사 또는 변호사의 자격이 있는 소속 직원을 대리인으로 선임하여 심판을 수행하게 할 수 있다(<sup>헌재법 제25조</sup><sub>제1항·제2항</sub>).

(3) 심판청구

A. 심판청구의 방식

"심판청구는 심판사항별로 정하여진 청구서를 헌법재판소에 제출함으로써 한다. 다만, 위헌법률심판에 있어서는 법원의 제청서, 탄핵심판에 있어서는 국회의 소추의결서訴追議決書의 정본正本으로 이에 갈음한다"(<sup>헌재법 제26</sup><sub>조 제1항</sub>).

B. 청구서의 송달

"헌법재판소가 청구서를 접수한 때에는 지체 없이 그 등본을 피청구기관 또는 피청구인에게 송달하여야 한다"(<sup>제27조</sup><sub>제1항</sub>).

C. 심판청구의 보정補正

"재판장은 심판청구가 부적법하나 보정補正할 수 있다고 인정하는 경우에는 상당한 기간을 정하여 보정을 요구하여야 한다"(<sup>제28조</sup><sub>제1항</sub>).

(4) 심　리

A. 심판정족수

"재판부는 재판관 7인 이상의 출석으로 사건을 심리한다"(<sup>헌재법 제23</sup><sub>조 제1항</sub>).

B. 심리의 방식

탄핵심판·정당해산심판·권한쟁의심판은 구두변론에 의하나, 위헌법률심판·헌법소원심판은 서면심리를 원칙으로 한다(<sup>제30</sup><sub>조</sub>).

C. 심판의 공개

"심판의 변론과 결정의 선고는 공개한다. 다만, 서면심리와 평의는 공개하지 아니한다." 심판의 변론은 국가의 안전보장 또는 안녕질서나 선량한 풍속을 해할 우려가 있는 때에는 결정으로 이를 공개하지 아니할 수 있다(<sup>헌재법 제34조, 법원조직법</sup><sub>제57조 제1항 단서</sub>).

D. 일사부재리

"이미 심판을 거친 동일한 사건에 대하여는 다시 심판할 수 없다"($^{제39}_{조}$).

E. 가처분假處分

( i ) 헌법재판에 있어서 가처분이란 본안사건에 대한 결정의 실효성을 확보하기 위하여, 본안결정이 있기 전에, 본안사건에서 다툼이 있는 법관계를 잠정적ㆍ임시적으로 지위를 정하는 가구제假救濟제도이다.

( ii ) 헌법재판소법은 정당해산심판과 권한쟁의심판에 관하여만 가처분에 관한 규정($^{제57조 및}_{제65조}$)을 두고 있을 뿐, 다른 헌법재판절차에서도 가처분이 허용되는가에 관하여는 명문의 규정이 없다. 위헌법률심판의 성격을 가진 규범통제 중 위헌법률심판의 경우는 가능하겠지만, 위헌법률심사형 헌법소원의 경우에는 이미 위헌법률심판제청신청이 기각되었으므로 가처분이 어렵다. 하지만, 권리구제형 헌법소원에서는 가처분이 허용된다($^{헌재 2021.1.4. 2020헌사1304.}_{효력정지 가처분신청(일부인용)}$). 한편, 탄핵심판의 경우에는 이론상 허용될 수 있지만, 현실적으로 허용될 가능성이 매우 희박하다.

F. 심판비용

헌법재판소의 심판비용은 원칙적으로 국가부담으로 한다($^{제37}_{조}$).

G. 심판기간

"헌법재판소는 심판사건을 접수한 날로부터 180일 이내에 종국결정의 선고를 하여야 한다"($^{제38}_{조}$).

H. 준 용

"헌법재판소의 심판절차에 관하여는 헌법재판소법에 특별한 규정이 있는 경우를 제외하고는 헌법재판의 성질에 반하지 아니하는 한도 내에서 민사소송에 관한 법령의 규정을 준용한다. 이 경우 탄핵심판의 경우에는 형사소송에 관한 법령을 준용하고, 권한쟁의심판 및 헌법소원심판의 경우에는 행정소송법을 함께 준용한다." 이때 "형사소송에 관한 법령 또는 행정소송법이 민사소송에 관한 법령과 저촉될 때에는 민사소송에 관한 법령은 준용하지 아니한다"($^{제40}_{조}$).

5. 종국결정

"재판부가 심리를 마친 때에는 종국결정을 한다"($^{헌재법 제36}_{조 제1항}$). "심판에 관여한 재판관은 결정서에 의견을 표시하여야 한다"($^{제3}_{항}$).

(1) 결정정족수

"재판부는 종국심리에 관여한 재판관 과반수의 찬성으로 사건에 관한 결정을 한다." 다만, "법률의 위헌결정, 탄핵의 결정, 정당해산의 결정 또는 헌법소원에 관한 인용결정을 하는 경우"(헌법 제113조 제1항) 및 "종전에 헌법재판소가 판시한 헌법 또는 법률의 해석적용에 관한 의견을 변경하는 경우"에는 재판관 6인 이상의 찬성이 있어야 한다(헌재법 제23조 제2항).

### (2) 결정유형

헌법재판소는 원칙적으로 각하결정(심판의 청구가 부적합한 경우), 기각결정(심판청구가 적법하지만, 이유가 없을 경우), 인용결정(심판청구가 적법하고 이유가 있을 경우)을 한다. 다만, 위헌법률심판에 있어서는 각하결정 또는 합헌결정·위헌결정·변형결정 가운데 어느 하나를 한다(상세는 위헌법률심판의 결정 유형과 효력 참조).

> 헌법재판소의 심판유형에 따른 사건부호는 다음과 같다.
> 헌가: 위헌법률심판
> 헌나: 탄핵심판사건
> 헌다: 정당해산심판사건
> 헌라: 권한쟁의심판사건
> 헌마: 헌법재판소법 제68조 제1항에 의한 헌법소원심판사건(권리구제형 헌법소원사건)
> 헌바: 헌법재판소법 제68조 제2항에 의한 헌법소원심판사건(위헌심사형 헌법소원사건)
> 헌사: 각종 신청사건(국선대리인선임신청, 가처분신청, 기피신청 등)
> 헌아: 각종 특별사건(재심 등)

### (3) 결정의 효력

#### A. 확정력確定力

헌법재판소법 제39조에 의하여 헌법재판소는 이미 심판을 거친 동일한 사건에 대하여는 다시 심판할 수 없다(확정력). 이에 따라 헌법재판소는 자신이 내린 결정을 철회·변경할 수 없으며(불가변력), 당사자는 그 결정에 불복할 수 없고 (불가쟁력), 형식적으로 확정된 헌법재판소의 결정에 대하여 당사자는 동일한 사항에 대하여 다시 심판을 청구하지 못하며 헌법재판소도 자신의 결정내용에 구속되며 자신이 내린 결정과 모순된 결정을 할 수 없다(기판력).

#### B. 법규적法規的 효력

법규적 효력은 법규범에 대한 헌법재판소의 위헌결정이 소송당사자뿐만 아니라 모든 국가기관과 지방자치단체를 넘어서 일반 사인에게도 그 효력이 미치는 일반적 구속력을 말한다(대세적 효력). "위헌으로 결정된 법률 또는 법률의 조항은 그 결정이 있는 날부터 효력을 상실한다. 형벌에 관한 법률 또는 법률의 조항은 소급하여 그 효력을 상실한다. 다만, 해당 법률 또는 법률의 조항에 대하여 종전에 합헌으로 결정한 사건이 있는 경우에는 그 결정이 있는 날의 다음 날로 소급하여 효력을 상실한다"(헌법재판소 제47조 제2항·제3항).

### C. 기속력覊束力

（ⅰ) 헌법재판소의 법률에 대한 위헌결정은 법원 기타 국가기관 및 지방자치단체를 기속하며(헌재법 제4조 제1항), 권한쟁의심판의 결정과 헌법소원의 인용결정은 모든 국가기관과 지방자치단체를 기속한다(제67조 제1항, 제75조 제1항). 이에 따라 헌법재판소도 이미 내린 결정을 임의로 변경할 수 없다.

（ⅱ) 기판력既判力이 원칙적으로 당사자 사이에서만 효력이 미친다. 반면에, 기속력은 모든 국가기관과 지방자치단체를 구속한다는 점에서 헌법재판의 기속력은 헌법소송의 특징이라 할 수 있다.

（ⅲ) 기속력은 ① 모든 국가기관과 지방자치단체가 헌법재판소의 결정에 따라야 하며, ② 장래에 어떠한 처분을 할 경우 헌법재판소의 결정을 존중하여야 한다는 결정준수의무와, ③ 동일한 사정에서 동일한 이유에 근거한 동일 내용의 공권력의 행사 또는 불행사가 금지된다는 반복금지의무를 그 내용으로 한다.

### 6. 재　심

재심再審이란 확정된 종국결정에 재심사유에 해당하는 중대한 하자가 있는 경우에, 그 결정의 취소와 이미 종결되었던 사건의 재심판을 구하는 비상의 불복신청방법이다. 재심제도는 법적 안정성과 구체적 정의라는 상반된 요청을 조화시키기 위하여 마련되었다. 헌법재판에서 재심의 허용 여부는 심판절차의 종류에 따라서 개별적으로 판단하여야 하는바, 권리구제형 헌법소원에 한하여 재심이 허용될 수 있다.

## V  발전 방향

（ⅰ) 헌법재판소의 구성에 있어서 '헌법'재판이 가지고 있는 특수한 의미를 고려하여 다원성이 확보되어야 한다. 법관자격을 요구하는 헌법재판관의 자격요건을 완화하고 재판관의 연령대·성별구성을 다변화하여야 한다.

（ⅱ) 헌법재판소와 대법원의 역할 및 관계도 재정립되어야 한다.

（ⅲ) 기본권보장의 최후 보루인 헌법재판소에 대한 국민의 액세스를 제고하기 위하여 변호사강제주의는 재고되어야 한다.

(ⅳ) 헌법재판소는 단순히 구체적 사건을 재판하는 기관이 아니라 국법질서의 기본틀형성과 관련된 결정을 내리는 기관이라는 점을 유념하여, 헌법재판소의 적극적인 논리개발과 균형잡힌 헌법의식의 표현이 필요하다.

　그간 헌법재판소는 1988년 9월에 개소한 이래 2024년 7월 30일 현재 총 51,000건 이상의 사건을 접수하여, 90%를 상회하는 사건을 처리하였다. 이 중에서 위헌 781건, 헌법불합치 323건, 한정위헌 70건, 한정합헌 28건을 선고하였다.

# 제 2 절  위헌법률심판

## Ⅰ  의    의

현행헌법은 일반법원과 구별되는 별도의 헌법재판기관인 헌법재판소로 하여
금 구체적·사후교정적 규범통제를 담당하도록 규정한다. 즉, "법률이 헌법에 위반
되는 여부가 재판의 전제가 된 경우에는 법원은 헌법재판소에 제청하여 그 심판
에 의하여 재판한다"(제107조 제1항). 헌법재판소는 "법원의 제청에 의한 법률의 위헌여
부심판"을 관장한다(제111조 제1항 제1호). "헌법재판소에서 법률의 위헌결정을 할 때에는 재
판관 6인 이상의 찬성이 있어야 한다"(제113조 제1항).

## Ⅱ  법원의 위헌법률심판제청

### 1. 의    의

"법률이 헌법에 위반되는 여부가 재판의 전제가 된 경우에는 법원은 헌법재판
소에 제청하여 그 심판에 의하여 재판한다"(제107조 제1항)라고 규정하기 때문에, 법원은
위헌 여부에 관한 의심이 있을 경우에 위헌법률심판을 제청하여야 한다.

### 2. 위헌법률심판제청의 절차

( ⅰ ) 당해 사건을 담당하는 법원이 직권 혹은 당사자의 제청신청으로 위헌법률
심판의 제청을 결정하여야 한다(헌재법 제41조 제1항).

( ⅱ ) 위헌법률심판을 제청할 때에는 제청법원, 사건 및 당사자, 위헌이라고 해
석되는 법률, 법률조항과 위헌이라고 해석되는 이유, 그 밖에 필요한 사항을 기재
한 제청서를 헌법재판소에 제출하여야 한다(헌재법 제43조).

### 3. 위헌법률심판제청권의 주체

위헌법률심판제청권자는 대법원과 각급법원이다. 다만, 대법원 이외의 법원이
제청을 할 때에는 대법원을 거쳐야 한다(헌재법 제41조 제5항). 대법원의 경유는 형식적 절차
일 뿐이고, 대법원이 하급법원의 제청에 대한 실질적 심사권은 가지지 아니한다.

## 4. 위헌법률심판제청권의 성격: 법원의 합헌결정권 포함 여부

법원의 합헌결정권 인정 여부에 관하여 논란이 있다. 이와 관련하여 현행헌법에서는 구 헌법의 "법률이 헌법에 위반되는 것으로 인정할 때"라는 문구가 삭제된 점에 비추어 부정설도 있다. 하지만, ① 사법의 본질에서 법원은 구체적인 사건에 적용할 법규범에 대한 독자적 해석권을 고유권한으로 하고, ② 일반법원은 당사자의 제청신청을 기각하여 합헌결정을 할 수 있고, ③ 법원의 위헌심판제청서에 위헌이라고 해석되는 이유를 기재하도록 하며, ④ 법률은 국민의 대표기관인 국회에서 제정한 것이므로 그 합헌성을 추정하는 방향으로 해석하여야 한다는 합헌성추정의 원칙에 비추어 긍정설이 타당하다.

## 5. 위헌법률심판제청의 대상

위헌법률심판제청대상은 형식적 의미의 법률 이외에 실질적 의미의 법률인 긴급명령, 긴급재정경제명령과 국회의 동의를 얻어 비준된 조약도 포함된다.

## 6. 위헌법률심판제청의 요건: 재판의 전제성

### (1) 의 의

현행 위헌법률심판은 구체적 규범통제제도를 채택하고 있으므로, 법원의 위헌법률심판제청 및 헌법재판소법 제68조 제2항의 헌법소원심판청구가 적법하기 위하여서는, 문제가 된 법률의 위헌 여부가 재판의 전제가 되어야 한다(제107조 제1항). 이에 따라 심판대상조항의 위헌 여부가 아니라 법원의 구체적 판단의 문제로 남게 될 경우에는 위헌법률심판제청은 재판의 전제성이 없다(헌재 2021.2.25. 2013헌가13등, 향토예비군 설치법 제15조 제9항 제1호 위헌제청(각하)).

그 밖에도 사법의 본질상 사건성(구체적 사건성·당사자적격성·소의 이익)도 충족하여야 한다.

### (2) 재 판

재판은 판결·결정·명령 등 형식 여하를 불문하고, 종국재판뿐만 아니라 중간재판도 포함한다. 이에 따라 증거채부결정證據採否決定, 영장발부, 인지첩부印紙貼付를 명하는 보정명령補正命令 등도 재판에 포함된다.

### (3) 전제성

재판의 전제성이란 ① 구체적인 사건이 법원에 계속繫屬 중이어야 하고, ② 위헌 여부가 문제되는 법률 또는 법률조항이 당해 사건에 적용되어야 하고, ③ 위헌 여부에 따라 당해 법원이 다른 내용의 재판을 하게 되는 경우를 말한다.

### (4) 전제성 구비 여부의 판단: 법원

재판의 전제성 구비 여부에 관한 판단은 1차적으로 제청법원이 가진다.

### (5) 전제성 구비가 요구되는 시기

재판의 전제성은 원칙적으로 법률의 위헌여부심판제청 시뿐만 아니라 심판 시時에도 갖추어져야 한다. 그러나 해당 소송이 종료되었더라도 객관적인 헌법질서의 수호·유지를 위하여 심판의 필요성이 인정될 경우 예외를 인정한다.

## 7. 위헌법률심판제청결정

법원은 직권으로 또는 당사자의 신청에 의한 결정으로 헌법재판소에 위헌 여부의 심판을 제청한다(헌재법 제41조 제1항). "법률의 위헌 여부의 제청신청이 기각된 때에는 그 신청을 한 당사자는 헌법소원심판을 청구할 수 있다"(제68조 제2항).

## 8. 위헌법률심판제청의 효과: 재판의 정지

"법원이 법률의 위헌 여부의 심판을 헌법재판소에 제청한 때에는 당해 소송사건의 재판은 헌법재판소의 위헌 여부의 결정이 있을 때까지 정지된다. 다만, 법원이 긴급하다고 인정하는 경우에는 종국재판 외의 소송절차를 진행할 수 있다"(제42조 제1항).

## 9. 위헌법률심판제청권행사의 한계

법원은 헌법판단을 회피하여서는 아니 된다. 재판에 있어서 ① 헌법판단이 논리적으로 선행한다는 점, ② 위헌심판제청은 법원의 권한·의무인 점 등에 비추어 법원은 적극적으로 헌법판단을 하여야 한다. 법원은 위헌법률심판제청권만 가지므로, 한정합헌해석과 적용위헌의 판단은 할 수 없다.

# Ⅲ 헌법재판소의 위헌법률심판

## 1. 의 의

위헌법률심판이라 함은 법률이 헌법에 위반되는 여부가 재판의 전제가 된 경우에, 법원의 제청에 의하여 헌법재판소가 법률의 위헌 여부를 심판하여, 그 효력을 상실하게 하거나 적용을 거부하는 제도를 말한다(제107조 제1항, 제111조 제1항 제1호). 현행 위헌법률심판제도는 사후교정적 위헌심사·구체적 규범통제제도를 취하지만, 위헌으로 결정된 법률 또는 법률조항은 일반적으로 효력을 상실한다(헌재법 제47조 제2항).

## 2. 위헌법률심판의 대상

### (1) 법  률

#### A. 현행법률

위헌법률심판의 대상인 법률은 1차적으로 국회에서 제정한 형식적 의미의 법률로서 현재 효력을 가진 법률을 말한다.

#### B. 폐지된 법률과 개정된 법률조항

폐지되거나 개정된 법률이라 하더라도, 그로 인하여 국민의 "침해된 법익을 보호하기 위하여 그 위헌 여부가 가려져야 할 필요가 있는 때에는 심판의 대상이 된다" (헌재 1989.12.18. 89헌마32등, 국가보위입법회의 / 법 등의 위헌여부에 관한 헌법소원(위헌,각하)).

#### C. 사전적·예방적 위헌심사

원칙적으로 국회에서 통과되어 대통령의 공포를 거쳐 시행되는 법률이 위헌심사의 대상이다. 다만, 법률이 직접 기본권을 침해할 것으로 예상되는 경우에는, 해당 법률이 공포되어 시행되기 전 단계에서 헌법소원에 의한 위헌심사를 인정한다 (헌재 1994.12.29. 94헌마201, 경기도남양주시등33개도농 / 복합형태의시설치등에관한법률 제4조 위헌확인(기각)).

#### D. 법률의 해석

과거에 헌법재판소는 법률의 해석에 대한 위헌법률심판청구는 원칙적으로 허용되지 아니하였다. 그런데, 헌법재판소는 기존의 판례를 변경하여 법률의 해석에 대한 위헌법률심판청구도 가능하다고 판시함에 따라 한정위헌결정을 구하는 한정위헌청구도 원칙적으로 적법하다고 본다 (헌재 2012.12.27. 2011헌바117, 구 특정범죄가중처벌 / 등에 관한 법률 제2조 제1항 위헌소원(한정위헌)).

### (2) 긴급명령, 긴급재정경제명령

긴급명령, 긴급재정경제명령도 국회의 승인을 얻으면 법률과 동일한 효력을 가지므로 위헌법률심판의 대상이 된다 (헌재 1996.2.29. 93헌마186, 긴급재정 / 경제명령 등 위헌확인(기각,각하)).

### (3) 입법의 부작위

입법부작위는 다시 진정입법부작위와 부진정입법부작위로 나누어지는바, 전자의 경우 당사자는 입법부작위 그 자체를 대상으로 하여 위헌확인을 구하는 헌법소원을 제기할 수 있다. 그러나 위헌법률심판은 법률을 대상으로 하므로 진정입법부작위는 그 대상이 될 수 없다.

부진정입법부작위의 경우 그 불완전한 법규 자체를 대상으로 하여 그것이 헌법위반이라는 적극적인 헌법소원을 청구함은 별론으로 하고, 입법부작위를 헌법소원의 대상으로 삼을 수는 없다 (헌재 1989.7.28. 89헌마1, 사법서사법 / 시행규칙에 관한 헌법소원(각하)).

### (4) 조 약

조약은 국내법과 동일한 효력을 가질 뿐만 아니라($^{제6조}_{제1항}$) 조약은 헌법의 하위에 위치하므로 위헌심판의 대상이 된다($^{헌재\ 2001.9.27.\ 2000헌바20,\ 국제통화기}_{금조약\ 제9조\ 제3항\ 등\ 위헌소원(각하)}$).

### (5) 헌법규범

헌법이론적으로는 헌법핵과 헌법률의 구별이 가능하므로, 헌법핵에 위반되는 헌법률에 대한 위헌성이론은 충분히 제기될 수 있다. 그러나 헌법과 헌법재판소법의 규정에 비추어 본다면, 헌법규범은 위헌법률심판의 대상이 아니라고 볼 수밖에 없다($^{헌재\ 1996.6.13.\ 94헌바20,\ 헌법\ 제29}_{조\ 제2항\ 등\ 위헌소원(합헌,각하)}$). 다만, 헌법규범이 권리구제형 헌법소원의 대상이 될 수 있는 가능성을 전적으로 배제할 수는 없다($^{헌재\ 2001.2.22.\ 2000헌바38,\ 국가배상법}_{제2조\ 제1항\ 단서\ 등\ 위헌소원(합헌,각하)}$).

> "헌법 제111조 제1항 제1호, 제5호 및 헌법재판소법 제41조 제1항, 제68조 제2항은 위헌심사의 대상이 되는 규범을 '**법률**'로 명시하고 있으며, 여기서 '법률'이라고 함은 국회의 의결을 거쳐 제정된 이른바 형식적 의미의 법률을 의미하므로 헌법의 개별규정 자체는 헌법소원에 의한 위헌심사의 대상이 아니다"($^{헌재\ 1996.6.13.\ 94헌바20,\ 헌법\ 제}_{29조\ 제2항\ 등\ 위헌소원(합헌,각하)}$). "우리나라의 헌법은 독일기본법처럼 헌법개정의 한계에 관한 규정을 두고 있지 아니하고, 헌법의 개정을 법률의 형식으로 하도록 규정하고 있지도 아니한 점을 감안할 때, 우리 헌법의 각 개별규정 가운데 무엇이 헌법제정규정이고 무엇이 헌법개정규정인지를 구분하는 것이 가능하지 아니할 뿐 아니라, 각 개별규정에 그 효력상의 차이를 인정하여야 할 형식적인 이유를 찾을 수 없다. 이러한 점과 앞에서 검토한 현행헌법 및 헌법재판소법의 명문의 규정취지에 비추어, 헌법제정권과 헌법개정권의 구별론이나 헌법개정한계론은 그 자체로서의 이론적 타당성 여부와 상관없이 우리 헌법재판소가 헌법의 개별규정에 대하여 위헌심사를 할 수 있다는 논거로 원용될 수 있는 것이 아니다. 또한 국민투표에 의하여 확정된 현행헌법의 성립과정과 헌법 제130조 제2항이 헌법의 개정을 국민투표에 의하여 확정하도록 하고 있음에 비추어, 헌법은 그 전체로서 주권자인 국민의 결단 내지 국민적 합의의 결과라고 보아야 할 것으로, 헌법의 규정을 헌법재판소법 제68조 제1항 소정의 공권력행사의 결과라고 볼 수도 없다"($^{헌재\ 1995.12.28.\ 95헌바3,\ 국가배상법}_{제2조\ 제1항\ 등\ 위헌소원(합헌,각하)}$).

### (6) 입법사실

헌법재판소는 입법사실도 헌법재판의 대상이라고 판시한다. 즉, "법률의 위헌 여부에 대한 법적 문제를 판단하기 위하여 입법의 기초가 된 사실관계 즉 입법사실과 당해 사건에 계속중인 법원에서 확정하여야 할 사실문제가 중복되어 있는 경우에는 법률의 위헌 여부를 판단하기 위하여 필요한 범위 내에서만 입법사실을 확인하고 밝히는 것이 바람직하다"($^{헌재\ 1994.4.28.\ 92헌가3,\ 보훈기금법\ 부칙\ 제5조\ 및\ 한국보훈복지공}_{단법\ 부칙\ 제4조\ 제2항\ 후단에\ 관한\ 위헌심판(한정위헌,한정합헌)}$).

### (7) 관습법

관습법은 비록 형식적 의미의 법률은 아니지만, 실질적으로는 법률과 동일한 효력을 가지므로 위헌법률심판의 대상이 된다(현재 2013.2.28. 2009헌바129, 상속에 관한 구 관습법 부분 위헌소원(각하)).

### 3. 위헌법률심판의 요건

일반적인 위헌법률심판의 요건으로서, 형식적 요건으로 법원에 의한 위헌법률심판제청이 있을 것과 실질적 요건으로 재판의 전제성이 요구된다. 그 외에 심판필요성이나 법률의 위헌성을 드는 견해도 있다.

### 4. 위헌법률심판의 기준

#### (1) 헌 법

위헌법률심판은 "법률이 '헌법'에 위반되는 여부"의 심판이므로 심판의 기준은 원칙적으로 헌법재판을 할 당시에 규범적 효력을 가진 헌법이다. 여기서 헌법이라 함은 원칙적으로 형식적 의미의 헌법전 즉, 헌법전문·헌법본문·헌법부칙을 말한다. 헌법재판소는 실질적 의미의 헌법이라 할 수 있는 관습헌법을 근거로 위헌법률심판을 한 바 있다(현재 2004.10.21. 2004헌마554등, 신행정수도 의견설을위한특별조치법 위헌확인(위헌)).

#### (2) 자연법과 정의

헌법이 지향하는 기본적인 이념이나 원리인 자연법의 원리나 정의의 원리에 어긋나는 입법은 허용할 수 없다. 헌법전의 규범적인 공백을 보충할 수 있는 유일한 기준은 자연법과 정의이다.

### 5. 위헌법률심판의 관점

위헌법률심판의 대상이 되는 법률의 합헌성 여부를 판단함에 있어서는, 그 법률의 형식적 합헌성뿐만 아니라 실질적 합헌성 여부도 판단하여야 한다.

### 6. 위헌법률심판의 결정

(ⅰ) 위헌법률심판은 법원의 위헌법률심판제청에 따라 "헌법재판소는 제청된 **법률 또는 법률조항의 위헌 여부만을 결정한다.** 다만, 법률조항의 위헌결정으로 인하여 당해 **법률** 전부를 시행할 수 없다고 인정될 때에는 그 전부에 대하여 위헌의 결정을 할 수 있다"(헌재법 제45조).

(ⅱ) 헌법재판소는 원칙적으로 심판청구된 조항만을 심판하지만, 직권으로 심판대상을 확장·축소 또는 변경을 할 수 있다. 즉, 위헌제청이 되지 아니한 법률조

항이라 하더라도 위헌제청이 된 법률조항과 일체를 형성하거나 직접적인 관련성을 가진 경우에는 그에 대한 판단을 할 수 있다.

(iii) 위헌결정은 재판관 6인 이상의 찬성이 있어야 한다(제113조 제1항).

### 7. 위헌법률심판의 결정유형과 효력

#### (1) 의 의

"헌법재판소는 제청된 법률 또는 법률조항의 위헌 여부만을 결정한다. 다만, 법률조항이 위헌결정으로 인하여 당해 법률 전부를 시행할 수 없다고 인정될 때에는 그 전부에 대하여 위헌의 결정을 할 수 있다"(헌재법 제45조). 합헌·위헌결정 이외에 변형결정의 인정 여부 및 주문의 형식에 관하여 논란이 있다. 헌법재판소는 ① 위헌심판제청각하결정, ② 합헌결정(위헌불선언결정 포함), ③ 변형결정, ④ 위헌결정, ⑤ 일부위헌결정으로 분류한다. 변형결정의 유형으로서는 ① 헌법불합치결정, ② 한정합헌결정, ③ 입법촉구결정, ④ 한정위헌결정 등이 있다.

#### (2) 주문과 합의제의 방식

##### A. 주문의 방식의 선택

결정주문의 방식의 선택은 헌법재판관의 재량이다(헌재 1989.9.8. 88헌가6, 국회의원선거법 제33조·제34조의 위헌심판(헌법불합치, 잠정적용)).

##### B. 합의제의 방식

(i) 헌법재판소의 결정을 내리는 데 따른 합의의 방식은 쟁점별 합의제가 아닌 **주문합의제**主文合議制를 채택한다(헌재 1994.6.30. 92헌바23, 구 국세기본법 제42조 제1항 단서에 대한 헌법소원(합헌)).

(ii) 재판관 사이에 견해가 일치하지 아니하는 경우에, 헌법재판소는 법원조직법(제66조)을 준용하여, 당사자에게 가장 유리한 견해를 가진 수에 순차로 그다음으로 유리한 견해를 가진 수를 더하여 과반수(정족수)에 이르게 된 때의 견해를 법정의견法廷意見으로 한다(헌재 1992.2.25. 89헌가104, 군사기밀보호법 제6조 등에 대한 위헌심판(한정합헌)).

#### (3) 위헌심판제청 각하결정却下決定

헌법재판소는 위헌법률심판제청이 된 사건에 대하여 제청요건을 갖추지 아니하였다는 이유로, 주문에서 "이 사건 (위헌)심판제청을 각하한다"는 위헌심판제청각하결정을 내린다. 구체적으로는 ① 위헌법률심판의 대상이 되지 아니하는 사안, ② 재판의 전제성이 없는 사안, ③ 제청이익이 없는 사안이다. ③은 폐지된 구법 또는 이미 위헌선언된 법률조항에 대한 심판제청 사안이다.

## (4) 합헌결정合憲決定

### A. 단순합헌결정

헌법재판소가 심판대상이 된 법률 또는 법률조항의 위헌 여부를 심사한 결과 헌법위반사실을 확인할 수 없을 경우에, "헌법에 위반되지 아니한다"라는 주문의 합헌결정을 내린다. 헌법재판소는 이미 합헌으로 결정한 법률에 대한 위헌제청도 적법한 제청으로 인정한다. 하지만, 이는 합헌결정의 기속력을 부인하는 결정이 아니라, 새로운 상황 변화를 반영하여 판례 변경의 길을 열어준 결정으로 보아야 한다. 예컨대, 간통죄, 낙태죄, 양심적 병역거부 등에 관한 판례 변경이 그러하다.

법률의 위헌결정은 재판관 6인 이상의 찬성이 있어야 한다는 헌법규정($^{제113조}_{제1항}$)으로 인하여, 비록 재판관 과반수가 위헌의견을 내더라도 위헌결정 정족수미달로 위헌선언을 할 수 없는 경우에 내리는 독특한 결정형식이다. 이 경우에 "헌법에 위반된다고 선언할 수 없다"라는 주문형식을 취한다. 위헌불선언결정과 단순합헌결정은 아무런 법적 차이가 없기 때문에, 넓은 의미의 합헌결정의 일종이다. 생각건대 비록 실질적인 법적 효과가 동일하다 하더라도 단순합헌결정과 위헌불선언결정과의 분명한 차이의 부각은 필요하고 유익하다. 헌법재판관 과반수가 위헌의견을 제시한다는 사실은 장차 입법자들이 충분히 참조할 수 있는 여지를 둔다는 점에서 그 의의를 찾을 수 있다. 그런데, 헌법재판소는 위헌불선언결정을 결정유형으로 인정하였다가 그 후에는 합헌결정에 포섭한다.

## (5) 위헌결정違憲決定

### A. 주문형식

헌법재판소가 위헌법률심판의 대상이 된 법률에 대하여 위헌결정을 할 때에는 재판관 9인 중 6인 이상의 찬성이 있어야 한다($^{제113조 제1항;}_{헌재법 제23조}$). 단순위헌결정은 "법률은 헌법에 위반된다"라는 주문형식을 취한다.

### B. 위헌결정의 범위

(i) "헌법재판소는 제청된 법률 또는 법률 조항의 위헌 여부만을 결정한다. 다만, 법률 조항의 위헌결정으로 인하여 해당 법률 전부를 시행할 수 없다고 인정될 때에는 그 전부에 대하여 위헌의 결정을 할 수 있다"($^{헌재법}_{제45조}$).

(ii) 헌법재판소는 위헌제청된 법률조항과 일체를 형성하고 있는 경우 제청되지 아니한 조문에 대하여도 위헌결정을 내린 예도 있다($^{헌재 2003.9.25. 2000헌바94등, 공무원}_{연금법 제47조 제3호 위헌소원(위헌) 등}$).

### C. 위헌결정의 효력

(a) 확정력    헌법재판소는 자신이 내린 결정을 철회·변경할 수 없으며(불가변력), 당사자는 그 결정에 불복할 수 없고(불가쟁력), 자신이 내린 결정과 모순되는 결정을 할 수 없다(기판력).

(b) 일반적 효력과 법규적 효력    "위헌으로 결정된 법률 또는 법률의 조항은" 그 결정이 있는 날부터 "효력을 상실한다"(헌재법 제47조 제2항).

구체적 규범통제는 당해 사건에서 원칙적으로 적용거부만 하지만(개별적 효력), 현행법은 구체적 규범통제를 취하면서도 일반적 효력을 부여한다(객관적 규범통제).

(c) 기속력羈束力    법률의 위헌결정은 법원 기타 국가기관 및 지방자치단체를 기속한다(헌재법 제47조 제1항). 국회와 헌법재판소 자신도 기속된다고 보아야 한다.

(d) 위헌결정의 효력발생시기: 장래효와 소급효    위헌으로 결정된 법률 또는 법률의 조항은 "그 결정이 있는 날부터 효력을 상실한다. 형벌에 관한 법률 또는 법률의 조항은 소급하여 그 효력을 상실한다. 다만, 해당 법률 또는 법률의 조항에 대하여 종전에 합헌으로 결정한 사건이 있는 경우에는 그 결정이 있는 날의 다음 날로 소급하여 효력을 상실한다"(헌재법 제47조 제2항, 제3항).

헌법재판소법은 형벌조항의 경우를 제외하고는 위헌결정의 장래효를 규정하고 있지만, 헌법재판소는 형벌조항 이외의 경우에도 판례를 통하여 위헌결정의 소급효를 대폭 확대하고 있다.

"① 구체적 규범통제의 실효성의 보장의 견지에서 법원의 제청·헌법소원의 청구 등을 통하여 헌법재판소에 법률의 위헌결정을 위한 계기를 부여한 당해 사건, ② 위헌결정이 있기 전에 이와 동종의 위헌 여부에 관하여 헌법재판소에 위헌제청을 하였거나 법원에 위헌제청신청을 한 경우의 당해 사건(동종사건), ③ 그리고 따로 위헌제청신청을 아니하였지만 당해 법률 또는 법률의 조항이 재판의 전제가 되어 법원에 계속중인 사건(병행사건)에 대하여는 소급효를 인정하여야 할 것이다. ④ 또 다른 한가지의 불소급의 원칙의 예외로 볼 것은, 당사자의 권리구제를 위한 구체적 타당성의 요청이 현저한 반면에 소급효를 인정하여도 법적 안정성을 침해할 우려가 없고 나아가 구법에 의하여 형성된 기득권자의 이익이 해쳐질 사안이 아닌 경우로서 소급효의 부인이 오히려 정의와 형평 등 헌법적 이념에 심히 배치되는 때라고 할 것으로, 이 때에 소급효의 인정은 법 제47조 제2항 본문의 근본취지에 반하지 않을 것으로 생각한다"(헌재 1993.5.13. 92헌가10등, 헌법재판소법 제47조 제2항 위헌제청(합헌))(헌재 2001.12.20. 2001헌바7등, 헌법재판소법 제47조 제2항 위헌소원(합헌)).

한편 대법원은 헌법재판소가 판시한 내용 중 위 ①-③의 경우 외에 "위헌결정 이후에 위와 같은 이유로 제소된 일반사건에도 미친다"라고 하여, 위헌결정의 소급효를 대폭 확대하는 경향이 있다. 다만, 대법원도 일반사건의 경우 기판력과 행정행위의 확정력에 의하여 위헌결정의 소급효를 제한할 수 있다는 입장이다(대판 1994.10.25. 93다42740; 대판 1994.10.28. 92누9463).

## (6) 변형결정變形決定

### A. 의 의

헌법재판소법 제45조는 "헌법재판소는 제청된 법률 또는 법률조항의 위헌여부'만'을 결정한다"라고 규정한다. 헌법재판소는 원칙적으로 단순합헌이나 단순위헌결정을 내린다. 하지만, 국회입법권의 존중, 법률생활의 안정, 복잡 다양한 헌법상황과 법적 공백·법적 혼란상태의 극복을 위하여 유연하고 신축성 있는 판단이 필요하면 변형결정을 한다. 변형결정으로는 헌법불합치결정, 입법촉구결정, 한정합헌결정, 한정위헌결정, 일부위헌결정, 적용위헌결정 등이 있다.

### B. 허용 여부

헌법재판의 특성에 비추어 볼 때 변형결정은 불가피하다고 보지만, 그 경우에도 가급적 불가피한 최소한도에 그쳐야 한다.

> "제45조에 근거하여 한 변형재판에 대응하여 위헌법률의 실효 여부 또는 그 시기도 헌법재판소의 재량으로 정할 수 있는 것으로 보아야 하며 이렇게 함으로써 비로소 헌법재판의 본질에 적합한 통일적, 조화적인 해석을 얻을 수 있"다(헌재 1989.9.8. 88헌가6, 국회의원선거법 제33조, 제34조의 위헌심판(헌법불합치,잠정적용)).

### C. 헌법불합치결정憲法不合致決定

(a) 의 의    헌법불합치결정이란 비록 위헌성이 인정되는 법률이라 하더라도 국회의 입법권을 존중하고, 위헌결정의 효력을 즉시 발생시킬 때 오는 법의 공백을 막아 법적 안정성을 유지하기 위하여 일정기간 당해 법률의 효력을 지속시키는 (계속효) 결정형식이다. 헌법불합치결정의 주문형식은 "헌법에 합치되지 아니한다"로 하며, 일반적으로 "입법자가 개정할 때까지 효력을 지속한다"라고 판시한다.

> "단순위헌의 결정을 하여 그 결정이 있은 날로부터 법률의 효력을 즉시 상실하게 하는 하나의 극에서부터 단순합헌의 결정을 하여 법률의 효력을 그대로 유지시키는 또 하나의 극 사이에서, 문제된 법률의 효력상실의 시기를 결정한 날로부터 곧 바로가 아니라 새 법률이 개정될 때까지 일정기간 뒤로 미루는 방안을 택하는 형태의 결정주문을 우리는 '헌법에 합치하지 아니한다'로 표현하기로 한다"(헌재 1989.9.8. 88헌가6, 국회의원선거법 제33조·제34조의 위헌심판(헌법불합치,잠정적용)).

(b) 헌법불합치결정의 필요성    단순위헌결정으로 법적 공백과 혼란이 우려되어 법적 안정성을 도모할 필요가 있는 경우, 위헌적 상태를 해결하기 위하여 다양한 방법이 가능하여 그 선택을 입법자의 입법형성권에 맡겨야 한다.

(c) 헌법불합치결정의 범위    법률 전부에 대하여 뿐만 아니라 법조항의 일부에 대하여도 헌법불합치결정을 할 수 있다.

(d) 헌법불합치결정의 효력    헌법불합치결정도 위헌결정과 마찬가지로 확정력과 법규적 효력을 가진다.

（ⅰ) 잠정적 효력지속과 입법개선의무    헌법불합치결정이 내려지면 법률은 일정 기간 형식적으로 존속한다. 입법자는 입법개선의무를 진다.

（ⅱ) 법률의 적용중지, 절차정지    원칙적으로 해당 법률의 적용이 중지되고, 결정 당시 법원 및 행정청에 계속된 모든 유사사건의 절차는 정지되어야 한다. 헌법불합치결정의 경우(예외적으로 잠정적용이 명하여진 경우가 아니라면) 소급효가 미치는 사건에 대하여는 입법자의 결정(개정법 또는 법률의 폐지 등)을 기다려 그에 따라 재판을 하여야 한다.

（ⅲ) 예외적 잠정적용    불합치결정과 적용중지만으로는 극복할 수 없는 법적 공백상태가 발생할 우려가 있을 때 예외적으로 잠정적용이 허용된다.

  D. 입법촉구결정立法促求決定

  결정 당시에는 합헌이지만 위헌으로 될 소지가 있기 때문에, 입법자에게 문제되는 법률의 개정이나 보충 등 입법을 촉구하는 결정형식을 말한다. 헌법재판소가 순수한 의미의 입법촉구를 직접 주문에 명시한 결정례는 없다.

  E. 한정합헌결정限定合憲決定

  (a) 한정합헌결정의 의의    해석 여하에 따라서 위헌의 의심이 있는 부분을 포함하는 법률의 의미를 헌법의 정신에 합치하도록 한정적으로 해석하여 위헌판단을 회피하는 결정형식을 말하며 헌법합치적 법률해석이라고도 한다. 주문은 "…것으로 해석되는 한(이러한 해석하에), 헌법에 위반되지 아니한다"라는 형태를 취한다.

  (b) 법률의 합헌적 해석의 허용한계    법률 또는 법률의 조항은 원칙적으로 가능한 범위 안에서 합헌적으로 해석함이 마땅하나 그 해석은 법의 문의文意와 목적에 따른 한계가 있다(헌재 1989.7.14. 88헌가5등, 사회<br>보호법 제5조의 위헌심판(합헌)).

  (c) 한정합헌결정의 본질    헌법재판소는 "한정합헌의견은 질적인 일부위헌"으로 이해한다(헌재 1992.2.25. 89헌가104, 군사기밀보호<br>법 제6조 등에 관한 위헌심판(한정합헌)).

  (d) 한정합헌결정의 결정형식    헌법재판소는 한정합헌의 취지가 판단이유에서의 설시만으로는 부족하고 주문主文에 포함되어야 한다고 판시한다.

  F. 한정위헌결정限定違憲決定

  심판의 대상이 된 법조문을 축소해석한 합헌적 법률해석의 결과라는 점에서 한정합헌해석과 같지만, 한정축소해석을 통하여 일정한 합헌적 의미를 넘어선 확대해석은 헌법에 위반되어 채택할 수 없기 때문에 법적용을 배제하는 결정유형이다. 주문은, "… 것으로 해석하는 한 헌법에 위반된다"는 형태를 취한다.

### G. 일부위헌결정─部違憲決定

(ⅰ) 위헌결정에는 법률 또는 법률조항 전체에 대한 위헌결정을 하지 아니하고 그 일부에 대한 위헌선언을 하는 경우도 있다. 일부무효의 대상은 독립된 법조문 전부일 수도 있고, 법조문 중 특정의 항일 수도 있고, 일정한 문文 또는 문文의 일부분일 수도 있다.

(ⅱ) 일부위헌에는 위헌선언으로 법조문의 일부분이 삭제되는 효과를 가지는 양적量的 일부위헌결정(헌재 1992.4.14. 90헌마82, 국가보안법 제19조에 대한 헌법소원(위헌): "국가보안법 제19조 중 제7조 및 제10조의 죄에 관한 구속기간연장 부분은 헌법에 위반된다")과, 법조문은 그대로 둔 채 그 법조문의 적용례에 대하여서만 위헌선언을 하는 질적質的 일부위헌결정이 있다(헌재 1991.5.13. 89헌가97, 국유재산법 제5조 제2항의 위헌심판(한정위헌))(헌재 1991.4.1. 89헌마160, 민법 제764조의 위헌여부에 관한 헌법소원(한정위헌)).

### H. 변형결정의 기속력羈束力 여부

헌법재판소법 제47조 제1항은 "법률의 위헌결정은 법원 기타 국가기관 및 지방자치단체를 기속한다"라고만 규정한다. 하지만, 헌법재판의 특수성에 비추어 변형결정 자체의 인정은 불가피하다. 변형결정을 인정한다면 그에 상응하는 효력을 인정하여야 한다. 그러한 점에서 대법원이 한정위헌결정을 단순한 견해표명으로 보면서 구체적인 사안에서 내리는 독자적인 판단은 바람직하지 아니하다.

### (7) 결　어

헌법재판소의 결정유형은 헌법재판의 특수성 반영이라고 하더라도 지나친 변형결정의 남발은, 결국 헌법재판의 회피, 사법편의주의, 헌법해석의 객관성결여 등으로 헌법재판의 신뢰와 권위를 떨어뜨릴 수 있기 때문에 변형결정은 신중하게 내려져야 한다. 실제로 헌법재판소의 한정합헌결정 또는 한정위헌결정과 같은 변형결정이 법원으로부터 백안시되는 사례도 나타나고 있음에 비추어, 헌법재판소 자신이 이러한 우려를 제거하여 나가는 노력을 기울여야 한다.

# 제 3 절   헌법소원심판

## Ⅰ   의   의

### 1. 의   의

헌법 제111조 제1항 제5호는 헌법재판소의 권한으로 "법률이 정하는 헌법소원에 관한 심판"을 규정한다.

### 2. 법적 성격: 헌법소원의 이중성

헌법소원은 개인의 주관적인 기본권보장기능과 위헌적인 공권력행사를 통제하는 객관적 헌법질서보장기능을 가진다. 전자는 기본권침해의 요건과 권리보호이익(소의 이익)이 요구되는 주관적 쟁송의 성격이 드러나고, 심판의 단계에 접어들면 규범통제절차로서 객관적 소송의 양상을 띤다.

### 3. 유   형

#### (1) 권리구제형 헌법소원과 위헌심사형 헌법소원

헌법재판소법 제68조에서는 권리구제형 헌법소원($^{제1}_{항}$)과 위헌심사형 헌법소원($^{제2}_{항}$)을 규정한다. "공권력의 행사 또는 불행사로 인하여 헌법상 보장된 기본권을 침해받은 자는 법원의 재판을 제외하고는 헌법재판소에 헌법소원심판을 청구할 수 있다. 다만, 다른 법률에 구제절차가 있는 경우에는 그 절차를 모두 거친 후가 아니면 청구할 수 없다." 이하에서는 권리구제형 헌법소원을 중심으로 설명한다.

#### (2) 위헌심사형 헌법소원: 다른 유형의 실질적 위헌법률심판

A. 헌법재판소법에 의한 위헌심사형 헌법소원

(ⅰ) 헌법재판소법 제68조 제2항은 "제41조제1항에 따른 법률의 위헌 여부 심판의 제청신청이 기각된 때에는 그 신청을 한 당사자는 헌법재판소에 헌법소원심판을 청구할 수 있다. 이 경우 그 당사자는 당해 사건의 소송절차에서 동일한 사유를 이유로 다시 위헌 여부 심판의 제청을 신청할 수 없다"라고 하여 위헌법률심판을 청구하는 위헌심사형 헌법소원을 규정한다.

(ⅱ) 당해 사건의 소송절차라 함은 당해 사건의 전 심급에서 원칙적으로 한 번만 제청신청을 할 수 있다는 의미로 이해한다.

(ⅲ) 위헌법률심판제청신청이 기각 또는 각하될 경우에 위헌심사형 헌법소원을 제기할 수 있다. 다만, 제청신청이나 기각결정이 없는 경우에도 예외적으로 허용된다.[1]

### B. 본질: 규범통제

(ⅰ) 위헌심사형 헌법소원은 법원의 재판에 대한 헌법소원을 인정하지 아니하면서 위헌법률심판제청신청인의 권리구제와 객관적 규범통제제도를 채택하는 우리나라 특유의 제도이다. 그 법적 성격에 대하여 법원의 기각결정에 대한 헌법소원이라는 견해(불복형 헌법소원)와, 그 본질에 중점을 두어 위헌법률심사라는 견해가 있으나 두 가지 성격을 동시에 가진다고 보아야 한다. 헌법재판소는 헌법재판소법 제68조 제2항에 의한 헌법소원의 적법요건으로 재판의 전제성을 요구함으로써 위헌법률심판이라는 입장이다(헌재 1993.7.29. 92헌바48, 남북교류협력에관한법률 제3조 위헌소원(각하); 헌재 2004.2.26. 2003헌바31, 형사소송법 제93조 등 위헌소원(합헌, 각하)).

(ⅱ) 즉, 헌법재판소법 제68조 제2항의 헌법소원심판청구는 형식은 헌법소원이지만 그 본질은 규범통제이다(헌재 1994.4.28. 89헌마221 정부조직법 제14조 제1항 등의 위헌여부에 관한 헌법소원(각하,합헌)). 심판의 대상은 법원의 기각결정이 아니라 법률이나 법률조항의 위헌 여부이다. 이에 따라 재판절차의 진행은 위헌법률심판절차의 방식으로 진행된다. 심판청구서의 기재사항(헌재법 제71조 제2항), 심판의 절차(헌재법 제73조 제2항, 제74조 제2항), 주문의 표시, 인용결정의 효력(헌재법 제75조 제6항, 제7항) 등에서 위헌법률심판절차의 규정을 준용한다.

(ⅲ) 헌법재판소법 제68조 제2항의 헌법소원심판청구를 제1항의 권리구제형 헌법소원으로 변경할 때는 심판청구 변경의 절차를 밟아야 한다(헌재법 제40조, 민사소송법 제262조 제1항). (헌재 2007.10.25. 2005헌바68, 군인연금법 제21조 제5항 제1호 위헌소원 등).

### C. 심판청구의 요건

#### (a) 청구인 적격(청구권자)

(ⅰ) 당해 사건의 법원에 대한 당사자의 "제청신청이 기각된 때에는 그 신청을 한 당사자"는 헌법재판소법 제68조 제2항에 따라 헌법재판소에 직접 헌법소원심판을 할 수 있다.

---

1. 사법심사(위헌법률심사)의 구조: 위헌법률심판(헌가 사건)과 위헌심사형 헌법소원(헌바 사건)

법원에서    법원의 직권 또는                     법원이 헌법재판소에                    헌법재판소
당해사건  →  당사자의 위헌법률심판제청신청  →   위헌법률심판제청   ──대법원 경유─→   위헌법률심판
재판 중      법원이 인용                         (위헌제청시 당해
                                               사건 재판은 정지)
                      ↓
          법원이 위헌법률심판제청 기각 시   →   헌법재판소 헌법소원심판(헌재법 §68 ②)
          30일 이내에 위헌심사형 헌법소원 제기      (당해 사건에 대한 법원의 재판 계속 진행)

(ⅱ) 위헌심사형 헌법소원의 청구인적격을 가진 당사자는 모든 재판에서의 당사자를 의미한다. 따라서 행정소송에서의 피고인 행정청도 위헌심사형 헌법소원의 청구인적격을 가진다(헌재 2008.4.24. 2004헌바44, 온천법 제2조 등 위헌소원(합헌)). 그런 점에서 국가기관은 청구할 수 없는 권리구제형 헌법소원과 구별된다.

(ⅲ) "당해 사건의 소송절차"란 당해 사건의 상소심 소송절차는 물론이고 대법원에 의하여 파기환송되기 전후의 소송절차까지도 포함한다

(b) 심판대상

(ⅰ) 헌법재판소법 제68조 제2항에 따른 헌법소원심판청구의 심판 대상은 재판의 전제가 되는 법률이므로 대통령령이나 총리령, 부령 등과 같은 하위규범은 그 대상이 될 수 없다(헌재 2007.4.26. 2005헌바51, 국민건강보 형법 제63조 제4항 등 위헌소원(각하,기각))(헌재 2010.2.25. 2008헌바79, 구 소득세법 제 21조 제1항 제10호 등 위헌소원(각하,합헌)).

(ⅱ) 헌법재판소법 제68조 제2항에 의한 헌법소원은 '법률'의 위헌성을 적극적으로 다투는 제도이므로 '법률의 부존재' 즉, 입법부작위를 다투는 청구는 그 자체로 허용되지 아니한다(헌재 2011.2.15. 2011헌바20, 형법 제50조 제2항 등 위헌소원(각하))(헌재 2009.5.12. 2009헌바69, 민사소송법 제449조 관련 입법부작위 위헌소원(각하)).

(c) 재판의 전제성

위헌법률심판과 같이 재판의 전제성이 요구된다(헌재 2013.6.27. 2011헌바247, 구 부가가치 세법 제22조 제5항 제1호 위헌소원(각하)).

(d) 제청신청의 기각결정

(ⅰ) 제청신청이 기각된 경우란 신청이 실체심리 결과 이유 없다고 하여 신청을 배척하는 경우는 물론이고 위헌이라고 주장하는 법률이나 법률조항이 재판의 전제성을 갖추지 못하였다고 판단하여 배척하는 경우도 포함한다.

(ⅱ) 제청신청에 대한 법원의 기각결정이 없었던 법률조항에 대한 헌법소원은 부적법하다(헌재 1994.4.28. 89헌마221; 헌재 1997.8.21. 93헌바51; 헌재 2006.7.27. 2005헌바19).

(e) 청구기간

위헌심판 제청신청을 기각하는 법원의 결정을 통지받은 날로부터 30일 이내에 청구하여야 한다(헌재법 제69 조 제2항).

D. 심판청구의 절차

위헌법률심판을 구하는 헌법소원의 심판청구서에는 위헌법률심판제청서의 기재사항이 준용된다(헌재법 제71조 제2항, 제43조).

E. 한정위헌청구의 허용 여부

위헌심사형 헌법소원에서도 법률 또는 법률조항에 대한 특정한 해석이 헌법에 위반된다고 주장하는 한정위헌청구도 허용된다(헌재 2012.12.27. 2011헌바117, 구 특정범죄가중처벌 등에 관한 법률 제2조 제1항 위헌소원 등(한정위헌)).

### F. 심판청구 이후의 절차

위헌법률심판을 구하는 헌법소원을 제기한 경우 심판청구인의 제청신청을 기각한 당해 법원은 당해 사건을 그대로 진행한다. 이에 따라 "헌법재판소법 제68조제2항에 따른 헌법소원이 인용된 경우에 해당 헌법소원과 관련된 소송사건이 이미 확정된 때에는 당사자는 재심을 청구할 수 있다."

### G. 종국결정

위헌심사형 헌법소원에 대한 결정유형은 위헌법률심판의 결정유형과 같다.

## Ⅱ 헌법소원심판의 청구권자

### 1. 자연인과 단체(법인 포함)

"공권력의 행사 또는 불행사로 인하여 헌법상 보장된 기본권을 침해받은 자는 법원의 재판을 제외하고는 헌법재판소에 헌법소원심판을 청구할 수 있다"(<sup>헌재법 제68<br>조 제1항</sup>). 기본권을 침해받은 자는 기본권의 주체와 같이 모든 국민을 의미한다. 외국인에게도 인정되는 기본권에 한하여 외국인도 청구권자가 된다. 태아胎兒도 제한적으로 인정되지만, 배아胚芽는 인정되지 아니한다. 국민의 범주에는 자연인뿐만 아니라 법인 중에서 사법인도 포함된다(예컨대, 사립학교 법인, 한국영화인협회 등).

### 2. 단체의 구성원·내부기관은 제외

다만, 헌법소원의 청구권자가 될 수 있는 단체라고 하더라도 "원칙적으로 단체 자신의 기본권을 직접 침해당한 경우에만 그의 이름으로 헌법소원심판을 청구할 수 있을 뿐이고 그 구성원을 위하여 또는 그 구성원을 대신하여 헌법소원심판을 청구할 수 없"으므로 자기관련성에 주의가 필요하다(<sup>후술하는 자기<br>관련성 참조</sup>).

### 3. 국가기관이나 공법인은 기본권의 수범자(부정)

헌법재판소는 공권력의 행사인 국가, 지방자치단체나 그 기관 또는 조직의 일부나 공법인은 기본권의 수범자이지 기본권의 주체가 아니라고 보아, 지방자치단체(<sup>헌재 2006.2.23. 2004헌바50, 구 농촌근대화촉진법 제16조 위헌소원(기각),<br>헌재 2006.12.28. 2006헌마312, 혁신도시 최종입지 공표행위 위헌확인(각하)</sup>), 지방자치단체의 장(<sup>헌재 1997.12.24.<br>96 헌마365, 행정</sup> <sup>심판법 제37조 제1<br>항 위헌확인(각하)</sup>), 지방자치단체의 의결기관(<sup>헌재 1998.3.26. 96헌마345, 지방자치단체의행정기구와<br>정원기준등에관한규정 제14조 제1항 등 위헌확인(각하)</sup>), 국회의 구성원인 국회상임위원회(<sup>헌재 1994.12.29. 93헌마120,<br>불기소처분취소(각하)</sup>), 공법인인 지방자치단체의 교육위원(<sup>헌재 1995.9.28. 92헌마23등, 지방교육자치에관<br>한법률 제13조 제1항에 대한 헌법소원(각하)</sup>), 국회의원 등에 대하여 청구인적격을 부인한다.

## 4. 국가기관이나 공법인도 예외적으로 인정

공권력의 주체라고 하더라도 국·공립대학이나 공영방송국과 같이 국가에 대하여 독립성을 가지는 독자적인 기구로서(헌재 1995.2.23. 90헌마125, 입법권 침해 등에 대한 헌법소원(각하)), 해당 기본권영역에서 개인들의 기본권실현에도 이바지 하는 경우에는 예외적으로 기본권주체가 될 수 있다. 헌법재판소는 국립서울대학교에 대하여 학문의 자유 및 대학의 자치와 관련하여 기본권주체성을 인정한다(헌재 1992.10.1. 92헌마68등, 1994학년도신 입생선발입시안에 대한 헌법소원(기각)). 또한 대통령도 발언내용이 직무부문과 사적 부문이 경합하는 경우에 사적 부문에 대하여는 기본권주체성을 인정한다(헌재 2008.1.17. 2007헌마700, 대통령의 선 거중립의무 준수요청 등 조치 취소(기각)).

## Ⅲ 헌법소원심판의 대상

### 1. 국가기관에 의한 공권력의 행사 또는 불행사(작위의무의 존재)

권리구제형 헌법소원의 대상은 "공권력의 행사 또는 불행사"이다. 공권력의 행사인 이상 입법·사법·행정 등이 적극적인 공권력을 행사한 경우는 물론 부작위에 의한 공권력의 불행사도 포함된다. 공권력의 불행사에 대한 헌법소원은 공권력의 주체에게 헌법에서 유래하는 작위의무가 특별히 구체적으로 규정되어 있어 이에 의거하여 기본권의 주체가 공권력의 행사를 청구할 수 있음에도 공권력의 주체가 그 의무를 해태懈怠하는 경우에 허용되므로, 작위의무가 없는 공권력의 불행사에 대한 헌법소원은 부적법하다(헌재 2004.8.26. 2003헌마916, 재 직기간산입거부처분취소(각하)). 또한 공권력의 행사 또는 불행사가 구체적으로 특정되어야 적법한 헌법소원이 된다.

### 2. 공법상 법인과 영조물법인에 의한 공권력의 행사 또는 불행사

헌법소원의 대상이 되는 공권력은 입법·행정·사법 등의 모든 기관뿐만 아니라, 간접적인 국가행정, 예를 들어 공권력을 간접적으로 행사하는 공법상의 사단이나 재단과 같은 공법상 법인, 국립대학교(헌재 1992.10.1. 92헌마68등, 1994학년도신 입생선발입시안에 대한 헌법소원(기각))와 같은 영조물법인 등의 작용도 포함된다.

### 3. 예외(법원의 재판과 사법상 행위)

(ⅰ) 법원의 재판이 공권력의 행사라는 점에 이의가 없지만, 헌법재판소법 제68조 제1항에서 이를 헌법소원의 대상에서 제외하고 있다.

(ⅱ) 행정청의 사법상私法上 행위에 대하여 헌법재판소는 헌법소원의 대상성을

부인하지만, 현실적으로 순수한 사법상 행위인지 여부에 관한 판단은 그리 쉬운 문제가 아니기 때문에 가급적 헌법소원을 인정할 필요가 있다.

（ⅲ）이하에서는 입법 · 행정 · 사법에 대한 헌법소원으로 나누어 설명한다.

### 4. 입법에 대한 헌법소원

#### (1) 법　률

모든 법률이 다 헌법소원의 대상이 되지는 아니하고, 그 법률이 별도의 구체적 집행행위를 기다리지 아니하고 직접적으로 그리고 현재적으로 헌법상 보장된 기본권을 침해하는 경우에 한정됨을 원칙으로 한다.

#### (2) 헌법규범

헌법핵에 해당되는 근본규범이 아닌 헌법률적 가치를 가진 규범이 헌법핵에 위반할 경우에, 위헌법률심판 혹은 헌법소원심판이 가능할 수도 있다(제2절 위헌법률<br>심판 참조).

#### (3) 긴급명령, 긴급재정경제명령

긴급명령, 긴급재정 · 경제명령도 국회의 승인을 얻으면, 법률과 동일한 효력을 가지게 되므로 헌법소원심판의 대상이 된다(헌재 1996.2.29, 93헌마86, 긴급재정<br>경제명령 등 위헌확인(기각,각하)).

#### (4) 입법의 부작위

（ⅰ）헌법에서 명문으로 일정한 입법을 하도록 규정한 경우와, 헌법해석을 통하여 일정한 입법을 하여야 하는 경우에, 국회는 입법의무를 지며 이에 어긋나는 입법의 부작위는 위헌이다. 이 경우 당사자는 위헌확인소송을 청구할 수 있고, 헌법재판소는 변형결정으로서 입법촉구결정을 할 수도 있다. 즉, 헌법재판소는 진정입법부작위에 대하여 헌법소원을 인정한다(헌재 1994.12.29, 89헌마2, 조선철도(주) 주식의<br>보상금청구에 관한 헌법소원(인용(위헌확인))). 하지만, 진정입법부작위에 대한 위헌을 확인한 위의 조선철도 사례는 매우 예외적이다.

（ⅱ）입법을 하였으나 그 입법이 불완전한 부진정입법부작위로 인한 기본권침해의 경우 불완전한 입법이 아닌 입법부작위 자체는 헌법소원의 대상이 될 수 없다(헌재 1989.7.28, 89헌마1, 사법서사법시행규칙에 관한 헌법소원(각하); 헌재 2003.1.30, 2002헌마<br>358, 입법부작위 위헌확인(각하); 헌재 2003.5.15, 2000헌마192등, 입법부작위 위헌확인(각하)).

이 경우 불완전한 법규 자체를 대상으로 헌법소원을 제기할 수 있다.

#### (5) 폐지된 법률과 개정된 법률조항

위헌소원의 대상인 법률은 원칙적으로 현행법률이다. 그러나 폐지되거나 개정된 법률이라 하더라도, 국민의 기본권 침해가 있으면 심판의 대상이 될 수 있다.

#### (6) 조　약

국회의 비준동의를 얻어 체결된 조약은 헌법소원의 대상이 된다(제2절 위헌법<br>률심판 참조).

### (7) 명령·규칙에 대한 헌법소원

명령·규칙이 구체적 집행절차를 매개로 하지 아니하고, 직접·현재 국민의 기본권을 침해하는 경우에는 헌법소원의 대상이 된다(헌재 1990.10.15. 89헌마178, 법무사<br>법시행규칙에 대한 헌법소원(위헌)).

### (8) 자치입법(조례)

지방자치단체에서 제정하는 조례도 불특정다수인에 대하여 구속력을 가지는 법규이므로, 조례제정행위도 입법작용의 일종으로서 헌법소원의 대상이 된다.

### (9) 기타 국회의 의결 등

국회의 다양한 의결도 국회의 자율권을 침해하지 아니하는 범위 안에서 헌법소원의 대상이 될 수 있다. 예컨대, 국회의 입법과정에서 야기된 입법절차의 하자도 헌법소원의 대상이 될 수 있다(헌재 1994.12.29. 94헌마201, 경기도 남양주시등33개도<br>농복합형태의시설치에관한법률 제4조 위헌확인(기각)).

## 5. 행정에 대한 헌법소원

헌법소원의 대상으로는 행정청의 공권력의 행사 또는 불행사가 가장 많다.

### (1) 통치행위

통치행위라 하더라도 국민의 기본권침해와 직접 관련될 경우에는, 본안 판단을 하여야 한다. 다만, 사법심사는 일정한 한계가 불가피하다(제4장 제4절 Ⅴ.<br>5.통치행위 참조).

### (2) 행정입법부작위

행정입법부작위에 대한 법적 통제가 가능하기 위하여서는 ① 행정청에게 시행명령을 제정(개정)할 법적 의무가 있어야 하고, ② 상당한 기간이 지났음에도 불구하고, ③ 명령제정(개정)권이 행사되지 아니하여야 한다(헌재 1998.7.16. 96헌마246, 전문의 자격시험<br>불실시 위헌확인 등(인용(위헌확인),각하)).

### (3) 행정규칙

행정규칙은 행정청 내부의 의사표시에 불과하기 때문에, 원칙적으로 헌법소원의 대상이 될 수 없다(헌재 2001.2.22. 2000헌마29, 한약관련과목<br>의 범위 및 이수인정기준 위헌확인(각하)). 그러나 실제로 많은 행정규칙이 일반국민을 구속하고, 결과적으로 국민의 기본권을 침해할 경우에는 헌법소원의 대상이 된다.

### (4) 행정처분

행정처분에 대하여 이의異議가 있을 경우에는, 헌법 제107조 제2항에 따라 행정소송을 제기하게 되므로, 보충성의 원칙에 따라 헌법소원은 원칙적으로 인정될 수 없다. 다만, 헌법재판소법에서 법원의 재판에 대한 헌법소원이 인정되지 아니하므로, 행정소송을 거친 후 이에 불복할 경우에 법원의 재판이 아닌 원행정처분原行政處分에 대한 헌법소원은 예외적으로 인정할 수 있을 뿐이다.

### (5) 행정부작위行政不作爲

헌법재판소는 행정부작위에 대하여 대법원이 행정소송의 대상에서 제외하고 있음에 따라 헌법소원을 인정한다. 다만, 작위의무의 존재를 요구한다(헌재 1989.9.4. 88헌마22, 공권력에 의한 재산권침해에 대한 헌법소원(인용-(위헌확인),기각)).

### (6) 불기소처분 등

검찰작용도 행정작용이므로 검사의 불기소처분은 전형적인 공권력의 불행사·부작위에 해당된다. 그러나 형사소송법 개정으로 불기소처분에 대한 재정신청이 전면적으로 허용함에 따라, 불기소처분에 대한 헌법소원은 제한적으로 인정한다.

### (7) 권력적 사실행위權力的 事實行爲, 행정계획안行政計劃案

헌법재판소는 권력적 사실행위와 행정계획안(사실상의 준비행위·사전안내)에 대하여도 헌법소원을 인정한다(헌재 1992.10.1. 92헌마68등, 1994학년도 신입생선발입시안에 대한 헌법소원(기각)).

### (8) 행정청의 사법적私法的 행위

행정청의 권력작용·관리작용뿐 아니라 국고작용도 헌법소원이 대상이 된다.

### (9) 행정소송법의 '처분' 또는 '부작위'와의 관계

행정권의 공권력행사 또는 불행사는 대부분 행정소송의 대상이 된다. 행정소송은 항고소송·당사자소송·민중소송·기관소송으로 나누어지는데, 헌법소원심판의 대상과 항고소송의 대상(처분 또는 부작위: 행정소송법 제2조 제1항)과의 관계가 특히 문제된다.

## 6. 사법司法에 대한 헌법소원

### (1) 의 의

법원의 재판에 대한 헌법소원은 헌법재판소법에서 헌법소원의 대상에서 제외한다(제68조 제1항). 또한 헌법재판소는 일관되게 헌법재판소의 결정에 대하여도 헌법소원의 대상이 될 수 없다고 판시한다(헌재 1989.7.10. 89헌마144, 국선대리인선임신청기각결정에 대한 헌법소원(각하)).

### (2) 법원의 재판에 대한 헌법소원

#### A. 법원의 재판에 대한 헌법소원의 원칙적 부인

헌법에서는 헌법재판소의 권한으로 "법률이 정하는 헌법소원에 관한 심판"을 규정한다(제111조 제1항 제5호). 그런데 헌법재판소법에서는 "공권력의 행사 또는 불행사로 인하여 헌법상 보장된 기본권을 침해받은 자는 법원의 재판을 제외하고는 헌법재판소에 헌법소원심판을 제기할 수 있다"라고 규정한다(제68조 제1항).

#### B. 법원의 재판에 대한 헌법소원의 예외적 인정

예외적으로 헌법재판소가 내린 결정의 기속력을 담보하기 위하여, 법원의 재판에 대한 헌법소원을 인정한 바 있다(헌재 1997.12.24. 96헌마172등, 헌법재판소법 제68조 제1항 위헌확인 등(한정위헌,인용(취소))). 더 나아가 '헌법재판소가 위헌으로 결정한 법령을 적용함으로써 국민의 기본권을 침해한 재판' 부분(헌재 2016.4.28. 2016헌마33, 평균임금 정정불승인처분 취소 등(한정위헌,각하))(헌재 2019.2.28. 2018헌마140, 헌법재판소법 제68조 제1항 본문 위헌확인 등(기각,각하)) 및 재판소원금지조항의 적용 영역에서 '법률에 대한 위헌결정의 기속력에 반하는 재판' 부분을 모두 제외하기 위하여 '법원의 재판' 가운데 '법률에 대한 위헌결정의 기속력에 반하는 재판' 부분은 헌법에 위반된다고 결정하였다(헌재 2022.6.30. 2014헌마760등, 헌법재판소법 제68조 제1항 등 위헌확인(위헌,인용(취소)각하)).

### (3) 결정의 효력

#### A. 의의: 단순위헌결정의 확정력 · 일반적 효력 · 기속력

헌법재판의 효력은 일반적으로 확정력 · 일반적 효력 · 기속력을 가진다. 특히 "위헌결정의 효력은 법원 기타 국가기관 및 지방자치단체를 기속한다"(헌재법 제47조 제1항). 또한 "헌법소원의 인용결정은 모든 국가기관과 지방자치단체를 기속한다"(제75조 제1항).

#### B. 한정위헌결정과 같은 변형결정의 기속력羈束力

헌법재판소의 변형결정도 기속력을 가진다. 그러나 대법원은 헌법재판소의 변형결정은 대법원을 기속하지 아니한다고 본다(대판 1996.4.9. 95누11405, 양도소득세부과처분 취소사건).

#### C. 검 토

헌법재판의 특수성에 비추어 변형결정은 헌법재판제도를 도입한 각국에서 널리 인정된다. 대법원이 강조하는 법률의 해석 · 적용권한도 법원의 전속적 권한이라고 보기는 어렵다.

### (4) 헌법재판소가 법원의 판결을 취소하는 결정의 효력

#### A. 대법원판결의 취소 여부

헌법재판소법 제75조(인용결정): "② 제68조제1항의 규정에 의한 헌법소원을 인용할 때에는 인용결정서의 주문에서 침해된 기본권과 침해의 원인이 된 공권력의 행사 또는 불행사를 특정하여야 한다. ③ 제2항의 경우에 헌법재판소는 기본권 침해의 원인이 된 공권력의 행사를 취소하거나 그 불행사가 위헌임을 확인할 수 있다." 헌법재판소가 예외적으로 재판에 대한 헌법소원을 인정한 이상 문제의 대법원판결을 취소하는 결정을 내릴 수밖에 없다. 실제로 재심에서 헌법재판소의 한정위헌결정을 받아 들이지 아니한 대법원 판결을 취소하였다(헌재 2022.7.21. 2013헌마242, 재판취소 등(인용(취소)각하)).

#### B. 행정처분의 취소 여부

헌법 제107조 제2항은 "명령 · 규칙 또는 처분이 헌법이나 법률에 위반되는 여부가 재판의 전제가 된 경우에는 대법원은 이를 최종적으로 심사할 권한을 가진다"라고 규정하므로 행정처분에 대한 최종적인 심사권은 원칙적으로 대법원이 가진다. 하지만, 적어도 해당 사건에 관한 한 헌법재판소결정의 실효성을 담보하기 위하여 원행정처분에 대하여도 취소결정을 내린다(헌재 1997.12.24. 96헌마172등, 헌법재판소법 제68조 제1항 위헌확인 등(한정위헌,인용(취소))).

### (5) 기타 사법부작위司法不作爲

공권력의 불행사에 대한 헌법소원은 공권력의 주체에게 헌법에서 직접 도출되는 작위의무나 법률에 기초한 작위의무가 특별히 구체적으로 존재하여, 이에 의거하여 기본권의 주체가 그 공권력의 행사를 청구할 수 있음에도 불구하고, 공권력의 주체가 그 의무를 해태하는 경우에 한하여 허용된다. 그러므로 이러한 작위의무가 없는 공권력의 불행사에 대한 헌법소원은 부적법하다. 이에 관한 한 사법부작위의 경우도 마찬가지이다.

## Ⅳ 헌법상 보장된 기본권침해

### 1. 헌법상 보장된 기본권

(ⅰ) 헌법상 보장된 기본권 즉, 헌법이 국민에게 부여한 주관적 공권은 헌법에 명문으로 규정된 기본권과 헌법해석을 통하여 도출될 수 있는 기본권이어야 한다. 제도적 보장이나 헌법의 기본원리, 지방자치단체 주민으로서의 자치권 또는 주민권 등은 헌법상 보장된 기본권이 될 수 없다.

(ⅱ) 이에 따라 국회 내부에서 정당 사이에 형성되는 의석분포결정권 내지 국회구성권(헌재 1996.11.28. 96헌마207, 국회 구성의무불이행 위헌확인(각하))이나 국회의원의 심의·표결권 등은 헌법상 보장된 기본권으로 볼 수 없다. 그러나 "헌법소원심판이 청구되면 헌법재판소로서는 청구인의 주장에만 판단을 한정할 것이 아니라 가능한 모든 범위에서 헌법상의 기본권침해의 유무를 직권으로 심사하여야 한다"(헌재 1989.9.4. 88헌마22, 공권력에 의한 재산권 침해에 대한 헌법소원(인용(위헌확인),기각)).

### 2. 침해의 자기관련성

(ⅰ) 원칙적으로 공권력의 행사 또는 불행사의 직접적인 상대방만이 자기관련성을 가진다. 따라서 공권력의 작용에 단지 간접적·사실적 또는 경제적인 이해관계가 있을 뿐인 제3자인 경우에는 자기관련성은 인정되지 아니한다. 그러나 제3자라고 하더라도 기본권을 직접적이고 법적으로 침해받고 있는 경우에는 자기관련성이 인정된다(헌재 2005.6.30. 2003헌마841, 뉴스통신 진흥에관한법률 제10조 등 위헌확인(기각)).

(ⅱ) 자기관련성의 인정 여부를 판단함에 있어 관련 법령이 침익적侵益的 법령인 경우에는, 당해 법령의 직접 상대방으로서 그 법령의 적용을 받아 자신의 법익

이 침해된 자가 자기관련성을 가지게 된다. 하지만, 관련 법령이 수혜적受惠的 법령인 경우에는 당해 법령의 직접 상대방은 아니더라도 수혜범위에서 배제된 자가 평등원칙에 위반하여 수혜대상에서 제외되었다는 주장을 하거나 비교집단에게 혜택을 부여하는 당해 법령이 위헌으로 선고되어 그러한 혜택이 제거된다면, 비교집단과의 관계에서 자신의 법적 지위가 향상된다고 볼 여지가 있을 경우에는 자기관련성을 인정할 수 있다(헌재 2010.4.29. 2009헌마340, 병역법 제26조 제1항 제3호 등 위헌확인(각하)).

### 3. 침해의 직접성

(ⅰ) 직접성은 법령소원에서 특히 문제되는바, 구체적 집행행위에 의하지 아니하고 법령 그 자체에 의하여 자유의 제한, 의무의 부과, 권리 또는 법적 지위의 박탈이 생긴 경우를 말한다.

(ⅱ) 집행행위에는 입법행위도 포함되므로 법령의 규정이 그 규정의 구체화를 위하여 하위규범의 시행을 예정하는 경우(헌재 2008.4.24. 2004헌마440, 복권 및 복권기금법 제11조 위헌확인(각하)), 또는 어떤 법령조항이 정한 기준을 강화 또는 완화하는 하위규범이 그 법령조항에 따라 제정되는 경우(헌재 2008.4.24. 2007헌마243, 액화석유가스의 안전관리 및 사업법 시행규칙[별표5] 제1항 타목 등 위헌확인(각하,기각))에는, 그 법령의 직접성은 부인된다.

(ⅲ) 어떤 법령조항이 헌법소원을 청구하고자 하는 사람에 대하여 시혜적인 내용을 담고 있는 경우라면, 그 법령조항은 적용대상자에게 자유의 제한, 의무의 부과, 권리 또는 법적 지위의 박탈을 초래하지 아니하여 애당초 기본권침해의 가능성이나 위험성이 없으므로, 당해 법령조항을 대상으로 한 권리구제형 헌법소원의 청구는 허용되지 아니한다(헌재 2007.7.26. 2004헌마914, 한국철도 공사법 부칙 제8조 위헌확인(각하,기각)).

(ⅳ) 헌법소원심판의 청구인적격으로서 기본권을 침해받은 자라 함은, 기본권을 직접적으로 침해받은 자를 의미하며, 간접적 또는 반사적으로 불이익을 받은 자를 의미하지 아니한다(헌재 1992.9.4. 92헌마175, 연세대학교 총장 해임불요구 위헌확인(각하(4호))).

(ⅴ) 한편, 법령을 직접 다투지 아니하고는 권리구제가 불가능하거나 무의미한 경우에는 직접성을 인정하여 헌법소원을 인용한다(직접성의 예외에 대하여는 헌법소원의 대상, 입법작용에 대한 헌법소원 참조). 즉, 집행행위에 대한 구제절차가 없거나, 법령이 일의적이고 명백하여 재량의 여지가 없거나, 집행행위 이전에 이미 국민의 권리관계가 확정된 경우에는 직접성의 요건이 완화된다(헌재 2008.6.26. 2005헌마173, 수산 자원보호령 제17조 등 위헌확인(기각)).

### 4. 침해의 현재성

권리침해의 우려가 단순히 잠재적으로 나타날 수도 있는 정도에 불과할 경우에는, 권리침해의 현재성을 구비하였다고 할 수 없다. 그러나 기본권침해가 가까운 장래에 있을 것이 확실하고 그 침해를 기다리게 되면 구제가 곤란하게 될 뿐만 아니라 법익 자체가 중대한 경우에는 현재성을 인정하여야 한다. 예컨대, 장래실시가 확실한 대학입시요강(헌재 1992.10.1. 92헌마68등, 1994년도 신 입생선발입시안에 대한 헌법소원(기각)), 공포 후 시행 전이지만 시행될 것이 확실한 법률 자체(헌재 1994.12.29. 94헌마201, 경기도남양주시등33개도농 복합형태의시설치에관한법률 제4조 위헌확인(기각)), 장래 선거가 실시될 것이 확실한 법률 규정(헌재 1991.3.11. 91헌마21, 지방의회선거법 제36조 제1항에 대한 헌법소원(헌법불합치,잠정적용,각하))에 대하여는 헌법소원의 현재성을 인정한다. 다만, (청구인이 고소·고발을 한 사실이 없고) 단순히 장래 잠정적으로 나타날 수 있는 권리침해의 우려에 대하여 헌법소원을 청구한 것에 불과하다면 현재성이 인정되지 아니한다(헌재 1989.7.21. 89헌마12, 형사소송 법개정 등에 관한 헌법소원(각하)).

## 5. 권리보호의 이익

(ⅰ) 헌법소원제도는 주관적 권리구제뿐만 아니라 객관적인 헌법질서 보장의 기능을 겸하므로, 비록 청구인의 주관적 권리구제에는 도움이 되지 아니한다고 하더라도, 헌법적 해명이 긴요한 사항에 대하여는, 심판청구의 이익을 인정하여 이미 종료한 침해행위가 위헌임을 선언할 수 있다. 권리보호의 이익은 헌법소원을 제기할 때뿐만 아니라, 헌법재판소의 결정선고를 할 때에도 존재하여야 한다.

□□호가 해상에서 기울기 시작한 때부터 대한민국 정부가 행한 구호조치에 대한 헌법소원심판청구는 권리보호이익이 소멸하였고 예외적인 심판청구이익도 인정되지 아니하여 부적법하다(5:4). [반대의견] 예외적인 심판청구이익이 인정되며, 정부의 위 구호조치는 과소보호금지원칙에 반하여 희생자들에 대한 생명권 보호의무를 다하지 않은 것이므로 유가족들의 행복추구권을 침해한다(헌재 2024.5.30. 2014헌마1189등, 신속 한 구호조치 등 부작위 위헌확인(각하)).

(ⅱ) 침해행위가 앞으로도 반복될 위험이 있거나, 당해 분쟁의 해결이 헌법질서의 수호·유지를 위하여 긴요한 사항이어서, 헌법적으로 그 해명이 중대한 의미를 가지는 경우에는, 심판청구의 이익을 인정(헌재 1992.1.28. 91헌마111, 변호인의 조력을 받을 권리에 대한 헌법소원(인용(위헌확인),위헌))하여야 한다. 여기서 침해행위가 반복될 위험이란 단순히 추상적·이론적인 가능성이 아니라 구체적·실제적이어야 하며, 이러한 점에 대한 입증책임은 헌법소원 청구인에게 있다(헌재 2002.7.18. 99헌마592, 현수막철거이행명령취소(각하):; 헌재 1997.6.26. 97헌바4, 형법 제314조 위헌소원(각하) 등).

## Ⅴ 보충성의 원칙과 예외

### 1. 원 칙

헌법소원은 기본권침해를 제거할 수 있는 다른 수단이 없거나, 헌법재판소에 제소하지 아니하고도 동일한 결과를 얻을 수 있는 법적 절차나 방법이 없을 때에 한하여, 예외적으로 인정되는 최후의 기본권보장수단이다. 이에 헌법재판소법에서 "다른 법률에 구제절차가 있는 경우에는 그 절차를 모두 거친 후가 아니면 청구할 수 없다"라고 하여 보충성의 원칙을 제시한다(<sup>제68조</sup><sub>제1항 단서</sub>).

### 2. 예 외

( i ) 헌법소원심판청구인이 그의 불이익으로 돌릴 수 없는 정당한 이유있는 착오로 전심절차를 밟지 아니한 경우 또는 전심절차로 권리가 구제될 가능성이 거의 없거나 권리구제절차가 허용되는지 여부가 객관적으로 불확실하여 전심절차이행의 기대가능성이 없을 때에는, 헌법재판소법이 요구하는 보충성의 원칙에 대한 예외를 인정한다(<sup>헌재 1989.9.4. 88헌마22. 공권력에 의한 재산권</sup><sub>침해에 대한 헌법소원(인용(위헌확인),기각)</sub>).

( ii ) 구제절차가 없거나 구제절차가 있다고 하더라도 권리구제의 기대가능성이 없고 다만 기본권침해를 당한 청구인에게 불필요한 우회절차를 강요하는 것밖에 되지 아니한 경우 등으로서, 해당 법률에 대한 전제관련성이 확실하다고 인정되는 때에는, 해당 법률을 헌법소원의 직접대상으로 삼을 수 있다(<sup>헌재 1992.4.14. 90헌마82. 국가보</sup><sub>안법 제19조에 대한 헌법소원(위헌)</sub>).

## Ⅵ 헌법소원심판의 절차

### 1. 청구기간

"헌법소원의 심판은 그 사유가 있음을 안 날부터 90일 이내에, 그 사유가 있는 날부터 1년 이내에 청구하여야 한다. 다만, 다른 법률에 따른 구제절차를 거친 헌법소원의 심판은 그 최종결정을 통지받은 날부터 30일 이내에 청구하여야 한다"(<sup>헌재법 제69</sup><sub>조 제1항</sub>). 그러나 정당한 사유가 있는 경우에는 청구기간을 도과徒過하여도 적법한 청구로 본다. "정당한 사유가 있는 경우" 함은 여러 사정을 종합하여 지연된 심판청구의 허용이 사회통념적으로 상당하다고 할 수 있는 경우를 의미한다.

## 2. 변호사강제주의

헌법소원을 제기하는 "사인私人은 변호사를 대리인으로 선임하지 아니하면 청구할 수 없으며 심판수행을 하지 못한다"(헌재법 제25조 제3항). "헌법소원심판을 청구하려는 자가 변호사를 대리인으로 선임할 자력資力이 없는 경우에는 헌법재판소에 국선대리인을 선임하여 줄 것을 신청할 수 있다"(헌재법 제70조).

# Ⅶ  헌법소원심판의 심리

## 1. 서면심리의 원칙

헌법소원의 심판은 서면심리에 의한다. "다만, 재판부가 필요하다고 인정하는 경우에는 변론을 열어 당사자·이해관계인 기타 참고인의 진술을 들을 수 있다"(헌재법 제30조 제2항).

## 2. 지정재판부의 사전심사

헌법소원의 남소로 인하여 헌법재판업무가 과중하게 될 우려가 있기 때문에 지정재판부에 의한 사전심사제를 도입한다(헌재법 제72조).

## 3. 가 처 분

권리구제형 헌법소원에 있어서는 가처분을 인용하는 명문의 규정은 없지만, 이를 인용하여야 한다.

# Ⅷ  헌법소원심판의 결정

헌법소원심판의 결정유형은 위헌심사형 헌법소원과 권리구제형 헌법소원에 따라 달라진다. 위헌심사형 헌법소원에 대한 결정유형은 위헌법률심판의 결정유형과 같다. 이하에서는 권리구제형 헌법소원의 결정유형만을 살펴보고자 한다.

## 1. 심판절차종료선언결정

헌법소원 청구인이 사망하였으나 수계受繼할 당사자가 없는 경우 또는 헌법소원 청구인이 헌법소원청구를 취하하는 경우에 내리는 결정형식이다.

## 2. 심판청구각하결정

헌법소원심판의 대상이 되지 못하거나 청구요건을 갖추지 못하여 청구가 부적법한 경우에 각하결정을 내린다.

## 3. 심판회부결정

지정재판부는 전원의 일치된 의견으로 각하결정을 하지 아니하는 경우에는 결정으로써 헌법소원을 재판부의 심판에 회부하여야 한다.

## 4. 청구기각결정

본안결정으로서의 기각결정은 청구가 이유없을 때 내리는 결정이다.

## 5. 인용결정

본안심리결과 청구가 이유있다고 받아들이는 결정이다. 인용결정을 할 때에는 재판관 6인 이상의 찬성이 있어야 한다(헌법 제113조 제1항).

## 6. 법률의 위헌 여부 결정

권리구제형 헌법소원에서 "공권력의 행사 또는 불행사가 위헌인 법률 또는 법률의 조항에 기인한 것이라고 인정될 때에는 인용결정에서 해당 법률 또는 법률의 조항이 위헌임을 선고할 수 있다"(헌재법 제75조 제2항·제5항).

# Ⅸ 인용결정의 효력

## 1. 기 속 력

"헌법소원의 인용결정은 모든 국가기관과 지방자치단체를 기속한다"(헌재법 제75조 제1항).

## 2. 재처분의무

"헌법재판소가 공권력의 불행사에 대한 헌법소원을 인용하는 결정을 한 때에는 피청구인은 결정 취지에 따라 새로운 처분을 하여야 한다"(헌재법 제75조 제4항).

## 3. 재판에 대한 재심청구

헌법재판소법 제68조 제2항에 의한 헌법소원이 인용된 경우에, 해당 헌법소원과 관련된 소송사건이 이미 확정된 때에는 당사자는 재심을 청구할 수 있다.

# 제4절 권한쟁의심판

## Ⅰ 의 의

### 1. 의 의

"국가기관 상호간, 국가기관과 지방자치단체간 및 지방자치단체 상호간의 권한쟁의에 관한 심판"($^{제111조 \ 제1}_{항 \ 제4호}$)은 헌법재판소의 관할사항이다. 기관 상호간의 "권한의 존부 또는 범위에 관하여 다툼이 있는 때에는" 이를 명확히 함으로써, 기관 상호간의 원활한 업무수행 및 견제와 균형의 원리를 실현시키는 데 권한쟁의심판의 목적이 있다.

### 2. 종 류

(ⅰ) ① 국가기관 상호간의 권한쟁의심판이 있다. 국가기관에는 입법기관, 행정기관, 사법기관 및 중앙선거관리위원회도 포함된다($^{헌재법 \ 제62조}_{제1항 \ 제1호}$). ② 국가기관과 지방자치단체 간의 권한쟁의심판에는 정부와 특별시·광역시·특별자치시·도 또는 특별자치도 간의 권한쟁의심판과 정부와 시·군 또는 자치구 간의 권한쟁의심판이 있다($^{제2}_{호}$). ③ 지방자치단체 상호간의 권한쟁의심판에는 특별시·광역시·특별자치시·도 또는 특별자치도 상호간의 권한쟁의심판, 시·군·자치구 상호간의 권한쟁의심판과, 특별시·광역시·특별자치시·도 또는 특별자치도와 시·군·자치구 간의 권한쟁의심판이 있다($^{제3}_{호}$).

(ⅱ) 행정각부 상호간의 권한획정은 국무회의의 심의사항이나 이에 불복할 경우에는 헌법재판소에 제소할 수 있다는 견해도 있다. 그러나 헌법재판소의 결정에 비추어 권한쟁의심판의 대상이 될 수 있을지 의문이다.

### 3. 헌법재판소의 권한쟁의심판권과 법원의 행정재판권

#### (1) 권한쟁의심판제도의 특징

(ⅰ) 국가기관 상호간의 권한쟁의뿐만 아니라 상이한 법주체인 국가기관과 지방자치단체 상호간 및 지방자치단체 상호간의 권한쟁의도 인정된다.

(ⅱ) 헌법재판소 관장사항으로 되는 소송을 기관소송사항에서 제외함으로써, 권한쟁의에 관한 한 헌법재판소에 원칙적이고 포괄적인 관할권을 인정한다.

(ⅲ) 권한쟁의대상이 되는 법적 분쟁은 헌법적 분쟁뿐만 아니라, 법률적 분쟁도 포함된다(헌재법 제61조 제2항). 일반법원의 행정소송관할권과 중복될 가능성이 있다.

(2) 권한쟁의심판권과 행정소송법의 기관소송의 관할권

헌법 및 헌법재판소법에 의하여 국가기관 상호간의 권한쟁의는 헌법재판소가 관할하게 되므로, 이들 권한쟁의는 법원의 기관소송에서 제외된다. 이에 따라 행정소송법의 기관소송(제3조 제4호)은 공공단체의 기관 상호간의 권한분쟁에만 적용된다.

(3) 권한쟁의심판과 지방자치법의 소송

A. 지방자치법 제188조의 소송 문제

국가기관 또는 상급 지방자치단체의 장의 시정명령 등에 이의가 있을 때에는 지방자치단체의 장은 대법원에 소를 제기할 수 있다. 그러나 이는 헌법 제111조 제1항 제4호에 의한 헌법재판소의 권한쟁의심판권을 침해할 소지가 있으므로 위헌이라는 견해가 제기된다.

B. 지방자치법 제189조 소송

지방자치법 제189조(지방자치단체의 장에 대한 직무이행명령)에 의거한 소송은 하급행정기관으로서의 지방자치단체의 장이 상급 국가기관 또는 상급 지방자치단체를 상대로 제기하는 소송이므로 기관소송의 성격을 가진다.

(4) 권한쟁의심판과 항고소송抗告訴訟

공법적인 분쟁에 관하여 헌법재판소의 권한쟁의심판권과 법원의 행정재판권이 충돌할 가능성이 있다.

## Ⅱ 권한쟁의심판의 청구

### 1. 청구권자

(ⅰ) 권한쟁의심판을 청구할 수 있는 기관은 국가기관(例示的) 또는 지방자치단체(列擧的)이다. 국가기관에는 입법기관, 행정기관, 사법기관 및 중앙선거관리위원회도 포함된다(헌재법 제62조 제1항 제1호). 국회의 경우 전체기관으로서의 국회뿐 아니라 부분기관으로서 국회의장과 부의장, 국회의원, 국회의 위원회, 원내교섭단체 등도 독립한 당사자능력을 가진다(헌재 1997.7.16. 96헌라2, 국회의원과 국회의장간의 권한쟁의(인용(권한침해))(기각); 헌재 2003.10.30. 2002헌라1, 국회의원과 국회의장간의 권한쟁의(기각)).

(ⅱ) 권한쟁의심판에도 권리관계 주체 이외의 제3자가 당사자적격을 가지는 제3자소송담당이 준용될 가능성이 있지만 헌법재판소는 부정적이다. 하지만, 소수의견은 이를 인용한다(헌재 2007.7.26. 2005헌라8, 국회의원과 정부간의 권한쟁의(각하)).

## 2. 청구기간

"권한쟁의의 심판은 그 사유가 있음을 안 날부터 60일 이내에, 그 사유가 있은 날부터 180일 이내에 청구하여야 한다"(헌재법 제63조).

## 3. 청구사유

( i ) "심판청구는 피청구인의 처분 또는 부작위가 헌법 또는 법률에 의하여 부여받은 청구인의 권한을 침해하였거나 침해할 현저한 위험이 있는 때에 한하여 이를 할 수 있다"(헌재법 제61조 제2항).

( ii ) 헌법재판소법 제61조 제2항에 따라 권한쟁의심판을 청구하려면 피청구인의 처분 또는 부작위가 존재하여야 한다. 처분處分이라 함은 입법행위와 같은 법률의 제정과 관련된 권한의 존부 및 행사상의 다툼, 행정처분은 물론 행정입법과 같은 모든 행정작용 그리고 법원의 재판 및 사법행정작용 등을 포함하는 넓은 의미의 공권력 처분을 의미한다(헌재 2006.5.25. 2005헌라4, 강남구 등과 국회 간의 권한쟁의(각하)). 다만, 청구인의 법적 지위에 구체적으로 미칠 가능성이 없는 행위(예컨대, 법률안)는 처분이라 할 수 없다.

( iii ) "권한의 침해"란 피청구인의 처분 또는 부작위로 인한 청구인의 권한침해가 과거에 발생하였거나 현재까지 지속되는 경우를 의미한다. "권한을 침해할 현저한 위험"이란 아직 침해라고는 할 수 없으나 조만간 권한침해에 이르게 될 개연성이 상당히 높은 상황 즉, 현재와 같은 상황의 발전이 중단되지 아니한다면 조만간에 권한침해의 발생이 거의 확실하게 예상되며, 이미 구체적인 법적 분쟁의 존재를 인정할 수 있을 정도로 권한침해가 그 내용에 있어서나 시간적으로 충분히 구체화된 경우를 말한다. 권한은 헌법상 권한과 법률상 권한을 포괄한다.

입법행위에 대하여 국회 밖의 국가기관인 법무부장관과 검찰청법상 검사가 권한침해 및 그 행위의 무효확인 심판청구는 각하한다(5:4)(헌재 2023.3.23. 2022헌라4, 법무부장관 등과 국회 간의 권한쟁의(각하)).

헌법재판소법은 권한쟁의의 청구사유로서 권한의 침해 또는 그 위험성을 요구하고 있으므로 적극적 권한쟁의만을 규정한다. 권한쟁의심판의 대상이 되는 권한이라 함은 헌법 또는 법률이 특정한 국가기관에 대하여 부여한 독자적인 권능을 말한다. 따라서 국가기관의 행위라 할지라도 헌법과 법률에 의하여 부여된 독자적인 권능을 행사하는 경우가 아니라면 국가기관이 그 행위를 함에 있어 제한을 받더라도 권한이 침해될 가능성은 없으므로 권한쟁의심판을 청구할 수 없다(헌재 2010.7.29. 2010헌라1, 국회의원과 법원 간의 권한쟁의(각하)).

그런데 자신의 권한이나 의무 없음을 확인하는 소극적 권한쟁의에 대하여는 논란이 있다. 즉, 헌법재판소법 제61조 제1항은 "권한의 유무 또는 범위에 관하여 다툼이 있을 때" 헌법재판소에 권한쟁의심판을 청구할 수 있다고 규정함으로써 소극적 권한쟁의도 권한쟁의심판에 포함될 수 있는 여지를 남겨 두었지만, 곧바로 제2항에서 "청구인의 권한을 침해하였거나 침해할 현저한 위험이 있는 경우에만" 권한쟁의심판청구를 할 수 있다고 규정함으로써 헌법재판소법의 해석상 소극적 권한쟁의의 인정 여부에 대하여 견해가 대립한다. 생각건대 적어도 현행법상으로는 소극적 권한쟁의를 인정하기 어렵다. 하지만 권한쟁의심판이 국가기능의 원활한 수행을 도모하고 국가권력 간의 균형을 유지함으로써 헌법질서를 수호하는 기능을 담당하고 있음을 고려할 때 청구인과 피청구인이 특정 권한과 의무에 대하여 서로 자신의 권한과 의무가 아니라고 주장함으로써 생기게 되는 소극적 권한쟁의 사건의 경우 국가기능의 원활한 수행을 저해하며 헌법질서에 장애를 가져올 위험성이 높을 뿐만 아니라 이로 인한 피해는 국민에게 귀착될 것이 분명하다. 앞으로 헌법재판소법의 개정을 통하여 소극적 권한쟁의를 도입하는 방향으로 나아가야 한다.

장래처분은 원칙적으로 권한쟁의심판의 대상이 되지 아니하지만, 장래처분이 확실하게 예정되어 있고 청구인의 권한이 침해될 위험성이 있어서 청구인의 권한을 사전에 보호하여 주어야 할 필요성이 매우 큰 예외적인 경우에는 권한쟁의심판을 청구할 수 있다(헌재 2004.9.23. 2000헌라2, 당진군과 평택시 간의 권한쟁의(인용(권한확인),각하). 동지: 헌재 2009.7.30. 2005헌라2, 옹진군과 태안군 등 간의 권한쟁의(각하,확인)).

(ⅳ) 헌법재판소는 권리보호이익을 권한쟁의심판의 요건으로 본다. 이에 따라 권리보호이익이 없으면 부적법 각하하여야 하지만, 예외적으로 인정하기도 한다.

# Ⅲ 권한쟁의심판의 절차

## 1. 심리의 방식

권한쟁의심판은 **구두변론**口頭辯論에 의하는데, 재판부가 변론을 열 때에는 기일을 정하여 당사자와 관계인을 소환하여야 한다(헌재법 제30조). 권한쟁의심판제도는 구체적 권리보호뿐만 아니라 객관적 소송으로서의 성격을 가지고 있으므로 다른 기관의 소송참가를 허용하자는 견해도 있다.

## 2. 가 처 분

"헌법재판소가 권한쟁의심판의 청구를 받았을 때에는 직권 또는 청구인의 신청에 의하여 종국결정의 선고 시까지 심판 대상이 된 피청구인의 처분의 효력을 정지하는 결정을 할 수 있다"(<sub>헌재법</sub>제65조) (<sub>헌재 1999.3.25. 98헌사98, 직접</sub>처분 효력정지 가처분신청(인용)).

## Ⅳ 권한쟁의심판의 결정

### 1. 결정정족수: 일반정족수

권한쟁의의 결정은 재판관 7인 이상이 참석하고 참석재판관 과반수의 찬성으로써 한다. 즉, 특별정족수가 적용되지 아니한다. 다만, 종전에 헌법재판소가 판시한 헌법 또는 법률의 해석 적용에 관한 의견을 변경하는 경우 재판관 6인 이상의 찬성이 있어야 한다(<sub>헌재법 제23조</sub><sub>제2항 제2호</sub>) (<sub>헌재 1997.7.16. 96헌라2, 국회의원과 국회</sub><sub>의장 간의 권한쟁의(인용·(권한침해), 기각)</sub>).

### 2. 결정의 내용

"헌법재판소는 심판의 대상이 된 국가기관 또는 지방자치단체의 권한의 유무 또는 범위에 관하여 판단한다." 이 경우, "권한침해의 원인이 된 피청구인의 처분을 취소하거나 그 무효를 확인할 수 있고, 헌법재판소가 부작위에 대한 심판청구를 인용하는 결정을 한 때에는 피청구인은 결정 취지에 따른 처분을 하여야 한다"(<sub>헌재법</sub><sub>제66조</sub>).

### 3. 결정의 효력

"권한쟁의심판의 결정은 모든 국가기관과 지방자치단체를 기속한다." "국가기관 또는 지방자치단체의 처분을 취소하는 결정은 그 처분의 상대방에 대하여 이미 생긴 효력에는 영향을 미치지 아니한다"(장래효)(<sub>헌재법</sub><sub>제67조</sub>).

# 제 5 절   탄핵심판

## Ⅰ  의   의

탄핵제도는 고위공직자의 직무와 관련하여 저지른 중대한 위법행위에 대하여, 일반적인 사법절차가 아닌 **특별한 절차**를 통하여 처벌하거나 파면하는 제도를 말한다. 탄핵제도는 정치적 평화유지기능을 가진다.

## Ⅱ  국회의 탄핵소추권

"국회는 탄핵의 소추를 의결할 수 있다"(<sup>제65조</sup><sub>제1항</sub>)라고 하여, 국회를 탄핵소추기관으로 규정한다. 이는 국민대표기관으로서의 국회로 하여금 국민을 대신하여 책임을 추궁할 수 있는 권능의 부여이다(탄핵소추기관·대상자·사유·절차(발의와 의결)·효과는 제2편 제2장 국회 참조).

## Ⅲ  헌법재판소의 탄핵심판

### 1. 탄핵심판의 청구

탄핵심판청구는 소추위원이 소추의결서의 정본을 헌법재판소에 제출함으로써 청구한다. "국회 법제사법위원회의 위원장이 소추위원이 된다"(헌재법 제49조).

"소추의결서가 송달되었을 때에는 소추된 사람의 권한 행사는 정지되며, 임명권자는 소추된 사람의 사직원을 접수하거나 소추된 사람을 해임할 수 없다"(국회법 제134 조 제2항). 이는 사직이나 해임을 통한 탄핵면탈을 방지하기 위한 규정이다.

### 2. 탄핵심판의 대상

헌법재판소는 탄핵소추의결서에 기재되지 아니한 소추사유를 판단의 대상으로 삼을 수 없다. 탄핵소추의결서에서 그 위반을 주장하는 "법규정의 판단"에 관하여 헌법재판소는 구속을 받지 아니하므로, 청구인이 그 위반을 주장한 법규정 외에 다른 관련 법규정에 근거하여 탄핵의 원인이 된 사실관계를 판단할 수 있다.

### 3. 탄핵결정

#### (1) 탄핵결정의 정족수

탄핵의 결정에는 재판관 7인 이상의 출석으로 사건을 심리하고, 재판관 6인 이상의 찬성이 있어야 한다($\binom{제113조}{제1항}$) ($\binom{헌재법}{제22조}$).

#### (2) 각하결정

재판부가 탄핵소추의 적법요건을 심사하여 부적법하다고 인정할 때 내리는 결정이다. 한편, 탄핵심판 대상자가 헌법재판소의 탄핵심판 진행 중에 임기만료로 퇴임한 경우에도 헌법재판소는 각하결정을 내렸다(각하5:심판절차종료1:인용3)($\binom{헌재\ 2021.10.28.\ 2021헌나}{1.\ 법관(임성근)탄핵(각하)}$).

#### (3) 인용결정

"탄핵심판청구가 이유있는 때"에 대하여 단순히 '법위반'의 경우에 탄핵심판청구가 이유있다고 보기는 어렵다. 대통령의 경우에는 헌법수호의 관점에서 중대한 법위반이 있는 경우만을 의미한다. 이에 따라 노무현 전 대통령에 대한 탄핵심판청구는 기각되었다($\binom{헌재\ 2004.5.14.\ 2004헌나1.}{대통령(노무현)\ 탄핵(기각)}$). "탄핵심판 청구가 이유 있는 경우에는 헌법재판소는 피청구인을 해당 공직에서 파면하는 결정을 선고한다"($\binom{헌재법\ 제53}{조\ 제1항}$). 인용결정에 따라 대통령 박근혜는 파면되었다($\binom{헌재\ 2017.3.10.\ 2016헌나1.\ 대}{통령(박근혜)탄핵(인용·파면)}$).

#### (4) 기각결정

이상과 같은 이유가 없는 때에는 탄핵심판청구를 기각한다. 또한 "피청구인이 결정 선고 전에 해당 공직에서 파면되었을 때에는" 심판의 이익이 없으므로 역시 심판청구를 기각하여야 한다($\binom{헌재법}{제53조}$).

　　행정안전부장관(국무위원)에 대한 탄핵심판청구 사건($\binom{헌재\ 2023.7.25.\ 2023헌나1.\ 행정}{안전부장관(이상민)\ 탄핵(기각)}$). 검사에 대한 탄핵심판청구 사건(5:4)($\binom{헌재\ 2024.5.30.\ 2023헌나}{2.\ 검사(안동완)\ 탄핵(기각)}$).

#### (5) 탄핵결정의 효과

（ⅰ）"탄핵결정은 공직으로부터 파면함에 그친다. "그러나, 이에 의하여 민사상의 책임이나 형사상의 책임이 면제되지는 아니한다"($\binom{제65조}{제4항}$). 즉, 탄핵은 공직에서 파면함에 그치는 징계적 성격을 가지므로, 탄핵심판과 민·형사재판 사이에는 일사부재리의 원칙이 적용되지 아니한다($\binom{헌재법\ 제54}{조\ 제1항}$).

（ⅱ）그런데, 헌법재판소법에서는 "탄핵결정에 의하여 파면된 자는 결정선고가 있는 날로부터 5년이 경과하지 아니하면 공무원이 될 수 없다"($\binom{제54조}{제2항}$)라고 하여 공직취임제한 규정도 둔다. 이는 헌법이 보장하는 공무담임권의 침해가 아니

라, 탄핵제도의 실효성과 공직사회 정화의 차원에서 합헌이라고 보아야 한다.

(ⅲ) 또한 탄핵결정을 받은 자에 대하여 명문의 금지규정(미국 헌법)은 없지만, 제도의 취지에 비추어 볼 때 사면은 불가능하다.

# 제 6 절   위헌정당해산심판

## Ⅰ   의   의

"정당의 목적이나 활동이 민주적 기본질서에 위배된 때에는 정부는 헌법재판소에 그 해산을 제소할 수 있고, 정당은 헌법재판소의 심판에 의하여 해산된다"(제8조 제4항).

## Ⅱ   위헌정당해산심판의 청구

위헌정당해산심판을 청구할 수 있는 주체는 정부이다. 제소여부·제소시기 등의 결정은 정부의 정치적 판단에 의한다. 정부는 2013년에 처음으로 통합진보당에 대하여 위헌정당해산심판의 청구를 하였다.

## Ⅲ   위헌정당해산결정

### 1. 정당해산의 사유
（ⅰ) 정당해산의 사유는 정당의 목적이나 활동이 민주적 기본질서에 위배되어야 한다. 민주적 기본질서에 대하여는 자유민주적 기본질서만을 의미한다는 견해와 사회복지국가원리도 당연히 포함되는 기본질서라는 견해의 대립이 있다. 하지만, 한국헌법의 전체적인 이념적 틀에 비추어 본다면, 현대적인 사회복지국가원리도 당연히 포괄한다고 보아야 한다.

（ⅱ) 다만, 일반론적인 가치관에 입각한 민주적 기본질서일 수는 없다. 즉, 한국헌법의 기본질서 및 한국적 특수상황까지 고려한 민주적 기본질서의 의미로 이해하여야 한다. 그런 의미에서 자유민주주의에 적대적인 인민민주주의는 받아들일 수 없다.

### 2. 결정정족수
헌법재판소에서 정당해산의 결정을 할 때에는 헌법재판소 재판관 6인 이상의 찬성이 있어야 한다(제113조 제1항).

## Ⅳ 위헌정당해산결정의 효력

### 1. 창설적 효력

헌법재판소의 정당해산결정은 일종의 창설적 효력을 가진다.

### 2. 정당으로서의 특권상실

( ⅰ ) 해산된 정당의 잔여재산은 국고에 귀속된다(제48조 제2항). 대체정당의 창설은 금지된다. 유사명칭의 사용도 금지된다.

( ⅱ ) 해산된 정당의 당원자격도 상실된다. 해산된 정당의 소속 국회의원의 자격이 상실되는가의 여부에 관하여 법률에 규정이 없지만, 헌법재판소의 해산결정으로 해산된 정당에 소속된 국회의원은 의원직을 상실한다(헌재 2014.12.19. 2013헌다1, 통합진 보당 해산 청구 사건(인용(해산))) (대판 2021.4.29. 2016두 39856, 국회의원지위확인).

( ⅲ ) 한편, 해산된 정당의 소속지방의회의원의 자격도 상실되는지 여부에 대하여 헌법재판소는 통합진보당 해산 청구 사건에서 명시적인 입장을 밝히지는 아니하였다. 하지만, 공직선거법 제192조 제4항의 의미를 정당이 "자진 해산"하는 경우에 한하여 비례대표 국회의원은 퇴직되지 아니한다는 의미라고 해석함으로써, 위헌정당소속 비례대표지방의회의원의 경우에는 정당해산결정으로 의원직을 당연히 상실한다고 본다. 헌법재판소의 위헌정당해산결정을 받은 정당소속 지역구지방의회의원의 경우에는 명문의 규정이 없어 의원직을 유지한다. 입법의 불비이므로 명문의 규정을 마련할 필요가 있다. 위헌정당해산결정에 따라 국회의원은 그 직을 상실하는 데 지방의회의원직의 유지는 바람직하지 아니하다. 그런데, 대법원은 비례대표지방의회의원도 위헌정당해산결정으로 의원직을 상실하지 아니한다고 판시한다(대판 2021.4.29. 2016두39825, 비례 대표지방의회의원 퇴직처분 취소 등).

제 **3** 편

# 헌 법 과  기 본 권

# 제 1 장

# 기본권 일반이론

## 제 1 절 기본권의 개념

## Ⅰ 의 의

### 1. 권력과 자유의 조화의 축으로서의 기본권론

헌법학은 권력의 학문으로서의 성격과 자유의 학문으로서의 성격을 다 함께 아우르는 자유와 권력의 조화의 기술로 이해하여야 한다. 기본권론은 자유의 기술이다. 하지만, 그 자유는 조직화된 권력이 작동하는 사회질서 속에서 향유하고 행사된다는 점을 간과하여서는 아니 된다. 오늘날 국민의 자유와 권리보장은 헌법에서 기본권보장의 체계적·조직적 진전으로 이어진다.

### 2. 근대헌법에서의 기본권보장

（ⅰ） 영국 민주주의는 대헌장(마그나 카르타, 1215)을 통하여 자유 보장의 초석을 마련하고, 권리청원(1628)에서는 신체의 자유보장과 더불어 의회의 승인 없는 과세를 금지한다. 인신보호법(1679)에서는 인신보호영장제를 통한 절차적 권리를 보장하고, 권리장전(1689)에서는 청원권·언론의 자유·형사절차를 강화함으로써, 인간의 자유와 권리보장을 위한 제도적 장치가 확립되었다. 하지만, 영국에서 권리보장을 위한 절차법적 제도의 확립은, 천부인권에서부터 비롯되지 아니하고, 국왕으로부터 귀족의 권리를 확보하는 과정에서 구현되었다는 한계가 있다.

（ⅱ） 인간의 자유와 권리를 제도화하는 노력은 근대자연법론, 사회계약론, 계몽주의 사상에 기초하여 일어났던 18세기 말 미국의 독립혁명과 프랑스의 시민혁명을 통하여 그 빛을 발하기 시작하였다. 시민혁명 이후에 정립된 근대입헌주의에

서 인간의 자유와 권리보장을 위한 법적·제도적 노력은, 일련의 인권선언과 성문헌법으로 구현되어왔다.

(ⅲ) 미국은 1776년에 독립국가를 건설하였다. 버지니아 인권선언(1776.6.12.)에서는 주권국가에서 시민의 자유와 권리를 천명하면서, 동시에 헌법에 이를 보장하기 위한 제도적 장치로서 권력분립원리를 도입한다. 독립선언(1776.7.4.)은 자유주의 국가관에 기초하여 천부인권을 선언하고 행복추구권과 저항권을 인정하였다. 1787년에 제정되어 현재도 작동하는 미국헌법은 1791년 수정헌법 10개항에 권리장전(종교의 자유, 언론·출판·집회의 자유, 신체의 자유, 적법절차, 사유재산의 보장 등)을 추가함으로써 헌법에서 직접 기본권보장이 확인되었다. 남북전쟁 이후 노예제가 폐지(1865-1870)되고, 수정헌법 제19조(1920)는 여성참정권을 보장한다.

(ⅳ) 프랑스혁명은 절대군주에 의한 지배에 대한 저항으로서의 시민혁명이었다. 1789년에 '인간과 시민의 권리선언'이 채택되고 이에 기초하여 일련의 혁명헌법이 탄생되었다. 프랑스혁명의 구호였던 자유·평등·박애는 오늘날까지 인간과 시민의 자유와 권리를 보장하는 기본원리로서, 프랑스 헌법에 국시國是(제2조제5항)로 명시된다. 1958년 제5공화국헌법 전문에 의거하여, 프랑스 인권선언은 오늘날 헌법적 가치를 가진 규범으로 정립되었다.

(ⅴ) 독일은 근대입헌국가의 형성이 지체되어, 헌법에서 기본권보장이 뒤늦게 정립되었다. 1919년의 바이마르공화국헌법은 현대적 인권을 보장한 최초의 헌법으로 평가할 수 있다. 특히 바이마르공화국의 비극적 종말과 더불어 나치즘에 의한 인간존엄성 말살에 대한 반성으로서, 1949년에 제정된 독일기본법은 인간의 존엄을 헌법에서 최고의 가치로 수용한다.

(ⅵ) 한국은 19세기 말부터 자유와 권리의 관념이 급속히 보급되기 시작하였으나, 일본의 침략으로 국권을 상실하였다. 1919년의 상해임시정부헌법에 평등권·자유권·선거권과 의무 등이 규정되었다. 1948년에 제정된 제헌헌법에서 비로소 서양에서 정립된 기본권이 본격적으로 수용되었다.

## 3. 현대헌법에서의 기본권보장

(ⅰ) 인간의 자유와 권리의 가장 고전적 주제인 인간의 육체적·신체적 안전 및 정신적 안전과 자유는 2세기가 지난 오늘날에도 그대로 타당한 원리이다. 그것은 곧 자연적이고 양도불가능하며 신성불가침한 인간의 자유와 권리의 존엄과 가치보장의 원리이다.

(ⅱ) 18세기에 미처 예견하지 못하였던 산업사회의 진전에 따라, 사회주의적인 기본권론이 제기되면서, 사회권(생존권)이 새로운 기본권으로서의 위상을 차지한다. 또한 정보사회의 진전에 따라 사생활의 비밀과 자유ㆍ알 권리 등 새로운 권리가 헌법적 가치를 가지게 되었다. 특히 최근 인공지능AI, Artificial Intelligence, 대화형 인공지능서비스챗GPT, Chat Generative Pre-trained Transformer의 발전에 따라 이들 기본권은 새로운 도전에 직면하고 있다.

(ⅲ) 기본권의 실질적 보장은 국내문제에 그치지 아니하고, 국제적 보장을 통하여 더욱더 실효성을 담보할 수 있다.

(ⅳ) UNESCO의 제3세대인권론에 의하면 연대권이 강조된다. 즉, 제1세대인권(시민적ㆍ정치적 권리), 제2세대인권(경제적ㆍ사회적ㆍ문화적 권리)을 거쳐 제3세대인권의 중요성을 적시한다. 그 구체적 내용으로는 개발권, 평화권, 의사소통권, 건강권, 환경권, 인도적 구조를 받을 수 있는 권리 등이 있다.

## Ⅱ 인권과 기본권

### 1. 인간의 권리와 시민의 권리

인간의 자유와 권리의 보장과 관련하여 '인권', '자유와 권리', '기본권'이라는 표현이 혼용되어 그 구별문제가 제기된다.

### 2. 인　　권

인권개념의 역사적ㆍ철학적 기초는 자연법론과 사회계약론에서 찾을 수 있다. 자연법론에 의하면 인간은 단지 인간이라는 이유만으로 천부의 권리를 향유한다. 천부인권사상은 근대국가의 헌법과 인권선언에 구현된다.

### 3. 기 본 권

기본권이라는 표현은 독일의 1919년 바이마르헌법과 1949년 5월 23일에 제정된 독일기본법 제1조와 제19조에서 사용된다. 하지만, 한국헌법에는 기본권이란 용어가 직접적으로 언급되지 아니한다. 다만, 헌법재판소법(제68조 제1항)과 같은 개별법률에서 기본권이란 용어가 사용되고 있을 뿐이다.

## 4. 인권과 기본권의 구별과 융합

인권은 인간의 자연적 권리라는 점에서, 법학뿐 아니라 철학·사회학에서도 논의된다. 반면에, 기본권이란 자연법사상에 바탕을 둔 천부인권론에 기초하여, 헌법에서 보장하는 일련의 자유와 권리에 관한 규범적 이해의 체계라 할 수 있다.

## Ⅲ 대한민국헌법에서 기본권보장

### 1. 대한민국헌법사에서 기본권의 보장

#### (1) 1948년 제헌헌법

기본권을 실정법적 권리로 보아 각 기본권에 개별적 법률유보조항을 둔다. 특히 생활무능력자의 보호, 근로자의 이익분배균점권利益分配均霑權 등을 규정한다.

#### (2) 1960년 제2공화국헌법

기본권의 자연권적·천부인권적 성격을 강조한다. 개별적 법률유보조항을 삭제하고 일반적 법률유보조항을 두고, 기본권의 본질적 내용의 침해금지를 규정한다. 특히 표현의 자유에 대한 사전허가·검열제를 금지한다.

#### (3) 1962년 제3공화국헌법

인간의 존엄과 가치, 인간다운 생활을 할 권리, 고문금지 및 자백의 증거능력 제한규정을 신설하고, 이익분배균점권을 삭제하였다.

#### (4) 1972년 제4공화국헌법

개별적 법률유보조항을 부활하여 기본권을 실정권화함으로써, 기본권보장이 후퇴하였다. 특히 구속적부심사제의 폐지, 자백의 증거능력제한규정 삭제, 근로자의 단체행동권 제한, 기본권의 본질적 내용침해금지조항을 삭제하였다.

#### (5) 1980년 제5공화국헌법

개별적 법률유보조항을 삭제하고 일반적 법률유보조항을 두며, 기본권의 본질적 내용 침해금지를 규정함으로써 기본권의 자연권성을 인정한다. 특히 기본적 인권의 불가침성 및 행복추구권과 형사피고인의 무죄추정·연좌제금지·구속적부심사제의 부분적 부활을 규정한다. 또한 환경권, '사생활의 비밀과 자유', 근로자의 적정임금보장, 평생교육에 관한 권리를 신설하였다.

#### (6) 1987년 제6공화국헌법

기본권의 자연권성을 강조하고 기본권체계를 정비하였다.

( i ) 새로운 기본권으로서 형사피의자의 형사보상청구권, 범죄피해자의 국가

구조청구권, 노인·여자·청소년의 복지권, 쾌적한 주거생활권을 규정한다.

(ⅱ) 신체의 자유를 강화한다. 처벌·체포·구금 등에 있어서 적법절차 도입, 체포·구속 시에 그 이유와 변호인의 조력을 받을 권리가 있음을 고지받을 권리, 체포·구속적부심사청구범위의 확대를 규정한다.

(ⅲ) 표현의 자유를 강화하여 언론·출판에 대한 허가·검열의 금지, 집회에 대한 허가제금지, 방송·통신에 대한 시설기준의 법정제 등을 규정한다.

(ⅳ) 사회권을 강화하여 근로자의 최저임금제, 여성근로자의 보호, 국가의 재해예방의무 등을 규정한다. 또한 단체행동권의 법률유보조항도 삭제하였다.

(ⅴ) 그 밖에도 형사피해자의 재판절차진술권, 대학의 자율성, 과학기술자의 권리보호 등을 규정한다.

## 2. 헌법의 '자유와 권리'·'자유' 또는 '기본적 인권'

(ⅰ) 한국헌법에는 프랑스 인권선언에서처럼 인간의 권리와 시민의 권리를 구별하는 용례用例도 없을 뿐만 아니라, 독일기본법에서와 같은 기본권이라는 표현도 없다. 헌법전문에서 "자유와 권리", "안전과 자유와 행복"이라는 표현에 이어, 헌법본문 제2장 "'국민의 권리'와 의무"라는 제목 아래 제10조에서 제37조에 이르기까지 국민의 "자유와 권리"를 규정한다. 제69조의 대통령 취임선서문에서는 '국민의 자유와 복리'를, 제119조에서는 "경제상의 자유"를 규정한다. 다만, 제10조 후문에서 "기본적 인권"이라는 표현을 사용한다. 특히 제10조 후문에서 "'국민'이 가지는 불가침의 기본적 인권"이라 하지 아니하고 "'개인'이 가지는 불가침의 기본적 인권"이라는 표현이, 제11조 이하에서의 "모든 국민은 …"이라는 표현과 구별된다. 그런 점에서 제10조 후문에서 '개인'의 "기본적 인권"의 보장은 곧 인간의 자유와 권리를 강조한 규정으로 볼 수 있다.

(ⅱ) 그런데, 헌법 이외의 법률에서는 헌법학이론에서 일반화된 용례인 '기본권'이라는 표현을 사용한다. 헌법재판소법 제68조 제1항에서는 "공권력의 행사 또는 불행사로 인하여 '헌법상 보장된 기본권'을 침해받은 자는 법원의 재판을 제외하고는 헌법재판소에 헌법소원심판을 청구할 수 있다"라고 규정한다. 헌법에 기본권이라는 표현이 없음에도 불구하고, "헌법상 보장된 기본권"이란 실정법적으로 무엇을 의미하는지에 관한 논란이 있을 수 있다. 생각건대 헌법상 보장된 기본권을 헌법상 보장된 '국민의 자유와 권리'와 동의어로 이해하여도 무방하다.

# 제2절 기본권의 범위

## I 헌법에 '열거된' 기본권

(ⅰ) 헌법 제2장 국민의 권리와 의무에서 열거된 기본권은 다음과 같다.

인간의 존엄과 가치·행복추구권(제10조), 평등권(제11조), 신체의 자유(제12조), 죄형법정주의(제13조), 거주·이전의 자유(제14조), 직업(선택)의 자유(제15조), 주거의 자유(제16조), 사생활의 비밀과 자유(제17조), 통신의 자유(제18조), 양심의 자유(제19조), 종교의 자유(제20조), 언론·출판·집회·결사의 자유(제21조), 학문과 예술의 자유(제22조), 재산권보장 및 손실보상(제23조), 선거권(제24조), 공무담임권(제25조), 청원권(제26조), 재판청구권(제27조), 형사보상청구권(제28조), 국가배상청구권(제29조), 범죄피해자구조청구권(제30조), 교육을 받을 권리(제31조), 근로의 권리(제32조), 근로자의 단결권·단체교섭권·단체행동권(제33조), 인간다운 생활을 할 권리 및 사회보장수급권(제34조), 환경권(제35조), 혼인과 가족 및 보건에 관한 권리(제36조).

(ⅱ) 헌법에 열거된 기본권이라 하더라도, 개별적 기본권의 구체적 이해에 따라 그 내용과 범위의 확정은 쉬운 일이 아니다. 헌법에 열거된 개별적 기본권의 내용과 범위의 구체적인 내용의 획정에 따라서 권리구제의 범위가 달라진다.

## II 헌법에 '열거되지 아니한' 기본권

### 1. 헌법의 근거: 헌법 제10조와 제37조 제1항

헌법에 명시적으로 열거되지 아니한 국민의 자유와 권리도 "헌법상 보장된 기본권"으로서의 가치를 가질 수 있다. 이러한 가능성은 헌법 제10조 후문의 "국가는 개인이 가지는 불가침의 기본적 인권을 확인하고 이를 보장할 의무를 진다"라는 규정과, 제37조 제1항의 "국민의 자유와 권리는 헌법에 열거되지 아니한 이유로 경시되지 아니한다"라는 규정에서 찾을 수 있다.

### 2. 헌법에 열거되지 아니한 기본권의 구체화

헌법에 열거되지 아니한 기본권으로는 인간의 존엄과 가치·행복추구권의 내용을 구성하는 일련의 자유와 권리인 생명권·자기결정권(인격적 자율권)·일반적 인격권(성명권·명예권·초상권)·일반적 행동자유권·개성의 자유로운 발현권·알 권리·평화적 생존권 등이 있다.

# 제 3 절  기본권의 법적 성격

## I  의    의

기본권의 법적 성격에 관하여는, ① 기본권이 초국가적 자연권이냐 아니면 국가 내적인 실정권이냐, ② 구체적 권리이냐 추상적 권리이냐, ③ 주관적 공권일 뿐이냐 아니면 객관적 법질서로서의 성격도 가지느냐가 핵심적인 쟁점이다.

## II  자연권성

### 1. 법실증주의의 실정권설

켈젠H. Kelsen 등의 법실증주의에 입각한 실정권설의 주장은 다음과 같다.

(ⅰ) 기본권도 권리임에 틀림없다. 그렇다면 그 권리는 실정법을 떠나서 존재할 수는 없다.

(ⅱ) 기본권의 국가권력에 대한 항의적 성격은 그 의의를 상실하였다.

(ⅲ) 기본권은 헌법에 권리장전으로 규정되어 있으며, 자연법적 원리는 헌법의 틀 속에 구현된다.

한편, 옐리넥G. Jellinek은 기본권을 법률상의 권리로 인정할 뿐이다.

### 2. 통합론의 가치적 컨센서스설(가치질서설)

스멘트R. Smend, 해벌레P. Häberle, 헷세K. Hesse 등의 통합론은 다음과 같다.

(ⅰ) 국가는 통합의 과정이고, 헌법은 통합과정의 생활형식 내지 법질서이며, 기본권은 통합과정의 생활형식 내지 법질서의 바탕이 되는 가치체계 내지 문화체계이다.

(ⅱ) 사회 저변에 흐르는 가치적 컨센서스가 기본권의 형식으로 집약된다.

(ⅲ) 기본권의 존중과 보호는 사회가 동화되고 통합되어가기 위하여 불가결한 전제조건이다. 통합이론에 의하면 기본권은 국가로부터의 자유나 국가에 대항하는 자유가 아니라, "국가를 위한 자유" 즉 국가적 통합과정에 참여하기 위한 자유로 이해함으로써, 기본권의 국가창설적 기능을 강조한다. 즉, 기본권의 주관적 공권성보다는 공동체의 객관적 법질서로서의 성격을 강조한다. 그리하여 기본권을

통하여 국가의 통치구조가 형성된다.

### 3. 근대자연법론의 자연권설

근대자연법론의 기본권이론은 다음과 같다.

( ⅰ ) 기본권은 인간본성에 의거하여 인간으로서 가지는 권리이다.

(ⅱ) 기본권의 본질적 내용인 인권은 초국가적·전국가적 성격을 가진다.

(ⅲ) 인권 내지 기본권의 역사적·항의적 성격은 이 시대에도 여전히 타당성을 가진다.

### 4. 사    견

( ⅰ ) 기본권의 역사적 성격은 전제적인 국가권력으로부터 "인간의 권리"와 "시민의 권리"를 확보하는 데 있었다. 근대 시민혁명 과정에서 채택된 인권선언에서는 기본권의 본질적 성격으로 인간이 태어나면서부터(生來的) 누리는 권리라는 천부인권을 강조한다. 이와 같은 인권선언의 내용은 국민주권국가의 정립과 자유민주주의의 정착에 따라 헌법전의 틀 속으로 정립되었다.

(ⅱ) 실정권설의 경우 기본권은 성문헌법에 규정되어야만 한다는 논리에 기초하기 때문에, 헌법에 규정되지 아니한 사항은 기본권이 될 수 없다는 우려를 자아내게 한다. 또한 기본권의 국가권력에 대한 항의적 성격은 오늘날에도 여전히 타당성이 있다는 점을 간과한다.

(ⅲ) 통합설은 기본권을 통합의 생활양식으로 이해하기 때문에, 기본권의 권리로서의 성격이 약화된다. 기본권의 민주주의적 국가형성의 기능을 부인할 수 없지만, 이로 인하여 기본권의 권리성(공권성·자연권성)이 약화되어서는 아니 된다.

(ⅳ) 그러므로 기본권의 이해에 있어서는 근대시민혁명과정에서 정립된 근대자연법론에서 그 출발점을 찾아야 한다. 기본권은 초국가적 자연권의 실정권화를 의미한다. 근대자연법론에 기초한 인간의 자유와 권리로부터 출발하여 국법질서 아래 구현되는 국민의 자유와 권리를 법적 실존주의에 기초하여 논의되어야 한다.

### 5. 대한민국헌법에서 기본권의 해석

( ⅰ ) 헌법 제10조에서는 자연법적 원리인 인간으로서의 존엄과 가치를 보장하고, 특히 "국가는 개인이 가지는 불가침의 기본적 인권을 확인하고 이를 보장할 의무를 진다"라고 규정한다. 그것은 곧 자연법적 권리로서의 기본권이 헌법전의 틀

속에서 구현됨을 의미한다.

(ⅱ) 제37조 제1항에서 "국민의 자유와 권리는 헌법에 열거되지 아니한 이유로 경시되지 아니한다"라고 규정한다. 이는 새로운 기본권이 창설될 수 있음을 확인하는 규정이다.

(ⅲ) 제37조 제2항에서 국민의 자유와 권리의 "본질적 내용을 침해할 수 없다"라고 규정하는바, 본질적 내용은 자연권성에 기초하여서만 이해될 수 있다.

## Ⅲ 주관적 공권

### 1. 주관적 권리

(ⅰ) 기본권은 주관적 공권으로서 개인이 자신을 위하여 국가에 대하여 작위 또는 부작위를 요청할 수 있는 권리이다. 기본권 특히 자유권이 침해되면 개인은 그 침해의 배제를 청구할 수 있다. 이와 같은 청구권은 바로 기본권의 주체인 개인이 누리는 권리로부터 비롯되므로 기본권의 권리성을 인정하여야 한다.

(ⅱ) 그런데, 켈젠에 의하면 기본권 특히 자유권은 국가가 강제질서에 의한 의무를 부과하지 아니하였기 때문에 인정되는 '은혜적인 소산' 또는 '강제질서의 자제'에서 나오는 하나의 '반사적 이익'反射的 利益에 불과하므로, 소송을 통하여 구제받을 수 없다.

### 2. 구체적 권리

(ⅰ) 기본권의 권리성權利性은 널리 인정되지만, 사회권에 대하여는 구체적 권리이냐 추상적 권리이냐에 관하여 논란이 있다(제3편 제6장 제1절 사회권 일반이론).

(ⅱ) 사회권은 다른 기본권과는 달리 헌법에 근거하여 구체적 입법이 있을 경우에 비로소 권리로서 구체화된다는 점에서, 그 구체적 권리성을 인정하기 어렵다는 추상적 권리 내지 프로그램적 규정설이 있다.

(ⅲ) 하지만, 오늘날 사회복지국가원리에 비추어 본다면, 사회권은 비록 구체화의 정도에 있어서는 다소 미흡하고 불완전하더라도, 사회권의 보장을 위하여 개인이 직접 권리구제를 청구할 수 있으므로 그 구체적 권리성을 인정하여야 한다. 이러한 점에서 헌법상 기본권은 입법·행정·사법 등 국가권력 일반을 직접 구속하는 주관적 공권이다.

# Ⅳ 기본권의 이중적 성격

기본권의 주관적 공권성과 더불어 객관적 법질서로서의 성격을 가지느냐의 문제가 제기된다.

## 1. 긍 정 설

(ⅰ) 기본권은 주관적 공권인 동시에 국가의 가치질서인 기본적 법질서의 구성요소로서 직접 국가권력을 제한하고 의무를 부담시킨다. 즉, 기본권은 객관적 가치질서로서 모든 국가권력을 구속하며 실정법질서의 정당성의 원천이다.

(ⅱ) 기본권의 이중적 성격을 인정하면, ① 기본권의 대사인적 효력과 국가의 기본권보장의무를 보다 쉽게 인정할 수 있고, ② 헌법소원에서 객관적 권리보호이익을 인정함으로써 심판청구이익을 확대할 수 있고, ③ 기본권의 포기가 불가능하다는 점을 명확히 인식할 수 있고, ④ 기본권이 공동체의 질서 형성을 위한 기본원칙으로 기능하게 한다.

(ⅲ) 헌법재판소도 헌법 제10조 후문(국가는 개인이 가지는 불가침의 기본적 인권을 확인하고 이를 보장할 의무를 진다)에 근거하여 긍정설을 취한다. 그 사례로는 방송의 자유(헌재 2003.12.18. 2002헌바49, 방송법 제74조 위헌소원(합헌)), 정당가입·선거운동에 관한 정치적 기본권(헌재 2004. 3.25. 2001헌마710, 정당법 제)6조 제1항 등 위헌확인(기각)), 직업의 자유(헌재 1996.8.29. 94헌마113, 공시지가및토지등의 평가에관한법률시행령 제30조 등 위헌확인(기각)) 등이 있다.

## 2. 부 정 설

기본권 그 자체는 객관적 질서로서의 성격을 가지지 아니하지만, 자연권인 기본권이 헌법에 규정됨에 따라 비로소 헌법규범으로서 국가권력을 구속하는 객관적 질서가 될 뿐이다. 기본권을 주관적 공권인 동시에 객관적 질서라고 파악한다면, 기본권의 주관적 공권으로서의 성격을 약화시키고 기본권과 제도보장의 구별을 불투명하게 할 우려가 있다.

## 3. 사 　 견

기본권의 법적 성격 그 자체는 어디까지나 자연권으로서 주관적 공권이다. 다만, 한국헌법에서 기본권은 국가권력을 구속하는 객관적 질서를 규정하기 때문에 결과적으로 객관적 질서로서의 성격을 가지게 된다.

# 제4절 기본권과 제도보장

## I 제도보장의 의의

제도보장이라 함은 역사적·전통적으로 확립된 기존의 객관적 제도 그 자체의 본질적 내용이 입법에 의하여 폐지되거나 본질이 훼손되지 아니하도록, 헌법에서 제도를 객관적 법규범으로 보장함을 말한다. 즉, 제도보장은 객관적 제도를 헌법에 규정하여 해당 제도의 본질을 유지하기 위하여, 헌법제정권자가 특히 중요하고도 가치가 있다고 인정하고 헌법적으로 보장할 필요가 있다고 생각하는 국가제도를 헌법에 규정함으로써, 장래의 법발전·법형성의 방침과 범주를 미리 규율하려는 데 있다(헌재 1997.4.24. 95헌바48, 구 지방공무원법 제2조 제3항 제2호 나목 등 위헌소원(합헌)). 제도보장은 기본권과 결부되어 구현되기도 하고, 독립적인 제도로서 작동하기도 한다.

## II 제도보장이론의 전개

### 1. 오류의 제도이론과 그 영향

오류M. Hauriou의 제도이론은 ① 사회집단 속에서 법적으로 실현·유지되어야 할 과업의 이념, ② 이 이념의 실현과 유지를 위하여 봉사하는 조직된 통치권력, ③ 이 이념의 실현과 유지에 관하여 사회집단 속에서 산출된 동의의 표시로 요약할 수 있다.

### 2. 현대 독일기본권이론에서의 전개

독일에서 기본권이론은 일반적으로 뵈켄푀르데Böckenförde의 공식에 따라서 다섯 가지 이론, 즉 ① 자유주의적 기본권이론, ② 제도적 기본권이론, ③ 기본권의 가치이론, ④ 민주적-기능적 가치이론, ⑤ 사회국가적 기본권이론으로 나누어 설명한다. 이 중에서 칼 슈미트Carl Schmitt의 '자유주의적 기본권이론'은 "자유는 결코 제도일 수 없다"라고 하여 자유와 제도를 엄격히 구별한다. 반면에, 뵈켄푀르데의 제도적 기본권이론은 "모든 자유는 제도일 수밖에 없다"라고 하여, 기본권의 개인적 측면만이 아니라 객관적·제도적 측면도 강조한다. 이러한 견해 대립은 결국 '제도'를 어떻게 이해하는가에서 비롯된다.

## Ⅲ 제도보장의 법적 성격

### 1. 객관적 법규범

제도보장은 국법질서에 의하여 국가 안에서 인정되는 객관적 법규범이다.

### 2. 최소한의 보장

제도보장은 헌법에서 보장할 필요가 있는 제도를 헌법에 규정함으로써, 해당 제도의 본질을 유지하는 데 있다. 이에 따라 최대한의 보장이 요청되는 기본권과 달리 제도보장에 있어서는 최소보장의 원칙이 적용된다.

### 3. 재판규범성

제도보장은 입법·행정·사법을 직접적으로 구속하는 법규범이다. 따라서 제도보장은 프로그램적 규정이 아니라 재판규범으로서의 성격을 가진다. 그러나 제도보장은 권리보장규범이 아니기 때문에, 제도보장 그 자체만을 근거로 소를 제기할 수는 없다(訴權性否認). 예컨대, 기본권침해를 주장하지 아니하고, 제도보장의 침해만을 이유로 헌법소원을 제기할 수는 없다.

### 4. 제도보장과 기본권의 관계

제도보장은 기본권과 반드시 관련되지는 아니한다.[1] 예컨대, 직업공무원제도의 보장이나 지방자치제도의 보장은 기본권과 직접적인 관련성이 없는 제도보장이다. 그러나 제도보장이 기본권과 일정한 관련성을 가질 수도 있다.

(ⅰ) 특정한 기본권을 확보하기 위한 수단으로서의 제도보장이 있다(제도보장의 기본권수반형). 예컨대, 정치적 기본권을 확보하기 위한 수단으로서 민주적 선

---

1. 기본권과 제도보장의 비교

| | 기 본 권 | 제도보장 |
|---|---|---|
| 법적 성격 | 주관적 공권 | 객관적 법규범 |
| 보장의 대상 | 자연권으로서 천부인권 | 국가 내에서 형성된 제도 |
| 보장의 정도 | 최대한 보장 | 최소한 (제도의 본질) 보장 |
| 재판규범성 | 인정 | 인정 |
| 소권(訴權)성 | 인정(헙법소원 가능) | 부인(헌법소원 등 소송 불가) |
| 법적 효력 | 모든 국가권력 및 헌법개정권력 기속 | 모든 국가권력 기속, 헌법개정권력 불기속 |

거제도를 보장한다.

　(ⅱ) 제도보장과 기본권보장이 동시에 존재하는 경우가 있다(양자의 보장병존형). 예컨대, 사유재산제의 보장과 재산권보장이 여기에 해당한다.

　(ⅲ) 특정 제도가 헌법에서 보장됨으로써 부수적·간접적으로 특정한 기본권이 보장되는 경우가 있다(기본권의 제도종속형). 예컨대, 복수정당제가 보장됨으로써 정당의 설립·가입·탈퇴의 자유가 보장된다.

## Ⅳ　한국헌법에서 제도보장

### 1. 학설·판례

　헌법에 규정된 직업공무원제도의 보장($^{제7조}_{제2항}$), 복수정당제도의 보장($^{제8조}_{제1항}$), 사유재산제의 보장($^{제23조}_{제1항}$), 교육의 자주성·전문성·정치적 중립성 및 대학의 자율성보장($^{제31조}_{제4항}$), 혼인과 가족제도의 보장 및 모성과 국민보건의 보호($^{제36}_{조}$), 지방자치제도의 보장($^{제117조}_{제1항}$) 등에 관하여는 다수의 학자들도 이를 제도보장으로 인정한다. 그 밖에도 헌법에서 보장·보호라는 명시적 표현은 없더라도 그 성질에 따라 제도보장으로 볼 수 있는 사항으로는 자주적인 노동조합제도 등 근로3권의 보장($^{제33}_{조}$), 민주적 선거제도의 보장($^{제41조 \ 제1항,}_{제67조 \ 제1항}$)을 들 수 있다.

### 2. 사　　견

　제도보장을 통하여 제도의 본질을 헌법에서 보장하려는 데 그 취지가 있다면, 제도보장의 틀로 인정될 수 있는 사항은 가급적 널리 제도보장으로 이해하여도 무방하다. 바로 그런 점에서 신문의 기능보장($^{제21조}_{제3항}$) ($^{헌재 \ 1991.9.16. \ 89헌마165. \ 정기간행물의등록등에}_{관한법률 \ 제19조 \ 제3항의 \ 위헌여부에 \ 관한 \ 헌법소원}$) (합헌: "반론권을 인정하는 근거는 …객관적 질서로서의 언론제도를 보장하는 데 있다."), 농·어민과 중소기업의 자조조직의 보장($^{제123조}_{제5항}$) ($^{헌재 \ 1996.}_{12.26. \ 96}$ 헌가18, 주세법 제38조의7 등 위헌제청(위헌)) 도 제도보장으로 볼 수 있다. 또한 1980년 헌법에서부터 규정하고 있는 소비자보호운동의 보장($^{제124}_{조}$)도 제도보장으로 볼 수 있다. 대법원 판례에서도 소비자보호운동의 보장을 제도보장으로 보는 듯한 표현이 있다($^{대판 \ 2013.3.14.}_{2010도410}$).

# 제 5 절 기본권의 주체

## I 의　의

(ⅰ) 기본권의 주체란 헌법이 보장하는 자유와 권리(기본권)를 누리는 자享有者를 말한다. 기본권향유에는 기본권 보유능력과 기본권 행위능력이 구별된다.

(ⅱ) 기본권 보유능력保有能力은 기본권을 보유 내지 향유하는 능력을 말한다. 모든 국민은 기본권 보유능력을 가진다.

(ⅲ) 기본권 행위능력行爲能力은 기본권의 주체가 특정한 기본권을 행사할 수 있는 능력을 말한다. 특히 미성년자나 어린이의 기본권 행위능력은 개별적 기본권에 따라서 상이하다. 예컨대, 선거권과 피선거권의 경우 기본권 보유능력을 가진 사람이라도 일정한 연령에 달하여야 기본권 행위능력이 인정된다. 그러나 인간의 존엄과 가치·행복추구권, 신체의 자유 등에 있어서는 기본권 보유능력과 기본권 행위능력이 일치한다(기본권 보유능력 ≧ 기본권 행위능력).[1]

## II 자연인

### 1. 국　민

헌법에서 기본권의 출발조항인 제10조에서는 '모든 국민'의 기본권을 보장한다. 그런데, "대한민국의 국민이 되는 요건은 법률로 정한다"(제2조).

#### (1) 일반국민

대한민국 국민 중에서 일반국민은 성별·연령·사회적 신분에 관계 없이 기본권의 주체가 된다. 다만, 태아나 사자는 원칙적으로 기본권의 주체가 될 수 없

---

1. 기본권 주체의 도표

| 인(人) | 자연인 | 국민 | 일반국민(재외동포·북한주민의 문제) |
|---|---|---|---|
| | | | 특수신분관계에 있는 국민(공무원 등) |
| | | 외국인 | 제한적으로 인정(인간의 존엄과 가치 등) |
| | 법인 | 내국법인 | 사법인(원칙적으로 인정)(정당의 특수성) |
| | | | 공법인(원칙적으로 부정) |
| | | 외국법인 | 제한적으로 인정(사회·경제적 자유권 등) |

고, 예외적으로 기본권의 주체가 될 수 있을 뿐이다. 미성년자도 기본권의 주체가 되지만, 기본권의 행사에는 일정한 제한이 따른다.

(ⅰ) 형성 중의 생명인 태아胎兒는 모母와는 별개의 생명체로서 헌법상 기본권의 주체가 될 수 있다. 이에 따라 국가는 태아의 생명을 보호할 의무가 있다(합헌 7:한정위헌2)(현재 2008.7.31. 2004헌바81, 민법 제3조 등 위헌소원(합헌)).

민법은 태아에 대하여 손해배상청구・상속・인지 등 예외적인 경우에만 권리능력을 인정한다. 이 경우 태아는 살아서 출생하는 경우(완전노출설)에 한하여 소급하여 권리능력을 가진다(정지조건설).

(ⅱ) 미성년자도 기본권의 주체가 되지만 기본권의 행사에는 일정한 제한이 따른다. 미성년자의 법적 지위는 부모・학교・국가와 직접적으로 관련된다. 헌법은 교육을 받게 할 의무와 의무교육의 무상(제31조 제2항・제3항)・연소자의 근로에 대한 특별한 보호(제32조 제5항)・청소년의 복지향상 정책을 실시할 의무(제34조 제4항)를 규정한다.

(ⅲ) 노인도 당연히 기본권의 주체이다. 그런데 정보사회의 진전에 따라 정보격차digital divide에 더 나아가 AI 디바이드가 가속화됨에 따라 노인에 대한 배려가 특별히 요망된다. 헌법은 평생교육의 진흥(제31조 제5항)・노인의 복지향상을 위한 정책실현의무(제34조 제4항)・노령자에 대한 생활구조(제34조 제5항) 등을 규정한다.

(ⅳ) 사자死者는 원칙적으로 기본권의 주체가 될 수 없다. 다만 일정한 경우에 한하여 보호할 뿐이다. 인수자가 없는 사체를 생전의 본인의 의사와 무관하게 해부용 사체로 제공할 수 있도록 한 것은 시체의 처분에 관한 자기결정권을 침해한다(현재 2015.11.26. 2012헌마940. 시체 해부 및 보존에 관한 법률 제12조 제1항 위헌확인(위헌)). 형법은 공연히 허위의 사실을 적시한 경우에 사자명예훼손죄(제308조)로 처벌한다.

(2) 특수신분관계에 있는 국민

특수신분관계에 있는 사람은 신분의 특수성으로 인하여, 헌법과 법률에 의하여 기본권제한의 정도가 달라진다. 헌법에서 공무원의 정치활동권(제7조 제2항), 군인・군무원 등의 재판청구권(제27조 제2항)과 국가배상청구권(제29조 제2항), 공무원 등의 근로3권(제33조 제2항) 등이 제한된다. 수형자는 '형의 집행 및 수용자의 처우에 관한 법률'에서 통신의 자유 등이 제한된다(현재 1995.7.21. 92헌마144. 서신검열 등 위헌확인(인용(위헌확인),한정위헌,기각,각하))(제8절 기본권의 제한 참조).

(3) 재외동포

재외동포는 재외국민과 외국국적동포로 구분된다. 재외국민은 "대한민국의 국민으로서 외국의 영주권永住權을 취득한 자 또는 영주할 목적으로 외국에 거주하고 있는 자"이다(재외동포의출입국과법적지위에관한법률 제2조 제1호). 재외국민은 일반국민에 준하여 혜택을 받는다.

### (4) 북한주민

북한을 국제법적 국가로 인정하면 북한주민은 외국인으로 보아야 한다. 그러나 헌법 제3조 영토조항의 규범력과 더불어 남북관계를 민족적 특수관계로 이해하여 북한주민은 대한민국 국민으로 본다(대판 1996.11.12. 96누1221. 강제퇴거명령무효확인 등).

### 2. 외 국 인

(ⅰ) 헌법 "제2장 국민의 권리와 의무"라고 규정하는바, 이 문언만으로 보면 기본권의 주체는 '국민'에 한정된다. 그러나 헌법 제6조에서 "외국인은 국제법과 조약이 정하는 바에 의하여 그 지위가 보장된다"라고 규정하여, 외국인의 기본권주체성을 인정할 여지가 있다. 외국인에는 무국적자도 포함되지만, 복수국적자는 대한민국 국민으로 본다(헌재 2004.8.26. 2002헌바13. 국적법 제12조 제1항 단서 위헌소원(합헌)). 생각건대 **천부인권성** 내지 **자연권성**을 가지는 기본권은 외국인에게도 인정하여야 하지만, 사회권(생존권)과 참정권은 국가내적인 기본권이므로 제한적으로 인정될 수 있다. 최근에 외국인들의 국내취업·밀입국 등이 증가하면서 이들의 인권보장이 문제된다.

(ⅱ) 국제화시대에 능동적으로 대응하기 위하여 외국인도 공무원으로 임용될 수 있다(국가공무원법제26조의3. 지방공무원법 제25조의2). 공직선거법에서는 지방자치단체의 의회의원과 단체장 선거의 경우에 일정한 요건을 갖춘 외국인에게 선거권을 인정한다(제15조 제2항). 또한 주민투표법에서도 일정한 요건에 따라 외국인에게 투표권을 부여한다(제5조 제1항 제2호).

## Ⅲ 법 인

### 1. 인정 여부

기본권은 본래 인간의 권리와 시민의 권리라는 특성을 동시에 가지기 때문에, 자연인에게만 기본권주체성을 인정하였다. 그러나 오늘날 법인이론이 발전하여 비록 법인의 의사나 행동이 자연인에 의하여 작동된다고 하더라도, 자연인과는 달리 법인을 독립적인 초개인적 조직체로 인정하여야 한다는, 법인의 기본권주체성 긍정설이 통설·판례의 입장이다.[1]

---

1. 헌법관에 따른 외국인과 법인의 기본권 주체성 인정 여부

|  | 법실증주의 | 결단주의 | 통합론적 헌법관 |
|---|---|---|---|
| 외국인 | 부 정 | 긍 정 | 부 정 |
| 법 인 | 공법인 부정, 사법인 긍정 | 공·사법인 모두 부정 | 공·사법인 모두 긍정 |

## 2. 인정범위

### (1) 법인의 유형에 따른 기본권주체성

(ⅰ) 법인의 기본 모델은 국내 사법인이다. 외국법인은 자연인으로서의 외국인과 마찬가지로 일정한 제한에 따라 인정되며, 상호주의 원칙에 따른다.

(ⅱ) 공법인은 기본권의 '수범자'受範者이지 기본권의 주체로서 그 '소지자'가 아니라, 오히려 국민의 기본권을 보호 내지 실현하여야 할 '책임'과 '의무'를 가진다.

### (2) 기본권의 성질에 따른 기본권주체성

(ⅰ) 기본권의 성질에 따라 비교적 폭넓게 법인에게 인정되는 기본권으로는 평등권, 직업선택의 자유, 거주·이전의 자유, 주거의 자유, 통신의 자유, 언론·출판·집회·결사의 자유, 재산권, 재판청구권, 국가배상청구권 등이 있다.

(ⅱ) 그러나 '인간의 존엄과 가치'·행복추구권, 신체의 자유, 정신적 자유, 정치적 기본권, 사회권 등에 대하여는 법인의 기본권주체성을 인정하기 어렵다.

### (3) 정당의 기본권주체성

정당의 헌법에서 지위는 국가기관도, 순수한 사법적 결사도 아닌 중간기관 즉 중개적 기관이다. 하지만, 그 법적 성격은 헌법 제21조의 일반결사체보다 강화된 법적 지위를 보장받는 특수형태의 정치결사체로 인정된다.

# Ⅳ 결 어

1. 기본권은 본래 자연인으로부터 비롯되는 천부인권적 권리이다. 그러나 오늘날 기본권은 법인에게도 널리 기본권 주체성이 인정되어야 한다.

2. 기본권 주체의 확대는 동시에 기본권 향유자의 확대로 이어져야 한다. 그런 점에서 예컨대 국회 교섭단체, 협회 등의 내부조직 등에 대하여도 기본권 주체성을 확대하여야 한다.

# 제 6 절  기본권의 효력

## I  의    의

기본권의 효력은 기본권의 힘이 어디까지 미치는가의 문제이다. 기본권의 힘이 미치는 범위가 국가권력에 한정되는가, 아니면 사인 사이에도 미치는가를 기준으로, 대국가적 효력과 대사인적 효력으로 나누어 볼 수 있다.

## II  기본권의 대국가적 효력

### 1. 의    의

기본권은 역사적으로 국가에 대한 항의적·방어적 성격의 권리로 정립되어왔다. 또한 기본권은 국민 개개인이 누리는 주관적 공권이기 때문에, 국민은 국가에 대하여 적극적으로 작위 또는 부작위를 청구할 수 있다. 따라서 기본권은 대국가적 효력을 가진다. 헌법 제10조 후문에서도 "국가는 개인이 가지는 불가침의 기본적 인권을 확인하고 이를 보장할 의무를 진다"라고 규정한다.

### 2. 기본권의 대국가적 직접효력성

#### (1) 의    의
헌법에 기본권의 대국가적 직접효력에 관하여 명문의 규정이 없다.

#### (2) 입법방침규정설
입법방침규정설에 의하면 기본권에 관한 헌법규정은 단순한 선언 내지 정책적 방향을 제시하는 프로그램적 규정이다. 이에 따라 헌법 제10조 후문 규정은 직접적 효력규정으로 볼 수 없다고 한다.

#### (3) 직접적 효력규정설
기본권 규정은 국가권력을 구속하는 직접적 효력규정이다. 다만, 직접적 효력의 근거를 헌법 제10조 후문에서 찾는 견해와 헌법의 개별적 규정에서 찾는 견해로 나누어진다. 개별적 근거로서 입법에 대한 구속력의 근거는 제37조 제2항(기본권의 제한) 및 제111조(위헌법률심판 및 헌법소원심판), 행정에 대한 구속력의 근거는 제37조 제2항 및 제107조 제2항(명령·규칙·처분의 위헌·위법심사), 사법에 대한 구속력의 근거는 제27조(재판청구권) 및 제103조(법관의 독립)가 있다.

(4) 검 토

헌법 제10조 후문의 "국가는 개인이 가지는 불가침의 기본적 인권을 확인하고 이를 보장할 의무를 진다"라는 규정은 기본권의 직접적 효력규정으로 보아도 무방하다.

### 3. 국가작용에 따른 기본권의 대국가적 효력

기본권은 원칙적으로 모든 국가작용을 구속하지만, 국가작용의 성격이나 내용에 따라 구속력의 차이가 있을 수 있다.

(1) 입법권

기본권의 입법작용에 대한 구속력은 헌법 제10조(인간의 존엄과 가치 및 행복추구권), 제37조 제2항(기본권의 제한) 및 제111조(위헌법률심판 및 헌법소원심판)에 비추어 명백하다. 국회의 입법권은 법률의 합헌성추정의 원칙과 헌법합치적 법률해석의 원리로 담보된다. 그러나 국회가 제정한 법률이라 하더라도 헌법 제37조 제2항의 규정에 따라 기본권의 본질적 내용을 침해할 수 없을 뿐 아니라, 동시에 비례의 원칙(과잉금지의 원칙)에도 위배되지 아니하여야 한다.

(2) 집행권

기본권은 국가의 모든 집행작용에 대하여 효력을 미친다. 즉, 기본권의 효력은 권력작용뿐 아니라 비권력적 작용(관리작용·국고작용)에도 미친다. 이에 따라 집행권의 작용은 기본권에 기속되며, 법치주의원리에 따라 법률에 의하지 아니하고는 국민의 기본권을 제한할 수 없다. 집행권에 대한 기본권의 효력은 헌법 제107조 제2항(명령·규칙·처분의 위헌·위법심사)을 통하여 뒷받침된다. 다만, 신분관계의 특수성 등으로 인하여 기본권이 제한될 수는 있다.

(3) 사법권

사법에 대한 구속력의 근거로는 제27조(재판청구권) 및 제103조(법관의 독립)를 적시한다. 법원의 사법작용에 있어서 재판절차 및 재판내용도 기본권존중의 원칙에 기속된다. 그러나 헌법재판소법 제68조 제1항에서 법원의 재판에 대한 헌법소원을 금지한다.

(4) 헌법개정권력(제도화된 제헌권)

헌법개정 한계긍정론(통설)에 의하면 헌법개정권력도 기본권에 기속된다. 따라서 헌법개정은 기본권을 확장·보호하는 방향으로 이루어져야 한다.

# Ⅲ 기본권의 대사인적 효력

## 1. 의  의

( i ) 기본권의 효력이 사인私人 사이에 미치지 아니할 경우에, 자본주의의 고도화에 따라 거대한 사회세력과 개인 사이에 발생하는 힘의 차이로 인하여, 기본권 보장의 사각지대가 발생할 우려가 있다. 대기업·정당·언론사 등과 같은 거대조직이나 단체는, 개인에 대하여 공권력에 버금가는 막강한 영향력을 행사하기 때문에, 사정부私政府, private government라고 할 수 있다. 이러한 거대조직이나 단체와 개인 사이에도 기본권의 효력이 미치도록 할 필요성이 있다.

( ii ) 하지만, 기본권의 효력이 사인 사이의 관계에 무제한적으로 확장되어서는 아니 된다. 따라서 사적 거래라 하더라도 양자 사이에 힘의 불균형이 현저하여 계약의 자유가 유명무실하여질 우려가 있는 경우에 한하여 인정되어야 한다.

( iii ) 기본권의 대사인적 효력이 문제되는 예로는 사기업에서의 결혼퇴직제나 남녀임금차별, 언론기관보도에 의한 인격권(명예권)침해 및 언론기관에 대한 접근권, 사립학교에서의 종교교육, 공해문제 등이 있다.

## 2. 기본권의 대사인적 효력을 구체화하는 방법

( i ) 헌법에 명시하는 방법은 가장 확실하게 대사인적 효력을 보장하는 방법이다. 한국헌법에는 표현의 자유의 사회적 책임에 관한 헌법 제21조 제4항이 있다.

( ii ) 입법에 의하는 방법은 입법을 통하여 대사인적 효력을 명시하는 방법이다. 예컨대, 남녀평등과 강제노역금지를 규정한 근로기준법과 '남녀고용평등과 일·가정 양립지원에 관한 법률', 정정보도청구권($\frac{제14}{조}$) 및 반론보도청구권($\frac{제16}{조}$)을 규정한 '언론중재 및 피해구제 등에 관한 법률' 등이 있다.

( iii ) 헌법해석에 의하는 방법은 헌법이나 법률에 명문의 규정이 없거나 불명확할 때, 헌법해석을 통하여 기본권의 대사인적 효력을 확장하는 방법이다.

## 3. 외국의 이론

### (1) 미국의 판례이론

미국 연방대법원은 사인의 행위는 아무리 차별적이고 부당하더라도, 수정헌법 제14조의 적용대상이 되는 '국가행위'state action가 아니기 때문에, 헌법의 적용대상이 되지 아니한다는 이론을 유지하여왔다. 이에 따라 인종차별을 금지하는

1875년의 민권법이 효력을 발휘할 수 없게 되었다. 하지만, 거대하게 조직화된 사적 단체들이 힘없는 개인들의 권리를 침해할 가능성이 커짐에 따라 사인 사이에도 기본권의 효력을 인정하여야 할 필요성을 가지게 되었다. 1940년대 이후 연방대법원은 사인의 행위를 '국가행위'state action로 전환하는 '국가유사설'looks-like government theory 혹은 '국가행위의제이론'state action doctrine을 도입하여, '사인의 행위'도 국가의 행위로 귀속되어 헌법의 적용대상이 된다고 해석하기 시작하였다. 그러한 확대이론으로는 다음과 같다.

(ⅰ) 국유재산이론state property theory에 의하면 국유재산을 임차한 사인이 그 시설에서 행한 기본권침해행위는 국가행위와 동일시한다($\substack{Turner\ v.\ City\ of\ Mem-\\phis,\ 369\ U.S.\ 350(1962)}$).

(ⅱ) 통치기능이론governmental function theory은 정당이나 사립학교 등과 같이 실질적으로 통치기능을 행사하는 사인의 인권침해행위를 국가행위와 동일시하는 이론이다($\substack{Smith\ v.\ Allwright,\\321\ U.S.\ 649(1944)}$).

(ⅲ) 국가원조이론state assistance theory은 국가로부터 재정적 원조나 토지수용권·조세면제 기타의 원조를 받은 사인이 행한 사적 행위를 국가행위와 동일시하여 헌법을 적용하여야 한다는 이론이다($\substack{Norwood\ v.\ Harrison,\\413\ U.S.\ 455(1973)}$).

(ⅳ) 특권부여의 이론governmental regulation theory은 국가로부터 특권을 부여받아 국가와 밀접한 관계에 있는 사적 단체의 행위를 국가의 행위와 동일시하는 이론이다($\substack{Public\ Utilities\ Commission(of\ District\ of\\Columbia)\ v.\ Pollak,\ 343\ U.S.\ 451(1952)}$).

(ⅴ) 사법적 집행의 이론judicial enforcement theory은 사인 사이의 기본권침해행위가 재판에서 문제되어 이를 법원의 판결에 의한 사법적 집행으로 실현하는 경우에, 그 집행은 위헌적인 국가행위가 된다는 이론이다($\substack{Shelley\ v.\ Kraemer,\\334\ U.S.\ 1(1948)}$).

미국의 판례이론에 대하여는 기본권의 효력이 지나치게 확장됨으로써 사적 자치의 이념이 손상되는 결과를 초래할 수 있다는 비판이 제기되기도 한다.

(2) 독일의 이론

(ⅰ) 독일에서는 초기에 효력부인설이 지배적이었으나, 오늘날에는 기본권의 대사인적 효력을 인정하는 방향으로 학설이 정립되었다. 다만, 대사인적 효력을 인정하는 방법에는 직접적용설과 간접적용설이 대립한다.

(ⅱ) 직접적용설에 의하면 헌법은 최고규범이므로 비록 그 법률관계가 사법적인 관계라 하더라도 당연히 적용되어야 한다는 입장이다. 그러나 이 이론에 의하면 전통적인 공·사법의 이원적 법질서나 가치체계 자체에 혼란을 초래할 위험이 있다는 비판이 제기된다.

(ⅲ) 이에 대한 대안으로서 헌법에 직접적인 대사인적 효력에 대하여 명문의 규정이 있거나, 기본권의 성질이 사인 사이에도 직접 적용될 수 있는 기본권에 한하여 한정적으로 인정하자는 한정적 직접적용설이 설득력을 얻는다.

(ⅳ) 오늘날에는 공·사법의 이원적 체계를 유지하면서, 공서양속·신의성실의 원칙 등과 같은 사법의 일반조항을 통하여, 기본권의 효력이 간접적으로 적용된다는 간접적용설間接適用說이 다수의 지지를 받는다. 즉, 기본권은 주관적 공권이면서 동시에 객관적 질서로서의 성격을 가지기 때문에 모든 국가생활에서 '방사효과'가 미치게 된다(BVerfGE 7, 198 (207): Lüth 판결). 그러나 이 경우 적용 여부에 관하여 법관에게 지나친 재량을 부여하게 되어, 법적 안정성을 해칠 우려가 있다는 비판도 제기된다.

### 4. 한국에서 기본권의 대사인적 효력

#### (1) 원칙적으로 간접적용

(ⅰ) 한국에서 기본권의 대사인적 효력에 관한 이론은 대체로 독일에서 기본권의 대사인적 효력에 관한 이론과 유사하다. 이는 한국의 실정법체계가 독일과 같이 대륙법적인 공·사법 이원체계의 유지와도 일맥상통한다. 이에 따라 기본권의 성질상 사인 사이의 법률관계에도 적용될 수 있는 기본권은 사법의 일반조항들(민법 제2조, 제103조, 제750조, 제751조.)을 통하여 간접적용설公序良俗說에 입각하여, 기본권의 효력을 인정하여야 한다(대판(전합) 2010.4. 22. 2008다38288.).

(ⅱ) 하지만, 헌법규정이나 헌법해석에 따라 기본권의 대사인적 효력이 부인되는 기본권과 대사인적 효력이 직접적용되는 기본권도 있다.

#### (2) 대사인적 효력이 직접적용되는 기본권

헌법에서 사법관계에 적용된다는 명시적인 규정이 있거나 명시적인 규정이 없더라도, 그 기본권의 성질상 사인 사이에도 직접 적용되는 기본권이 있다. 예컨대, 대사인적 효력이 직접 적용되는 기본권으로는 헌법 제33조의 근로3권을 들 수 있다. 근로3권은 그 기본권의 본질상 노사관계라는 사인 사이의 관계를 전제로 하기 때문이다. 그 밖에도 언론출판의 자유·좁은 의미의 인간의 존엄과 가치 및 행복추구권 등도 직접 적용될 수 있는 기본권이다.

#### (3) 대사인적 효력이 부인되는 기본권

기본권의 성질에 비추어 사인 사이의 효력이 부인되는 기본권으로는, 청구권적 기본권·사법절차적 기본권·참정권·소급입법에 의한 참정권제한과 재산권 박탈금지(제13조 제2항) 등이 있다.

# 제 7 절  기본권의 경합과 충돌

## I  의  의

기본권의 경합은 단일한 기본권의 주체에 관한 문제로서 "단일의 기본권주체가 국가에 대하여 동시에 여러 기본권의 적용을 주장할 수 있는 경우"를 말한다. 그러나 기본권의 **충돌**은 서로 다른 기본권주체를 전제로 한 개념형식으로서, "복수의 기본권주체가 서로 충돌하는 권익을 실현하기 위하여 국가에 대하여 각기 대립되는 기본권의 적용을 주장하는 경우"를 말한다.

## II  기본권의 경합의 해결

### 1. 기본권경합의 의의

( i ) 동일한 기본권주체의 하나의 행위에 대하여 여러 가지 기본권이 적용될 수 있을 때 이를 기본권의 경합이라고 한다. 예컨대, 종교단체 신문에 대한 국가의 간섭에 대하여 종교의 자유($\substack{제20 \\ 조}$)와 언론의 자유($\substack{제21 \\ 조}$)를 동시에 주장할 수 있다.

( ii ) 기본권의 진정경합과는 달리 기본권의 유사경합(부진정경합)도 있다. 즉, 하나의 사안에서 복수의 기본권이 관련된 경우라 하더라도, 특별한 지위에 있는 기본권만 문제될 경우에는, 기본권의 경합이 아니라 부진정경합不眞正競合으로 보아야 한다. 주로 특별법의 지위와 일반법의 지위에 있는 경우가 이에 해당한다.

( iii ) 헌법재판소는 특별법적 규정, 특별기본권, 특별관계, 보충적 기본권 등의 표현을 통하여 기본권의 경합과 부진정경합을 분리한다. 예컨대, 행복추구권과 다른 기본권이 경합하면 행복추구권은 보충적 기본권이므로 따로 논의하지 아니한다. 또한 공직의 경우 공무담임권은 직업선택의 자유에 대하여 특별기본권이어서 후자의 적용을 배제하므로, 사립학교 교원의 청구를 부적법한 청구로 보는 한 직업선택의 자유는 문제되지 아니한다($\substack{헌재\ 2000.12.14.\ 99헌마112등,\ 교육공 \\ 무원법\ 제47조\ 제1항\ 위헌확인(기각)}$).

### 2. 기본권경합의 해결이론

#### (1) 의  의

기본권의 경합은 결국 어느 기본권을 더 우월적으로 보호하느냐의 문제이다.

### (2) 최약효력설

최약효력설最弱效力說은 제한의 가능성과 정도가 가장 큰 기본권 즉, 효력이 가장 약한 기본권이 우선되어야 한다는 이론이다.

### (3) 최강효력설

최강효력설最强效力說은 제한의 가능성과 정도가 가장 작은 기본권 즉, 효력이 가장 강한 기본권이 우선되어야 한다는 이론이다(헌재 1998.4.30. 95헌가16, 출판사및인쇄소의등록 에관한법률 제5조의2 제5호 등 위헌제청(위헌,합헌)).

### (4) 검 토

최강효력설에 따라서만 판단할 경우 구체적인 사안과 가장 밀접한 관계에 있는 핵심적인 기본권이 오히려 뒤로 물러나게 될 가능성이 있다. 따라서 특정 사안과 가장 직접적인 관계가 있는 기본권을 중심으로 최강효력설에 따라야 한다.

## Ⅲ 기본권의 충돌의 해결

### 1. 기본권충돌의 의의

기본권의 충돌은 서로 다른 기본권주체가 각기 충돌하는 권익을 실현하기 위하여, 서로 대립되는 기본권의 적용을 국가에 대하여 주장함으로써 표출되는 충돌현상이다. 예컨대, 인공임신중절의 경우 모母의 행복추구권과 태아의 생명권이 충돌하게 된다.

### 2. 구별하여야 할 문제

(ⅰ) 기본권의 충돌은 사적 영역에서 이해관계의 충돌을 다룬다는 점에서 기본권의 대사인적 효력과 밀접한 관련이 있다. 그러나 기본권의 대사인적 효력은 사인 사이에 기본권을 주장하는 문제인 데 반하여, 기본권의 충돌은 쌍방 당사자가 국가에 대하여 기본권을 주장하는 경우이기 때문에 양자는 구별되어야 한다.

(ⅱ) 기본권 사이의 충돌이 아니라 기본권과 헌법이 보호하는 다른 법익(국가안전보장, 질서유지, 공공복리 등)과의 충돌은 기본권의 충돌로 볼 수 없다. 기본권과 다른 법익의 충돌은 곧 기본권제한의 문제이다.

(ⅲ) 겉으로는 충돌로 보이지만 실제로 기본권의 충돌로 볼 수 없는 유사충돌 즉, 부진정충돌不眞正衝突이 있다. 예컨대, 사람을 살해한 자가 자신의 행복추구권을 주장한다면, 이는 희생자의 생명권과 충돌하는 경우처럼 보이나, 살인행위는 행복추구권의 보호영역에 해당되지 아니한다.

## 3. 기본권충돌의 해결에 관한 이론과 판례

### A. 일반이론: 이익형량의 원칙에 입각한 규범조화적 해석

헌법재판소는 교사의 수업권과 학생의 학습권이 충돌하는 경우 이익형량의 원칙에 입각하여 판시하고($\binom{\text{헌재 1991.7.22. 89헌가106, 사립}}{\text{학교법 제55조 등 위헌심판(합헌)}}$), 보도기관의 언론의 자유와 피해자의 반론권이 충돌하는 경우 규범조화적 해석에 입각한 과잉금지의 원칙에 따라 해결하고($\binom{\text{헌재 1991.9.16. 89헌마165, 정기간행물의등록등에관한}}{\text{법률 제16조 제3항 등 위헌여부에 관한 헌법소원(합헌)}}$), 집회의 자유를 행사함으로써 발생하는 일반대중에 대한 불편함이나 법익에 대한 위험은 보호법익과 조화를 이루는 범위 안에서 국가와 제3자에 의하여 수인되어야 한다고 하면서 과잉금지의 원칙에 따라 판단한다($\binom{\text{헌재 2003.10.30. 2000헌바67등, 집회및시위에관한법률 제}}{\text{11조 제1호 중 국내주재 외국의 외교기관 부분 위헌소원(위헌)}}$).

### B. 언론의 자유와 인격권·사생활의 상충관계에서의 구체화

언론의 자유와 개인의 인격권·사생활의 비밀과 자유가 충돌할 때 권리포기의 이론, 공익의 이론, 공적 인물의 이론 등과 같은 특수한 이론이 개발된다.

### C. 기본권의 서열가능성

기본권 사이에 우열을 획정하는 작업은 결코 쉬운 일이 아니지만, 판례는 기본권의 서열가능성을 적시하기도 한다($\binom{\text{헌재 2004.8.26. 2003헌마457, 국민건}}{\text{강증진법시행규칙 제7조 위헌확인(기각)}}$)($\binom{\text{대판 2007.9.20.}}{\text{2005다25298}}$).

## 4. 사　　견

(ⅰ) 기본권의 충돌을 해결하기 위하여 이익형량의 원칙에 따라 기본권 사이의 우열을 정하는 경우 생명권·인격권과 자유권 우선의 원칙 등을 제시할 수 있다. 그러나 기본권 사이의 우열을 확정할 수 없는 경우에는 형평성의 원칙에 따라 공평한 제한의 원칙·대안발견의 원칙이나, 규범조화적 해석의 원칙에 따라 과잉금지의 원칙·대안적 해결방법·최후수단억제방법 등을 동원할 수밖에 없다. 결국, 과잉금지의 원칙이나 비례의 원칙 등에 입각하여 규범조화적인 해석을 하는 방향으로 정립되어야 한다.

(ⅱ) 입법 자체가 문제되는 경우, 기본권의 충돌문제는 그 입법의 합헌성 즉, 기본권의 제한문제로 전환된다. 그런데, 이를 규율하는 입법이 없거나, 그 입법만으로는 규율이 불충분하여, 행정청의 처분 등 입법이 아닌 국가의 다른 작용이 문제되는 경우에도 비례의 원칙으로 해결이 가능하다. 왜냐하면 비례의 원칙은 입법을 제외한 모든 국가작용에 적용되는 원칙이기 때문이다. 이러한 점에서 기본권의 충돌문제는 그 중요성이 반감半減된다.

# 제8절 기본권의 제한

## I 의    의

기본권은 최대한 보장되어야 한다. 그러나 기본권도 헌법이 요구하는 요건을 충족할 경우에 제한될 수 있다. 하지만, 그 제한도 기본권의 본질적 내용을 침해하지 아니하는 범위 안에서 최소한에 그쳐야 한다.

## II 기본권제한의 유형

### 1. 헌법직접적 제한(헌법유보에 의한 제한)

( i ) 헌법직접적 제한은 헌법에서 직접 기본권을 제한하는 명시적인 규정을 둠으로써 입법자의 입법재량권의 한계를 적시하고, 기본권남용을 방지하고자 한다. 이는 일반적 헌법유보에 의한 제한과 개별적 헌법유보에 의한 제한이 있다.

( ii ) 일반적 헌법유보에 의한 제한은 헌법에서 직접 기본권 일반이 특정한 헌법질서 또는 헌법원리에 의하여 제약된다고 명시한다. 한국헌법에는 독일헌법과 달리 일반적 헌법유보에 의한 제한규정이 없다.

( iii ) 개별적 헌법유보에 의한 제한은 개별적 기본권에 대하여 헌법적 질서 또는 특정의 헌법원리에 의하여 제약된다는 명문의 규정을 둔 경우이다. 예컨대, 표현의 자유에 관한 제21조 제4항, 재산권행사의 공공복리적합성을 규정한 제23조 제2항, 군인 등에 대한 이중배상제한을 규정한 제29조 제2항이 그에 해당된다.

### 2. 헌법간접적 제한(법률유보에 의한 제한)

( i ) 법률유보란 헌법이 입법자에게 기본권을 법률에 의하여 제한할 수 있도록 명시적 규정을 두는 경우를 말한다. 그 제한의 대상이 기본권 일반이냐 개별 기본권이냐에 따라 일반적 법률유보와 개별적 법률유보로 구별된다. 법률유보의 내용에 따라 기본권제한적 법률유보와 기본권형성적 법률유보로 구별할 수도 있다.

( ii ) 일반적 법률유보란 기본권 일반에 대하여 법률로써 제한할 수 있도록 규정한 경우를 말한다. 헌법 제37조 제2항이 이에 해당한다. 개별적 법률유보란 개별적 기본권에 법률유보조항을 두어서 특정한 기본권을 법률로써 제한할 수 있

도록 한 규정이다. 예컨대, 헌법 제23조 제3항(재산권), 제12조(신체의 자유), 제13조(죄형법정주의) 등이 있다.

(ⅲ) 기본권제한적 법률유보가 원칙이다. 헌법 제37조 제2항이 규정하는 "국민의 모든 자유와 권리는 … 법률로써 제한할 수 있다"라는 형식이 그것이다. 기본권형성적 법률유보란 기본권을 구체화하는 법률을 통하여 비로소 해당 기본권의 행사절차나 내용이 구체화되는 경우를 말한다. "재산권의 내용과 한계는 법률로 정한다"($\frac{제23조}{제1항}$)라는 조항이 대표적이다. 이는 국민의 대표기관인 국회에서 국민의 기본권을 국가생활 속에 실현하고 보장하기 위한 법률유보이다.

### 3. 헌법내재적 한계(기본권의 내재적 한계)

법률로써 제한할 수 없는 절대적 기본권, 예컨대 양심의 자유에서 내심, 종교의 자유에서 신앙 등도 기본권의 내재적 한계에 의하여 제한된다는 입장이 있다. 그 내재적 한계로는 타인의 권리·헌법질서·도덕률과 같은 3한계론이나, 국가존립을 위한 국가공동체유보론 등이 있다.

## Ⅲ 기본권제한의 일반원칙

### 1. 의 의

헌법 제37조 제2항은 "국민의 모든 자유와 권리는 국가안전보장·질서유지 또는 공공복리를 위하여 필요한 경우에 한하여 법률로써 제한할 수 있으며, 제한하는 경우에도 자유와 권리의 본질적 내용을 침해할 수 없다"라고 규정한다. 이것은 헌법에서 기본권제한의 일반원칙과 기본권제한의 한계를 규정한 기본권제한의 일반적 법률유보조항이다. 헌법의 개별적 법률유보조항은 본 조항과 특별법과 일반법의 관계에 있다.

### 2. 기본권제한의 형식: '법률로써'

#### (1) '법률로써'의 의의

법률은 국회에서 제정한 형식적 의미의 법률을 의미한다. 법률로써 제한할 수 있으므로 '법률유보'이며, 기본권 일반에 관한 유보이므로 '일반적' 법률유보이다.

법률과 동일한 효력을 가진 긴급명령·긴급재정경제명령 및 국제조약(실질적 의미의 법률)은 기본권제한의 일반원칙에 대한 예외로서 인정된다.

(2) 법률의 일반성원칙과 개별적 법률(처분적 법률)의 인정 여부

기본권을 제한하는 법률은 일반국민에게 널리 적용될 수 있는 법률이어야 한다(일반성). 따라서 원칙적으로 개별적인 사람이나 사건을 규율하는 법률로써 기본권을 제한할 수는 없다. 그런 점에서 처분적 법률을 지나치게 많이 제정하는 것은 바람직하지 아니하다(<sup>제2편 제2장 제8절 제1</sup><sub>항 국회입법권 참조</sub>).

(3) 법률의 명확성 · 구체성의 원칙

(ⅰ) 기본권을 제한하는 법률은 명확하여야 한다(불명확(막연)하기 때문에 무효의 원칙). 명확성의 원칙은 법치국가원리의 한 표현으로서 법률은 적용대상자가 그 규제내용을 미리 알 수 있도록 분명하게 규정하여 장래의 행동지침으로 삼을 수 있도록 하여야 하는 기본권제한에 관한 헌법의 원칙이다.

(ⅱ) 명확성 · 구체성 원칙의 준수 여부는 건전한 상식과 통상적인 법감정을 통하여 판단할 수 있다. 구체적인 사건에서는 법관의 합리적인 해석에 의하여 판단할 수 있다. 특히 해당 법률조항의 명확성의 여부는 해당 법률의 "입법목적과 다른 조항과의 연관성, 합리적인 해석가능성, 입법기술상의 한계 등을 고려"하여 판단하여야 한다(<sup>헌재 2005.6.30. 2002헌바83, 노동조합및노</sup><sub>동관계조정법 제91조 제1호 등 위헌확인(합헌)</sub>).

(4) 소급입법의 금지 및 신뢰보호의 원칙

기본권을 제한하는 입법은 소급입법금지의 원칙 및 신뢰보호의 원칙도 지켜야 한다(<sup>상세는 제1편 제4장 제3절</sup><sub>제2관 제5항 법치주의 참조</sub>).

(5) 입법절차의 준수원칙

국회의 입법제정절차가 헌법의 일반원칙인 적법절차의 원칙에 어긋나서는 아니 된다. 여기서의 적법절차에는 절차내용의 적법도 포함한다.

(6) 위임입법에 의한 기본권제한과 그 한계(포괄적 위임입법의 금지원칙)

(ⅰ) 현대사회에서의 국가기능을 고려하여 볼 때, 위임입법이 불가피하지만, 기본권제한과 관련된 포괄적 위임입법包括的 委任立法은 금지된다(<sup>제2편 제3장 제1</sup><sub>절 제3항 Ⅳ. 참조</sub>). 법률의 구체적 위임을 받은 위임명령은 기본권을 제한할 수 있지만, 상위법인 법률의 집행규범에 불과한 집행명령은 새로운 권리 · 의무를 부과할 수 없다.

(ⅱ) 조례는 법률의 위임을 받은 경우에 한하여 기본권의 제한이 가능하다.

(ⅲ) 행정규칙은 행정청 내부의 의사표시에 불과하기 때문에, 국민의 권리 · 의무에 관한 사항을 규정할 수 없다. 다만, 행정규칙이 상위법령과 결합하여 대외적 구속력을 가지는 "법률보충적 행정규칙"은 기본권을 제한할 수 있다.

## 3. 기본권제한의 목적: 국가안전보장·질서유지·공공복리

### (1) 의 의

"국가안전보장·질서유지 또는 공공복리"라는 목적을 달성하기 위하여 법률로써 기본권을 제한할 수 있다. 그러나 이들 목적을 달성하기 위하여 기본권을 제한할 수밖에 없는 불가피한 경우에 한하여 최소한으로 그쳐야 한다.

### (2) 국가안전보장

국가안전보장이란 국가의 존립·헌법의 기본질서 유지 등을 포함하는 개념으로서, 국가의 독립·영토의 보전·헌법과 법률의 기능·헌법에 의하여 설치된 국가기관의 유지 등의 의미로 이해된다.

### (3) 질서유지

여기서 질서유지는 넓은 의미의 질서유지에서 국가안전보장을 제외한 질서유지를 의미한다. 질서유지란 평상시 국가의 정상적인 작동을 위하여 요구되는 기본적인 질서의 유지를 의미한다. 즉, 질서유지란 널리 사회공공의 안녕질서의 유지를 의미한다.

### (4) 공공복리

( ⅰ ) 공공복리 개념은 다의적이고 불확정적인 개념이므로, 기본권제한의 목적으로는 앞의 국가안전보장·질서유지보다는 더 신중하고 제한적으로 이해하고 적용하여야 한다. 특히 공공복리는 이념이나 가치관의 차이에 따라 그 개념 또한 달라진다. 즉, 공공복리가 개인주의에만 의탁하거나 반대로 전체주의적 사고에 편중되면 주권자 개개인의 인격과 이익을 부정하게 된다. 따라서 오늘날 공공복리란 현대 사회복지국가의 헌법이념을 적극적으로 구현하기 위하여, 사회구성원 전체를 위한 공공의 이익을 말한다. 이때 비로소 공공복리는 공동체가 지향하는 가치 즉 공동선共同善과 부합하게 된다.

( ⅱ ) 그런데, 제23조 제3항에서는 **공공필요**에 의한 재산권의 제한과 그에 따른 손실보상제도를 규정한다. 공공필요에 의한 재산권제한은 국가정책 등을 수행하는 과정에서 야기되는 특별한 희생에 대한 손실보상을 위한 요건이므로, **공공복리**의 개념보다는 좁은 의미로 이해하여야 한다(동지).

### (5) 상호중첩성

국가안전보장과 질서유지를 위하여 기본권을 제한하는 법률, 질서유지와 공공복리를 위하여 기본권을 제한하는 법률은 서로 중첩적일 수 있다.

### 4. 기본권제한의 대상: 모든 자유와 권리

헌법에서 "모든 자유와 권리"로 규정된다. '모든' 자유와 권리는 특정한 종류나 내용의 기본권에 한정되지 아니하고 모든 기본권으로 보아야 한다.

### 5. 기본권제한의 필요: 과잉금지의 원칙(비례의 원칙)

#### (1) "필요한 경우에 한하여"

"필요한 경우"란 국가안전보장·질서유지·공공복리를 위하여 기본권의 제한이 불가피한 경우에(보충성의 원칙), 그 제한이 최소한으로 그쳐야 하며(최소침해의 원칙), 그 제한은 보호하고자 하는 법익을 구현하는 데 적합하여야 하며(적합성의 원칙), 보호하려는 법익과 제한하는 기본권 사이에 상당한 비례관계가 있어야 한다(비례의 원칙)는 의미이다. 그것은 곧 헌법 제10조 후문에서 규정하는 국가의 "기본적 인권을 확인하고 이를 보장할 의무"에도 부합한다.

#### (2) 비례의 원칙(과잉금지의 원칙)

##### A. 의 의

( i ) 기본권의 제한이 목적과 균형을 유지하여야 한다는 의미에서의 "필요한 경우"를 일반적으로 기본권제한에 있어서 비례의 원칙이라고 한다. 비례의 원칙은 오늘날 법의 일반원칙으로 이해되어 공·사법에서 널리 통용되는 원칙이다. 비례의 원칙은 법치국가원리와 헌법 제37조 제2항으로부터 비롯된다. 특히 헌법재판소는 이를 과잉금지의 원칙으로 표현하면서, 위헌심사에 있어서 확고한 판단원칙으로 인정한다(過猶不及).

( ii ) 비례의 원칙의 적용에 있어서는 신체의 안전과 자유 및 정신의 안전과 자유에 관하여는 엄격한 심사기준이 적용되지만, 사회경제적 안전과 자유에 관하여는 비교적 완화된 심사기준이 적용된다. 즉, "사회적 연관관계에 놓여지는 경제적 활동을 규제하는 경제사회적인 입법사항에 비례의 원칙을 적용함에 있어서는 보다 완화된 심사기준이 적용된다"(헌재 2005.2.24. 2001헌바71, 주택건설 촉진법 제3조 제8호 등 위헌소원(합헌)).

##### B. 비례의 원칙(과잉금지의 원칙)의 내용

비례의 원칙의 내용으로서 목적의 정당성·방법(수단)의 적절성·피해의 최소성·법익의 균형성을 들 수 있으며, 이는 기본권을 제한하는 법률에 대한 위헌성 판단의 기준이다(헌재 1992.12.24. 92헌가8, 형사소송법 제 331조 단서규정에 대한 위헌심판(위헌)).

"국가작용 중 특히 입법작용에 있어서의 과잉입법금지의 원칙이라 함은 국가가 국민의 기본권을 제한하는 내용의 입법활동을 함에 있어서 준수하여야 할 기본원칙 내지 입법활동의 한계를 의미하는 것으로서, 국민의 기본권을 제한하려는 입법의 목적이 헌법 및 법률의 체제상 그 정당성이 인정되어야 하고(목적의 정당성), 그 목적의 달성을 위하여 그 방법이 효과적이고 적절하여야 하며(방법의 적절성), 입법권자가 선택한 기본권제한의 조치가 입법목적달성을 위하여 설사 적절하다 할지라도 가능한 한 보다 완화된 형태나 방법을 모색함으로써 기본권의 제한은 필요한 최소한도에 그치도록 하여야 하며(피해의 최소성), 그 입법에 의하여 보호하려는 공익과 침해되는 사익을 비교형량할 때 보호되는 공익이 더 커야 한다(법익의 균형성)는 법치국가의 원리에서 당연히 파생되는 헌법상의 기본원리의 하나인 비례의 원칙을 말하는 것이다."

(a) 목적의 정당성    기본권을 제한하는 입법은 국가안전보장·질서유지·공공복리를 위한 정당한 목적이 있어야 한다. 그런데, 입법목적의 정당성요건은 헌법 제37조 제2항의 기본권제한입법의 목적의 정당성과 중복되는 면이 없지 아니하다. 그러나 기본권제한입법에 있어서의 정당한 목적 이외에, 기본권제한 그 자체에 있어서도 정당한 목적이 있어야 한다. 헌법재판소는 입법목적이 정당하다고 하더라도, 제한되는 기본권과 기본권제한법률의 입법목적 사이에 균형관계를 강조하기도 한다(헌재 1999.12.23. 99헌마135. 경찰<br>법 제11조 제4항 등 위헌확인(위헌)).

(b) 방법의 적절성    국가가 입법·행정 등 국가작용을 하면서 선택하는 수단은 목적을 달성함에 있어서 필요하고 효과적이며 상대방에게는 최소한의 피해를 줄 때에 한하여 그 국가작용은 정당성을 가지게 된다.

(c) 피해의 최소성    입법자는 기본권을 최소로 침해하는 수단을 선택하여야 한다. 입법자는 기본권행사의 '방법'에 관한 규제로써 공익을 실현할 수 있는가를 시도하고, 이러한 방법으로는 공익달성이 어렵다고 판단되는 경우에, 비로소 그 다음 단계인 기본권행사의 '여부'에 관한 규제를 선택하여야 한다.

(d) 법익의 균형성(이익형량의 원칙)    입법에 의하여 보호하려는 공익과 침해되는 사익을 비교형량할 때 보호되는 공익이 더 커야 한다.

 C. 비례의 원칙의 준수와 국민의 수인의무

입법작용도 비례의 원칙을 준수하여야 정당성이 인정되고, 이에 따라 그 입법에 대한 국민의 수인의무受忍義務가 발생한다.

(3) 기타 기본권제한에 관한 이론

이중기준이론은 경제적 자유에 대한 정신적 자유의 우월적 지위를 인정하여 그 제한에 엄격하여야 한다고 본다. 또한 사회적 연관관계에 있는 기본권이 개인의 기본권보다 더 폭넓은 제한을 받게 된다. 그 밖에도 표현의 자유의 특별한 보호이론과 직업의 자유제한에 관한 단계이론 등이 개발되어 있다.

# Ⅳ 기본권제한의 한계: 기본권의 본질적 내용침해금지

## 1. 기본권의 본질적 내용의 의미

(ⅰ) 기본권제한의 일반원칙에 입각하여 기본권제한을 하더라도, "자유와 권리의 본질적 내용은 침해할 수 없다"(제37조제2항).

(ⅱ) 본질적 내용은 기본권의 내용 가운데 ① 어떠한 이유로도 침해할 수 없는 핵심영역으로서 이는 절대적으로 보호되어야 한다는 절대설, ② 본질적 내용은 개별적 기본권에 있어서 이익과 가치의 형량衡量을 통하여 구체적으로 확정되고 필요에 따라 제한도 가능하다는 상대설, ③ 기본권의 핵심에 대한 절대적 보호는 긍정하지만, 공동체의 존립을 위하여 필요한 법익의 보호를 위하여, 예외적으로 개인의 기본권침해를 허용할 수 있다는 절충설이 있다.

(ⅲ) 생각건대 본질적 내용의 침해금지는 과잉금지원칙의 내용으로 포섭할 수 있다고 본다. 즉, 기본권의 본질적 내용 침해는 과도한 제한으로서 비례의 원칙에 어긋난다. 기본권의 본질적 내용이 어떠한 경우에도 제한될 수 없다고 하면, 그 적용의 현실에서 불합리한 결과를 초래하기 쉽다. 적군敵軍의 사살 등과 같은 경우는 생명의 박탈을 가져오지만, 법질서의 유지나 공동체의 수호를 위하여 불가피하게 받아들여야 한다. 따라서 절대설을 고수하기는 어렵다.

## 2. 보호의 대상

(ⅰ) 보호의 대상에 관하여 ① 객관설에 의하면 헌법이 해당 기본권을 통하여 보호하고자 하는 공동체의 객관적 가치질서가 유명무실하여지는 경우에 본질적 내용이 침해된다고 본다. ② 주관설에 의하면 개인의 구체적 기본권을 문제 삼아 당사자에게 그 기본권을 보장한 의미가 전혀 없게 되는 경우에 본질적 내용이 침해된다고 본다. ③ 한편, 주관적 권리만이 아니라, 일반적·추상적인 기본권규범과 같은 객관적인 것도 포함된다는 절충설도 제기된다.

(ⅱ) 생각건대 기본권의 주관적 공권성에 비추어, 기본권의 침해 여부는 해당 기본권을 원용하는 주체를 중심으로 개별적으로 판단하여야 하지만, 개인이 향유하는 기본권의 본질적 내용을 유지하면서 기본권의 객관적 가치질서로서의 성격도 동시에 보장하여야 한다.

## 3. 인간의 존엄과 가치와의 관계

개별적 기본권의 본질적 내용을 구명함에 있어서는 헌법에서 기본권보장의 근본규범인 인간의 존엄과 가치와 동일시하는 견해, 인간의 존엄과 가치를 보다 협의로 이해하는 견해도 있다. 생각건대 기본권의 본질적 내용과 인간의 존엄과 가치는 서로 독립적인 문제로 이해하여야 한다.

# Ⅴ 기본권제한의 예외

## 1. 긴급명령, 긴급재정경제명령

헌법 제76조의 긴급명령, 긴급재정경제명령은 법률과 동일한 효력이 있으므로, 헌법 제37조 제2항이 의미하는 법률의 개념에 포함되어야 한다.

## 2. 비상계엄

비상계엄이 선포된 때에는 "영장제도, 언론·출판·집회·결사의 자유"에 대하여 특별한 조치가 취하여질 수 있다(제77조). 그런데, 계엄법 제9조에서는 특별한 조치의 대상인 기본권을 거주·이전의 자유와 근로자의 단체행동으로 확대한다. 계엄이 선포되면 예외적으로 민간인에 대하여도 군사재판이 가능하다(제27조, 제110조).

## 3. 특수신분관계

### (1) 의 의

공법상 특별권력관계란 일반권력관계에 대응하는 개념으로서 법률규정이나 당사자의 동의 등 특별한 법적 원인에 의거하여 성립하며, 공법의 특정한 목적달성에 필요한 한도 안에서 당사자의 일방이 상대방을 포괄적으로 지배하고, 상대방이 이에 복종함을 내용으로 하는 법률관계를 말한다. 하지만, 오늘날에는 공법상 특별권력관계이론이 비판을 받게 되어 이를 특수신분관계로 이해한다.

### (2) 특별권력관계와 법치주의

법치주의원리와 기본권보장의 원리가 특별권력관계에도 적용되어야 하며, 특별권력관계에서의 공권력행사에도 법률의 개별적 근거가 필요하다(구별부인설).

### (3) 특수신분관계와 기본권제한

#### A. 의 의

절대적 기본권은 제한이 불가능하지만, 상대적 기본권은 특수신분관계의 목적

달성을 위한 합리적 범위 안에서 일정한 기본권의 제한이 가능하다.

### B. 헌법에 의한 제한

특수신분관계가 강제적으로 성립한 경우에는 헌법에 근거가 있어야만 제한이 가능하다. 예컨대, 공무원인 근로자의 근로3권 제한($\binom{제33조}{제2항}$) ($\binom{제3편\ 제6장\ 제5절}{IV.\ 8.\ 참조}$), 군인·군무원·경찰공무원 등의 국가배상청구권 제한($\binom{제29조}{제2항}$) ($\binom{제3편\ 제7장\ 제4}{절\ V.\ 1.\ 참조}$), 군인·군무원의 군사재판원칙($\binom{제27조\ 제2항\ ·}{제110조\ 제1항}$)($\binom{제2편\ 제4장\ 제1절\ 제2}{항\ IX.\ 5.\ (2)\ 참조}$) 등이 그러하다.

### C. 법률에 의한 제한

특수신분관계가 법률에 의거하여 성립한 경우에는, 법률의 근거가 있어야 한다. 또한 당사자 사이의 합의에 따라 임의로 성립한 경우에도, 법률에 그에 관한 근거가 있어야만 제한이 가능하다. 예컨대, 국·공립학교의 학생, 입원중인 전염병환자 등에 대한 기본권제한은 교육기본법, '감염병의 예방 및 관리에 관한 법률' 등에서 규율한다.

### (4) 특수신분관계와 사법적 구제

특수신분관계라는 이유만으로 사법심사의 대상에서 원천적으로 제외하여서는 아니 된다. 따라서 행정소송이나 헌법소원을 제기할 수 있다. 다만, 순전히 내부적 규율사항이거나 자유재량이 인정되는 영역 안에서 행하여진 처분은, 위법이 아니라 부당不當에 그치므로 사법적 구제가 인정되지 아니할 수도 있다.

## 4. 조  약

국회의 동의를 얻어 비준된 조약 및 일반적으로 승인된 국제법규는 법률과 동일한 효력을 가지므로 기본권을 제한할 수 있다.

## 5. 헌법개정

기본권제한이론은 헌법개정에도 영향을 미칠 수 있다. 개헌을 통하여 기본권을 폐지하거나 기본권의 본질적 내용을 침해하여서는 아니 된다.

## Ⅵ  기본권제한의 원칙일탈에 대한 통제

기본권제한에 관한 헌법규범 및 이론에 위배되는 제한에 대한 통제장치로는 ① 청원권, ② 행정심판, ③ 행정소송, ④ 명령·규칙·처분심사제도, ⑤ 위헌법률심사제도, ⑥ 법률과 공권력작용 등에 대한 헌법소원 등이 마련된다.

# 제 9 절   기본권의 보호

헌법에 보장된 국민의 자유와 권리는 최대한 보장되어야 한다. 이에 헌법은 국가의 기본권 보장 의무($^{제10조}_{후문}$)를 규정한다.

## 제 1 항   국가의 기본권보장의무

### Ⅰ   기본권보장의무의 의의

국가의 기본권보장의무란 기본권에 의하여 보호받을 법익이 국가나 사인에 의하여 위법하게 침해받지 아니하도록 보호하여야 할 국가의 의무를 말한다. "국가는 개인이 가지는 불가침의 기본적 인권을 확인하고 이를 보장할 의무를 진다"($^{제10조}_{후문}$). 기본권보호의무자의 보호의무자인 국가는 국민의 기본권에 대한 침해자로서의 지위가 아니라 국민과 동반자로서의 지위에 서게 된다.

### Ⅱ   기본권보장의무의 법적 성격

국가의 기본권보장의무를 헌법에서 명시적으로 규정하고 있음에 비추어 볼 때, 국가의 기본권보장의무는 단순한 도덕적·윤리적 의무가 아니라 규범적 의무로 보아야 한다. 국가가 기본권보장의무를 이행하지 아니할 경우, 그 위반에 대한 법적 책임의 추궁이나 그 이행을 확보하는 법적 수단을 강구할 수 있다. 기본권보장의무의 이행 여부는 규범통제에 있어서 위헌성판단의 기준이 된다.

### Ⅲ   기본권보장의무의 내용

#### 1. 의   의

기본권보장의무의 수범자受範者는 입법·행정·사법 등 모든 국가기관이다. 특히 입법자는 입법작용을 통하여 기본권보장의무를 적극적으로 구현할 수 있다.

## 2. 국가의 기본권 침해금지의무

국가는 국민의 기본권을 스스로 침해하여서는 아니 된다. 가령 **법률유보의 원칙**을 준수하지 아니하거나, 비례의 원칙을 위반하거나, 기본권의 본질적 내용을 침해하는 등의 형태로 공권력을 행사한다면, 그것은 소극적 방어권으로서의 기본권 침해이기도 하지만, 동시에 국가의 기본권보장의무에도 위배된다.

## 3. 국가의 적극적인 기본권 실현의무

(ⅰ) 국가는 기본권의 실현을 위한 법령과 제도를 정비함으로써, 기본권의 최대한 보장에 힘써야 한다.

(ⅱ) 입법부는 기본권의 최대한 보장의 요청을 외면하여서는 아니 되므로, 기본권보호입법이 흠결되거나 충분하지 아니한 경우에는 입법자에게 **입법의무**가 부과되거나 입법개선의무가 존재하게 된다. 한편, **행정기관**은 법령의 집행에 있어서나 관련 명령·규칙의 정립에 있어서, 국민의 기본권이 최대한 보장될 수 있도록 노력하여야 한다. 사법기관도 국민의 권리구제에 적극적으로 임하여야 한다.

## 4. 사인 사이의 기본권침해방지의무

기본권의 실현이 모든 영역에서 이루어질 수 있도록 국가는 사인에 의한 기본권침해를 방지하고 나아가 실효성있는 피해구제수단을 마련하여야 한다.

## Ⅳ 헌법재판소의 심사기준: 과소보호금지의 원칙

(ⅰ) 헌법재판소가 국가의 기본권보장의무의 위배 여부를 심사할 때에는, 국가권력에 의한 기본권침해의 경우와는 달리, 권력분립원칙과 민주주의원칙까지 충분히 고려하면서, 과소보호금지의 원칙을 그 심사기준으로 삼아야 한다.

(ⅱ) 과소보호금지의 원칙이란 국가가 국민의 기본권보호를 위하여 적절하고 **효율적인 최소한의 보호조치**를 취하였는가를 기준으로 심사하여야 한다는 원칙이다. 이 원칙에 의하면 입법부작위나 불완전한 입법에 의한 기본권침해는, 입법자의 보호의무에 대한 명백한 위반이 있는 경우에만 인정될 수 있다. 예컨대, 업무상 과실 또는 중대한 과실로 인한 **교통사고**로 중상해에 이르게 한 경우에 공소를 제기할 수 없도록 한 부분은 헌법에 위반된다(헌재 2009.2.26. 2005헌마764등, 교통사고처리특례법 제4조 제1항 등 위헌확인(일부위헌)).

# 제 2 항  기본권의 침해와 구제

## I  의    의

(ⅰ) 국민의 자유와 권리 즉, 기본권은 최대한 보호·보장되어야 한다. 하지만, 국가생활에서는 기본권제한의 한계를 벗어난 기본권침해 현상이 불가피하게 발생한다. 이에 기본권의 침해를 사전에 방지하기 위하여서는 사전예방적 조치를 마련하고, 기본권의 침해가 발생하였을 경우에는 침해의 배제 및 사후적인 구제절차를 완비하여야만 기본권의 실질적 보호가 이루어질 수 있다.

(ⅱ) 기본권침해의 주체를 중심으로 본다면, 입법기관·행정기관·사법기관 등 국가기관에 의한 침해와 사인에 의한 침해로 나누어 볼 수 있다.

(ⅲ) 헌법이 마련한 기본권침해에 대한 구제수단으로는, ① 청원권($^{제26}_{조}$), ② 재판청구권($^{제27}_{조}$), ③ 국가배상청구권($^{제29}_{조}$), ④ 손실보상청구권($^{제23조}_{제3항}$), ⑤ 형사보상청구권($^{제28}_{조}$), ⑥ 범죄피해자구조청구권($^{제30}_{조}$), ⑦ 위헌법률심사 및 위헌·위법한 명령·규칙·처분심사($^{제107조\ 제1항·제2항,}_{제111조\ 제1항\ 제1호}$), ⑧ 행정쟁송($^{제107조\ \ \ \ 제3항,}_{제27조\ 제1항}$), ⑨ 헌법소원심판($^{제111조조\ 제1}_{항\ 제5호}$) 등이 있다. 예외적인 구제수단으로서 자구행위自救行爲와 저항권을 들 수 있다($^{헌법상\ 기본권\ 침해에\ 대한\ 구제\ 수단에\ 관한}_{상세는,\ 제3편\ 제7장\ 청구권적\ 기본권\ 참조}$).

## II  입법기관에 의한 기본권침해와 구제

### 1. 적극적 입법에 의한 침해와 구제

#### (1) 침    해

기본권은 모든 국가권력을 구속한다. 따라서 입법권도 기본권에 기속되기 때문에 기본권을 침해하는 입법작용을 할 수 없다(위헌무효).

#### (2) 구    제

##### A. 헌법소송을 통한 구제

(ⅰ) 현행헌법은 구체적 규범통제제도를 채택하고 있다($^{제107조\ 제1항,\ 제111}_{조\ 제1항\ 제1호}$). 이에 따라 위헌법률심사는 구체적인 사건에서 재판의 전제가 되는 경우에만 가능하다.

(ⅱ) 그러나 집행기관의 집행을 필요로 하지 아니하고, 직접적으로 국민의 권리·의무에 변동을 초래하는 법률로 인하여 국민의 기본권이 침해된 경우에는,

예외적으로 권리구제형 헌법소원심판($^{제111조 제1}_{항 제5호}$)을 통하여 그 법률 자체의 위헌심사를 헌법재판소에 청구할 수 있다.

### B. 법원의 사법심사를 통한 구제

국회의 입법은 행정소송이나 행정심판의 대상이 되지 아니한다. 국회의 입법을 이유로 국가배상청구가 가능한가가 문제되는데, 대법원은 이를 부정한다($^{대판 1997.6.13.}_{96다56115}$).

### C. 청원을 통한 구제

기본권을 침해하는 입법의 폐지 및 개정의 청원을 할 수 있다($^{제26}_{조}$).

### D. 주권적 의사의 개입을 통한 구제

국민은 선거에서 국회의원을 정치적으로 견제한다. '지방분권 및 지방행정체제개편에 관한 특별법'에서는 주민투표·주민소환·주민소송제도를 도입한다. 지방자치법에서는 주민투표제($^{제18}_{조}$), 법령에 위반하지 아니하는 조례와 규칙의 제정 및 개폐청구($^{제19조,}_{제20조}$), 주민감사청구제도($^{제21}_{조}$), 주민소송제($^{제22}_{조}$), 주민소환제($^{제25}_{조}$)를 도입한다. 이를 구현하기 위하여 주민투표법과 '주민소환에 관한 법률'이 있다.

## 2. 입법부작위에 의한 침해와 구제

### (1) 의의: 진정입법부작위와 부진정입법부작위

（ⅰ) 입법부작위立法不作爲란 입법자에게 법률제정의 작위의무가 법적으로 존재하거나 입법자에게 입법의무의 내용과 범위를 정한 법률제정에 관하여 명백한 헌법상 수권위임이 입증됨에도 불구하고, 입법자가 법률제정의무를 이행하지 아니함을 말한다. 이와 같이 입법부작위는 입법의무를 전제로 한 개념이며, 입법의무를 전제로 하지 아니하는 단순입법부작위는 입법형성의 자유문제이므로 기본권침해가 아니다. 입법부작위에는 진정입법부작위와 부진정입법부작위가 있다.

（ⅱ) 진정입법부작위眞正立法不作爲란 입법자가 헌법의 입법의무가 있는 어떤 사항에 관하여 전혀 입법을 하지 아니함으로써 "입법행위의 흠결이 있는 경우"(즉, 입법권의 불행사)를 말한다. 부진정입법부작위不眞正立法不作爲란 입법자가 헌법의 입법의무에 따라 어떠한 사항에 관하여 입법을 하였으나, 그 입법의 내용·범위·절차 등이 해당 사항을 불완전·불충분 또는 불공정하게 규율함으로써 "입법행위에 결함이 있는 경우"(즉, 결함이 있는 입법권의 행사)를 말한다.

### (2) 기본권침해

（ⅰ) 입법부작위로 인한 기본권침해는 국가의 적극적인 개입을 요구하는 기본

권형성적 법률유보와 기본권구체화적 법률유보가 있는 기본권, 특히 사회권(생존권)이나 청구권적 기본권에서 주로 문제된다.

(ii) 입법자는 헌법의 입법의무에 따른 입법을 전혀 하지 아니하거나(진정부작위) 불충분한 입법을 함으로써(부진정부작위) 국민의 기본권을 침해할 수 있다.

(iii) 진정입법부작위에 의한 기본권 침해가 성립하려면 ① 헌법에서 입법자가 법률을 제정할 명시적 헌법위임 또는 헌법해석을 통하여 입법의무가 존재함에도 불구하고, ② 입법자가 해당 입법의무를 상당한 기간 동안 해태懈怠함으로써, ③ 부작위에 의하여 직접 개인의 기본권이 침해되어야 한다.

(iv) 특히 부진정입법부작위에 의한 기본권침해는 ① 헌법에서 위임받은 특정 내용이 법률에서 처음부터 배제된 경우, ② 법률의 개정이나 폐지에 따라 입법의무불이행이 발생한 경우, ③ 법률을 제정할 때에는 문제가 없었으나, 상황의 변화에 따라 법률을 개정하여야 함에도 불구하고 법률개정이 없는 경우, ④ 경과규정을 두지 아니한 경우, ⑤ 입법개선의무를 위반한 경우에 발생할 수 있다.

(3) 구 제

A. 헌법소송(헌법소원)을 통한 구제

(a) 진정입법부작위에 대한 구제   진정입법부작위는 행사하여야 할 공권력을 행사하지 아니하였으므로, 원칙적으로 헌법소원을 제기할 수 있다. 헌법에서 기본권보장을 위하여 명시적인 입법위임을 하였음에도 입법자가 이를 이행하지 아니할 때, 헌법해석을 통하여 특정인에게 구체적인 기본권이 생겨 이를 보장하기 위한 국가의 행위의무 내지 보호의무가 발생하였음이 명백함에도 불구하고 입법자가 아무런 입법조치를 취하지 아니한 경우에 헌법소원이 가능하다.

(b) 부진정입법부작위에 대한 구제   부진정입법부작위는 해당 법규 자체를 대상으로 헌법위반이라는 적극적인 헌법소원 즉, 위헌확인소원을 제기하여야 한다. 그러나 입법부작위 그 자체를 헌법소원의 대상으로 삼을 수는 없다.

B. 법원의 사법심사를 통한 구제

부진정입법부작위는 불충분한 입법 자체가 기본권을 침해한 경우이므로, 재판의 전제성 요건을 갖추면 법원에 위헌법률심판제청신청을 할 수 있다. 법원이 이를 기각하면, 헌법재판소법 제68조 제2항에 의한 위헌심사형 헌법소원을 제기할 수 있다.

C. 청원 등을 통한 구제

입법부작위에 의하여 국민의 기본권이 침해되는 경우에는 헌법 제26조의 청원권 및 청원법 제4조 제3호에 근거한 입법청원을 할 수 있다.

## Ⅲ 행정기관에 의한 기본권침해와 구제

### 1. 침 해

행정기관에 의한 기본권침해는 ① 행정기관이 위헌법률을 그대로 집행함으로써 침해하는 경우, ② 법률의 해석적용을 잘못함으로써 침해하는 경우, ③ 법률에 위반하여 기본권을 침해하는 경우, ④ 행정부작위에 의하여 기본권을 침해하는 경우 등으로 구분할 수 있다.

### 2. 구 제

#### (1) 행정기관을 통한 구제

(ⅰ) 행정기관의 잘못으로 국민의 기본권이 침해되었을 경우에 국민의 권리구제 방법은 여러 가지가 있다.

(ⅱ) ① 국민은 청원권행사를 통하여 관계공무원의 해임·징계 등의 청원을 할 수 있다. ② 행정절차법이 제정되어 사전적 권리구제가 강화되었다(행정절차법 제22조, 제27조 등). ③ 행정심판을 통한 권리구제가 있다. 행정심판제도는 행정청의 위법 또는 부당한 처분이나 부작위로 인하여, 권리·이익을 침해당한 자가 행정기관에 대하여 그 시정을 구하는 절차이다(행정심판법 제1조)(선택적 행정심판전치주의). ④ 헌법 제28조에 의거하여 형사피의자는 형사보상청구권을 행사할 수 있다. ⑤ 헌법 제29조의 국가배상청구권을 통한 권리구제가 가능하다. ⑥ 그 밖에 감독청의 직권정지나 취소를 통한 구제, 공무원에 대한 민사·형사·징계책임을 추궁할 수 있다.

#### (2) 법원을 통한 구제

법원을 통한 권리구제제도로서 ① 행정소송제도가 있다. 가령 행정청의 부작위에 대하여는 부작위위법확인소송제도가 있다(행정소송법 제4조). ② 또한 위헌·위법한 명령·규칙·처분심사제(제107조 제2항)도 있다. ③ 그리고 국가배상청구권을 통한 권리구제도 가능하다(제29조). ④ 그 밖에도 형사피고인은 형사보상청구권을 행사할 수 있다(제28조).

#### (3) 헌법재판소를 통한 구제

행정소송의 대상이 되지 아니하는 행정기관의 기본권침해에 대하여는 헌법소원심판(제111조 제1항 제5호)을 통하여 권리구제를 받을 수 있다.

## Ⅳ 사법기관에 의한 기본권침해와 구제

### 1. 침  해

사법기관도 위헌적인 법률의 적용, 법률의 해석·적용의 오류, 사실인정의 잘못, 재판의 지연 등에 의하여 기본권을 침해할 수 있다.

### 2. 구  제

(ⅰ) 국민의 자유와 권리를 보장하는 사법권도 잘못을 저지를 수 있다. 이를 시정하고 보정補正하기 위하여 상소·항고·재심·비상상고 등의 제도를 마련한다. 특히 형사피고인 및 형사피의자는 형사보상청구권($^{제28}_{조}$)을 행사할 수 있다.

(ⅱ) 다만, 법원의 재판에 대한 헌법소원은 인정되지 아니하고, 예외적으로 인정된다($^{헌법재판소법}_{제68조 제1항}$). 즉, "법원의 재판"에 대하여 헌법재판소가 위헌으로 결정하여 그 효력을 상실한 법률을 적용함으로써, 국민의 기본권을 침해하는 재판을 포함한다고 해석하는 한도 내에서 위헌이다($^{헌재 1997.12.24. 96헌마172등, 헌법재판소법 제}_{68조 제1항 위헌확인 등(한정위헌, 인용(취소))}$).

## Ⅴ 사인에 의한 기본권침해와 구제

사인이나 사적 단체 사이에 기본권의 침해행위가 발생하였을 경우에 민사법적 불법행위에 기한 손해배상청구 등 권리보호청구가 가능하다. 또한 형사법적 고소·고발 등을 통하여, 기본권침해를 저지른 자에 대한 처벌을 청구할 수 있다.

## Ⅵ 예외적인 구제

### 1. 자구행위自救行爲

자력구제自力救濟는 원칙적으로 허용되지 아니하나, 기본권침해가 긴박한 상황에서 예외적으로 자력구제를 인정할 수 있다. 형법의 정당방위($^{제21}_{조}$)·긴급피난($^{제22}_{조}$)·자구행위($^{제23}_{조}$), 민법의 점유권보호를 위한 자력구제가 인정된다($^{제209}_{조}$).

### 2. 국가인권위원회를 통한 구제

(ⅰ) 국가인권위원회는 독립된 국가기관으로서 대통령의 지휘·감독을 받지

아니한다($_{조}^{제3}$). 국가인권위원회는 국회가 선출하는 4인(상임위원 2인), 대통령이 지명하는 4인(상임위원 1인), 대법원장이 지명하는 3인으로 구성한다. 위원의 특정 성性이 10분의 6을 초과하여서는 아니 된다. 위원장은 위원 중에서 대통령이 임명하며, 국회의 인사청문회를 거쳐야 한다($_{조}^{제5}$). 헌법에 의하여 설치된 기관이 아니라 법률로 설치한 기관이기 때문에, 권한쟁의심판의 당사자가 될 수 없다. 위원회의 처분은 행정처분에 해당되므로 행정심판이나 행정소송(항고소송) 등의 사전 구제절차를 거친 후가 아니면, 보충성의 원칙을 충족하지 못하기 때문에 헌법소원을 제기할 수 없다($\binom{헌재\ 2015.3.26.\ 2013헌마214등,}{진정사건\ 각하결정\ 취소\ 등(각하)}$).

(ⅱ) 국가인권위원회의 가장 중요한 기능으로 개인의 상황에 관한 진정을 조사·심리할 권한을 가진다. 인권침해를 조사하고 피해를 구제하는 제도는 인권침해에 대한 강력한 견제장치가 될 수 있다. 하지만, 개선·시정권고·고발·징계권고를 할 뿐 명령권이 없고, 권고는 구속력이 없다.

### 3. 국민권익위원회를 통한 구제

'부패방지 및 국민권익위원회의 설치와 운영에 관한 법률'에 근거하여 국무총리 소속인 국민권익위원회가 국민의 고충민원처리와 이에 관련된 불합리한 행정제도 개선 등의 업무를 수행하고($_{조}^{제12}$), 각 지방자치단체에도 시민고충처리위원회를 설치할 수 있다($_{조}^{제32}$).

### 4. 대한법률구조공단 등 인권옹호기관을 통한 구제

인권옹호기관뿐만 아니라 국가에서 직접 권리구제기관을 설치한다. 법률구조법에 의거하여 "경제적으로 어렵거나 법을 몰라서 법의 보호를 충분히 받지 못하는 자에게 법률구조를 함으로써 기본적 인권을 옹호하고 나아가 법률 복지를 증진하는데 이바지함을 목적으로"($_{조}^{제1}$) 법률구조공단을 설립하여 민·형사사건 및 행정소송·헌법소송의 상담·소송대리·국선변호를 한다.

### 5. 저항권행사를 통한 구제

기본권을 침해하는 국가의 공권력행사에 대하여 실정법적인 구제수단을 통하여 구제가 불가능할 경우에, 국민은 최후의 수단인 저항권을 행사할 수 있다($\binom{제1편\ 제2장\ 제2절\ 제2항}{헌법의\ 보장(저항권)\ 참조}$).

# 제 10 절  기본권의 분류와 체계

## I  의  의

기본권은 개별적으로 각기 특성을 가지기 때문에, 이를 일의적으로 분류하면 자칫 오류를 범할 소지가 있는 어려운 과제이다. 특히 전통적인 기본권과 새로운 기본권이 혼재混在하면서, 전통적인 성격에 머무르지 아니하고 복합적 성격을 가지는 기본권도 출현한다. 그렇지만 기본권의 분류와 체계에 관한 논의를 통하여, 개별적 기본권의 특성을 쉽게 이해할 수 있을 뿐 아니라, 이에 기초하여 논술과 강의의 편의를 제공할 수 있다.

## II  기본권의 분류

### 1. 성질에 따른 분류

#### (1) 인간의 권리(초국가적 기본권)와 국민의 권리(국가 내적 기본권)

인간의 권리는 초국가적 기본권이다. 반면에, 시민의 권리는 국가의 구성원으로서의 권리를 의미하는데, 선거권·공무담임권·사회권 등이 여기에 해당한다.

#### (2) 절대적 기본권과 상대적 기본권

절대적 기본권은 본질적 내용에 관한 한 법률로써도 제한할 수 없는 기본권을 말한다. 예컨대, 양심의 자유에서 내심의 의사, 종교의 자유에서 신앙이 그것이다. 상대적 기본권은 필요한 경우에 한하여 법률로써 제한할 수 있는 기본권이다.

#### (3) 진정한 기본권과 부진정한 기본권

진정한 기본권은 주관적 공권으로서, 국가에 대하여 작위 또는 부작위를 요청할 수 있는 권리이다. 부진정한 기본권은 헌법이 일정한 사회·경제·문화질서에 관한 객관적 질서, 예컨대 교육제도·혼인제도·가족제도 등을 보장함으로써 반사적으로 누리는 권리이다.

### 2. 주체에 따른 분류: 자연인의 권리와 법인의 권리

기본권의 출발점은 자연인의 권리보장에 있다. 따라서 헌법에서 기본권의 주체는 원칙적으로 자연인이다. 법인에게도 일정한 기본권주체성을 누린다.

## 3. 효력에 따른 분류

### (1) 현실적 기본권과 프로그램적 기본권

기본권은 원칙적으로 현실적 효력을 가진 권리이다. 사회권(생존권)은 과거에 프로그램적 기본권이라는 견해가 있었으나 오늘날에는 구체적 권리성을 널리 인정한다.

### (2) 대국가적 기본권과 대사인적 기본권

기본권의 효력은 원래 대국가적 효력이 원칙적이었다. 하지만, 오늘날 기본권의 대사인적 효력도 인정된다.

## 4. 내용에 따른 분류

### (1) 고전적인 옐리네크의 지위이론

옐리네크는 국민의 국가에 대한 지위를 넷으로 나누어, 소극적 지위로부터 자유권, 적극적 지위로부터 수익권, 능동적 지위로부터 참정권, 수동적 지위로부터 의무를 도출한다.

### (2) 정  리

저술과 강의의 편의상 전통적인 분류방식을 고려하여 다음과 같이 분류한다.

(1) 인간의 존엄과 가치·행복추구권

(2) 평등권

(3) 자유권

    A. 신체의 안전과 자유

    B. 정신의 안전과 자유

    C. 사생활의 안전과 자유

    D. 사회·경제적 안전과 자유

(4) 참정권(정치권)

(5) 사회권(생존권)

(6) 청구권적 기본권(기본권보장을 위한 기본권)

### (3) 보론: 유럽연합 기본권헌장의 체계

유럽연합은 2004년에 기본권헌장을 채택한 바 있다. 전문과 본문 7절(54개조)로 구성된 방대한 기본권 헌장이다. 인간복제금지에서부터 연대권에 이르기까지 그간 논의되어 온 기본권을 거의 망라하여 규정한다.

# 제 **2** 장

# 인간의 존엄과 가치 및 행복추구권

## 제1절  인간의 존엄과 가치

### I  의    의

( i ) 인류의 역사에서 노예제도나 인신매매, 그리고 전쟁 등으로 야기된 비인간적인 인권침해가 끊이지 아니하였다. 이러한 비인간적인 행태의 근절을 통한 인간성 회복을 위하여 인간의 존엄과 가치의 보장을 요구하게 되었다.

( ii ) 헌법 제10조는 기본권보장의 일반원칙으로서 인간의 존엄이라는 윤리적·자연법적 원리의 헌법규범적 수용이다: "모든 국민은 인간으로서의 존엄과 가치를 가지며, 행복을 추구할 권리를 가진다. 국가는 개인이 가지는 불가침의 기본적 인권을 확인하고 이를 보장할 의무를 진다."

( iii ) 한편, 헌법이 인간의 존엄과 가치와 행복추구권을 함께 규정하면서 양자 사이의 관계에 관하여 논란이 계속된다. 이는 인간의 존엄과 가치 및 행복추구권의 법적 성격·기본권성과 연계되어 논의를 증폭시킨다.

( iv ) 인권선언(유엔헌장 전문, 세계인권선언 제1조, 유럽인권규약, 국제인권규약(A규약 전문))과. 특히 제2차 세계대전의 당사국들은 반성적 성찰에서 1946년 일본헌법, 1949 독일기본법에서 각기 인간의 존엄을 규정한다.

### II  인간의 존엄과 가치의 의미

인간의 존엄과 가치는 인간을 인격적으로 대우하고, 독자적인 인격적 평가를 하여야 한다는 의미이다. 즉, 인간의 존엄과 가치는 "자주적 인격체로서의 인간에 대한 평가"를 의미한다. 한편, 헌법이 인간의 존엄과 가치에서 상정하는 인간상은 전체주의 혹은 개인주의적인 인간상이 아니라 인격주의적인 자주적 인간상이다.

## Ⅲ  인간의 존엄과 가치의 법적 성격

### 1. 최고규범성과 근본규범성

(ⅰ) 인간의 존엄과 가치는 국가의 근본질서로서 모든 국가권력을 구속하며, 국가작용에 있어서 목적과 가치판단의 기준이다.

(ⅱ) 인간의 존엄과 가치는 최고규범으로서 법령의 내용과 효력을 해석하는 최고기준이다.

(ⅲ) 인간의 존엄과 가치는 국가의 근본질서이며 법해석의 최고기준이라는 점에 비추어, 헌법상 근본규범일 뿐만 아니라 헌법개정의 한계이기도 하다. 또한 인간의 존엄과 가치는 기본권 보장에서도 최고의 가치이므로, 본질적 내용을 침해할 수 없을 뿐만 아니라 기본권 제한의 한계로서의 성격도 가진다.

### 2. 반전체주의적 성격

반전체주의적 성격이란 국가나 공동체는 개인을 위하여 존재하고 개인을 수단으로 삼을 수 없으며, 국가나 공동체의 이익과 개인의 이익이 충돌할 때에는 개인의 이익에서 출발하여야 하고, 개인의 기본권을 제한하는 국가작용은 최소한에 그쳐야 한다는 의미이다.

### 3. 기본권성

(ⅰ) 인간의 존엄과 가치를 ① 다른 개별적 기본권과 같이 독자적 내용을 가진 주관적 공권인 동시에 모든 기본권조항에 적용될 수 있는 일반원칙의 선언이라고 보아야 하는지, ② 아니면 인간의 존엄과 가치는 개별적·구체적 권리가 아니라 모든 기본권의 전제가 되는 기본원리의 선언으로서 기본권의 이념적 출발점 내지 구성원리에 불과한지에 관한 논의가 있다.

(ⅱ) 생각건대 인간의 존엄과 가치는 헌법의 근본규범으로서 "다른 기본권의 이념적 출발점"이자 동시에 "기본권보장의 목표"임에 틀림없다. 그렇다고 하여 인간의 존엄과 가치가 가지는 기본권으로서의 성격을 부인하여서는 아니 된다 (헌재 1990.9.10. 89헌마82, 형법 제241 조의 위헌 여부에 대한 헌법소원(합헌)). 즉, 헌법상 보장된 개별 기본권을 통하여 해석상 받아들

이기 어려운 구체적인 기본권을 인정하는 근거규정으로 원용하기 위하여 인간의 존엄과 가치의 기본권성을 인정하여야 한다.

### 4. 전국가적인 자연권성

제10조의 인간의 존엄과 가치는 전국가적인 **자연법적 원리**를 헌법의 틀 속으로 끌어들인 조항이다. 그러므로 "국가는 개인이 가지는 불가침의 기본적 인권을 확인하고 이를 보장할 의무를 진다"(<sub>제10조</sub> <sub>제2문</sub>).

## Ⅳ  인간의 존엄과 가치의 주체

인간의 존엄과 가치의 향유주체는 자연인(인간)이다. 내국인뿐만 아니라 외국인도 그 주체가 될 수 있다. 태아胎兒는 법적으로 자연인이라고 할 수는 없지만 태아도 생명권의 주체가 될 수 있으므로 인간의 존엄과 가치의 기본권주체성을 인정하여야 한다. 나아가 생명공학의 발달에 따라 배아胚芽의 기본권 주체성 인정 여부에 관하여 논란이 있다. 다만, 사자死者의 기본권주체성은 제한적으로 인정할 수밖에 없다. 그런데 최근에는 인간의 존엄성의 내용을 확장하여 "동물의 존엄"도 논의되고 있다.

## Ⅴ  인간의 존엄과 가치의 효력

( ⅰ ) 인간의 존엄과 가치는 국가의 근본질서로서 모든 국가권력을 구속한다. 그러므로 국가권력의 행사는 인간의 존엄과 가치를 염두에 두고, 이를 최대한 실현되도록 하여야 한다. 모든 국가작용은 인간의 존엄과 가치를 바탕으로 하는 국가질서를 형성하기 위한 범위 안에서만 허용된다.

( ⅱ ) 인간의 존엄과 가치는 대국가적 공권인 기본권으로서 효력을 가진다. 따라서 공권력에 의한 침해가 있는 경우에는 침해의 배제 등을 요구할 수 있고, 헌법소원을 제기하여 위헌인 공권력의 행사를 다툴 수 있다.

( ⅲ ) 인간의 존엄과 가치는 객관적 법규범으로서 사인 사이에도 효력이 미친다.

# Ⅵ 인간의 존엄과 가치의 내용

## 1. 주관적 공권으로서의 인간의 존엄과 가치

(ⅰ) 주관적 공권으로서의 인간의 존엄과 가치는 일반적 인격권으로 이해할 수 있다. 일반적 인격권은 인격에 대하여 소극적으로 침해받지 아니할 권리와 적극적으로 보호받을 권리를 포함한다.

헌재 1991.9.16. 89헌마165(합헌), 정기간행물의등록등에관한법률 제16조 제3항에 대한 헌법소원: 정정보도청구권은 일반적 인격권에 바탕을 둔 것으로 이는 헌법 제10조에서 나온다; 민법상 친생부인의 소와 관련한 헌재 1997.3.27. 95헌가14, 민법 제847조 제1항 위헌제청 등(헌법불합치,적용중지); 헌재 2002.7.18. 2000헌마327, 신체과잉수색행위(경찰서 유치장에서 정밀신체수색행위) 위헌확인(인용(위헌확인)).

(ⅱ) 일반적 인격권은 첫째, 인간의 자기 정체성에 기초하여 인격을 스스로 구현할 수 있는 인격의 자유로운 형성에 관한 권리, 둘째, 외부의 간섭을 배제할 수 있는 인격의 자유로운 유지에 관한 권리, 셋째, 인격의 형성과 유지에 기초하여 인격의 자유로운 표현을 할 수 있는 권리이다.

일반적 인격권의 구체적 내용으로는 명예권, 성명권, 초상권 등이 있다.

"헌법 제10조로부터 도출되는 일반적 인격권에는 개인의 명예에 관한 권리도 포함될 수 있으나, '명예'는 사람이나 그 인격에 대한 '사회적 평가', 즉 객관적·외부적 가치평가를 말하는 것이지 단순히 주관적·내면적인 명예감정은 포함되지 않는다"(헌재 2005.10.27. 2002헌마425, 민주화운동관련자명예회복및보상등에관한법률 제2조 제1항 등 위헌확인(각하)).

"이름(姓名)은 특정한 개인을 다른 사람으로부터 식별하는 표지가 됨과 동시에 이를 기초로 사회적 신뢰가 형성되는 등 고도의 사회성을 가지는 일방, 다른 한편 인격의 주체적인 개인의 입장에서는 자기 스스로를 표시하는 인격의 상징으로서의 의미를 가지는 것이고 나아가 이름에서 연유되는 이익들을 침해받지 아니하고 자신의 관리와 처분 아래 둘 수 있는 권리인 성명권의 기초가 되는 것이며, 이러한 성명권은 헌법상의 행복추구권과 인격권의 한 내용을" 이룬다. 따라서 엄격한 개명(改名)제한은 개인의 인격권과 행복추구권을 침해한다(대판 2005.11.16. 2005스26).

성별을 원인으로 한 낙태를 방지하기 위해 낙태를 유발시킨다는 인과관계조차 명확치 않은 태아의 성별고지 행위를 규제하는 것은 태아의 생명 보호라는 입법목적을 달성하기 위한 수단으로 적합하지 않고, 낙태로 나아갈 의도가 없이 부모로서 가지는 권리에 따라 태아의 성별을 알고 싶은 부모에게도 임신 32주 이전에 태아의 성별을 알게 하지 못하게 금지하는 것은 과잉금지원칙에 위반하여, 부모가 태아의 성별 정보에 대한 접근을 방해받지 않을 권리를 침해한다(6:3)(헌재 2024.2.28. 2022헌마356, 의료법 제20조 제2항 위헌확인(위헌)).

## 2. 인간의 존엄과 가치의 제도화

헌법은 인간의 존엄을 개별적 기본권에서 특별히 강조하기도 한다. "근로조건의 기준은 인간의 존엄성을 보장하도록 법률로 정한다"(제32조 제3항). "혼인과 가족생활은 개인의 존엄과 양성의 평등을 기초로 성립되고 유지되어야 하며, 국가는 이를 보장한다"(제36조 제1항).

# Ⅶ 인간의 존엄과 가치의 제한

## 1. 법률에 의한 제한(후술하는 생명권 참조)

### (1) 사형제도

인간의 존엄과 가치는 인간의 생명권을 구체적인 기본권으로 인정하는데, 사형제도를 법률로써 인정할 수 있는지에 관하여 판례는 합헌으로 판시한다(제3편 제4장 제2절 제1항 생명권 참조).

### (2) 인공임신중절 및 안락사, 정당방위 · 긴급피난

（ⅰ) 인공임신중절人工姙娠中絶 즉, 낙태는 태아의 생명권과 임산부의 자기결정권이 충돌하는 문제이므로 두 기본권이 조화되는 범위 안에서 인정된다. 헌법재판소는 낙태의 처벌 그 자체가 위헌은 아니라면서도, 최소한 태아가 독자적으로 생존할 수 있는 시점인 임신 22주 전까지는 임산부의 자기결정권이 우선한다고 판단하였다(헌재 2019.4.11. 2017헌바127, 형법 제269조 제1항 등 위헌소원(헌법불합치)).

헌법재판소는 종전 결정(헌재 2012.8.23. 2010헌바402, 형법 제270조 제1항 위헌소원(합헌))에서 재판관 4(합헌) 대 4(위헌)의 의견으로, 자기낙태죄 조항이 임신한 여성의 자기결정권을 침해하지 아니하고, 조산사 등이 부녀의 촉탁 또는 승낙을 받아 낙태하게 한 경우를 처벌하는 형법 제270조 제1항 중 '조산사'助産師에 관한 부분이 책임과 형벌 간의 비례원칙이나 평등원칙에 위배되지 아니한다고 합헌결정을 하였다. 그런데, 2019년 결정에서는 자기낙태죄 조항과 의사낙태죄醫師落胎罪 조항에 대하여 헌법불합치의견 4인, 단순위헌의견 3인, 합헌의견 2인으로 법률의 위헌결정에 필요한 심판정족수를 충족하여 종전의 판례를 변경하여 헌법불합치결정을 선고하였다.

독일에서는 임신 후 12주 내의 낙태를 인정하는 형법에 대하여 기한방식의 채택이 태아의 생명권을 침해한다고 보아 위헌을 선언하였다. 즉 낙태를 원칙적으로 전임신기간(全姙娠期間)을 통하여 모두 위헌으로 본다. 다만 엄격한 기준을 갖춘 적응해결방식만을 허용한다(BVerfGE 39, 1; BVerfGE 88, 203). 미국 연방대법원은 *Roe v. Wade*, 410 U.S. 113(1973) 판결에서 사생활보호로부터 도출되는 낙태권은 태아의 생명에 우선하므로 일정한 경우에만 낙태 허용은 위헌이라고 하였다. 하지만 연방대법원은 *Dobbs v. Jackson Women's Health Organization*, 597 U.S. 215(2022) 사건에서, *Roe v. Wade* 판결을 뒤집었다. 이제 낙태 여부는 주 정부 및 의회의 권한으로 넘어갔다. 이 판결은 많은 비판과 우려에 직면한다.

프랑스헌법 제34조 "여성이 자발적으로 임신을 중단할 수 있는 자유가 보장되는 조건을 법으로 정한다"(2024.3.4. 개헌). 원래 제안된 낙태할 '권리'가 보수파의 반대를 수용하여 '자유 보장'으로 수정되어, 낙태에 대한 국가의 권리보장의무보다는 개인의 자유로 완화되었다. 이는 미국이 '로 대 웨이드'(1973년) 판결을 2022년 폐기한데 대한 우려에서 비롯되었다.

(ⅱ) 안락사安樂死는 엄격한 요건에 따라 인정할 필요가 있다(제3편 제4장, 제2절 제1항 생명권 참조).

(ⅲ) 정당방위 · 긴급피난에 의한 살인은 관련 법익이 충돌되는 경우, 더 상위의 법익을 추구하는 방향으로 문제를 해결하여야 한다.

## 2. 본질적 내용 침해금지

헌법 제37조 제2항의 규정에 따라 인간의 존엄과 가치의 본질적 내용은 침해할 수 없다.

# Ⅷ 인간의 존엄과 가치의 침해와 구제

(ⅰ) 인간의 존엄과 가치에 대한 침해행위로는 노예제도 · 인신매매 · 고문 · 집단학살 · 인간실험 · 인간복제 · 국외추방 · 인종차별 등이 있다. 헌법재판소는 인간의 존엄에 어긋나는 유치장시설(헌재 2001.7.19. 2000헌마546, 유치장내화장 실설치및관리행위 위헌확인(인용,(위헌확인))) 및 교도소수감(헌재 2003.12.18. 2001헌마163, 계구사 용행위 위헌확인(인용(위헌확인),각하))에 대하여 위헌이라고 판시한다.

(ⅱ) 공권력에 의한 침해행위에 대하여는, 청원권 · 헌법소원심판청구권 · 국가배상청구권 등을 통하여 구제받을 수 있다.

(ⅲ) 사인에 의한 침해행위에 대하여는, 민사법적으로는 불법행위에 대한 손해배상청구권을 행사하고, 형사법적으로는 형사고소에 따른 국가형벌권의 발동을 요구함으로써 구제받을 수 있다.

# 제 2 절   행복추구권

## I   의   의

행복추구권은 미국의 버지니아 인권선언(1776)에서 최초로 규정한 바 있다. 한국헌법에서 행복추구권은 비록 인간의 존엄과 가치와 병렬적으로 규정되어 있지만, 행복추구권 그 자체를 독자적인 기본권으로 인정하여야 한다.

## II   행복추구권의 법적 성격

(i) 헌법 제10조에서 분명히 "행복을 추구할 권리를 가진다"라고 규정하므로, 행복추구권은 독자적인 기본권으로서의 성격과 더불어 다른 기본권과 결합하여 헌법에 열거되지 아니한 새로운 기본권을 도출하는 근거가 되기도 한다.

(ii) 자연법적 권리인 행복추구권은 포괄적 의미의 기본권(자유권)이므로, 다른 기본권에 대한 보충적 기본권으로서의 성격을 가진다.

## III   행복추구권의 주체·효력

(i) 행복추구권은 인간의 존엄과 가치와 밀접하고 불가분의 관계에 있는 인간의 권리이다. 따라서 행복추구권의 주체는 자연인으로서 내국인뿐만 아니라 외국인도 포함된다. 그러나 법인은 원칙적으로 행복추구권의 주체가 될 수 없다.

(ii) 행복추구권도 대국가적 효력과 대사인적 효력(간접적용설)을 가진다.

## IV   행복추구권의 내용

### 1. 의   의

행복추구권은 인간의 존엄과 가치와 불가분의 관계에 있기 때문에, 인간의 존엄과 가치와 병렬적인 성격을 가진 일련의 내용은 행복추구권에도 타당하다. 행복추구권에는 일반적 행동자유권, 개성의 자유로운 발현권, 자기결정권, 계약의 자유, 신체의 불훼손권, 평화적 생존권뿐만 아니라 생명권·휴식권·수면권·일조권·스포츠권 등도 포함된다. 헌법재판소는 평화적 생존권을 인정한 판례를 변경하여 헌법상 보장된 기본권이 아니라고 본다(헌재 2009.5.28. 2007헌마369. 2007년 전시증원연습 등 위헌확인(각하)).

## 2. 일반적 행동자유권

（ i ）의 의    일반적 행동자유권이란 모든 국민이 행복을 추구하기 위하여 자유롭게 행동할 수 있는 자유권이다. 일반적 행동자유권에는 적극적으로 자유롭게 행동하는 권리는 물론 소극적으로 행동하지 아니할 부작위의 자유도 포함된다. 일반적 행동자유권은 개인이 행위를 할지 여부에 대하여 자유로운 결단을 전제로 하여 이성적이고 책임감 있는 사람이라면 자기에 관한 사항은 스스로 처리할 수 있다는 생각에서 인정된다(헌재 2005.12.22. 2004헌바64. 사회간접자본시 설에대한민간투자법 제3조 등 위헌소원(합헌)).

（ ii ）법적 성격    인간은 자신의 운명이나 인생을 스스로 결정하고 그에 따라 행동할 수 있어야 인격적 가치의 존중과 고유한 개성의 발현이 가능하다는 점에서 일반적 행동자유권은 자기결정권과 관련된다(일반적 행동자유). 여기서 일반적 행동자유권은 행동의 측면을, 자기결정권은 결정의 측면을 강조한다.

（ iii ）헌법상 근거    일반적 행동자유권은 헌법 제10조의 행복추구권으로부터 도출된다. 즉 헌법상 행복추구권의 핵심적인 내용의 하나가 일반적 행동자유권이다. 헌법재판소도 일반적 행동자유권은 개성의 자유로운 발현권과 더불어 행복추구권 속에 함축되어 있다고 판시한다.

공정거래위원회의 명령으로 공정거래법 위반의 혐의자에게 스스로 법위반사실을 인정하여 공표하도록 강제하고 있는 제27조의 '법위반사실공표명령' 부분은 헌법상 일반적 행동의 자유·명예권·무죄추정권에 위반된다(헌재 2002.1.31. 2001헌바43. 독점규제및공 정거래에관한법률 제27조 위헌소원(위헌)).

（ iv ）내 용    헌법재판소는 법률행위의 영역에 있어서 계약의 자유는 일반적 행동자유권으로부터 파생되므로, 4층 이상의 건물에 대한 획일적 화재보험가입강제(헌재 1991.6.3. 89헌마204. 화재로인한재해보상과보험가입에 관한법률 제5조 제1항의 위헌여부에 관한 헌법소원(한정위헌)), 기부금품모집행위의 과도한 법적 제한(헌재 1998.5.28. 96헌가5. 기부금품 모집금지법 제3조 등 위헌제청(위헌)) 등은 행복추구권에 의하여 보호되는 계약의 자유를 침해한다고 판시한 바 있다. 또한 18세 미만의 자에 대한 당구장 출입금지(헌재 1993.5.13. 92헌마80. 체육 시설의설치·이용에관한법률시행 규칙 제5조에 대한 헌법소원(위헌)), 결혼식 하객에게 주류와 음식물을 접대하는 행위(헌재 1998.10.15. 98헌마168. 가정 의례에관한법률 제4조 제1항 제7호 위헌확인(위헌,각하)), 마실 물 선택할 자유의 제한(헌재 1998.12.24. 98헌가1. 구 먹는물 관리법 제28조 제1항 위헌제청(합헌)), 사관생도 4회 학교 밖 음주에 대한 퇴학처분(대판 2018.8.30. 2016두60591 퇴학처분취소(파기환송)), 사적 자치권의 제한 등은 일반적 행동자유권의 침해라고 판시한다.

## 3. 개성의 자유로운 발현권

헌법재판소는 다수의 판례에서 일반적 행동자유권과 개성의 자유로운 발현권을 동시에 헌법 제10조에서 규정하고 있는 행복추구권의 내용으로서 적시한다.

또한 헌법재판소는 행복추구권의 구체적인 내용으로서 개성의 자유로운 발현권을 독자적으로 적시하기도 한다(헌재 1990.1.15. 89헌가103, 노동쟁의조정법 제13조의2, 제45조의2에 대한 위헌심판(합헌). 재판관 김진우·이시윤의 한정합헌의견).

## 4. 자기결정권

( i ) 자기결정권을 넓은 의미로 이해할 경우에는 헌법 제17조의 사생활의 비밀과 자유 등을 포괄하는 포괄적 기본권으로서의 성격을 가지기 때문에 개별적 기본권과 서로 중첩적일 수 있다. 따라서 행복추구권의 한 내용으로서의 자기결정권은 좁은 의미의 자기결정권으로만 이해하여야 한다. 즉, 자기결정권이란 개인이 자신의 삶에 관한 중대한 사항에 대하여 스스로 자유롭게 결정하고, 그 결정에 따라 행동할 수 있는 권리를 의미한다.

(ii) 헌법재판소가 판시한 자기결정권과 관련된 구체적 내용은 다음과 같다.

"개인의 인격권·행복추구권에는 개인의 자기운명결정권이 전제"된다. 헌법재판소는 개인의 자기운명결정권에 입각한 성행위 여부 및 그 상대방을 결정할 수 있는 성적 자기결정권, 혼인의 자유와 혼인에 있어서 상대방을 결정할 자유(동성동본금혼사건)(헌재 1997.7.16. 95헌가6등, 민법 제809조 제1항 위헌제청(헌법불합치)) 등을 적시한다.

배우자 있는 자의 간통행위 및 그와의 상간행위를 2년 이하의 징역에 처하도록 규정한 형법 제241조는 과잉금지원칙에 위배하여 국민의 성적 자기결정권 및 사생활의 비밀과 자유를 침해하므로 헌법에 위반된다(헌재 2015.2.26. 2009헌바17등, 형법 제241조 위헌소원 등(위헌)).

행복추구권으로부터 소비자가 자신의 의사에 따라 자유롭게 상품을 선택할 수 있는 소비자의 자기결정권이 파생된다.

"자도소주구입명령제도(自道燒酒購入命令制度)는 능력경쟁을 통한 시장의 점유를 억제함으로써 소주제조업자의 '기업의 자유' 및 '경쟁의 자유'를 제한하고, 소비자가 자신의 의사에 따라 자유롭게 상품을 선택하는 것을 제약함으로써 소비자의 행복추구권에서 파생되는 '자기결정권'도 제한하고 있다"(헌재 1996.12.26. 96헌가18, 주세법 제38조의7(자도소주구입명령제도) 등에 대한 위헌제청(위헌)).

전동킥보드 최고속도를 25km/h로 제한하는 것은 소비자의 자기결정권 및 일반적 행동자유권을 침해하지 아니한다(헌재 2020.2.27. 2017헌마1339, 안전확인대상생활용품의 안전기준 제2조 제2항 제32호 위헌확인(기각)).

자기 운명(運命)에 대한 결정선택권의 보장은 그 결과에 대한 책임부담을 전제로 하는 자기책임의 원리이다. "헌법 제10조가 정하고 있는 행복추구권에서 파생되는 자기결정권 내지 일반적 행동자유권은 이성적이고 책임감 있는 사람의 자기 운명에 대한 결정·선택을 존중하되 그에 대한 책임은 스스로 부담함을 전제로 한다." 자기책임의 원리는 이와 같이 자기결정권의 한계논리로서 책임부담의 근거로 기능하는 동시에 자기가 결정하지 아니하였거나 결정할 수 없는 사항에 대하여는 책임을 지지 아니하고 책임부담의 범위도 스스로 결정한 결과 내지 그와 상관관계가 있는 부분에 국한됨을 의미하는 책임의 한정원리로 기능한다( 헌재<br>2004.

6.24. 2002헌가27. 지방세법 제 )( 헌재 2013.5.30. 2011헌바360등; 헌재 2015.3.26. )<br>225조 제1항 등 위헌제청(위헌) )( 2012헌바381등; 헌재 2017.5.25. 2014헌바360 ).

## V  행복추구권의 제한

행복추구권은 타인의 권리나 도덕률 및 헌법질서를 침해하여서는 아니 된다. 행복추구권도 국가안전보장·질서유지 또는 공공복리를 위하여 필요한 경우에 제한될 수 있다. 예컨대, 자동차 안전띠 착용의무는 일반적 행동 자유권을 침해하는 것이라고 볼 수 없다. 그러나 행복추구권의 본질적 내용은 침해할 수 없다.

음주측정은 국민에게 부과되는 부담의 정도, 처벌의 요건과 정도에 비추어 헌법 제37조 제2항의 과잉금지의 원칙에 어긋나지 아니하므로 헌법 제10조의 행복추구권에서 도출되는 일반적 행동의 자유를 침해한다고 할 수 없다( 헌재 1997.3.27. 96헌가11, 도로교통<br>법 제41조 제2항 등 위헌제청(합헌) ).

"행복추구권도 국가안전보장·질서유지 또는 공공복리를 위하여 제한될 수 있는 것이므로 목적의 정당성, 방법의 적정성 등의 요건을 갖추고 있는 위 조항들이 청구인이나 18세 미만의 청소년들의 행복추구권을 침해"한다고 할 수 없다( 헌재 1996.2.29. 94헌마13, 풍속영업의규제에<br>관한법률 제3조 제5호 등 위헌확인(기각, 각하) ).

"달성하고자 하는 공익이 침해되는 청구인의 좌석안전띠를 매지 않을 자유라는 사익보다 크며, 제도의 연혁과 현황을 종합하여 볼 때 청구인의 일반적 행동자유권을 비례의 원칙에 위반되게 과도하게 침해하"지 아니한다( 헌재 2003.10.30. 2002헌마518, 도<br>로교통법 제118조 위헌확인(합헌) ).

건강보험 강제가입에 관하여 규정한 구 국민건강보험법은 행복추구권을 침해하지 아니한다( 헌재 2013.7.25. 2010헌바51, 국민건강<br>보험법 제5조 제1항 등 위헌소원(합헌) ).

공중이용시설의 전체 또는 일정 구역을 금연구역으로 지정하도록 한 구 국민건강증진법 시행규칙은 합헌이며( 헌재 2004.8.26. 2003헌마457, 국민건<br>강증진법시행규칙 제7조 위헌확인(기각) ), 인터넷컴퓨터게임시설제공업소(PC방) 전체를 금연구역으로 지정하도록 한 국민건강증진법이 과잉금지원칙에 반하여 PC방 운영자의 직업수행의 자유를 침해하지 아니하며( 헌재 2013.6.27. 2011헌마315등, 국민건강증<br>진법 제9조 제4항 제24호 등 위헌확인(기각) ), 공중이용시설의 소유자 등은 해당시설의 전체를 금연구역으로 지정하여야 한다는 국민건강증진법이 흡연자의 일반적 행동자유권을 침해하지 아니한다( 헌재 2014.9.25. 2013헌마411등, 국민건강증<br>진법 제9조 제4항 제23호 위헌확인(기각, 각하) ), 위와 같은 선례의 연장선상에서 연면적 1천 제곱미터 이상의 사무용건축물, 공장 및 복합용도의 건축물로서 금연구역으로 지정된 공간은 다수인이 왕래할 가능성이 높고, 간접흡연으로부터의 보호를 관철할 필요성이 더욱 크므로 합헌이다 (<sup>헌재 2024.4.25. 2022헌바163. 국민건</sup><sub>강증진법 제9조 제8항 위헌소원(합헌)</sub>).

## VI 행복추구권의 침해와 구제

국가는 개인이 가지는 불가침의 기본적 인권인 행복추구권을 확인하고 보장할 의무를 진다 (<sup>제10조</sup><sub>후문</sub>). 행복추구권의 침해에 대하여는 청원권·재판청구권·손해배상청구권·헌법소원심판청구권 등을 통하여 구제받을 수 있다.

# 제 3 장

# 평 등 권

## Ⅰ 의    의

헌법의 최고원리인 평등의 원리는 자유와의 갈등에서 야기된 형식적 평등을 뛰어넘어, 20세기 현대복지헌법에서 국민의 실질적 평등을 구현한다.

## Ⅱ 헌법에서 평등원리의 구체화

### 1. 초실정법적 자연권인 평등권(평등원칙)의 헌법화

헌법의 평등규범은 헌법이 지향하는 기본원리가 평등임을 확인한다. 평등권은 인간의 존엄과 가치와 더불어 초실정법적 법원칙이다. 평등원칙은 "기본권보장에 관한 헌법의 최고원리", "기본권 중의 기본권"이다(헌재 1989.1.25. 88헌가7, 소송촉진등에관한특례법 제6조의 위헌심판(위헌)).

#### (1) 일반적 평등원리의 규범화

헌법 전문에서 "정치·경제·사회·문화의 모든 영역에 있어서 각인의 기회를 균등히 하고 … 국민생활의 균등한 향상을 기하고"라고 규정하고, 헌법 제11조 제1항에서 법 앞의 평등, 성별·종교·사회적 신분에 의한 차별금지와 정치·경제·사회·문화 각 생활영역에 있어서의 차별금지를, 제2항에서는 사회적 특수계급의 부인을, 제3항에서는 영전일대榮典一代의 원칙을 규정한다.

#### (2) 개별적 평등원리의 규범화

헌법 제11조의 평등권규정뿐만 아니라 제31조 제1항에서는 교육의 기회균등을, 제32조 제4항에서는 여성근로자의 차별금지를, 제36조에서는 혼인과 가족생활에 있어서 양성평등을, 제119조 제2항에서는 경제의 민주화를 규정한다.

## 2. 법 앞의 평등

헌법에서 법 앞의 평등은 단순한 법원리의 선언이 아니라, 주관적 공권으로서의 기본권이다. 평등권은 소극적 권리일 뿐만 아니라 적극적 권리이므로, 국가의 부작위를 요구하는 소극적 권리인 자유권과 구별된다.

(ⅰ) '법'이란 국회에서 제정한 법률뿐만 아니라 명령·조례·규칙 등 모든 형태의 법규범을 포괄하며, 자연법적 원리인 평등의 원리에 위반하여도 아니 된다.

(ⅱ) '법 앞의' 평등이란 법적용 내지 법집행의 평등만을 의미하는 법적용평등(입법자비구속)만이 아니라, 행정·사법과 더 나아가서 입법자까지도 구속하는 법내용평등(입법자구속)을 의미한다.

(ⅲ) '평등'은 결코 일체의 차별적 대우를 부정하는 절대적 평등이 아니라 입법과 법의 적용에 있어서 합리적인 근거가 없는 차별을 하여서는 아니 된다는 상대적 평등을 뜻한다. 상대적 평등의 기준으로는 합리성, 자의금지의 원칙, 형평과 정의 등이 있다. 합리적인 근거가 있는 차별이란 인간 존엄성 존중의 헌법원리에 반하지 아니하면서 정당한 입법목적을 달성하기 위하여 필요하고 적정한지를 기준으로 판단하여야 한다(헌재 1996.12.26. 96헌가18, 주세법 제38조의7 등 위헌제청(자도소주구입명령제도)(위헌)).

## 3. 평등원칙 위배의 심사기준

(ⅰ) 평등원칙의 심사기준으로는 합리적 심사기준과 엄격한 심사기준이 있다.

"평등위반 여부를 심사함에 있어 엄격한 심사척도에 의할 것인지 완화된 심사척도에 의할 것인지는 입법자에게 인정되는 입법형성권의 정도에 따라 달라진다(헌재 2002.11.28. 2002헌바45)."(헌재 2008.10.30. 2006헌바35, 6·25전쟁중적후방지역작전수행공로자에대한군복무인정및보상등에관한법률 제2조제1호 중 동년 4월 사이에 부분 등 위헌소원(제2조 제2호 중 육군본부직할결사대 소속으로 부분)(합헌)).

"자의심사의 경우에는 차별을 정당화하는 합리적인 이유가 있는지만 심사하기 때문에 그에 해당하는 비교대상 간의 사실상의 차이나 입법목적(차별목적)의 발견, 확인에 그치는 반면에, 비례심사의 경우에는 단순히 합리적인 이유의 존부 문제가 아니라 차별을 정당화하는 이유와 차별 간의 상관관계에 대한 심사, 즉 비교대상 간의 사실상 차이의 성질과 비중 또는 입법목적(차별목적)의 비중과 차별의 정도에 적정한 균형관계가 이루어져 있는가를 심사한다"(헌재 2001.2.22. 2000헌마25, 국가유공자예우및지원에관한법률 제34조 제1항 위헌확인(기각)).

(ⅱ) 엄격한 심사기준이라 함은 비례성원칙에 따른 심사 즉, 정당한 차별목적·차별취급의 적합성·차별취급의 불가피성 또는 필요성·법익균형성이 인정되는지를 기준으로 한 심사를 행함을 의미한다. 헌법에서 특별히 평등을 요구하는

경우(예컨대 혼인과 가족생활의 양성 평등($^{제36조}_{제1항}$))와 차별로 인하여 관련 기본권에 중대한 제한이 발생하는 경우(예컨대 공무담임권의 심각한 제한과 청소년대상 성범죄)에 엄격한 심사기준이 적용된다. 비례원칙을 적용한 사례로는 '제대군인 공무원채용시험 가산제도', 국가유공자 가산점, 7급공무원시험에 기능사 자격증 보유자 가산점 불가, 국적법의 부계혈통주의, 부부 자산소득 합산과세 사건 등이 있다.

비례원칙을 적용하면서도 완화한 경우도 있다. 즉, 국가유공자 가족에게도 10%의 가산점 부여에 대하여 비례원칙을 완화하여 합헌으로 결정한 바 있으나, 판례를 변경하여 헌법불합치결정을 내렸다($^{헌재\ 2006.2.23.\ 2004헌마675등,\ 국가유공자등예우및지원}_{에관한법률\ 제31조\ 제1항\ 등\ 위헌확인(헌법불합치,잠정적용)}$).

(ⅲ) 합리적 심사기준은 자의금지원칙에 의한 심사를 의미하는데, 자의금지원칙에 관한 심사요건은 차별취급의 존재 여부와 차별취급의 자의성 유무를 들 수 있다. 이는 "명백히 정의에 어긋나지 아니하는 한" 입법자에게 폭넓은 입법형성권을 부여한다. 주로 물적 차별 또는 시혜적 차별에 적용된다. 하지만, 차별적 취급을 정당화하는 객관적이고 합리적인 이유가 존재한다면, 자의적이라고 할 수 없다.

"자의금지원칙에 관한 심사요건은 첫째 본질적으로 동일한 것을 다르게 취급하고 있는지에 관한 차별취급의 존재 여부와 둘째 이러한 차별취급이 존재한다면 이를 자의적인 것으로 볼 수 있는지 여부라고 할 수 있다. 첫째 요건과 관련하여 두 개의 비교집단이 본질적으로 동일한가의 판단은 일반적으로 관련 헌법규정과 당해 법규정의 의미와 목적에 달려있고, 둘째 요건과 관련하여 차별취급의 자의성은 합리적인 이유가 결여된 것을 의미하므로, 차별대우를 정당화하는 객관적이고 합리적인 이유가 존재한다면 차별대우는 자의적인 것이 아니게 된다($^{헌재\ 2003.1.30.}_{2001헌바64}$)"($^{헌재\ 2006.2.23.\ 2004헌마675등,\ 국가유공자등예우및지원}_{에관한법률\ 제31조\ 제1항\ 등\ 위헌확인(헌법불합치,잠정적용)}$).

(ⅳ) 자의금지원칙에 따른 합리성 심사와 비례성원칙에 따른 엄격한 심사로 작동되어왔지만, 그 명확하지 아니한 경우 완화된 비례성 심사도 작동한다.

## 4. 평등권의 효력

평등원리는 국가와 개인 사이의 관계뿐만 아니라, 개인과 개인 사이의 관계에서도 널리 적용된다. 그러므로 평등원리는 국가나 공공단체의 직원채용뿐만 아니라, 사기업의 직원채용에 있어서도 적용되어야 한다. 하지만, 평등원리는 사법의 권리남용금지의 법리나 신의성실의 원칙 등을 통하여 간접적으로 적용된다. 당사자 자치를 기본으로 하는 사법원리에, 불평등관계·권력관계를 기본으로 하는 공법원리를 직접 적용함으로써, 새로운 문제점을 야기할 우려가 있기 때문이다.

## Ⅲ 평등권의 구체적 내용

### 1. 차별금지의 사유

헌법 제11조에서는 차별금지의 사유로 "성별·종교 또는 사회적 신분"을 명시한다. 이러한 차별금지사유는 예시적 사유에 불과하기 때문에, 그 이외 학력·건강·연령 등 어떠한 사유로도 불합리한 차별을 하여서는 아니 된다.

#### (1) 성별 – 남녀평등

( i ) 남녀평등이념을 구현하기 위하여 양성평등기본법, '남녀고용평등과 일·가정 양립 지원에 관한 법률' 등을 제정한다. 특히 정당은 비례대표국회의원선거 및 비례대표지방의회의원선거에 후보자 중 100분의 50 이상을 여성으로 추천하되, 그 후보자명부의 순위의 매 홀수에는 여성을 추천하여야 한다($\binom{\text{공직선거법 제}}{\text{47조 제3항}}$).

( ii ) 민법 친족상속편에 있던 호주제도의 폐지($\binom{\text{헌재 2005.2.3. 2001헌가9등, 민법 제781조 제1항 본문}}{\text{후단부분 위헌제청 등(호주제)(헌법불합치,잠정적용)}}$)에 따라 '가족관계의 등록 등에 관한 법률'에 따라 가족관계 등록제도가 시행된다. **동성동본금혼**($\binom{\text{헌재 1997.7.16. 95헌가6, 민법 제809조}}{\text{제1항 위헌제청(헌법불합치,적용중지)}}$) 및 **자子는 부父의 성姓과 본本을 따르도록 한 규정**($\binom{\text{헌재 2005.12.22. 2003헌가5등, 민법 제781}}{\text{조 제1항 위헌제청(헌법불합치,잠정적용)}}$)도 위헌이며, 자녀의 성과 본이 모로 변경되었을 경우 성년인 그 자녀는 모가 속한 종중의 구성원이 된다($\binom{\text{대판 2022.5.26. 2017다}}{\text{260940(宗員지위 확인)}}$). 여성도 종중宗中 회원이 될 수 있다($\binom{\text{대판(전합) 2005.7.}}{\text{21. 2002다1178}}$). 더 나아가 딸도 제사주재자(祭祀主宰者)로 인정함으로써 남성 우위를 인정하지 아니한다($\binom{\text{대판(전합) 2023.5.11.}}{\text{2018다248626(유해인도)}}$).

#### (2) 종 교

헌법 제20조 제2항에서는 "국교는 인정되지 아니하며, 종교와 정치는 분리된다"라고 하여 국교부인과 정교분리의 원칙을 분명히 한다.

#### (3) 사회적 신분

사회적 신분의 의미에 관하여 선천적 신분은 물론 후천적으로 취득한 신분도 포함된다는 후천적 신분설이 타당하다. 즉, 사회적 신분이란 사람이 사회에서 일시적이 아니고, 장기적으로 차지하는 지위를 의미한다. 구체적으로 전과자, 귀화인, 사용인, 노동자, 교원, 공무원, 직업상의 지위, 부자, 빈자, 농민, 어민, 상인, 학생 등이 이에 해당된다.

#### (4) 기타 사유

기타 사유로는 언어·인종·출신지역 등에 의한 차별금지를 들 수 있다. 다민족국가인 미국에서는 특히 흑백인종차별 문제를 해결하기 위하여, 국가적 차원에서 '적극적 평등실현조치'affirmative action를 입법화하기도 하였다.

## 2. 차별금지의 영역

### (1) 정 치

국회의원 선거구획정이 인구편차 2 : 1 이상(<sup>헌재 2014.10.30. 2012헌마190등, 공직선거법 제25조</sup> <sup>제2항 별표1 위헌확인 등(각하,헌법불합치,잠정적용)</sup>)이면 위헌이다. 정당에 대하여는 각종 우대조치가 가능하다.

### (2) 경제·사회

경제·사회적 활동에 있어서도 차별은 금지된다.

### (3) 문 화

교육·문화·정보 등에서의 차별은 금지된다. 그러나 능력에 따른 차별은 인정된다. 예컨대, 시험성적에 따른 입학 등은 당연히 허용된다.

## 3. 특권제도의 금지

"사회적 특수계급의 제도는 인정되지 아니하며, 어떠한 형태로도 이를 창설할 수 없다"(<sup>제11조</sup><sub>제2항</sub>). "훈장 등의 영전은 이를 받은 자에게만 효력이 있고, 어떠한 특권도 이에 따르지 아니한다"(<sup>제11조</sup><sub>제3항</sub>). 국가유공자에 대한 일정한 우대는 합헌이지만(<sup>헌재 2001.2.22. 2000헌마25, 국가유공자예우</sup><sub>및지원에관한법률 제34조 제1항 위헌확인(기각)</sub>), "위 조항의 대상자는 조문의 문리해석대로 '국가유공자', '상이군경', 그리고 '전몰군경의 유가족'이라고 봄이 상당하다"라고 하여 종전 판례를 변경하여 국가유공자의 자녀에 대한 공무원채용에 있어서의 일정한 우대는 위헌이라고 판시하였다(<sup>헌재 2006.2.23. 2004헌마675등, 국가유공자등예우및지원에</sup><sub>관한법률 제31조 제1항 등 위헌확인(헌법불합치,잠정적용)</sub>).

한편 '제대군인지원에 관한 법률'에서 제대군인이 공무원채용시험 등에 응시한 때에 과목별 득점에 과목별 만점의 5% 또는 3%를 가산하는 제대군인가산점제도는 위헌이라고 판시하였다(<sup>헌재 1999.12.23. 98헌마363, 제대군인지원</sup><sub>에관한법률 제8조 제1항 등 위헌확인(위헌)</sub>). 이에 따라 이 법률은 제대군인의 채용시험 응시연령을 3세의 범위 내에서 연장할 수 있고, 군복무기간을 근무경력으로 포함할 수 있도록 개정되었다(<sup>제18</sup><sub>조</sub>).

## Ⅳ 평등권의 제한

## 1. 헌법에서 평등권의 예외로서의 특권

헌법에서 평등권의 예외로서 제8조에서는 정당에 대하여 일반결사보다 특권을 인정한다. 또한 대통령은 재직 중 형사상 특권(<sup>제84</sup><sub>조</sub>)을 향유하며, 국회의원은 면책특권($^{제45}_조$)과 불체포특권($^{제44}_조$)을 가진다. 국가유공자 · 상이군경 및 전몰군경 유가족의 취업우선권($^{제32조}_{제6항}$)도 보장된다.

## 2. 헌법에서 공무원에 대한 제한

공무원인 근로자는 법률이 정하는 자에 한하여 단결권 · 단체교섭권 · 단체행동권을 가진다($^{제33조}_{제2항}$). 경찰공무원 기타 법률이 정한 자의 이중배상청구는 금지된다($^{제29조}_{제2항}$). 또한 군인 · 군무원은 군사법원관할($^{제27조}_{제2항}$)에 속하고, 군인은 현역을 면한 후가 아니면 국무총리 · 국무위원에 임명될 수 없다($^{제86조 제3항,}_{제87조 제4항}$). 국회의원과 대통령은 법률이 정하는 직을 겸할 수 없다($^{제43조 ·}_{제83조}$). 법률이 정하는 주요방위산업체에 종사하는 근로자의 단체행동권은 법률이 정하는 바에 의하여 제한될 수 있다($^{제33조}_{제3항}$).

## 3. 법률로써 제한

( i ) 헌법 제37조 제2항에 의하면 국민의 자유와 권리는 국가안전보장 · 질서유지 또는 공공복리를 위하여 필요한 경우에 법률로써 제한할 수 있다.

( ii ) 공무원 등 특수신분관계에 있는 사람에 대하여는 국가공무원법 등에서 사인과 달리 여러 가지 제한이 가하여진다. 예컨대, 공무원의 겸직금지 · 정당가입금지와 정치활동제한 · 복종의무 · 직장이탈금지 등이 그러하다. 특히 군인에 대하여는 영내근무營內勤務를 명할 수 있다.

## Ⅴ  평등권의 침해와 구제

구제수단으로서는 청원권($^{제26}_조$), 재판청구권($^{제27}_조$), 행정쟁송권($^{제107조 제2항 및}_{제3항, 제27조}$), 국가배상청구권($^{제29}_조$), 형사보상청구권($^{제28}_조$), 범죄피해자구조청구권($^{제30}_조$), 위헌적인 법률 · 명령 · 규칙 · 처분심사제($^{제107조 ·}_{제111조}$), 헌법소원심판청구권($^{제111조 제1}_{항 제5호}$) 등이 있다.

## Ⅵ  적극적 평등실현조치

### 1. 의의 및 특징

( i ) 적극적 평등실현조치(잠정적 우대조치affirmative action)란 역사적으로 사회로부터 차별을 받아 온 특정 집단에 대하여, 차별로 인한 불이익을 보상하여 주기

위하여, 그 집단의 구성원에게 취업·학교입학 등 사회적 이익을 직접 또는 간접적으로 부여하는 정부의 정책을 말한다. 이는 미국에서 발전된 이론이다. 그런데 최근 미국 연방대법원은 이를 부인하여 논란이 일고 있다($\frac{\textit{Students for Fain Admission}}{\textit{v. Harvard}, 600\ U.S.\ 181(2023)}$).

(ii) 적극적 평등실현조치는 ① 기회의 평등보다는 **결과의 평등·실질적 평등**을 추구하는 정책이고, ② 개인보다는 집단에 초점을 맞춘 개념이며, ③ 항구적 정책이 아니라 구제목적을 달성하게 되면 종료하게 되는 **잠정적 조치**이다.

### 2. 한국에서의 적용

(i) 여성·장애인·이공계전공자 및 저소득층 등 공직 내 소수집단에 대하여 대통령령 등이 정하는 바에 따라 채용·전보·승진 등에 있어 적극적인 우대와 실질적 양성평등의 구현을 위한 정책을 실시한다($\frac{\text{국가공무원법 제26조 단서}}{\text{지방공무원법 제25조 단서}}\cdot$). 국·공립대학 교수채용 시 특정 성별이 4분의 3을 초과하지 아니하도록 노력한다($\frac{\text{제11조}}{\text{의5}}$).

(ii) 정치자금법에서는 공직후보자 여성추천보조금제도($\frac{\text{제26}}{\text{조}}$) 및 장애인추천보조금제도($\frac{\text{제26조}}{\text{의2}}$)를, 공직선거법($\frac{\text{제47}}{\text{조}}$)에서도 비례대표후보자에 대한 50% 여성공천할당제를, 양성평등기본법에서도 양성평등 이념을 실현하기 위한 적극적 조치 제도를 도입한다($\frac{\text{제20}}{\text{조}}$). 그 밖에도 '남녀고용평등과 일·가정 양립 지원에 관한 법률' 등에서도 이러한 취지를 반영한다.

## Ⅶ 간접차별

### 1. 간접차별의 의의

(i) 간접차별은 ① 다수의 집단에 동일 기준을 적용하지만, ② 사회적 고정관념·관행·제도·사실의 차이 때문에, ③ 결과적으로 **불평등한 경우**를 의미한다.

(ii) 간접차별은 차별행위가 아니라 사실문제에 불과하다고 보았고, 그 결과 법적인 구제도 소홀히 하였다. 하지만, 오늘날 간접차별은 사회적 관습 또는 고정관념을 매개로 평등권을 침해하는 차별행위로 다루어야 한다는 인식이 제기된다.

### 2. 우리나라에서의 인정 여부

'남녀고용평등과 일·가정 양립 지원에 관한 법률'에서는 "다른 한 성에 비하여 현저히 적고 그로 인하여 **특정 성에게 불리한 결과**를 초래하며 그 기준이 정당한 것임을 입증할 수 없는 경우에도 이를 차별로 본다"($\frac{\text{제2}}{\text{조}}$)라고 규정한다.

## 3. 간접차별의 심사기준

① 중립적인 조건을 적용하였으나, ② 사회적 고정관념·관행·인식 등의 현실적 이유 때문에, ③ 일부에 대하여 중대한 불이익한 결과를 가져왔는지를 살펴봄으로써 "간접차별이 있는지를" 먼저 판단한 후에, ④ 합리적인 이유가 있는지를 평등권침해의 심사기준(자의금지원칙과 비례의 원칙)을 통하여 판단하여야 한다.

# 제 4 장

# 자 유 권

## 제 1 절 자유권의 일반이론

### I 의의: 자유와 안전을 향한 역사

(ⅰ) 인류의 역사는 자유를 향한 역사라 할 수 있다. 근대입헌주의 이전에 일찍이 영국에서는 마그나 카르타(1215년), 권리청원(1628년), 권리장전(1689년)을 통하여 자유권의 쟁취가 이루어졌다. 불가침적인 천부인권인 자유권은 자유주의·개인주의에 기초한 근대자연법론의 영향으로 미국의 독립선언과 프랑스의 인권선언을 통하여 헌법의 기본원리로 자리 잡았다. 자유권이 헌법에 규정된 자유와 권리로 자리 잡게 됨으로써, 자연권인 자유권이 실정권으로 정립된다. 그러나 지난 2세기에 걸쳐 펼쳐진 인권의 발전과정에서 자유권은 사회권(생존권)이라는 새로운 권리의 전개에 따른 도전을 받기도 하였다. 다른 한편, 제2차 세계대전 기간에 자행된 비인간적인 행태에 대한 반성적 성찰로서 자연법의 재생이 논의되어왔다.

(ⅱ) 특히 인간의 자유는 삶의 안전과 결부되기 때문에 안전과 자유는 포괄적으로 논의되어야 한다. 즉, 외부로부터 가하여지는 정신적·물질적 위험으로부터의 안전은, 자율적·임의적으로 활동할 수 있는 자유와 상호 연계되어 있다.

### II 자유권의 법적 성격

#### 1. 제한가능한 상대적 자연권으로서의 자유권

자유권이란 개인이 그 자유영역에 대하여 국가권력으로부터 침해를 받지 아니할 소극적 권리 즉, 자연법적인 논리에 기초한 국가로부터의 자유를 의미한다.

### 2. 자유권의 소극적 · 방어권적 성격

자유권은 적극적으로 국가에 대하여 작위를 청구하는 권리가 아니라, 소극적으로 국가권력에 의한 침해를 배제할 수 있는 방어권이다. 국가에 대한 방어권으로서 자유권은 모든 국가권력을 구속한다. 다만, 사인 사이에는 원칙적으로 간접적용된다.

### 3. 자유권의 포괄적 권리성

자유권의 자연권적 성격을 부인하는 실정권설에 의하면, 헌법의 자유권은 원칙적으로 개별적 규정을 통하여 열거되어야 하지만, 헌법 제37조 제1항에 의거하여 헌법에 열거되지 아니한 자유권이 창설될 수 있다.

## Ⅲ 자유권의 분류와 체계

(ⅰ) 헌법의 자유권은 헌법에 열거된 자유권과 헌법에 열거되지 아니한 자유권으로 분류할 수 있다.

(ⅱ) 일반적으로 자유권은 그 내용에 따라 분류된다. 가장 고전적인 신체 및 정신의 안전과 자유, 사생활의 안전과 자유에 이어 사회 · 경제적 안전과 자유는 현대적인 사회권(생존권)과 상호연대적인 성격을 띤다. 또한 주권자로서 누리는 정치적 자유는 참정권과 직접적으로 연계된다.

(ⅲ) 자유권의 성질에 따라 고립된 개인으로서의 개인적 자유권과 공동체생활을 전제로 한 집단적 자유권으로 나누어 볼 수도 있다.

본서에서는 자유권의 성질과 내용에 따라 다음과 같이 분류하기로 한다. 첫째, 자유는 신체 그 자체의 안전과 자유로부터 비롯된다. 둘째, 정신세계의 안전과 자유의 보장으로 이어진다. 셋째, 사생활의 안전과 자유의 보장으로 이어진다. 넷째, 사람의 물질적 생활과 직결되는 사회 · 경제적 안전과 자유로 연결된다.

1. 인신의 안전과 자유
2. 정신의 안전과 자유
3. 사생활의 안전과 자유
4. 사회 · 경제적 안전과 자유

## 제2절  인신의 안전과 자유

인신의 안전과 활동의 자유는 헌법 제10조 인간의 존엄과 가치 · 행복추구권의 내용이 될 뿐만 아니라, 헌법 제12조를 비롯한 신체의 자유의 기본적 내용이기도 하다. 인신의 안전과 자유의 범위를 신체활동의 자유에 한정하는 견해도 있지만, 본서에서는 인신의 안전(자유)을 넓게 이해하여 생명권 · 신체를 훼손당하지 아니할 권리도 포괄하여 설명하고자 한다. 다만, 헌법 제36조 제3항의 건강의 권리는 그 성격에 비추어 사회권에서 논의하기로 한다.

## 제1항  생 명 권

### Ⅰ  의    의

헌법에는 생명권에 관한 명문의 규정이 없지만, 헌법 제10조 인간의 존엄성에서 비롯될 뿐만 아니라, 생명은 인간의 신체의 안전과 자유의 본원적 기초이므로, 인신의 안전과 자유를 규정한 헌법 제12조에서 근거를 찾을 수 있다.

### Ⅱ  생명권의 법적 성격

자연법적 권리로서의 생명권은 국가에 대하여 그 침해의 배제를 청구할 수 있는 국가에 대한 방어권으로서의 성격과, 사인에 의한 생명권의 침해에 대하여는 국가의 기본권보장의무에 기초하여 국가에 대하여 보호를 요구할 수 있는 보호청구권의 성격을 가진다. 나아가서 국가에 대하여 생존을 위한 사회 · 경제적 여건의 마련을 요구할 수 있는 사회권적 성격도 가진다.

### Ⅲ  생명권의 주체 · 효력

( ⅰ ) 생명권의 향유자는 내 · 외국인을 불문한다. 그러나 생명권의 본질에 비추어 법인이 아닌 자연인만이 그 주체가 된다. 특히 생명공학의 발달에 따라 배아胚

芽의 생명권 주체성 여부도 문제된다.

출생 전 형성 과정 중에 있는 생명에 대하여 기본권 주체성을 인정할 수 있는지, 어떤 시점부터 기본권 주체성을 인정할 수 있는지, 어떤 기본권에 대하여 기본권 주체성을 긍정할 수 있는지 등의 문제는 생물학적 지식을 토대로 한 자연과학의 발전성과 및 헌법의 규범론적 해석을 종합적으로 고려하여 결정하여야 한다. 예컨대 수정 후 14일이 경과하여 원시선(原始線)이 나타나기 전의 수정란(受精卵) 상태인 초기배아의 경우에는 기본권주체성을 인정하기 어렵다(헌재 2010.5.27. 2005헌마346, 생명윤리 및 안전에 관한 법률 제13조 제1항 등 위헌확인(기각,각하)).

(ii) 생명권은 모든 국가권력을 구속하고, 사인 사이에도 효력이 미친다.

## Ⅳ 생명권의 제한 및 한계

### 1. 법적 판단가능성

생명에 관한 사회적 또는 법적 평가는 원칙적으로 허용되지 아니한다. 그러나 타인의 생명을 부정하거나 둘 이상의 생명이 양립할 수 없는 경우에는, 예외적으로 사회적 또는 법적 평가가 허용된다.

### 2. 생명권 제한의 한계 – 생명권의 본질적 내용침해 여부

생명의 박탈은 생명권을 형해화하지만, 그것이 사회 또는 국가의 유지에 필수적인 경우에는 위헌이라 할 수 없다.

### 3. 낙태(인공임신중절)

낙태는 태아의 생명권이 임산부의 자기결정권과 충돌한다. 낙태로 인한 생명의 박탈은, 가능한 한 낙태의 자유는 좁게 인정되어야 한다(제3편 제2장 제1절 인간의 존엄과 가치 참조).

### 4. 안 락 사

#### (1) 안락사의 종류

안락사는 육체적·정신적 고통에 시달리는 불치 상태의 환자에 대하여 그 고통을 덜어주기 위한 목적으로 죽는 시기를 앞당기는 의학적인 조치를 말한다.

(ⅰ) 간접적 안락사는 환자의 고통을 완화하기 위한 약물투여 등과 같은 조치가 필연적으로 생명단축이라는 부수적인 효과를 가져오는 경우를 말한다.

(ⅱ) 소극적 안락사는 환자를 고통으로부터 빨리 벗어나도록 하기 위하여 생명

연장의 적극적인 수단을 사용하지 아니하는 경우를 말한다. 예컨대, 수혈·인공호흡장치·생명연장주사 등을 하지 아니하는 사례가 있다.

(ⅲ) 적극적 안락사란 회생의 가능성이 없는 질병으로 빈사상태瀕死狀態에 빠진 환자에 대하여, 그의 뜻에 따르거나 혹은 환자가 의식이 없는 경우에는 보호자의 뜻에 따라, 인간다운 죽음을 맞이할 수 있도록 인위적으로 생명을 단축하는 행위를 말한다.

(2) 안락사의 허용 여부

(ⅰ) 적극적 안락사는 촉탁승낙에 의한 살인죄 내지 살인죄에 해당하며 원칙적으로 인정할 수 없다. 그런데, 단지 나이가 많다는 이유로 혈관주사를 통하여 스스로 생을 마감한 데이비드 구달David Goodall의 안락사는 전통적인 적극적 안락사와는 다르기 때문에 인간존엄성에 어긋난다는 비판이 제기된다.

(ⅱ) 인위적인 생명연장조치를 취하지 아니하는 소극적 안락사는 엄격한 조건에 따라 인정할 수 있다. ① 의학적으로 환자가 의식의 회복가능성이 없고, ② 생명과 관련된 중요한 생체기능의 상실을 회복할 수 없으며, ③ 환자의 신체 상태에 비추어 짧은 시간 내에 사망에 이를 수 있음이 명백한 경우인 '회복불가능한 사망의 단계'에 있는 환자에 대한 연명치료를 중단하는 행위는 자기결정권과 회복가능성을 기준으로 허용 여부가 결정되어야 한다(대판(전합) 2009.5.21. 2009다17417, 무의미한연명치료장치제거등).

5. 사형제도

(1) 헌법재판소와 대법원의 합헌론

(ⅰ) 사형제도는 ① 헌법 제110조 제4항 단서에서 간접적이나마 법률에 의하여 사형이 형벌로서 규정되고 또 적용될 수 있음을 인정한다는 점, ② 사형이 인간의 존엄에 어긋나는 잔인하고 이상한 형벌이라고 평가되거나 형벌의 목적달성에 필요한 정도를 넘는 과도한 형벌로 평가된다면 현행헌법의 해석을 통하여 허용될 수 없는 위헌적인 형벌이나 현재는 그렇게 볼 수 없다는 점, ③ 생명에 대한 법적 평가는 예외적으로 가능하여 일반적 법률유보의 대상이 된다는 점, ④ 사형의 위하력威嚇力을 통한 범죄예방효과가 추정된다는 점, ⑤ 타인의 생명을 부정하는 범죄행위에 대하여 사형을 그 불법효과의 하나로서 사형은 불가피한 수단의 선택이라는 점 등을 이유로 사형제도를 위헌으로 보지 아니한다.

(ⅱ) 다만, 사형은 비례의 원칙에 따라서 최소한 동등한 가치가 있는 다른 생명 또는 그에 못지아니한 공공의 이익을 보호하기 위하여 불가피한 예외적인 경

우에만 적용되어야 한다(대판 1990.4.24.)(헌재 2010.2.25. 2008헌가23, 형법)(90도319)(제41조 등 위헌제청(합헌,각하)).

(2) 헌법재판소 반대의견의 위헌론

위헌론은 ① 생명은 창조주 외에는 박탈할 수 없다는 점, ② 사형은 주로 전제 군주제나 전체주의국가에서 군주나 독재자의 권력유지수단으로서 기능하였다는 점, ③ 생명의 박탈은 되돌릴 수 없는데 오판의 여지는 항상 존재한다는 점, ④ 생명의 박탈은 생명권의 본질적 내용을 침해한다는 점, ⑤ 사형의 일반 또는 특별예방적 기능은 무기징역으로 달성할 수 있다는 점, ⑥ 현행헌법은 사형제도를 예정하지 아니하였다는 점, ⑦ 헌법 제110조 제4항은 헌법 제10조에 어긋나는 위헌적인 조항이라는 점, ⑧ 생명은 평범 이상의 신비스러운 외경의 존재이므로, 단순히 여론조사에서 표출된 국민 일반의 법감정으로 사형제도를 정당화할 수 없다는 점 등을 이유로 사형제도는 헌법에 위반된다고 판시한다.

(3) 검토: 한정적·예외적 인정

( i ) 생명의 박탈은 생명권의 본질적 내용을 침해한다고 볼 수도 있겠지만, 예외적인 경우 이를 용인할 수밖에 없다. 예외적인 경우란 다른 생명 또는 그에 못지 아니한 공공의 이익을 보호하기 위하여 불가피성이 충족되는 경우를 말한다.

( ii ) 사형의 일반예방적 효과가 증명되지 아니하였으므로, 사형은 비례의 원칙 중 최소침해원칙에 부합하지 아니한다. 그렇다면 형사정책적 측면에서 특별예방적 효과가 인정될 경우에만, 사형을 예외적으로 인정하여야 한다.

6. 전투나 정당방위에 의한 살인과 생명권

군인이나 경찰관 등은 전투나 직무수행과정에서 적敵의 사살이나 인질범의 살해 등과 같은 살인행위를 할 수 있다. 국민의 자유와 권리를 보호하기 위한 적극적 공무집행과정에서 야기되는 불가피한 생명권의 박탈은 생명권침해가 문제되지 아니한다. 오히려 국민의 생명·자유·재산을 보호는 국가의 책무이다.

V 생명권의 침해와 구제

생명권의 침해유형으로는 살인·사형·낙태·안락사·자살방조 등이 있다. 생명권이 침해당하면 국가에 대하여 형사보상청구권·범죄피해자구조청구권·국가배상청구권 등을 행사할 수 있다. 생명권을 침해한 사인은 형사처벌을 받게 되며, 민사법적인 손해배상책임도 진다.

# 제2항 신체를 훼손당하지 아니할 권리

## I 의 의

제2차 세계대전 기간에 인간존엄의 기초인 신체에 대하여 자행된 비인간적인 인체실험·고문·강제거세 등에 대한 반성적 성찰로 독일기본법 제2조 제2항은 신체를 훼손당하지 아니할 권리를 규정한다. 그러나 현행헌법에는 신체를 훼손당하지 아니할 권리에 관한 명문규정이 없기 때문에, 그 헌법적 근거를 헌법 제10조 인간의 존엄과 가치·제12조 신체의 자유·제37조 제1항 헌법에 열거되지 아니한 자유와 권리 등으로부터 찾는다.

## II 법적 성격·주체·효력

( i ) 신체를 훼손당하지 아니할 권리는 개인의 주관적 공권으로서 간섭이나 침해에 대하여 방어할 수 있는 권리이다.

( ii ) 신체를 훼손당하지 아니할 권리는 자연권적 성격을 가지므로 인간의 권리이다. 따라서 내·외국인을 불문한다. 태아도 신체를 훼손당하지 아니할 권리를 가진다. 다만, 사자死者는 생명을 가진 신체가 아니기 때문에 신체를 훼손당하지 아니할 권리의 주체가 될 수 없다.

( iii ) 신체를 훼손당하지 아니할 권리는 대국가적·대사인적 효력을 가진다.

## III 제한과 한계·침해와 구제

( i ) 신체를 훼손당하지 아니할 권리는 헌법 제37조 제2항의 일반원리에 따라서 제한될 수 있다. 그러나 신체를 훼손당하지 아니할 권리의 본질적 내용은 침해할 수 없다. 신체를 훼손당하지 아니할 권리에 대한 침해에 대하여는 기본권의 침해와 그 구제에 관한 일반이론에 따라 구제받을 수 있다.

( ii ) 아동·청소년을 상대로 한 성폭력범죄자 강제거세强制去勢 논의는 신체를 훼손당하지 아니할 자유와 권리와의 사이에 이익형량의 원칙에 입각한 규범조화적 운용이 필요하다( 헌재 2015.12.23. 2013헌가9, 성폭력범죄자의 성충동 약물치료에 관한 법률 제4조 제1항 등 위헌제청(합헌,헌법불합치,잠정적용) ).

# 제 3 항  신체의 안전과 자유

## I  의  의

신체의 안전과 자유는 천부인권적 자연권으로서 소극적·방어적 공권의 전형이다. 그러므로 신체의 자유는 자연인으로서 인간의 권리이다.

신체의 안전과 자유는 헌법 제12조, 제13조를 비롯하여 제27조 제3항(신속한 재판, 형사피고인의 공개재판)·제4항(무죄추정의 원칙)·제5항(형사피해자진술권), 제28조(형사보상청구권), 제30조(범죄피해자구조청구권)에서 규정한다.

(ⅰ) 헌법의 신체의 안전과 자유는 실체적 보장과 절차적 보장으로 나누어 볼 수 있다. 실체적 보장으로는 ① 죄형법정주의(제12조 제1항 제2문)와 그 파생원칙인 형벌법규의 소급효금지(제13조 제1항), ② 소급입법에 의한 참정권제한 및 재산권박탈금지(제2항), ③ 일사부재리의 원칙 내지 이중처벌금지의 원칙(제13조 제1항 후문), ④ 연좌제의 금지(제13조 제3항)를 규정한다.

절차적 보장으로는 ① 법률주의(제12조 제1항), ② 적법절차원칙(제12조 제3항), ③ 영장주의(제12조 제3항), ④ 체포·구속이유 등 고지제도(제12조 제5항), ⑤ 체포·구속적부심사제도(제12조 제6항) 등을 규정한다.

(ⅱ) 또한 신체의 안전과 자유는 형사피의자 및 형사피고인의 권리보장이라는 차원에서 살펴볼 수도 있다. 형사피의자란 범죄혐의가 있어 수사기관에 의하여 수사의 대상이 된 자로서 수사개시 이후 공소제기 전단계에 있는 자이고, 형사피고인이란 검사에 의하여 공소가 제기된 자로서 공소제기 이후 확정판결 전단계에 있는 자를 말한다. 형사피의자는 ① 불법한 체포·구속·압수·수색·심문을 받지 아니할 권리(제12조 제1항), ② 고문을 받지 아니할 권리와 묵비권(제2항), ③ 영장에 의하지 아니하고는 체포·구속·압수·수색을 받지 아니할 권리(제3항), ④ 변호인의 조력을 받을 권리(제4항), ⑤ 체포·구속적부심사청구권(제6항), ⑥ 무죄추정의 원칙(제27조 제4항), ⑦ 형사보상청구권(제28조), ⑧ 국가배상청구권(제29조)을 가진다.

형사피고인은 형사피의자의 권리에 더 추가하여 ① 신속하고 공정한 재판을 받을 권리(제27조 제3항), ② 법률과 적법한 절차에 의하지 아니하고는 처벌·보안처분 또는 강제노역을 받지 아니할 권리(제12조 제1항 후문)를 가진다.

## Ⅱ 신체의 안전과 자유의 실체적 보장

### 1. 죄형법정주의

#### (1) 의 의

헌법 제12조 제1항 후문에서는 "누구든지 … 법률과 적법한 절차에 의하지 아니하고는 처벌, 보안처분 또는 강제노역을 받지 아니한다"라고 하여 죄형법정주의를 규정한다. 그 파생원칙으로 제13조 제1항에서 형벌법규의 소급효금지와 제13조 제2항에서 소급입법금지를 규정한다.

#### (2) 죄형법정주의의 내용

(ⅰ) 죄형법정주의는 "법률 없으면 범죄 없고, 법률 없으면 형벌 없다. 즉, 법률 없으면 범죄도 없고 형벌도 없다"라는 법언法諺으로 표현된다. 죄형법정주의는 이미 제정된 법률에 의하지 아니하고는 처벌되지 아니한다는 원칙이다. 이는 무엇이 처벌될 행위인가를 국민이 예측가능한 형식으로 정하도록 하여 개인의 법적 안정성을 보호하고, 성문의 형벌법규에 의한 실정법질서를 확립하여 국가형벌권의 자의적 행사로부터 개인의 자유와 권리를 보장하려는 법치국가형법의 기본원리이다(헌재 1991.7.8. 91헌가4, 복표발행·현상기타사행 행위단속법 제9조 및 제5조에 관한 위헌심판(위헌)).

(ⅱ) 죄형법정주의에서 요구되는 사항은 첫째, 국회에서 제정한 형식적 의미의 법률이다. 최소한의 위임입법은 불가피하지만, 벌칙규정罰則規定의 일반적·포괄적 위임은 금지된다. 다만, 모법에 처벌대상행위의 구체적인 기준을 제시하고 형의 종류 및 최상한을 정하여 행하는 구체적 위임은 가능하다(제2편 제3장 제1절 제3항 Ⅳ.참조).

(ⅲ) 둘째, 법률의 내용이 명확하여야 한다. 규범명확성의 원칙이란 범죄와 형벌을 가능한 한 법률에서 명확하게 규정함으로써 수범자로 하여금 어떠한 행위가 금지되고, 그 행위에 대하여 어떠한 형벌이 부과되는지 예측할 수 있게 하여, 법관의 자의적인 법적용을 배제하기 위한 원칙이다.

#### (3) 죄형법정주의의 파생원칙

죄형법정주의의 파생원칙으로서는 형벌불소급의 원칙(형벌법규의 소급효금지)·관습형법의 금지·절대적 부정기형의 금지·유추해석의 금지가 있다.

(ⅰ) 형벌불소급의 원칙은 범죄의 성립과 처벌을 행위를 할 때의 법률에 의하게 함으로써 사후법률에 의한 처벌을 금지하여 법적 안정성을 도모하는 데 그 목적이 있다. 헌법 제13조 제1항에서는 "모든 국민은 행위시의 법률에 의하여 범죄를 구성하지 아니하는 행위로 소추되지 아니하며"라고 하여 형벌법규의 소급효

금지를, 제2항에서는 "모든 국민은 소급입법에 의하여 참정권의 제한을 받거나 재산권을 박탈당하지 아니한다"라고 하여 소급입법에 의한 참정권 및 재산권박탈금지를 규정한다. 다만, 시혜적 소급입법은 가능하며 이 경우에는 입법자에게 광범위한 형성의 자유가 인정된다. 형벌불소급의 원칙은 형벌뿐만 아니라 신체의 자유를 제한하는 보안처분에도 적용된다. 형벌불소급의 원칙의 적용은 실체법에 한정되고, 절차법에는 적용되지 아니한다. 따라서 공소시효에 관한 규정은 실체법적 규정이 아니기 때문에, 형벌불소급의 원칙이 적용되지 아니한다.

(ii) 관습형법금지의 원칙은 범죄와 형벌은 성문의 법률로써 규정하여야 한다는 원칙으로서 형벌법규법률주의라고도 한다.

(iii) 절대적 부정기형不定期刑금지의 원칙은 형의 기간을 재판에서 확정하여야 한다는 원칙이다. 그러나 소년법에 대하여는 상대적 부정기형을 허용한다.

(iv) 유추해석의 금지의 원칙은 처벌법규가 미비未備된 경우, 유사한 사안에 적용되는 법규를 유추적용하여서는 아니 된다는 원칙이다.

(4) 형벌과 책임의 비례원칙

형벌은 범죄에 대한 제재로서 그 본질은 법질서에 의하여 부정적으로 평가된 행위에 대한 비난이다. 만약 법질서가 부정적으로 평가한 결과가 발생하였다고 하더라도, 그러한 결과의 발생이 누구의 잘못에 의한 결과가 아니라면, 부정적인 결과가 발생하였다는 이유만으로 누군가에게 형벌을 가할 수는 없다.

2. 일사부재리의 원칙

(i) 헌법 제13조 제1항 후문은 "모든 국민은 … 동일한 범죄에 대하여 거듭 처벌받지 아니한다"라고 하여 일사부재리一事不再理의 원칙 내지 거듭처벌금지의 원칙을 규정한다. 이는 형사재판에서 실체판결이 확정되어 판결의 실체적 확정력이 발생하면, 이후 동일사건에 대하여는 거듭 심판받지 아니한다는 원칙이다. 일사부재리는 판결의 기판력 문제이므로, 기판력이 발생하지 아니하는 공소기각판결이나 관할위반의 판결에는 인정되지 아니한다. 그러나 면소판결免訴判決은 실체관계적 형식재판으로 보기 때문에 일사부재리가 인정된다.

(ii) 일사부재리의 원칙은 실체판결의 실체적 확정력의 문제이다. 반면에, 영미법상의 이중위험금지의 원칙은 형사절차가 일정 단계에 이르면 동일절차를 반복할 수 없다는 절차법적 관점이라는 점에서 차이가 있다.

### 3. 법률과 적법절차에 의한 보안처분과 강제노역

( ⅰ ) 헌법 제12조 제1항 후문에서 "누구든지 … 법률과 적법한 절차에 의하지 아니하고는 처벌·보안처분 또는 강제노역을 받지 아니한다"라고 규정한다. 헌법은 "처벌·보안처분 또는 강제노역"만을 규정하지만, 그 적용대상의 한정적 열거(한정적·제한적 열거설)가 아니라, 그 적용대상의 예시에 불과하다(예시설)$\left(\substack{\text{헌재 1992.}\\\text{12.24. 92}}\right)$ 헌가8, 형사소송법 제331조 단서규정에 대한 위헌심판(위헌); 헌재 1989.7.14. 88헌가9등, 사회보호법 제5조의 위헌심판(취하) .

( ⅱ ) 보안처분은 형벌보충처분과 범죄예방처분을 말한다. 현행법에는 소년법의 보호처분, '보호관찰 등에 관한 법률'의 보호관찰, 보안관찰법의 보안관찰처분, 치료감호법의 치료감호·보호관찰, '마약류관리에 관한 법률'의 마약류중독자의 치료감호, '전자장치부착 등에 관한 법률'의 전자장치부착 등이 있다.

( ⅲ ) 강제노역이란 본인의 의사에 반하여 강요된 노역을 말한다. 다만, 대역 내지 금전대납이 가능한 부역이다. 부역賦役 등은 가급적 억제되어야 한다. 헌법에 명시된 국민의 의무인 병역은 강제노역이 아니다.

### 4. 연좌제의 금지

헌법 제13조 제3항에서는 "자기의 행위가 아닌 친족의 행위로 인하여 불이익한 처우를 받지 아니한다"라고 하여 연좌제連坐制를 금지한다. 연좌제는 근대형법의 기본원리인 자기책임·개인책임의 원리에 어긋난다. 헌법에서는 친족이라고만 적시되고 있지만, 그 외 모든 타인의 행위로 인한 불이익한 처우도 금지된다. 불이익한 처우란 국가기관에 의한 모든 불이익한 대우를 포괄한다.

## Ⅲ  신체의 안전과 자유의 절차적 보장

### 1. 법률주의

( ⅰ ) 제12조 제1항 후문에서는 "누구든지 법률에 의하지 아니하고는 체포·구속·압수·수색 또는 심문을 받지 아니하며, 법률과 적법한 절차에 의하지 아니하고는 처벌·보안처분 또는 강제노역을 받지 아니한다"라고 규정하여 법률과 적법절차에 의하지 아니하는 불법적인 체포·구금 등을 금지한다.

( ⅱ ) 법률주의에서의 법률이란 국회에서 제정한 형식적 의미의 법률을 말한다. 법률과 동일한 효력을 가진 조약·긴급명령·긴급재정경제명령도 포함한다.

( ⅲ ) ① 체포란 실력으로 신체의 자유를 구속하는 행위이다. ② 구속이란 장소

의 이전가능성을 제한 또는 박탈하여 신체의 자유를 구속하는 행위이다. ③ 수색이란 물건이나 사람을 발견할 목적으로 사람의 신체나 물건 또는 일정한 장소에서 그 대상을 찾는 처분이다. ④ 압수란 목적물에 대한 점유를 강제취득하는 행위이다. ⑤ 심문審問이란 답변을 강요하는 행위이다. ⑥ 처벌이란 형벌 및 행정벌을 말한다.

## 2. 적법절차원리

### (1) 신체의 자유를 보장하기 위한 원리로서 출발한 적법절차

(ⅰ) 헌법 제12조 제1항 후문은 "누구든지 … 법률과 적법한 절차에 의하지 아니하고는 처벌·보안처분 또는 강제노역을 받지 아니한다"라고 규정하고, 제3항은 "체포·구속·압수 또는 수색을 할 때에는 적법한 절차에 따라 검사의 신청에 의하여 법관이 발부한 영장을 제시하여야 한다"라고 규정한다.

(ⅱ) 적법절차due process of law원리는 1215년 영국의 마그나 카르타에서 유래하여, 미국·독일·일본 헌법에서도 규정한다. 적법절차원리는 원래 신체의 자유보장 내지 형사사법적 원리로서 출발하였다.

(ⅲ) 적법절차에서 적適, due은 적정하고 정당하다는 의미이다. 그 적정은 적법성뿐만 아니라 정당성까지 요구한다. 적법절차에서 법法, law은 헌법을 비롯한 모든 실정법규범뿐만 아니라 자연법적 정의나 사회상규까지 포괄한다. 절차節次, process는 자유와 권리의 실질적 보장을 위하여 고지告知·청문聽聞·변명辨明과 같은 방어기회를 제공하기 위한 절차를 말한다.

(ⅳ) 적법절차의 원리는 절차상의 적법성뿐만 아니라 법률의 실체적 내용도 합리성과 정당성을 갖춘 실체적인 적법성이 요구되는 헌법의 기본원칙이다.

### (2) 오늘날 헌법 전반을 관류하는 원리로서의 적법절차원리

#### A. 헌법의 일반원리로서의 적법절차

(ⅰ) 적법절차의 원리는 ① 단순히 신체의 자유에 한정된 원리가 아니라, 모든 공권력작용에 있어서 지켜야 할 기본원리로서의 가치를 가지며, ② 단순히 절차적 정의의 구현을 위한 원리에 머물지 아니하고, 공권력행사의 근거가 되는 적정한 실체법due law의 원리로까지 확장된다.

(ⅱ) 즉, 적법절차원리는 입법·행정·사법 등 모든 국가작용은 절차의 적법성을 갖추어야 할 뿐 아니라, 공권력행사의 근거가 되는 법률의 실체적 내용도 합리성과 정당성을 갖추어야 한다는 헌법의 일반원리이다.

B. 적법절차원리와 헌법 제37조 제2항의 관계

적법절차의 원칙은 모든 국가작용을 지배하는 독자적인 헌법의 기본원리로서 해석되어야 할 원칙이라는 점에서, 입법권의 유보적 한계를 선언하는 과잉입법금지의 원칙과는 구별된다(헌재 1992.12.24. 92헌가8, 형사소송법 제331조 단서규정에 대한 위헌심판(위헌)). 하지만, 현실적으로 적법절차원리는 과잉금지의 원칙과 더불어 헌법재판에 적용되기도 한다.

(3) 헌법의 적법절차원리에 입각한 형사사법절차

A. 의 의

헌법의 형사사법적 적법절차로는 체포·구속의 영장주의(제3항), 주거의 압수·수색에 있어서의 영장주의(제16조), 구속이유 등 고지제도(제5항), 영장발부에 있어서의 적법절차(제3항) 등이 있다. 또한 헌법 제12조에서는 신체의 자유의 절차적 보장에 관한 체포·구속적부심사제도(제6항)를 마련한다.[1]

B. 영장주의와 그 예외

(ⅰ) "체포·구속·압수 또는 수색을 할 때에는 적법한 절차에 따라 검사의 신청에 의하여 법관이 발부한 영장을 제시하여야 한다. 다만, 현행범인인 경우와 장기 3년 이상의 형에 해당하는 죄를 범하고 도피 또는 증거인멸의 염려가 있는 때에는 사후에 영장을 청구할 수 있다"(제12조제3항). 형사소송법은 "적법한 절차에 따르지 아니하고 수집한 증거는 증거로 할 수 없다"라고 규정함으로써 이러한 점을 분명히 한다(제308조의2). 수사단계에서 영장신청의 주체는 헌법의 명시적 규정에 따라 검사로 한정된다. 따라서 사법경찰관은 검사에게 법원에 영장을 신청하여 줄 것을 청구하는 데 그친다. 영장의 발부는 법관의 고유한 권한이다. 공판단계에서는 형사소송법의 규정에 따라 검사의 신청 없이 법원이 직권으로 영장을 발부(직권구속)할 수 있다. 검사의 신청에 의한 영장발부는 허가장의 성격을, 법관의 직권에 의한 영장발부는 명령장의 성격을 가진다. 2020년 개정된 형사소송법과 검찰청법에서는 '검·경 수사권 조정 합의문'을 반영하여 경찰은 1차적 수사권 및 수사종결권을 가지고, 검찰은 기소권과 함께 특정 사건에 관한 직접 수사권·송치 후 수사권·사법경찰관 수사에 대한 보완수사 및 시정조치 요구권 등 사법통제 권한을 가지도록 하였다. 그런데 2022년 소위 '검수완박법'에 따라 검찰이 직접 수사를 개시할 수 있는 범죄의 종류가 6대 범죄(공직자범죄·선거범죄·방위사업범죄·대형참

1. 수사과정 흐름도

내사 ⟶ 수사개시 ⟶ 영장청구 ⟶ 구속적부심사청구 ⟶ 공소제기 ⟶ 보석신청
　　　　　　　　　　구속 전 피의자 심문　　　　　　　피의자 ⟶ 피고인
　　　　　　　　　　영장실질심사

사·부패·경제범죄)에서 2대 범죄(부패·경제범죄)로 축소되었다(검찰청법 제4조제1항 제1호가목 및 나목). 또한 검사는 사법경찰관이 송치한 사건의 공소 제기 여부의 결정 및 그 유지를 위하여 필요한 수사를 하는 경우에는 해당 사건과 동일한 범죄사실의 범위 내에서만 수사할 수 있다(검찰청법 제4조제1항제1호다목, 제4 조제2항, 형사소송법제196조제2항).

(ⅱ) 영장令狀에는 체포영장과 구속영장이 있다. 형사소송법에서는 체포영장제도를 신설하여 체포할 때에도 영장을 발부하도록 의무화하고 영장 없이 긴급체포한 경우에는 사후에 구속영장을 청구하도록 한다. 또한 체포영장에 의하여 체포한 경우에도 구속이 필요하고 도주 또는 증거인멸의 우려가 있는 경우에는 구속영장을 청구할 수 있다(제200조의2, 제200조의3, 제200조의4, 제201조). 하지만, 별건체포·구속 즉, 중대한 본건의 수사를 목적으로, 이미 증거자료를 확보한 경미한 별건別件으로 체포·구속하여 본건을 조사하는 수사방법은, 인권보장을 목적으로 하는 영장주의의 원칙에 비추어 위헌이다. 특히 수사기관이 압수한 휴대전화 정보를 통째로 보관하면서 이를 재활용하여 별건 수사를 벌이는 것은 위법하다.

> 휴대전화에서 탐색·복제·출력된 녹음 파일 등과 이에 터 잡아 수집된 2차적 증거들은 위법수집증거로 모두 증거능력이 없다(대판 2024.4.16. 2020도3050). 수사기관이 유관 정보를 선별해 압수한 뒤에도 무관 정보를 삭제·폐기·반려하지 아니한 채로 그대로 보관하고 있다면 전자정보를 영장 없이 압수·수색하여 취득한 것이어서 위법하다(대판 2022.7.28. 2022도2960). 첫 번째 영장 집행이 끝났을 때 당연히 삭제·폐기됐어야 할 전자정보를 대상으로 한 압수수색은 그 자체로 위법하다(대판 2023.10.18. 2023도8752).

한편, 구속영장의 실질적 심사를 도모하고 피의자의 인신의 자유를 보장하기 위하여 구속영장의 발부에 있어서 법관의 피의자심문을 가능하게 하는 구속전 피의자심문제도(영장실질심사제도)를 도입하였다.

(ⅲ) 그러나 긴급체포(제200조 의4)·현행범인 및 준현행범인(제213조의2, 제200조의2 제5항)·비상계엄의 경우에는 영장주의의 예외가 인정된다. 일단 현행범인으로 체포된 경우라 하더라도 검사는 구속할 필요가 있다고 인정하면, 관할지방법원판사에게 48시간 이내에 구속영장을 청구하여야 하고, 검사가 구속영장을 청구하지 아니하거나 법원의 영장을 발부받지 못하였을 때에는 피의자를 즉시 석방하여야 한다.

(ⅳ) 행정상 즉시강제를 할 때에도 행정목적을 달성하기 위하여 불가피하고 합리적 이유가 있는 경우에 한하여, 예외적으로 영장주의가 배제될 수 있다. 권력적 행정조사도 영장주의의 예외가 인정된다.

C. 체포·구속의 이유와 변호인조력청구권의 고지를 받을 권리

(a) 의 의    "누구든지 체포 또는 구속의 이유와 변호인의 조력을 받을 권리가 있음을 고지받지 아니하고는 체포 또는 구속을 당하지 아니한다. 체포 또는 구속을 당한 자의 가족 등 법률이 정하는 자에게는 그 이유와 일시·장소가 지체없이 통지되어야 한다"(제12조 제5항).

　　변호인의 조력을 받을 권리와 체포·구속이유의 고지를 받을 권리는 미국 연방대법원이 수정헌법 제5조의 자기부죄거부특권自己負罪拒否特權(privilege against self-incrimination)에 근거하여 정립한 미란다원칙을 헌법에 명문으로 규정한다. 미란다원칙이란 ① 피의자를 신문하기 전에 피의자가 진술거부권을 가진다는 사실, ② 피의자의 진술이 그에게 불리한 증거로 사용될 수 있다는 사실, ③ 피의자가 변호인의 도움을 받을 수 있다는 사실을 고지하여야 한다는 원칙이다Miranda v. Arizona, 384 U.S. 436(1966).

(b) 주 체    고지를 받을 권리의 주체는 체포·구속을 당한 형사피의자이고, 통지를 받을 권리의 주체는 체포·구속을 당하는 자의 가족 등 법률(형소법 제87조)이 정하는 자이다. 체포·구속에는 영장에 의한 경우뿐만 아니라 긴급체포·현행범의 체포 등의 경우도 포함된다(형소법 제200조의5).

(c) 시기와 방법    고지의 시기 및 방식에 관하여는 명문의 규정이 없으나, 체포·구속 당시에 구두 또는 서면으로 한다(대판 1995.5.9. 94도3016).

D. 변호인의 조력을 받을 권리

(a) 의 의    "누구든지 체포 또는 구속을 당한 때에는 즉시 변호인의 조력을 받을 권리를 가진다. 다만, 형사피고인이 스스로 변호인을 구할 수 없을 때에는 법률이 정하는 바에 의하여 국가가 변호인을 붙인다"(제12조 제4항). 조력助力이라 함은 피의자 등에게 수사기관과 대등한 지위를 확보하여 줄 정도의 충분하고 실질적인 변호인의 도움을 의미한다.

(b) 주 체

(i) 체포·구속된 피의자와 피고인    헌법 제12조 제4항 본문은 "체포 또는 구속을 당한" 경우에 변호인의 조력을 받을 수 있다고 규정한다.

(ii) 불구속상태의 피의자와 피고인    변호인의 조력을 받을 권리는 구속 여부를 떠나 형사절차와 관련된 모든 사람에게 필요한 기본권이므로, 불구속상태의 피의자와 피고인에게도 변호인의 조력을 받을 권리가 인정되어야 한다.

(iii) 형사절차가 종료된 수형자(불인정)    변호인의 조력을 받을 권리는 수사를 개시할 때부터 판결이 확정될 때까지만 인정되므로, 유죄판결이 확정되어

교정시설에 수용 중인 수형자受刑者에게는 인정되지 아니한다.

(c) 내 용

(ⅰ) **변호인선임권**　　변호인선임권은 변호인의 조력을 받을 권리의 출발점이다. 이는 헌법에서 바로 도출되는 권리이며 법률로써도 제한할 수 없다.

(ⅱ) **국선변호인의 조력을 받을 권리**　　"형사피고인이 스스로 변호인을 구할 수 없을 때에는 법률이 정하는 바에 의하여 국가가 변호인을 붙인다"(제12조 제4항 단서). 국선변호인 선임권은 피고인의 경우 헌법상 권리이지만, 피의자의 경우 법률상 권리이다. 피의자의 국선변호인의 도움을 받을 권리는 영장실질심사와 구속적부심판청구에 한정된다.

(ⅲ) **변호인과의 접견교통권**　　변호인과의 접견은 피의자 또는 피고인이 교도관이나 수사관 등 관계공무원의 참여가 없어 피의자 등의 심리적인 압박감이 최소화된 상태에서 이루어져야 한다. 또한 변호인이 되려는 자와의 접견교통권도 인정된다(헌재 2019.2.28. 2015헌마1204, 변호인 접견불허 위헌확인 등(인용(위헌확인),각하)).

(ⅳ) **미결수용자未決收容者와 변호인의 서신비밀보장**　　변호인과 미결수용자 사이에 서신교환을 할 때에도 비밀이 보장되어야 한다.

(ⅴ) **변호인의 피구속자를 조력할 권리**

ⓐ 제한적으로 인정되는 헌법의 기본권　　피구속자가 변호인으로부터 받는 조력이 유명무실하게 되는 핵심적인 부분은, 변호인의 조력을 받을 피구속자의 기본권과 표리의 관계에 있기 때문에 이러한 **핵심부분**에 관한 변호인의 조력할 권리 역시 헌법의 기본권으로서 보호되어야 한다(헌재 2003.3.27. 2000헌마474, 정보 비공개결정위헌확인(인용(위헌확인))).

ⓑ 변호인의 소송관계 서류 등의 열람·등사권　　피고인이 변호인의 충분한 조력을 받기 위하여서는, 피고인이 그의 변호인을 통하여 수사기록을 포함한 소송관계서류를 열람·등사하고 이에 대한 검토결과를 토대로 공격과 방어의 준비를 할 수 있는 권리도, 변호인의 조력을 받을 권리에 포함된다고 보아야 한다(헌재 2010.6.24. 2009헌마257, 열람·등사 거부처분취소(위헌확인)).

(ⅵ) **수사기관의 피의자신문절차에서의 변호인참여요구권**　　대법원 판결과 헌법재판소 결정의 취지를 반영하여, 형사소송법은 수사기관의 피의자신문절차에서의 변호인참여요구권을 명문으로 규정한다(제243조의2).

(d) 제 한　　변호인의 조력을 받을 권리도 헌법 제37조 제2항에 의하여 제한이 가능하다. 변호인선임권과 변호인과의 자유로운 접견권接見權은 변호인의 조력을 받을 권리의 본질적 내용이므로 법률로써도 제한할 수 없다.

E. 고문을 받지 아니할 권리와 묵비권

"모든 국민은 고문拷問을 받지 아니하며, 형사상 자기에게 불리한 진술을 강요당하지 아니한다"($\substack{제12조 \\ 제2항}$). 고문제도는 국제적 인권보장의 차원에서 금지된다. 이와 관련하여서는 마취분석이나 거짓말탐지기를 사용한 범죄수사가 문제된다.

자기에게 불리한 진술도 금지된다. 진술거부권은 헌법상 권리이므로 법률로써 제한할 수 없다. 헌법에서는 불리한 진술의 강요만을 금지하고 있으나, 형사소송법에서는 유리·불리를 가리지 아니하고 진술거부권을 확대한다($\substack{제200조 제2 \\ 항, 제289조}$).

독수독과이론毒樹毒果理論, Fruit of the poisonous tree이란 위법하게 수집한 증거(독수)에 의하여 발견된 제2차 증거(독과)의 증거능력을 인정할 수 없다는 이론으로, 미국 연방대법원 판례를 형사소송법의 증거법칙으로 받아들여 독과독수이론이라 한다.

F. 체포·구속적부심사제도

(a) 의 의     "누구든지 체포·구속을 당한 때에는 적부의 심사를 법원에 청구할 권리를 가진다"($\substack{제6 \\ 항}$). 당사자가 체포·구속된 원인관계 등에 대한 최종적인 사법적 판단절차와는 별도로, 체포·구속 자체에 대한 적부 여부를 법원에 심사청구할 수 있는 절차Collateral Review를 헌법적 차원에서 보장하는 규정이다.

(b) 주 체     체포·구속적부심사청구의 주체는 형사소송법에 의하면 "체포되거나 구속된 피의자 또는 그 변호인, 법정대리인, 배우자, 직계친족, 형제자매나 가족, 동거인 또는 고용주"이다($\substack{형소법 제214 \\ 조의2 제1항}$).

(c) 법원의 심사     체포·구속적부심사의 청구를 받은 법원은 청구서가 접수된 때부터 48시간 이내에 체포되거나 구속된 피의자를 심문審問하고, 수사관계서류와 증거물을 조사하여 그 청구가 이유 없다고 인정한 경우에는 결정으로 기각하고, 이유 있다고 인정한 경우에는, 결정으로 체포되거나 구속된 피의자의 석방을 명하여야 한다.

G. 무죄추정의 원칙

(ⅰ) "형사피고인은 유죄의 판결이 확정될 때까지는 무죄로 추정된다"($\substack{제27조 \\ 제4항}$). 유죄판결이란 실형선고판결로서 형면제·집행유예판결·선고유예판결 등을 포함한다. 다만, 면소판결은 제외된다.

(ⅱ) 무죄추정無罪推定이란 유죄의 판결이 확정되기 전까지 피의자 또는 피고인을 죄 없는 자에 준하여 취급함으로써, 법률적·사실적 측면에서 유형·무형의 불이익을 주지 아니함을 말한다. 여기서 불이익이란 유죄를 근거로 그에 대하여 사회적 비난 내지 기타 응보應報적 의미의 차별취급을 가하는 유죄인정의 효과로

서의 불이익을 뜻한다.

### H. 자백의 증거능력 및 증명력의 제한

헌법 제12조 제7항은 "피고인의 자백이 고문·폭행·협박·구속의 부당한 장기화 또는 기망 기타의 방법에 의하여 자의로 진술된 것이 아니라고 인정될 때 또는 정식재판에 있어서 피고인의 자백이 그에게 불리한 유일한 증거일 때에는 이를 유죄의 증거로 삼거나 이를 이유로 처벌할 수 없다"라고 하여, 임의성 없는 자백의 증거능력을 부인한다(<sup>형소법</sup> <sub>제309조</sub>). 불리하고 유일한 증거인 자백에 대하여는 증거능력이 있는 독립된 증거로서의 보강증거가 있어야 유죄의 근거로 삼을 수 있다(<sup>형소법</sup> <sub>제310조</sub>).

### I. 신속한 공개재판을 받을 권리

헌법 제27조 제3항은 "모든 국민은 신속한 재판을 받을 권리를 가진다. 형사피고인은 상당한 이유가 없는 한 지체없이 공개재판을 받을 권리를 가진다"라고 하여 형사피고인의 신속한 공개재판을 받을 권리를 보장한다. 재판의 공개란 심리와 판결의 공개를 말한다. "다만, 심리는 국가의 안전보장 또는 안녕질서를 방해하거나 선량한 풍속을 해할 염려가 있을 때에는 법원의 결정으로 공개하지 아니할 수 있다"(<sup>제109조</sup> <sub>단서</sub>).

### J. 형사보상청구권

헌법 제28조는 "형사피의자 또는 형사피고인으로서 구금되었던 자가 법률이 정하는 불기소처분을 받거나 무죄판결을 받은 때에는 법률이 정하는 바에 의하여 국가에 정당한 보상을 청구할 수 있다"라고 하여 형사보상청구권을 규정한다. 특히 형사피의자에게도 확대된 점이 특징적이다(<sup>제7장 제6</sup> <sub>절 참조</sub>).

### K. 기타 형사소송법의 권리

헌법의 절차적 보호 외에도 형사소송법에서는 구속영장을 발부하기 이전에 직접 법관이 피의자를 심문할 수 있는 구속영장실질심사제(<sup>제201조의</sup> <sub>2 제1항</sub>), 구속이 된 경우라도 구속사유가 없어졌다고 볼 만한 사정이 있는 경우에는 피고인을 석방할 수 있는 피고인 보석제도(<sup>제94조–</sup> <sub>제100조</sub>)를 마련한다. 특히 검사의 기소 전 단계에 있는 피의자에게도 보석제도를 적용한다. 즉, 법원은 구속된 피의자에 대하여 피의자의 출석을 보증할 만한 보증금의 납입을 조건으로 하여 결정으로써 그 석방을 명할 수 있다(<sup>보증금납입조건부피의자석</sup> <sub>방제도 제214조의2 제5항</sub>).

또한 형사피의자나 형사피고인은 자기와 관련된 피의사실 및 공판절차 등에 관하여 알 권리를 가지므로, 형사소송기록과 소송계속중인 증거서류를 열람하고 복사하여 줄 것을 요구할 권리를 가진다(<sup>제55조·</sup> <sub>제266조의3</sub>).

## Ⅳ 신체의 자유의 제한과 한계

### 1. 일반원칙

체포·구속을 통하여 신체의 자유를 제한함에는 체포·구속영장이 있어야 하며, 긴급체포·현행범체포와 같이 체포영장 없이 체포된 다음에는 48시간 이내에 구속영장이 법원에 청구되어야 한다. 이 경우 구속영장청구를 받은 판사는 원칙적으로 모든 피의자를 심문하여야 한다($\frac{형소법 제201}{조의2 제1항}$).

### 2. 수용자의 기본권제한과 한계

#### (1) 수용자의 기본권제한의 의의: 특수신분관계

수용자收容者라 함은 수형자受刑者·미결수용자未決收容者·사형확정자 등 법률과 적법한 절차에 따라 교도소·구치소 및 그 지소에 수용된 사람을 말한다($\frac{형의 집행 및 수용자의 처우}{에 관한 법률 제2조 제4호}$).

#### (2) 제한되는 기본권

수용자의 경우에도 모든 기본권의 제한이 정당화될 수 없으며, 국가는 개인의 불가침의 기본적인 인권을 확인하고 보장할 의무($\frac{헌법}{제10조}$)로부터 자유로울 수는 없다. 따라서 수용자의 지위에서 제한이 예정되어 있는 자유와 권리는 형의 집행과 도주·증거인멸의 방지라는 구금의 목적과 관련된 신체의 자유 및 거주이전의 자유 등 몇몇 기본권에 한정되어야 하며, 그 역시 필요한 범위를 벗어날 수 없다.

#### (3) 개별적 검토

수용자의 접견·서신수수($\frac{형의 집행 및 수용자의 처우에}{관한 법률 제41조, 제43조}$)나 운동·목욕($\frac{제33}{조}$) 등은 일정한 조건에서 허용된다. 하지만, 일반인과의 접견교통권은 엄격히 제한된다.

미결수용자의 변호인접견에 교도관의 참여는 접견교통권을 침해한다. 변호인과 미결수용자의 서신교환 시 그 비밀이 보장되어야 한다.

다만, 금치처분禁置處分을 받은 수형자에 대하여는 일정한 제한이 가능하다. 계구사용행위는 과잉금지원칙에 어긋나지 아니하게 행사되어야 한다($\frac{헌재 2005.5.26. 2001헌}{마728, 수갑 및 포승시용}$ $\frac{(施用) 위헌확인(인}{용(위헌확인))}$). 엄중격리대상자의 수용장소에 CCTV를 설치하여 감시할 경우에 대한 법률적 근거를 마련하였다. 행형법을 대체하는 '형의 집행 및 수용자의 처우에 관한 법률'에서는 전자영상장비를 이용한 수용자 또는 시설 계호에 관한 근거규정을 둔다($\frac{제94}{조}$).

# 제3절 정신의 안전과 자유

정신의 안전과 자유는 내면세계의 양심(사상) · 종교 · 예술의 안전과 자유와, 외부로 드러나는 언론 · 출판 · 알 권리 · 집회 · 결사의 안전과 자유로 나누어진다. 외부로 드러나는 표현의 자유는 다시 개인적 표현의 자유인 언론 · 출판의 자유, 집단적 표현의 자유인 집회 · 결사의 자유로 나누어진다.

## 제1항 양심의 자유

### Ⅰ 의 의

(ⅰ) 헌법 제19조는 "모든 국민은 양심의 자유를 가진다"라고 규정한다. 여기서 양심은 인간의 내심의 자유 중 윤리적 성격(윤리적 양심설)만이 아니라, 널리 사회적 양심으로서 사상의 자유를 포괄하는 내심의 자유(사회적 양심설)를 의미한다.

(ⅱ) 한국헌법에서는 양심 · 종교의 자유만 규정하고 사상의 자유에 관하여는 명문규정이 없다. 생각건대 헌법 제19조의 양심의 자유에는 사상의 자유도 내포한다고 보아야 한다. 여기서 사상은 좁은 의미로 이해하여야 하는데, 그것은 곧 사상의 본질적 내용이 "어떠한 영역에서건 간에 진실을 추구하는 자유인 견해(의견)의 자유"이며, 그에 따른 "윤리 · 도덕적 측면에서의 인간의 태도"로서 나타났을 때, 이를 양심의 자유라고 할 수 있다.

(ⅲ) 이러한 사상의 외부표현이나 전달은 각기 그 자유의 특성에 따라서, 종교의식의 자유 · 언론의 자유 · 공연의 자유 · 교육의 자유로 구현된다. 나아가서 집단적 의견은 집회 · 시위 · 결사의 자유를 통하여 전파된다.

### Ⅱ 양심의 자유의 법적 성격

양심의 자유의 본질적 내용인 내심의 자유는 **자연권**이자 동시에 **절대적 기본권**이다. 그러나 양심의 자유에서의 양심은 국회의원($^{제46조}_{제2항}$)이나 법관($^{제103}_{조}$) 또는 헌법재판관($^{헌재법}_{제4조}$)이 가지는 **직업적 양심과는 구별되어야 한다**($^{제2편 \ 제4장 \ 제5절 \ Ⅳ. \ 3. \ 법관의}_{양심에 \ 따른 \ 심판 \ 참조}$).

## Ⅲ 양심의 자유의 주체 · 효력

양심의 자유의 주체는 자연인이고 법인은 제외된다. 헌법의 '모든 국민'이라는 표현에도 불구하고 내 · 외국인을 불문한다. 양심의 자유는 모든 국가권력을 구속한다. 또한 양심의 자유는 사인 사이에도 적용된다(간접적용설).

## Ⅳ 양심의 자유의 내용

### 1. 양심형성(결정)의 자유

#### (1) 양심의 자유의 본질적 내용

양심형성 · 양심결정의 자유란 외부로부터 어떠한 간섭이나 압력 · 강제를 받지 아니하고 양심을 형성하며 내적으로 양심상의 결정을 내리는 자유를 말한다. 이는 양심의 자유의 본질적 내용인바, 제한될 수 없는 절대적 자유에 속한다.

#### (2) 미결수용자에 대한 신문구독금지

미결수용자未決收容者에 대한 신문구독금지는 양심 · 사상을 가지지 못하게 하는 처분으로서 양심의 자유를 침해할 우려가 있다(헌재 1998.10.29. 98헌마4, 일간지구 독금지처분 등 위헌확인(기각,각하)).

### 2. 양심유지의 자유

#### (1) 침묵의 자유

형성된 양심을 직접 혹은 간접적으로 외부에 표명하도록 강제당하지 아니하는 자유가 양심유지의 자유이다. 침묵沈默의 자유란 자기가 가지고 있는 사상 및 양심을 외부에 표명하도록 강제당하지 아니할 자유이다(헌재 1991.4.1. 89헌마160, 민법 제764조 의 위헌여부에 관한 헌법소원(한정위헌)).

#### (2) 사죄광고제도

양심에 어긋나는 행위를 강제당하지 아니할 자유도 넓은 의미의 침묵의 자유로 보아, 사죄광고제도는 위헌이다(헌재 1991.4.1. 89헌마160, 민법 제764조 의 위헌여부에 관한 헌법소원(한정위헌)). 또한 사상조사 · 충성선서나 십자가밟기 등 외부적 행위를 통하여, 간접적으로 양심을 추지推知하는 행위 또한 금지된다.

#### (3) 준법서약서제도

국가보안법과 '집회 및 시위에 관한 법률' 위반 등에 의한 수형자의 가석방 결정 전에 출소 후의 준법의지를 확인하기 위하여 제출하도록 하던 준법서약제遵法誓約制에 대하여 합헌이라고 본다(헌재 2002.4.25. 98헌마425등, 준법서약서제 위헌확인, 가석방심사등에관한규칙 제14조 제2항 위헌확인(기각)). 그런데, 헌법재판소의 합헌결정 이후에도, 준법서약서를 제출하도록 한 규정(가석방심사등에관한 규칙 제14조 제2항)이 양심의 자유를 침해한다는 비판이 계속 제기되고 형사정책적으로 실효성이 없다는 지적에 따라 삭제되었다(법무부령 제536호. 2003.7.31).

### (4) 양심적 병역(집총)거부

#### A. 대외적 양심실현의 제한가능성

양심적 병역거부conscientious objections란 종교적 신앙이나 윤리적·철학적 신념(대판 2021.6.24. 2020 도17564,병역법위반)을 이유로 하는 전쟁참가의 거부뿐만 아니라, 평화로울 때에 전쟁에 대비하여 무기를 들고 하는 병역의무의 이행 거부도 포함한다. 양심적 병역거부는 양심유지의 자유 중에서 자기의 양심에 어긋나는 행위를 강요받지 아니할 자유에 해당될 수 있지만, 그것은 내면적 양심의 형성이나 결정에만 머무르지 아니하고, 대외적으로 양심을 실현하는 자유이므로 이에 대한 제한도 가능하다.

#### B. 형사처벌과 비례의 원칙

(ⅰ) 양심적 병역거부자의 형사처벌(병역법 제88조)에 대하여 위헌 논의가 제기된 바 있다. 헌법의 국방의무(제39조 제1항)와 관련하여 볼 때 목적의 정당성은 가진다. 그러나 비전투복무·공익근무 등으로 대체복무가 가능함에도 불구하고 형사처벌하는 규정은, 수단의 적합성과 피해의 최소성에 어긋난다는 견해가 있다.

(ⅱ) 헌법재판소는 병역의 종류에 양심적 병역거부자에 대하여 대체복무제를 규정하지 아니한 병역법 제5조 제1항('병역종류조항')에 대하여 헌법불합치결정(입법촉구결정)을 내렸다(헌재 2018.6.28. 2011헌바379등, 병역법 제88조 제1항 등 위헌소원(헌법불합치(잠정적용),합헌)). 하지만, 이 사건에서 양심적 병역거부자의 처벌 근거가 된 병역법 제88조 제1항 본문 제1호 및 제2호('처벌조항')에 대하여는 여전히 합헌결정을 내리고 있다.

(ⅲ) 헌법재판소의 헌법불합치결정에 따라 병역법에 대체복무요원 및 대체역이 신설되었다. '대체역의 편입 및 복무 등에 관한 법률'에서는 대체복무의 기간은 36개월로 하고, 대체복무 시설은 "교정시설 등 대통령령으로 정하는 대체복무기관"으로 하며, 복무 형태는 '합숙'으로 한다(제3장 대체 역 복무 등).

대체복무요원의 실질적인 복무내용, 현역병 등과의 복무기간 및 복무강도의 차이 등을 종합적으로 고려해 볼 때, ① 복무기간을 '36개월'로 한 '대체역의 편입 및 복무 등에 관한 법률' 제18조 제1항, ② '합숙'하여 복무하도록 한 같은 제21조 제2항, ③ 대체복무기관을 '교정시설'로 한정한 법 시행령 제18조는 양심의 자유를 침해하지 아니한다 (5:4)(헌재 2024.5.30. 2021헌마117등, 대체역의 편입 및 복무 등에 관한 법률 제18조 제1항 등 위헌확인(기각)). 대체복무요원이 합숙하는 "생활관 내부의 공용공간에 CCTV를 설치하여 촬영하는 행위"는 사생활의 비밀과 자유를 침해하지 아니한다(5:4)$\binom{\text{헌재 2024.5.30. 2022헌마707등. 대체역의 편입 및}}{\text{복무 등에 관한 법률 제18조 제1항 등 위헌확인(기각)}}$. 대체복무요원의 정당가입 금지는 정당가입의 자유를 침해하지 아니한다(5:4)$\binom{\text{헌재 2024.5.30. 2022헌마1146. 대체역의 편입 및}}{\text{복무 등에 관한 법률 제18조 제1항 등 위헌확인(기각)}}$.

### (5) 진술거부권

헌법 제12조 제2항의 진술거부권은 형사절차에 있어서 인신의 자유를 보장하려는 권리이므로 침묵의 자유와는 구별되어야 한다.

### 3. 양심의 표현(실현)의 자유

(ⅰ) 양심이 외부로 표현되는 순간 양심의 자유와 표현의 자유가 서로 중첩될 수밖에 없다. 이 경우 절대적 기본권으로서의 성격을 상실한 단계라 할 수 있다. 양심실현의 자유를 인정하는 입장에서도 "사회공동체의 법적인 평화와 헌법질서의 유지를 위하여" 일정한 한계가 필요하다고 보기 때문이다.

(ⅱ) 부작위에 의한 양심 실현의 자유란 자신의 양심에 반하는 행위를 강제당하지 아니하거나 양심에 반하는 작위의무로부터의 해방을 말한다(예컨대, 병역 강제). 작위에 의한 양심 실현의 자유란 양심상의 행위명령과 그에 대한 법적인 금지명령이 충돌하는 경우를 말한다(예컨대, 양심선언 군무이탈은 위법)$\binom{\text{대판 1993.6.}}{\text{8. 93도766}}$.

## V 양심의 자유의 제한과 한계

### 1. 양심의 자유의 제한가능성

(ⅰ) ① 양심이 내면세계에 머무는 경우뿐만 아니라 외부에 표현되더라도 제한될 수 없다는 절대적 무제한설, ② 양심이 순전히 내면세계에 머무르고 있는 한 절대적으로 제약될 수 없다는 내면적 무제한설, ③ 양심이 외부에 표명되지 아니하였다고 하더라도 내면적으로 일정한 한계(국가의 존립 그 자체의 부정 등)가 있다는 내면적 한계설이 있다.

(ⅱ) 생각건대 개인의 사상이나 윤리적 판단은 내면에 머무르는 경우에는 외부에서 명확하게 인식할 수 없을 뿐만 아니라, 개인의 의지에 따라서 변경될 수 있으므로, 객관적으로 제한이 불가능하고 제한을 시도하는 경우 오히려 부작용을 낳게 된다. 따라서 내면적 무제한설이 타당하다.

### 2. 양심의 자유 침해의 판단기준

양심실현의 자유의 경우 법익교량과정은 특수한 형태를 띤다. 수단의 적합성,

최소침해성의 여부 등의 심사를 통하여, 어느 정도까지 기본권이 공익적 이유로 양보하여야 하는가를 밝히는 비례원칙의 일반적 심사과정은, 양심의 자유에 있어서는 그대로 적용되지 아니한다.

"양심의 자유의 경우에는 법익교량을 통하여 양심의 자유와 공익을 조화와 균형의 상태로 이루어 양 법익을 함께 실현하는 것이 아니라, 단지 '양심의 자유'와 '공익' 중 양자택일 즉, 양심에 반하는 작위나 부작위를 법질서에 의하여 '강요받는가 아니면 강요받지 않는가'의 문제가 있을 뿐이다"(헌재 2004.8.26. 2002헌가1, 병역법 제88조 제1항 제1호 위헌심판(합헌)).

## 제 2 항  종교의 자유

### Ⅰ  의  의

헌법 제20조는 종교의 자유와 정교분리의 원칙을 규정한다: "모든 국민은 종교의 자유를 가진다"($\frac{제1}{항}$). "국교는 인정되지 아니하며, 종교와 정치는 분리된다"($\frac{제2}{항}$). 인간의 내면세계에서 인격의 자유로운 발현을 위하여, 종교의 자유는 어떠한 제한도 받지 아니한다. 종교란 "신神이나 절대자絶對者를 인정하여 일정한 양식 아래 그것을 믿고, 숭배하고 받들음으로써 마음의 평안과 행복을 얻고자 하는 정신문화의 한 체계"라고 정의하나, 불교와 같이 신이나 절대자를 인정하지 아니하는 종교도 있으므로 종교에 대한 정의는 매우 어려운 문제이다.

### Ⅱ  종교의 자유의 법적 성격

종교의 자유는 인간내면의 신앙이므로 가장 기본적인 자유이다. 따라서 종교의 자유의 본질적 내용인 신앙의 자유는 자연권이자 동시에 절대적 기본권이다.

### Ⅲ  종교의 자유의 주체·효력

( i ) 종교의 자유의 주체는 자연인이다. 헌법의 "모든 국민"이라는 표현에도 불구하고 내·외국인을 불문한다. 다만, 신앙의 자유와 같은 내심의 자유의 본질에 따라 법인은 종교의 자유의 주체가 될 수 없다. 그러나 교회의 선교宣敎의 자유 등은 종교적 행위의 자유로서 인정된다.

( ii ) 종교의 자유는 모든 국가권력을 구속한다. 종교의 자유는 사인 사이에도 적용된다(간접적용설). 따라서 원칙적으로 특정 신앙을 이유로 해고 등을 할 수 없다. 그러나 특정 종교에서 운영하는 경향傾向기업의 특수성을 인정할 수 있다.

# Ⅳ  종교의 자유의 내용

## 1. 신앙의 자유의 절대적 보장

신앙의 자유에는 종교선택·종교변경改宗·무종교의 자유와 신앙고백의 자유가 포함된다. 따라서 특정 신앙을 취임조건으로 하거나 종교적 시험을 과할 수 없다(미국 연방헌법 제6조 제3항 단서). 신앙의 자유는 인간의 내심의 작용이므로, 어떠한 이유로도 제한될 수 없는 절대적 자유이다.

## 2. 종교적 표현의 상대적 보장

（ⅰ） 종교적 행위라 함은 신앙을 외부에 나타내는 모든 의식·축전(기도·예배·독경 등)을 말한다. 종교적 행위의 자유에는 종교의식의 자유·선교의 자유·종교교육의 자유가 포함된다. 종교적 행위의 자유는 제한이 가능하다.

（ⅱ） 선교宣敎의 자유는 "자기가 신봉하는 종교를 선전하고 새로운 신자를 규합하기 위한" 자유인바, "선교의 자유에는 다른 종교를 비판하거나 다른 종교의 신자에 대하여 개종을 권고하는 자유도 포함"된다.

（ⅲ） 종교적 집회·결사의 자유는 일반적인 집회·결사의 자유에 대한 특별법적인 성격을 가진다. '집회 및 시위에 관한 법률'은 종교집회에 대하여 옥외집회 및 시위의 신고제 등을 적용하지 아니한다(제15조).

# Ⅴ  종교의 자유의 제한과 한계

## 1. 제한의 일반원리

（ⅰ） 양심의 자유 중에서 양심형성의 자유와 마찬가지로(내면적 무제한설), 종교의 자유 중 신앙의 자유는 절대적 기본권으로서 제한이 불가능하다.

（ⅱ） 그런데, 외부적 표현을 동반하는 종교적 행위의 자유와 종교적 집회·결사의 자유는 상대적 기본권으로서, 헌법 제37조 제2항의 기본권제한의 일반원리에 따라 제한이 가능하다. 따라서 종교단체 내부에서 징계 등으로 인하여 갈등이 야기될 경우에, 그것이 국민의 권리·의무와 관련되면 사법심사가 가능하다.

## 2. 종교적 행위의 자유로서의 종교교육의 자유의 한계

### (1) 종교교육의 자유와 학교에서의 종교교육

종교적 행위의 자유에는 종교교육의 자유도 포함된다. 종교교육의 자유라 함은 가정이나 학교 등에서 종교교리에 관한 교육을 실시할 수 있는 자유를 말한다. 이에 따라 특정 종교단체에서 설립한 학교나 육영기관에서의 종교교육 실시는 원칙적으로 자유이다.

### (2) 사립 중·고등학교에서의 종교교육

대도시의 경우 국·공립 중·고등학교는 물론 사립 중·고등학교도 본인의 의사와는 관계없이 일방적으로 배정된다. 이는 학생의 학교선택권을 침해할 소지가 있다. 특히 강제배정된 학교가 특정 종교재단에 의하여 설립된 경우에 특정 종교교육 및 종교이념을 일방적으로 수용하여야만 한다. 이는 학생의 종교의 자유를 침해하는 위헌적 소지가 있다. 하지만, 헌법재판소와 대법원은 합헌으로 판시한다(헌재 2009.4.30. 2005헌마514, 초·중·등교육법시행령 제84조 위헌확인(기각))(대판(전합) 2010.4. 22. 2008다38288).

### (3) 사립대학교에서의 종교교육

(ⅰ) 현행법제에서 학생의 대학선택권이 비교적 자유롭게 보장된다. 이에 따라 대법원은 사립대학에서의 종교교육은 정당하다고 판시한다(대판 1998.11.10. 96다37268).

(ⅱ) 생각건대 학교선택권이 실질적으로 확보되지 아니한 한국적 특수상황을 외면한 채, 학생의 입학·재학관계를 당사자의 자유로운 의사표시의 합치에 따른 사법적 계약의 법리로만 해결하여서는 아니 된다. 학생의 대학선택과 입학 및 대학의 학생선발과정에는 사법적 계약의 법리가 작동되지 못하는 법적·제도적 요인이 있다. 대학의 본고사 실시금지·국가가 시행하는 대학입학수학능력시험·내신성적 반영 외에도, 입시일자가 특정되어 있고 학생의 학교선택도 동일한 학교군에는 1개교밖에 지원할 수가 없는 등 많은 공법적 규제를 받는다.

(ⅲ) 특히 신앙을 가지지 아니할 자유란 절대적 기본권의 성격을 가진다. 예컨대, 채플에서 다 함께 기도하는 시간은 결과적으로 절대적 기본권인 학생들의 신앙고백의 자유를 침해할 소지가 있다. 사립대학도 국가적 원조를 받고 있으므로 기본권의 대사인적 효력에 관한 국가원조이론을 원용하여, 사립대학에서의 종교교육에 대하여 정책적으로 일정한 한계를 설정하여야 한다.

# Ⅵ 국교의 부인과 정교분리의 원칙

## 1. 의 의

헌법 제20조 제1항에서 종교의 자유를 규정한 데 이어, 제20조 제2항에서는 정교분리의 원칙을 규정한다. 정교분리政敎分離의 원칙에 대하여는 종교의 자유의 한 내용으로서 기본권이라고 보는 견해와, 정교분리의 원칙은 특정 종교와 결합하여 다른 종교를 압박할 수 없다는 의미에서 간접적인 제도보장에 불과하다고 보는 견해가 있다.

생각건대 정교분리의 원칙은 주관적 공권인 종교의 자유의 당연한 내용으로 볼 것이 아니라, 오히려 종교의 자유를 간접적으로 보장하는 제도적 보장으로 이해하여야 한다.

## 2. 정교분리의 현실적 의미

서양 각국은 전통적으로 기독교문화에 터 잡고 있음에도 불구하고, 오늘날에는 정교분리의 경향으로 나아간다. 즉, 서양에서 정교분리원칙의 수용은, 곧 정교일치적인 역사적·사회적 현실로부터의 결별을 의미한다.

## 3. 국교의 부인과 정교분리원칙의 내용

### (1) 국교의 부인

국가는 특정 종교를 특별히 보호하거나, 각종 특권을 부여하는 종교를 지정할 수는 없다. 국가에 의한 특정 종교의 우대나 차별대우는 금지된다.

### (2) 종교의 정치간여금지

종교가 정치에 간여할 수는 없기 때문에, 종교단체도 원칙적으로 정치활동을 할 수 없다. 따라서 종교의식에서 정치활동은 제한된다. 하지만, 종교적 성격의 정당 결성은 가능하다.

# 제 3 항  학문의 자유

## I  의  의

(ⅰ) 헌법 제22조 제1항은 "모든 국민은 학문과 예술의 자유를 가진다"라고 하여, 학문과 예술의 자유를 동일한 조항에서 규정한다. 학문의 자유와 예술의 자유는 서로 밀접한 관계를 가진다.

(ⅱ) 학문의 자유는 진리탐구의 자유를 의미한다. 진리탐구란 객관적 진리에 대한 주관적 진리탐구를 말한다. 특히 헌법 제31조 제4항에서는 진리탐구의 전당인 '대학의 자율성'을 보장한다.

## II  학문의 자유의 법적 성격

학문의 자유가 개인의 자유권으로서의 성격을 가진다는 점에 관하여는 이론이 없다. 또한 학문의 자유의 본질적 내용이 대학자치제를 기반으로 하는 대학의 자유에 있으므로, 대학자치제의 제도보장도 학문의 자유의 내용이 된다.

## III  학문의 자유의 주체·효력

(ⅰ) 학문의 자유는 내·외국인이 널리 누린다. 또한 학문의 자유도 대학자치제라는 제도보장적 성격을 가지기 때문에, 대학 등 연구기관도 그 단체의 성격에 따라 일정한 경우 학문의 자유의 주체가 될 수 있다.

(ⅱ) 학문의 자유는 대국가적 권리로서, 국가권력에 의하여 침해되거나 간섭을 받지 아니할 권리이다. 사인 사이에는 간접적용된다.

## IV  학문의 자유의 내용

### 1. 연구의 자유

(ⅰ) 연구의 자유는 학문의 자유의 본체인 진리탐구의 자유를 의미한다. 학문의 자유를 절대적 기본권이라고 할 때에는 바로 학문연구의 자유를 지칭한다.

(ⅱ) 그런데, 고전적 의미에서의 연구의 자유는 오늘날 과학기술의 발전에 따라 새로운 형태의 규제가 불가피하다. 예컨대, 인간배아복제를 위한 연구는 인간의 존엄성에 어긋난다는 이유로 일정한 경우에 연구 그 자체가 금지된다. '생명윤리 및 안전에 관한 법률'은 인간을 복제하기 위하여 체세포복제배아<sup>體細胞複製胚芽</sup>를 자궁에 착상·유지 또는 출산하는 행위를 금지(<sup>제11</sup><sub>조</sub>)한다.

### 2. 연구결과발표의 자유

학문연구결과발표의 자유는 학문연구를 통하여 나타난 연구결과를 외부에 발표하는 자유이다. 연구결과발표의 자유는 그 발표장소에 따라 보호의 정도가 달라지기도 한다. 대학에서의 발표는 표현의 자유보다 더 강한 보호를 받아야 한다.

### 3. 교수의 자유(강학의 자유)

#### (1) 의  의

( i ) 교수의 자유 혹은 강학의 자유는 대학 등 고등교육기관에서 교수 및 연구자가 자유로이 교수 및 교육을 할 수 있는 자유를 말한다.

(ⅱ) 그러나 초·중등학교와 같은 하급교육기관의 교육의 자유는 학문의 자유의 내용인 교수의 자유보다는 헌법 제31조의 교육을 받을 권리 내지 교육의 자유로 이해하여야 한다(<sup>제3편 제6장 제4</sup><sub>절 Ⅲ. 3. 참조</sub>).

#### (2) 한  계

교수의 자유는 교수의 내용과 방법 등에 있어서 어떠한 지시나 통제를 받지 아니할 자유를 말한다. 그러나 교수의 자유도 자유민주적 기본질서의 틀에 입각하여 헌법질서를 존중하는 범위 안에서 인정된다.

### 4. 학문적 집회·결사의 자유

학문을 연구하고 그 연구결과를 발표하고 이를 교수하는 자유의 실질적 확보를 위하여, 학문적인 집회나 결사의 자유 또한 보장되어야 한다.

## Ⅴ 대학의 자치(자유)

### 1. 의의: 대학의 자치의 최대한 보장

대학은 연구와 교육의 중심이기 때문에 이를 위하여 대학에 최대한 자율과 자치를 보장하여야 한다. 바로 그런 점에서, 학문의 자유의 실질적 구현을 위한 중심축에 대학의 자치가 있다.

## 2. 대학의 자치의 헌법적 근거와 법적 성격

대학의 자치가 헌법 제22조 제1항에서 보장하는 학문의 자유의 핵심적인 내용이라는 점에서 헌법 제22조 제1항이 대학의 자치의 헌법적 근거라는 점에 이의가 있을 수 없다. 헌법 제31조 제4항에서 대학의 자율성 보장은 대학의 자치를 다시 한 번 더 확인한다. 또한 대학의 자치는 기본권적 성격뿐만 아니라 대학의 자치에 입각하여 대학 특유의 제도를 보장한 제도보장의 성격도 동시에 가진다.

## 3. 대학의 자치의 주체

### (1) 의 의

학문의 자유는 모든 국민이 누리는 자유이지만, 대학의 자유의 제1차적인 주체는 대학에서 연구하고 강의하는 대학교수이어야 한다. 그러므로 가장 좁은 의미에서의 학문의 자유란 교수의 연구의 자유와 교수(講學)의 자유를 말한다.

### (2) 교수의 자치

대학자치의 핵심은 교수의 자치 즉, 교수의 신분에 관한 인사의 자치와 연구와 교육의 자치라 아니할 수 없다. 흔히 대학의 3주체를 교수·학생·직원으로 보고, 이들의 관계를 단순한 수의 대등관계로 이해하여 동일시하는 견해도 있으나, 대학의 핵심주체는 교수(연구직)로 보아야 한다.

### (3) 대학의 자치의 한 부분인 학생의 자치

학생도 대학의 구성원으로서 대학의 교육환경이나 여건의 유지·개선에 중대한 이해관계를 가지는 만큼 학생의 자치를 인정할 필요가 있다.

### (4) 대학의 자치(자유)와 교수의 신분보장

(ⅰ) 대학의 주체인 교수가 연구와 강의를 자유롭게 할 수 있는 신분보장이 되지 아니한다면, 대학의 자치 또한 허울에 불과하다.

(ⅱ) 교수가 정부나 사학재단에 의하여 신분을 박탈당하는 일이 없도록 하기 위한 법적·제도적 장치의 마련은 대학의 자치의 기본 토대가 된다. 이에 따라 교수재임용제도도 이를 보장하기 위한 개혁이 이루어진 바 있다(상세는 제6장 제4절 교수재임용제도 참조).

## 4. 대학의 자치의 내용

### (1) 의 의

대학의 자치의 내용은 교수인사의 자치, 학생자치, 연구교육의 내용 및 방법의 자치, 시설관리의 자치, 예산관리의 자치 등이다.

### (2) 총장직선제

( i ) 비록 총장직선제가 법적인 제도는 아니지만, 민주화과정에서 실질적으로 구현되어왔다. 그러나 총장직선제만이 유일하게 이상적인 제도는 아니다. 앞으로 대학 안팎의 구성원들이 두루 참여할 수 있는 다양한 제도를 설계하여야 한다.

( ii ) 교육공무원법($^{제24조}_{의3}$)에서는 대학의 장 후보자를 대학 내의 직접선거에 의하여 선출하는 경우, 해당 대학 소재지를 관할하는 구·시·군 선거관리위원회에 선거사무를 위탁한다. 이는 대학의 자율성을 침해하는 위헌의 소지가 있지만 ($^{성낙인, "대학의 자치와 국립}_{대학 총장선거", 헌법학논집}$), 헌법재판소는 합헌으로 판시한다($^{헌재 2006.4.27. 2005헌마1047등, 교육공}_{무원법 제24조 제4항 등 위헌확인(기각)}$).

### (3) 대학의 학생선발권

대학에서의 교육대상은 학생이다. 따라서 대학은 원칙적으로 자율적으로 학생을 선발하고 교육할 권리가 있다. 하지만, 대학의 학생선발에 대한 국가적 개입이 어느 정도는 가능하다.

## 5. 대학의 자치의 한계

( i ) 대학도 치외법권 지역이 아니기 때문에 국가공권력이 발동될 수 있다. 그러나 대학이라는 특수한 연구권역에서 대학의 자치를 실질적으로 보장하기 위하여 대학에 대한 경찰권의 발동은 가급적 자제되어야 한다.

( ii ) '집회 및 시위에 관한 법률'은 대학총장의 요청이 없어도 경찰권이 개입할 수 있도록 규정하지만($^{제19}_{조}$), 그 행사는 신중히 하여야 한다.

## Ⅵ 학문의 자유의 제한과 한계

학문연구의 자유는 절대적으로 보장되어야 한다. 하지만, 연구결과의 발표나 교수의 자유는 일정한 제한이 가능하다. 다만, 그 제한은 불가피한 최소한에 그쳐야 한다.

# 제4항 예술의 자유

## I 의 의

헌법 제22조 제1항은 "모든 국민은 학문과 예술의 자유를 가진다"라고 하여, 학문과 예술의 자유를 동일한 조항에서 규정한다. 학문의 자유와 예술의 자유는 서로 밀접한 관계를 가진다. 예술의 자유는 미美를 추구하는 자유이다.

## II 예술의 자유의 법적 성격

예술의 자유는 인간의 자유로운 인격의 창조적 발현을 위한 주관적 공권이다. 또한 예술의 자유는 문화국가원리에 기초한 제도로서의 예술을 보장하여야 하는 객관적 가치질서로서의 성격을 가진다.

## III 예술의 자유의 주체

예술의 자유는 인간의 권리이기 때문에, 내·외국인을 불문하고 누리는 자유이다. 다만, 법인이나 단체에 대하여는 ① 법인이나 단체의 기본권주체성 인정 여부는 그 법인이나 단체를 통하여 비로소 하나의 예술이 창조되는 특수성에 기인하며, 그 단체의 성격이 법인성을 갖추었느냐의 여부에 따라 결정될 사안은 아니라는 견해와, ② 예술창작은 고도의 정신적·육체적 작업의 결집체이기 때문에, 개인의 정신적 자유인 예술의 자유의 영역에서 법인이나 단체의 기본권주체성을 인정하기는 어렵다는 견해로 나누어진다. 그러나 예술의 특수성에 비추어, 예컨대 교향악단의 연주는 그 자체로서 하나의 예술인바, 이를 구성원의 개인적인 자유로 보아서는 아니 되고, 악단 그 자체의 기본권주체성을 인정하여야 한다.

## IV 예술의 자유의 효력

예술의 자유는 국가권력으로부터 예술의 자유가 침해받거나 제한받지 아니할 자유이기 때문에 대국가적 효력을 가지며, 사인 사이에도 적용된다(간접적용).

## Ⅴ 예술의 자유의 내용

### 1. 예술창작의 자유

예술창작의 자유는 예술창작활동을 할 수 있는 자유로서 창작소재, 창작형태 및 창작과정 등에 대한 임의로운 결정권을 포함한 모든 예술창작활동의 자유를 그 내용으로 한다(예컨대, 음반 및 비디오물 창작)(헌재 1993.5.13. 91헌바17. 음반에관한법률 제3조 등에 대한 헌법소원(한정위헌)).

### 2. 예술표현의 자유

예술표현의 자유는 창작한 예술품을 일반대중에게 전시·공연·보급할 수 있는 자유이다. 이에 따라 예술품보급을 목적으로 하는 예술출판사 등도 이러한 의미에서의 예술의 자유의 보호를 받는다.

### 3. 예술적 집회·결사의 자유

예술의 자유의 한 내용인 예술적 활동을 위한 집회·결사는 종교의 자유·학문의 자유와 마찬가지로 일반적 집회·결사의 자유보다 더 강한 보호를 받는다. '집회 및 시위에 관한 법률'에서도 그 규제를 완화한다(제15조).

## Ⅵ 예술의 자유의 제한과 한계

### 1. 의 의

예술의 자유도 국가안전보장·질서유지 또는 공공복리를 위하여 필요한 경우에는, 헌법 제37조 제2항에 의하여 법률로써 제한할 수 있다. 예술의 자유도 타인의 권리와 명예 또는 공중도덕이나 사회윤리를 침해하여서는 아니 된다(제21조 제4항).

### 2. 사전심의제도

( ⅰ ) 예술창작의 자유는 절대적 기본권의 수준으로 보장되어야 하지만, 예술창작의 표현은 제한될 수 있다. 특히 예술적 표현인 영화·연극·음반 및 비디오물 등의 예술활동에 대하여는 원칙적으로 사전제한이 금지되어야 하겠지만, 자율적 사전심의제도 그 자체를 위헌적으로 보기는 어렵다.

( ⅱ ) 과거의 공연윤리위원회·한국공연예술진흥협의회·영상물등급위원회의 사전심의나 등급분류보류제도는 사전검열에 해당된다(헌재 2001.8.30. 2000헌가9. 영화진흥법 제21조 제4항 위헌제청(위헌)). 이

에 따라 '영화 및 비디오물의 진흥에 관한 법률'에서는 영화의 상영 전에 "영상물등급위원회로부터 상영등급을 분류 받아야 한다"( $\frac{제29조}{제1항}$ )라고 규정한다.

### 3. 음란한 표현과 예술의 자유의 한계

( i ) 음란淫亂이란 일반인의 성욕을 자극하여 성적 흥분을 유발하고, 정상적인 성적 수치심을 해하여, 성적 도의관념에 어긋나는 작용을 말한다. 표현물의 음란 여부를 판단함에 있어서는 해당 표현물의 성에 관한 노골적이고 상세한 묘사・서술의 정도와 그 수법, 묘사・서술이 그 표현물 전체에서 차지하는 비중, 거기에 표현된 사상 등과 묘사・서술의 관련성, 표현물의 구성이나 전개 또는 예술성・사상성 등에 의한 성적 자극의 완화 정도, 이들의 관점으로부터 해당 표현물을 전체로서 보았을 때 주로 그 표현물을 보는 사람들의 호색적 흥미를 돋우느냐의 여부 등 여러 점을 고려하여야 한다. 이 경우 표현물제작자의 주관적 의도가 아니라 그 사회의 평균인의 입장에서 그 시대의 건전한 사회통념에 따라 객관적이고 규범적으로 평가하여야 한다( $\frac{대판\ 2005.7.22.}{2003도2911}$ ). 헌법재판소는 '음란'은 언론・출판의 자유에 의한 보장을 받지 아니하나, '저속'은 헌법적인 보호영역 안에 있다( $\frac{헌재\ 1998.4.30.}{95헌가16,\ 출판}$ 사및인쇄소의등록에관한법률 제5조 의2 제5호 등 위헌제청(위헌,합헌) )라고 하여 음란과 저속을 구별하였다가, 음란도 표현의 자유의 보호영역으로 변경하였다( $\frac{헌재\ 2009.5.28.\ 2006헌바109,\ 정보통신망\ 이용촉진\ 및\ 정보}{보호\ 등에\ 관한\ 법률\ 제65조\ 제1항\ 제2호\ 위헌소원(각하,합헌)}$ ).

( ii ) 또한 예술성과 음란성을 구별하여야 한다. 예술성과 음란성은 차원을 달리하는 관념이고, 어느 예술작품에 예술성이 있다고 하여 그 작품의 음란성이 당연히 부정되지는 아니한다. 다만, 그 작품의 예술적 가치, 주제와 성적 표현의 관련성 정도 등에 따라 음란성이 완화되어 처벌되지 아니할 수 있을 뿐이다.

## Ⅶ 저작자・발명가・예술가의 권리보호

( i ) 헌법 제22조 제2항은 "저작자・발명가・과학기술자와 예술가의 권리는 법률로써 보호한다"라고 규정함으로써 과학기술자의 특별보호를 명시한다.

( ii ) 저작자・발명가・과학기술자와 예술가의 지적재산권은 특별한 보호의 대상이다. 그 특수성을 고려하여 권리구제에 있어서도 특허심판원과 특허법원제도를 설치하여 운영한다.

# 제 5 항 언론·출판의 자유

## I 의 의

(ⅰ) 표현의 자유는 언론·출판·집회·결사의 자유를 총괄하여 통칭하는 개념이다. 헌법 제21조에서는 언론·출판·집회·결사의 자유를 동일한 조문에서 규정한다. 언론·출판·집회·결사의 자유는 성격상 개인적 의사의 표현인 언론·출판의 자유와 집단적 의사의 표현인 집회·결사의 자유로 나누어 볼 수 있다.

(ⅱ) 한편, 헌법 제17조 사생활의 비밀과 자유·제19조 양심의 자유·제20조 종교의 자유·제22조 학문과 예술의 자유도 표현의 자유와 밀접한 관련성이 있다. 표현의 자유는 민주주의국가생활에서 필요불가결한 자유이다. 이에 따라 표현의 자유를 보장하기 위한 특별한 법리도 개발된다.

## II 언론·출판의 자유의 보장

### 1. 헌법에 언론·출판의 자유의 정립 – 소극적 자유에서 적극적 자유로

(ⅰ) 헌법 제21조 제1항이 언론·출판의 자유보장에 관한 원론적·총론적 규정이라면, 제2항의 사전검열금지, 제3항의 언론기관시설법정주의, 제4항의 언론의 사회적 책임은 각론적 규정이다. 헌법 제37조 제2항은 언론·출판의 자유의 제한에 관한 일반원리를 제공하며, 제17조의 사생활의 비밀과 자유도 언론의 자유와 상호 표리의 관계에 있다. 언론기본법 폐지 이후 '정기간행물의등록등에관한법률'과 방송법 및 지역신문발전법 등이 제정된 바 있으나, '정기간행물의등록등에관한법률'을 대체하는 '신문 등의 진흥에 관한 법률'(구 '신문 등의 자유와 기능보장에 관한 법률'), '언론중재 및 피해구제 등에 관한 법률', '잡지 등 정기간행물의 진흥에 관한 법률' 및 '지역신문발전지원 특별법'이 제정되었다. 또한 방송통신분야에서는 방송법, '방송통신발전 기본법', '방송통신위원회의 설치 및 운영에 관한 법률', '뉴스통신 진흥에 관한 법률', '인터넷 멀티미디어 방송사업법'이 있다.

(ⅱ) 종래 헌법 제21조에서 보장하고 있는 언론·출판의 자유는 국가권력으로부터의 자유를 의미하는 소극적 자유권으로 이해되어왔다. 그러나 정보사회의 가속화와 더불어 언론·출판의 자유는 적극적인 정보의 수집·처리·유통을 포괄

하는 정보의 자유(알 권리)까지 포함하게 된다.

### 2. 표현의 자유의 기능과 우월적 지위

표현의 자유에 대한 규제가 헌법에 부합하는지 여부를 판단하면서 요구되는 합헌성판단의 기준을 다른 자유권의 규제보다 엄격하게 설정한다. 그 예로는 ① 언론·출판에 대한 사전검열제를 금지하는 사전억제prior restraint금지의 이론, ② 명확성의 이론(막연하기 때문에 무효의 이론void for vagueness과 합헌성추정의 배제원칙, ③ 명백하고 현존하는 위험clear and present danger이 있어야 한다는 원칙, ④ 덜 제한적인 수단less restrictive alternative, LRA을 선택하여야 한다는 필요최소한도의 규제수단의 선택에 관한 원칙, ⑤ 비교형량balancing test의 원칙 또는 이중기준 double standard의 원칙이 있다.

## Ⅲ 언론·출판의 자유의 법적 성격

오늘날 언론·출판의 자유는 고전적인 개인적 자유권으로서의 성격에, 언론·출판의 제도적 보장으로서의 성격이 결부된다.

## Ⅳ 언론·출판의 자유의 주체·효력

(ⅰ) 언론·출판의 자유는 개인의 자유권적 성격뿐만 아니라, 언론기관의 자유까지도 포괄하기 때문에, 신문사·방송사·통신사와 같은 법인도 기본권의 주체가 된다. 또한 언론·출판의 자유는 인간으로서의 권리이므로, 외국인도 기본권의 주체가 된다.

(ⅱ) 언론·출판의 자유는 대국가적 효력뿐만 아니라 대사인적 효력도 인정된다. 대사인적 효력에 관하여는 간접적용설도 있으나, 헌법 제21조 제4항에 의거하여 직접적용된다.

## Ⅴ 언론·출판의 자유의 내용

### 1. 의 의

(ⅰ) 언론言論이라 함은 구두口頭에 의한 표현을, 출판出版이라 함은 문자 또는

상형象形에 의한 표현을 말한다. 언론·출판의 자유에서 "언론·출판"이라 함은 사상·양심 및 지식·경험 등을 표현하는 모든 수단 즉, 담화·연설·토론·연극·방송·음악·영화·가요 등과 문서·도화·사진·조각·서화·소설·시가 기타 형상形狀에 의한 표현을 모두 포괄한다.

(ⅱ) 다만, 언론·출판의 자유는 **불특정 다수인**을 상대로 한 표현을 보호하는 자유이므로, 자기에 관한 정보의 표현은 사생활의 비밀과 자유($\frac{제17}{조}$)로, 개인 사이의 사적 접촉을 가능하게 하는 표현은 통신의 자유($\frac{제18}{조}$)로 보호를 받는다. 또한 양심표현의 자유($\frac{제19}{조}$)·신앙표현의 자유($\frac{제20}{조}$)는 표현의 자유의 특별법적 규정이다.

(ⅲ) 음악·영화·연극·도화·사진 등의 순수한 예술적 표현은 원칙적으로 예술의 자유($\frac{제22조}{제1항}$)로 보호받는다.

## 2. 사상·의견을 표명·전달할 자유

### (1) 모든 형태의 표현

사상이나 의견을 표명하고 전달할 자유는, 언론·출판의 자유의 기본적 내용이다. 사상이나 의견의 표현방법은 전통적인 구두 혹은 문자나 상형에 의한 방법뿐만 아니라 시청각매체, 인터넷, 상징적 표현까지 포괄한다. 상징적 표현이란 자신의 의사를 표현하기 위하여 언어를 사용하지 아니하고, 일정한 상징을 사용하는 행위를 말한다.

### (2) 영업광고(상업광고)

영업을 위한 표현은 경제적 자유권과 밀접하게 관련되므로, 전통적인 언론의 자유보다는 더 많은 제한이 불가피하다. 상업광고 규제에 대한 제한에 있어서는 비례의 원칙이 완화될 수밖에 없고, 사전검열금지의 원칙도 적용되기 어렵다.

### (3) 인터넷 본인확인제

(ⅰ) 헌법재판소는 인터넷실명제 소위 본인확인제의 전면적인 실시는 위헌이지만(현재 2012.8.23. 2010헌마47, 정보통신망 이용촉진 및 정보보호 등에 관한 법률 제44조의5 제1항 제2호 등 위헌확인(위헌)), 선거기간(현재 2010.2.25. 2008헌마324, 공직선거법 제82조의6 제1항 등 위헌확인 등(합헌,기각))·청소년 유해매체물(현재 2015.3.26. 2013헌마354, 청소년 보호법 제16조 제1항 등 위헌확인(기각))·게임(현재 2015.3.26. 2013헌마517, 게임산업진흥에 관한 법률 제12조의3 제1항 제1호 등 위헌확인(기각))·휴대전화가입(현재 2019.9.26. 2017헌마1209, 전기통신 사업법 제32조의4 제2항 등 위헌확인(기각)) 등에서의 본인확인은 합헌이라고 판시한다. 다만, 인터넷언론사가 선거운동기간 중 당해 홈페이지 게시판 등에 정당·후보자에 대한 지지·반대 등의 정보를 게시하는 경우 실명을 확인받는 기술적 조치는 위헌이라고 판시한다(현재 2021.1.28. 2018헌마456등, 공직선 거법 제82조의6 제1항 등 위헌확인(위헌)).

(ⅱ) 인터넷실명제가 위헌이라면 익명의 그늘에 숨어서 혼란을 야기하는 문제를

해결할 방안이 모색되어야 한다. 인터넷 폭력과 폭언 등으로 사회적 혼란을 야기하는데, 인터넷 이용자들의 윤리성과 도덕성에 의존하는 데에는 한계가 있다.

(4) 소위 '가짜뉴스'

( i ) 가짜뉴스와 허위뉴스와의 본질적인 차이로는 ① 정보의 홍수 속에 언론사의 게이트키퍼gatekeeper 역할 취약, ② 딥 페이크deep fake와 같은 정교한 허위정보의 조작, ③ 정보의 남용에 따른 데이타 스모그data smog 현상, ④ 폐쇄적 소셜네트워크에 기인하는 자기확증에 따른 방향실 효과echo chamber effect 등을 든다.

가짜뉴스는 협의의 가짜뉴스, 의도된 가짜뉴스disinformation, 잘못된 정보misinformation, 풍자적 가짜뉴스 등으로 구분된다. 가짜뉴스는 "① 작성주체와 상관없이, ② 허위의 사실관계를, ③ 허위임을 인식하면서, ④ (주로) 정치적·경제적인 목적을 가지고, ⑤ 기사의 형식으로 작성한 것"으로 정의한다.

( ii ) 가짜뉴스는 특히 선거과정에서 문제를 야기한다. 이에 프랑스에서는 선거기간 동안 정보조작대처법률을 작동시킨다. 독일에서는 혐오발언에 대한 인격권보호를 위하여 네트워크시행법을 제정하였다. 프랑스나 독일의 사회적 책임이론과는 달리 사상의 자유시장이론에 입각한 미국에서의 표현의 자유에 관한 논의도 가짜뉴스에 직면하면서 새로운 규제 대책을 논의한다.

( iii ) 2017년 한국의 대통령 선거 이후 특별검사(드루킹의 인터넷상 불법 댓글 조작 사건과 관련된 진상규명을 위한 특별검사의 임명 등에 관한 법률)가 드루킹 일당의 매크로 프로그램을 동원한 정보조작을 수사하였다. 그 이전 '미네르바' 사건도 가짜뉴스를 SNS에 유포시킨 전형적인 사례이다. 헌법재판소는 "공익을 해할 목적으로" "공연히 허위의 통신을 한 자"를 처벌하는 전기통신기본법에 대하여 위헌결정을 내린 바 있다(헌재 2010.12.28. 2008헌바157, 전기통신기본법 제47조 제1항 위헌소원(위헌)). 이와 관련하여 인터넷포털사이트의 법적 지위와 가짜뉴스에 해당되는지 여부가 문제된다. 다른 한편, 시민방송RTV(민족문제연구소)가 제작한 '백년전쟁'은 대법관 7 : 6으로 원심이 파기환송되었다(대판(전합) 2019.11.21. 2015두49474, 제재조치명의취소).

( iv ) 현행법상 가짜뉴스에 대한 일련의 법적 규제로는 다음과 같다. ① 가짜뉴스 생성자 본인의 책임으로는 형법상 책임(제307조 제2항·제314조), '정보통신망 이용촉진과 정보보호 등에 관한 법률'상 피해자의 삭제 또는 반박게재요구권(제44조의2), 민·형사 책임(제70조), 명예훼손에 대한 민·형사 소제기를 위한 사전절차(명예훼손분쟁조정제도)(제44조의6), 공직선거법상 책임(당선되거나 되게 할 목적, 당선되지 못하게 할 목적에 따른 책임)(제250조)이 있다. ② 가짜뉴스 전달 매개자의 책임으로는 정보통신망법상 타인의 권리를 침해하는 가짜뉴스 유통에 대한 책임, 공직선거법상 책임으

로 가짜뉴스에 대한 삭제 또는 취급의 거부·정지·제한 등의 조치($\frac{제82조}{의4}$), 실명 확인($\frac{제82조}{의6}$) 등이 있다. 하지만, 여전히 법적 규제가 미흡하다는 여론에 따라 포털의 책임을 강화하는 가짜뉴스 대응 관련 새로운 법안이 제시되고 있다.

### 3. 액세스access권

#### (1) 의  의

##### A. 개  념

매스 미디어에 대한 액세스권이란 언론매체에 접근하여 언론매체를 이용할 수 있는 언론매체접근·이용권이다. 즉, 국민이 자신의 사상이나 의견을 표명하기 위하여 언론매체에 자유로이 접근·이용할 수 있는 권리를 말한다.

##### B. 기  능

액세스권은 "매스 미디어에 대한 의사표현"을 가능하게 함으로써 표현의 자유를 실질화하는 데 이바지한다. 특히 액세스권을 통하여 매스 미디어에 다양한 사상과 의견을 반영함으로써, 언론기관의 자의에 의한 여론왜곡현상을 방지하여, 공정하고 정확한 정보를 보도하도록 강제하는 기능을 수행한다.

#### (2) 헌법적 근거

한국헌법에서 액세스권의 근거로서는, ① 헌법 제21조의 언론·출판의 자유로부터 출발하여야 한다. ② 액세스권은 헌법 제10조의 인간의 존엄과 가치에 기초한 인격권의 보호를 위하여 인정되어야 하며, 특히 반론권 및 해명권의 헌법적 근거이다. ③ 헌법 제34조 제1항의 "인간다운 생활을 할 권리"를 보장하기 위하여서도 액세스권이 필요하다.

#### (3) 법적 성격

액세스권은 개인이 누리는 주관적 공권이다. 하지만, 액세스권은 언론사 등 사인을 대상으로 하는 점에서 정보공개청구권과 구별된다.

#### (4) 내  용

##### A. 넓은 의미의(일반적) 액세스권과 좁은 의미의 액세스권

(ⅰ) 넓은 의미 내지 일반적 액세스권general right of access은 국민이 매스 미디어를 이용하여 자신의 사상이나 의견을 표명할 수 있는 권리이다. 좁은 의미의 액세스권은 매스 미디어에 의하여 명예훼손·비판·공격 등을 당한 국민이 해당 매스 미디어에 대하여 자기와 관련이 있는 보도에 대한 반론 내지 해명을 요구할 수 있는 권리를 말한다. 좁은 의미의 액세스권은 반론보도청구권이나 정정보도청구권

등으로 구현된다.

(ii) 대통령이 텔레비전이나 라디오 시간을 이용하여 국민에게 호소한 후에 야당이 반박시간을 요구하는 권리는 한정적 액세스권limited right of access이다.

(iii) 의견광고는 "광고주가 광고란廣告欄·광고시간에 따라 대가를 지불하고 매스 미디어에 자신의 의견을 광고라는 형식을 통하여 선전하는 것"으로서, 그것은 상업적 광고의 성격을 가지기 때문에 순수한 의미의 언론과 구별된다.

B. 방송매체의 특수성

"매체가 다르면 그만큼 매체에 대한 규제의 정도와 내용도 다르다." 인쇄매체는 방송매체와 달리 등록제를 채택한다. 그러나 방송은 주파수자원의 유한성으로 인하여 그 설립에서부터 허가제를 채택하며, 방송법은 전반적으로 시청자권리의 강화를 위한 일련의 액세스권을 규정한다.

(5) 한　계

액세스권은 언론기관의 계약의 자유·언론의 자유를 과도하게 침해하여서는 아니 된다. 액세스권이 언론의 자유와 충돌할 경우 규범조화적 해석이 요구된다.

## 4. 보도의 자유

(1) 언론기관시설법정주의

A. 의　의

헌법 제21조 제3항은 "통신·방송의 시설기준과 신문의 기능을 보장하기 위하여 필요한 사항은 법률로 정한다"라고 하여 언론기관시설법정주의를 명시한다. 구 '신문 등의 자유와 기능보장에 관한 법률'을 대체한 '신문 등의 진흥에 관한 법률', 방송법, '잡지 등 정기간행물의 진흥에 관한 법률' 및 '뉴스통신 진흥에 관한 법률'은 언론기관의 설립에 있어서 일정한 제한규정을 둔다. 정기간행물의 등록제, 방송의 허가제, 대기업의 일반일간신문 소유 등 제한, 뉴스통신의 허가제 등이 그것이다. 그러나 시설기준제한에 대하여 부정적인 견해도 제기된다.

B. 신문·통신·방송의 겸영금지

신문·통신·방송의 겸영금지謙營禁止는 언론기업의 독과점으로 야기될 국민의 사의 왜곡현상을 시정하려는 입법적 조치이다. 헌법재판소는 구 신문법의 일간신문과 방송사업의 겸영금지(제15조)에 대하여 이종異種미디어 간 겸영금지는 합헌(개정법은 겸영허용)이지만, 동종미디어 간 일률적 겸영금지는 직업의 자유 및 재산권을 침해한다는 이유로 헌법불합치결정을, 신문사업자를 쉽게 시장지배적 사업자로 추정하는 규정은 위헌결정을 내렸다(헌재 2006.6.29. 2005헌마165등, 신문등의자유와기능보장에관한). 이
에 따라 일간신문과 뉴스통신의 상호 간 겸영금지를 폐지하고, 일간신문·뉴스통
신 또는 방송사업법인의 주식·지분 소유자로 하여금 일간신문법인의 주식 및
지분 취득 제한의 폐지를 규정한 '신문 등의 진흥에 관한 법률'이 제정되었다. 또
한 방송법은 일정한 소유제한을 규정한다.

### C. 일간신문의 독과점규제

일간신문의 독과점규제에 관한 구 신문법의 제한은 헌법재판소의 위헌결정
(헌재 2006.6.29.
2005헌마165등)에 따라 '신문 등의 진흥에 관한 법률'에서는 폐지되었다.

### (2) 취재의 자유

#### A. 의 의

보도의 자유는 취재의 자유를 당연히 포함한다. 다만, 취재의 자유는 질서유
지, 프라이버시보호, 국가기밀유지를 위한 제한을 받는다. 법정에서의 사진촬영·
녹화·중계방송 등은 재판장의 허가 없이는 행할 수 없다(법원조직
법 제59조).

#### B. 국가비밀보호

국가는 비밀보호에 관한 법령규정에 근거하여 정보를 공개하지 아니할 수 있
으며, 공무원은 재직 중은 물론 퇴직 후에도 직무상 지득한 비밀을 엄수하여야
한다(국가공무원
법 제60조).

#### C. 취재원비닉권

헌법에서 언론의 자유의 한 내용으로서 비닉권秘匿權을 인정하여야 한다. 다만,
취재원비닉권도 공공의 이익을 위하여 제한을 받는다. 하지만, 취재원에 대한 진술
거부권은 법적으로 인정되지 아니한다.

　"신문 및 인터넷신문은 제1항의 언론자유의 하나로서 정보원에 대하여 자유로이 접근
할 권리와 그 취재한 정보를 자유로이 공표할 자유를 가진다"(신문법 제
3조 제2항).

### (3) 언론기관 내부의 자유

언론기관이 대기업화·독과점화·상업화함에 따라, 언론경영자의 인사권·경
리권·운영권이 언론종사자의 편집권을 침해하지 아니하도록, 경영권으로부터
편집·편성권의 제도적 보장이 마련되어야 한다.

### (4) 방송의 자유

#### A. 방송의 개념

방송이라 함은 방송프로그램을 기획·편성 또는 제작하여 이를 시청자에게
전기통신설비에 의하여 송신하는 것으로서 텔레비전방송·라디오방송·데이터방

송·이동멀티미디어방송을 포괄한다($^{제2}_{조}$).

### B. 방송의 자유와 공적 책임

영상매체가 눈부시게 발달하면서 방송의 자유의 새로운 법적 대응에는 동시에 방송의 책임도 강조된다($^{방송법}_{제4조}$).

### C. 방송의 자유와 한국방송공사의 텔레비전 수신료 징수

공영방송이 언론의 자유의 주체로서 공적 책무를 수행하기 위하여서는 국가권력이나 사회 제 세력으로부터 독립성을 견지하여야 한다. 이를 위하여 재정 독립성이 요구되며, 텔레비전 수신료 징수는 공영방송의 존립을 위한 재정적 토대이다. 텔레비전방송 수신료는 1994년부터 전기요금과 함께 부과되어왔다. 그런데 2023년 정부는 수신료의 징수를 전기요금과 결합하여 행할 수 없도록 하는 내용의 방송법 시행령($^{제43조}_{제2항}$)을 일부 개정하였다. 이에 대하여 헌법재판소는 수신료 분리징수 그 자체는 합헌이라고 판시한다(6:3) ($^{헌재\ 2024.5.30.\ 2023헌마820등.\ 방송법}_{시행령\ 입법예고\ 공고\ 취소(기각,각하)}$).

텔레비전방송 수신료는 종래 한국방송공사법에 따라 한국방송공사가 수신료 금액을 결정하고 문화관광부장관의 승인을 얻도록 되어 있었다. 그러나 이에 대하여 헌법재판소가 헌법불합치결정을 내렸다($^{헌재\ 1999.5.27.\ 98헌바70,\ 한국방송공사법\ 제}_{35조\ 등\ 위헌소원(헌법불합치,잠정적용,합헌)}$).

이에 따라 개정된 방송법은 수신료의 금액은 한국방송공사의 이사회에서 심의·의결한 후 방송위원회를 거쳐 국회의 승인을 얻도록 규정하고 있다($^{제65}_{조}$).

### D. 방송의 자유와 방송광고

방송매체의 특수성에 따라 방송광고는 과거에 한국방송광고공사의 독점적 체제를 유지하였다. 하지만, 헌법불합치결정에 따라 '방송광고판매대행 등에 관한 법률'을 제정하였다($^{헌재\ 2008.11.27.\ 2006헌마352,\ 방송법\ 제73}_{조\ 제5항\ 등\ 위헌확인(헌법불합치,잠정적용)}$). 이제 방송광고판매대행업에 허가제를 도입함으로써 복수의 방송광고판매대행업체가 존재할 수 있게 되었다.

### (5) 표현의 자유와 인터넷매체

#### A. 의 의

인터넷Internet이란 "전 세계 수많은 컴퓨터 네트워크의 집단을 서로 연결한 거대한 네트워크" 즉, "네트워크들의 네트워크network of networks"로 정의된다. 인터넷매체는 인터넷신문과 인터넷방송으로 구별할 수 있다.

#### B. 인터넷매체의 법적 지위

( i ) "'인터넷신문'이라 함은 컴퓨터 등 정보처리능력을 가진 장치와 통신망을 이용하여 정치·경제·사회·문화 등에 관한 보도·논평·여론 및 정보 등을 전파하기 위하여 간행하는 전자간행물로서 독자적 기사생산과 지속적인 발행 등

대통령령이 정하는 기준을 충족하는 것을 말한다"($\substack{\text{신문법} \\ \text{제2조 제2호}}$). 독자적인 기사 생산을 위하여서는 ① 주간 게재 기사 건수의 100분의 30 이상을 자체적으로 생산한 기사로 게재할 것($\substack{\text{시행령 제2조} \\ \text{제1항 제1호}}$), ② 지속적인 발행요건으로서 주간 단위로 새로운 기사를 게재할 것($\substack{\text{시행령 제2조} \\ \text{제1항 제2호}}$)이라는 요건을 충족하여야 한다. 즉, 동일한 제호題號로 주 1회 이상 계속 제작되어야 한다($\substack{\text{헌재 2016.10.27. 2015헌마1206등, 신문 등의 진흥에} \\ \text{관한 법률 제2조 제2호 등 위헌확인 등(위헌,기각,각하)}}$).

(ⅱ) "인터넷방송이라 함은 인터넷을 통하여 방송프로그램을 기획·편성 또는 제작하여 이를 공중(개별계약에 의한 수신자를 포함)에게 송신하는 것"으로 정의한다. 인터넷방송은 여러 가지 기술적 방식이 원용되고 있으나 일반적으로 웹캐스팅webcasting, 스트리밍 미디어streaming media방식이 이용된다. 인터넷방송을 방송법에서 방송의 일종으로 편입할 경우에는, 무엇보다도 기존 방송의 특성에 기초한 방송의 공공성과 공익성에 대한 근본적인 변화를 초래할 소지가 있다.

C. 인터넷매체의 규제 모델

(ⅰ) 인터넷매체를 사상의 자유시장으로 맡겨둘 것인지 아니면 규제를 할 것인지에 관한 정책적인 판단이 뒤따라야 한다. 궁극적으로 인터넷신문과 인터넷방송이 통합되는 시청각법 내지 방송통신법의 제정으로 나아가야 한다.

(ⅱ) 인터넷매체에 대한 내용규제의 방향은 전 세계적인 인터넷매체에 대한 법적 규제의 공통적인 흐름인 폭력, 외설, 명예훼손, 사생활침해, 청소년문제, 저작권침해 등에 관한 규제에 한정될 수밖에 없다.

D. 검    토

인터넷매체와 관련된 법적 규제나 지위에 관한 기본적인 적용 법률은 기존 언론관련법제의 틀을 뛰어넘는 정보통신관련법제가 되어야 한다. 이 경우 방송통신법제는 전통적인 방송과 인터넷매체를 구획하는 이중의 틀을 마련하여야 한다.

# Ⅵ 언론·출판의 자유의 제한

## 1. 사전제한

### (1) 헌법 제21조 제2항의 의의

"언론·출판에 대한 허가나 검열은 인정되지 아니한다"($\substack{\text{제21조·} \\ \text{제2항}}$). 허가제나 검열제가 허용될 경우에는, 국민의 정신생활에 미치는 위험이 클 뿐만 아니라, 관제의견官製意見이나 권력자에게 해가 되지 아니하는 여론만이 허용되는 결과를 초래할 염려가 있다.

(2) 허가제의 금지

언론에 관한 허가제는 자연적 자유를 일단 전면적으로 제한·금지하고, 국가기관이 표현 전에 내용을 선별하여 특정한 경우에 한하여 그 제한·금지를 해제하는 행정처분이기 때문에 금지된다. 다만, 방송의 특성에 따라 방송법은 허가·승인·등록 등을 규정한다($\substack{제9 \\ 조}$).

(3) 검열제의 금지

(a) 검열의 의미    검열檢閱이란 행정권이 주체가 되어 사상이나 의견 등이 발표되기 이전에 예방적 조치로서 그 내용을 심사·선별하여 발표를 사전에 억제하는 제도"를 말한다($\substack{\text{헌재 2005.2.3. 2004헌가8, 구 음반·비디오물및} \\ \text{게임물에관한법률 제16조 제1항 등 위헌제청(위헌)}}$).

(b) 검열의 요건    검열금지의 원칙이란 의사표현의 발표 여부가 오로지 행정권의 허가에 달려있는 사전심사의 금지를 뜻한다.

(ⅰ) 검열의 주체로서 행정권    검열의 주체는 국가기관이 아니라 행정권이다. 법원은 분쟁해결·권리보호기관이기 때문에 검열의 주체로 볼 수 없다.

(ⅱ) 표현물의 내용에 대한 사전심사    표현내용에 대한 심사가 아닌 경우에는 비록 발표 이전에 행하여진다고 하더라도 검열에 해당되지 아니한다. 헌법재판소는 정기간행물의 등록제, 옥외광고물의 사전허가, 종합유선방송의 사전허가, 비디오물의 등급분류제, 법원에 의한 방영금지 가처분, 건강기능식품 표시광고의 사전심의 등은 합헌이라고 판시한다. 반면에, 영화·음반·비디오물의 사전심의, 영화등급보류제, 비디오등급보류제, 외국비디오물 수입추천제, 외국음반 국내제작 추천제, 텔레비전 방송광고 사전심의, 방송위원회로부터 위탁받은 한국광고자율심의기구의 텔레비전 방송광고의 사전심의, 사전심의를 받지 아니한 의료광고의 금지는 검열에 해당한다고 본다.

(ⅲ) 허가를 받기 위한 표현물의 제출의무, 허가를 받지 아니한 의사표현의 금지 및 심사절차를 관철할 수 있는 강제수단의 존재    허가를 받지 아니하면 의사표현이 금지되고, 그러한 금지가 행정명령·과태료·형벌 등에 의하여 실제로 강제되는 경우에만, 검열이 의사표현에 대한 위헌적인 제한으로 작용한다.

(c) 연예·영화에 대한 사전검열    헌법재판소는 공연윤리위원회 및 공연예술진흥협의회의 사전심의제도, 영상물등급위원회에 의한 비디오물 등급분류보류제도, 영화진흥법의 등급분류보류의 횟수제한이 없는 영화상영등급분류제도는 사전검열에 해당된다고 하여 위헌 결정을 내린 바 있다($\substack{\text{헌재 2001.8.30. 2000헌가9, 영화진} \\ \text{흥법 제21조 제4항 위헌제청(위헌)}}$). 이에 따라 영화의 등급분류보류제도가 삭제되고 완전등급제가 실시된다.

(d) 등록·신고제와 사전검열    등록이나 신고는 행정적 필요에 의하여 요건을 갖추어 신청하는 것까지만 요구하고, 의사표현의 내용 규제가 아니므로, 사전허가나 검열과는 달리 허용된다. 하지만, 등록제가 실질적으로 허가제나 검열제와 유사한 법적 효과를 가질 경우에는 위헌이다(헌재 1996.8.29. 94헌바15, 영화법 제4조 제1항 등 위헌소원(합헌)).

(4) 예외적인 사전제한

표현의 자유도 상대적 자유이기 때문에 예외적으로 사전제한이 가능할 수 있다. 이에 따라 검열에 해당하지 아니하는 한, 엄격한 조건에 따라 극히 한정적으로 허용될 수 있다.

### 2. 사후제한

언론의 자유도 헌법 제37조 제2항의 일반적 법률유보에 의한 제한을 받는다. 그러나 공적 규제는 남용의 위험이 크기 때문에 언론기관의 자율적 규제에 맡길 필요가 있다. 언론기관의 자율적 규제를 강화하기 위하여 '언론중재 및 피해구제 등에 관한 법률'과 '방송통신위원회의 설치 및 운영에 관한 법률'은 언론중재위원회(언론중재법 제7조), 방송통신위원회(방통법 제2장), 방송통신심의위원회(제5장) 등의 설치와 운영에 관한 사항을 규정한다.

## Ⅶ  언론·출판의 자유의 한계와 책임

### 1. 의    의

헌법 제21조 제4항은 "언론·출판은 타인의 명예나 권리 또는 공중도덕이나 사회윤리를 침해하여서는 아니된다"라고 규정한다. 헌법규정에 따라 신문법은 언론의 사회적 책임을(제4조), '언론중재 및 피해구제 등에 관한 법률'도 언론의 사회적 책임을(제4조), 방송법도 방송의 공적 책임과(제5조) 공정성과 공익성을(제6조) 강조하며, 공직선거법도 언론기관의 공정보도의무를(제8조) 규정한다.

### 2. 국가기밀國家機密

국가기밀은 비공지의 사실(넓은 의미)로서, 국가의 안전에 대한 불이익의 발생을 방지하기 위하여 '요비닉성'要秘匿性이 있는 동시에, 그것이 누설되는 경우 국가의 안전에 명백한 위험을 초래한다고 볼 만큼의 실질적 가치가 있는 '실질비성'實質秘性을 갖추어야 한다(헌재 1997.1.16. 92헌바6등, 국가보안법 위헌소원(한정합헌,합헌)).

## 3. 명예훼손名譽毁損

( i ) 고의 또는 과실로 명예를 해하면 민법상 불법행위가 된다($\substack{민법 제750\\조·제751조}$). 또한 '정보통신망 이용촉진 및 정보보호 등에 관한 법률'(약칭 정보통신망법)에서도 사이버명예훼손죄($\substack{제70\\조}$)로 처벌한다.

형법($\substack{형법 제307조-\\제310조}$)에서는 "공연히 사실을 적시하여 사람의 명예를 훼손한 자" ($\substack{제307조\\제1항}$), "사람을 비방할 목적으로 신문, 잡지 또는 라디오 기타 출판물에 의하여 제307조제1항의 죄를 범한 자"($\substack{제309\\조}$)도 처벌한다. 그러나 그 행위가 "진실한 사실로서 오로지 공공의 이익에 관한 때에는 처벌하지 아니한다"($\substack{제310\\조}$). 하지만, "공연히 허위의 사실을 적시하여" "사람의 명예를 훼손한 자"($\substack{제307조\\제2항}$) 및 "사자의 명예를 훼손한 자"($\substack{제308\\조}$)도 처벌한다. 이에 따라 형법상 명예훼손죄에는 '공연히'·'사실을 적시'·'허위'·진실한 사실·'공공의 이익' 등에 대한 해명이 필요하다. 공연히 사실을 적시하여 명예를 훼손하면 형법상 범죄가 될 뿐만 아니라($\substack{형법 제307조-\\제310조}$), 고의 또는 과실로 명예를 해하면 민법상 불법행위가 된다($\substack{민법 제750조·\\제751조}$). 그러나 타인의 명예를 훼손한 언론·출판이라 하더라도 "진실한 사실로서 오로지 공공의 이익에 관한 때에는 처벌하지 아니한다"($\substack{형법\\제310조}$). '정보통신망 이용촉진 및 정보보호 등에 관한 법률'의 "비방할 목적으로 정보통신망을 통하여 공연히 거짓 사실을 적시"한 사이버명예훼손죄($\substack{제70조\\제2항}$)는 합헌이다($\substack{헌재 2021.3.25. 2015헌바438등, 정보통신망 이용촉진 및\\정보보호 등에 관한 법률 제70조 제2항 위헌소원(합헌)}$).

인터넷 포털 뉴스기사 '댓글 일부'만을 근거로 정보통신망법 제70조 제2항의 명예훼손 피의사실을 인정한 기소유예처분을 취소하였다. 명예훼손죄의 범죄구성요건 성립 여부는 "㉠ 해당 뉴스기사의 내용, ㉡ 해당 댓글이 기재될 당시 관련 댓글들의 상황, ㉢ 해당 댓글의 전문"을 종합적으로 확인하여 엄격히 판단하여야 한다($\substack{헌재 2024.2.28. 2023헌마739,\\기소유예처분취소(인용(취소))}$).

헌법재판소는 형법 제307조 제2항에 대한 합헌결정($\substack{헌재 2021.2.25. 2016헌바84, 형\\법 제307조 제2항 위헌소원(합헌)}$)과 달리, 제307조 제1항에 대하여는 인격권을 강조하는 법정의견(5인)과 표현의 자유를 강조하는 반대의견(4인)이 첨예하게 대립한다($\substack{헌재 2021.2.25. 2017헌마1113등,\\형법 제307조 제1항 위헌확인(기각)}$).

( ii ) 특히 공적 인물에 대한 언론매체의 명예훼손 행위가 현실적 악의에 의한 것임을 피해자가 입증하여야 한다는 현실적 악의actual malice의 이론도 제기된다.

## 4. 사생활의 비밀과 자유

헌법 제17조의 사생활과 비밀의 자유 규정에 따라 '개인정보 보호법' 등이 제정된다. 그러나 대중적·상업적 매스 미디어의 범람으로 인하여 야기되는 분명한 사생활의 침해는 처벌($^{형법 제309}_{조 이하}$)되거나 불법행위가 된다.

### 5. 공중도덕公衆道德과 사회윤리社會倫理

공중도덕과 사회윤리는 특히 음란·외설적인 보도와 관련된다. 형법 제243조는 음란한 문서·도화 등을 반포·판매·임대하거나 공연히 전시한 자를 처벌하고 있으나 음란개념의 불명확성이 특히 문제된다.

## Ⅷ 언론·출판의 자유의 침해와 구제

### 1. 의    의

국가권력이 언론·출판의 자유를 침해할 때 언론·출판의 자유의 우월적 지위이론으로 보장받아야 한다. 그러나 언론기관이나 사인에 의하여 개인의 언론·출판의 자유가 침해된 경우, 기본권의 대사인적 효력에 관한 직접적용설에 따라 직접 헌법을 근거로 구제받을 수 있다.

### 2. 언론·출판에 의한 기본권의 침해와 구제

#### (1) 의    의

헌법 제21조 제4항 제2문은 "언론·출판이 타인의 명예나 권리를 침해한 때에는 피해자는 이에 대한 피해의 배상을 청구할 수 있다"라고 하여 언론의 사후책임을 명시하고, 이에 따라 '언론중재 및 피해구제 등에 관한 법률'이 제정되었다.

#### (2) 구제방법

(ⅰ) 언론보도로 인한 기본권 침해에 대한 피해의 구제방법으로는 언론사에 직접 시정요구, 피해구제기구의 이용, 소송제기 등이 있다. 언론사의 자율적인 구제나 민간단체를 통한 구제방법은 만족스러운 정도로 정착되지 못한다.

(ⅱ) 이에 법적 효과를 동반하는 손해배상청구·사전유지事前留止·사죄광고·반론권에 의한 구제방법 등이 원용된다. 이 중에서 사죄광고제도는 헌법재판소의 위헌결정($^{헌재 1991.4.1, 89헌마160, 민법 제764조}_{의 위헌여부에 관한 헌법소원(한정위헌)}$)에 의하여 판결문공시의 방법으로 대체되었다.

(ⅲ) 그런데, 사법적 구제제도는 ① 고의·과실 등 귀책사유를 전제로 하고 손해 기타 법익의 침해에 대한 구체적 입증이 필요하며, ② 소송제도는 본질적으로 신속한 구제를 기대하기 어렵고, ③ 금전적 배상만으로는 개인의 법익보호에 미흡한 점이 많다. 이에 언론중재법에서는 정정보도청구권·반론보도청구권과 추후

보도청구권을 규정한다.

### (3) 반론권·정정권의 제도화와 언론중재

(a) 정정보도청구권　　　"'정정보도'란 언론의 보도 내용의 전부 또는 일부가 진실하지 아니한 경우 이를 진실에 부합되게 고쳐서 보도하는 것을 말한다"(제2조 제16호). "사실적 주장에 관한 언론보도등이 진실하지 아니함으로 인하여 피해를 입은 자는 해당 언론보도가 있음을 안 날부터 3개월 이내에 언론사·인터넷뉴스서비스사업자 및 인터넷 멀티미디어 방송사업자에게 그 언론보도등의 내용에 관한 정정보도를 청구할 수 있다. 다만, 해당 언론보도등이 있은 후 6개월이 경과한 때에는 그러하지 아니하다." 정정보도의 청구에는 "언론사등의 고의·과실이나 위법성을 요하지 아니한다"(언론중재법 제14조).

(b) 반론보도청구권　　　"'반론보도'란 언론의 보도 내용의 진실 여부와 관계없이 그와 대립되는 반박적 주장을 보도하는 것을 말한다"(제2조 제17호). "사실적 주장에 관한 언론보도등으로 인하여 피해를 입은 자는 그 보도내용에 관한 반론보도를 언론사등에 청구할 수 있다." "청구에는 언론사등의 고의·과실이나 위법성을 필요로 하지 아니하며, 보도 내용의 진실 여부와 상관없이 그 청구를 할 수 있다." "반론보도청구에 관하여는 따로 규정된 것을 제외하고는 정정보도청구에 관한 규정을 준용한다"(제16조). 다만, 반론보도청구인이 스스로 허위임을 알면서도 반론보도를 청구하는 것은 허용되지 아니한다.

(c) 추후보도청구권　　　"언론등에 의하여 범죄혐의가 있거나 형사상의 조치를 받았다고 보도 또는 공표된 자는 그에 대한 형사절차가 무죄판결 또는 이와 동등한 형태로 종결되었을 때에는 그 사실을 안 날부터 3개월 이내에 언론사등에 이 사실에 관한 추후보도의 게재를 청구할 수 있다"(제17조).

(d) 인터넷뉴스서비스에 대한 특칙　　　"인터넷뉴스서비스"란 언론의 기사를 인터넷을 통하여 계속적으로 제공하거나 매개하는 전자간행물을 말한다. 인터넷뉴스서비스사업자는 언론중재법의 정정보도청구, 반론보도청구 또는 추후보도청구를 받은 경우 지체없이 해당 기사에 관하여 정정보도청구 등이 있음을 알리는 표시를 하고 해당 기사를 제공한 언론사등에 그 청구내용을 통보하여야 한다"(제17조의2).

(e) 언론중재위원회　　　"언론등의 보도 또는 매개로 인한 분쟁조정·중재 및 침해사항을 심의하기 위하여 언론중재위원회를 둔다"(제7조).

"조정은 신청접수일부터 14일 이내에 하여야" 한다. "출석요구를 받은 신청인이 2회에 걸쳐 출석하지 아니한 경우에는 조정신청을 취하한 것으로 보며, 피신청 언론사등이 2회에 걸쳐 출석하지 아니한 때에는 조정신청 취지에 따라 정정보도등을 이행하기로 합의한 것으로 본다"(제19조).

한편, 위원회는 "직권으로 조정을 갈음하는 **직권조정결정**을 할 수 있다"(제22조).

정정보도·반론보도 및 추후보도청구의 소를 중재위원회의 절차를 거치지 아니하고서도 법원에 제기할 수 있으며, 법원은 접수 후 3개월 이내에 판결을 선고하여야 한다(제26조. 제27조).

(4) 방송통신심의위원회의 심의

( i ) '방송통신위원회의 설치 및 운영에 관한 법률'에서는 방송통신위원회와 방송통신심의위원회를 규정한다. 방송통신위원회는 방송과 통신의 융합 환경에 능동적으로 대응하여 방송의 자유와 공공성 및 공익성을 높이고, 국민의 권익보호와 공공복리의 증진에 이바지함을 목적으로, 대통령소속으로 설치된 위원회이다(제1조. 제3조). 방송통신심의위원회는 "방송 내용의 공공성 및 공정성을 보장하고 정보통신에서의 건전한 문화를 창달하며 정보통신의 올바른 이용환경 조성을 위하여 독립적으로 사무를 수행하는" 기구이다(제18조).

( ii ) 방송통신심의위원회는 우리나라에 독특한 제도인데, 방송에 대한 사전검열 내지 사후통제에 대한 우려를 불식시켜야 한다.

# 제6항 알 권리

## Ⅰ 의 의

(ⅰ) 최근에 제정 또는 개정된 외국 헌법들은 알 권리를 헌법상 기본권으로 규정한다. 일찍이 독일기본법 제5조 제1항과 세계인권선언 제19조에서는 알 권리를 규정한다. 한국헌법에는 명문의 규정은 없지만 알 권리를 헌법적 가치를 가진 기본권으로 이해하는 데 이론이 없다(2018년 문재인 대통령 헌법개정안에도 명시).

(ⅱ) 알 권리(정보의 자유)라 함은 일반적으로 접근할 수 있는 정보를 받아들이고, 받아들인 정보를 취사·선택할 수 있고(소극적 자유), 의사형성·여론형성에 필요한 정보를 적극적으로 수집할 수 있는(적극적 자유) 권리이다.

## Ⅱ 알 권리의 헌법의 근거

헌법에 명문의 규정은 없지만, 알 권리는 헌법 제1조(국민주권주의), 제10조(인간의 존엄), 제21조 제1항(표현의 자유)에서 그 주된 근거를 찾아야 한다. 그 밖에도 헌법전문, 제34조 제1항(인간다운 생활을 할 권리)도 근거가 될 수 있다.

## Ⅲ 알 권리의 법적 성격

(ⅰ) 알 권리는 복합적 성격이 있는데, 특히 청구권적 기본권의 성격에 따라 직접 정보공개청구권을 도출함으로써 구체적 권리성을 인정한다.

(ⅱ) 알 권리의 구체화 법률로서 '공공기관의 정보공개에 관한 법률'과 '교육관련기관의 정보공개에 관한 특례법', '원자력안전 정보공개 및 소통에 관한 법률'이 있다. 또한 알 권리를 구현하기 위하여 '공공기록물 관리에 관한 법률'과 '대통령기록물 관리에 관한 법률'이 제정되어 있다.

## Ⅳ 알 권리의 주체·효력

(ⅰ) 알 권리의 주체는 원칙적으로 자연인인 대한민국 국민이다. 그러나 오늘

날 알 권리가 가지는 인간존엄의 실현원리로서의 성격에 비추어, 외국인에게도 인정할 필요성이 있다. 법인에 대하여도 알 권리를 인정하여야 한다.

(ⅱ) 알 권리는 원칙적으로 대국가적 효력을 가지는 기본권이다. 다만, 예외적으로 사인 사이에도 간접적용되는 경우가 있을 수 있다.

## V 알 권리의 내용

### 1. 소극적인 정보의 수령권受領權

국민이 정보를 수령·수집하면서 국가권력의 방해를 받지 아니하여야 한다. 알 권리의 실질적 구현을 위하여서는, 제공되는 정보가 객관적이고 공정한 정보이어야 하므로, 알 권리와 언론(보도)의 자유는 서로 보완적 관계에 있다.

### 2. 적극적인 정보의 수집권(정보공개청구권)

알 권리의 적극적인 구현은 정보공개제도로 달성될 수 있다. 한편, 알 권리와 서로 보완 관계에 있는 자기정보에 대한 통제권도, 일응 알 권리의 관점에서 이해할 수 있다. 즉, 공공기관이 보유하는 개인정보에 대하여 국민 개개인이 접근·이용할 수 있어야 한다.

## VI 알 권리의 제한과 한계

알 권리도 헌법 제37조 제2항에 따라 제한이 가능하다. 알 권리의 제한은 정보공개법의 공개제외대상과 직접적으로 연관된다. '공공기관의 정보공개에 관한 법률' 제9조 제1항에 명시되어 있는 구체적 내용은 ① 법령상 비밀, ② 안보·국방·통일·외교 관련 정보, ③ 국민의 생명·신체·재산 및 공공안전 관련 정보, ④ 재판·수사 등 관련 정보, ⑤ 감사·감독·계약·의사결정 관련 정보 등, ⑥ 이름·주민등록번호 등 개인정보, ⑦ 법인의 경영·영업비밀 정보, ⑧ 부동산투기·매점매석 등 관련 정보 등이다.

# 제 7 항   집회 · 결사의 자유

## I   의   의

（ⅰ）헌법 제21조 제1항에서는 언론 · 출판의 자유와 더불어 집회 · 결사의 자유를 규정한다. 집회 · 결사의 자유는 언론 · 출판의 자유의 집단적 성격의 표현이다. 집회나 결사는 사회의 질서유지에 미치는 영향력이 언론이나 출판보다 훨씬 직접적이기 때문에, 언론 · 출판의 자유보다 더 강력한 국가적 통제를 받는다.

（ⅱ）집회 · 결사의 자유는 집회나 집단행동을 통하여 단순히 자신의 의사표명을 하는 데 그치지 아니하고, 다른 사람과의 의사교환을 통하여 새로운 여론을 조성할 수 있는 유효한 수단이다. 이에 집회 · 결사의 자유는 "표현의 자유의 실질화를 위한 조건 또는 보완적 기능"을 가진다. 또한 집회 · 결사의 자유는 소외된 정치적 소수자들의 목소리를 반영할 수 있는 방편이라는 점에서, 다수결 원리에 입각한 현대 대의제도를 보완하는 기능을 가진다. 바로 그런 점에서 집회 · 결사의 자유는 개인의 인격발현과 민주주의의 실천이라는 이중적 기능을 가진다.

## II   집회의 자유

### 1. 집회의 자유의 법적 성격

집회의 자유는 국가권력의 간섭이나 방해를 배제할 수 있는 주관적 공권이다. 하지만, 집회의 자유를 집회제도의 보장으로 보기는 어렵다.

### 2. 집회의 자유의 주체 · 효력

（ⅰ）집회의 자유의 주체는 원칙적으로 국민이지만, 외국인이나 무국적자도 헌법에서 특별히 금지할 사유가 없으면 널리 인정하여야 한다. 자연인뿐만 아니라 법인도 일정한 범위 안에서 집회의 자유의 주체가 될 수 있다.

（ⅱ）집회의 자유는 주관적 공권이므로 모든 국가권력을 구속한다. 집회의 자유의 대사인적 효력은 간접적용설에 따라 보장된다. '집회 및 시위에 관한 법률' 제3조는 집회의 자유의 대사인적 효력을 수용한다.

### 3. 집회의 자유의 내용

#### (1) 집회의 개념

（ⅰ）집회란 다수인이 일정한 장소에서 공동목적을 가지고 회합하는 일시적 결합체를 말한다. 다수인은 2인 이상이라는 학설도 있지만, 최소한 3인 이상이어야 한다. 그러나 대법원은 2인 이상으로 본다(대판 2012.5.24. 2010도11381). 집회는 일시적 결합체란 점에서 결사와 구별된다. 공동목적이 있어야 하므로, 집회에 참가한 다수인 사이에는 "내적인 유대감에 의한 의사접촉"이 있어야 한다.

（ⅱ）'집회 및 시위에 관한 법률'에서는 시위示威의 개념을 "여러 사람이 공동목적을 가지고 도로, 광장, 공원 등 일반인이 자유로이 통행할 수 있는 장소를 진행하거나 위력 또는 기세를 보여, 불특정한 여러 사람의 의견에 영향을 주거나 제압을 가하는 행위"(제2조 제2호)로 정의한다.

#### (2) 집회의 종류

（ⅰ）집회의 종류는 공개집회와 비공개집회, 계획된 집회와 우발적 집회, 주간집회와 야간집회, 옥내집회와 옥외집회로 나누어 볼 수 있다.

（ⅱ）옥외집회란 "천장이 없거나 사방이 폐쇄되지 아니한 장소에서 여는 집회"를 말한다(집시법 제2조 제1호). 옥외집회와 옥내집회를 다르게 규율하는 이유는 전자가 후자에 비하여 법익충돌의 위험성이 크기 때문이다. '집회 및 시위에 관한 법률'에서 신고대상인 집회는 옥외집회와 시위이며, 옥내집회는 신고대상이 아니다.

#### (3) 집회의 자유의 구체적 내용

집회의 자유의 내용으로는 적극적으로 집회를 주최하는 자유, 집회를 사회·진행하는 자유 및 집회에 참여하는 자유와, 소극적으로 집회를 주최하지 아니할 자유와 집회에 참가하지 아니할 자유를 포함한다.

### 4. 집회의 자유의 제한

집회의 자유도 헌법 제37조 제2항에 의하여 제한을 받는다. 집회의 자유보장과 필요한 제한 사이에 조화를 위하여 '집회 및 시위에 관한 법률'이 제정된다.

#### (1) 집회의 사전제한 – 허가제금지와 신고제

**A. 의  의**

표현의 자유의 최대한 보장을 위하여 집회의 '사전허가제'를 금지하고(제21조 제2항) '사전신고제'로 한다(집시법 제6조).

B. 집회 및 시위의 신고

옥외집회나 시위를 주최하려는 자는 신고서를 옥외집회나 시위를 시작하기 720시간 전부터 48시간 전에 관할 경찰서장에게 제출하여야 한다(집시법 제6조 제1항).

C. 집회 및 시위의 금지 통고

신고서를 접수한 관할경찰관서장은 신고된 옥외집회 또는 시위가 금지대상에 해당하는 집회·시위이거나(제5조 제1항) 신고서의 기재사항을 보완하지 아니한 때(제8조 제1항), 또한 대통령령이 정하는 주요도시의 주요도로에서의 교통소통을 위하여 금지할 집회 또는 시위라고 인정할 때(제12조 제1항)에는, 그 신고서를 접수한 때부터 48시간 이내에 집회 또는 시위의 금지를 주최자에게 통고할 수 있다(제8조 제1항).

D. 집회 및 시위의 금지 통고에 대한 이의신청

"집회 또는 시위의 주최자는 제8조에 따른 금지 통고를 받은 날부터 10일 이내에 해당 경찰관서의 바로 위의 상급경찰관서의 장에게 이의를 신청할 수 있다"(제9조 제1항).

(2) 금지되는 집회 및 시위

집시법에서는 금지대상집회를 한정한다: "1. 헌법재판소의 결정에 따라 해산된 정당의 목적을 달성하기 위한 집회 또는 시위, 2. 집단적인 폭행, 협박, 손괴損壞, 방화 등으로 공공의 안녕 질서에 직접적인 위협을 끼칠 것이 명백한 집회 또는 시위"는 금지된다(제5조 제1항)(헌재 2003.10.30. 2000헌바67등, 집회및시위에관한법률 제11조 제1호 중 국내주재 외국의 외교기관 부분 위헌소원(위헌)).

(3) 시간·장소 등을 이유로 한 제한

A. 옥외집회 및 시위의 시간제한

"누구든지 해가 뜨기 전이나 해가 진 후에는 옥외집회 또는 시위를 하여서는 아니 된다"(제10조). '옥외집회'의 헌법불합치결정(헌재 2009.9.24. 2008헌가25, 집회 및 시위에 관한 법률 제10조 등 위헌제청(헌법불합치,잠정적용)), '시위'의 한정위헌결정(헌재 2014.3.27. 2010헌가2등, 집회및시위에관한법률 제10조 등 위헌제청(한정위헌))으로 야간집회 또는 시위금지조항은 효력을 상실하였다. 야간옥외집회의 시간 제한에 관한 입법이 지체됨에 따라 야기되는 1박2일 집회는 시정되어야 한다.

B. 옥외집회 및 시위의 장소제한

(ⅰ) 헌법재판소는 대통령 관저(헌재 2022.12.22. 2018헌바48등, 집회 및 시위에 관한 법률 제11조 제2호 위헌소원(헌법불합치,잠정적용))·국회의장 공관(헌재 2023.3.23. 2021헌가1, 구 집회 및 시위에 관한 법률 제11조 제2호 등 위헌제청(헌법불합치,적용중지,잠정적용))·국무총리 공관(헌재 2018.6.28. 2015헌가28등, 집회 및 시위에 관한 법률 제23조 제1호 위헌제청(헌법불합치(잠정적용)) 및 국회의사당(헌재 2018.5.31. 2013헌바322등, 집회 및 시위에 관한 법률 제11조 제1호 위헌소원(헌법불합치(잠정적용))·각급법원(헌재 2018.7.26. 2018헌바137, 집회 및 시위에 관한 법률 제11조 제1호 위헌소원(헌법불합치(잠정적용))으로부터 100미터 이내 집회 제한에 대하여 헌법불합치결정을 내렸다.

(ⅱ) 이에 개정된 집시법에 따르면 청사 또는 저택의 경계 지점으로부터 100미

터 이내의 장소에서는 옥외집회 또는 시위를 하여서는 아니 되지만, 비교적 폭넓게 예외를 인정하여 집회와 시위를 허용한다.

제11조(옥외집회와 시위의 금지 장소) 누구든지 다음 각 호의 어느 하나에 해당하는 청사 또는 저택의 경계 지점으로부터 100미터 이내의 장소에서는 옥외집회 또는 시위를 하여서는 아니 된다.

1. 국회의사당. 다만, 다음 각 목의 어느 하나에 해당하는 경우로서 국회의 기능이나 안녕을 침해할 우려가 없다고 인정되는 때에는 그러하지 아니하다.
가. 국회의 활동을 방해할 우려가 없는 경우
나. 대규모 집회 또는 시위로 확산될 우려가 없는 경우

2. 각급 법원, 헌법재판소. 다만, 다음 각 목의 어느 하나에 해당하는 경우로서 각급 법원, 헌법재판소의 기능이나 안녕을 침해할 우려가 없다고 인정되는 때에는 그러하지 아니하다.
가. 법관이나 재판관의 직무상 독립이나 구체적 사건의 재판에 영향을 미칠 우려가 없는 경우
나. 대규모 집회 또는 시위로 확산될 우려가 없는 경우

3. 대통령 관저(官邸), 국회의장 공관, 대법원장 공관, 헌법재판소장 공관.

4. 국무총리 공관. 다만, 다음 각 목의 어느 하나에 해당하는 경우로서 국무총리 공관의 기능이나 안녕을 침해할 우려가 없다고 인정되는 때에는 그러하지 아니하다.
가. 국무총리를 대상으로 하지 아니하는 경우
나. 대규모 집회 또는 시위로 확산될 우려가 없는 경우

5. 국내 주재 외국의 외교기관이나 외교사절의 숙소. 다만, 다음 각 목의 어느 하나에 해당하는 경우로서 외교기관 또는 외교사절 숙소의 기능이나 안녕을 침해할 우려가 없다고 인정되는 때에는 그러하지 아니하다.
가. 해당 외교기관 또는 외교사절의 숙소를 대상으로 하지 아니하는 경우
나. 대규모 집회 또는 시위로 확산될 우려가 없는 경우
다. 외교기관의 업무가 없는 휴일에 개최하는 경우

C. 교통소통 및 소음방지를 위한 제한

"관할경찰관서장은 대통령령이 정하는 주요 도시의 주요 도로에서의 집회 또는 시위에 대하여 교통 소통을 위하여 필요하다고 인정하면 이를 금지하거나 교통질서 유지를 위한 조건을 붙여 제한할 수 있다"(제12조 제1항).

D. 질서유지선의 설정

"제6조제1항에 따른 신고를 받은 관할경찰관서장은 집회 및 시위의 보호와 공공의 질서 유지를 위하여 필요하다고 인정하면 최소한의 범위를 정하여 질서유지선을 설정할 수 있다"(제13조).

E. 적용의 배제

"학문, 예술, 체육, 종교, 의식, 친목, 오락, 관혼상제冠婚喪祭 및 국경행사國慶行事에 관한 집회는 제6조부터 제12조까지의 규정을 적용하지 아니한다"($\frac{제15}{조}$).

(4) 집회의 사후제한

집회의 자유도 법률로써 제한할 수 있다. 이와 관련한 법률은 집시법 외에 형법, 국가보안법, '화염병사용 등의 처벌에 관한 법률' 등이 있다. 특히 집시법은 경찰관의 집회장소출입($\frac{제19}{조}$), 경찰서장의 해산요청·명령($\frac{제20}{조}$) 등을 규정한다.

(5) 집회의 자유의 제한의 한계

사전허가제는 집회의 자유의 본질적 내용에 대한 침해이다. 사전신고제라 하더라도 사실상 허가제와 마찬가지일 경우에는 본질적 내용에 대한 침해가 된다.

살수차를 이용하여 물줄기가 일직선 형태로 도달되도록 살수한 행위(直射撒水行爲)는 생명권과 집회의 자유를 침해한다(헌재 2020.4.23. 2015헌마1149, 직사살수행위 위헌확인 등(인용(위헌확인),각하)).

집회에 참가한 청구인들을 촬영한 행위는 일반적 인격권, 개인정보자기결정권, 집회의 자유를 침해하지 아니한다(4:5)(헌재 2018.8.30. 2014헌마843, 채증활동규칙 위헌확인(기각,각하)).

# Ⅲ 결사의 자유

## 1. 결사의 자유의 법적 성격

결사의 자유의 법적 성격에 관하여도 주관적 공권성을 인정함에는 이론이 없다. 또한 집회의 자유와는 달리 사단과 조합 등의 단체를 위한 법제도의 존립을 보장하는 제도보장도 인정하여야 한다.

## 2. 결사의 자유의 주체·효력

(ⅰ) 결사의 자유의 주체는 국민이다. 다만, 외국인이나 무국적자에 대하여도 헌법에서 특별히 금지할 사유가 없을 경우에는 널리 인정하여야 한다. 자연인뿐만 아니라 법인도 일정한 범위 안에서 결사의 자유의 주체가 될 수 있다.

(ⅱ) 결사의 자유의 대사인적 효력은 간접적용설에 따라 인정된다.

## 3. 결사의 자유의 내용

### (1) 결사의 개념

결사란 다수인이 일정한 공동의 목적을 위하여 계속적인 단체의 자발적 결성을 말한다. 즉, 결사는 2인 이상의 자연인 혹은 법인이 스스로의 자유로운 의사결정에 따라서 그들의 공동목적을 달성하기 위하여 결성한 계속적 단체로서, 가입과 탈퇴의 자유가 인정된다.

(2) 결사의 종류

헌법 제21조의 결사는 결사의 자유에 관한 일반법적 성격을 가지는 조항이다. 정당에 관한 헌법 제8조의 규정은 헌법 제21조의 결사에 대한 특별법적 규정이다. 또한 비정치적 특수한 결사인 종교단체·교단은 헌법 제20조, 학문 또는 예술적 목적의 결사인 학회·예술단체는 헌법 제22조, 근로조건향상을 위한 근로자의 결사인 노동조합은 헌법 제33조가 우선적으로 적용된다.

(3) 결사의 자유의 보장

결사의 자유는 적극적으로는 ① 단체결성의 자유, ② 단체존속의 자유, ③ 단체활동의 자유, ④ 결사에의 가입·잔류의 자유를, 소극적으로는 기존의 단체로부터 탈퇴할 자유와 결사에 가입하지 아니할 자유를 내용으로 한다.

### 4. 결사의 자유의 제한

결사의 자유도 필요한 경우에 법률로써 제한할 수 있다.

(1) 개별법을 통한 결사금지

국가보안법 제3조, 형법 제114조 등에서 반국가단체·범죄단체의 결사를 금지한다. 범죄단체조직죄에 대하여는 실제로 '폭력행위 등 처벌에 관한 법률' 제4조로 의율擬律한다. 정당법에서는 위헌선언으로 해산된 정당의 대체조직을 금지한다(제40조).

(2) 결사의 사후제한

적법하게 성립한 결사라 할지라도 그 목적이나 활동이 원래의 목적이나 활동에 어긋난다고 볼 수 있는 경우에는, 사후적인 제한이 불가피하다.

(3) 결사의 자유의 제한의 한계

사전허가제는 결사의 자유의 본질적 내용에 대한 침해이다. 사전신고제라 하더라도 실질적으로 허가제와 같을 경우에는, 본질적 내용에 대한 침해가 된다.

# 제 4 절  사생활의 안전과 자유

( i ) 사생활보호는 개인적 기본권이다. 또한 순전히 개인의 신상에 관련된 기본권이다. 한편, 사생활보호는 개인의 안전에 관한 기본권이라는 점에서, 신체의 자유와 공통점을 가진다. 그러나 사생활보호는 사람의 육체적 안전이 아니라, 주로 사람의 인격과 관련된 안전에 관한 기본권이라는 점에서 구별된다.

( ii ) 넓은 의미의 사생활에 관한 기본권은 주거의 자유(제16조), 사생활의 비밀과 자유(제17조), 통신의 자유(제18조)가 있다. 이 중에서 주거의 자유가 가장 고전적인 사생활보호의 영역이고, 이어서 통신의 자유가 헌법에 기본권으로 도입되었다. 사생활의 비밀과 자유는 가장 최근에 헌법적 가치를 가진 기본권으로 자리 잡는다.

( iii ) 정보사회의 비약적 진전에 따라 헌법의 기본권에서도 사생활의 비밀과 자유·알 권리가 새로운 개별적 기본권으로 자리매김한다. 사생활의 비밀과 자유는 사생활보호 내지 프라이버시보호의 법리를 헌법에서 개별적 기본권으로 인정한다. 그런데, 사생활보호와 관련하여서는 이미 주거의 자유와 통신의 자유가 개별적 기본권으로 규정되어 있었다. 따라서 헌법 제17조의 사생활의 비밀과 자유는 주거의 자유와 통신의 자유를 제외한, 나머지 사생활의 비밀과 자유에 관한 사생활보호를 위한 기본권으로 일응 이해할 수 있다.

( iv ) 통신의 자유도 정보통신과 과학기술의 진전에 따라 새로운 변화를 맞이한다. 통신 그 자체의 안전과 평온의 보호는 주로 통신의 자유의 문제라면, 통신의 구체적인 내용에 따라 야기되는 사생활의 비밀과 자유 및 개인정보보호는 주로 사생활보호 내지 개인정보보호로 이해하여야 한다.

( v ) 다른 한편, 정보통신의 발달에 따라 전통적인 표현의 자유는 정보통신의 이용을 통한 표현이 일반화되어 가고, 방송과 통신의 융합도 가속화되면서 새로운 법적 패러다임의 정립이 요망된다. 결국, 정보통신의 발전에 따라 야기되는 기본권에서의 문제점은, 한편으로는 통신의 자유의 주요한 내용이 되지만, 동시에 그것은 사생활의 비밀과 자유 및 개인정보보호의 주요한 내용이 될 수 있을 뿐만 아니라, 나아가서는 표현의 자유의 문제에까지 귀결된다.

# 제1항 주거의 자유

## Ⅰ 의 의

"모든 국민은 주거의 자유를 침해받지 아니한다. 주거에 대한 압수나 수색을 할 때에는 검사의 신청에 의하여 법관이 발부한 영장을 제시하여야 한다"(제16조).

## Ⅱ 주거의 자유의 법적 성격·주체·효력

(ⅰ) 주거의 자유는 국가권력과 개인이 이를 침해하여서는 아니 되는 개인의 방어권적 성격을 가지는 주관적 공권이다.

(ⅱ) 주거의 자유의 주체는 원칙적으로 자연인이다. 자연인인 한 내·외국인을 불문한다. 또한 주거의 자유에서 보호하고자 하는 사생활은 사적인 생활영역 내지 생활공간이며, 법인이나 단체도 각기 고유한 사적인 생활공간을 확보하고 있으므로 이들에게도 주거의 자유를 보장하여야 한다.

(ⅲ) 주거의 자유는 대국가적 효력을 가진다. 주거의 자유의 대사인적 효력은 간접적용설에 의한다.

## Ⅲ 주거의 자유의 내용

### 1. 주거의 불가침不可侵

(ⅰ) 주거란 개인의 공간적인 사생활영역이다. 따라서 주거란 주택에 한정되지 아니하고, 현재 거주 여부를 불문하고 사람이 거주하기 위하여 점유하는 일체의 건조물을 포괄한다. 예컨대, 학교·회사·여관의 객실·사무실 등도 포함한다.

(ⅱ) 침해란 주거자의 승낙 없이 또는 거주자의 의사에 반하여 불법적으로 주거에 들어가거나 수색하는 행위이다. 정당한 이유 없이 주거에 침입하면 형법의 주거침입죄(제319조)가 성립될 수 있다.

### 2. 영장주의

"주거에 대한 압수나 수색을 할 때에는 검사의 신청에 의하여 법관이 발부한 영장을 제시하여야 한다"($^{제16}_{조}$). 수색이란 물건이나 사람을 발견할 목적으로 사람의 신체나 물건 또는 일정한 장소에서 그 대상을 찾는 처분이다. 압수란 강제적으로 물건의 점유를 취득하는 처분이다.

압수·수색을 할 때에는 정당한 이유에 근거하여 권한 있는 법관이 발부한 수색장소와 압수물건을 명시한 영장을 제시하여야 한다. 정당한 이유란 범죄의 객관적 혐의, 압수·수색의 필요성, 대상물 존재의 개연성을 의미한다.

### 3. 영장주의의 예외

현행범인을 체포하거나 긴급체포를 하는 경우에는 예외적으로 영장없이 주거에 대한 압수·수색을 할 수 있다($^{형사소송법}_{제216조}$).

### 4. 행정상 즉시강제와 영장제도

행정상 즉시강제에도 원칙적으로 영장제도가 적용되어야 한다. 다만, 전염병예방이나 소화消火와 같이 순수한 행정목적의 달성을 위한 작용으로서 영장을 받을 시간적 여유가 없는 긴급한 경우에는 예외적으로 영장제도가 배제될 수 있다($^{통}_{설}$). 특히 감염병感染病이 창궐猖獗할 때에는 국민의 생명·자유·안전을 적시에 효과적으로 보장하기 위하여, 행정상 즉시강제를 강력하게 발동하여야 한다($^{감염병의 예방 및}_{관리에 관한 법률}$).

> 확진자가 참석한 종교행사 출입자명단 등에 대한 방역당국의 제출요구는 '감염병의예방및관리에관한법률' 및 동법 시행령이 정한 내용, 방법 등의 요건을 충족하지 아니하여 감염병예방법상의 '역학조사'로 볼 수 없으므로 그 명단제출요구를 거부하거나 거짓의 명단을 제출하였다고 하더라도 '역학조사'를 거부하거나 '역학조사'에서 거짓자료를 제출하였다고 할 수 없음에도 그 혐의가 인정됨을 전제로 한 기소유예처분은 자의적인 검찰권 행사로서 청구인의 평등권과 행복추구권을 침해한다($^{헌재\ 2024.4.25.\ 2021헌마1174,}_{기소유예처분취소(인용)취소)}$).

## Ⅳ  주거의 자유의 제한과 한계

주거의 자유도 기본권제한의 일반이론에 따른 제한이 가능한바, 헌법 제37조 제2항에 따라 법률로써 제한할 수 있다.

# 제2항 사생활의 비밀과 자유

## Ⅰ 의 의

( i ) 정보과학의 발전에 따라 정보의 수집·관리가 대량적·집단적으로 이루어짐으로써, 개인의 사생활의 비밀과 자유에 중대한 위협을 초래한다. "모든 국민은 사생활의 비밀과 자유를 침해받지 아니한다"($^{제17}_{조}$).

( ii ) 한편, 사생활의 비밀과 자유와 명예훼손($^{민법 제}_{751조}$)은 인격권보호라는 점에서 보호법익이 동일한 점이 있고, 민법의 불법행위를 구성할 수 있다는 점에서도 유사하다. 그러나 명예훼손은 개인의 사회적 평가의 저하를 성립요건으로 하며, "진실한 사실로서 오로지 공공의 이익에 관한 때에는" 위법성이 조각阻却된다($^{형법 제}_{310조}$). 반면에, 사생활의 비밀과 자유는 사회적 평가의 저하 여부 등과 관계없이 자유로운 사생활의 침해만으로 성립요건이 충족되고, 진실 여부와 관계없이 권리침해가 성립될 수 있다.

## Ⅱ 사생활의 비밀과 자유의 법적 성격

헌법에서 '사생활의 비밀과 자유'라는 표현에도 불구하고 영문 표기인 프라이버시privacy라는 표현이 일반화된다. 프라이버시권은 소극적으로 "사생활의 평온을 침해받지 아니하고 사생활의 비밀을 함부로 공개당하지 아니할 권리"에서, 나아가서 적극적으로 "자신에 관한 정보를 관리·통제할 수 있는 권리"를 포함한다. 사생활보호를 위하여 종래 '공공기관의 개인정보보호에 관한 법률'이 있었으나, 이를 대체하는 '개인정보 보호법'이 제정되었다.

## Ⅲ 사생활의 비밀과 자유의 주체·효력

( i ) 사생활의 비밀과 자유는 인간의 존엄성에 기초하고 있으므로, 그 주체는 내·외국인을 불문하고 원칙적으로 자연인에 한한다.

( ii ) 사생활의 비밀과 자유에도 기본권의 효력에 관한 일반이론이 적용된다. 즉, 국가권력을 구속하고, 개인 사이에도 적용된다(간접적용설).

## Ⅳ 사생활의 비밀과 자유의 내용

### 1. 사생활의 비밀의 불가침

#### (1) 사사의 공개금지

사사私事의 공개란 신문·잡지·영화·TV 등 매스 미디어에 의하여, 사적 사항에 관한 사실이나 사진 등을 함부로 공표하거나 공개하는 행위를 말한다.

#### (2) 오해를 낳게 하는 공표의 금지

오해를 낳게 하는 공표란 허위의 사실을 공표하거나 사실을 과장 또는 왜곡하여 공표함으로써 세상 사람들(世人)로 하여금 특정인을 진실과 다르게 알게 하는 행위를 말한다. 이러한 공표는 사회통념으로 수인할 수 없는 정도이어야 한다.

#### (3) 인격적 징표의 영리적 이용금지

인격적 징표의 영리적 이용이란 성명·초상·경력 등 인격과 불가분의 관계에 있는 사항을, 영리적 목적으로 이용하는 행위를 말한다. 이와 같은 영리적 이용이 되려면, ① 이용된 사진 등이 본인과 일치하며, ② 영리적 목적이 있어야 하고, ③ 그것이 흔하지 아니하여야 한다.

### 2. 사생활의 자유의 불가침

#### (1) 사생활평온의 불가침

사생활평온의 불가침이란 감시·도청·도촬盜撮 등의 방법으로써, 사생활을 소극적·적극적으로 침범하는 행위의 금지를 말한다.

#### (2) 자유로운 사생활형성·유지의 불가침

사생활의 형성·영위의 억제나 위협의 금지란 개인이 형성·영위하는 자유로운 사생활이 억제 또는 위협받지 아니함을 의미한다.

### 3. 자기정보에 대한 통제권(개인정보자기결정권)

#### (1) 의 의

자기정보自己情報에 대한 통제권(개인정보자기결정권)은 자신에 관한 정보가, 언제 누구에게 어느 범위까지 알려지고 또 이용되도록 할 수 있는지를, 그 정보주체가 스스로 통제하고 결정할 수 있는 권리이다. 즉, 정보주체가 개인정보의 공개와 이용에 관하여 스스로 통제하고 결정할 권리를 말한다.

(2) 자기정보에 대한 통제권의 헌법적 근거

헌법 제17조의 한 내용으로서의 자기정보에 대한 통제권과는 별도로, 개인정보자기결정권을 헌법에 열거되지 아니한 기본권으로 창설하려는 헌법재판소의 결정(헌재 2005.5.26. 99헌마513, 주민등록법 제17조의8 등 위헌확인 등(기각))도 있다. 하지만, 헌법 제17조에 사생활의 비밀과 자유를 규정하고 있으므로, 개인의 사생활 관련사항을 보다 폭넓게 이해하여 개인정보자기통제권을 발전적으로 포섭하여야 한다.

(3) 주 체

헌법 제17조가 자기정보에 대한 통제권의 근거가 된다는 점에서, 자기정보에 대한 통제권의 주체에는 법인이나 사자死者가 포함되지 아니한다.

(4) 내 용

(ⅰ) 정보관리시스템을 설치할 때에는 ① 일정한 종류의 기록 금지, ② 개인정보 수집 방법의 제한, ③ 개인의 의사에 어긋나는 입력의 금지, ④ 개인정보의 무제한 축적의 금지, ⑤ 자기 파일에 대한 액세스권의 보장, ⑥ 개인정보에 대한 정정권의 보장, ⑦ 남용금지 등이 요망된다. 헌법재판소는 개인정보자기결정권의 보호대상은 개인의 내밀한 영역에 국한되지 아니하고, 공적 생활에서 형성되었거나 이미 공개된 개인정보까지 포함된다고 판시한다(헌재 2005.5.26. 99헌마513, 주민등록법 제17조의8 등 위헌확인 등(기각)). 이에 따라 '각급학교 교원의 교원단체 및 교원노조 가입현황 실명자료'를 인터넷에 공개한 행위(대판 2014.7.24. 2013다49933), 이른바 문화예술계 블랙리스트 사건과 관련하여 정부의 지원을 차단할 목적으로 개인의 정치적 견해에 관한 정보를 수집·보유·이용한 행위(헌재 2020.12.23. 2017헌마416, 특정 문화예술인 지원사업 배제행위 등 위헌확인(인용(위헌확인),기타))는 개인정보자기결정권을 침해한다.

(ⅱ) '개인정보 보호법'에서는 공공부문과 민간부문을 망라하여 개인정보를 수집·처리함에 있어서 준수하여야 할 기본원칙으로서의 개인정보 보호원칙을 천명한다(제3조). 그간 '개인정보 보호법', '정보통신망 이용촉진 및 정보보호 등에 관한 법률', '위치정보의 보호 및 이용 등에 관한 법률', '신용정보의 이용 및 보호에 관한 법률' 등 개인정보 관련 법령에 있는 유사·중복조항을 정비하였다. 이에 따라 '개인정보 보호법'이 개인정보 보호를 위한 실질적인 기본법이 된다. 첫째, 개인정보와 관련된 개념체계를 개인정보·가명假名정보·익명匿名정보로 명확히 하고, 가명정보는 통계작성·과학적 연구·공익적 기록보존의 목적으로 처리할 수 있도록 하며, 서로 다른 개인정보처리자가 보유하는 가명정보는 대통령령으로 정하는 보안시설을 갖춘 전문기관을 통하여서만 결합할 수 있도록 하고, 전문기관의 승인을 거쳐 반출을 허용한다(제2조 제1호, 제15조, 제17조 개정, 제28조의2, 제28조의3, 제58조의2). 둘째, '개인정보 보호위원회'를

국무총리 소속 중앙행정기관으로 격상하는 한편, 행정안전부 및 방송통신위원회의 개인정보 보호 관련 기능을 '개인정보 보호위원회'로 이관하여 개인정보 보호 컨트롤타워 기능을 강화한다(제7조, 제7조의2~제<br>7조의14, 제63조). 셋째, '정보통신망 이용촉진 및 정보보호 등에 관한 법률'의 개인정보 보호 관련 규정을 삭제하였다.

주민등록제도를 도입하면서 열손가락 지문날인제도指紋捺印制度의 채택이 개인정보자기결정권을 침해하지 아니한다(6:3)(헌재 2005.5.26, 99헌마513, 주민등록<br>법 제17조의8 등 위헌확인 등(기각)). ① 주민등록증에 지문을 수록하도록 한 구 주민등록법 조항, ② 주민등록증 발급신청서에 열 손가락의 지문을 찍도록 한 구 주민등록법 시행령 조항, ③ 시장·군수·구청장으로 하여금 주민등록증 발급신청서를 관할 경찰서의 지구대장 또는 파출소장에게 보내도록 한 구 주민등록법 시행규칙 조항 및 ④ 피청구인 경찰청장이 지문정보를 보관·전산화하고 이를 범죄수사목적에 이용하는 행위에 대한 심판청구를 모두 기각하였다(헌재 2024.4.25, 2020헌마542, 주민등<br>록법 제24조 제2항 위헌확인 등(기각)). [평석] 지문날인제도는 국내외적으로 야만적인 제도로 폄하되어왔다. 그런데 2001년 9·11테러 이후 지문날인을 넘어서서 생체인식정보까지 수집되고 있다. 그런 점에서 개인정보법제도 시대상황에 따라 변용되고 있음을 인지하여야 한다.

교육관련기관이 보유하는 교육정보시스템NEIS은 헌법에 위배되지 아니한다(8:1)(헌재 2005.<br>7.21, 2003헌마282등, 개인<br>정보수집 등 위헌확인(기각)).

그런데 인공지능 환경에서 새로운 형태의 개인정보 처리가 증대함에 따라 개인정보 침해 가능성이 제기된다. 불법으로 수집한 개인정보 데이터나 이를 이용하여 개발한 알고리즘으로부터 이득을 얻어서는 아니 된다. 그런데 이에 대한 규제는 인공지능 알고리즘의 위험을 제거하지만, 자칫 다른 한편 과학기술과 경제발전을 저해할 우려도 제기된다.

### (5) '잊힐 권리'(잊혀질 권리)

'잊힐 권리'right to be forgotten는 정보통신에서 자신과 관련된 정보를 보호하기 위하여, 정보의 삭제요구권과 검색차단요구권을 내용으로 하는 권리이다. 잊힐 권리의 개념에 본인이 동의한 정보이어야 하느냐에 관하여는 논란이 있다. 왜냐하면 잊힐 권리는 정작 본인의 동의 여부와 관계없이 인터넷을 통하여 횡행하는 개인정보를 차단하고자 하는 역할과 기능이 많기 때문이다. 다른 한편, 잊힐 권리는 표현의 자유 및 정보의 자유와 충돌할 우려가 있다. 우리나라에서는 2016년 4월 '인터넷 자기게시물 접근배제 요청권'이라는 가이드라인을 제정하여 배포하였지만, 아직도 입법화는 걸음마 단계에 있다.

# V 사생활의 비밀과 자유의 제한과 한계

## 1. 의 의

사생활의 비밀과 자유도 헌법 제37조 제2항에 따라 제한할 수 있다. 사생활의 비밀과 자유와 ① 언론의 자유(알 권리), ② 국정감사·조사, ③ 행정조사, ④ 수사권, ⑤ 행정법적 의무위반자의 명단공개, ⑥ 형법의 컴퓨터스파이범죄, ⑦ '아동·청소년의 성보호에 관한 법률'의 신상정보등록 및 공개제도, ⑧ '위치정보의 이용 및 보호 등에 관한 법률'의 위치정보, ⑨ 공직자의 병역사항 공개, ⑩ '디엔에이신원확인정보의 이용 및 보호에 관한 법률', ⑪ '특정중대범죄 피의자 등 신상정보 공개에 관한 법률', ⑫ 민사소송절차의 변론과정 등이 문제된다. 최근에는 무인항공기에 의한 사생활 침해 논의까지 전개된다.

## 2. 표현의 자유와 사생활보호(기본권충돌)

언론의 자유와 사생활의 비밀과 자유 또는 명예훼손과의 상충관계가 가지는 중요성과 특수성에 비추어 권리포기의 이론, 공익의 이론, 공적 인물의 이론 등과 같은 일련의 판례이론이 발전하여왔다. 권리포기의 이론은 사생활의 비밀과 자유를 포기한 경우에는 그에 관한 권리가 소멸하므로 공개할 수 있다는 이론이다. 공익의 이론이란 공익에 부합하는 한 사생활의 비밀과 자유도 공개될 수 있다는 이론이다. 공적 인물의 이론이란 정치인이나 유명 연예인 등의 사생활은 일반인과 달리 공개되더라도 이를 참고 받아들여야 한다는 이론이다.

## 3. 신상정보 공개와 전자장치 부착

(ⅰ) '아동·청소년의 성보호에 관한 법률'은 신원공개제도를 폐지하고 아동·청소년대상 성범죄로 유죄판결이 확정된 자의 신상정보 공개제도를 도입한다.

(ⅱ) "특정범죄를 저지른 사람의 재범방지를 위하여 형기를 마친 뒤에 보호관찰 등을 통하여 지도하고 보살피며 도움으로써 건전한 사회복귀를 촉진하고 위치추적 전자장치를 신체에 부착하게 하는 부가적인 조치를 취함으로써 특정범죄로부터 국민을 보호함을 목적으로" '특정 범죄자에 대한 보호관찰 및 전자장치 부착 등에 관한 법률'도 제정되었다(헌재 2013.7.25. 2011헌마781, 특정범죄자에 대한 위치추적 전자 장치 부착에 관한 법률시행령 제8조 제1항 등 위헌확인(기각,각하)).

# Ⅵ 사생활의 비밀과 자유의 침해와 구제

(ⅰ) 침해에 대한 구제제도로는 위헌심사·청원·손해배상청구·관련자의 징계요구 등이 있다. 사인私人에 의한 침해에 대하여는 원인배제청구·손해배상청구·정정요구 등의 구제수단이 있다. 다만, 사죄광고謝罪廣告제도는 헌법재판소의 위헌결정에 따라 금지된다.

(ⅱ) 언론보도로 인한 침해에 대하여는 '언론중재 및 피해구제 등에 관한 법률'에 따라 정정보도청구권, 반론보도청구권, 추후보도청구권을 행사할 수 있다.

(ⅲ) 한편, '정보통신망 이용촉진 및 정보보호 등에 관한 법률'에서는 정보통신망을 통하여 "다른 사람의 명예를 훼손한 자"($^{제70조\ 제1}_{항·제2항}$) 및 정보통신망에 의하여 처리·보관 또는 전송되는 "타인의 정보를 훼손하거나 타인의 비밀을 침해·도용 또는 누설한 자"($^{제71조}_{제11호}$)를 처벌한다.

또한 '사이버스토킹' 즉, '공포심이나 불안감을 유발하는 문언을 반복적으로 도달하게 한 행위'란 "사회통념상 일반인에게 두려워하고 무서워하는 마음, 마음이 편하지 아니하고 조마조마한 느낌을 일으킬 수 있는 내용의 문언을 되풀이하여 전송하는 일련의 행위"로서 이를 처벌한다($^{현재\ 2016.12.29.\ 2014헌바434,\ 정보통신망의\ 이용촉진\ 및\ 정보}_{보호\ 등에\ 관한\ 법률\ 제74조\ 제1항\ 제3호\ 등\ 위헌소원(합헌)}$).

(ⅴ) 통신비밀보호법에서는 "우편물의 검열 또는 전기통신의 감청을 하거나 공개되지 아니한 타인간의 대화를 녹음 또는 청취한 자"를 처벌한다($^{제16조\ 제1}_{항\ 제1호}$).

# 제 3 항 통신의 자유

## Ⅰ 의　　의

통신의 자유란 개인이 그 의사나 정보를 편지·전화·전신 등의 통신수단으로 전달할 때, 본인의 의사에 반하여 그 내용·당사자 등을 공개당하지 아니할 자유를 말한다. 헌법 제18조에서 "모든 국민은 통신의 비밀을 침해받지 아니한다"라고 규정한다. 그간 통신비밀의 보호는 공적 부문에서의 통제가 주로 논의되었으나, 1992년 대통령선거 당시 식당에 불법적으로 도청장치를 설치한 소위 '초원복집사건'에서 드러났듯이, 사적 부문에 의한 통신비밀의 침해도 심각한 현안문제로 등장한다. 이 사건을 계기로 통신비밀보호법이 제정되었다.

## Ⅱ 통신의 자유의 법적 성격

### 1. 넓은 의미의 사생활보호

넓은 의미의 사생활보호에 관한 기본권은 고전적인 주거의 보호, 직업의 비밀, 통신의 비밀 등을 포괄하는 개념으로 이해된다. 고전적인 주거의 자유와는 달리, 사생활의 비밀과 자유 및 통신의 자유는 현대적인 과학기술의 발달과 직접적으로 관련되는 기본권이다.

### 2. 표현의 자유와의 관계

언론·출판은 일반적인 대외적 표현행위이지만, 통신의 자유는 제한된 한정적인 범위 안에서의 대내적인 의사표시의 비밀을 보호하려는 점에서 양자는 구별된다. 하지만, 통신의 자유를 보장함으로써 언론·출판의 자유와 같은 대외적인 의사전달과정을 보다 원활히 할 수 있는 측면도 있다.

## Ⅲ 통신의 자유의 주체·효력

(ⅰ) 통신의 자유는 자연인뿐만 아니라 법인에게도 인정된다. 자유권적 기본권의 일반적 성격과 마찬가지로 자연인에는 외국인도 포함된다.

(ⅱ) 통신의 자유는 원래 국가기관, 특히 수사기관이나 정보기관에 의하여 통신의 비밀이 침해되지 아니하도록 하기 위하여 보장된 자유이다(대국가적 효력). 통신의 자유는 국가에 대한 자유인 동시에 제3자에 대한 자유를 의미하므로 사인 사이에도 보장되어야 한다(대사인적 효력, 통설).

## Ⅳ 통신의 자유의 내용

### 1. 통신의 비밀

(ⅰ) 통신의 비밀에서 보호대상인 통신의 개념은 매우 넓게 해석하여야 한다.

(ⅱ) 통신비밀보호법에서 "통신이라 함은 우편물 및 전기통신을 말한다." "우편물이라 함은 우편법에 의한 통상우편물과 소포우편물을 말한다." "전기통신이라 함은 전화·전자우편·회원제정보서비스·모사전송·무선호출 등과 같이 유선·무선·광선 및 기타의 전자적 방식에 의하여 모든 종류의 음향·문언·부호 또는 영상을 송신하거나 수신하는 것을 말한다"(제2조 제1호~제3호).

### 2. 통신의 불가침

통신의 비밀의 '불가침'不可侵이라 함은 본인의 의사에 반하여 그 내용 등의 인지認知 금지를 말한다. 본인의 동의 없이 통신수단을 개봉·도청·열람하는 행위 등은 금지된다. 직무와 관련하여 적법하게 지득한 정보라도 이를 누설하여서는 아니 된다.

## Ⅴ 통신의 자유의 제한과 한계

### 1. 헌법 제37조 제2항에 의한 제한과 한계

(ⅰ) 통신의 자유는 헌법 제37조 제2항에 따라 제한될 수 있다.

(ⅱ) 통신의 자유의 보장 및 제한에 관한 대표적인 법률이 통신비밀보호법이다. 그 외에도 국가보안법의 반국가단체와의 통신금지(제8조), 형사소송법의 피고인과 관련된 우체물 등(제107조), '형의 집행 및 수용자의 처우에 관한 법률'의 교도관의 예외적 서신검열(제43조), '채무자 회생 및 파산에 관한 법률'의 파산관재인의 파산자 우편물개피(제484조 제2항), 전파법의 정부를 폭력수단으로 파괴를 주장하는 통신의 규제(제80조) 등이 있다. 그 밖에도 '인터넷 주소자원에 관한 법률'과 '위치정보의 보호

및 이용 등에 관한 법률'이 제정된다.

## 2. 통신비밀보호법 및 전기통신사업법의 제한과 한계

（ⅰ） 통신비밀보호법은 통신 및 대화의 비밀과 자유를 보장하기 위하여 국가안보를 위한 통신제한조치(제7조)·통신제한조치에 대한 긴급처분(제8조) 등 예외적인 경우를 제외하고는 설령 범죄수사를 할 때에도 통신제한조치는 반드시 법원의 허가를 받아야만 가능하도록 규정한다(제5조·제6조). 또한 전기통신사업법상 "수사기관의 사후통지 없는 통신정보 수집"도 위헌이다(헌재 2022.7.21. 2016헌마388. 통신자료 취득 행위 위헌확인 등(헌법불합치(잠정적용)각하)).

（ⅱ） 통신제한조치 중 대표적으로 문제되는 사항은 감청監聽이다. "'감청'이라 함은 전기통신에 대하여 당사자의 동의없이 전자장치·기계장치 등을 사용하여 통신의 음향·문언·부호·영상을 청취·공독共讀하여 그 내용을 지득知得 또는 채록採錄하거나 전기통신의 송·수신을 방해하는 것을 말한다"(통비법 제2조 제7호). 통신비밀보호법도 원칙적으로 감청을 금지한다(헌재 2002.11.25. 2002헌바85. 통신비밀 보호법 제2조 제7호 등 위헌소원(합헌)).

（ⅲ） 헌법재판소는 범죄예방과 사건의 조기해결을 위하여 수사기관의 위치정보 추적자료 제공 및 기지국수사의 필요성을 인정하지만, '수사의 필요성' 요건을 강화하고 적법절차의 보완을 요구하는 헌법불합치결정(입법촉구결정)을 내렸다(헌재 2018.6.28. 2012헌마191등. 통신비밀보호법 제2조 제11호 바목 등 위헌확인(헌법불합치(잠정적용).기각.각하)) (헌재 2018.6.28. 2012헌마538등. 통신비밀보호법 제13조 제1항 위헌확인 등(헌법불합치(잠정적용).기각.각하)), 개정된 통신비밀보호법에서는 실시간 위치정보 추적자료의 제공 요청 및 기지국에 대한 통신사실확인자료제공 요청 시 보충성 요건을 추가하고, 통신사실 확인자료제공 사실을 통지받은 당사자는 그 통신사실 확인자료제공 요청 사유를 알려주도록 수사기관에 신청할 수 있다(제13조의3 제5항. 제6항). 헌법불합치결정(헌재 2010.12.28. 2009헌가30. 통신비밀보호법 제6조 제7항 단서 위헌제청(헌법불합치.잠정적용))에 따라 통신제한조치 기간 연장 시 총 연장기간을 신설하였다(제6조 제8항).

（ⅳ） 인터넷시대에 감청의 기술과 방법도 다양화한다. 이에 따라 패킷감청이 문제된다. 헌법재판소는 중대한 범죄수사를 위한 통신제한조치의 하나로 패킷감청의 필요성을 인정하면서도, 패킷감청은 그 기술적 특성으로 수사기관이 허가받은 범위 이상의 매우 광범위한 범위의 통신 자료를 취득하게 됨에도, 현행법상 집행 과정이나 그 이후에 객관적인 감독·통제 수단이나 감청자료의 처리 등을 확인할 수 있는 법적 장치가 제대로 마련되어 있지 아니하고 있다는 점을 적시한다(헌재 2018.8.30. 2016헌마263. 통신제한조치 허가 위헌확인 등(헌법불합치(잠정적용).각하)). 이에 따라 개정법에서는 수사기관이 인터넷 회선을 통하여 송신·수신하는 전기통신에 대한 통신제한조치로 취득한 자료에 대하여는 집행 종료 후 범죄수사나 소추 등에 필요한 자료를 선별하여 법원으로부터 보

관등의 승인을 받도록 하고, 승인 받지 못한 자료는 폐기한 후 폐기결과보고서를 작성하여 수사기록·내사사건기록에 첨부하고 법원에 송부하도록 하여 법원에 의한 사후 감독·통제 장치를 마련하고 있다(제12조의2).

### 3. 국가보안법·전파법·'남북교류협력에 관한 법률'의 제한과 한계

국가의 존립·안전이나 자유민주적 기본질서를 위태롭게 한다는 정을 알면서, 반국가단체의 구성원 또는 그 지령을 받은 자와 회합·통신 기타의 방법으로 연락한 자는 10년 이하의 징역에 처한다(국가보안법 제8조 제1항). 헌법재판소의 한정합헌결정(헌재 1990.4. 2. 89헌가113, 국가보안법 제7조에 대한 위헌심판(한정합헌); 헌재 1990.6.25. 90헌가11, 국가보안법 제7조 제5항의 위헌심판(한정합헌))에 따라 "국가의 존립·안전이나 자유민주적 기본질서를 위태롭게 한다는 정을 알면서"라는 요건이 추가되었다. 한편, '남북교류협력에 관한 법률'에서는 남한의 주민이 북한의 주민과 회합·통신 그 밖의 방법으로 접촉하고자 할 때에는, 통일부장관에게 미리 신고하여야 한다.

### 4. '형의 집행 및 수용자의 처우에 관한 법률'의 제한과 한계

수용자收容者도 원칙적으로 다른 사람과 서신을 주고받을 수 있고 수용자가 주고받는 서신의 내용은 검열을 받지 아니한다. 다만, 행형목적을 달성하기 위하여 예외적으로 일정한 경우에는, 서신수수를 금지하고 서신의 검열을 행할 수 있다.

### 5. 인터넷통신의 폐쇄와 통신의 자유제한

인터넷이라는 사이버공간에 대한 법적 규제를 가하려는 시도는 성공을 거두지 못한다. 미국에서 연방통신품위법CDA에 대한 위헌결정은 이를 단적으로 반영한다Reno v. ACLU, 521 U.S. 844(1997). 다만, 청소년유해매체물이나 스팸메일에 대한 제한은 가능하다.

## Ⅵ  통신의 자유의 침해와 구제

통신의 자유의 침해와 그에 따른 구제는 기본권침해와 그 구제에 관한 일반원리가 그대로 적용된다. 통신비밀보호법을 제정하여 통신의 자유를 보다 적극적으로 보장하려 하나, 여전히 통신의 비밀이 위협받는다.

# 제 5 절  사회 · 경제적 안전과 자유

사회 · 경제적 안전과 자유에는 거주 · 이전의 자유, 직업선택의 자유, 재산권이 있다. 거주 · 이전의 자유는 사회 · 경제적 활동을 영위하기 위한 기초 조건이다. 직업선택의 자유는 본격적으로 사회 · 경제적 활동을 영위하는 자유이다. 사회 · 경제적 활동을 통하여 획득한 재산권을 보장하기 위한 기초가 사유재산권의 보장이다. 사회 · 경제적 자유는 오늘날 사회적 시장경제질서와 연계되어 자유권 중에서 가장 많은 제한을 받는다.

## 제 1 항  거주 · 이전의 자유

### I  의    의

"모든 국민은 거주 · 이전의 자유를 가진다"($^{제14}_{조}$). 거주 · 이전의 자유란 모든 국민이 자기가 원하는 장소에 주소나 거소居所를 설정하고 이를 이전하거나, 그 의사에 반하여 거주지를 이전당하지 아니할 자유이다.

### II  거주 · 이전의 자유의 법적 성격

거주 · 이전의 자유는 개인의 주관적 공권이다. 따라서 국가는 개인의 거주 · 이전의 자유를 침해하여서는 아니 된다. 거주 · 이전의 자유는 인간의 인신 이동의 자유라는 점에서 인신의 자유와 관련되고, 인간이 집단적으로 이동할 경우에는 집회 · 시위의 자유와 직접적으로 관련된다.

### III  거주 · 이전의 자유의 주체 · 효력

거주 · 이전의 자유의 주체는 원칙적으로 내국인이다. 내국인에는 자연인뿐만 아니라 법인이나 단체도 포함된다. 거주 · 이전의 자유의 사회 · 경제적 기본권으로서의 성격에 비추어, 법인이나 단체도 포함되어야 한다. 그러나 외국인에 대하여는 특별한 제한이 있다.

거주·이전의 자유는 대국가적 효력 및 대사인적 효력(간접적용)을 가진다.

## Ⅳ  거주·이전의 자유의 내용

### 1. 국내 거주·이전의 자유

헌법이 "대한민국의 영토는 한반도와 그 부속도서로 한다"($^{제3}_{조}$)라고 규정하고 있으므로, 북한지역에도 대한민국의 주권이 미친다. 그러나 현실적으로 북한지역에는 대한민국헌법의 효력이 미치지 아니하므로, 북한지역으로의 거주·이전의 자유는 보장되지 아니한다. 이에 '남북 교류협력에 관한 법률'($^{제9}_{조}$)에 따라 통일부장관의 승인 등을 얻지 아니하고 무단으로 북한을 방문하면, 국가보안법상 잠입潛入·탈출죄($^{제6}_{조}$)를 구성한다($^{제3}_{조}$).

### 2. 국외 거주·이전의 자유

#### (1) 국외이주·해외여행·귀국의 자유

거주·이전의 자유는 국외이주의 자유, 해외여행의 자유, 귀국의 자유를 포함한다. 모든 국민은 국외에 영주하거나 장기간 해외에 거주하는 국외 거주·이전의 자유를 가진다. 이를 뒷받침하기 위하여 '재외동포의 출입국과 법적 지위에 관한 법률'에서는 특별한 보호규정을 마련한다.

#### (2) 국적변경의 자유

세계인권선언의 규정에 비추어 보건대, 모든 국민은 자신의 의사에 따라 국적을 이탈하여 외국에 귀화할 수 있다.

## Ⅴ  거주·이전의 자유의 제한과 한계

거주·이전의 자유는 헌법 제37조 제2항에 따른 제한을 받는다. 예컨대, 군사작전·국가안보·국제외교·특수신분관계의 목적달성·수사·국민보건 등의 필요에 의하여 거주·이전의 자유는 제한될 수 있다. 서울의 인구집중억제를 위한 일련의 제한조치가 대표적인 사례이다.

# 제 2 항 직업(선택)의 자유

## Ⅰ 의 의

헌법 제15조의 직업선택의 자유란 자기가 선택한 직업에 종사하여 이를 영위하고, 언제든지 임의로 그것을 전환할 수 있는 자유로서, 자유민주주의·자본주의사회에서는 매우 중요한 기본권의 하나이다.

## Ⅱ 직업(선택)의 자유의 법적 성격

직업의 자유는 각자 생활의 기본적 수요를 충족시키고 개성신장의 바탕이 된다는 점에서, 주관적 공권의 성격이 두드러진다. 다른 한편으로는, 국민 개개인이 선택한 직업의 수행에 의하여 국가의 사회질서와 경제질서가 형성된다는 점에서, 사회적 시장경제질서라고 하는 객관적 법질서의 구성요소이기도 하다.

## Ⅲ 직업(선택)의 자유의 주체·효력

(ⅰ) 자연인 중에서 내국인은 당연히 직업선택의 자유의 주체가 된다. 외국인도 원칙적으로 직업선택의 자유를 누려야 하지만, 국가정책적으로 일정한 제한이 불가피하다. 법인의 경우 사법인은 널리 인정되나, 공법인은 기본권의 수범자受範者이므로 부인된다.

(ⅱ) 직업선택의 자유는 모든 국가권력을 직접적으로 구속하는 대국가적 방어권이다. 대사인적으로는 간접적용되나, 비교적 많은 제한이 뒤따른다.

## Ⅳ 직업(선택)의 자유의 내용

### 1. 직업의 결정·종사·전직(겸직)의 자유

직업이란 생활의 기본적 수요를 충족시키기 위한 계속적인 활동을 의미하며, 그러한 내용의 활동인 한 그 종류나 성질을 불문한다. 직업선택의 자유에는 직업결정의 자유, 직업종사(직업수행)의 자유, 전직의 자유 등이 포함된다.

## 2. 영업의 자유와 경쟁의 자유

직업의 자유는 영업의 자유와 기업의 자유를 포함하므로, 이를 근거로 원칙적으로 누구나가 자유롭게 경쟁에 참가할 수 있다.

변호사법의 위임을 받은 대한변호사협회의 '변호사 광고에 관한 규정'에 대하여, 변협의 유권해석에 위반되는 광고를 금지한 규정이 법률유보원칙에 위반되고(전원일치), 대가수수 광고금지규정('변호사등을 광고·홍보·소개하는 행위' 규정)이 과잉금지원칙에 위반되어 (6:3), 표현의 자유, 직업의 자유를 침해한다(헌재 2022.5.26. 2021헌마619, 변호사 광고에 관한 규정 제3조 제2항 등 위헌확인(위헌,기각)).

## 3. 무직업의 자유

헌법 제32조 제2항의 근로의 의무의 법적 성격을 법적 의무로 볼 경우에는 무직업無職業의 자유는 부인된다. 그러나 근로의 의무를 법적 의무가 아니라 윤리적 의무로 볼 경우에는, 직업의 자유에 무직업의 자유도 인정된다.

## 4. 직업교육장 선택의 자유

헌법은 학교교육을 넘어 직업교육에 기여하는 모든 시설인 직업교육장 선택의 자유를 명문으로 규정하지 아니한다. 하지만, 직업의 자유에는 직업교육장 선택의 자유도 포함된다고 보아야 한다.

## V 직업(선택)의 자유의 제한과 한계

### 1. 직업(선택)의 자유와 비례의 원칙

(ⅰ) 직업의 자유를 법률로써 제한할 경우에도, 과잉금지의 원칙에 위반되거나 직업의 자유의 본질적인 내용을 침해하여서는 아니 된다.

(ⅱ) 직업선택의 자유와 직업행사의 자유는 기본권주체에 대한 그 제한의 효과가 다르기 때문에, 제한에 있어서 적용되는 기준도 다르다. 특히 직업수행의 자유에 대한 제한은 인격발현에 대한 침해의 효과가 일반적으로 직업선택 그 자체에 대한 제한에 비하여 적기 때문에, 그에 대한 제한은 폭넓게 허용된다.

학교위생정화구역의 정화시설과 정화대상에 따라 차이가 있다. 초·중·고·대학 근처의 극장 설치 제한은 위헌이지만(헌재 2004.5.27. 2003헌가1등, 학교보건법 제6조 제1항 제2호 위헌제청 등, 학교보건법 제19조 등 위헌제청(위헌,헌법불합치,적용중지)), 반대로 납골 시설 제한은 합헌이다(헌재 2009.7.30. 2008헌가2, 학교보건 법 제6조 제1항 제3호 위헌제청(합헌)). 한편, 18세 미만자에 대한 당구장출입 금지 표시의 부착 강요는 위헌이다(헌재 1993.5.13. 92헌마80, 체육시설의설치·이용 에관한법률시행규칙 제5조에 대한 헌법소원(위헌)). 그런데 문제는 대학·유치원 근처의 당구장 설치 제한은 위헌이지만, 초·중·고 근처 설치 제한은 합헌이다(헌재 1997.3.27. 94헌마196등, 학교보건법 제6조 제1항 제13호 위헌확인(위헌)). 하지만, 여관의 설치 제한은 초·중·고·대학을 불문하고 합헌이다(헌재 2006.3.30. 2005헌바110, 학교보건법 제6조 제1항 제11호 여관부분 위헌소원(합헌)). 그런데 당구는 이미 법적으로 스포츠로 분류되고 있다. 극장(영화관)은 정화구역이고 여관은 정화구역이 아닌 것도 문제이다. 또한 학교정화구역 내 납골시설의 설치·운영의 절대적 금지(헌재 2009.7.30. 2008헌가2, 학교보건법 제6조 제1항 제3호 위헌제청(합헌))는 외국의 입법례에 비추어 타당한지 재검토되어야 한다.

## 2. 직업의 자유 제한에 관한 단계이론

단계이론에 따르면, 입법자는 직업의 자유에 대한 제한이 불가피하다고 판단할 때 우선 직업의 자유에 대한 침해가 가장 적은 방법(1단계)으로 목적달성을 추구하여 보고, 그 제한방법만으로는 도저히 그 목적달성이 불가능한 경우에만 그다음 단계의 제한방법(제2단계)을 사용하고, 그 두 번째 제한방법도 실효성이 없다고 판단되는 최후의 불가피한 경우에만 마지막 단계의 방법(제3단계)을 선택하여야 한다.

(ⅰ) 제1단계는 직업종사(수행)의 자유 제한이다. 여기서는 비례의 원칙에 비추어 판단한다. 1단계에서는 비교적 폭넓은 제한이 가능하다. 예컨대, 연중 바겐세일 기간 제한, 식당의 영업시간 제한 등이 있다(헌재 2018.6.28. 2016헌바77등, 유통산업발전법 제12조의2 위헌소원(합헌)).

(ⅱ) 제2단계는 주관적 사유에 의한 직업결정의 자유의 제한이다. 주관적 요건 그 자체가 제한목적과 합리적 관계가 있어야 한다. 직업의 성질상 일정한 전문성·기술성 등을 요구하는 시험합격 등과 같은 조건을 요구한다. 예컨대, 사법시험·변호사시험에 합격한 사람에게만 법조인 자격 부여와 같이, 직업이 요구하는 일정한 자격과 결부하여 직업선택의 자유를 제한한다(헌재 1995.6.29. 90헌바43, 군법무관임용법 부칙 제3항 등에 대한 헌법소원(합헌,각하)).

(ⅲ) 제3단계는 객관적 사유에 의한 직업의 자유의 제한이다. 제3단계는 일정한 직업을 희망하는 기본권주체의 개인적 능력이나 자격과는 상관관계가 없고, 기본권주체가 그 조건충족에 아무런 영향도 미칠 수 없는 어떤 객관적인 사유(전제조건) 때문에 직업선택의 자유가 제한된다. 이 단계에서는 '직업의 자유'에 대한 침해의 심각성이 크므로 매우 엄격한 요건을 갖춘 예외적인 경우에만 허용되어야 한다. 예를 들면, 경비업을 경영하는 자들이나 다른 업종을 경영하면서 새로 경비업에 진출하고자 하는 자들로 하여금 경비업 외 업종영업을 제한하는 경우이다. 이와 같이 당사자의 능력이나 자격과 상관없는 객관적 사유에 의한 직업선택의 자유 제한은, 월등하게 중요한 공익을 위하여 명백하고 확실한 위험을 방지하기 위한 경우에만 정당화될 수 있다. 이 경우 헌법 제37조 제2항이 요구하는 과잉금지의

원칙 즉, 엄격한 비례의 원칙이 그 심사척도가 된다(헌재 2002.4.25, 2001헌마614, 경비업법 제7조 제8항 등 위헌확인(위헌)).[1]

---

1. 직업의 자유 단계 이론

| | 제한 내용 | 기준과 예시 |
|---|---|---|
| 제1단계 | 직업 종사(수행)의 자유 | 넓은 제한(예: 연중 바겐세일 제한, 식당 영업 시간 제한) |
| 제2단계 | 주관적 사유에 의한 직업결정의 자유 제한 | 전문직 자격시험(예: 변호사시험 합격자만 법조인) |
| 제3단계 | 객관적 사유에 의한 직업결정의 자유 제한 | 능력 자격과 무관, 예외적으로 허용(예: 경비업 외 업종 제한) |

# 제3항 재산권

## Ⅰ 의 의

### 1. 재산권보장의 전통적인 이론

근대입헌주의 헌법에서 재산권은 '신성불가침의 권리'로서 전국가적인 천부인권으로 이해되었다. 그러나 산업사회의 발달에 따라 야기된 빈부격차에 따른 사회적 갈등으로, 바이마르헌법(1919년)에 이르러 재산권의 절대성 및 계약의 자유를 대신하여 재산권의 사회적 구속성을 강조하는 수정자본주의원리가 지배한다.

### 2. 헌법의 재산권규정

(ⅰ) 헌법은 국민의 재산권을 보장하면서도($_{1항 제1문}^{제23조 제}$), 사회적 구속성의 범위 안에서 인정된다는 한계를 강조한다($_{제2항}^{동조}$). 이에 따라 재산권의 구체적인 내용과 한계는 입법자에 의하여 형성된다는 기본권형성적 법률유보규정이 있다($_{항 제2문}^{동조 제1}$). 또한 재산권의 제한은 정당한 보상을 전제로 한다($_{제3항}^{동조}$). 그 외에도 소급입법에 의한 재산권박탈금지($_{제2항}^{제13조}$), 지식재산권 보호($_{제2항}^{제22조}$)를 규정한다.

(ⅱ) 또한 제9장 경제를 따로 마련하여 상세한 규정을 둔다. 이는 외국의 헌법에서 찾기 어려운 매우 특이한 체제이다. 사영기업의 국공유화 및 경영의 통제·관리에 대한 엄격한 요건($_{조}^{제126}$) 등을 통하여 재산권의 실효적 보장을 도모하는 동시에, 기업의 국공유화 등의 예외적 허용($_{조}^{제126}$), 천연자원의 이용 등에 대한 특허($_{조}^{제120}$), 소작금지($_{조}^{제121}$), 국토의 효율적 이용을 위한 제한($_{조}^{제122}$) 등 재산권의 무제약적 행사를 제한하기 위한 헌법적 근거를 마련함으로써, 재산권보장과 사회적 시장경제질서의 조화를 도모한다.

## Ⅱ 재산권보장의 법적 성격

헌법에서 "모든 국민의 재산권을 보장"하면서도, "그 내용과 한계는 법률로 정"하며, 그 "행사는 공공복리에 적합"하여야 한다($_{조}^{제23}$). 재산권의 내용과 한계는 사유재산제도의 보장의 본질에 어긋나지 아니하는 한 광범위한 입법적 재량이 부여되므로, 헌법의 재산권보장은 권리와 제도를 동시에 보장한다고 보아야 한다.

## Ⅲ 재산권의 주체와 객체·효력

( ⅰ ) 자연인과 법인 등은 재산권의 주체가 될 수 있다. 다만, 외국인·외국법인 은 국가정책이나 국제조약 등에 의하여 특별한 제한이 가능하다(예, 외국인토지 법). 재산권의 객체인 재산권은 공·사법의 경제적 가치가 있는 모든 권리이다.

헌법재판소는 사인의 재산권보장에 편중되어 있다는 비판으로부터 자유로울 수 없다. 국유재산 중 잡종재산(일반재산)도 사유재산과 같은 관점에서 취득시효의 대상으로 판시 한다((7:2)(헌재 1991.5.13. 89헌가97, 국유재산법 제5조제2항에 관한 위헌심판(한정위헌));(7:2)(헌재 1992.10.1. 92헌가6등, 지방재정법 제74조제2항에 대한 위헌심판(한정위헌))). 또한 토지초 과이득세법의 헌법불합치결정(헌재 1994.7.29. 92헌바49등, 토지초과이득세 법 제10조 등 위헌소원(헌법불합치,적용중지)), 택지소유상한에관한법률 의 위헌결정(헌재 1999.4.29. 94헌바37등. 택지소유상한에 관한법률 제2조 제1호 나목 등 위헌소원(위헌)), 4층 이상의 건물에 대한 획일적 화재보험 가입강제에 대한 한정위헌결정(헌재 1991.6.3. 89헌마204, 화재로인한재해보상과보험가입에 관한법률 제5조 제1항의 위헌여부에 관한 헌법소원(한정위헌)) 등도 같은 비판 이 가능하다.

( ⅱ ) 재산권에는 민법의 소유권·물권·채권 및 특별법의 광업권·어업권·특 허권·저작권과 공법적 성격을 가진 수리권·하천점유권을 포괄한다.

( ⅲ ) 재산권도 대국가적 효력을 가진다. 대사인적 효력은 간접적용설에 의한다. 전통적으로 재산권은 사인 사이에 많은 문제를 야기한다.

## Ⅳ 재산권의 내용

### 1. 의    의

"재산권은 보장된다"라는 규정은 재산권은 개인이 현재 누리고 있는 재산권 을 기본권으로서 보장한다는 의미와 개인이 재산권을 향유할 수 있는 법제도로 서의 사유재산제도를 보장한다는 이중적 의미를 가진다.

### 2. 재산권의 내용과 한계의 법정주의

#### (1) 사유재산제도의 보장

"내용과 한계는 법률로 정한다"(제23조 제1항)라는 규정은 국가법질서체계 안에서의 재산권보장을 의미하기 때문에, 법률로써 사유재산제도 자체를 부인할 수는 없 다. 따라서 생산수단의 전면적인 국·공유화는 인정될 수 없다.

#### (2) 사유재산권의 보장

개인은 구체적으로 재산을 사용·수익·처분할 수 있는 권리와 자유를 누린다. 따라서 법률에 의하지 아니하고는 재산권을 제한할 수 없다. 법률에 의한 제한에 있어서도 헌법의 정당한 보상의 법리(제23조 제3항), 자연력의 특허(제120조), 기업의 국·공유화(제126조) 등에 의한 제한을 받는다.

### (3) 재산권의 내용과 한계의 법정주의

헌법이 재산권을 보장하는 동시에 그 사회적 구속성을 강조하는 결과, 재산권의 구체적인 내용과 한계는 **법률**에 의하여 정하여진다(제23조 제1항 제2문).

### (4) 한 계

재산권의 구체적 내용과 한계에 관한 입법도 헌법 제37조 제2항의 한계를 준수하여야 하며, 특히 과잉금지의 원칙을 준수하여야 한다.

## 3. 소급입법에 의한 재산권의 박탈금지

"모든 국민은 소급입법에 의하여 … 재산권을 박탈당하지 아니한다"(제13조 제2항). 소급입법에 의한 재산권의 박탈 금지는 진정소급효를 가진 입법이고, 부진정소급효를 가진 입법은 원칙적으로 허용된다.

## 4. 무체재산권의 보장

재산권에는 유체재산권뿐만 아니라 무체재산권無體財産權도 포함된다. 헌법은 무체재산권(지적재산권)을 보호하기 위한 특별규정을 마련한다(제22조 제2항).

## 5. 특수재산권의 보장

헌법 제9장 경제에서 보장하고 있는 특수재산권特殊財産權 즉, 자연력(제120조 제1항)·농지(제121조)·국토(제122조)·사영기업의 국공유화(제126조)에 관한 규정들은 제23조(재산권보장)를 보완하는 의미를 가진다.

## Ⅴ 재산권행사의 공공복리적합의무

## 1. 재산권의 제한원리로서의 재산권의 사회적 구속성

헌법 제23조 제2항의 "재산권의 행사는 공공복리에 적합하여야 한다"라는 규정은, 재산권의 사회적 구속성을 규정한 법적 의무이다.

## 2. 재산권의 사회적 구속성의 한계

### (1) 재산권제한의 규범구조

(ⅰ) '재산권'으로 인정되는 경우에도, 그 행사는 공공복리에 적합하여야 하며, 그 구체적 내용과 한계는 법률에 의하여 정하여진다. 그러나 개인의 재산권 역시 기본권으로 보장되어 입법자의 입법형성권에도 일정한 한계가 있다.

(ⅱ) 사회적 구속성의 한계는 구체적으로 ① 법률에 의하여야 하고, ② 입법형성권의 한계로서 재산권이나 사유재산제도의 본질적 내용을 침해하지 아니할 뿐만 아니라 사회적 기속성을 함께 고려하여 균형을 이루어야 하며, ③ 헌법 제37조 제2항과의 관계에서 기본권제한의 한계원리인 과잉금지의 원칙 및 본질적 내용침해금지에 위배되지 아니하여야 한다.

### (2) 사회적 구속성의 한계에 관한 구체적 기준

사회적 구속성의 한계와 관련하여 보상이 필요 없는 재산권의 사회적 제약과 보상이 필요한 재산권제한의 구별기준이 문제된다. 즉, 어떤 경우가 보상이 필요한 특별한 희생인가의 문제이다. 특별희생 여부의 판단은 제23조 제2항과의 관계에서 1차적으로 입법부에 이니셔티브가 있으므로, 헌법재판소가 이를 판단함에 있어서는 보상규정을 제외한 재산권제한 그 자체가 과잉금지원칙에 위배되는지 여부 및 평등권을 침해하는지 여부에 따라 결정하여야 한다.

## 3. 토지재산권의 특수성과 토지공개념

### (1) 토지재산권의 특수성

토지는 유한성·고정성·비대체성, 재화생산의 본원적 기초로서의 성질 등을 가진다. 그 결과 헌법 제23조 제1항 제2문(재산권 내용과 한계 법정주의), 제23조 제2항(재산권행사의 공공복리적합의무), 제119조(사회적 시장경제질서), 제120조(천연자원의 특허), 제122조(균형 있는 국토개발), 제123조(농·어촌 종합개발) 등에서 토지재산권의 가중적 규제에 대한 헌법적 근거를 마련한다.

### (2) 토지공개념 찬반논쟁

토지공개념은 실정법의 개념이 아니고, 강학講學 내지 실무의 편의에 따라 정립된 용어이다. 토지공개념이론은 법적인 개념이 아니라 사회정책적인 도구개념으로 등장하였으며, 재산권의 사회적 구속성 내지 공공복리적합의무라는 재산권에 관한 헌법의 일반이론에 입각하여 토지의 특수성을 강조하기 위한 이론이다.

(3) 토지공개념 실천법률의 문제점

A. 토지거래허가제

토지거래허가제는 치열한 찬반논쟁을 불러일으킨 가운데 88헌가13 사건에서 합헌 및 위헌불선언으로 결론이 났다(헌재 1989.12.22. 88헌가13, 국토리용관리법 제21조의3 제1항, 제31조의2의 위헌심판(합헌, 위헌불선언)).

(ⅰ) 합헌론    ① 유한한 자원인 토지의 특수성, ② 토지투기는 엄청난 불로소득을 가져와 결국에는 경제발전을 저해하고 국민의 건전한 근로의욕을 저해하며 계층 사이의 불화와 갈등을 심화시키는 점, ③ 토지거래허가제는 헌법이 명문으로 인정하는(헌법 제122조) 재산권제한의 한 형태인 점, ④ 국토이용관리법의 규제 대상은 모든 사유지가 아니고 투기의심지역 또는 지가폭등지역의 토지에 한정한다는 점과, 규제기간이 5년 이내인 점, ⑤ 기준에 위배되지 아니하는 한 당연히 당국의 거래허가를 받을 수 있어 처분권의 완전한 금지가 아닌 점, 및 당국의 거래불허가처분에 대하여는 불복방법이 마련된 점, ⑥ 토지의 투기적 거래를 억제하는 조치나 수단인 등기제도·조세제도·행정지도·개발이익환수제·토지거래신고제·토지거래실명제 등만으로 투기억제에 미흡하므로, 최소침해성에 위배되지 아니하는 점 등을 근거로 한다.

한편, 대법원은 허가받지 아니한 토지거래계약도 사후에 허가를 받으면 소급하여 유효하다고 보거나(대판(전합) 1991.12.24. 90다12243), 투기목적 없이 허가 취득을 전제로 한 거래계약의 체결은 동법 위반이 아니어서 처벌할 수 없다(대판 1992.1.21. 91도2912)고 하여 토지거래허가제규정을 탄력적으로 해석·적용한다.

(ⅱ) 위헌론    형벌부과만은 헌법에 위배된다는 의견과(1인), 토지거래허가제 자체가 헌법에 위배된다는 의견이 제시되었다(4인). 토지거래허가제는 토지소유권을 형해화하고, 사유재산제도의 본질적 내용을 침해하며, 거래의 효력 자체를 부인하기 때문에 과잉금지원칙에 위배된다고 비판한다.

B. 토지초과이득세법

토지초과이득세법은 미실현이득에 대한 과세라는 이유로 헌법불합치결정을 내림에 따라 형해화되었다가 1998년에 폐지되었다(헌재 1994.7.29. 92헌바49등, 토지초과이득세법 제10조 등 위헌소원(헌법불합치, 적용중지)).

C. '개발이익 환수에 관한 법률'과 '재건축개발이익 환수에 관한 법률'

헌법재판소는 '개발이익 환수에 관한 법률' 관련 사건에서 부과대상토지의 가액산정에 대하여 일부위헌결정(헌재 1998.6.25. 95헌바35등, 개발이익 환수에 관한법률 제10조 제3항 단서 위헌소원(위헌))을 내린 부분을 제외하고는, 포괄위임입법금지원칙이나 재산권보장에 위반되지 아니한다고 판시한다(헌재 2000.8.31. 99헌바104, 개발이익 환수에 관한법률 제5조 제1항 제10호 등 위헌소원(합헌)). 또한 '재건축초과이익 환수에 관한 법률'에 대하여도 합헌으로 판시한다 (헌재 2019.12.27. 2014헌바381, 재건축초과이익 환수에 관한 법률 제3조 등 위헌소원 (합헌)).

### D. '택지소유 상한에 관한 법률'

택지소유상한제는 헌법 제35조 제3항의 쾌적한 주거생활을 실천하는 데 기여할 수 있다는 점에서 긍정적으로 평가할 수 있다. 그런데, 헌법재판소는 '택지소유 상한에 관한 법률'을 위헌으로 판시한다 (헌재 1999.4.29. 94헌바37등, 택지소유상한에 관한법률 제2조 제1호 나목 등 위헌소원(위헌)).

### E. '국토의 이용 및 계획에 관한 법률'(구 도시계획법)의 개발제한구역

헌법재판소는 개발제한구역제도 그 자체는 원칙적으로 합헌적이지만, 개발제한구역의 지정으로 말미암아 일부 토지소유자에게 사회적 제약의 범위를 넘는 가혹한 부담이 발생하는 예외적인 경우에, 보상규정을 두지 아니한 부분에 대하여 헌법불합치결정을 내렸다 (헌재 1998.12.24. 89헌마214등, 도시계획법 제21조에 대한 위헌소원(헌법불합치,적용중지)). 이에 따라 보상의 법적 근거로서 '개발제한구역의 지정 및 관리에 관한 특별조치법'이 제정되었다.

### F. 종합부동산세법(2005년 제정)의 종합부동산세

종합부동산세는 토지소유자들을 대상으로 주소지가 속한 지방자치단체가 관할구역의 토지를 대상으로 세금을 부과하는 종합토지세와 별도로, 국세청이 일정 기준을 초과하는 토지와 주택 소유자들의 전국 소유 현황을 분석하여 누진세율을 적용하여 부과하는 국세를 말한다. 종부세는 주택에 대한 종합부동산세와 토지에 대한 종합부동산세의 세액을 합한 금액으로 한다. 헌법재판소는 세대별 합산규정은 위헌이며, 주택분 종합부동산세는 한 주택 소유자에 대하여 보유기간이나 조세지불능력을 고려하지 아니한 일률적 부과에 대하여는 헌법불합치결정을, 나머지 부분은 합헌결정을 내렸다 (헌재 2008.11.13. 2006헌바112, 구 종합부동산세법 제5조 등 위헌소원(위헌,헌법불합치,잠정적용,합헌)).

종합부동산세의 과세표준, 세율 및 세액, 세부담 상한 등에 관한 규정은 합헌이다(전원일치). 다만, 조정대상지역 내 2주택 소유자에 대한 중과세 부분은 과잉금지원칙에 위배된다(위헌의견 3인) (헌재 2024.5.30. 2022헌바238등, 종합부동산세법 제8조 제1항 등 위헌소원(합헌)) (헌재 2024.5.30. 2022헌바189등, 구 종합부동산세법 제7조 제1항 등 위헌소원(합헌)).

### G. 검 토

헌법재판소가 일관되게 판시한 바와 같이 토지재산권에 대한 제한입법도 과잉금지의 원칙을 준수하여야 하고, 재산권의 본질적 내용인 사적 유용성과 원칙적인 처분권을 인정하여야 한다 (헌재 2003.4.24. 99헌바110등, 자연공원법 제4조 등 위헌소원(합헌); 헌재 2003. 8.21. 2000헌가11등, 도시계획법 제83조 제2항 전단 부분 등 위헌제청(합헌)).

## Ⅵ 재산권의 제한

### 1. 의  의

#### (1) 재산권의 내용한계형성규정

헌법 제23조 제1항 제2문은 "재산권의 내용 및 한계를 법률로 정한다"라고 하여, 입법자에게 재산권의 구체적 내용을 형성할 권한을 부여한다. 그러나 재산권에 대한 입법형성권은 제23조 제2항의 재산권행사의 사회적 기속성의 한계 안에서만 허용되고, 법치국가원리에서 파생되는 명확성원칙과 비례성원칙을 준수하여야 하며, 동조 제1항 제1문이 보장하는 재산권과 사유재산제도의 본질적 내용을 침해할 수 없다.

#### (2) 재산권의 공용침해

헌법 제23조 제3항은 재산권의 사회적 기속성의 한계를 넘더라도 적법한 재산권의 제한과 그에 대한 손실보상을 규정한다. 즉, "공공필요·법률(형식)·(정당한)보상"이라는 세 가지 요건을 갖춘 경우에는, 개별적·구체적 규정을 통한 재산권의 제한이 공용침해로서 정당화된다.

### 2. 제한의 유형: 수용·사용·제한

#### (1) 수용·사용·제한

재산권제한의 유형으로는 수용·사용·제한이 있다. 수용收用은 개인의 특정 재산권을 종국적·강제적으로 취득하는 행위이다. 사용은 개인의 토지 기타 재산권을 일시적·강제적으로 사용하는 행위이다. 제한은 개인의 특정 재산권에 대하여 과하는 공법상 행위이다.

#### (2) 사회적 제약과 공용침해(헌법 제23조 제1항·제2항과 제3항의 관계)

(ⅰ) 헌법 제23조 제1항·제2항과 제3항의 관계 즉, 재산권의 사회적 기속과 공용침해 사이에 어떠한 관련이 있는지 논란이 있다. 즉, 재산권의 내용규정과 공용침해규정이 동일선상에 있고 내용규정의 한계를 벗어나면 바로 보상의무 있는 공용수용으로 전환되는지(경계이론), 아니면 재산권의 내용규정과 공용침해규정은 질적으로 서로 상이하기 때문에 서로 구별되는지(분리이론)의 문제이다.

(ⅱ) 한편, 헌법 제23조 제3항의 해석과 관련하여 이를 **결부조항**結付條項으로 보는 견해도 있다. 결부조항이란 헌법이 입법부에 입법을 위임하면서 동시에 그 법률이 일정한 요건을 충족하여야 한다거나, 일정한 내용을 규정하여야 한다는 취

지를 규정한 조항을 말한다.

(ⅲ) 생각건대 한국헌법은 독일기본법 제14조와 달리 제23조 제3항에서 수용·사용·제한이라는 포괄적인 재산권침해유형을 규정하고 있는데, 헌법 제23조 제3항은 재산권의 내용 및 한계규정인 헌법 제23조 제1항·제2항과 논리적인 연관을 가진 규정으로 해석하여야 한다(경계이론).

### 3. 손실보상

#### (1) 손실보상損失補償의 근거

( i ) "공공필요에 의한 재산권의 수용·사용 또는 제한 및 그에 대한 보상은 법률로써 하되, 정당한 보상을 지급하여야 한다"($\frac{제23조}{제3항}$). 공공필요에 의한 재산권의 수용·사용·제한은 공법상 특별한 원인에 의하여 **특별한 희생**이 따르게 되므로, 정당한 손실보상을 하여야 한다. 특별한 희생에 대한 정당한 보상은 특정인에 가하여진 특별한 희생에 대하여 이를 전체의 부담으로 보상함으로써, 정의와 공평의 원칙에 합치된다.

( ii ) 제23조 제3항의 법적 성격에 관하여는 **직접적 효력규정설**과 **방침규정설**이 있다. 직접적 효력규정설에 의하면 헌법 제23조 제3항의 보상은 필수적이다. 다만, 그 기준과 방법만을 법률에 위임할 뿐이므로 헌법 제23조 제1항의 사유재산제의 보장의 법리에도 부합한다고 본다($_{설}^{다수}$).[1]

#### (2) 손실보상의 요건

손실보상을 받으려면 개인의 ① 재산권이, ② 공공필요에 따른, ③ 적법한 공권력행사에 의하여, ④ 특별한 희생을 당하여야 한다.

#### (3) 손실보상의 기준

정당한 보상의 의미는 재산권의 객관적 가치의 완전한 보상이어야 한다.

#### (4) 손실보상의 방법

손실보상의 방법은 금전보상과 현물보상, 선급·일시금지급·분할급 등이 있

---

1. 재산권의 손실보상에 관한 헌법규정의 변천

|  | 헌 법 규 정 |
|---|---|
| 제1공화국 헌법 | 상당보상 |
| 제3공화국 헌법 | 정당보상 |
| 제4공화국 헌법 | 법률유보(그 보상의 기준과 방법은 법률로 정한다) |
| 제5공화국 헌법 | 이익형량(보상은 공익 및 관계자의 이익을 정당하게 형량하여 법률로 정한다) |
| 제6공화국 헌법 | 정당보상 |

다. '공익사업을 위한 토지 등의 취득 및 보상에 관한 법률'은 금전보상·사전보상의 원칙에 입각한다.

## VII 재산권의 침해와 구제

### 1. 침해의 유형

(ⅰ) 위헌·위법인 재산권침해의 유형으로는 먼저 제23조 제1항·제2항과 관련하여 ① 재산권의 한계와 내용을 정한 법률이 사유재산제도의 본질을 침해한 경우, ② 재산권의 본질적 내용을 침해하는 경우, ③ 법률이 아닌 조례·행정입법·행정행위 등에 의하여 재산권이 제한된 경우 등을 들 수 있다.

(ⅱ) 제23조 제3항과 관련하여서는 ① 공공필요가 없는 경우, ② 법률에 의하지 아니한 경우, ③ 사회적 구속성의 범위를 벗어남에도 보상규정이 없는 경우를 들 수 있다. 그 외에 소급입법에 의한 재산권박탈도 재산권의 본질적 내용을 침해한다.

### 2. 구제방법

위헌·위법적인 재산권침해에 대하여 국민은 위헌법률심판·헌법소원·명령규칙심사를 청구할 수 있고 국가배상을 청구할 수 있다. 그런데, 재산권의 사회적 구속성의 범위를 벗어남에도 불구하고 보상규정이 없는 경우에 대하여는 학설과 판례가 대립한다.

(ⅰ) 방침규정설은 오늘날 실질적 법치국가에서 받아들이기 어려운 주장이다.

(ⅱ) 유추적용설은 판례가 수용유사침해이론의 수용에 대하여 유보적인 입장을 보이고 있는 점, 독일에서와 달리 이를 인정한 헌법관습법적 근거가 없는 점 등에 비추어 받아들이기 어렵다.

(ⅲ) 위헌무효설은 국가배상청구의 인용이 어려울 뿐만 아니라, 재산권제한 규정 그 자체를 위헌선언하게 되어 법적 공백이 우려되며, 그 결과 법원이나 헌법재판소가 사법소극주의로 흐를 우려가 있다.

(ⅳ) 결국, 국민의 권리구제의 관점에서 **직접적용설**(직접효력설)이 가장 바람직하다. 직접적용설에 의할 경우 구체적인 보상의 시기와 방법 등에 관하여, 국회가 아닌 사법부가 주도권을 쥐게 된다는 점이, 사법의 본질과 관련하여 문제가 될 소지가 있다. 그러나 보상규정의 흠결은 입법과정의 중대한 하자인 점, 국회에 일차적으로 입법의 기회가 주어졌음에도 이를 게을리(懈怠)한 점, 보상금청구소송

의 진행 중에도 국회가 보상규정을 입법한다면 소를 각하하고 법률에 따른 보상을 하게 된다는 점에서 입법권침해의 문제는 일어나지 아니한다. 직접효력설에 따를 때, 재산권을 침해당한 국민은 헌법 제23조 제3항을 근거로 법원에 보상금 청구소송을 제기할 수 있다.

# 제5장

# 참정권(정치권)

## Ⅰ 의 의

참정권(정치적 기본권 또는 정치권)은 주권자인 국민이 국가기관의 형성과 국가의 정치적 의사형성과정에 참여하는 권리이다. 주권자인 국민이 국가의 정치적 의사결정에 참정권을 행사하여야만 국가가 비로소 민주적 정당성을 확보할 수 있다. 국민의 정치적 참여는 선거과정을 통하여 가장 잘 드러난다.

## Ⅱ 참정권의 법적 성격

(ⅰ) 참정권은 인간으로서의 권리가 아니라, 국민으로서의 권리이므로, 국가 내적 권리이다. 또한 참정권은 주권자로서의 일신전속적—身專屬的 권리이기 때문에, 양도나 대리행사가 불가능한 권리이다.

(ⅱ) 참정권은 주권자인 국민의 고유한 권리이기 때문에, 그것이 동시에 법적인 의무일 수는 없다. 하지만, 주권자의 권리포기는 바람직하지 아니하기 때문에, 윤리적 의무로서의 성격이 강조된다. 다만, 참정권은 국가 내적 권리이기 때문에, 실정법으로 의무를 부과한다고 하여 위헌은 아니다.

## Ⅲ 참정권의 주체

### 1. 대한민국 국민

"모든 국민은 법률이 정하는 바에 의하여 선거권을 가진다"($^{제24}_{조}$). 이에 따라 공직선거법에서는 선거연령을 18세로 규정한다. 참정권은 자연인 중 국민만이 누리는 권리이다. 대한민국 국민에는 재외국민도 포함된다.

## 2. 외 국 인

원칙적으로 외국인은 참정권을 누리지 못한다. 근래 외국인에 대하여도 일정한 범위 안에서 참정권을 부여한다. 공직선거법에서는 일정한 요건을 구비한 외국인에게 지방선거의 선거권을 인정한다(제15조). 또한 주민투표법에서도 일정한 자격을 갖춘 외국인에게 투표권을 부여한다. 나아가서 외국인의 국가공무원과 지방공무원 임용도 가능하다(국가공무원법 제26조의3,<br>지방공무원법 제25조의2).

## Ⅳ 참정권의 내용

### 1. 선거권 및 피선거권(이에 관한 상세는 제1편 제4장 제3절<br>제2관 제3항 민주적 선거제도 참조)

### 2. 공무담임권

(1) 의 의

"모든 국민은 법률이 정하는 바에 의하여 공무담임권을 가진다"(제25조). 공무담임권은 일체의 국가기관과 공공단체의 직무를 담임할 수 있는 권리이다.

(2) 내 용

( i ) 헌법이 채택하는 사회국가의 원리가 공무담임권에도 반영되어 있다. 즉, 모든 공무원에게 보호가치가 있는 이익과 권리를 인정하여 주고 공직수행에 상응하는 생활을 부양하여 준다.

(ii) 오늘날 헌법상 보장되는 공무담임권의 내용에는 공직취임 기회의 자의적인 배제뿐 아니라, 공무원 신분의 부당한 박탈이나 권한(직무)의 부당한 정지도 포함된다(헌재 2003.10.30. 2002헌마684등, 국가공무원<br>법 제33조 제1항 제5호 등 위헌확인(위헌)). 금고 이상의 형의 선고유예를 받으면 공무원직의 당연 퇴직 규정은 위헌이다(헌재 2002.8.29. 2001헌마788등, 지방공<br>무원법 제31조 제5호 등 위헌확인(위헌)). 또한 지방자치단체의 장이 금고 이상의 형의 선고를 받을 경우, 부단체장의 권한대행은 무죄추정의 원칙에 위배되고 과잉금지원칙을 위반하여, 지방자치단체의 장의 공무담임권을 침해하므로 위헌이다(헌재 2010.9.2. 2010헌마418, 지방자치법 제111조<br>제1항 제3호 위헌확인(헌법불합치,적용중지)). 하지만, 지방자치단체의 장이 '공소제기된 후 구금상태에 있는 경우' 부단체장이 그 권한을 대행하도록 한 규정은, 무죄추정의 원칙에 위반되지 아니한다(헌재 2011.4.28. 2010헌마474, 지방자치법<br>제111조 제1항 제2호 위헌확인(기각)).

(3) 제한과 한계

공무담임권은 헌법 제37조 제2항의 규정에 따라 법률에 의하여 제한될 수 있다. 공직선거법에서는 피선거권의 결격사유를 규정하고, 국가공무원법에서는 자격요건을 규정한다.

### 3. 직접민주주의의 원리에 입각한 참정권

（ⅰ）국민이 직접 국가의사의 형성이나 정책결정에 참여할 수 있는 권리가 국민투표권이다. 국민투표제도는 단순히 정책이나 의사를 묻는 레퍼렌덤과, 레퍼렌덤에 통치권자의 신임을 부가하는 플레비시트가 있다.

（ⅱ）헌법에 국민소환제도는 도입되지 아니하나, 선출직 공직자인 지방자치단체의 장 및 지방의회의원(비례대표지방의회의원은 제외)에 대한 주민의 통제장치를 마련함으로써, 지방행정의 민주성과 책임성을 제고하기 위하여, 지방자치 차원에서 주민소환제도를 도입한다($\binom{\text{지방자치법}}{\text{제20조}}$). 이에 따라 '주민소환에 관한 법률'이 제정되었다.

（ⅲ）국민투표제도는 중요정책에 대한 대통령의 국민투표부의($\binom{\text{제72}}{\text{조}}$), 헌법개정안에 대한 필수적 국민투표($\binom{\text{제130조}}{\text{제2항}}$)가 있다. 한편, 지방자치법에서는 지방자치단체의 주요결정사항 등에 대한 주민투표제도를 도입한다($\binom{\text{제14조}}{\text{제1항}}$). 이를 구체화하기 위하여 주민투표법이 제정되었다. 그 외에도 주민의 조례제정·개폐청구권을 인정한다($\binom{\text{제15조}}{\text{제1항}}$).

## Ⅴ  참정권의 제한

참정권도 기본권제한에 관한 일반원리에 따라 제한할 수 있다. "모든 국민은 소급입법에 의하여 참정권의 제한을 받거나 재산권을 박탈당하지 아니한다"($\binom{\text{제13조}}{\text{제2항}}$). 소급입법에 의한 참정권의 제한금지는 입헌주의헌법의 일반원리이다. 그러나 반민족행위처벌법(제헌국회), 반민주행위자공민권제한법(제2공화국), 정치활동정화법(1961년 5·16 이후), '정치풍토쇄신을위한특별조치법'(1980년 5·18 이후) 등으로 인하여 참정권의 소급적 제한이 행하여진 바 있다.

# 제 6 장

# 사회권(생존권)

## 제 1 절  사회권(사회적 기본권, 생존권적 기본권)의 일반이론

### Ⅰ  의    의

사회권은 제1차 세계대전 이후 패전한 독일을 이끌었던 우파와 자본주의의 모
순을 혁파하려는 좌파 사이에, 하나의 국가공동체를 구성하는 과정에서, 타협적
구조로서 성안된 1919년 바이마르헌법에 최초로 도입되었다.

### Ⅱ  사회권의 본질

#### 1. 사회권의 연혁적 기초

사회권은 자본주의적 경제체제의 모순과 갈등이 심화되고, 또한 독점자본세력
이 정치권력과 결탁한 제국주의의 발호로 인하여 사회적 갈등이 촉발되면서, 등
장하기 시작한 사회주의적 이념의 헌법적 수용으로 볼 수 있다.

#### 2. 사회권과 자유권의 관계에 관한 전통적 이론

##### (1) 양자의 차이

( i ) 이념적 기초에 차이가 있다. 자유권은 근대입헌주의 헌법의 이념에 기초
한다(자연법사상·사회계약론·계몽주의·자유주의·개인주의·시민국가 원리 등). 반면
에, 사회권은 현대복지주의 헌법의 이념에 기초한다(사회정의의 실현을 위한 단체주
의·복지국가·사회국가·급부국가 원리 등).

( ii ) 법적 성격에 차이가 있다. 자유권은 전국가적 권리로서 국가권력으로부터

의 침해를 배제하는 소극적·방어적·항의적 성격의 권리이다. 반면에, 사회권은 국가 내적 권리로서 국가의 관여(배려와 급부)를 요청하는 적극적 권리이다. 다만, 자유권은 구체적 권리이지만 사회권도 오늘날 구체적 권리로 이해되기는 하지만, 사회권의 구체적 권리로서의 성격은 자유권에 비하여 취약하다.

(ⅲ) 권리의 주체에서 차이가 있다. 자유권은 천부인권적 자연권이기 때문에 자연인인 국민 및 외국인의 권리이다. 다만, 외국인에 대하여는 일정한 제한이 불가피한 경우도 있다. 하지만, 법인은 예외적으로 권리의 주체가 될 수 있을 뿐이다. 반면에, 사회권은 국가 내적인 권리이기 때문에 원칙적으로 자연인 중에서 국민만이 누리는 권리이다. 따라서 외국인은 국내법이 허용하는 범위 안에서 예외적으로 권리의 주체가 될 수 있을 뿐이다. 법인의 기본권주체성은 부인된다.

(ⅳ) 기본권의 효력에서도 차이가 있다. 자유권은 모든 국가권력을 직접 구속하는 권리이기 때문에, 헌법규범이 바로 재판규범이다. 사회권도 원칙적으로 자유권과 마찬가지의 효력을 가지기는 하지만, 국가권력 중에서 주로 국회의 입법형성권을 구속하며 재판규범으로서의 성격이 자유권에 비하여 상대적으로 약하다. 기본권의 대사인적 효력도, 자유권은 원칙적으로 사인 사이에도 효력이 미치나, 사회권은 예외적으로 효력이 미칠 뿐이다.

(ⅴ) 기본권의 제한과 법률유보에서도 차이가 있다. 자유권에 대한 제한은 기본권제한적 법률유보를 의미하지만, 사회권에서의 법률유보는 기본권형성적(기본권구체화적) 법률유보를 의미한다.[1]

(2) 양자의 대립관계

인간의 자유에 중점을 둔 자유권과 인간의 생존을 위한 실질적 평등에 중점을 둔 사회권은 기본적으로 대립관계에 있다. 즉, 사회권의 확대는 자유권의 제한을

---

1. 사회권(생존권)과 자유권의 비교

|  | 사회권(생존권) | 자 유 권 |
|---|---|---|
| 이념적 기초 | 복지국가·급부국가·사회국가 | 사회계약론·개인주의·자유주의 |
| 법적 성격 | 적극적 급부청구권(권리성 약함) | 소극적 방어권(전 국가적 권리) |
| 입법상 차이 | 기본권 형성유보 | 기본권 제한유보 |
| 기본권주체 | 원칙적으로 국민만 | 국민뿐만 아니라 외국인에게도 인정<br>(예외적으로 법인에게도 인정) |
| 시대적 차이 | 현대적 기본권(2세대 기본권) | 고전적 기본권(1세대 기본권) |
| 기본권효력 | 재판규범으로서의 성격 상대적으로 약함<br>주로 입법권을 구속<br>예외적으로 대사인적 효력 | 재판규범으로도 기능<br>모든 국가권력 구속<br>원칙적으로 대사인적 효력 인정 |

불가피하게 한다. 그러나 그 대립도 국가체제 안에서의 대립이라는 한계가 있다.

(3) 양자의 조화관계

자유권이든 사회권이든 그것은 인간의 존엄과 가치 및 인격의 자유로운 발현에 기초하므로 양자는 서로 조화를 이루어야 한다. 사회권의 구현은 인간을 생존에 대한 위협으로부터 해방시킴으로써, 자유권의 토대를 굳건하게 하기 때문에, 사회권의 보장은 결국 자유와 평등의 실질화에 기여할 수 있다.

## Ⅲ 사회권의 기본권분류체계에서 좌표

### 1. 기본권의 분류와 체계화의 어려움과 전통적인 사회권

사회권은 인간의 경제생활에 관한 기본권으로서의 속성을 가진다. 그런데, 교육권과 환경권 등을 사회권으로 편입함으로써, 이제 사회권은 그 본질에 있어서 경제적 생존의 문제를 넘어서서, 비경제적인 영역(정신적 영역을 포함한)에서의 생존문제로까지 확대된다.

### 2. 실질적 자유의 확보를 위한 사회권

사회권은 자유권을 더 실질화할 수 있는 실질적 자유로서의 속성을 가진다. 이에 따라 자유권과 사회권의 대칭적인 기본권의 분류는 한계에 봉착한다. 예컨대 근로의 권리를 보장하기 위하여서는 근로의 자유가 전제되어야 하며, 근로3권은 헌법상 결사의 자유의 특별법적 보장을 의미한다. 한편 액세스권(접근이용권)도 원래 자유권(특히 표현의 자유)에서만 논의되었다. 그런데 정보사회의 진전에 따라 이제 사회권의 차원에서 정보에 대한 접근이용의 실질적인 제약에 따른 정보격차 해소의 문제로 연결된다.

## Ⅳ 사회권의 법적 성격과 권리구제

### 1. 법적 성격: 입법방침규정에서 구체적 권리로

(ⅰ) 입법방침규정설 등과 같은 사회권의 권리성 부인설은 헌법 제34조 제1항에서 "모든 국민은 인간다운 생활을 할 권리를 가진다"라고 하여 헌법에서 명문으로 명백히 "권리를 가진다"라고 규정한 취지에 어긋난다. 또한 원칙규범설은 여러 요소를 형량衡量하여 그 권리성을 인정하게 됨으로써, 사회권의 실현 정도를

상대화시켜 해석자마다 달리 해석할 여지를 주게 된다는 비판을 면하기 어렵다.

(ⅱ) 법적 권리설 중에서 추상적 권리설은 사회권에 대하여 소극적·자유권적 효과만을 인정하고 있으므로, 프로그램규정설과 본질적인 차이가 없다. 또한 불완전한 구체적 권리설은 구체적 권리설의 문제점을 극복하려는 의도로 보이나, 현실적으로 구체적 권리설과의 본질적인 차이를 발견하기 어렵다.

(ⅲ) 생각건대 사회권을 침해하는 법률에 대하여는 위헌법률심사가 가능하고, "공권력의 행사 또는 불행사로 인하여 국민의 기본권이 침해된 경우"(헌재법 제68조 제1항)에는 헌법소원을 제기할 수 있기 때문에, 사회권의 재판규범성을 부인하기 어렵다. 따라서 사회권의 구체적인 법적 권리성을 인정하여야 한다. 다만, 사회권의 구체적 권리성은 해당 국가가 처한 상황에서 입법정책·입법재량·시대정신의 조화로운 반영의 결과물이라 할 수 있다.

### 2. 구체적 권리로서의 한계: 권리구제의 불충분

#### (1) 의  의

사회권의 실질적 보장은 국가정책의 입법적 반영을 통하여 이루어질 수 있으므로, 사회권은 자유권에 비하여 상대적으로 권리의 구체성이 불완전하다.

#### (2) 적극적 입법에 의한 침해와 구제

입법이 일정한 범위와 기준을 벗어났을 때, 사회권의 침해를 이유로 위헌법률심판제청신청권, 위헌·위법한 명령·규칙에 대한 심사청구권을 행사할 수 있다.

#### (3) 입법부작위에 의한 침해와 구제

사회권의 실현을 위한 입법을 하지 아니할 경우에, 사회권의 침해를 이유로 입법부작위에 따른 헌법소원을 제기할 수 있다. 입법부작위에는 진정입법부작위와 부진정입법부작위가 있다. 헌법재판소는 제한적으로 진정입법부작위에 대한 (권리구제형) 헌법소원만 인정한다(헌재 1989.7.28. 89헌마1, 사법서사법 시행규칙에 관한 헌법소원(각하)).

#### (4) 행정권에 의한 침해와 구제

입법이 존재함에도 불구하고 행정권이 사회권을 실현하지 아니한다면, 헌법이 보장하는 기본권침해에 대한 구제제도에 의한 권리구제가 가능하다.

# 제 2 절  인간다운 생활을 할 권리

## I 의 의

(ⅰ) 1919년 바이마르헌법 제151조에서 '인간다운 생활'을 규정한 이래, 세계 각국의 헌법에서 인간다운 생활을 할 권리를 규정한다. 이러한 정신은 세계인권선언 등을 통하여 국제적 보장으로 나아간다.

(ⅱ) 헌법 제34조 제1항에서 "모든 국민은 인간다운 생활을 할 권리를 가진다"라는 원칙규정을 둔다. 제2항 이하 제6항에서는 인간다운 생활을 실현하기 위한 구체적 규정을 둔다: "② 국가는 사회보장·사회복지의 증진에 노력할 의무를 진다. ③ 국가는 여자의 복지와 권익의 향상을 위하여 노력하여야 한다. ④ 국가는 노인과 청소년의 복지향상을 위한 정책을 실시할 의무를 진다. ⑤ 신체장애자 및 질병·노령 기타의 사유로 생활능력이 없는 국민은 법률이 정하는 바에 의하여 국가의 보호를 받는다. ⑥ 국가는 재해를 예방하고 그 위험으로부터 국민을 보호하기 위하여 노력하여야 한다."

또한 환경권에 관한 제35조에서 "③ 국가는 주택개발정책등을 통하여 모든 국민이 쾌적한 주거생활을 할 수 있도록 노력하여야 한다"라고 하여 주거생활권을 규정한다.

## II 인간다운 생활을 할 권리의 법적 성격

(ⅰ) 인간다운 생활을 할 권리는 단순한 입법방침규정에 그치지 아니하고 법적 권리이다. 하지만, 입법의 뒷받침이 있어야만 실질적으로 구현될 수 있는 불완전한 구체적 권리로서의 성격도 배제할 수 없다. 즉, "최소한의 물질적인 생활"을 요구할 수 있는 범위 안에서 구체적 권리성을 인정한다(헌재 1997.5.29. 94헌마33, 1994년 생계보호기준 위헌확인(기각)).

(ⅱ) 그러나 "모든 국민은 인간다운 생활을 할 권리를 가지며 국가는 생활능력 없는 국민을 보호할 의무가 있다는 헌법의 규정은 모든 국가기관을 기속하지만, 그 기속의 의미는 적극적·형성적 활동을 하는 입법부 또는 행정부의 경우와 헌법재판에 의한 사법적 통제기능을 하는 헌법재판소에 있어서 동일하지 아니하다"(헌재 1997.5.29. 94헌마33, 1994년 생계보호기준 위헌확인(기각)).

# Ⅲ 인간다운 생활을 할 권리의 주체 · 효력

( ⅰ ) 인간다운 생활을 할 권리는 자연인의 권리이기 때문에, 법인에게는 인정되지 아니한다. 또한 원칙적으로 자연인 중 내국인 즉, 국민의 권리이며 외국인에게는 인정되지 아니한다. 다만, 인권의 국제적 보장에 따라 외국인에게도 최소한의 인간다운 생활을 할 권리의 보장이 바람직하다. 국민기초생활보장법은 대한민국 국민과 일정한 가족관계에 있는 경우에 외국인에게도 급부를 실시한다(<sup>제5조</sup><sub>의2</sub>).

( ⅱ ) 인간다운 생활을 할 권리는 법적 권리로서의 성격을 가지며, 이에 대한 침해배제를 청구할 수 있는 대국가적 효력을 가진다. 인간다운 생활을 할 권리의 대사인적 효력은, 간접적 효력의 이론에 따라 일정한 요건에 따라 인정된다.

# Ⅳ 인간다운 생활을 할 권리의 내용

## 1. 인간다운 생활의 의미

( ⅰ ) 인간다운 생활의 의미는 인간의 존엄성에 상응하는 건강하고 문화적인 최저한의 생활을 말한다.

( ⅱ ) 최저한의 의미는 생물학적인 최저생존, 인간다운 최저생존, 이상적인 인간다운 최저생존 등의 차원에서 각기 이해할 수 있다. 생각건대 현실적으로 이상향만을 추구할 수는 없으므로, 인간이 정상적인 사회활동을 할 수 있는 정도의 인간다운 최저생존의 의미로 이해할 수밖에 없다.

## 2. 인간다운 생활을 할 권리의 구체적 내용

( ⅰ ) 인간다운 생활을 할 권리가 사회권(생존권)의 이념적 기초로서 원리적 규정이라면, 기타 생존권에 관한 헌법의 규정은 이를 실현하기 위한 구체적 규정이다. 그것은 사회보장수급권(<sup>제34조 제2</sup><sub>항-제6항</sub>), 교육을 받을 권리(<sup>제31</sup><sub>조</sub>), 근로의 권리(<sup>제32</sup><sub>조</sub>), 근로3권(<sup>제33</sup><sub>조</sub>), 환경권(<sup>제35</sup><sub>조</sub>), 보건권(<sup>제36조</sup><sub>제3항</sub>) 등이다.

( ⅱ ) 한편, 비록 기본권으로서 헌법에 규정되어 있지는 아니하지만, 제9장(경제)의 사회적 시장경제질서를 실천하기 위한 일련의 규정은 사회권(생존권)과도 간접적으로 연계되는 사항이다. 예컨대, 경제에 대한 국가적 규제와 조정(<sup>제119조</sup><sub>제2항</sub>)을 비롯하여 농어민보호(<sup>제123조</sup><sub>제4항</sub>), 소비자보호운동의 보장(<sup>제124</sup><sub>조</sub>) 등이 있다.

# V 인간다운 생활을 할 권리의 제한과 한계

인간다운 생활을 할 권리도 다른 기본권과 마찬가지로 헌법 제37조 제2항의 일반원리에 따른 제한이 가능하다. 하지만, 인간다운 생활을 할 권리를 보장하기 위한 입법은 그 자체가 공공복리의 실현에 해당하므로, 법률로써 제한하기에 적합하지 아니한 기본권이라는 견해도 있다.

# VI 인간다운 생활을 할 권리의 침해와 구제

## 1. 입법에 의한 침해와 구제

인간다운 생활을 할 권리는 불완전한 구체적 권리로서의 성격을 가지므로, 이에 대한 침해는 개별적인 입법과 관련될 수밖에 없다. 이때 입법이 일정한 범위와 기준을 벗어났을 때, 인간다운 생활을 할 권리의 침해로 보아야 한다. 따라서 인간다운 생활을 할 권리를 침해당한 기본권주체는 위헌법률심판제청신청권, 위헌·위법한 명령·규칙에 대한 심사청구권을 행사할 수 있다.

생계급여를 지급함에 있어 자활사업 참가조건의 부과를 유예할 수 있는 대상자에 '대학원 재학생'과 '고아'를 포함시키지 아니한 국민기초생활 보장법 시행령은 평등권과 인간다운 생활을 할 권리를 침해하지 아니한다(헌재 2017.11.30. 2016헌마448, 국민기초 생활보장법 제15조 위헌확인(기각,각하)).

## 2. 입법부작위立法不作爲에 의한 침해와 구제

사회권(생존권)은 비록 불완전한 성격이 있기는 하지만, 구체적 권리로서의 성격을 가진다. 사회권의 실현을 위한 입법작위의무에 대하여 입법부가 법률을 전혀 제정하지 아니하거나 불충분한 법률을 제정함으로써 인간다운 생활을 영위할 수 없을 경우에, 국민은 생존권침해를 이유로 헌법소원을 제기할 수 있다.

# 제 3 절   사회보장수급권

## Ⅰ   의   의

"국가는 사회보장·사회복지의 증진에 노력할 의무를 진다"(제34조 제2항). 오늘날 복지국가·급부국가·사회국가·사회복지국가 원리의 강화에 따라 사회보장수급권社會保障需給權을 독자적인 개별적 기본권으로 인정한다.

## Ⅱ   사회보장수급권의 법적 성격·주체·효력

（ⅰ）사회보장수급권은 국가에 대하여 적극적으로 사회보장적인 급부를 요구할 수 있는 권리이다. 비록 사회보장수급권이 경제적 약자의 경제적 자유를 향한 경제적 기본권의 성격도 가지기는 하지만, 그 본질은 사회권(생존권)에 기초한다.

（ⅱ）사회보장수급권은 인간다운 생활을 할 권리의 기본적 내용이기 때문에, 인간의 권리로 볼 수도 있다. 그러나 사회권의 본질이 국가 내적인 성격에 기초하므로, 국가 내적인 국민의 권리로 보아야 한다. 사회보장수급권은 자연인의 권리이기 때문에, 법인에게는 인정되지 아니한다.

（ⅲ）헌법은 국가의 사회보장·사회복지의 증진에 노력할 의무를 규정하므로, 대국가적 효력을 인정하는 데 이의가 없다. 비록 국가기관은 아니지만 사회보장기관의 증대로 이들 기관을 매개로 하여 사회보장수급권의 효력이 사적 기관에도 적용될 수 있다. 따라서 대사인적 효력은 한정적으로 간접적용될 수 있다.

## Ⅲ   사회보장수급권의 내용

### 1. 사회보장·사회복지

"국가의 사회보장·사회복지증진 의무"는 국가가 물질적 궁핍이나 각종 재난으로부터 국민을 보호할 의무로서, 헌법 제34조 제1항의 인간다운 생활을 할 권리의 구체적 실현을 위한 수단적 성격을 가진다(헌재 2011.3.31. 2009헌마617, 국민기초생활 보장법 시행령 제2조 제2항 제3호 위헌확인 등(기각)). 헌법이념을 구체화한 사회보장기본법이 있다.

군인연금법상 퇴역연금 수급자가 지방의회의원에 취임한 경우, 퇴역연금 전부의 지급을 정지하도록 한 규정은 과잉금지원칙에 위반되어 퇴역연금 수급자의 재산권을 침해하므로 헌법에 합치하지 아니한다(8:1)(헌재 2024.4.25. 2022헌가33, 군인연금법 제27 조 제1항 제2호 위헌제청(헌법불합치,적용중지)).

## 2. 여자의 복지와 권익향상

"국가는 여자의 복지와 권익의 향상을 위하여 노력하여야 한다"(제34조 제3항). 헌법 제11조의 평등권과 더불어, 사회권으로서 보장되는 헌법 제36조 제1항의 혼인과 가족생활의 양성평등 및 제2항의 모성보호와 더불어 여성의 복지를 적극적으로 구현하고자 한다.

## 3. 노인과 청소년의 복지향상

"국가는 노인과 청소년의 복지향상을 위한 정책을 실시할 의무를 진다"(제34조 제4항). 노령화 사회에 따라 노인복지정책을 강화하여야 한다. 또한 미래의 어른인 청소년을 보호함으로써 청소년에게 인간으로서의 생존부담을 덜어 주어야 한다.

## 4. 장애자 등 생활능력이 없는 국민의 보호

"신체장애자 및 질병·노령 기타의 사유로 생활능력이 없는 국민은 법률이 정하는 바에 의하여 국가의 보호를 받는다"(제34조 제5항). 국민기초생활보장법에서는 최저생계비를 보장한다(제6조). 장애인복지법 등이 있다.

## 5. 재해예방과 위험으로부터 보호

"국가는 재해를 예방하고 그 위험으로부터 국민을 보호하기 위하여 노력하여야 한다"(제34조 제6항). 특히 청구권적 기본권으로 규정되어 있는 범죄피해자구조청구권(제30조)과도 직접적으로 연계된다.

## Ⅳ 사회보장수급권의 제한과 한계·침해와 구제

(ⅰ) 헌법 제37조 제2항의 제한과 한계의 원리에 따른다. 개인의 노력이나 금전적 기여를 통한 사회급여청구권(연금수급권·산재보상보험청구권)은 헌법의 재산권으로 차등지급이 허용되지 아니하나, 국가에 의하여 일방적으로 행하여지는 사회급여(사회원호급여등)는 합리적인 범위 안에서 차등지급이 가능하다.

( ⅱ ) 사회보장청권에 대한 기본권 침해와 구제는 인간다운 생활을 할 권리에 관한 침해와 구제에 관한 원리에 따른다.

분할연금제도 그 자체는 위헌이 아니지만, 분할연금을 산정함에 있어 법률혼 관계에 있었지만 별거·가출 등으로 실질적인 혼인관계가 존재하지 아니하였던 기간을 전혀 고려하지 아니하고 일률적으로 혼인기간에 포함시키도록 하는 점에 위헌성이 있다(헌재 2016. 12.29, 2015헌바182, 국민연금법 제64조 위헌소원(헌법불합치,잠정적용)).

종전 헌법불합치결정 이후, 신법 조항 시행 전에 분할연금 지급 사유가 발생한 자에 대하여, 실질적인 혼인관계가 해소되어 분할연금의 기초가 되는 노령연금 수급권 형성에 아무런 기여가 없었던 배우자에게 일률적으로 분할연금이 지급되지 않도록 규정한 신법 조항을 적용하지 않은 것이 평등원칙에 위반된다(헌재 2024.5.30, 2019헌가29, 국민연금법 부칙 제2조 위헌제청(헌법불합치,적용중지)).

# 제4절 교육을 받을 권리와 교육의 자유

## I 의   의

(ⅰ) 헌법에서 "교육을 받을 권리"로 규정하지만, '교육기본권' 내지 '교육권'으로 이해하여야 한다. 그리하여 좁은 의미의 수학권修學權에서 넓은 의미의 교육기회제공청구권까지 포괄하는 교육의 자유와 권리의 정립이 가능하다.

(ⅱ) 헌법 제31조 제1항은 수학권을 보장한다": 모든 국민은 능력에 따라 균등하게 교육을 받을 권리를 가진다." 헌법 제31조 제2항 내지 제6항의 교육을 받게 할 의무, 의무교육의 무상, 교육의 자주성·전문성·정치적 중립성 및 대학의 자율성, 평생교육진흥, 교육제도와 그 운영·교육재정 및 교원지위법률주의 등은 수학권의 효율적인 보장을 위한 규정이다(헌재 1999.3.25. 97헌마130, 지방교육자치에 관한법률 제44조의2 제2항 위헌확인(기각)).

## II 교육을 받을 권리의 법적 성격

교육을 받을 권리를 좁게 이해하여 수학권修學權으로 이해할 경우에는, 사회권(생존권)으로 한정된다. 그러나 교육을 받을 권리를 국가로부터 방해당하지 아니할 교육의 자유까지 포괄하는 개념으로 넓힐 경우에, 교육을 받을 권리는 자유권적 성격도 동시에 가지며, 그것은 곧 교육의 자유의 헌법에서 근거규정이 된다.

## III 교육을 받을 권리의 주체

### 1. 의   의

교육을 받을 권리의 주체는 자연인으로서의 국민이다. 수학권의 주체는 개개 국민이고, 교육기회제공청구권의 주체는 학령아동學齡兒童의 부모이다. 그러나 교육실시의 주체는 국민과 그 대표자인 국가가 공유한다. 이에 따라 일정한 범위 안에서 국가의 일정한 교육내용의 결정권, 양친兩親의 교육의 자유, 사학교육의 자유, 교사의 교육의 자유를 인정하여야 한다.

## 2. 헌법에서 부모의 '교육을 받을 권리'의 기본권주체성

헌법 제31조 제1항의 "모든 국민은 능력에 따라 균등하게 교육을 받을 권리를 가진다"라는 규정은 교육에 관한 원칙규정이다. 제2항의 "모든 국민은 그 보호하는 자녀에게 적어도 초등교육과 법률이 정하는 교육을 받게 할 의무를 진다"라는 규정은 교육의 의무에 관한 규정이다. 이와 같이 헌법에서 부모의 교육에 관한 권리는 언급하지 아니하고, 간접적으로 의무조항에서 "모든 국민은 그 보호하는 자녀"라는 표현을 통하여 부모의 교육의 의무를 규정할 뿐이다. 하지만, 헌법 제31조에서 규정하는 교육을 받을 권리의 기본권주체로서 부모를 인정하여야 한다(헌재 2000.4.27. 98헌가16등, 학원의설립·운영에관한법률 제22조 제1항 제1호 등 위헌제청, 학원의설립·운영에관한법률 제3조 등 위헌확인(위헌)).

## 3. 교사의 수업의 자유의 기본권성 인정 여부

교사의 수업의 자유는 헌법 제31조 제1항 및 제4항에서 보장하는 교육의 자유의 한 내용으로 포섭될 수는 있다. 그러나 교사는 수업과 교육을 자유롭게 할 수 있지만, 그 내용에서 교수의 강학講學의 자유와는 본질적으로 다른 차원에서 많은 제한이 불가피하다. 따라서 아직도 성장과정에 있는 어린 학생에게 특정한 사상 주입을 강제하는 교육은 배척되어야 한다(헌재 1992.11.12. 89헌마88(기각), 동지: 헌재 2009.3.26. 2007 헌마359, 지방교육자치에 관한 법률 제4조 등 위헌확인(각하)).

# Ⅳ 교육을 받을 권리의 내용

## 1. '능력에 따라' 교육을 받을 권리

능력에 따른 교육이란 정신적·육체적 능력에 상응하는 교육을 의미한다. 따라서 불합리한 차별이 아닌 능력에 따른 차별은 정당하다. 하지만, 능력이 떨어지는 사람에 대하여 국가는 이들을 교육하기 위한 적극적 배려를 하여야 한다.

## 2. '균등하게' 교육을 받을 권리

① 취학의 기회균등均等이 보장되어야 한다. 성별·종교·인종·사회적 신분에 따른 차별은 인정되지 아니한다. ② 국가와 지방자치단체는 교육의 기회균등을 보장하기 위한 시책을 수립·실시하여야 한다.

예컨대 혼혈아에 대한 입학거부는 위헌이지만, 중등학교의 남녀구별은 합헌이다. 헌법재판소는 대학입시 내신제(헌재 1996.4.25. 94헌마119, 대학입시 기본계획 일부변경처분 위헌확인(기각)), 중학교 과정인 3년제 고등공민학교 졸업자에 대한 중학교 학력의 부인(헌재 2005.11.24. 2003헌마173, 고등학교입 학자격검정고시규칙 제15조 위헌확인(기각)), 국가유공자의 유족연금 지급대상을 미성년 자녀(헌재 2003.11.27. 2003헌바39, 국가유공자등예우), 모집정원 미달이라도 수학능력이 없는 자에 대한 대학입시 불합격처분(대판 1983.6.28.), 초·중등학교의 학구제(學區制), 학생생활기록부, 서울대학교가 신입생선발입시안에서 일본어 제외 등에 대하여 합헌으로 판단한다.

### 3. '교육을' 받을 권리

교육이란 가정교육, 사회교육(평생교육 등), 공민교육公民教育 등을 포괄하는 넓은 의미의 교육을 말하나 학교교육이 중심이다.

### 4. 교육을 '받을 권리'

수학권(학습권)은 수업권(교육권)에 대응하는 개념으로서, 어린이를 비롯한 모든 국민이 태어나면서부터 교육을 받아 학습하고 인간적으로 발달·성장하여 갈 권리로서, 국가에 교육조건의 개선·정비와 교육기회의 균등한 보장을 적극적으로 구할 수 있다(헌재 1992.11.12. 89헌마88, 교육법 제157조에 관한 헌법소원(기각)).

## Ⅴ 교육의 의무와 의무교육의 무상

### 1. 교육의 의무와 의무교육

( i ) "모든 국민은 그 보호하는 자녀에게 적어도 초등교육과 법률이 정하는 교육을 받게 할 의무를 진다"(제31조 제2항). 중등교육까지 의무교육을 실시한다.

( ii ) 교육을 받을 권리의 주체는 미성년의 학생이기 때문에, 보호자가 취학시킬 의무를 다함으로써 교육을 받을 권리의 실효성을 담보하기 위하여 교육의 의무를 부과한다. 교육의 의무의 주체는 학령아동의 친권자 또는 그 후견인이다.

### 2. 의무교육의 무상

( i ) "의무교육은 무상으로 한다"(제31조 제3항). 무상의무교육의 대상도 초등교육과 법률이 정하는 교육이다. 무상無償의 범위는 수업료뿐 아니라 교재·학용품·급식까지 무상이어야 한다는 취학필수비무상설이 타당하다. 최근 무상교육을 고등학교까지 확대하여 실시함으로써 재정조달 문제가 제기된다.

( ii ) 유아교육법에서는 "초등학교 취학 직전 3년의 유아교육은 무상無償으로 실시하되, 무상의 내용과 범위는 대통령령으로 정한다"라고 규정한다(제24조 제1항). 특

히 출생 후 법정 유아교육 이전 단계에서의 무상보육이 요구된다.

### 3. 국가의 평생교육진흥의무

"국가는 평생교육을 진흥하여야 한다"($\frac{제31조}{제5항}$). 평생교육이란 학교의 정규교육 과정을 제외한 학력보완교육, 성인 기초·문자해득교육, 직업능력 향상교육, 인문 교양교육, 문화예술교육, 시민참여교육 등을 포함하는 모든 형태의 조직적인 교육활동을 말한다($\frac{평생교육법}{제2조 제1호}$).

## Ⅵ 교육의 자유와 교육제도의 보장

### 1. 수학권과 교육권

제31조 제4항에서는 교육제도에 관한 기본원칙으로서 교육의 자주성·전문 성·정치적 중립성·대학의 자율성을 보장하고, 제6항에서는 교육제도의 법정주 의를 규정한다. 교육제도의 보장과 교육의 자유는 불가분의 일체관계에 있다.

### 2. 교육제도에 관한 기본원칙

"교육의 자주성·전문성·정치적 중립성 및 대학의 자율성은 법률이 정하는 바에 의하여 보장된다"($\frac{제4}{조}$).

(ⅰ) 교육의 자주성을 확보하기 위하여, 교육내용·교육기구는 교육자가 자주 적으로 결정하고, 공권력의 감독과 개입은 필요하고 합리적인 범위 안에서만 가 능하다. 한편, 초·중등교육에서 일부 시행되고 있는 국정교과서제도는 합헌이다 ($\frac{헌재 1992.11.12. 89헌마88, 교육}{법 제157에 관한 헌법소원(기각)}$).

(ⅱ) 교육의 전문성을 제고하기 위하여 교육의 특수성에 비추어 교육정책의 수립 및 집행은 교육전문가가 담당하거나 적극적으로 참여하여야 한다.

(ⅲ) 교육의 정치적 중립성 확립을 위하여, 교육은 국가권력·정치세력·사회 세력의 압력으로부터 벗어나야 한다. 이를 위하여 교육의 담당자인 교원의 정치활 동은 금지되고($\frac{대판 1981.12.22.}{80누499}$), 집단행동도 금지된다($\frac{헌재 2014.8.28. 2011헌바32 등, 국가공무}{원법 제66조 제1항 등 위헌소원 등(합헌)}$). 이에 따라 교원의 정당 가입은 금지되지만, 그 밖의 정치단체 가입은 헌법에 위반되지 아니한다($\frac{헌재 2020.4.23. 2018헌마551, 정당법 제22조}{제1항 단서 제1호 등 위헌확인(위헌,기각,각하)}$).

(ⅳ) 대학의 자율성보장은 교육의 자주성·전문성·정치적 중립성보다는 오히 려 학문의 자유와 더욱 밀접한 관계가 있다($\frac{헌재 2001.2.22. 99헌마613, 세무대학}{설치법 폐지법률 위헌확인(기각,각하)}$).

### 3. 지방교육자치제도

교육자치제란 지방자치단체(특별시·광역시·특별자치시·도·특별자치도)가 교육의 자주성 및 전문성과 지방교육의 특수성을 살리기 위하여, 해당 지역의 교육·과학·기술·체육 기타 학예에 관한 사무를 일반행정조직과 별도의 행정기관을 설치·조직하여 운영하는 제도이다. '지방교육자치에 관한 법률'에 의하면 광역자치단체에 한하여 교육자치를 인정한다. 교육자치기구로는 의결기관인 지방의회와 집행기관인 교육감이 있다. 교육감을 주민직선으로 선출하고 교육감의 계속 재임은 3기로 제한한다. 또한 기존의 교육위원회는 시·도 의회 내 상임위원회로 전환되어 주민직선 광역의원으로 구성된다. 지방의회는 교육에 관한 조례안 및 예산안 심의권을, 교육감은 교육규칙제정권을 가진다.

### 4. 교육제도법정주의

#### (1) 의 의

"학교교육 및 평생교육을 포함한 교육제도와 그 운영, 교육재정 및 교원의 지위에 관한 기본적인 사항은 **법률로 정한다**"($\text{제31조}\atop\text{제6항}$).

#### (2) 교원지위법정주의

(ⅰ) 헌법 제31조 제6항은 국민의 교육을 받을 권리를 보다 효과적으로 보장하기 위하여, '교원의 보수 및 근로조건' 등을 포함하여 교원의 지위에 관한 기본적인 사항을 법률로써 정하도록 함으로써, 교원의 지위에 관한 한 헌법 제33조 제1항에 '우선'하여 적용된다($\text{헌재 1991.7.22. 89헌가106, 사립학교}\atop\text{법 제55조 등에 관한 위헌심판(합헌)}$). 헌법 제31조 제6항이 규정한 교원지위법정주의는 단순히 교원의 권익을 보장하기 위한 규정이라거나 교원의 지위를 행정권력에 의한 부당한 침해로부터 보호만을 목적으로 한 규정이 아니고, 국민의 교육을 받을 기본권의 실효성 보장까지 포함하여 교원의 지위를 법률로 정하도록 한 규정이다($\text{헌재 1998.7.16. 96헌바33등, 사립학교법 제}\atop\text{53조의2 제2항 등 위헌소원 등(합헌,각하)}$). 반면에, 교육제도에 관한 기본방침을 제외한 나머지 세부적인 사항까지 반드시 형식적 의미의 법률만으로 정할 필요는 없다($\text{헌재 1991.2.11. 90헌가27, 교육법}\atop\text{제8조의2에 관한 위헌심판(합헌)}$).

(ⅱ) 교원지위법정주의를 구현하기 위하여 ① 교육재정의 대폭적인 확충을 통하여 열악한 교육현장의 환경을 개선하여야 하며, ② 교육현장에서 교육을 직접 담당하는 교원의 지위가 헌법이 보장하는 교육의 자주성·전문성·정치적 중립성에 부합하도록 하여야 한다.

(ⅲ) 교원징계재심위원회의 재심결정에 대하여 교원만 행정소송을 제기할 수 있

고 학교법인 또는 그 경영자에게는 이를 금지한 교원지위향상을위한특별법에 대하여 위헌으로 판시한다(헌재 2006.2.23. 2005헌가7등, 교원지위향상을 위한특별법 제10조 제3항 위헌제청 등(위헌)). 같은 이유로 재임용에서 탈락한 사립대학 교원의 권리구제절차를 형성하면서 분쟁의 당사자이자 재심절차의 피청구인인 학교법인에게는 교원소청심사특별위원회의 재심결정에 대하여 소송으로 다투지 못하게 하는 규정도 위헌이다(헌재 2006.4.27. 2005헌마1119, 대학교원기간임용제탈락자구제를 위한 특별법 위헌확인(위헌)).

(iv) 과거에 교원들의 자주적인 단체인 전국교원노동조합이 위헌적인 불법단체로 간주되었으나(헌재 1991.7.22. 89헌가106, 사립학교법 제55조 제58조 제1항 제4호에 관한 위헌심판(합헌)), '교원의 노동조합 설립 및 운영 등에 관한 법률'에 따라 합법화되었다. 다만, 단결권과 단체교섭권은 허용하되 단체행동권의 행사는 금지되며(제8조), 개별직장단위가 아닌 광역단위에 한하여 노동조합을 설립할 수 있다(제4조).

### (3) 교수재임용제의 문제점

(ⅰ) 헌법재판소는 구 사립학교법의 교원 기간임용제는 그 자체만으로는 위헌이라 할 수 없지만, 재임용 거부사유 및 그 사전절차, 그리고 부당한 재임용거부에 대하여 다툴 수 있는 사후의 구제절차에 관하여, 아무런 규정도 마련되지 아니함으로써, 재임용을 거부당한 교원이 구제받을 수 있는 길이 완전히 차단되므로 교원지위법정주의에 위반된다는 이유로, 종래의 합헌 판례를 변경하여 헌법불합치결정을 내린 바 있다(헌재 2003.2.27. 2000헌바26, 구 사립학교법 제53조의2 제3항 위헌소원(헌법불합치,적용중지)).

(ⅱ) 한편, 대법원도 종전 판례를 변경하여, 국립대학 교수의 재임용을 거부하는 취지로 한 임용기간 만료 통지가 행정소송의 대상이 된다고 하는 등 재임용 탈락 교원의 권리구제의 폭을 넓힌다(대판(전합) 2004.4.22. 2000두7735).

(ⅲ) 이에 따라 개정된 교육공무원법(제11조의3)과 사립학교법(제53조의2)에서는 대학교원 재임용에 관한 적법절차를 명시한다. 즉, 학칙이 정하는 사유에 기초한 교원인사위원회의 재임용 심의를 거치고, 재임용을 거부할 때에는 그 사유를 명시하여 통지하고, 재임용 거부처분에 대하여 불복이 있는 당사자는 교원소청심사위원회에 재심을 청구할 수 있다. 이와 함께 국회는 헌법재판소의 위 헌법불합치결정 취지를 존중하여 위 개정법들의 시행일(2005.2.27.) 이전에 재임용이 거부되었던 교원들의 권익을 보호하기 위하여, '대학교원기간임용제탈락자구제를위한특별법'을 제정하였다. 다만, 이 법에 의한 재심결정에는 과거의 재임용 거부처분이 부당하였음을 확인하는 정도의 제한적 효력만 있고 소급효는 인정되지 아니한다.

# 제 5 절   근로기본권

## I  의  의

근로기본권의 정립은 현대 산업사회의 핵심적인 과제로 부각된다. 노동관계법도 사회복지국가의 원리 및 사회적 시장경제질서의 원리에 기초한 인간다운 생활을 할 권리·근로의 권리·근로3권의 원리에 부합하여야 한다.

## II  근로기본권의 정립

( i ) 근로와 관련된 헌법직접적인 규정은 제32조 근로의 권리, 제33조 근로3권, 제32조 제2항 근로의 의무조항이다.

( ii ) 사회권과 관련된 일련의 기본권은 근로기본권과 밀접하게 관련된다. 헌법 제34조 제1항의 "인간다운 생활을 할 권리"를 비롯하여 제34조 제2항 이하에서 규정하고 있는 사회보장·사회복지조항 즉, 국가의 사회보장·사회복지증진의무(제2항), 국가의 여자의 복지와 권익향상노력(제3항), 국가의 노인과 청소년의 복지향상정책실시의무(제4항), 국가의 신체장애자 및 질병·노령 기타 생활능력이 없는 국민의 보호(제5항), 국가의 재해예방 및 위험으로부터 국민보호노력(제6항)은 근로자보호를 위한 헌법적 의지의 표현이다.

(iii) 사회복지국가원리 및 사회적 시장경제질서(제119조이하)에 관한 일련의 규정은 근로기본권과 간접적인 관련성을 가진다. 이 중에서 특히 개별적 기본권과 관련된 규정으로는 헌법에서 기본권의 원리적 규정인 인간의 존엄과 가치·행복추구권(제10조) 및 근본규범인 평등권(제11조)도 근로기본권과 간접적으로 관련된다. 나아가서 거주·이전의 자유(제14조), 직업의 자유(제15조), 집회·결사의 자유(제21조), 재산권보장(제23조) 등은 근로기본권보장의 전제를 이루는 기본권이다.

(iv) 헌법이념 구체화법률에서는 근로라는 표현보다는 노동이라는 표현이 일반화되어 감에 따라 최근 헌법개정논의 과정에서도 근로기본권을 노동기본권으로 개칭하려 한다.

# Ⅲ 근로의 권리

## 1. 근로의 권리의 의의

근로의 권리란 인간이 생활에 필요한 기본적 수요를 충족시키기 위한 육체적·정신적 활동을 할 수 있는 권리로서, 근로능력을 가진 자가 일을 하려고 하여도 일할 기회를 가질 수 없을 경우에 일할 기회가 제공되도록, 국가의 적극적인 개입과 뒷받침이 요구되는 권리이다.

## 2. 근로의 권리의 법적 성격

근로의 권리는 개인의 일할 권리를 국가로부터 침해받지 아니할 자유권적 성격과 경제적 약자인 근로자의 인간다운 생활을 영위하기 위한 생존권적 성격을 동시에 가지지만, 기본적으로는 생존권적 성격이 강하다(헌재 1991.7.22. 89헌가106, 사립학교법 제55조 등에 관한 위헌심판(합헌)).

## 3. 근로의 권리의 주체

근로의 권리의 주체는 자연인 중에서 원칙적으로 대한민국 국민이다. 근로의 권리는 개인인 근로자가 그 주체가 된다. 외국인 근로자에게도 그 기본권 주체성을 인정한다(헌재 2007.8.30. 2004헌마670, 산업기술연수생 도입기준 완화결정 등 위헌확인(위헌)). 노동조합이나 법인은 원칙적으로 근로의 권리의 주체가 될 수 없다(헌재 2009.2.26. 2007헌바27, 지방세법 제245조의2 제1항 위헌소원(합헌)).

## 4. 근로의 권리의 효력

근로의 권리는 대국가적 효력을 가지는 기본권인 동시에 대사인적 효력을 가지는 기본권이다. 특히 헌법은 "국가는 사회적·경제적 방법으로 근로자의 고용의 증진과 적정임금의 보장에 노력하여야 하며, 법률이 정하는 바에 의하여 최저임금제를 시행하여야 한다"(제32조 제1항 후문)라고 명시한다.

## 5. 근로의 권리의 내용

### (1) 국가의 고용증진노력

헌법에서 "국가는 사회적·경제적 방법으로 근로자의 고용의 증진 … 에 노력하여야 하며"(제32조 제1항 후문)라고 규정하므로, 근로의 권리의 내용은 근로기회제공을 요구할 수 있는 권리이지, 나아가서 생계비지급까지도 요구할 수 있는 권리로 확대해석하여서는 아니 된다(헌재 2002.11.28. 2001헌바50, 한국보건산업진흥원법 부칙 제3조 위헌소원(합헌)).

(2) 근로자의 적정임금보장노력과 최저임금제실시

헌법에서 "국가는 사회적·경제적 방법으로 … 적정임금의 보장에 노력하여야 하며, 법률이 정하는 바에 의하여 최저임금제를 시행하여야 한다"($^{제32조}_{제1항\ 후문}$)라고 규정한다. 적정임금의 보장과 최저임금제의 실시는 헌법의 요청이다. 또한 헌법 제32조 제4항의 규정에 따라 여자에게도 동일노동·동일임금의 원칙이 적용되어야 한다.

(3) 근로조건기준의 법정주의

"근로조건의 기준은 인간의 존엄성을 보장하도록 법률로 정한다"($^{제32조}_{제3항}$). 이에 따라 근로계약의 기본적인 내용인 근로조건은 계약자유의 원칙에 대한 중대한 제약을 받는다. 이에 관하여는 근로기준법에서 상세히 규정한다.

A. 탄력적 근로시간제

"근로시간은 휴게시간을 제외하고" 1주 간 40시간, 1일 8시간을 초과할 수 없다($^{근로기준법}_{제50조}$). 또한 취업규칙에 따라 일정 단위기간을 평균하여 주 40시간을 초과하지 아니하면, 특정한 주(48시간 초과 금지)나 특정한 날의 근로시간을 초과할 수 있다. 서면 합의에 따르더라도 3개월 이내의 기간에서 특정한 주의 근로시간은 52시간을, 특정한 날의 근로시간은 12시간을 초과할 수 없다($^{제51}_{조}$).

B. 정리해고제

"사용자가 경영상의 이유에 의하여 근로자를 해고하려면 긴박한 경영상의 필요가 있어야 한다. 이 경우 경영악화를 방지하기 위한 사업의 양도·인수·합병은 긴박한 경영상의 필요가 있는 것으로 본다"($^{법}_{제24조}$).

C. 그 외에도 퇴직금중간정산제와 퇴직보험제의 도입($^{제34조,\ 근로자\ 퇴}_{직급여\ 보장법}$), 선택적 근로시간제의 도입($^{법}_{제52조}$) 등을 들 수 있다.

(4) 여자근로의 보호와 차별금지

"여자의 근로는 특별한 보호를 받으며, 고용·임금 및 근로조건에 있어서 부당한 차별을 받지 아니한다"($^{제32조}_{제4항}$).

(5) 연소자의 근로보호

"연소자의 근로는 특별한 보호를 받는다"($^{제32조}_{제5항}$). 근로기준법에서는 의무교육과정이 중학교까지 확대되었음을 고려하여, 최저취업연령을 종래 13세에서 15세로 상향조정하였다($^{법}_{제64조}$). 또한 "15세 이상 18세 미만인 자의 근로시간은 1일에 7시간, 1주일에 40시간을 초과하지 못한다"($^{법}_{제69조}$).

(6) 국가유공자 등의 우선적 근로기회부여

"국가유공자·상이군경 및 전몰군경의 유가족은 법률이 정하는 바에 의하여 우선적으로 근로의 기회를 부여받는다"($\frac{제32조}{제6항}$).

(7) 기타 신앙·사회적 신분 등에 의한 차별대우금지

근로기준법($\frac{제6}{조}$)과 직업안정법($\frac{제2}{조}$)에서는 성별·연령·국적·신앙(종교)·사회적 신분 또는 혼인 여부 등에 따른 차별대우의 금지를 규정한다.

## Ⅳ 근로3권

### 1. 근로3권의 의의

( i ) 사유재산제·계약의 자유·과실책임의 원칙을 기조로 한 근대시민법질서는, 산업혁명에 따른 새로운 노동자계급의 등장으로, 근대입헌주의 헌법의 이념적 지표인 자유·평등·박애의 원리에 대한 근본적 변화가 불가피하였다.

( ii ) "① 근로자는 근로조건의 향상을 위하여 자주적인 단결권·단체교섭권 및 단체행동권을 가진다. ② 공무원인 근로자는 법률이 정하는 자에 한하여 단결권·단체교섭권 및 단체행동권을 가진다. ③ 법률이 정하는 주요방위산업체에 종사하는 근로자의 단체행동권은 법률이 정하는 바에 의하여 이를 제한하거나 인정하지 아니할 수 있다"($\frac{제33}{조}$).

### 2. 근로3권의 법적 성격

근로기본권은 근로자의 근로조건을 개선함으로써, 그들의 경제적·사회적 지위 향상을 도모하기 위한 것으로서, 자유권적 기본권으로서의 성격보다는, 사회권으로서의 측면이 더 강하다($\frac{헌재\ 1991.7.22.\ 89헌가106,\ 사립학교법\ 제55조.}{제58조\ 제1항\ 제4호에\ 관한\ 위헌심판(합헌)}$).

### 3. 근로3권의 주체: 내국인 근로자

근로3권의 향유자는 근로자이다. "'근로자'라 함은 직업의 종류를 불문하고 임금·급료 기타 이에 준하는 수입에 의하여 생활하는 자를 말한다"($\frac{노조조정법}{제2조\ 제1호}$).

### 4. 근로3권의 효력

근로3권은 원칙적으로 대국가적 효력을 가지는 기본권인 동시에 대사인적 효력을 가지는 기본권이다. 근로자의 근로3권을 침해하는 사용자의 행위로부터 근로자를 보호하기 위하여 노조조정법 제6장에서는 부당노동행위에 규정한다.

## 5. 단 결 권

### (1) 단결권의 의의

( i ) 단결권이라 함은 "근로자가 주체가 되어 자주적으로 단결하여 근로조건의 유지·개선 기타 근로자의 경제적·사회적 지위의 향상"(<sup>노조조정법 제2조 제4</sup><sub>호: 노동조합의 정의</sub>)을 위하여, 사용자와 대등한 교섭권을 가지기 위한 단체를 구성하는 권리를 말한다. "근로자는 자유로이 노동조합을 조직하거나 이에 가입할 수 있다. 다만, 공무원과 교원에 대하여는 따로 법률로 정한다"(<sup>제5</sup><sub>조</sub>).

( ii ) "주로 정치운동을 목적으로 하는 경우"(<sup>제2조</sup><sub>제4호 마</sub>)에는 노동조합으로 인정하지 아니한다. 한편, 노동조합 전임자도 사용자로부터 급여를 지급받을 수 있다(<sup>제24조</sup><sub>제1항</sub>).

### (2) 단결권의 내용

( i ) 단결권은 한편으로, 헌법 제21조의 결사의 자유에 대한 특별법적 성격을 가지기도 하지만, 본질적으로 단결권은 사회권의 특성을 강하게 가지므로, 결사의 자유의 일반원리와는 접근시각이 달라야 한다.

( ii ) 근로자 개개인이 자주적으로 단체를 조직·가입·탈퇴를 할 수 있는 권리가 개인적 단결권이다. 개인의 단결권에 대한 불법적인 제한은 부당노동행위가 된다(<sub>관계조정법 제81조 제2호 단서 위헌소원(합헌)</sub><sup>헌재 2005.11.24. 2003헌바9등. 노동조합및노동</sup>). 한편, 집단적 단결권은 근로자의 단결권이 아니라 헌법 제10조의 행복추구권에서 파생되는 일반적 행동의 자유 또는 헌법 제21조 제1항의 결사의 자유로부터 인정한다(<sub>관계조정법 제81조 제2호 단서 위헌소원(합헌)</sub><sup>헌재 2005.11.24. 2003헌바9등. 노동조합및노동</sup>).

## 6. 단체교섭권

### (1) 단체교섭권의 의의

단체교섭권이란 근로자가 단결권에 기초하여 결성한 단체가 사용자 또는 사용자단체와 자주적으로 교섭하는 권리이다.

### (2) 단체교섭권의 주체

단체교섭권의 주체는 개별근로자가 아니라 노동조합이다. 이때 근로자는 단체교섭의 담당자일 뿐이다.

### (3) 단체교섭권의 내용

( i ) "노동조합과 사용자 또는 사용자단체는 신의에 따라 성실히 교섭하고 단

체협약을 체결하여야 하며 그 권한을 남용하여서는 아니 된다. 노동조합과 사용자 또는 사용자단체는 정당한 이유없이 교섭 또는 단체협약의 체결을 거부하거나 해태하여서는 아니 된다"($^{노조조정법}_{제30조}$) ($^{헌재 1998.2.27. 94헌바13등, 노동조}_{합법 제33조 제1항 위헌소원(합헌)}$). "노동조합의 대표자 또는 노동조합으로부터 위임을 받은 자와의 단체협약체결 기타의 단체교섭을 정당한 이유없이 거부하거나 해태하는 행위"($^{제81조 제}_{1항 제3호}$)는 부당노동행위가 된다.

(ii) 복수노조의 설립이 허용되어($^{노조조정법 제5}_{조, 부칙 제5조}$), "하나의 사업 또는 사업장에서 조직형태에 관계없이 근로자가 설립하거나 가입한 노동조합이 2개 이상인 경우, 노동조합은 교섭대표노동조합을 정하여 교섭을 요구하여야 한다"($^{제29조의2}_{제1항}$).

(iii) 단체교섭의 대상이 되는 내용의 범위는 원칙적으로 근로조건의 유지·개선에 한정되어야 하겠지만, 간접적으로 관련되는 노동조합의 경영권·인사권참여와 노조원에 대한 부당해고철회요구 등이 분쟁의 소지를 안고 있다.

(3) '근로자 참여 및 협력증진에 관한 법률'

(구)노사협의회법이 '근로자 참여 및 협력증진에 관한 법률'로 대체되었다. 노사협의회의 근로자와 사용자의 대표는 동수로 하고($^{제6조}_{제2항}$), 위원선거인은 근로자 과반수의 직접·비밀·무기명 투표로 선출함으로써, 근로자위원의 대표성 및 민주적 정당성을 확보하고 있다($^{제6조}_{제2항}$).

## 7. 단체행동권

(1) 단체행동권의 의의

단체행동권은 노동쟁의가 발생한 경우에 쟁의행위를 할 수 있는 권리이다. "'노동쟁의'라 함은 노동조합과 사용자 또는 사용자단체(勞動關係 當事者)간에 임금·근로시간·복지·해고 기타 대우등 근로조건의 결정에 관한 주장의 불일치로 인하여 발생한 분쟁상태를 말한다. 이 경우 주장의 불일치라 함은 당사자간에 합의를 위한 노력을 계속하여도 더이상 자주적 교섭에 의한 합의의 여지가 없는 경우를 말한다"($^{노조조정법}_{제2조 제5호}$). "'쟁의행위'라 함은 파업·태업·직장폐쇄 기타 노동관계 당사자가 그 주장을 관철할 목적으로 행하는 행위와 이에 대항하는 행위로서 업무의 정상적인 운영을 저해하는 행위를 말한다"($^{제6}_{조}$).

(2) 단체행동권의 주체

단체행동권의 제1차적 주체는 근로자이다. 하지만, 실제로 근로자단체를 통하여 단체행동권을 구현한다. 따라서 노동조합도 단체행동권의 주체이다.

(3) 단체행동권의 내용

단체행동권은 쟁의행위권으로 표현될 수 있다. '노동조합 및 노동관계조정법'에서는 근로자의 쟁의행위의 유형으로서 파업Strike·태업Sabotage을 예시하나 그 외에도 보이콧Boycott·생산관리·피케팅Picketing 등의 방법이 널리 인정된다. 한편, 동법에서는 쟁의행위의 유형으로서 직장폐쇄도 규정한다.

(4) 단체행동권의 한계

"쟁의행위는 그 목적·방법 및 절차에 있어서 법령 기타 사회질서에 위반되어서는 아니 된다"(노조조정법제37조). 비폭력·비파괴(제42조) 적이어야 한다. 정치적 목적을 가진 쟁의행위는 원칙적으로 허용되지 아니한다.

8. 근로3권의 제한

(1) 공무원인 근로자의 근로3권제한

"공무원인 근로자는 법률이 정하는 자에 한하여 단결권·단체교섭권 및 단체행동권을 가진다"(제33조제2항). 이에 따라 '공무원 직장협의회의 설립·운영에 관한 법률'에서는 공무원의 범위에 경감 이하의 경찰공무원 및 소방경·지방소방경 이하의 소방공무원이 추가되었다(제3조 제1항 제2호). '공무원의 노동조합 설립 및 운영 등에 관한 법률'이 제정되어 6급 이하의 공무원은 노동조합에 가입할 수 있으며(제6조), 공무원의 정치활동금지(제4조)와 쟁의행위금지(제11조)를 규정한다.

(2) 주요방위산업체에 종사하는 근로자의 단체행동권제한

"법률이 정하는 주요방위산업체에 종사하는 근로자의 단체행동권은 법률이 정하는 바에 의하여 이를 제한하거나 인정하지 아니할 수 있다"(제33조제3항). "주요방위산업체에 종사하는 근로자중 전력, 용수 및 주로 방산물자를 생산하는 업무에 종사하는 자는 쟁의행위를 할 수 없으며 주로 방산물자를 생산하는 업무에 종사하는 자의 범위는 대통령령으로 정한다"(노조조정법제41조 제2항).

(3) 헌법 제37조 제2항에 의한 제한

(ⅰ) 헌법 제37조 제2항의 규정에 의하여 근로3권을 제한할 수 있으나, 비례(과잉금지)의 원칙에 적합하여야 하며, 근로3권의 본질적 내용을 침해할 수 없다.

(ⅱ) 교원의 노동조합결성이 종래 금지되었으나, '교원의 노동조합 설립 및 운영 등에 관한 법률'에 따라 설립이 허용되었다. 그러나 쟁의행위는 금지된다(제8조).

(ⅲ) 제3자 개입금지, 필수공익사업에 대한 직권중재제도는 폐지되었다. 또한 무노동·무임금의 원칙을 도입한다(노조조정법제44조).

# 제 6 절  환 경 권

## I  의    의

( i ) 1980년 헌법에서 기본권으로서 환경권을 명시한 이래 현행헌법 제35조에서도 환경권을 규정한다: "① 모든 국민은 건강하고 쾌적한 환경에서 생활할 권리를 가지며, 국가와 국민은 **환경보전을 위하여 노력하여야 한다.** ② 환경권의 내용과 행사에 관하여는 법률로 정한다. ③ 국가는 주택개발정책등을 통하여 모든 국민이 쾌적한 주거생활을 할 수 있도록 노력하여야 한다."

( ii ) 환경권 문제의 중요성이 부각된 초기에는 대자연의 심각한 환경오염으로부터 국민을 보호하는 데 있었으나(좁은 의미: 자연환경), 점차 "건강하고 쾌적한 환경에서 생활할 권리"로(넓은 의미: 사회적 환경) 확대되었다.

## II  환경권의 법적 성격

( i ) 환경권은 개인이 누려야 할 건강하고 쾌적한 환경에 대한 침해배제를 청구할 수 있는 자유권적 측면과 건강하고 쾌적한 환경에서 생활할 수 있도록 배려하는 보호·보장청구권의 측면을 동시에 가진다.

( ii ) 사회권(생존권)으로서의 환경권은 추상적 권리로서의 한계를 가진다. 이에 "환경권의 내용과 행사에 관하여는 법률로 정"하며, "국가와 국민은 환경보전을 위하여 노력하여야 한다."

## III  환경권의 주체·효력

( i ) 환경권은 "건강하고 쾌적한 환경에서 생활할" 자연인인 국민의 권리이다. 법인에게는 인정되지 아니한다. 사회권으로서의 환경권은 원칙적으로 국민에 한정되어야 할 것이나, 외국인에게도 제한적으로 인정되어야 한다.

( ii ) "모든 국민은 건강하고 쾌적한 환경에서 생활할 권리를 가지며, 국가와 국민은 환경보전을 위하여 노력하여야 한다." 따라서 환경권은 국가권력을 기속한다(대국가적 효력). 또한 "국민은 환경보전을 위하여 노력하여야" 하는 만큼 당

연히 사인 사이에도 효력이 미친다(간접적용).

## Ⅳ 환경권의 내용

### 1. 좁은 의미의 자연환경과 넓은 의미의 사회적 환경 포괄

모든 국민은 자연환경뿐만 아니라 사회적 환경까지도 포함하여 "건강하고 쾌적한 환경에서 생활할 권리"를 가진다. 환경정책기본법도 "환경이라 함은 자연환경과 생활환경을 말한다"라고 정의한다(제3조제1호).

### 2. "건강하고 쾌적"한 환경에서 생활할 권리의 법정주의

(ⅰ) 건강에는 육체적 건강뿐만 아니라 정신적 건강까지도 포함된다. 쾌적한 환경이란 안락하고 평온한 환경을 말한다. 환경권은 환경오염이나 피해로부터 개인을 보호하기 위한 공해배제청구권(환경복구청구권)과 환경급부적인 생존배려를 요구할 수 있는 생활환경조성청구권(환경예방청구권)으로 구현된다. 오늘날 도시생활에서는 특히 일조권, 조망권, 경관권이 문제된다.

(ⅱ) "환경권의 내용과 행사에 관하여는 법률로 정한다"(제35조제2항). 환경정책기본법, 환경분쟁 조정법, 환경영향평가법, 소음·진동관리법, '물환경보전법', '환경개선비용 부담법' 등이 있다.

### 3. 쾌적한 주거생활: 주거권

#### (1) 헌법상 쾌적한 주거생활의 보장

인간의 생활에서 의·식·주라는 기본적인 생활의 수요가 충족되어야 인간다운 생활의 최소한을 확보할 수 있다. 주거문제는 특히 도시화·산업화 과정에서 심각한 사회문제로 대두된다. 이에 "국가는 주택개발정책등을 통하여 모든 국민이 쾌적한 주거생활을 할 수 있도록 노력하여야 한다"(제35조제3항). 이를 위하여 국가는 체계적인 주택정책을 수립하여 양질의 주거환경을 조성하여야 한다.

#### (2) 헌법상 기본권으로 주거권의 정립

근래 주거문제는 단순히 국민 개개인의 사적인 문제를 넘어서서 국가공동체의 정상적인 작동을 위한 핵심의제가 되어 있다. 이에 헌법상 "쾌적한 주거생활"이라는 제35조 제3항의 취지를 살려서 앞으로 헌법적 가치를 가지는 '주거권'을 정립하여야 하는 과제를 남기고 있다. 따라서 주거권은 이제 헌법상 환경권의 일환으로서가 아니라, "헌법에 열거되지 아니한 기본권"으로 새롭게 재구성되어야 한다. 그러나 굳이 "헌법에 열거되지 아니한 기본권"이 아니라 헌법 제35조 제3항으로부터 주거권을 연역할 수 있다고 본다. 이는 곧 사회적 기본권으로서의 주거권의 정립에서 더 나아가 현대국가가 지향하는 사회복지국가원리의 헌법적 구현이기도 하다. 앞으로의 과제로 남겨둔다.

### (3) 도시빈민의 주거권 보장

특히 도시빈민문제를 해결하기 위하여서는 영구임대주택을 대량으로 건설함으로써 주거문제로 인하여 서민들의 삶이 피폐하지 아니하도록 배려하여야 한다. 또한 도시화에 따른 주거환경개선을 위하여 국가의 적극적인 개입이 필요하다 (헌재 1994.7.29. 92헌바49등, 토지초과이득세법 (제10조, 제8조 등 위헌소원(헌법불합치,적용중지)).

## Ⅴ  국가와 국민의 환경보전노력과 의무

헌법 제35조 제1항에서는 "국가와 국민은 환경보전을 위하여 노력하여야 한다"라고 규정하며, 쾌적한 주거환경을 위한 국가적 노력도 규정한다(제35조 제3항).

## Ⅵ  환경권의 제한과 한계

환경권도 헌법 제37조 제2항의 기본권제한의 일반원리에 따른 제한이 가능하지만, 환경권의 본질적 내용에 대한 제한은 불가능하다. 다만, 환경권이 가지는 상린관계相隣關係적 특성에 비추어 일정한 수인受忍의무가 뒤따른다.

## Ⅶ  환경권의 침해와 구제

### 1. 공권력에 의한 침해와 구제

공권력의 적극적 발동에 따른 환경권침해와 공권력의 소극적인 대응으로 환경권이 침해되는 경우가 있다. 특히 후자의 경우는 공해시설에 대한 설치허가, 지나치게 낮은 수준의 오염물질배출기준 규정 등에 의하여 설치가 가능하게 된 공장·시설로 말미암아 간접적으로 환경권에 대한 침해가 발생한다.

외교부 북미국장이 2017.4.20. 주한미군사령부 부사령관과 사이에 주한미군에 성주 스○○ 골프장 부지 중 일부의 사용을 공여하는 내용으로 체결한 협정은 평화적 생존권,

건강권, 환경권, 직업의 자유와 원불교도 및 그 단체인 청구인들의 종교의 자유를 침해할 가능성을 인정하기 어렵다(현재 2024.3.28. 2017헌마372, 고고도미사일방어체계 배치 승인 위헌확인(각하)).

## 2. 사인에 의한 침해와 구제

( ⅰ ) 사인私人에 의한 환경피해에 대하여는 사후적 구제방법으로서 민사적 손해배상청구권과, 사전적 구제방법으로서 사전유지청구권事前留止請求權이 있다. 사전유지청구권이란, 사후적 구제방법인 손해배상청구권의 한계를 감안하여, 환경권의 침해가 발생하였거나 발생할 우려가 있을 경우 이의 중지·배제·예방을 청구할 수 있는 권리이다.

( ⅱ ) 그런데, 환경분쟁의 특수성에 비추어 위법성판단과 관련하여 수인한도론受忍限度論이 정립된다. 이는 피해자와 가해자의 이익·피해의 형태·사업의 유효성 등을 비교형량하여 가해행위가 사회생활에서 일반적으로 수인할 수 있을 정도를 초월한 침해가 아닌 경우에는 수인하여야 한다는 이론이다.

( ⅲ ) 사인 사이의 환경권분쟁으로는 일조권日照權에 관한 다수의 판례가 있다.

## 3. 환경오염피해분쟁기구

환경피해에 따른 분쟁을 해결함에 있어서는, 소송을 통한 전통적인 법이론의 적용에 일정한 한계가 있다. 이에 '환경분쟁 조정법'에서는 환경분쟁을 신속·공정하고 효율적으로 해결하기 위하여 환경분쟁조정위원회를 설치한다.

## 4. 공해소송에서의 원고적격과 입증책임의 전환

공해소송에서는 직접피해자는 물론 널리 오염된 환경과 관련된 자에게까지 원고적격을 확대하여야 한다(집단소송). 또한 피해자와 가해자, 손해발생과 인과관계, 손해 정도의 입증이 매우 어려우므로 입증책임의 전환이론이 제기된다. 즉, 피해자의 인과관계의 입증에서 과학적으로 엄밀한 증명을 요하지 아니하고, 침해행위와 손해발생 사이에 상당한 인과관계가 존재한다는 개연성이 있으면 충분하다는 개연성이론蓋然性理論에 의하여 피해자의 입증책임부담을 덜어준다.

# 제 7 절 혼인과 가족에 관한 권리

## I 의 의

가족이란 혈연·혼인·입양 등의 형태로 관계되어 생활을 공유하는 사람들의 집단(共同體) 또는 그 구성원을 말한다. 혼인이란 사회적·법적으로 승인된 남편과 아내의 결합, 즉 남녀가 부부관계를 맺는 행위 또는 부부관계에 있는 상태를 말한다. 그러나 최근 일부 국가에서는 같은 성性을 가진 사람끼리 혼인하는 동성혼同性婚이 합법화되기도 한다. 최근 대법원은 "동성 동반자"에 대하여 건강보험 피부양자 자격을 인정한다. 하지만, 현행헌법은 "양성의 평등을 기초로" 하고 있기 때문에 동성혼을 부인하는 것으로 보인다.

"혼인과 가족생활은 개인의 존엄과 양성의 평등을 기초로 성립되고 유지되어야 하며, 국가는 이를 보장한다. 국가는 모성의 보호를 위하여 노력하여야 한다"(제36조). 헌법은 혼인제도와 가족제도는 인간의 존엄성존중과 민주주의원리에 따라 규정되어야 함을 천명한다.

## II 혼인과 가족에 관한 권리의 법적 성격

혼인과 가족에 관하여 비록 '권리'라고 명시하고 있지는 아니하지만, 헌법조문 체계상 사회권에 편제되어 있을 뿐만 아니라, 그 본질상 인간다운 생활을 할 권리와 직결되는 사회권으로 보아야 한다. 또한 혼인제도와 가족제도의 본질을 보장하고 있으므로 제도보장으로 볼 수 있다. 따라서 혼인과 가족에 대한 권리는 기본권으로서의 성격과 제도보장으로서의 성격을 동시에 가진다.

## III 혼인과 가족에 관한 권리의 주체·효력

(ⅰ) 혼인과 가족에 관한 권리는 인간의 존엄 및 양성평등원리에 기초하기 때문에 자연인으로서의 국민에 한정되지 아니하고, 가급적 외국인에게도 인정되어야 한다. 그러나 법인에게는 인정되지 아니한다.

"성전환자의 성별정정을 허가함에 있어 현재 혼인 중에 있거나 성전환자에게 미성년 자녀가 있는 경우에는 성별정정이 허용되지 않는다"는 결정(대결(전합) 2011.9.2. 2009스117[등록부정정] 〈성전환자의 성별정정 사건〉) 가운데 "현재 혼인 중에 있지 아니한" 성전환자에게 "미성년자가 있다"는 이유만으로 성별정정을 불허하여서는 아니 된다(판례 변경)(대결(전합) 2022.11.24. 2020스616[성전환자의 성별정정]).

(ⅱ) 헌법에서 국가의 보장의무를 규정하고 있으므로 대국가적 효력을 인정하는 데 이의가 없다. 양성의 평등에 기초하기 때문에 대사인적 효력도 인정된다.

## Ⅳ 혼인과 가족에 관한 권리의 내용

### 1. 혼인의 순결과 혼인의 자유

혼인의 순결은 곧 일부일처제一夫一妻制를 요구한다. 이에 따라 축첩제도나 중혼은 금지된다. 혼인의 자유는 혼인 여부·배우자선택·혼인시기결정의 자유를 의미한다. 민법에서는 미성년자의 혼인에 대한 부모의 동의 등의 제한이 있다. 간통죄는 위헌으로 판례가 바뀌었다(헌재 2015.2.26. 2009헌바17등, 형법 제241조 위헌소원 등(위헌)).

① 사실혼 배우자의 상속권을 인정하지 않은 민법 제1003조 제1항 중 '배우자' 부분은 헌법에 위반되지 아니하고(전원일치), ② 재산분할청구권에 관한 민법 제839조의2 제1항, 제2항, 제843조 중 제839조의2 제1항, 제2항에 관한 부분에 대한 심판청구는 부적법하다(6:3)(헌재 2024.3.28. 2020헌바494, 민법 제1003조 제1항 위헌소원(합헌)).

"동성동본금혼규정은 개인의 존엄과 양성의 평등을 기초로 한 혼인과 가족생활의 성립·유지라는 헌법규정에 정면으로 배치된다"(헌재 1997.7.16. 95헌가6등, 민법 제809조 제1항 위헌제청(헌법불합치,적용중지)).

개정민법에서는 8촌 이내의 혈족 사이에서는 혼인을 할 수 없도록 규정한다. 이에 대하여 헌법재판소는 합헌으로 판단하면서(5:4), 다만 이를 위반한 혼인을 무효로 하는 민법 제815조 제2호는 헌법에 합치되지 아니한다고 판시한다(전원일치)(헌재 2022.10.27. 2018헌바115, 민법 제809조 제1항 등 위헌소원(헌법불합치,잠정적용,합헌)).

아직까지 우리나라에서는 동성혼을 법적으로 인정하지 아니한다. 하지만, 최근 대법원은 "동성 동반자"에 대하여 건강보험 피부양자 자격을 인정하고 있다(9:4)(대결(전합) 2024.7.18. 2023두36800). 이는 동성혼을 법적으로 인정하는 초기 단계로 보인다.

"동성 동반자는 직장가입자와 단순히 동거하는 관계를 뛰어 넘어 동거·부양·협조·정조 의무를 바탕으로 부부공동생활에 준할 정도의 경제적 생활공동체를 형성하고 있는 사람으로, 공단이 피부양자로 인정하는 '사실상 혼인관계에 있는 사람'과 차이가 없다." "두 사람의 관계가 전통적인 가족법제가 아닌 기본적인 사회보장제도인 건강보험의 피부양자제도에서조차도 인정받지 못하는 것으로 인간의 존엄과 가치, 행복추구권, 사생활의 자유, 법 앞에 평등할 권리를 침해하는 차별행위이고 그 침해의 정도도 중하다." 다만 동성 동반자에 대해 사실상 혼인관계에 있는 사람에 준하여 건강보험의 피부양자로 인정하는 문제와 민법이나 가족법상 '배우자'의 범위를 해석·확정하는 문제는 다른 국면에서 충분히 논의할 수 있다고 판시한다. [별개의견] "국민건강보험법에서 직장가입자의 피부양자로 인정하는 '배우자'는 이성 간의 결합을 본질로 하는 '혼인'을 전제로 하는데, 동성 간의 결합에는 혼인관계의 실질이 존재한다고 보기 어렵다." "동성 동반자가 법률상 또는 사실상 배우자와 본질적으로 동일한 집단에 속한다고 볼 수 없고 설령 두 집단이 본질적으로 동일한 집단이라고 하더라도 공단이 동성 동반자를 피부양자로 인정하지 않은 것을 두고 합리적 근거 없는 자의적 차별이라고 볼 수 없다."

## 2. 부부의 평등보장

(ⅰ) 부부평등제를 보장하기 위하여, 구 민법에 있던 처의 무능력자조항은 폐지되었다. 성명姓名은 개인의 정체성과 개별성을 나타내는 인격의 상징으로서 개인이 사회 속에서 자신의 생활영역을 형성하고 발현하는 기초가 되므로, 자녀가 부父의 성과 본을 따르도록 한 민법 규정은 위헌이다(헌재 2005.12.22. 2003헌가5등, 민법 제781조 제1항 위헌제청(헌법불합치,잠정적용)).

민법 제781조 제6항에 따라 자녀의 성과 본이 모의 성과 본으로 변경되었을 경우, 성년인 그 자녀는 모가 속한 종중의 공동선조와 성과 본을 같이 하는 후손으로서 당연히 종중의 구성원이 된다(대판 2022.5.26. 2017다260940 [종원(宗員)지위확인]).

(ⅱ) 호주제도戸主制度도 "혼인과 가족생활에서 개인의 존엄을 존중"하라는 헌법 제36조 제1항의 요구에 부합하지 아니한다(헌재 2005.2.3. 2001헌가9등, 민법 제781조 제1항 본문 후단부분 위헌제청 등(헌법불합치,잠정적용)). 이에 따라 2008년에 호적이 폐지되었고 국민 개인별로 가족관계등록부가 작성된다. 가족관계등록부에는 가족관계증명서, 기본증명서, 혼인관계증명서, 입양관계증명서, 친양자관계증명서가 있다.

혼인신고를 할 때 협의하여 어머니의 성과 본을 자녀가 가질 수 있으며, 이혼한 여성이 전 남편과 사이에 얻은 자녀를 기르고 있을 경우 새 아버지의 성과 본으로 바꿀 수 있다. 자녀의 복리를 위하여 양자를 법률적으로 완전한 친생자로 인정하는 '친양자제도'도 시행한다(민법 제908조의2 이하).

## 3. 자녀에 대한 양육권

부모는 자녀의 양육에 관하여 전반적인 계획을 세우고 자신의 인생관·사회관·교육관에 따라 자녀의 양육을 자유롭게 형성할 권리를 가진다. 이러한 자녀에 대한 부모의 양육권은 비록 헌법에 명문으로 규정되지는 아니하지만, 이는 모

든 인간이 누리는 불가침의 인권으로서 혼인과 가족생활을 보장하는 헌법 제36
조 제1항·행복추구권을 보장하는 헌법 제10조·헌법에 열거되지 아니한 권리를
규정한 헌법 제37조 제1항에서 나오는 중요한 기본권이다.

### 4. 친족·혈족·가족의 범위와 유류분제도

최근 혼인이 금지되는 친족의 범위를 축소하려는 움직임이 제기된다. 또한 유
류분제도와 관련하여 헌법재판소는 직계가족 이외에 형제자매의 유류분을 위헌
으로 판시하고, 유류분상실사유를 명시하여야 한다고 판시한다.

유류분제도는 유족들의 생존권을 보호하고, 가족의 긴밀한 연대를 유지하기 위하여 필요하
다는 점에서 헌법적 정당성은 인정한다. 하지만, ① 피상속인의 형제자매의 유류분을 규
정한 민법 제1112조 제4호를 단순위헌으로 결정하고, ② 유류분상실사유를 별도로 규정하
지 아니한 민법 제1112조 제1호부터 제3호 및 기여분에 관한 민법 제1008조의2를 준용하
는 규정을 두지 아니한 민법 제1118조는 모두 헌법에 합치되지 아니하고 2025.12.31.을 시
한으로 입법자가 개정할 때까지 계속 적용된다(헌재 2024.4.25. 2020헌가4, 민법 제1112조 등 위헌제청(각하,위헌,헌법불합치,잠정적용)).

## Ⅴ 모성보호

모성보호는 현행헌법에서 신설된 조항이다. 모자보건법은 '모성'을 '임산부와
가임기 여성'으로 정의한다(제2조 제2호).

# 제 8 절   보건에 관한 권리

## Ⅰ 의   의

헌법 제36조 제3항은 "모든 국민은 보건에 관하여 국가의 보호를 받는다"라고
하여, 국가가 적극적으로 국민보건에 필요한 배려를 하여야 함을 규정한다. 그런
데, 다른 기본권의 규정형식과 달리 "국가의 보호를 받는다"라는 규정형식에도
불구하고 보건권의 인정이 바람직하다.

## Ⅱ 보건에 관한 권리의 법적 성격·주체·효력

보건에 관한 권리는 국가가 국민의 보건을 침해할 경우에, 이의 배제를 청구
할 수 있다는 점에서 자유권적 측면도 있으나, 주로 국가에 대하여 건강한 생활
을 유지하기 위한 배려를 요구하는 사회권(생존권)적 측면이 문제된다. 사회권적
성격을 가지는 보건에 관한 권리는 원칙적으로 자연인인 국민에 한한다.

## Ⅲ 보건에 관한 권리의 내용

보건에 관한 권리는 소극적으로는 강제적 불임시술·의학실험과 같은 국가의
건강 침해로부터의 방어권이면서, 적극적으로는 전염병에 대한 예방·관리, 식품
유통과정에 대한 관리·감독, 건강보험제도와 같은 의료정책의 실시 등의 적극적
시행을 청구할 수 있는 권리이다. 이에 따라 의무적 가입을 규정하는 건강보험제
도는 합헌이다(헌재 2001.8.30. 2000헌마668. 국민
건강보험법 제5조 등 위헌확인(기각)).

## Ⅳ 보건에 관한 권리의 제한과 한계·침해와 구제

보건에 관한 권리는 헌법 제37조 제2항의 일반원리에 따라 제한이 가능하다.
또한 침해와 구제에 대하여도 기본권침해와 그 구제에 관한 일반원리에 따른다.

# 제 7 장

# 청구권적 기본권

## 제 1 절  청구권적 기본권의 일반이론

### I  의    의

청구권적 기본권은 기본권보장을 위한 기본권, 권리구제를 위한 기본권, 수익권 등 다양하게 표현되는 국민의 권리구제를 위한 기본권이다. 즉, 청구권적 기본권은 국민이 국가에 대하여 적극적으로 특정의 행위를 요구하거나 국가의 보호를 요청하는 주관적 공권이다.

### II  청구권적 기본권의 법적 성격

(ⅰ) 청구권적 기본권은 반사적 이익이 아니라, 기본권을 실현하기 위한 공법상 권리 즉, 공권公權이다.

(ⅱ) 자유권은 국가로부터의 자유를 의미하는 소극적 권리이지만, 청구권적 기본권은 국가에 대하여 청구하는 적극적 성격을 가진다.

(ⅲ) 자유권은 인간으로서 누리는 전국가적 자연권이지만, 청구권적 기본권은 국가 내적인 실정법상 국민(시민)의 권리이다. 따라서 청구권적 기본권은 그 본질상 헌법적 가치를 가지는 기본권은 아니라, 이를 헌법에 규정함으로써 비로소 헌법적 가치를 가지는 기본권이 된다.

(ⅳ) 사회권은 구체적 법률을 통하여 현실적으로 구현될 수 있는 권리이지만, 청구권적 기본권은 헌법의 규정에서 직접적 효력을 가지는 권리이다.

(ⅴ) 청구권적 기본권은 그 자체가 실체적 기본권이 아니라 실체적 기본권을

실현하기 위한 절차적 기본권이다. 그런 점에서 실체적 기본권인 사회권보다 청구권적 기본권(제26조-제30조)을 앞서 규정하고 있는 현행헌법의 규정 순서는 재고되어야 한다.

## Ⅲ 청구권적 기본권의 효력

(ⅰ) 청구권적 기본권은 헌법에 의하여 권리가 형성되고 법률에 의하여 구체화되며, 모든 국가권력을 구속한다. 청구권적 기본권이 "법률이 정하는 바에 의하여" 보장된다고 하더라도, 그것은 형성적 유보가 아니다. 즉, 청구권적 기본권의 부여 여부는 법률로 정하는 입법부의 권리라기보다는, 헌법에서 보장하고 있는 청구권적 기본권의 개별화·구체화 법률을 입법부에서 정립한다는 의미이다.

(ⅱ) 청구권적 기본권은 원칙적으로 대국가적 효력을 가진다. 청구권적 기본권은 국가에 대한 권리이기 때문에 사인 사이에는 간접적으로 적용되는 경우는 있을 수 있으나 직접적용될 수는 없다.

## Ⅳ 청구권적 기본권의 내용

(ⅰ) 헌법의 청구권적 기본권에는 청원권, 재판청구권, 국가배상청구권, 손실보상청구권, 형사보상청구권, 범죄피해자구조청구권이 있다. 청원권은 사전적 권리구제제도이지만, 나머지는 사후적 권리구제제도이다. 권리구제적인 청구권적 기본권의 본질에 비추어, 청구권적 기본권에 관한 논의는 기본권침해와 구제(기본권의 보호)에 관한 내용과 중첩되고 서로 연계된다.

(ⅱ) 그러나 실제로 청구권적 기본권 중에서 국가배상청구권·손실보상청구권은 행정상 손해전보제도로서 행정법에서, 재판청구권은 헌법재판소법 및 민사소송법·형사소송법에서 구체화된다. 이에 청구권적 기본권에 관한 구체적인 내용은 헌법구체화법인 개별법률에서 상세하게 논의되고 있으므로, 이하에서는 청구권적 기본권과 관련된 헌법적 문제만을 논의하고자 한다. 특히 형사보상청구권은 인신의 구속에 따라 발생한 손해에 대한 결과책임이므로 인신의 안전과 자유와도 직접적으로 연계된다.

# 제 2 절  청 원 권

## I  의    의

청원권이란 국민이 국가기관에 대하여 의견이나 희망을 진술할 수 있는 권리이다. 즉, 청원권은 공권력과의 관계에서 일어나는 이해관계, 의견, 희망 등에 관하여 적법한 청원을 한 모든 국민에게 국가기관이 청원을 수리受理할 뿐만 아니라 이를 심사하여 청원자에게 그 처리결과의 통지를 요구할 수 있는 권리이다(헌재 1994. 2.24. 93헌마213등, 종교시설 용지 공급처분취소 등(각하)). "모든 국민은 법률이 정하는 바에 의하여 국가기관에 문서로 청원할 권리를 가진다. 국가는 청원에 대하여 심사할 의무를 진다"(제26조). "정부에 제출 또는 회부된 정부의 정책에 관계되는 청원의 심사"는 국무회의의 필수적 심의사항이다(제89조 제15호). 청원에 관한 일반법으로 청원법이 있다.

## II  청원권의 법적 성격

청원권은 국민이 국가기관에 대하여 의견이나 희망을 자유롭게 진술할 수 있는 권리라는 점에서 자유권적이다. 또한 국민이 청원을 통하여 국가의사형성과정에 참여한다는 의미에서 참정권적이다. 특히 청원권의 직접민주주의적 성격이 대의민주주의의 문제점을 보완할 수 있다는 점에서 참정권적 성격을 경시할 수는 없다. 그러나 국민이 국가기관에 대하여 의견이나 희망을 진술하여 국가가 이를 수리·심사할 것을 청구할 수 있는 적극적인 권리라는 점에서, 청구권적 성격이 청원권의 본질적 내용이다.

## III  청원권의 주체와 객체

(ⅰ) 청원권은 자연인으로서의 일반국민 및 특수신분관계에 있는 국민뿐만 아니라 외국인 및 법인에게도 널리 인정된다. 다만, 특수신분관계에 있는 국민(예, 공무원·군인 등) 자신의 직무와 관련된 청원 및 집단적 청원은 제한될 수 있다.

(ⅱ) 청원권을 행사할 수 있는 대상기관은 국가기관뿐만 아니라, "지방자치단체와 그 소속기관, 법령에 의하여 행정권한을 가지고 있거나 행정권한을 위임 또

는 위탁받은 법인·단체 또는 그 기관이나 개인"까지 포괄한다($\substack{청원법 \\ 제3조}$).

## Ⅳ 청원권의 효력

청원권은 대국가적 기본권이지만, 사인 사이에도 간접적으로 효력이 미칠 수 있다. 헌법에서 국가의 청원심사의무($\substack{제26 \\ 조}$)만 규정하지만, 청원법에서는 국가의 청원심사·처리의무와 결과를 원칙적으로 90일 이내에 통지할 의무의무($\substack{제21조 \\ 제2항}$), 청원을 이유로 하는 차별대우와 불이익처우금지($\substack{제26 \\ 조}$)를 규정한다.

## Ⅴ 청원권의 내용

### 1. 청원사항

헌법 제26조 제1항에서 청원사항은 입법사항으로 한다. 청원법 제5조의 청원사항: ① 피해의 구제, ② 공무원의 위법·부당한 행위에 대한 시정이나 징계의 요구, ③ 법률·명령·조례·규칙 등의 제정·개정 또는 폐지, ④ 공공의 제도 또는 시설의 운영, ⑤ 그 밖에 청원기관의 권한에 속하는 사항. "그 밖에 청원기관의 권한에 속하는 사항"이라고 규정하므로 이들 사항은 예시적이다. 따라서 청원기관의 권한에 속하는 사항은 원칙적으로 모두 청원의 대상이 된다.

다만, 1. 국가기밀 또는 공무상 비밀에 관한 사항, 2. 감사·수사·재판·행정심판·조정·중재 등 다른 법령에 의한 조사·불복 또는 구제절차가 진행 중인 사항, 3. 허위의 사실로 타인으로 하여금 형사처분 또는 징계처분을 받게 하는 사항, 4. 허위의 사실로 국가기관 등의 명예를 실추시키는 사항, 5. 사인간의 권리관계 또는 개인의 사생활에 관한 사항, 6. 청원인의 성명, 주소 등이 불분명하거나 청원내용이 불명확한 사항에 해당하는 경우에는 처리를 하지 아니할 수 있다($\substack{제6 \\ 조}$). 또한 타인을 모해(謀害)할 목적으로 허위의 사실을 적시한 청원을 하여서는 아니된다($\substack{제25 \\ 조}$).

### 2. 청원의 방법과 절차

청원은 문서로써 하여야 한다($\substack{제6조 \\ 제1항}$). 특히 국회와 지방의회에 대한 청원은 국회의원·지방의회의원의 소개가 있어야만 하였으나($\substack{국회법 제123조 제1항, \\ 지방자치법 제73조 제1항}$)($\substack{헌재 2006.6.29. 2005 \\ 헌마604(합헌)}$), 개정 국회법은 국회규칙으로 정하는 기간 동안 국회규칙으로 정하는 일정한 수 이상의 국민의 동의를 받아 청원서를 제출할 수 있도록 하였다. 다만, 1. 재판에 간섭하는 내용의 청원, 2. 국가기관을 모독하는 내용의 청원, 3. 국가기밀에 관한 내용의 청원($^{제123조}_{제3항}$)은 접수하지 아니한다.

### 3. 청원의 심사와 처리

"청원기관의 장은 청원을 접수한 경우에는 지체 없이 청원사항을 성실하고 공정하게 조사하여야 한다"($^{제18}_{조}$). 청원기관의 장은 청원을 접수한 때에는 특별한 사유가 없으면 90일 이내에 처리결과를 청원인에게 알려야 한다"($^{제21조}_{제2항}$).

## Ⅵ 청원권의 제한과 한계

청원권도 헌법 제37조 제2항에 따라 제한될 수 있다. 청원법에는 청원 처리의 예외($^{제6}_{조}$), 반복청원 및 이중청원의 처리($^{제16}_{조}$), 모해청원금지($^{제25}_{조}$) 등이 있다.

## Ⅶ 청원과 옴부즈만제도

( i ) 헌법은 국민의 청원을 수리하여 심사할 의무만 규정하기 때문에, 국민의 청원사항에 대한 실효성이 반감된다. 청원사항을 적극적으로 실현하여 신속하고 효율적으로 국민의 자유와 권리를 구제하기 위하여, 스웨덴에서는 **옴부즈만** Ombudsman제도가 발전되어왔다. 의회에서 임명된 옴부즈만이 의회의 위임에 따라 정부의 집행작용에 관련된 민원·인권침해·비리 등을 독립적으로 조사·보고하여 그 시정을 권고함으로써, 국민의 기본권을 보호하는 제도이다. 옴부즈만제도는 권리구제의 경제성·효율성·편의성 등의 장점이 있지만, 국회나 헌법재판소·법원·검찰의 권한과 중복될 수 있고, 권한이 권고에 그친다는 한계가 있다.

( ii ) 국무총리 소속 **국민권익위원회**는 과거에 국민고충처리위원회·국가청렴위원회·국무총리 행정심판위원회가 담당하던 업무인 고충민원·부패방지·중앙행정심판 업무를 포괄한다($^{부패방지 및 국민권익위원회의}_{설치와 운영에 관한 법률 제11조}$).

# 제 3 절   재판청구권

## I 의   의

(ⅰ) 헌법은 제5장 법원 이외에 제6장에서 헌법재판소를 따로 설치한다. 이에 따라 법원의 재판을 받을 권리의 정확한 의미, 재판을 받을 권리가 어떠한 법원의 재판을 받을 권리이며, 그에 따른 법원의 재판에 대한 헌법소원의 인정 여부, 재판의 구체적 내용, 심급제도의 본질 등이 쟁점으로 부각된다.

(ⅱ) 헌법의 재판청구권에 관한 기본 조항은 제27조 제1항이다. 헌법 제5장 법원($^{제101조-}_{제110조}$) 및 제6장 헌법재판소($^{제111조-}_{제113조}$)에 관한 규정이 재판청구권의 보장을 위한 전제규정이라면, 제27조 제2항 내지 제5항·신체의 자유보장을 위한 제12조 및 제13조는 재판청구권을 보장하기 위한 구체적 규정이다.

(ⅲ) "① 모든 국민은 헌법과 법률이 정한 법관에 의하여 법률에 의한 재판을 받을 권리를 가진다. ② 군인 또는 군무원이 아닌 국민은 대한민국의 영역 안에서는 중대한 군사상 기밀·초병·초소·유독음식물공급·포로·군용물에 관한 죄 중 법률이 정한 경우와 비상계엄이 선포된 경우를 제외하고는 군사법원의 재판을 받지 아니한다. ③ 모든 국민은 신속한 재판을 받을 권리를 가진다. 형사피고인은 상당한 이유가 없는 한 지체없이 공개재판을 받을 권리를 가진다. ④ 형사피고인은 유죄의 판결이 확정될 때까지는 무죄로 추정된다. ⑤ 형사피해자는 법률이 정하는 바에 의하여 당해 사건의 재판절차에서 진술할 수 있다"($^{제27}_{조}$).

## II 재판청구권의 법적 성격

재판청구권은 국가에 대하여 기본권을 보장하기 위하여, 재판을 청구하는 권리이다. 따라서 재판청구권은 헌법에 보장된 기본권을 실질적으로 보장하기 위한 사법절차적 기본권이라는 점에서 **보조적·형식적 기본권**이며, 개인이 가지는 주관적 공권이다.

## Ⅲ 재판청구권의 주체·효력

(ⅰ) 재판청구권은 자연인인 국민뿐만 아니라, 외국인에게도 인정된다. 또한 법인도 내·외국법인 및 법인이 아닌 사법적 결사 모두에게 인정된다.

(ⅱ) 재판청구권은 모든 국가권력을 기속한다. 사인 사이에 간접적용된다. 소권訴權은 사인의 국가에 대한 공권이므로, 당사자의 합의로 국가에 대한 공권을 포기할 수 없다. 그러나 부제소不提訴의 합의나 불항소不抗訴의 합의는 가능하다.

## Ⅳ 재판청구권의 내용

### 1. "헌법과 법률이 정한 법관에 의한 재판"을 받을 권리

#### (1) 의 의

헌법과 법률이 정한 법관이라 함은 ① 헌법 제101조 제3항에 의하여 제정된 법률인 법원조직법 제41조·제42조에 정한 자격이 있는 자로서, ② 헌법 제104조 및 법원조직법 제41조에 정한 절차에 따라서 법원을 구성하기 위하여 임명되었으며, ③ 헌법 제105조·제106조에 의한 임기·정년 및 신분보장이 확보되며, ④ 헌법 제103조에 따라 헌법과 법률에 의하여 그 양심에 따라 독립하여 심판을 할 수 있는 자이며, ⑤ 법원의 구성과 관할 및 그 사무분배 등에 관한 법률의 규정에 의하여 권한이 있고, ⑥ 제척 기타의 사유에 의하여 법률상 그 재판에 대한 관여가 금지되지 아니한 법관을 말한다.

#### (2) 즉결심판·보호처분·가사심판: 법관에 의한 재판

즉결심판·법원소년부의 보호처분·가정법원의 가사심판·구 사회보호법의 보호처분 등은 헌법과 법률이 정한 법관에 의한 재판이다.

#### (3) 약식명령·통고처분: 불응 시 정식재판보장

공판 전 간이소송절차인 약식절차·재정범 및 교통범칙자에 대한 통고처분 등도 정식재판의 길이 열려 있으므로 위헌이 아니다. 통고처분은 정식재판절차로 가게 되면 효력을 잃기 때문에, 헌법소원의 대상이 아니고, 항고소송의 대상인 처분도 아니다(헌재 1998.5.28. 96헌바4, 관세법 제38조 제3항 제2호 위헌소원)(합헌): 헌재 2003.10.30. 2002헌마275, 통고처분취소(기각)).

#### (4) 배심제·참심제

A. 배심제Jury

배심제陪審制는 일반시민으로 구성된 배심원단이 직업법관과 독립하여 사실문제에 대한 평결을 내리고, 법관이 그 사실판단에 대한 평결결과에 구속되어 재판하는 제도를 말한다. 배심제는 국민의 사법참여를 보장함으로써 사법작용에서도 민주주의 원리가 관철되도록 할 뿐 아니라, 법관의 관료화를 억제하고 일반인이 쉽게 납득할 수 있는 재판결과를 기대할 수 있다. 하지만, 상당한 시간과 비용의 투입이 불가피하여 비효율적인 측면이 없지 아니하고, 여론이나 개인적인 선입관·편견 등의 영향으로 사실인정을 그르칠 염려가 있다.

### B. 참심제Schöffen

참심제參審制는 일반시민인 참심원이 직업법관과 함께 재판부의 일원으로 참여하여, 직업법관과 동등한 권한을 가지고, 사실문제 및 법률문제를 모두 판단하는 제도를 말한다. 참심제는 국민에게 사법과정에 참여할 수 있는 기회를 제공하여 주는 동시에, 소송에서 전문적 지식을 갖춘 자를 적극 활용할 수 있는 장점이 있다. 그러나 일반시민인 참심원이 직업법관과 대등한 지위에서의 소송 관여를 사실상 기대하기 어렵기 때문에, 참심원의 역할이 형식적일 가능성이 크다.

### C. 현행헌법에서 배심제와 참심제의 합헌성 여부

(a) 의 의     헌법 제27조 제1항은 "모든 국민은 헌법과 법률이 정한 법관에 의하여 법률에 의한 재판을 받을 권리를 가진다"라고 규정한다. 이에 따라 배심재판이나 참심재판이 "헌법과 법률이 정한 법관에 의한 재판"이라 할 수 있는지에 초점이 모아진다.

(b) 학 설     배심원은 사실판정에만 관여하고 법률판단에는 참여하지 아니하기 때문에 배심제는 합헌인 데 비하여, 참심원은 법률판단까지 하므로 참심제는 위헌이라는 견해가 있다. 생각건대 배심원이 사실을 확정한다 하더라도 이는 법관이 주재하는 재판절차에서 법관의 지도에 따라 증거의 가치를 판단하여 사실을 확정하기 때문에, 법관에 의한 사실확정의 기회가 전면적으로 박탈당한다고 보기는 어렵다. 따라서 현행헌법에서도 배심제는 배심원의 평결에 대하여 법관이 수용 여부를 결정하는 한 위헌으로 보기 어렵기 때문에, 형사재판을 중심으로 일정한 수준에서 도입이 가능하다.

한편, 참심제는 법률로써 참심원을 법관으로 인정한다면 문제가 되지 아니한다. 그러나 법관이 아닌 전문가의 참여를 보장하는 참심제의 속성을 상실한다. 따라서 현행헌법에서 참심제의 도입은 위헌의 소지가 크다. 다만, 재판에 참여하는 일반시민이 사실인정에만 관여한다든가, 혹은 양형 등 법률판단에 관한 의견을 제시하되 법관은 이에 구속되지 아니하는 준참심제는, 법률의 뒷받침이 있을 경우 도입할 수 있다. 비록 참심제는 아니지만 법원조직법에서는 특허소송에서 '기술심리관제도'를 도입하여 심리참여 및 재판합의에서 의견진술권을 인정한다($^{제54조}_{의2}$). 2018년 문재인 정부 개헌안에서는 "헌법과 법률이 정한 법관에 의한 재판"의 틀을 벗어나서 '헌법과 법률에 따라 법원의 재판'을 받을 권리로 변경하여 배심제와 참심제가 폭넓게 도입될 수 있는 가능성을 열어두고 있다.

D. '국민의 형사재판 참여에 관한 법률'의 배심원제도

(a) 배심원의 형사재판참여 　　"사법의 민주적 정당성과 신뢰를 높이기 위하여 국민이 형사재판에 참여하는 제도를 시행함에 있어서 참여에 따른 권한과 책임을 명확히 하고, 재판절차의 특례"에 관하여 규정한 '국민의 형사재판 참여에 관한 법률'이 제정되었다($^{제1}_{조}$). 국민참여재판이란 배심원이 참여하는 형사재판을 의미하고, 배심원이란 국민의 형사재판 참여에 관한 법률에 의하여 형사재판에 참여하도록 선정된 사람을 말한다($^{제2}_{조}$).

(b) 대상사건 　　법원조직법 제32조 제1항(제2호 및 제5호는 제외)에 따른 합의부 관할 사건이 원칙적으로 국민참여재판의 대상사건이 된다($^{제5조}_{제1항}$). 다만, 피고인이 국민참여재판을 원하지 아니하거나, 제9조 제1항에 따른 배제결정이 있는 경우에는, 국민참여재판을 하지 아니한다($^{제5조}_{제2항}$).

국민참여재판에는 법정형이 사형·무기징역 또는 무기금고에 해당하는 대상사건인 경우 9인의 배심원이 참여하고, 그 외의 대상사건에는 7인의 배심원이 참여한다. 다만, 법원은 피고인 또는 변호인이 공판준비절차에서 공소사실의 주요내용을 인정한 때에는, 5인의 배심원이 참여하게 할 수 있다($^{제13}_{조}$).

(c) 배심원의 자격 　　배심원의 자격은 만 20세 이상의 대한민국 국민 중에서 일정한 결격사유 또는 직업 등에 따른 제외사유가 없는 자이다($^{제16조,}_{조,}$ $^{제17}_{제18조}$). 정무직 공무원, 선출직 공직자, 법률전문가 등은 자격이 없다.

(d) 배심원의 역할 　　배심원은 사실의 인정, 법령의 적용 및 형의 양정에 관한 의견을 제시할 권한이 있다. 변론이 종결된 후 심리에 관여한 배심원은 재판장의 일정한 설명을 들은 후 유·무죄에 관하여 평의를 한다. 평의의 결과 전원의 의견이 일치하면 그에 따라 평결을 한다. 배심원 과반수의 요청이 있으면, 심리에 관여한 판사의 의견을 들을 수 있다. 유·무죄에 관하여 배심원 전원의 의견이 일치하지 아니하는 때에는, 평결을 하기 전 심리에 관여한 판사의 의견을 들어야 한다. 이 경우 유·무죄의 평결은 다수결로 한다. 평결이 유죄인 경우 배심원은 심리에 관여한 판사와 함께 양형에 관하여 토의하고 그에 관한 의견을 개진한다.

배심원의 평결과 의견은 법원을 기속하지 아니한다($\frac{제46}{조}$).

재판장은 판결선고 시 피고인에게 배심원의 평결결과를 고지하여야 하며, 배심원의 평결결과와 다른 판결을 선고하는 때에는, 피고인에게 그 이유를 설명하고 판결서에 기재하여야 한다($\frac{제48조\ 제4항,}{제49조\ 제2항}$).

(e) 평 가   배심원은 사실인정과 양형 과정에 모두 참여한다는 점에서 배심제와 구별되고, 배심원의 의견은 권고적 효력만을 가질 뿐이라는 점에서 배심제나 참심제와 구별된다. 또한 평의에서 만장일치의 의견이 있더라도 법관을 구속하지 아니한다.

한편, 검찰도 국민의 참여기회를 보장하기 위하여 검찰시민위원회를 운영한다. 하지만, 이는 법률에 규정된 제도가 아니라 검찰 자체적으로 운영하는 제도이다.

(5) 행정심판: 정식재판청구의 보장

행정심판 등 행정청이 내리는 각종 재결裁決·사전결정·재정裁定은 법관이 아닌 자에 의한 준사법적 절차이다. 헌법 제107조 제3항에서는 "재판의 전심절차로서 행정심판을 할 수 있다. 행정심판의 절차는 법률로 정하되, 사법절차가 준용되어야 한다"라고 규정한다. 행정심판 등에 불복하는 당사자에게는 정식재판청구의 길이 열려 있기 때문에 위헌이 아니다. 행정심판은 임의적인 절차로 바뀌었다. 특허심판은 그 특수성을 고려하여 특허심판전치주의를 채택한다.

(6) 군사재판: 헌법의 제도

헌법 제110조 제3항에서 "군사법원의 조직·권한 및 재판관의 자격은 법률로 정한다"라고 하여 예외법원인 군사법원의 헌법적 근거를, 제27조 제2항은 군사법원의 관할사항을 명시한다. 군사법원의 상고심은 대법원이다($\frac{제110조}{제2항}$).

(7) 검사의 기소유예처분·불기소처분

검사의 기소유예처분이나 불기소처분이 검사의 자의에 의한 경우에는 법관에 의한 재판을 받을 권리를 침해할 수 있다.

## 2. "법률에 의한" 재판을 받을 권리

헌법 제27조 제1항 후단의 "법률에 의한 재판"을 받을 권리라 함은, 법관에 의한 재판은 받되 법대로의 재판 즉, 절차법이 정한 절차에 따라 실체법이 정한 내용대로 재판을 받을 권리를 보장하자는 취지이다. 이는 재판에 있어서, 법관이 법대로가 아닌 자의와 전단專斷에 의한 판단을 배제한다는 의미이다.

## 3. '재판'을 받을 권리

### (1) 의 의

재판을 받을 권리란 법률적 분쟁의 당사자가 독립된 국가기관인 법원의 판단을 청구할 수 있는 권리를 의미하며, 헌법재판·민사재판·형사재판·행정재판 등 각종 재판을 받을 권리를 포함한다. 그것은 적극적으로는 재판청구권, 소극적으로는 헌법과 법률이 정한 재판 이외의 재판을 받지 아니할 권리이다.

### (2) 헌법재판을 받을 권리

모든 국민은 헌법 제111조에 의하여 위헌법률심판제청, 헌법소원심판을 법원이나 헌법재판소에 청구할 수 있다.

### (3) 대법원의 재판을 받을 권리

#### A. 재판청구권과 상고제한

소액사건심판법 제3조의 상고제한上告制限에 대하여, 헌법재판소는 이를 합헌이라고 판시한다. 한편, '상고심절차에 관한 특례법'을 통하여 상고심리불속행제도上告審理不續行制度를 도입하는데, 이는 상고허가제의 위헌성을 회피하면서 실제로는 상고허가제를 도입한 변형적인 입법에 불과하다.

#### B. 비상계엄하의 단심제

"비상계엄하의 군사재판은 군인·군무원의 범죄나 군사에 관한 간첩죄의 경우와 초병·초소·유독음식물공급·포로에 관한 죄 중 법률이 정한 경우에 한하여 단심單審으로 할 수 있다"($^{제110조}_{제4항}$). 이는 국민의 재판청구권에 대한 중대한 제한이다. "다만, 사형을 선고한 경우에는 그러하지 아니하다"($^{제110조}_{제4항\ 단서}$).

### (4) 군사법원의 재판을 받지 아니할 권리

"군인 또는 군무원이 아닌 국민은 대한민국의 영역 안에서는 중대한 군사상 기밀·초병·초소·유독음식물공급·포로·군용물에 관한 죄 중 법률이 정한 경우와 비상계엄이 선포된 경우를 제외하고는 군사법원의 재판을 받지 아니한다"($^{제27조}_{제2항}$).

## 4. "공정하고 신속한 공개재판"을 받을 권리

"모든 국민은 신속한 재판을 받을 권리를 가진다. 형사피고인은 상당한 이유가 없는 한 지체없이 공개재판을 받을 권리를 가진다"($^{제27조}_{제3항}$).

### (1) 공정한 재판

법원의 재판은 당연히 공정하여야 하므로 "공정한 재판을 받을 권리"는 헌법 제27조의 재판청구권에 의하여 함께 보장된다고 보아야 한다.

### (2) 신속한 재판

"지체된 정의는 정의가 아니다." 헌법 제27조 제3항에서 보장되는 신속한 재판을 받을 권리는 판결절차뿐만 아니라, 집행절차에도 적용된다. '신속'의 개념에는 분쟁해결의 시간적 단축뿐만 아니라 효율적인 절차의 운영이라는 요소도 포함된다.

### (3) 공개재판

헌법에서 공개재판청구권은 형사피고인이라고 규정되어 있지만, 널리 일반국민이 누리는 권리로 보아야만 헌법 제109조의 "재판의 심리와 판결은 공개한다"라는 규정에도 부합한다. "다만, 심리는 국가의 안전보장 또는 안녕질서를 방해하거나 선량한 풍속을 해할 염려가 있을 때에는 법원의 결정으로 공개하지 아니할 수 있다"(제109조 단서).

### 5. 형사피해자의 진술권

( i ) 헌법 제27조 제5항은 "형사피해자는 법률이 정하는 바에 의하여 당해 사건의 재판절차에서 진술할 수 있다"라고 규정하여 형사피해자의 진술권을 보장한다. 이는 피해자가 적극적으로 자신의 권리를 방어하고 주장하기 위한 권리이다.

> 직계혈족, 배우자, 동거친족, 동거가족 또는 그 배우자간의 권리행사방해죄는 그 형을 면제하도록 한 형법 제328조 제1항(친족상도례)은 헌법 제27조 제5항(형사피해자의 재판절차진술권)에 합치되지 아니한다(헌재 2024.6.27. 2020헌마468등, 형법 제328조 제1항 등 위헌확인(헌법불합치(적용중지))).

( ii ) 형사실체법적으로는 직접적인 보호법익의 주체로 해석되지 아니하는 자라 하여도, 문제되는 범죄 때문에 법적인 불이익을 받게 되는 자라면, 형사피해자의 재판절차진술권의 주체가 될 수 있다.

## Ⅴ   재판청구권의 제한

### 1. 헌법직접적 제한

헌법은 명문으로 재판청구권을 직접 제한하는데, 국회의원의 자격심사·징계·제명에 대하여는 "법원에 제소할 수 없다"(제64조 제4항)라고 규정한다.

### 2. 법률에 의한 일반적 제한

### (1) 군사법원의 재판

모든 국민은 헌법과 법률이 정한 법관에 의한 재판을 받을 권리가 있다. 그러나 군인·군무원은 헌법 제110조 제1항의 군사법원의 재판을 받는다. 군사법원은 군인·군무원이 그 신분취득 전에 범한 죄에 대하여 재판권을 가진다(군사법원법 제2조 제2항). 또한 일반국민도 제27조 제2항 소정의 범죄에 해당되는 죄 중 법률이 정한 죄를 범한 경우에는 예외적으로 군사법원의 재판을 받는다.

(2) 상고 및 항소·항고의 제한

( ⅰ ) "법원은 최고법원인 대법원과 각급법원으로 조직"(제101조 제2항)되기 때문에 원칙적으로 대법원에 상고할 수 있어야 한다. 다만, 대법원(대판 1987.4.14. 87도350)과 헌법재판소(헌재 2005.6.30. 2003헌바117, 민사소송법 제393조 제1항 등 위헌소원(기각))는, 상고심을 순수한 법률심으로 하여 법령위반을 이유로 하는 때에 한하여 상고를 할 수 있다고 하든가, 또는 법령위반 이외에 양형부당이나 사실오인을 이유로 한 때에도, 상고제한을 할지 여부는 입법정책의 문제로 본다(헌재 2004.12.16. 2003헌바105, 상고심절차에관한특례법 제5조 등 위헌소원(합헌)).

( ⅱ ) 헌법 제110조 제4항에서 비상계엄하의 군사재판에 대한 단심제는 재판청구권의 본질적 내용의 제한이다. 그러나 이는 헌법규범이기 때문에 헌법규정에 관한 위헌심사는 별론으로 하고, 위헌법률심사의 대상은 되지 아니한다. 또한 합리적인 이유없는 항소권 내지 항고권의 제한은 위헌이다.

( ⅲ ) 재심청구권은 헌법 제27조에서 규정한 재판을 받을 권리에 당연히 포함된다고 할 수 없다(헌재 2004.12.16. 2003헌바105, 상고심절차에관한특례법 제5조 등 위헌소원(합헌)).

(3) 행정소송에서 제한

( ⅰ ) 행정소송에서 제소기간을 한정한다(행정소송법 제20조). 그것은 행정적인 법률관계의 조속한 안정을 위한 합리적 제한이라 할 수 있다. 다만, 제소기간이 불명확한 경우에는 재판청구권을 침해한다.

( ⅱ ) 보안관찰처분을 다투는 행정소송이 제기되더라도 집행정지를 할 수 없도록 한 규정은 위헌이다(헌재 2001.4.26. 98헌바79등, 보안관찰법 부칙 제2조 제2호 등 위헌소원(위헌,합헌,각하)). 이에 따라 보안관찰법의 관련 규정은 삭제되었다.

( ⅲ ) 행정소송법은 행정처분이 위법하다고 인정되는 경우라도, 그 처분의 취소가 현저히 공공복리에 적합하지 아니하다고 인정하는 때에는, 법원이 원고의 청구를 기각할 수 있는 사정판결事情判決제도를 규정한다(동법 제28조).

(4) 헌법소송에서 제한

( ⅰ ) 3인의 지정재판부제도를 두어 헌법소원심판의 사전심사를 담당하게 하여 일정한 요건을 미비한 경우에 각하할 수 있도록 규정하는 헌법재판소법 제72조는 합헌이다.

(ⅱ) 헌법소원에 있어서 변호사강제주의는 위헌의 소지가 있지만, 합헌으로 판시한다(헌재 1990.9.3. 89헌마120등, 헌법재판소법 제25조 제3항 헌법소원(기각)).

(ⅲ) 권리구제형 헌법소원의 제소기간은 그 사유가 있음을 안 날부터 90일 이내에, 그 사유가 있는 날부터 1년 이내에 청구하도록 규정한다.

(ⅳ) 헌법재판소법 제68조 제1항 본문에서 권리구제형 헌법소원의 대상에서 법원의 재판을 제외한다(헌재 1997.12.24. 96헌마172등, 헌법재판소법 제68조 제1항 위헌확인 등(한정위헌,인용(취소)); 헌재 2006.4.27. 2006헌마187, 재판취소 등(기각,각하)).

### (5) 형사재판에서 제한

헌법재판소는 형사소송에서의 직접심리주의, 공판중심주의, 전문법칙에도 공정·신속한 재판과 실체적 진실발견을 통한 공정재판의 요청이라는 각 요청의 조화를 위하여 예외를 인정한다.

## 3. 제한의 한계

재판청구권의 본질적 내용은 침해할 수 없다. 따라서 법관에 의한 사실확정과 법률의 해석적용의 기회에 접근하기 어렵도록 제약이나 장벽을 쌓아서는 아니된다.

## 4. 예외적 제한

### (1) 국가긴급권에 의한 제한

비상계엄하에서는 법원의 재판에 대하여 특별한 조치를 할 수 있고(제77조 제3항), 민간인을 군사법원에서 재판할 수 있고(제27조 제2항), 특별한 경우에 단심으로 할 수 있다(제110조 제4항).

### (2) 특수신분관계에 의한 제한

특수신분관계에 있는 국민 중에서 특히 군인이나 군무원은 군사법원의 재판을 받는다(제27조 제2항): "군인 또는 군무원이 아닌 국민은 대한민국의 영역안에서는 중대한 군사상 기밀·초병·초소·유독음식물공급·포로·군용물에 관한 죄중 법률이 정한 경우와 비상계엄이 선포된 경우를 제외하고는 군사법원의 재판을 받지 아니한다."

# 제 4 절  국가배상청구권

## I  의    의

"공무원의 직무상 불법행위로 손해를 받은 국민은 법률이 정하는 바에 의하여 국가 또는 공공단체에 정당한 배상을 청구할 수 있다. 이 경우 공무원 자신의 책임은 면제되지 아니한다"(제29조제1항). 국가배상청구권은 공무원의 직무상 불법행위로 손해를 입은 국민이 국가나 공공단체를 상대로 배상책임을 청구하는 권리이다.

## II  국가배상청구권의 법적 성격

### 1. 헌법 제29조의 성질

입법방침규정설에 의하면, 헌법 제29조는 구체적인 권리 부여가 아니라, 손해 배상요건 등이 법률로 보완되지 아니하는 한, 입법자에 대한 명령에 불과하다는 입장이다. 이에 대하여 직접적 효력규정설에 의하면, 헌법 제29조를 근거로 직접 국가배상청구권이 도출되며, "법률이 정하는 바에 의하여"란, 구체적인 기준·방침을 법률로 규정한다는 의미로 이해하여야 한다고 본다. 생각건대 국가배상청구권을 실질적으로 보장하기 위하여서는 직접적 효력규정으로 보아야 한다.

### 2. 국가배상청구권의 본질

#### (1) 청구권으로서의 국가배상청구권

국가배상청구권은 일종의 채권으로서 헌법 제23조의 재산권의 일종이다. 그러나 국가배상책임은 실체적 기본권인 재산권으로서의 성격보다는 오히려 절차적 기본권인 청구권적 기본권으로서의 성격이 강하다.

#### (2) 공권公權인지 사권私權인지 여부

국가배상청구권은 헌법 제29조에 의하여 직접 효력이 발생하는 주관적 공권이기 때문에 공권으로 보아야 한다. 그런데, 소송실무에서 행정소송이 아닌 민사소송으로 처리하고 있으나, 그 본질은 어디까지나 공권으로 이해하여야 한다.

### 3. 국가배상법의 성질: 사법인지 공법인지 여부

( i ) 사법설에 의하면 국가배상법은 민법의 특별법적 성격을 가지므로 사법이

며, 국가배상책임은 국가가 사인과 대등한 지위에서 지는 책임이며, 국가배상법 제8조가 민법을 준용하기 때문에 사법으로 본다.

(ii) 하지만, 국가배상법은 공권인 국가배상청구권의 실현에 관한 법이며 국가배상청구의 원인행위가 공법적 작용이고, 또한 국가배상법은 단체주의적인 공평부담의 원칙을 선언한 것이며, 행정주체가 의무를 선언하므로 공법이라고 보아야 한다(공법설).

## Ⅲ 국가배상청구권의 주체

헌법 제29조의 국민에는 대한민국 국민과 내국법인을 포함한다. 다만, 외국인에 대하여는 국가배상법 제7조에 의하여 상호주의가 적용된다. 그런데, 헌법 제29조 제2항에서는 군인·군무원·경찰공무원에 대하여 이중배상을 금지하기 때문에 그 기본권주체성이 제한된다. 하지만, 이는 본질적으로 위헌적인 규정이다.

## Ⅳ 국가배상청구권의 내용

### 1. 국가배상청구의 유형

국가배상청구권의 유형으로는 국가배상법 제2조에서 규정하는 공무원의 직무상 불법행위로 인한 국가배상청구권이 전형적인 사항이다.

긴급조치 제9호의 발령과 적용·집행에 관한 국가작용 및 이에 관여한 공무원들의 직무수행은 법치국가 원리에 반하여 유신헌법 제8조가 정하는 국가의 기본권 보장의무를 다하지 못한 것으로서 '전체적'으로 보아 객관적 주의의무를 소홀히 하여 그 정당성을 결여하였다고 평가되고, 그렇다면 개별 국민의 기본권이 침해되어 현실화된 손해에 대하여는 국가배상책임이 인정된다(판례($\frac{\text{대판 2015.3.26.}}{\text{2012다48824}}$) 변경)($\frac{\text{대판(전합) 2022.8.30. 2018}}{\text{다212610 [손해배상(기)]}}$).

그러나 오늘날 공공시설의 설치·관리의 하자로 인한 국가배상청구권도 인정된다. 국가배상법 제5조는 도로, 하천 기타 공공의 영조물의 설치 또는 관리의 하자로 인한 손해발생의 경우에도 국가나 공공단체가 배상책임을 지도록 규정한다.

### 2. 국가배상청구권의 성립요건: "공무원 또는 공무를 위탁받은 사인의 직무상 불법행위로 손해가 발생"

#### (1) 공무원 또는 공무를 위탁받은 사인

공무원은 국가공무원 및 지방공무원을 포함하고, 공무를 위탁받은 사인은 널리 국가나 공공단체를 위하여 공무를 집행하는 일체의 사람을 말한다($\substack{국가배상 \\ 법 \ 제2조}$).

### (2) 직무상 행위

#### A. 직무의 범위

직무의 범위에 관하여 ① 좁은 의미로는 그 범위를 권력행위에 국한한다. ② 넓은 의미로는 권력행위 외에 관리행위를 포함한다. ③ 가장 넓은 의미로는 권력행위·관리행위뿐만 아니라 "사법상의 행위"까지도 포함한다.

생각건대 제29조의 "직무상 행위"에는 권력행위와 비권력적 관리행위 이외에 직무에 관련된 "사법상의 행위"도 포함된다고 보아야 한다. 왜냐하면 행위의 주체가 국가 또는 공공단체이기 때문이다.

#### B. "직무를 집행하면서"

"직무를 집행하면서"라 함은 직무의 집행은 물론이고, 객관적으로 직무행위와 외형상 관련이 있는 행위도 포함한다(외형이론外形理論).

### (3) 불법행위

불법행위란 고의나 과실에 의한 위법한 행위를 말한다. 종래 과실책임주의의 원칙에 따라 불법행위의 입증책임은 피해자에게 있었으나, 점차 입증책임을 경감 내지 완화하는 경향으로 가고 있다($\substack{헌재 \ 2020.3.26. \ 2016헌바55, \ 국가 \\ 배상법 \ 제2조 \ 제1항 \ 위헌소원(합헌)}$).

위법성은 엄격한 법령위반뿐만 아니라 인권존중, 권리남용금지, 신의성실, 사회질서 등의 원칙에 어긋나는 객관적으로 부적당함을 의미한다.

### (4) 손해의 발생

불법행위를 한 공무원과 국가를 제외한 타인에게 손해가 발생하여야 하며, 손해란 법익의 침해로 야기되는 모든 정신적·물질적인 불이익을 말한다. 공무원의 불법행위와 손해의 발생 사이에는 상당인과관계가 있어야 한다.

## 3. 국가배상책임의 성질

국가배상책임의 성질에 관하여 논란이 있다.

( i ) 대위代位책임설에 의하면, 국가배상책임은 국가나 공공단체의 자기책임이 아니라 공무원에 대위하여 지는 책임이라고 한다.

( ii ) 자기自己책임설에 의하면, 국가배상책임은 국가가 공무원의 책임에 대한 대신 부담이 아니라 공무원을 자신의 기관으로 사용한 데 대한 책임이므로, 국가가 자기의 행위에 대한 책임을 스스로 져야 한다.

( iii ) 중간설(절충설)에 의하면, 고의·중과실에 의한 배상책임은 기관행위로서

의 품격을 가지지 못하므로, 국가 등이 대위책임으로 보아야 하나, 공무원의 경과실에 의한 배상책임은 기관의 행위로 인정할 수 있기 때문에 국가 등의 자기책임으로 보아야 한다고 한다(대판(전합) 1996.2.15. 95다38677).

(iv) 생각건대 국가배상책임은 국가의 무과실책임·위험책임의 원리에 충실하여야 한다. 현실적인 논거로서는 중간설이 타당한 측면도 있으나, 그 본질에 비추어 국가의 자기책임·무과실책임에 기초한 자기책임설이 타당하다.

### 4. 배상책임자: 국가책임과 공무원책임

(ⅰ) 헌법 제29조 제1항은 국가배상청구의 상대방으로 "국가 또는 공공단체"라고 규정하지만, 국가배상법 제2조 제1항은 국가배상청구의 상대방으로 "국가나 지방자치단체"로 규정함으로써, 청구 상대방의 범위를 좁힌다. 한편, 국가배상법 제2조 제2항은 불법행위를 한 공무원에게 고의 또는 중대한 과실이 있으면 국가나 지방자치단체는 그 공무원에게 구상할 수 있다고 함으로써, 가해공무원의 내부적 구상책임을 규정한다. 여기서 '중대한 과실'이라 함은 고의에 가까운 현저한 주의를 결여한 상태를 의미한다.

(ⅱ) 국가배상청구와 관련하여 ① 선택적 청구권설에 의하면, 헌법 제29조 제1항 단서에서 공무원의 민·형사법적 책임은 면제되지 아니한다고 규정하고 있으므로 선택적으로 청구할 수 있다는 주장이다. ② 대국가적 청구권설에 의하면, 헌법 제29조 제1항 단서의 공무원의 민사책임은 국가배상법 제2조 제2항에 의하여 국가나 공공단체에 대한 공무원의 내부적 구상책임으로 구체화되고, 또한 피해자 구제에 최선을 다하기 위하여 충분한 배상자력賠償資力을 가진 국가나 공공단체만을 배상책임자로 규정하였다고 보는 견해가 타당하다고 본다.

(ⅲ) 생각건대 국가배상책임의 본질을 자기책임설의 논리로 이해할 경우에 국가배상청구의 상대방은 원칙적으로 국가가 되어야 한다.

### 5. 국가배상청구의 절차와 배상범위

(ⅰ) 국가배상법 제9조는 임의적(선택적) 전치주의로 개정되었다.

(ⅱ) 배상의 범위에 관하여 헌법 제29조 제1항에서는 정당한 배상을 규정하기 때문에, 해당 불법행위와 상당인과관계에 있는 모든 손해를 배상하여야 한다. 국가배상법 제3조의2 제3항에 근거한 같은 법 시행령 제6조 제3항은 배상액산정에 있어서 호프만방식을 채택한다. 국가배상청구권에도 소멸시효를 규정한 국가배

상법 제8조는 합헌이다(헌재 1997.2.20. 96헌바24).

## Ⅴ 국가배상청구권의 제한

### 1. 헌법 제29조 제2항: 이중배상청구금지

( i ) 국가배상청구권도 헌법 제37조 제2항의 일반원리에 따라 제한될 수 있다. 그런데, 헌법 제29조 제2항에서는 "군인·군무원·경찰공무원 기타 법률이 정하는 자가 전투·훈련 등 직무집행과 관련하여 받은 손해에 대하여는 법률이 정하는 보상외에 국가 또는 공공단체에 공무원의 직무상 불법행위로 인한 배상은 청구할 수 없다"라는 이중배상청구금지 규정이 있다.

( ii ) 이중배상청구금지 규정은 원래 헌법의 규정이 아니라 국가배상법 제2조 제1항 단서에 규정되어 있었으나, 대법원의 위헌판결(대판(전합) 1971. 6.22. 70다1010) 이후 1972년 헌법에 규정된 이래 현재에 이른다. 헌법재판소는 헌법규범이라는 이유로 합헌이라고 판시한다.

"국가배상법 제2조 제1항 단서는 헌법 제29조 제1항에 의하여 보장되는 국가배상청구권을 헌법내재적으로 제한하는 헌법 제29조 제2항에 직접 근거하고, 실질적으로 그 내용을 같이하는 것이므로 헌법에 위반되지 아니한다"(헌재 2001.2.22. 2000헌바38, 국가배상법 제2조 제1항 단서 등 위헌소원(합헌,각하)).

( iii ) 한편, 국가배상법 제2조 제1항 단서의 종래 "전투·훈련 기타 직무집행과 관련하거나 국방 또는 치안유지의 목적상 사용하는 시설 및 자동차·함선·항공기·기타 운반기구 안에서"는 "전투·훈련 등 직무집행과 관련하여"로 개정되었다. 이는 전투·훈련 외의 일반직무로 인한 순직殉職·공상公傷의 경우에는 손해배상청구가 가능하게 함으로써, 그 동안 배상대상에서 제외되어 불합리한 차별을 받아오던 경찰공무원의 보상체계를 부분적으로 개선하였다.

### 2. 법률에 의한 제한

국가배상청구권도 헌법 제37조 제2항의 일반원리에 따라 제한될 수 있다.

### 3. 예외적 제한

국가배상청구권은 국가긴급 시 긴급명령 등에 의하여 제한될 수 있다.

# 제 5 절   손실보상청구권

## Ⅰ  의    의

（ ⅰ ） "공공필요에 의한 재산권의 수용·사용 또는 제한 및 그에 대한 보상은 법률로써 하되, 정당한 보상을 지급하여야 한다"（제23조 제3항） （상세는 제3편 제4장 제5절 제 3항 재산권 중 Ⅵ, Ⅶ, 참조）.

（ ⅱ ） 공공필요에 의하여 재산권에 대한 수용·사용·제한을 하는 경우에는, 공법적인 특별한 원인에 기하여 특별한 희생이 따르게 되므로, 정당한 손실보상을 하여야 한다. 특별한 희생에 대하여 정당한 보상을 하도록 함으로써, 특정인에 가하여진 특별한 희생은 이를 전체의 부담으로 보상하여야 한다는 정의와 공평의 원칙에 입각한다.

## Ⅱ  손실보상청구권의 법적 성격

제23조 제3항의 실정법적 성격에 관하여는 직접적 효력규정설과 방침규정설이 있다. 직접적 효력규정설에 의하면 헌법 제23조 제3항의 보상은 필수적이며 다만 그 기준과 방법만을 법률에 위임하고 있을 뿐이다. 이와 같은 해석이 헌법 제23조 제1항의 사유재산제의 보장의 법리에도 부합한다.

## Ⅲ  손실보상청구권의 주체

공용수용·사용·제한 등 적법한 공권력의 발동으로 인하여 재산에 특별한 희생을 당한 국민이다. 내국인뿐만 아니라 외국인 및 법인도 주체가 된다.

## Ⅳ  손실보상청구권의 내용

### 1. 성립요건

개인의 재산권이, 공공필요에 의하여, 적법한 공권력의 행사로 인하여, 특별한 희생을 당하여야 한다.

（ ⅰ ） 재산권이란 공·사법적으로 재산적 가치가 있는 모든 권리이다.

(ⅱ) 공공필요란 공익사업의 시행이나 공공복리를 달성하기 위하여 재산권의 제한이 불가피한 경우이다.

(ⅲ) 공권력에 의한 침해란 개인의 재산권에 대한 일체의 침해를 말한다.

(ⅳ) 특별한 희생이란 특정인에게 과하여진 일반적 수인의무의 범위를 넘어서는 재산권에 대한 희생을 말한다.

### 2. 기　준

정당한 보상이란 침해된 재산권의 객관적 가치의 완전 보상을 말한다. 헌법이 규정한 "정당한 보상"이란 손실보상의 원인이 되는 재산권의 침해가 기존의 법질서 안에서 개인의 재산권에 대한 개별적인 침해인 경우에는, 그 손실보상은 원칙적으로 피수용재산의 객관적인 재산가치의 완전보상을 의미하며, 보상금액뿐만 아니라 보상의 시기나 방법 등에 있어서도 어떠한 제한을 두어서는 아니 된다 ( 헌재 1990.6.25. 89헌마107. 토지수용법 제46<br>조 제2항의 위헌여부에 관한 헌법소원(합헌) ).

### 3. 방　법

손실보상의 방법은 금전보상과 현물보상, 선급·일시금지급·분할급 등이 있다. 구체적인 방법은 개별법률에서 정한다. '공익사업을 위한 토지 등의 취득 및 보상에 관한 법률'은 금전보상·사전보상의 원칙에 입각한다. 특히 생활보상의 법리에 따라, 예컨대 대규모 댐건설로 인하여 발생한 수몰지구 주민들이 새로운 터전에서 그들이 평생 영위하던 생업을 유지할 수 있는 배려가 있어야 한다.

### 4. 손실보상에 대한 불복

개별특별법에 규정이 없으면 원칙적으로 행정쟁송절차를 통하여 불복할 수 있다. 그러나 대법원은 행정소송이 아니라 민사소송으로 처리한다.

### Ⅴ  손실보상청구권의 제한

손실보상청구권도 헌법 제37조 제2항의 일반원리에 따라 제한될 수 있다. 재산권은 다른 기본권에 비하여 비교적 폭넓은 제한이 가능하기 때문에, 특별한 희생의 정도에 이르지 아니한 재산권의 제한에 대하여는, 손실보상청구권이 제한되거나 부인된다.

# 제 6 절   형사보상청구권

## Ⅰ 의   의

"형사피의자 또는 형사피고인으로서 구금되었던 자가 법률이 정하는 불기소처분을 받거나 무죄판결을 받은 때에는 법률이 정하는 바에 의하여 국가에 정당한 보상을 청구할 수 있다"(제28조). 헌법 제28조가 규정하는 형사보상청구권은 국가의 형사사법작용으로 인하여, 신체의 안전과 자유가 침해된 국민에게 사후적 구제를 인정함으로써, 국민의 기본권 보장을 강화하는 데 그 주된 목적이 있다. 특히 형사보상청구권이 형사피의자에게도 확대된 점이 특징적이다.

## Ⅱ 형사보상청구권의 본질 및 법적 성격

( i ) 형사보상의 본질이 손실보상이냐 손해배상이냐의 논의가 있다. 생각건대 헌법은 형사보상을 국가배상과는 따로 규정하고 있을 뿐만 아니라 형사보상에는 고의나 과실을 요건으로 하지 아니하므로, 형사보상은 인신의 구속으로 인한 손실의 발생에 대하여 결과책임으로서 무과실손실보상책임을 인정한다.

( ii ) 형사보상은 국가에 대하여 보상금지급을 요구하는 청구권적 기본권이라는 점에서 관하여는 이론의 여지가 없다. 하지만, 헌법 제28조에서 "법률이 정하는 바에 의하여"라고 규정하기 때문에, 형사보상법의 제정에 의하여 비로소 발생하는 프로그램적 규정이냐 아니면 헌법 제28조가 직접적인 효력규정이냐의 논의가 발생한다. 생각건대 헌법에서 명시적으로 형사보상청구권을 규정하고 있기 때문에 직접적 효력규정이라고 보아야 하지만, 그 구체적인 내용은 법률이 정하는 바에 의하여야 한다.

## Ⅲ 형사보상청구권의 주체

형사보상청구권의 주체는 형사피고인과 형사피의자이다. 다만, 본인이 사망한 경우에는 상속인이 청구할 수 있다(형사보상법 제2조).

## Ⅳ 형사보상청구권의 내용

### 1. 성립요건

( ⅰ ) 형사보상을 청구하려면 형사피의자로서 구금되었던 자가 법률이 정하는 불기소처분을 받거나 형사피고인으로서 구금되었던 자가 무죄판결을 받아야 한다.

( ⅱ ) 형사보상법에 대한 헌법불합치결정(헌재 2010.7.29. 2008헌가4. 형사보상법<br>제7조 위헌제청(헌법불합치,적용중지))을 계기로, 무죄재판 등을 받은 자에 대한 정당한 보상과 실질적 명예회복에 이바지함으로써 그들의 기본적 인권을 신장할 수 있도록 '형사보상 및 명예회복에 관한 법률'이 제정되었다.

( ⅲ ) 형사피의자란 범죄의 혐의를 받아 수사기관에 의하여 수사의 대상이 된 자로서, 아직 공소제기가 되지 아니한 자를 말한다. 그런 점에서 검사에 의하여 공소가 제기된 형사피고인과 구별된다. 구금拘禁이란 형사소송법에서 미결구금과 형집행으로 나누어진다. 여기에는 형집행을 위한 구치拘置나 노역장유치의 집행이 포함된다. 따라서 불구속이었던 자는 형사보상청구를 할 수 없다. 형사보상의 대상인 "법률이 정한 불기소처분"이란 구금되었던 자에 대한 기소중지처분이나 기소유예처분이 아닌 불기소처분이다. 이는 구금되었지만 범인이 아니거나 구금 당시부터 불기소처분의 사유가 있어 공소를 제기하지 아니한 처분을 말한다. 무죄판결에는 당해절차에 의한 무죄판결, 재심 또는 비상상고에 의한 무죄판결을 포함한다. 또한 면소免訴나 공소기각의 재판을 받은 경우도 무죄판결에 해당되므로 형사보상을 청구할 수 있다.

### 2. 적법절차에 따른 정당한 보상

'형사보상 및 명예회복에 관한 법률'은 형사보상청구권자에게 정당한 보상이 될 수 있도록, 형사보상금액의 하한을 최저임금법에 따른 최저임금액으로 상향조정하고(제5<br>조), 형사보상청구권의 행사기간을 무죄재판이 확정된 사실을 안 날부터 3년, 무죄재판이 확정된 때부터 5년 이내에 하도록 연장하였다(제8<br>조).

### 3. 국가의 소송비용 보상

형사소송법은 피고인의 구금에 대한 보상인 '형사보상 및 명예회복에 관한 법률'의 형사보상청구와는 별도로, 무죄가 확정된 피고인이 소송 과정에서 지출한 소송비용을 국가가 보상한다(제194조의<br>2 제1항).

# 제 7 절  범죄피해자구조청구권

## I  의　　의

"타인의 범죄행위로 인하여 생명·신체에 대한 피해를 받은 국민은 법률이 정하는 바에 의하여 국가로부터 구조를 받을 수 있다"(제30조). 범죄피해자구조청구권은 타인의 범죄행위로 인하여 생명·신체에 피해를 입은 국민이, 국가에 대하여 유족구조 또는 장해구조를 청구할 수 있는 권리이다.

## II  범죄피해자구조청구권의 본질 및 법적 성격

### 1. 본　　질

범죄피해자구조청구권의 본질에 관하여는, ① 국가가 범죄를 예방하고 진압할 책임이 있으므로 당연히 범죄피해를 입은 국민에 대하여 국가는 무과실배상책임이 있다는 국가책임설, ② 국가가 사회보장적 차원에서 범죄의 피해를 구조하여야 한다는 사회보장설, ③ 국가가 범죄의 피해를 사회구성원에게 분담시키는 제도라는 사회부담설이 있다.

생각건대 범죄피해자구조청구권은 국가책임의 성질과 사회보장적 성질에 근거를 두고 있는 청구권적 기본권이라고 할 수 있다.

### 2. 법적 성격

범죄피해자구조청구권을 국가배상청구권으로 파악하는 **직접효력규정설**과, 사회적 기본권의 하나로서 사회보장에 관한 권리로 보는 **입법방침규정설**이 있다. 생각건대 헌법 제30조의 범죄피해자구조청구권은 직접 효력규정으로 보아야 한다.

## III  범죄피해자구조청구권의 주체

범죄피해자구조청구권의 주체는 생명 또는 신체를 해하는 범죄행위로 인하여 사망한 자의 유족이나 장해 또는 중상해를 당한 자이다(헌법 제30조, 범죄피해자보호법 제1조·제3조 제4호·제16조 제1항).

## IV 범죄피해자구조청구권의 내용

### 1. 성립요건

( i ) 적극적 요건으로는 생명·신체에 관한 타인의 범죄행위로 사망하거나 장해 또는 중상해를 입은 피해자가 피해의 전부 또는 일부를 배상받지 못하는 경우이거나, 자기 또는 타인의 형사사건의 수사 또는 재판에서 고소·고발 등 수사단서를 제공하거나 진술, 증언 또는 자료제출을 하다가 피해자가 된 경우이어야 한다.

( ii ) 소극적 요건으로는 범죄행위 당시 구조피해자와 가해자 사이에 부부(사실상의 혼인관계를 포함), 직계혈족, 4촌 이내의 친족, 동거친족에 해당하는 친족관계가 있는 경우에는 구조금을 지급하지 아니한다(제19조 제1항). 또한 구조피해자가 해당 범죄행위를 교사 또는 방조하는 행위를 하거나 과도한 폭행·협박 또는 중대한 모욕 등 해당 범죄행위를 유발하는 행위 등 법정사유에 해당하는 행위를 한 경우에는, 구조금을 지급하지 아니하거나 구조금의 일부를 지급하지 아니한다(제19조 제3항, 제4항).

### 2. 범죄피해구조금의 내용

구조금의 종류는 유족구조금·장해구조금 및 중상해구조금으로 구분되며, 일시금으로 지급한다(제17조 제1항).

### 3. 청구절차

구조금의 지급신청은 법무부령으로 정하는 바에 따라 그 주소지, 거주지 또는 범죄 발생지를 관할하는 지구심의회에 신청하여야 하며, 해당 구조대상 범죄피해의 발생을 안 날부터 3년이 지나거나 해당 구조대상 범죄피해가 발생한 날부터 10년이 지나면 할 수 없다(제25조).

## V 범죄피해자구조청구권의 제한

헌법 제37조 제2항의 기본권제한의 일반원리에 따라 제한될 수 있다.

# 제8장

# 국민의 기본의무

## I 의    의

한국헌법에서 국민의 의무는 납세의무($^{제38}_{조}$), 국방의무($^{제39}_{조}$), 교육의무($^{제31조}_{제2항}$), 근로의무($^{제32조}_{제2항}$), 재산권행사의 공공복리적합의무($^{제23조}_{제2항}$), 환경보전의무($^{제35}_{조}$)가 있다. 그 외에도 비록 헌법에 명문의 규정은 없지만, 헌법과 법률의 준수의무, 국가수호의무 등은 국민의 당연한 의무이다.

## II 납세의무

( i ) "모든 국민은 법률이 정하는 바에 의하여 납세의 의무를 진다"($^{제38}_{조}$). 납세의무는 국가의 재정적 기초를 마련하기 위하여 설정된 의무이다.

( ii ) 자연인으로서의 내·외국인뿐만 아니라 내·외국법인도 국내에 재산이 있거나 과세대상이 되는 행위를 한 경우에는 납세의무를 부담하여야 한다.

( iii ) 과세에 있어서는 조세법률주의, 공평과세의 원칙이 적용되어야 한다.

## III 국방의무

( i ) "모든 국민은 법률이 정하는 바에 의하여 국방의 의무를 진다"($^{제39조}_{제1항}$). "누구든지 병역의무의 이행으로 인하여 불이익한 처우를 받지 아니한다"($^{제2}_{항}$). 국방의무란 외국 또는 외적의 침략으로부터 국가의 독립과 영토의 보전을 위하여 부담하는 국가방위의무이다.

( ii ) 국방의무는 ① 적극적으로는 주권자로서의 국민이 스스로 국가를 외침으로부터 방위하기 위한 성격과, ② 소극적으로는 자의적이고 일방적인 징집으로부

터 국민의 신체의 자유를 보장하기 위한 성격을 가진다. ③ 또한 국방의무는 타인에 의한 대체적 이행이 불가능한 일신전속적 성격을 가진다.

(ⅲ) 국방의무의 주체는 국가구성원인 대한민국 국민이다. 직접적인 병역의무는 병역법에서 징집대상자인 대한민국 남성에 한한다.

(ⅳ) 국방의 의무는 직접적인 병력형성의 의무뿐만 아니라 병역법, 향토예비군설치법, 민방위기본법, 비상대비자원관리법 등에 의한 간접적인 병력형성의무 및 병력형성 이후 군작전명령에 복종하고 협력하여야 할 의무를 포함한다.

(ⅴ) "누구든지 병역의무의 이행으로 인하여 불이익한 처우를 받지 아니한다"(제39조<br>제2항). 그러나 병역의무 그 자체를 이행하느라 받는 불이익은 병역의무의 이행으로 인한 불이익한 처우의 금지와는 무관하다. '직업군인'으로 임용되어 복무하는 자와 '현역병'으로 복무하는 자의 보수 차이(헌재 2012.10.25. 2011헌마307, 공무원 보수<br>규정 제5조 중 별표 13 등 위헌확인(기각,각하)), 사회복무요원과 현역병의 보수 차이는 합헌이다(헌재 2019.2.28. 2017헌마374등, 병역<br>법 시행령 제62조 제1항 위헌확인(기각)).

## Ⅳ 교육을 받게 할 의무

(ⅰ) "모든 국민은 그 보호하는 자녀에게 적어도 초등교육과 법률이 정하는 교육을 받게 할 의무를 진다"(제31조<br>제2항). 교육을 받게 할 의무는 친권자나 그 후견인이 그 보호하는 어린이에게 초등교육과 법률이 정하는 교육을 받게 할 의무이다.

(ⅱ) 교육을 받게 할 의무는 윤리적 의무가 아닌 법적 의무이다. 이에 따라 초·중등교육법에서는 위반에 대한 제재규정(제조<br>68)을 둔다.

(ⅲ) 헌법에서 교육을 받게 할 의무의 주체는 친권자나 후견인 등과 같은 보호자이다. 다만, 헌법 제31조 제3항에 의한 의무교육의 무상제의 책임주체는 국가나 지방자치단체이다.

(ⅳ) 교육을 받게 할 의무의 대상이 되는 교육은 초등교육과 법률이 정하는 교육이다. 무상의 범위에 관하여 초·중등교육법은 수업료면제만을 규정(제12조<br>제4항)하나, 학용품·교과서·급식 등의 취학필수비용도 무상으로 하여야 한다.

## Ⅴ 근로의무

(ⅰ) "모든 국민은 근로의 의무를 진다. 국가는 근로의 의무의 내용과 조건을 민주주의원칙에 따라 법률로 정한다"(제32조<br>제2항).

( ii ) 근로의 의무는 근로의 능력이 있음에도 불구하고, 근로하지 아니하는 자에 대하여 헌법적 비난을 가할 수 있다는 의미로 이해하여야 한다.

( iii ) 근로의 의무의 주체는 모든 국민이다. 여기서 국민은 자연인에 한한다.

( iv ) "국가는 근로의 의무의 내용과 조건을 민주주의원칙에 따라 법률로 정한다"(제32조 제2항). 헌법에서 근로의 의무의 내용과 조건을 정하면서, 민주주의원칙에 따르도록 명시한다.

## Ⅵ 재산권행사의 공공복리적합의무

( i ) "재산권의 행사는 공공복리에 적합하도록 하여야 한다"(제23조 제2항). 이는 일반적으로 재산권의 사회적 구속성으로 표현된다.

( ii ) 재산권행사의 공공복리적합의무는 단순한 윤리적 차원을 넘어선 헌법적 의무이다. 이에 따라 법률로써 재산권행사의 공공복리적합의무를 강제할 수 있다.

( iii ) 재산권행사의 공공복리적합의무의 주체에는 자연인으로서의 내·외국인뿐만 아니라 내·외국법인도 포함된다.

( iv ) 재산권행사의 공공복리적합의무의 내용으로 재산권을 남용하지 아니할 의무와 특히 토지의 적극적인 이용·개발의무 등이 있다.

## Ⅶ 환경보전의무

( i ) "국민은 환경보전을 위하여 노력하여야 한다"(제35조 제1항 후단). 심각한 환경문제에 대처하기 위하여 헌법에서 환경권과 더불어 환경보전의무를 규정하는바, 이는 국가뿐만 아니라 국민에게도 부과되는 의무이다.

( ii ) 환경보전의무는 다른 의무와는 달리 헌법에서 "노력하여야 한다"라고 규정한다. 하지만, 이는 단순한 윤리적 의무가 아니라 헌법적 의무로 보아야 하며, 이에 근거하여 법률로써 환경보전의무를 강제할 수 있다.

( iii ) 환경보전의무의 주체는 환경보전의 성격에 비추어 내·외국인 및 무국적자뿐만 아니라 내·외국법인도 포함한다.

( iv ) 환경보전의무에는 환경을 오염시키지 아니할 의무, 공해방지시설을 할 의무 등이 있다.

# 대한민국헌법

## 전　문

　유구한 역사와 전통에 빛나는 우리 대한국민은 3·1운동으로 건립된 대한민국임시정부의 법통과 불의에 항거한 4·19민주이념을 계승하고, 조국의 민주개혁과 평화적 통일의 사명에 입각하여 정의·인도와 동포애로써 민족의 단결을 공고히 하고, 모든 사회적 폐습과 불의를 타파하며, 자율과 조화를 바탕으로 자유민주적 기본질서를 더욱 확고히 하여 정치·경제·사회·문화의 모든 영역에 있어서 각인의 기회를 균등히 하고, 능력을 최고도로 발휘하게 하며, 자유와 권리에 따르는 책임과 의무를 완수하게 하여, 안으로는 국민생활의 균등한 향상을 기하고 밖으로는 항구적인 세계평화와 인류공영에 이바지함으로써 우리들과 우리들의 자손의 안전과 자유와 행복을 영원히 확보할 것을 다짐하면서 1948년 7월 12일에 제정되고 8차에 걸쳐 개정된 헌법을 이제 국회의 의결을 거쳐 국민투표에 의하여 개정한다.

1987년 10월 29일

### 제 1 장　총　　강

**제 1 조**　① 대한민국은 민주공화국이다.
　② 대한민국의 주권은 국민에게 있고, 모든 권력은 국민으로부터 나온다.
**제 2 조**　① 대한민국의 국민이 되는 요건은 법률로 정한다.
　② 국가는 법률이 정하는 바에 의하여 재외국민을 보호할 의무를 진다.
**제 3 조**　대한민국의 영토는 한반도와 그 부속도서로 한다.
**제 4 조**　대한민국은 통일을 지향하며, 자유민주적 기본질서에 입각한 평화적통일 정책을 수립하고 이를 추진한다.
**제 5 조**　① 대한민국은 국제평화의 유지에 노력하고 침략적 전쟁을 부인한다.
　② 국군은 국가의 안전보장과 국토방위의 신성한 의무를 수행함을 사명으로 하며, 그 정치적 중립성은 준수된다.
**제 6 조**　① 헌법에 의하여 체결·공포된 조약과 일반적으로 승인된 국제법규는 국내법과 같은 효력을 가진다.
　② 외국인은 국제법과 조약이 정하는 바에 의하여 그 지위가 보장된다.
**제 7 조**　① 공무원은 국민전체에 대한 봉사자이며, 국민에 대하여 책임을 진다.
　② 공무원의 신분과 정치적 중립성은 법률이 정하는 바에 의하여 보장된다.
**제 8 조**　① 정당의 설립은 자유이며, 복수정당제는 보장된다.
　② 정당은 그 목적·조직과 활동이 민주적이어야 하며, 국민의 정치적 의사형성에 참여하는데 필요한 조직을 가져야 한다.
　③ 정당은 법률이 정하는 바에 의하여 국가의 보호를 받으며, 국가는 법률이 정하는 바에 의하여 정당운영에 필요한 자금을 보조할 수 있다.
　④ 정당의 목적이나 활동이 민주적 기본질서에 위배될 때에는 정부는 헌법재판소에 그 해산을 제소할 수 있고, 정당은 헌법재판소의 심판에 의하여 해산된다.
**제 9 조**　국가는 전통문화의 계승·발전과 민족문화의 창달에 노력하여야 한다.

### 제 2 장　국민의 권리와 의무

**제10조**　모든 국민은 인간으로서의 존엄과 가치를 가지며, 행복을 추구할 권리를 가진다. 국가는 개인이 가지는 불가침의 기본적 인권을 확인하고 이를 보장할 의무를 진다.
**제11조**　① 모든 국민은 법 앞에 평등하다. 누구든지 성별·종교 또는 사회적 신분에 의하여 정치적·경제적·사회적·문화적 생활의 모든 영역에 있어서 차별을 받지 아니한다.
　② 사회적 특수계급의 제도는 인정되지 아니하며, 어떠한 형태로도 이를 창설할 수 없다.
　③ 훈장등의 영전은 이를 받은 자에게만

효력이 있고, 어떠한 특권도 이에 따르지 아니한다.

제12조 ① 모든 국민은 신체의 자유를 가진다. 누구든지 법률에 의하지 아니하고는 체포·구속·압수·수색 또는 심문을 받지 아니하며, 법률과 적법한 절차에 의하지 아니하고는 처벌·보안처분 또는 강제노역을 받지 아니한다.

② 모든 국민은 고문을 받지 아니하며, 형사상 자기에게 불리한 진술을 강요당하지 아니한다.

③ 체포·구속·압수 또는 수색을 할 때에는 적법한 절차에 따라 검사의 신청에 의하여 법관이 발부한 영장을 제시하여야 한다. 다만, 현행범인인 경우와 장기 3년 이상의 형에 해당하는 죄를 범하고 도피 또는 증거인멸의 염려가 있을 때에는 사후에 영장을 청구할 수 있다.

④ 누구든지 체포 또는 구속을 당한 때에는 즉시 변호인의 조력을 받을 권리를 가진다. 다만, 형사피고인이 스스로 변호인을 구할 수 없을 때에는 법률이 정하는 바에 의하여 국가가 변호인을 붙인다.

⑤ 누구든지 체포 또는 구속의 이유와 변호인의 조력을 받을 권리가 있음을 고지받지 아니하고는 체포 또는 구속을 당하지 아니한다. 체포 또는 구속을 당한자의 가족등 법률이 정하는 자에게는 그 이유와 일시·장소가 지체없이 통지되어야 한다.

⑥ 누구든지 체포 또는 구속을 당한 때에는 적부의 심사를 법원에 청구할 권리를 가진다.

⑦ 피고인의 자백이 고문·폭행·협박·구속의 부당한 장기화 또는 기망 기타의 방법에 의하여 자의로 진술된 것이 아니라고 인정될 때 또는 정식재판에 있어서 피고인의 자백이 그에게 불리한 유일한 증거일 때에는 이를 유죄의 증거로 삼거나 이를 이유로 처벌할 수 없다.

제13조 ① 모든 국민은 행위시의 법률에 의하여 범죄를 구성하지 아니하는 행위로 소추되지 아니하며, 동일한 범죄에 대하여 거듭 처벌받지 아니한다.

② 모든 국민은 소급입법에 의하여 참정권의 제한을 받거나 재산권을 박탈당하지 아니한다.

③ 모든 국민은 자기의 행위가 아닌 친족의 행위로 인하여 불이익한 처우를 받지 아니한다.

제14조 모든 국민은 거주·이전의 자유를 가진다.

제15조 모든 국민은 직업선택의 자유를 가진다.

제16조 모든 국민은 주거의 자유를 침해받지 아니한다. 주거에 대한 압수나 수색을 할 때에는 검사의 신청에 의하여 법관이 발부한 영장을 제시하여야 한다.

제17조 모든 국민은 사생활의 비밀과 자유를 침해받지 아니한다.

제18조 모든 국민은 통신의 비밀을 침해받지 아니한다.

제19조 모든 국민은 양심의 자유를 가진다.

제20조 ① 모든 국민은 종교의 자유를 가진다.

② 국교는 인정되지 아니하며, 종교와 정치는 분리된다.

제21조 ① 모든 국민은 언론·출판의 자유와 집회·결사의 자유를 가진다.

② 언론·출판에 대한 허가나 검열과 집회·결사에 대한 허가는 인정되지 아니한다.

③ 통신·방송의 시설기준과 신문의 기능을 보장하기 위하여 필요한 사항은 법률로 정한다.

④ 언론·출판은 타인의 명예나 권리 또는 공중도덕이나 사회윤리를 침해하여서는 아니된다. 언론·출판이 타인의 명예나 권리를 침해한 때에는 피해자는 이에 대한 피해의 배상을 청구할 수 있다.

제22조 ① 모든 국민은 학문과 예술의 자유를 가진다.

② 저작자·발명가·과학기술자와 예술가의 권리는 법률로써 보호한다.

제23조 ① 모든 국민의 재산권은 보장된다. 그 내용과 한계는 법률로 정한다.

② 재산권의 행사는 공공복리에 적합하도록 하여야 한다.

③ 공공필요에 의한 재산권의 수용·사용 또는 제한 및 그에 대한 보상은 법률로써 하되, 정당한 보상을 지급하여야 한다.

제24조 모든 국민은 법률이 정하는 바에 의하여 선거권을 가진다.

제25조 모든 국민은 법률이 정하는 바에 의하여 공무담임권을 가진다.

제26조 ① 모든 국민은 법률이 정하는 바

에 의하여 국가기관에 문서로 청원할 권리를 가진다.

② 국가는 청원에 대하여 심사할 의무를 진다.

제27조 ① 모든 국민은 헌법과 법률이 정한 법관에 의하여 법률에 의한 재판을 받을 권리를 가진다.

② 군인 또는 군무원이 아닌 국민은 대한민국의 영역 안에서는 중대한 군사상 기밀·초병·초소·유독음식물공급·포로·군용 물에 관한 죄 중 법률이 정한 경우와 비상계엄이 선포된 경우를 제외하고는 군사법원의 재판을 받지 아니한다.

③ 모든 국민은 신속한 재판을 받을 권리를 가진다. 형사피고인은 상당한 이유가 없는 한 지체없이 공개재판을 받을 권리를 가진다.

④ 형사피고인은 유죄의 판결이 확정될 때까지는 무죄로 추정된다.

⑤ 형사피해자는 법률이 정하는 바에 의하여 당해 사건의 재판절차에서 진술할 수 있다.

제28조 형사피의자 또는 형사피고인으로서 구금되었던 자가 법률이 정하는 불기소처분을 받거나 무죄판결을 받은 때에는 법률이 정하는 바에 의하여 국가에 정당한 보상을 청구할 수 있다.

제29조 ① 공무원의 직무상 불법행위로 손해를 받은 국민은 법률이 정하는 바에 의하여 국가 또는 공공단체에 정당한 배상을 청구할 수 있다. 이 경우 공무원 자신의 책임은 면제되지 아니한다.

② 군인·군무원·경찰공무원 기타 법률이 정하는 자가 전투·훈련등 직무집행과 관련하여 받은 손해에 대하여는 법률이 정하는 보상 외에 국가 또는 공공단체에 공무원의 직무상 불법행위로 인한 배상은 청구할 수 없다.

제30조 타인의 범죄행위로 인하여 생명·신체에 대한 피해를 받은 국민은 법률이 정하는 바에 의하여 국가로부터 구조를 받을 수 있다.

제31조 ① 모든 국민은 능력에 따라 균등하게 교육을 받을 권리를 가진다.

② 모든 국민은 그 보호하는 자녀에게 적어도 초등교육과 법률이 정하는 교육을 받게 할 의무를 진다.

③ 의무교육은 무상으로 한다.

④ 교육의 자주성·전문성·정치적 중립성 및 대학의 자율성은 법률이 정하는 바에 의하여 보장된다.

⑤ 국가는 평생교육을 진흥하여야 한다.

⑥ 학교교육 및 평생교육을 포함한 교육제도와 그 운영, 교육재정 및 교원의 지위에 관한 기본적인 사항은 법률로 정한다.

제32조 ① 모든 국민은 근로의 권리를 가진다. 국가는 사회적·경제적 방법으로 근로자의 고용의 증진과 적정임금의 보장에 노력하여야 하며, 법률이 정하는 바에 의하여 최저임금제를 시행하여야 한다.

② 모든 국민은 근로의 의무를 진다. 국가는 근로의 의무의 내용과 조건을 민주주의원칙에 따라 법률로 정한다.

③ 근로조건의 기준은 인간의 존엄성을 보장하도록 법률로 정한다.

④ 여자의 근로는 특별한 보호를 받으며, 고용·임금 및 근로조건에 있어서 부당한 차별을 받지 아니한다.

⑤ 연소자의 근로는 특별한 보호를 받는다.

⑥ 국가유공자·상이군경 및 전몰군경의 유가족은 법률이 정하는 바에 의하여 우선적으로 근로의 기회를 부여받는다.

제33조 ① 근로자는 근로조건의 향상을 위하여 자주적인 단결권·단체교섭권 및 단체행동권을 가진다.

② 공무원인 근로자는 법률이 정하는 자에 한하여 단결권·단체교섭권 및 단체행동권을 가진다.

③ 법률이 정하는 주요방위산업체에 종사하는 근로자의 단체행동권은 법률이 정하는 바에 의하여 이를 제한하거나 인정하지 아니할 수 있다.

제34조 ① 모든 국민은 인간다운 생활을 할 권리를 가진다.

② 국가는 사회보장·사회복지의 증진에 노력할 의무를 진다.

③ 국가는 여자의 복지와 권익의 향상을 위하여 노력하여야 한다.

④ 국가는 노인과 청소년의 복지향상을 위한 정책을 실시할 의무를 진다.

⑤ 신체장애자 및 질병·노령 기타의 사유로 생활능력이 없는 국민은 법률이 정하는 바에 의하여 국가의 보호를 받는다.

⑥ 국가는 재해를 예방하고 그 위험으로부터 국민을 보호하기 위하여 노력하여야 한다.

제35조 ① 모든 국민은 건강하고 쾌적한 환경에서 생활할 권리를 가지며, 국가와 국민은 환경보전을 위하여 노력하여야 한다.

② 환경권의 내용과 행사에 관하여는 법률로 정한다.

③ 국가는 주택개발정책등을 통하여 모든 국민이 쾌적한 주거생활을 할 수 있도록 노력하여야 한다.

제36조 ① 혼인과 가족생활은 개인의 존엄과 양성의 평등을 기초로 성립되고 유지되어야 하며, 국가는 이를 보장한다.

② 국가는 모성의 보호를 위하여 노력하여야 한다.

③ 모든 국민은 보건에 관하여 국가의 보호를 받는다.

제37조 ① 국민의 자유와 권리는 헌법에 열거되지 아니한 이유로 경시되지 아니한다.

② 국민의 모든 자유와 권리는 국가안전보장·질서유지 또는 공공복리를 위하여 필요한 경우에 한하여 법률로써 제한할 수 있으며, 제한하는 경우에도 자유와 권리의 본질적인 내용을 침해할 수 없다.

제38조 모든 국민은 법률이 정하는 바에 의하여 납세의 의무를 진다.

제39조 ① 모든 국민은 법률이 정하는 바에 의하여 국방의 의무를 진다.

② 누구든지 병역의무의 이행으로 인하여 불이익한 처우를 받지 아니한다.

## 제3장 국 회

제40조 입법권은 국회에 속한다.

제41조 ① 국회는 국민의 보통·평등·직접·비밀선거에 의하여 선출된 국회의원으로 구성한다.

② 국회의원의 수는 법률로 정하되, 200인 이상으로 한다.

③ 국회의원의 선거구와 비례대표제 기타 선거에 관한 사항은 법률로 정한다.

제42조 국회의원의 임기는 4년으로 한다.

제43조 국회의원은 법률이 정하는 직을 겸할 수 없다.

제44조 ① 국회의원은 현행범인인 경우를 제외하고는 회기중 국회의 동의없이 체포 또는 구금되지 아니한다.

② 국회의원이 회기전에 체포 또는 구금된 때에는 현행범인이 아닌 한 국회의 요구가 있으면 회기중 석방된다.

제45조 국회의원은 국회에서 직무상 행한 발언과 표결에 관하여 국회외에서 책임을 지지 아니한다.

제46조 ① 국회의원은 청렴의 의무가 있다.

② 국회의원은 국가이익을 우선하여 양심에 따라 직무를 행한다.

③ 국회의원은 그 지위를 남용하여 국가·공공단체 또는 기업체와의 계약이나 그 처분에 의하여 재산상의 권리·이익 또는 직위를 취득하거나 타인을 위하여 그 취득을 알선할 수 없다.

제47조 ① 국회의 정기회는 법률이 정하는 바에 의하여 매년 1회 집회되며, 국회의 임시회는 대통령 또는 국회재적의원 4분의 1 이상의 요구에 의하여 집회된다.

② 정기회의 회기는 100일을, 임시회의 회기는 30일을 초과할 수 없다.

③ 대통령이 임시회의 집회를 요구할 때에는 기간과 집회요구의 이유를 명시하여야 한다.

제48조 국회는 의장 1인과 부의장 2인을 선출한다.

제49조 국회는 헌법 또는 법률에 특별한 규정이 없는 한 재적의원 과반수의 출석과 출석의원 과반수의 찬성으로 의결한다. 가부동수인 때에는 부결된 것으로 본다.

제50조 ① 국회의 회의는 공개한다. 다만, 출석의원 과반수의 찬성이 있거나 의장이 국가의 안전보장을 위하여 필요하다고 인정할 때에는 공개하지 아니할 수 있다.

② 공개하지 아니한 회의내용의 공표에 관하여는 법률이 정하는 바에 의한다.

제51조 국회에 제출된 법률안 기타의 의안은 회기중에 의결되지 못한 이유로 폐기되지 아니한다. 다만, 국회의원의 임기가 만료된 때에는 그러하지 아니하다.

제52조 국회의원과 정부는 법률안을 제출할 수 있다.

제53조 ① 국회에서 의결된 법률안은 정부에 이송되어 15일 이내에 대통령이 공포한다.

② 법률안에 이의가 있을 때에는 대통령은 제1항의 기간 내에 이의서를 붙여 국회로 환부하고, 그 재의를 요구할 수 있다. 국회의 폐회중에도 또한 같다.

③ 대통령은 법률안의 일부에 대하여 또는 법률안을 수정하여 재의를 요구할 수 없다.

④ 재의의 요구가 있을 때에는 국회는 재의에 붙이고, 재적의원과반수의 출석과 출석의원 3분의 2 이상의 찬성으로 전과 같은 의결을 하면 그 법률안은 법률로서 확정된다.

⑤ 대통령이 제1항의 기간 내에 공포나 재의의 요구를 하지 아니한 때에도 그 법률안은 법률로서 확정된다.

⑥ 대통령은 제4항과 제5항의 규정에 의하여 확정된 법률을 지체없이 공포하여야 한다. 제5항에 의하여 법률이 확정된 후 또는 제4항에 의한 확정법률이 정부에 이송된 후 5일 이내에 대통령이 공포하지 아니할 때에는 국회의장이 이를 공포한다.

⑦ 법률은 특별한 규정이 없는 한 공포한 날로부터 20일을 경과함으로써 효력을 발생한다.

**제54조** ① 국회는 국가의 예산안을 심의·확정한다.

② 정부는 회계연도마다 예산안을 편성하여 회계연도 개시 90일전까지 국회에 제출하고, 국회는 회계연도 개시 30일전까지 이를 의결하여야 한다.

③ 새로운 회계연도가 개시될 때까지 예산안이 의결되지 못한 때에는 정부는 국회에서 예산안이 의결될 때까지 다음의 목적을 위한 경비는 전년도 예산에 준하여 집행할 수 있다.

1. 헌법이나 법률에 의하여 설치된 기관 또는 시설의 유지·운영
2. 법률상 지출의무의 이행
3. 이미 예산으로 승인된 사업의 계속

**제55조** ① 한 회계연도를 넘어 계속하여 지출할 필요가 있을 때에는 정부는 연한을 정하여 계속비로서 국회의 의결을 얻어야 한다.

② 예비비는 총액으로 국회의 의결을 얻어야 한다. 예비비의 지출은 차기국회의 승인을 얻어야 한다.

**제56조** 정부는 예산에 변경을 가할 필요가 있을 때에는 추가경정 예산안을 편성하여 국회에 제출할 수 있다.

**제57조** 국회는 정부의 동의없이 정부가 제출한 지출예산 각항의 금액을 증가하거나 새 비목을 설치할 수 없다.

**제58조** 국채를 모집하거나 예산외에 국가의 부담이 될 계약을 체결하려 할 때에는 정부는 미리 국회의 의결을 얻어야 한다.

**제59조** 조세의 종목과 세율은 법률로 정한다.

**제60조** ① 국회는 상호원조 또는 안전보장에 관한 조약, 중요한 국제조직에 관한 조약, 우호통상항해조약, 주권의 제약에 관한 조약, 강화조약, 국가나 국민에게 중대한 재정적 부담을 지우는 조약 또는 입법사항에 관한 조약의 체결·비준에 대한 동의권을 가진다.

② 국회는 선전포고, 국군의 외국에의 파견 또는 외국군대의 대한민국 영역안에서의 주류에 대한 동의권을 가진다.

**제61조** ① 국회는 국정을 감사하거나 특정한 국정사안에 대하여 조사할 수 있으며, 이에 필요한 서류의 제출 또는 증인의 출석과 증언이나 의견의 진술을 요구할 수 있다.

② 국정감사 및 조사에 관한 절차 기타 필요한 사항은 법률로 정한다.

**제62조** ① 국무총리·국무위원 또는 정부위원은 국회나 그 위원회에 출석하여 국정처리상황을 보고하거나 의견을 진술하고 질문에 응답할 수 있다.

② 국회나 그 위원회의 요구가 있을 때에는 국무총리·국무위원 또는 정부위원은 출석·답변하여야 하며, 국무총리 또는 국무위원이 출석요구를 받은 때에는 국무위원 또는 정부위원으로 하여금 출석·답변하게 할 수 있다.

**제63조** ① 국회는 국무총리 또는 국무위원의 해임을 대통령에게 건의할 수 있다.

② 제1항의 해임건의는 국회재적의원 3분의 1 이상의 발의에 의하여 국회재적의원 과반수의 찬성이 있어야 한다.

**제64조** ① 국회는 법률에 저촉되지 아니하는 범위안에서 의사와 내부규율에 관한 규칙을 제정할 수 있다.

② 국회는 의원의 자격을 심사하며, 의원을 징계할 수 있다.

③ 의원을 제명하려면 국회재적의원 3분의 2 이상의 찬성이 있어야 한다.

④ 제2항과 제3항의 처분에 대하여는 법원에 제소할 수 없다.

제65조 ① 대통령·국무총리·국무위원·행정각부의장·헌법재판소 재판관·법관·중앙선거관리위원회 위원·감사원장·감사위원 기타 법률이 정한 공무원이 그 직무집행에 있어서 헌법이나 법률을 위배한 때에는 국회는 탄핵의 소추를 의결할 수 있다.

② 제1항의 탄핵소추는 국회재적의원 3분의 1 이상의 발의가 있어야 하며, 그 의결은 국회재적의원 과반수의 찬성이 있어야 한다. 다만, 대통령에 대한 탄핵소추는 국회재적의원 과반수의 발의와 국회재적의원 3분의 2 이상의 찬성이 있어야 한다.

③ 탄핵소추의 의결을 받은 자는 탄핵심판이 있을 때까지 그 권한행사가 정지된다.

④ 탄핵결정은 공직으로부터 파면함에 그친다. 그러나, 이에 의하여 민사상이나 형사상의 책임이 면제되지는 아니한다.

## 제 4 장 정 부

### 제 1 절 대 통 령

제66조 ① 대통령은 국가의 원수이며, 외국에 대하여 국가를 대표한다.

② 대통령은 국가의 독립·영토의 보전·국가의 계속성과 헌법을 수호할 책무를 진다.

③ 대통령은 조국의 평화적 통일을 위한 성실한 의무를 진다.

④ 행정권은 대통령을 수반으로 하는 정부에 속한다.

제67조 ① 대통령은 국민의 보통·평등·직접·비밀선거에 의하여 선출한다.

② 제1항의 선거에 있어서 최고득표자가 2인 이상인 때에는 국회의 재적의원 과반수가 출석한 공개회의에서 다수표를 얻은 자를 당선자로 한다.

③ 대통령후보자가 1인일 때에는 그 득표수가 선거권자 총수의 3분의 1 이상이 아니면 대통령으로 당선될 수 없다.

④ 대통령으로 선거될 수 있는 자는 국회의원의 피선거권이 있고 선거일 현재 40세에 달하여야 한다.

⑤ 대통령의 선거에 관한 사항은 법률로 정한다.

제68조 ① 대통령의 임기가 만료되는 때에는 임기만료 70일 내지 40일전에 후임자를 선거한다.

② 대통령이 궐위된 때 또는 대통령 당선자가 사망하거나 판결 기타의 사유로 그 자격을 상실한 때에는 60일 이내에 후임자를 선거한다.

제69조 대통령은 취임에 즈음하여 다음의 선서를 한다. "나는 헌법을 준수하고 국가를 보위하며 조국의 평화적 통일과 국민의 자유와 복리의 증진 및 민족문화의 창달에 노력하여 대통령으로서의 직책을 성실히 수행할 것을 국민 앞에 엄숙히 선서합니다."

제70조 대통령의 임기는 5년으로 하며, 중임할 수 없다.

제71조 대통령이 궐위되거나 사고로 인하여 직무를 수행할 수 없을 때에는 국무총리, 법률이 정한 국무위원의 순서로 그 권한을 대행한다.

제72조 대통령은 필요하다고 인정할 때에는 외교·국방·통일 기타 국가안위에 관한 중요정책을 국민투표에 붙일 수 있다.

제73조 대통령은 조약을 체결·비준하고, 외교사절을 신임·접수 또는 파견하며, 선전포고와 강화를 한다.

제74조 ① 대통령은 헌법과 법률이 정하는 바에 의하여 국군을 통수한다.

② 국군의 조직과 편성은 법률로 정한다.

제75조 대통령은 법률에서 구체적으로 범위를 정하여 위임받은 사항과 법률을 집행하기 위하여 필요한 사항에 관하여 대통령령을 발할 수 있다.

제76조 ① 대통령은 내우·외환·천재·지변 또는 중대한 재정·경제상의 위기에 있어서 국가의 안전보장 또는 공공의 안녕질서를 유지하기 위하여 긴급한 조치가 필요하고 국회의 집회를 기다릴 여유가 없을 때에 한하여 최소한으로 필요한 재정·경제상의 처분을 하거나 이에 관하여 법률의 효력을 가지는 명령을 발할 수 있다.

② 대통령은 국가의 안위에 관계되는 중대한 교전상태에 있어서 국가를 보위하기 위하여 긴급한 조치가 필요하고 국회의 집회가 불가능한 때에 한하여 법률의 효력을 가지는 명령을 발할 수 있다.

③ 대통령은 제1항과 제2항의 처분 또는 명령을 한 때에는 지체없이 국회에 보고

하여 그 승인을 얻어야 한다.

④ 제3항의 승인을 얻지 못한 때에는 그 처분 또는 명령은 그때부터 효력을 상실한다. 이 경우 그 명령에 의하여 개정 또는 폐지되었던 법률은 그 명령이 승인을 얻지 못한 때부터 당연히 효력을 회복한다.

⑤ 대통령은 제3항과 제4항의 사유를 지체없이 공포하여야 한다.

**제77조** ① 대통령은 전시·사변 또는 이에 준하는 국가비상사태에 있어서 병력으로써 군사상의 필요에 응하거나 공공의 안녕질서를 유지할 필요가 있을 때에는 법률이 정하는 바에 의하여 계엄을 선포할 수 있다.

② 계엄은 비상계엄과 경비계엄으로 한다.

③ 비상계엄이 선포된 때에는 법률이 정하는 바에 의하여 영장제도, 언론·출판·집회·결사의 자유, 정부나 법원의 권한에 관하여 특별한 조치를 할 수 있다.

④ 계엄을 선포한 때에는 대통령은 지체없이 국회에 통고하여야 한다.

⑤ 국회가 재적의원 과반수의 찬성으로 계엄의 해제를 요구한 때에는 대통령은 이를 해제하여야 한다.

**제78조** 대통령은 헌법과 법률이 정하는 바에 의하여 공무원을 임면한다.

**제79조** ① 대통령은 법률이 정하는 바에 의하여 사면·감형 또는 복권을 명할 수 있다.

② 일반사면을 명하려면 국회의 동의를 얻어야 한다.

③ 사면·감형 및 복권에 관한 사항은 법률로 정한다.

**제80조** 대통령은 법률이 정하는 바에 의하여 훈장 기타의 영전을 수여한다.

**제81조** 대통령은 국회에 출석하여 발언하거나 서한으로 의견을 표시할 수 있다.

**제82조** 대통령의 국법상 행위는 문서로써 하며, 이 문서에는 국무총리와 관계 국무위원이 부서한다. 군사에 관한 것도 또한 같다.

**제83조** 대통령은 국무총리·국무위원·행정각부의 장 기타 법률이 정하는 공사의 직을 겸할 수 없다.

**제84조** 대통령은 내란 또는 외환의 죄를 범한 경우를 제외하고는 재직중 형사상의 소추를 받지 아니한다.

**제85조** 전직대통령의 신분과 예우에 관하

여는 법률로 정한다.

### 제 2 절  행 정 부

#### 제 1 관  국무총리와 국무위원

**제86조** ① 국무총리는 국회의 동의를 얻어 대통령이 임명한다.

② 국무총리는 대통령을 보좌하며, 행정에 관하여 대통령의 명을 받아 행정각부를 통할한다.

③ 군인은 현역을 면한 후가 아니면 국무총리로 임명될 수 없다.

**제87조** ① 국무위원은 국무총리의 제청으로 대통령이 임명한다.

② 국무위원은 국정에 관하여 대통령을 보좌하며, 국무회의의 구성원으로서 국정을 심의한다.

③ 국무총리는 국무위원의 해임을 대통령에게 건의할 수 있다.

④ 군인은 현역을 면한 후가 아니면 국무위원으로 임명될 수 없다.

#### 제 2 관  국무회의

**제88조** ① 국무회의는 정부의 권한에 속하는 중요한 정책을 심의한다.

② 국무회의는 대통령·국무총리와 15인 이상 30인 이하의 국무위원으로 구성한다.

③ 대통령은 국무회의의 의장이 되고, 국무총리는 부의장이 된다.

**제89조** 다음 사항은 국무회의의 심의를 거쳐야 한다.

1. 국정의 기본계획과 정부의 일반정책
2. 선전·강화 기타 중요한 대외정책
3. 헌법개정안·국민투표안·조약안·법률안 및 대통령령안
4. 예산안·결산·국유재산처분의 기본계획·국가의 부담이 될 계약 기타 재정에 관한 중요사항
5. 대통령의 긴급명령·긴급재정경제처분 및 명령 또는 계엄과 그 해제
6. 군사에 관한 중요사항
7. 국회의 임시회 집회의 요구
8. 영전수여
9. 사면·감형과 복권
10. 행정각부간의 권한의 획정
11. 정부안의 권한의 위임 또는 배정에 관한 기본계획

12. 국정처리상황의 평가·분석
13. 행정각부의 중요한 정책의 수립과 조정
14. 정당해산의 제소
15. 정부에 제출 또는 회부된 정부의 정책에 관계되는 청원의 심사
16. 검찰총장·합동참모의장·각군참모총장·국립대학교총장·대사 기타 법률이 정한 공무원과 국영기업체관리자의 임명
17. 기타 대통령·국무총리 또는 국무위원이 제출한 사항

**제90조** ① 국정의 중요한 사항에 관한 대통령의 자문에 응하기 위하여 국가원로로 구성되는 국가원로자문회의를 둘 수 있다.
② 국가원로자문회의의 의장은 직전대통령이 된다. 다만, 직전대통령이 없을 때에는 대통령이 지명한다.
③ 국가원로자문회의의 조직·직무범위 기타 필요한 사항은 법률로 정한다.

**제91조** ① 국가안전보장에 관련되는 대외정책·군사정책과 국내정책의 수립에 관하여 국무회의의 심의에 앞서 대통령의 자문에 응하기 위하여 국가안전보장회의를 둔다.
② 국가안전보장회의는 대통령이 주재한다.
③ 국가안전보장회의의 조직·직무범위 기타 필요한 사항은 법률로 정한다.

**제92조** ① 평화통일정책의 수립에 관한 대통령의 자문에 응하기 위하여 민주평화통일자문회의를 둘 수 있다.
② 민주평화통일자문회의의 조직·직무범위 기타 필요한 사항은 법률로 정한다.

**제93조** ① 국민경제의 발전을 위한 중요정책의 수립에 관하여 대통령의 자문에 응하기 위하여 국민경제자문회의를 둘 수 있다.
② 국민경제자문회의의 조직·직무범위 기타 필요한 사항은 법률로 정한다.

### 제 3 관  행정각부

**제94조** 행정각부의 장은 국무위원 중에서 국무총리의 제청으로 대통령이 임명한다.

**제95조** 국무총리 또는 행정각부의 장은 소관사무에 관하여 법률이나 대통령령의 위임 또는 직권으로 총리령 또는 부령을 발할 수 있다.

**제96조** 행정각부의 설치·조직과 직무범위는 법률로 정한다.

### 제 4 관  감 사 원

**제97조** 국가의 세입·세출의 결산, 국가 및 법률이 정한 단체의 회계검사와 행정기관 및 공무원의 직무에 관한 감찰을 하기 위하여 대통령 소속하에 감사원을 둔다.

**제98조** ① 감사원은 원장을 포함한 5인 이상 11인 이하의 감사위원으로 구성한다.
② 원장은 국회의 동의를 얻어 대통령이 임명하고, 그 임기는 4년으로 하며, 1차에 한하여 중임할 수 있다.
③ 감사위원은 원장의 제청으로 대통령이 임명하고, 그 임기는 4년으로 하며, 1차에 한하여 중임할 수 있다.

**제99조** 감사원은 세입·세출의 결산을 매년 검사하여 대통령과 차년도 국회에 그 결과를 보고하여야 한다.

**제100조** 감사원의 조직·직무범위·감사위원의 자격·감사대상공무원의 범위 기타 필요한 사항은 법률로 정한다.

## 제 5 장  법    원

**제101조** ① 사법권은 법관으로 구성된 법원에 속한다.
② 법원은 최고 법원인 대법원과 각급법원으로 조직된다.
③ 법관의 자격은 법률로 정한다.

**제102조** ① 대법원에 부를 둘 수 있다.
② 대법원에 대법관을 둔다. 다만, 법률이 정하는 바에 의하여 대법관이 아닌 법관을 둘 수 있다.
③ 대법원과 각급법원의 조직은 법률로 정한다.

**제103조** 법관은 헌법과 법률에 의하여 그 양심에 따라 독립하여 심판한다.

**제104조** ① 대법원장은 국회의 동의를 얻어 대통령이 임명한다.
② 대법관은 대법원장의 제청으로 국회의 동의를 얻어 대통령이 임명한다.
③ 대법원장과 대법관이 아닌 법관은 대법관회의의 동의를 얻어 대법원장이 임명한다.

**제105조** ① 대법원장의 임기는 6년으로 하며, 중임할 수 없다.
② 대법관의 임기는 6년으로 하며, 법률이 정하는 바에 의하여 연임할 수 있다.

③ 대법원장과 대법관이 아닌 법관의 임기는 10년으로 하며, 법률이 정하는 바에 의하여 연임할 수 있다.

④ 법관의 정년은 법률로 정한다.

제106조 ① 법관은 탄핵 또는 금고 이상의 형의 선고에 의하지 아니하고는 파면되지 아니하며, 징계처분에 의하지 아니하고는 정직·감봉 기타 불리한 처분을 받지 아니한다.

② 법관이 중대한 심신상의 장해로 직무를 수행할 수 없을 때에는 법률이 정하는 바에 의하여 퇴직하게 할 수 있다.

제107조 ① 법률이 헌법에 위반되는 여부가 재판의 전제가 된 경우에는 법원은 헌법재판소에 제청하여 그 심판에 의하여 재판한다.

② 명령·규칙 또는 처분이 헌법이나 법률에 위반되는 여부가 재판의 전제가 된 경우에는 대법원은 이를 최종적으로 심사할 권한을 가진다.

③ 재판의 전심절차로서 행정심판을 할 수 있다. 행정심판의 절차는 법률로 정하되, 사법절차가 준용되어야 한다.

제108조 대법원은 법률에 저촉되지 아니하는 범위안에서 소송에 관한 절차, 법원의 내부규율과 사무처리에 관한 규칙을 제정할 수 있다.

제109조 재판의 심리와 판결은 공개한다. 다만, 심리는 국가의 안전보장 또는 안녕질서를 방해하거나 선량한 풍속을 해할 염려가 있을 때에는 법원의 결정으로 공개하지 아니할 수 있다.

제110조 ① 군사재판을 관할하기 위하여 특별법원으로서 군사법원을 둘 수 있다.

② 군사법원의 상고심은 대법원에서 관할한다.

③ 군사법원의 조직·권한 및 재판관의 자격은 법률로 정한다.

④ 비상계엄하의 군사재판은 군인·군무원의 범죄나 군사에 관한 간첩죄의 경우와 초병·초소·유독음식물공급·포로에 관한 죄 중 법률이 정한 경우에 한하여 단심으로 할 수 있다. 다만, 사형을 선고한 경우에는 그러하지 아니하다.

## 제 6 장  헌법재판소

제111조 ① 헌법재판소는 다음 사항을 관장한다.

1. 법원의 제청에 의한 법률의 위헌여부 심판

2. 탄핵의 심판

3. 정당의 해산 심판

4. 국가기관 상호간, 국가기관과 지방자치단체간 및 지방자치단체 상호간의 권한쟁의에 관한 심판

5. 법률이 정하는 헌법소원에 관한 심판

② 헌법재판소는 법관의 자격을 가진 9인의 재판관으로 구성하며, 재판관은 대통령이 임명한다.

③ 제2항의 재판관중 3인은 국회에서 선출하는 자를, 3인은 대법원장이 지명하는 자를 임명한다.

④ 헌법재판소의 장은 국회의 동의를 얻어 재판관 중에서 대통령이 임명한다.

제112조 ① 헌법재판소 재판관의 임기는 6년으로 하며, 법률이 정하는 바에 의하여 연임할 수 있다.

② 헌법재판소 재판관은 정당에 가입하거나 정치에 관여할 수 없다.

③ 헌법재판소 재판관은 탄핵 또는 금고 이상의 형의 선고에 의하지 아니하고는 파면되지 아니한다.

제113조 ① 헌법재판소에서 법률의 위헌결정, 탄핵의 결정, 정당해산의 결정 또는 헌법소원에 관한 인용결정을 할 때에는 재판관 6인 이상의 찬성이 있어야 한다.

② 헌법재판소는 법률에 저촉되지 아니하는 범위 안에서 심판에 관한 절차, 내부규율과 사무처리에 관한 규칙을 제정할 수 있다.

③ 헌법재판소의 조직과 운영 기타 필요한 사항은 법률로 정한다.

## 제 7 장  선거관리

제114조 ① 선거와 국민투표의 공정한 관리 및 정당에 관한 사무를 처리하기 위하여 선거관리위원회를 둔다.

② 중앙선거관리위원회는 대통령이 임명하는 3인, 국회에서 선출하는 3인과 대법원장이 지명하는 3인의 위원으로 구성한다. 위원장은 위원 중에서 호선한다.

③ 위원의 임기는 6년으로 한다.

④ 위원은 정당에 가입하거나 정치에 관여할 수 없다.

⑤ 위원은 탄핵 또는 금고 이상의 형의 선고에 의하지 아니하고는 파면되지 아니한다.

⑥ 중앙선거관리위원회는 법령의 범위 안에서 선거관리·국민투표관리 또는 정당사무에 관한 규칙을 제정할 수 있으며, 법률에 저촉되지 아니하는 범위안에서 내부규율에 관한 규칙을 제정할 수 있다.

⑦ 각급 선거관리위원회의 조직·직무범위 기타 필요한 사항은 법률로 정한다.

제115조 ① 각급 선거관리위원회는 선거인명부의 작성등 선거사무와 국민투표사무에 관하여 관계 행정기관에 필요한 지시를 할 수 있다.

② 제1항의 지시를 받은 당해 행정기관은 이에 응하여야 한다.

제116조 ① 선거운동은 각급 선거관리위원회의 관리하에 법률이 정하는 범위안에서 하되, 균등한 기회가 보장되어야 한다.

② 선거에 관한 경비는 법률이 정하는 경우를 제외하고는 정당 또는 후보자에게 부담시킬 수 없다.

## 제 8 장 지방자치

제117조 ① 지방자치단체는 주민의 복리에 관한 사무를 처리하고 재산을 관리하며, 법령의 범위 안에서 자치에 관한 규정을 제정할 수 있다.

② 지방자치단체의 종류는 법률로 정한다.

제118조 ① 지방자치단체에 의회를 둔다.

② 지방의회의 조직·권한·의원선거와 지방자치단체의 장의 선임방법 기타 지방자치단체의 조직과 운영에 관한 사항은 법률로 정한다.

## 제 9 장 경    제

제119조 ① 대한민국의 경제질서는 개인과 기업의 경제상의 자유와 창의를 존중함을 기본으로 한다.

② 국가는 균형있는 국민경제의 성장 및 안정과 적정한 소득의 분배를 유지하고, 시장의 지배와 경제력의 남용을 방지하며, 경제주체간의 조화를 통한 경제의 민주화를 위하여 경제에 관한 규제와 조정을 할 수 있다.

제120조 ① 광물 기타 중요한 지하자원·수산자원·수력과 경제상 이용할 수 있는 자연력은 법률이 정하는 바에 의하여 일정한 기간 그 채취·개발 또는 이용을 특허할 수 있다.

② 국토와 자원은 국가의 보호를 받으며, 국가는 그 균형있는 개발과 이용을 위하여 필요한 계획을 수립한다.

제121조 ① 국가는 농지에 관하여 경자유전의 원칙이 달성될 수 있도록 노력하여야 하며, 농지의 소작제도는 금지된다.

② 농업생산성의 제고와 농지의 합리적인 이용을 위하거나 불가피한 사정으로 발생하는 농지의 임대차와 위탁경영은 법률이 정하는 바에 의하여 인정된다.

제122조 국가는 국민 모두의 생산 및 생활의 기반이 되는 국토의 효율적이고 균형있는 이용·개발과 보전을 위하여 법률이 정하는 바에 의하여 그에 관한 필요한 제한과 의무를 과할 수 있다.

제123조 ① 국가는 농업 및 어업을 보호·육성하기 위하여 농·어촌종합개발과 그 지원등 필요한 계획을 수립·시행하여야 한다.

② 국가는 지역간의 균형있는 발전을 위하여 지역경제를 육성할 의무를 진다.

③ 국가는 중소기업을 보호·육성하여야 한다.

④ 국가는 농수산물의 수급균형과 유통구조의 개선에 노력하여 가격안정을 도모함으로써 농·어민의 이익을 보호한다.

⑤ 국가는 농·어민과 중소기업의 자조조직을 육성하여야 하며, 그 자율적 활동과 발전을 보장한다.

제124조 국가는 건전한 소비행위를 계도하고 생산품의 품질향상을 촉구하기 위한 소비자보호운동을 법률이 정하는 바에 의하여 보장한다.

제125조 국가는 대외무역을 육성하며, 이를 규제·조정할 수 있다.

제126조 국방상 또는 국민경제상 긴절한 필요로 인하여 법률이 정하는 경우를 제외하고는, 사영기업을 국유 또는 공유로 이전하거나 그 경영을 통제 또는 관리할 수 없다.

제127조 ① 국가는 과학기술의 혁신과 정보 및 인력의 개발을 통하여 국민경제의 발전에 노력하여야 한다.

② 국가는 국가표준제도를 확립한다.

③ 대통령은 제1항의 목적을 달성하기 위하여 필요한 자문기구를 둘 수 있다.

## 제10장 헌법개정

**제128조** ① 헌법개정은 국회재적의원 과반수 또는 대통령의 발의로 제안된다.

② 대통령의 임기연장 또는 중임변경을 위한 헌법개정은 그 헌법개정 제안 당시의 대통령에 대하여는 효력이 없다.

**제129조** 제안된 헌법개정안은 대통령이 20일 이상의 기간 이를 공고하여야 한다.

**제130조** ① 국회는 헌법개정안이 공고된 날로부터 60일 이내에 의결하여야 하며, 국회의 의결은 재적의원 3분의 2 이상의 찬성을 얻어야 한다.

② 헌법개정안은 국회가 의결한 후 30일 이내에 국민투표에 붙여 국회의원선거권자과반수의 투표와 투표자 과반수의 찬성을 얻어야 한다.

③ 헌법개정안이 제2항의 찬성을 얻은 때에는 헌법개정은 확정되며, 대통령은 즉시 이를 공포하여야 한다.

### 〈부 칙〉

**제1조** 이 헌법은 1988년 2월 25일부터 시행한다. 다만, 이 헌법을 시행하기 위하여 필요한 법률의 제정·개정과 이 헌법에 의한 대통령 및 국회의원의 선거 기타 이 헌법시행에 관한 준비는 이 헌법시행 전에 할 수 있다.

**제2조** ① 이 헌법에 의한 최초의 대통령선거는 이 헌법시행일 40일 전까지 실시한다.

② 이 헌법에 의한 최초의 대통령의 임기는 이 헌법시행일로부터 개시한다.

**제3조** ① 이 헌법에 의한 최초의 국회의원선거는 이 헌법공포일로부터 6월이내에 실시하며, 이 헌법에 의하여 선출된 최초의 국회의원의 임기는 국회의원선거 후 이 헌법에 의한 국회의 최초의 집회일로부터 개시한다.

② 이 헌법공포 당시의 국회의원의 임기는 제1항에 의한 국회의 최초의 집회일 전일까지로 한다.

**제4조** ① 이 헌법시행 당시의 공무원과 정부가 임명한 기업체의 임원은 이 헌법에 의하여 임명된 것으로 본다. 다만, 이 헌법에 의하여 선임방법이나 임명권자가 변경된 공무원과 대법원장 및 감사원장은 이 헌법에 의하여 후임자가 선임될 때까지 그 직무를 행하며, 이 경우 전임자인 공무원의 임기는 후임자가 선임되는 전일까지로 한다.

② 이 헌법시행 당시의 대법원장과 대법원판사가 아닌 법관은 제1항 단서의 규정에 불구하고 이 헌법에 의하여 임명된 것으로 본다.

③ 이 헌법중 공무원의 임기 또는 중임제한에 관한 규정은 이 헌법에 의하여 그 공무원이 최초로 선출 또는 임명된 때로부터 적용한다.

**제5조** 이 헌법시행 당시의 법령과 조약은 이 헌법에 위배되지 아니하는 한 그 효력을 지속한다.

**제6조** 이 헌법시행 당시에 이 헌법에 의하여 새로 설치될 기관의 권한에 속하는 직무를 행하고 있는 기관은 이 헌법에 의하여 새로운 기관이 설치될 때까지 존속하며 그 직무를 행한다.

# 판례색인

# 사항색인

[저자약력]

成樂寅(성낙인)

서울대학교 법과대학 졸업, 동 대학원 법학석사·박사과정 수료
프랑스 파리2대학교 법학박사(Docteur en droit)
영남대학교 법과대학 교수, 이화여자대학교 법과대학 강사
사법시험, 행정·입법·외무고시 및 군법무관시험 위원
서울대학교 법과대학 학장, 한국공법학회 회장. 한국법학교수회 회장
국제헌법학회 한국지부 회장, 한국법교육학회 회장
대통령자문 교육개혁위원. 국무총리 행정심판위원(정보공개전문위원장)
헌법재판소 자문위원. 대법관 후보추천위원. 대법원 법관인사위원회 위원
국회 공직자윤리위원회 위원장. 국회 헌법연구자문위원회 부위원장
정부 정보공개위원회 위원장. 통일부 정책자문위원회 위원장
법무부 법교육위원회 위원장. 법무부 사법시험관리위원회 위원
제8대 경찰위원회 위원장, 대검찰청 진상규명위원회 위원장
미디어·콘텐츠산업융합발전위원회 공동위원장
서울대학교 제26대 총장, 동아시아연구중심대학협의회(AEARU) 의장
서울대학교 법학전문대학원 명예교수(헌법학)

[주요 저서 및 논문]

헌법학 제24판(법문사, 2024), 헌법과 생활법치(세창출판사, 2017)
韓國憲法學概論, 중국어 번역서(2022)
헌법학 논집(법문사, 2018), 국가와 헌법 Ⅰ·Ⅱ(법문사, 2018)
헌법과 국가정체성(박영사, 2019)
Les ministres de la Vᵉ République française(Paris, L.G.D.J., 1988)
판례헌법 제4판(법문사, 2014), 헌법소송론 제2판(공저, 법문사, 2021)
대한민국헌법사(법문사, 2012), 프랑스헌법학(법문사, 1995)
헌법연습(법문사, 2000), 한국헌법연습(고시계, 1997·1998)
만화판례헌법1(헌법과 정치제도), 만화판례헌법2(헌법과 기본권)(법률저널, 2012, 2013)
우리헌법읽기(법률저널, 2014), 국민을 위한 사법개혁과 법학교육(법률저널, 2014)
언론정보법(나남출판, 1998), 선거법론(법문사, 1998)
세계언론판례총람(공저, 한국언론연구원, 1998), 주석헌법(공저, 법원사, 1990)
공직선거법과 선거방송심의(나남출판, 2007), 자금세탁방지법제론(경인문화사, 2007)
한국헌법과 이원정부제(반대통령제), 정보공개와 사생활보호 외 다수

## 헌법개론 [제14판]

| | | | |
|---|---|---|---|
| 2011년 8월 20일 | 초 판 발행 | 2018년 8월 15일 | 제8판 발행 |
| 2012년 8월 10일 | 제2판 발행 | 2019년 6월 15일 | 제9판 발행 |
| 2013년 8월 15일 | 제3판 발행 | 2020년 7월 17일 | 제10판 발행 |
| 2014년 8월 15일 | 제4판 발행 | 2021년 8월 15일 | 제11판 발행 |
| 2015년 7월 17일 | 제5판 발행 | 2022년 8월 15일 | 제12판 발행 |
| 2016년 8월 15일 | 제6판 발행 | 2023년 8월 15일 | 제13판 발행 |
| 2017년 8월 15일 | 제7판 발행 | 2024년 8월 15일 | 제14판 1쇄 발행 |

저 자   성   낙   인

발행인   배   효   선

발행처   도서출판   法 文 社

주 소   10881 경기도 파주시 회동길 37-29
등 록   1957년 12월 12일   제 2-76호 (윤)
전화 031-955-6500~6, 팩스 031-955-6500
e-mail(영업) : bms @ bobmunsa.co.kr
     (편집) : edit66 @ bobmunsa.co.kr
홈페이지 http://www.bobmunsa.co.kr

조 판   법 문 사 전 산 실

정가 30,000 원          ISBN 978-89-18-91540-1